NOUVEAU DICTIONNAIRE

DES

PLANTES MÉDICINALES

DU MÊME AUTEUR

Articles EMPLATRES, ÉTAIN, GÉLATINE, GLYCÉRINE, GLYCÉROLÉS, GOUDRON, HYSSOPE, INFUSION, IPÉCACUANHA, IRIS, JALAP, JOUBARBE, JUSQUIAME, LACTIQUE (acide), LAITUE, LAURIER-CERISE, LAVANDE, LIMON, LIMONADES, LINIMENTS, LOBELIE, LOOCHS ou ECLEGMES, MAÏS, MANGANÈSE, MIEL, etc., du Nouveau Dictionnaire de Médecine et de Chirurgie pratiques, sous la direction de M. le docteur JACCOUD. Paris, 1870-75, t. XII à XXI.

PARIS. — IMPRIMERIE DE E. MARTINET, RUE MIGNON, 2

NOUVEAU DICTIONNAIRE

DES

PLANTES MÉDICINALES

DESCRIPTION, HABITAT ET CULTURE
RÉCOLTE, CONSERVATION, PARTIE USITÉE
COMPOSITION CHIMIQUE, FORMES PHARMACEUTIQUES ET DOSES
ACTION PHYSIOLOGIQUE
USAGES DANS LE TRAITEMENT DES MALADIES

suivi

D'UNE ÉTUDE GÉNÉRALE SUR LES PLANTES MÉDICINALES
AU POINT DE VUE BOTANIQUE, PHARMACEUTIQUE ET MÉDICAL
AVEC CLEF DICHOTOMIQUE,
TABLEAUX DES PROPRIÉTÉS MÉDICALES,
ET MÉMORIAL THÉRAPEUTIQUE

PAR

LE Dʳ A. HÉRAUD

Professeur d'histoire naturelle médicale à l'École de médecine navale de Toulon

Avec 261 figures intercalées dans le texte

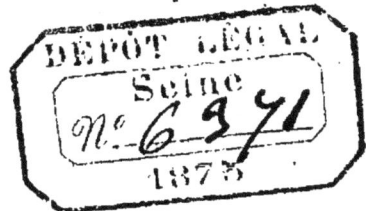

PARIS

LIBRAIRIE J.-B. BAILLIÈRE ET FILS,
19, rue Hautefeuille, 19

———

1875

PRÉFACE

Autrefois, tout le monde croyait aux vertus des plantes médicinales, et l'on attribuait aux *simples* le pouvoir de guérir les maladies les plus graves et les plus diverses chez l'homme et chez les animaux.

Aujourd'hui, par une injuste réaction, on les néglige trop, on les laisse dans un oubli immérité, ou bien on les abandonne aux empiriques et aux charlatans.

Je n'ignore point que pour justifier ce dédain, on a mis en avant les conquêtes de la chimie moderne. Quoi de plus séduisant, en effet, que de remplacer une plante par un de ses principes immédiats, d'une activité incontestable sous un faible volume, d'une identité constante, d'un dosage facile, d'une administration commode?

S'il en était ainsi, les médicaments végétaux n'auraient plus de raison d'être. Malheureusement l'expérience a démontré qu'on ne saurait attribuer à l'un des principes immédiats d'une plante, quelqu'actif qu'il soit d'ailleurs, les mêmes propriétés médicales qu'a la plante elle-même; la quinine ne représente pas plus le quinquina que la morphine ne représente l'opium.

Je crois donc qu'en thérapeutique végétale il y a deux écueils à redouter et à éviter : la vérité est entre la crédulité des anciens, dont la singulière confiance accordait les propriétés les plus actives aux végétaux les plus inoffensifs, et le dédain systématique et exagéré des modernes, qui se privent des précieuses ressources offertes par les plantes en général, par les plantes indigènes en particulier. Beaucoup de nos plantes indigènes acquerraient en effet un prix élevé aux yeux des malades et des médecins, si elles croissaient sur les Andes ou sur l'Himalaya. Mais l'homme est ainsi fait : il dédaigne ce qu'il voit auprès de lui; il préconise ce qui vient de loin.

J'ai essayé de me tenir dans un juste milieu, et la liste des plantes à laquelle je me suis arrêté correspond sensiblement à celle des médicaments végétaux qui, d'après le Codex (1), doivent se trouver dans toutes les pharmacies.

Après avoir indiqué les noms français et latins de chaque plante, ainsi que les noms vulgaires les plus connus, je signale la famille et s'il y a lieu la sous-famille dont elle fait partie, et je termine par l'étymologie.

Dans la description qui vient ensuite, je me suis efforcé de rendre aussi exact et aussi complet que possible le tableau des caractères propres à faire reconnaître le végétal; ces descriptions ont été tracées soit d'après nature, soit, pour les espèces exotiques, d'après les auteurs les plus recommandables; quand la chose est possible, je désigne l'époque à laquelle la fleur arrive à l'épanouissement, le fruit à la maturité. Je complète les indications relatives à la botanique, en faisant connaître le pays dans lequel croît la plante, et les soins à lui donner au cas où il est indispensable de la cultiver.

Je m'occupe ensuite d'énumérer les parties du végétal usitées en médecine, d'exposer les précautions que l'on doit avoir pour les récolter et les conserver, je passe alors à l'étude des propriétés physiques et chimiques de ces substances, et à l'indication :

1° des modifications qu'on leur fait subir pour faciliter leur emploi en médecine;

2° des doses auxquelles on les prescrit;

_____

(1) *Codex medicamentarius, Pharmacopée française.* Paris, 1866.

3° des médicaments qu'il faut éviter de leur associer et de ceux qui peuvent les suppléer.

Je termine enfin par l'exposé de l'action que chaque plante exerce sur l'économie animale, et des applications, soit rationnelles, soit empiriques, dont elle a été l'objet.

J'ai complété mon travail par : 1° des considérations générales sur le choix, la récolte, la conservation des plantes, leurs formes pharmaceutiques les plus usuelles ; 2° par une classification des plantes d'après leurs propriétés médicales avec clef dichotomique ; 3° par un mémorial thérapeutique.

L'ordre alphabétique est celui que j'ai adopté. Sans doute il a l'inconvénient de rompre les analogies soit botaniques, soit médicales, que permettent d'ailleurs de rétablir la classification d'après les propriétés, le mémorial thérapeutique et la table générale des matières ; mais, par contre, c'est le plus propre à faciliter les recherches. C'est par conséquent celui qui convenait le mieux pour un ouvrage pratique destiné à résumer ce que la botanique médicale offre de certain, et par suite de réellement important.

L'ouvrage est accompagné de figures qui représentent les traits des plantes les plus intéressantes, ainsi que les produits les plus remarquables qu'elles fournissent au commerce.

J'ai voulu être court et précis, et j'ai voulu donner ce que la botanique médicale présente de plus positif et de plus important, c'est-à-dire ce que doivent savoir les étudiants en médecine et en pharmacie, pour leurs examens, les praticiens, pour l'exercice de leur art.

J'ai voulu en même temps être utile à ceux qui, à la campagne, où l'on est souvent éloigné de tout secours médical, s'adonnent à l'étude des plantes ; ce travail leur permettra soit de substituer à une espèce absente une espèce analogue, soit d'enrayer la marche de la maladie en attendant l'arrivée du médecin, soit de distinguer les plantes inertes des plantes actives ou vénéneuses, soit enfin d'indiquer aux pauvres gens dont les ressources ne sont pas toujours en harmonie avec le luxe des pharmacies de la ville des remèdes qu'ils ont pour ainsi dire sous la main.

J'ai cherché à me mettre à la portée de tous par la clarté des descriptions, par la précision des détails, par l'abondance des renseignements.

Je serai heureux si j'ai pu inculquer au lecteur le goût de la botanique et augmenter sa confiance dans les propriétés des plantes.

A. HÉRAUD.

Toulon, 15 janvier 1875.

TABLE DES MATIÈRES

FIN DE LA TABLE DES MATIÈRES

PRINCIPAUX AUTEURS CITÉS

Ach.	Acharius.		Grah.	Graham.
Ad. ou Adan.	Adanson.		Gre. ou Gren.	Grenier.
A. D. C.	Alphonse de Candolle.		Guib.	Guibourt.
Ag.	Agardh.		Hanc.	Hancock.
A. Gray	Asa Gray.		Hay.	Hayne.
Ait.	Aiton.		Hoff.	Hoffmann.
All.	Allioni.		Hook.	Hooker.
Andr.	Andrews.		Houtt.	Houttuyn.
A. R. ou A. Rich.	A. Richard.		How.	Howard.
Arn.	Arnott.		Huds.	Hudson.
Aub.	Aublet.		H. B.	Humboldt et Bonpland.
Bail.	Baillon.		H. B. K.	Humboldt, Bonpland et Kunth.
Bal.	Balfour.			
Bauh.	Bauhin.		Jacq.	Jacquin.
Ben.	Bennet.		Jus.	Jussieu.
Bent.	Bentham.		Kæmpf.	Kæmpfer.
Berg.	Berg.		Karst.	Karstein.
Bieb.	Biebel.		Kl.	Klostzsch.
Bl. ou Blum.	Blume.		Koch.	Koch.
Black.	Blackwell.		Kost.	Kosteletzky.
Bois.	Boissier.		Kunth.	Kunth.
Br. ou R. Br.	Robert Brown.		L. ou Lin.	Linné.
Brandt	Brandt.		L. f. ou Lin. fils.	Linné fils.
Brey.	Breyne.		Lab.	Labillardière.
Bul.	Bulliard.		Lag.	Lagasca.
Bung.	Bunge.		Lamb.	Lambert.
Cer.	Cervantès.		Lam.	Lamarck.
Cham.	Chamisso.		Lamx.	Lamouroux.
Chev.	Chevalier.		Lev.	Léveillé.
Col.	Colladon.		Lhér.	Lhéritier.
Coleb.	Colebrooke.		Link.	Link.
Crantz.	Crantz.		Lob.	Lobel.
D. C.	De Candolle.		Lois.	Loiseleur-Deslongchamps.
Del.	Delile.		Lyng.	Lyngbye.
Del. et Bouch.	Delondre et Bouchardat.		Mart.	Martius.
Desc.	Descourtils.		Mat.	Matthiole.
Desf.	Desfontaines.		Mér.	Mérat.
Desr.	Desrousseau.		Mich.	Michaux.
Dod.	Dodoëns.		Mil.	Miller.
Don.	Don.		Miq.	Miquel.
Dry.	Dryander.		Mœn.	Mœnch.
Dub.	Duby.		Moon	Moon.
Duch.	Duchartre.		Moq.	Moquin-Tandon.
Ehrh.	Ehrhardt.		Mor.	Moritzi.
Endl.	Endlicher.		Mur.	Murray.
Falc.	Falconer.		Mut.	Mutis.
Fée.	Fée.		Nees.	Nees von Esenbeck.
Forst.	Forst.		Olivier.	Olivier.
Flück.	Flückiger.		Palis.	Palissot de Beauvois.
Fries	Fries.		Paul.	Paulet.
Gærtn.	Gærtner.		Pel.	Pelletan.
Gay	Gay.		Perrot.	Perrottet.
Gal.	Gallesio.		Pers.	Persoon.
Godr.	Godron.		Plum.	Plumier.
Gom. et Brot.	Gomez et Brotero.		Pohl.	Pohl.

R. et P.	Ruiz et Pavon.	Spreng.	Sprengel.
Ramp.	Rampon.	Stein.	Steinheil.
Retz.	Retz.	Sw.	Swartz.
Ris.	Risso.	T. ou Tour.	Tournefort.
Roq.	Roques.	Ten.	Tenore.
Rosc.	Roscoé.	Th. ou Thun.	Thunberg.
Roth.	Roth.	Thw.	Thwaites.
Roxb.	Roxburg.	Tri. et Pl.	Triana et Planchon.
Roy.	Royle.	Tul.	Tulasne.
Rumph.	Rumphius.	Tur.	Turner.
Schæf.	Schæffer.	Tus.	Tussac.
Schied.	Schiede.	Vent.	Ventenat.
Schlecht.	Schlechtendal.	W. ou Wild.	Willdenow.
Schrad.	Schrader.	W. et Kit.	Waldstein et Kitaibel.
Scop.	Scopoli.	Wall.	Wallich.
Ser.	Seringe.	Wed.	Weddel.
Sieb.	Sieber.	Wend.	Wendland.
Sm.	Smith.	Wight.	Wight.
Spach.	Spach.		

ABRÉVIATIONS

① Plante annuelle.   ♃ Plante vivace.

— bisannuelle.   ♄ Arbre.

ERRATA

Page	ligne	au lieu de	lisez
50	27	ornées	armées.
116	43	pedicules	pellicules.
130	9	♃	♄
139	28	3 lobes	2 lobes.
141	24	conine	conicine.
157	39	100	1 000.
161	27	à 2 lobes	à 5 lobes.
229	9	en sac	en scie.
232	30	$C^{12}H^{10}OO^{10}$	$C^{12}H^{10}O^{10}$.
259	38	mature	matrice.
279	39	résineuse	non résineuse.
290	3	(ou chicon)	(Romaine ou chicon).
323	5	fermentation	distillation.
326	9	conjonctive	conjonctivite.
339	29	hileh	hile (h).
347	12	*tomensa*	*tomentosa*.
361	17	Il	Le salep.
371	22	dressées, âpres	dressées âpres.
394	6	plus	moins.

NOUVEAU DICTIONNAIRE

DES

PLANTES MÉDICINALES

ABSINTHE OFFICINALE. *Arthemisia absinthium* L., *A. officinale* Rich., *A. vulgare* Lam. Grande absinthe, A. commune, Aluine, Armoise-absinthe. Herbe aux vers. De ἀ privatif et ψίνθος, douceur, à cause de la saveur amère de la plante. SYNANTHÉRÉES-SÉNÉCIONIDÉES.

Description (fig. 1). — Plante de 6 décimètres à 1 mètre, pubescente, d'un gris cendré, d'une saveur amère et aromatique. Racine dure, rameuse, portant de nombreuses fibres grêles et cylindriques, et émettant des jets stériles courts et très-feuillés. Tiges dressées, très-rameuses supérieurement, herbacées, dures, cannelées. Feuilles alternes, pétiolées, pennatiséquées, d'autant plus découpées qu'elles sont plus inférieures, devenant, en haut, simples, allongées et obtuses; leurs deux faces sont pubescentes et blanchâtres; l'inférieure un peu plus verte que la supérieure. Fleurs (juillet-août) d'un vert jaunâtre, petites, globuleuses, formant une grappe allongée et pyramidale de capitules unilatéraux et pendants. Involucre hémisphérique, à bractées extérieures linéaires, scarieuses au sommet. Réceptacle convexe, velu. Fleurons du centre hermaphrodites, fertiles, sans apparence de calice, à corolle tubuleuse, 5-fide, contenant 5 étamines alternes. Anthères biloculaires introrses, soudées entre elles, se terminant par un appendice étroitement lancéolé. Ovaire nu, infère. Style cylindrique, grêle et dressé. Stigmate bifide. Fleurons de la circonférence, femelles, irréguliers, grêles, filiformes, terminés par 2 dents. Fruit (*achaine*) obovale, sans aigrette, très-petit. ♃.

Habitat. — Elle croît dans les lieux incultes et arides des régions centrales et méridionales de l'Europe.

Culture. — On la cultive dans les jardins, mais la culture lui fait perdre en partie ses propriétés. Elle a besoin d'une terre légère et d'une bonne exposition au soleil; elle craint le froid et l'on doit la protéger pendant l'hiver à l'aide de paillis.

Parties usitées. — Les feuilles et les sommités fleuries. On préfère les feuilles, qui sont plus amères.

Récolte, dessiccation, conservation. — On récolte la plante au moment de la floraison, on la dispose alors en petits paquets peu serrés qu'on suspend en guirlandes dans le grenier ou dans le séchoir pour en opérer la dessiccation. Les sommités d'absinthe achetées dans le commerce doivent avoir de 5 à 6 décimètres de longueur, et porter des feuilles nombreuses non tachées, très-odorantes et très-amères.

Composition chimique. — L'absinthe contient : *huile volatile, deux matières amères, l'une azotée, l'autre résineuse, matière azotée insipide, chlorophylle, albumine, fécule particulière, tannin, des sels et entre autres de l'absinthate de potasse.* L'huile essentielle est d'un vert foncé, elle devient incolore par une rectification convenable. Mein et Luch ont décrit sous le nom d'*absinthine* une substance encore assez mal connue et

FIG. 1. — Grande absinthe.

qui serait le principe amer. Cette absinthine se présente sous forme de gouttes résineuses pouvant se transformer à la longue en une masse cristalline jaune, son odeur rappelle celle de l'absinthe, sa saveur est très-amère, elle est soluble en partie dans l'eau, très-soluble dans l'alcool, peu soluble dans l'éther. Le *sel d'absinthe*, si usité autrefois et que l'on obtenait en lessivant les cendres de la plante, est principalement formé de carbonate de potasse.

Formes pharmaceutiques, doses. — 1° Poudre, 1 à 2 grammes comme tonique, 4 à 16 grammes comme vermifuge. 2° Infusion, pp. 5 : 1000. 3° Vin, 30 à 125 grammes. 4° Eau distillée, 25 à 100 grammes. 5° Suc frais, 5 à 15 grammes. L'huile essentielle étendue de huit fois son poids d'huile d'olive se prescrit à la dose de 50 à 100 grammes, en frictions sur le ventre, comme vermifuge. La plante fraîche est toujours plus efficace que la plante sèche, les préparations à froid sont plus actives que celles obtenues par l'intervention de la chaleur.

Action physiologique. — A petite dose, l'absinthe agit à la façon d'un tonique amer, aromatique; elle excite l'appétit et favorise la digestion; néanmoins, chez quelques individus, elle produit des phénomènes inverses. A haute dose, elle détermine de la chaleur à l'estomac, une sensation de brûlure à l'épigastre, de la soif et de l'excitation générale. L'odeur pénétrante de l'absinthe se communique à la chair et au lait des animaux qui en font usage; le lait devient amer et peut être une cause de malaise pour le nourrisson.

Usages. — C'est un stimulant diffusible et un tonique qu'on emploie avec avantage soit seul, soit associé à des substances analogues dans les affections atoniques de l'estomac et du tube digestif. On a également indiqué l'absinthe : dans la chlorose, les pollutions nocturnes (Rousse), dans l'anasarque, l'anémie et toutes les formes de la cachexie paludéenne (Cazin). On l'a préconisée, comme anthelminthique, contre les ascarides lombricoïdes et le tænia; comme emménagogue, dans l'aménorrhée par inertie utérine, ou débilité générale. Elle est contre-indiquée chez les individus à tempérament bilieux ou sanguins et toutes les fois qu'il y a irritation de l'estomac, du tube intestinal, ou tendance aux congestions cérébrales. A l'extérieur, elle passe pour détersive et antiseptique; sa décoction est employée en lotions sur les ulcères atoniques.

ABSINTHE MARITIME. *Artemisia maritima* L.

Description. — Cette plante a beaucoup d'analogie avec l'absinthe officinale; toutes ses parties sont pourtant plus grêles, plus blanches, plus duveteuses, ses feuilles sont plus étroites; sa saveur est moins amère et son odeur se rapproche de celle de la mélisse. Elle croît abondamment dans les marais de la Saintonge. Dans les campagnes de l'Ouest, elle est très-usitée comme vermifuge sous le nom de

Sanguenitte, on la donne à la dose de 4 à 15 grammes dans de l'eau ou du lait, on l'emploie aussi comme tonique.

ABSINTHE PONTIQUE OU ROMAINE. *Petite absinthe (A. pontica L)* (fig. 2).

Description. — Cette plante, particulière au midi de l'Europe, n'a que 50 centimètres de haut. Ses tiges sont nombreuses, très-rameuses; ses feuilles fort petites.

Sa saveur est moins amère et son action plus faible que celle de la grande absinthe; elle est employée dans les mêmes cas.

Liqueur d'absinthe. — On désigne sous ce nom la teinture concentrée d'absinthe qui, depuis quelques années, est devenue un danger social, par suite de la consommation immodérée qu'en font certains individus. On en trouve, dans le commerce, diverses espèces qu'au point de vue vénal on peut classer ainsi : *A. ordinaire, A. demi-fine, A. fine, A. suisse.* Ces liqueurs s'obtiennent soit par distillation de l'alcool à 85° sur la plante, soit par mélange de l'alcool avec l'essence; mais la grande absinthe est rarement employée seule, et la petite absinthe, l'hyssope, la mélisse, l'anis, la badiane, le fenouil, la coriandre, interviennent dans la préparation soit directement, soit par leur essence. La coloration en vert foncé résulte d'une adjonction d'infusion de petite absinthe; on se sert souvent de la luzerne ou de l'ortie pour les qualités inférieures. Un petit verre d'absinthe renferme en moyenne 20 centimètres cubes d'alcool pur, 10 milligrammes d'essence d'absinthe et 85 milligrammes d'essences diverses; le degré alcoolique est d'ailleurs d'autant plus élevé que le liquide a plus de valeur vénale. Si l'on tient compte des faibles quantités d'alcool et d'essence que contient la liqueur d'absinthe, on voit qu'à la dose de un à deux verres par jour elle ne peut avoir qu'une influence légère sur le consommateur; malheureusement l'attrait de cette boisson est tel qu'insensiblement le buveur arrive à absorber journellement 5, 10, 15, 20, 30 verres de ce liquide et se trouve alors sous l'influence de doses croissantes d'alcool et d'essence. Ainsi,

Fig. 2. — Absinthe pontique.

dans ces différents cas, les doses d'alcool absolu seraient de 121, 242, 363, 484, 726 centimètres cubes, et les doses d'essence de 425, 850, 1275, 1700, 2500 milligrammes ; de plus, ici, l'absorption sera très-rapide, puisqu'elle n'est point retardée, comme dans le vin, par des matières extractives astringentes ou sucrées. Il y a donc deux causes qui peuvent expliquer les déplorables résultats de l'absinthe : 1° la quantité considérable d'alcool ingérée ; 2° la présence d'une huile essentielle capable de produire, quand la dose est suffisante, des crises convulsives en tout point comparables à celles de l'épilepsie (Marcé, Magnan, Challand). C'est par la fréquence de la complication épileptique que les accidents morbides produits par la liqueur d'absinthe se distinguent de ceux qui sont dus à l'abus de l'alcool ordinaire, mais il convient de remarquer que dans l'*absinthisme*, les effets nocifs habituels de l'alcool se manifestent avec leurs caractères spéciaux et se surajoutent toujours à ceux que fait naître l'huile essentielle.

ACACIE ARABIQUE. *Acacia arabica* Wild., *A. nilotica* Del., *Mimosa nilotica* L., *M. arabica* Roxb. Gommier rouge. De ἀκή, pointe, par allusion aux piquants que présentent plusieurs espèces. LÉGUMINEUSES-MIMOSÉES.

Description (fig. 3). — Arbre de 2 à 6 mètres de hauteur. Racines dures, ligneuses, pivotantes, ramifiées. Tronc dressé ligneux, présentant une écorce brune, un aubier jaunâtre, un bois très-dur, d'un brun rougeâtre. Rameaux cylindriques, glabres et rougeâtres. Feuilles alternes, bipinnées, portant 2 à 8 paires de pinnules opposées, formées chacune de 1 à 20 paires de folioles, longues de 4 à 5 millimètres, allongées, obtuses, entières, imparfaitement glabres. Pétiole commun légèrement velu, présentant à sa base 2 épines latérales, horizontales, inégales, blanchâtres, qui ne sont que des stipules lignifiées ; au niveau de toutes les paires de pinnules ou plus fréquemment au niveau des premières et des dernières, on trouve une glande cupuliforme. Fleurs jaunes, disposées en capitules sphériques, naissant au nombre de 2-6 à l'aisselle des feuilles supérieures, portés par des pédoncules articulés vers le milieu, où ils présentent un petit involucre de 2 à 4 dents. Chaque capitule est d'environ 60 fleurs. Calice monosépale à 5 dents, couvert de poils denses. Corolle deux fois plus longue que le calice, tubuleuse, terminée par 5 dents obliques. Étamines 70, 80, saillantes, un peu monadelphes inférieurement. Anthères petites, arrondies, à 2 loges. Ovaire uniloculaire, pédiculé, allongé. Style long, filiforme. Le fruit (fig. 4) est une longue gousse offrant 5 à 8 étranglements, plane, glabre, roussâtre ou brune. Graines arrondies, lisses. ♄.

Habitat. — L'acacie arabique est très-répandue dans l'Inde, l'Égypte, l'Arabie, le Sénégal et jusqu'au cap de Bonne-Espérance.

Ses formes ou variétés principales sont au nombre de 4, qu'on a appelées : *Nilotica, Tomentosa, Indica, Kraussiana*. C'est la première de ces variétés qui constitue, en grande partie du moins, l'*A. vera* des auteurs (Baillon).

Partie usitée. —La gomme (*Gomme arabique, Gomme du Sénégal*) qui s'écoule de ces arbres soit naturellement, soit à la suite

Fig. 3. — Acacia nilotica.　　　Fig. 4. — Fruit d'acacia nilotica.

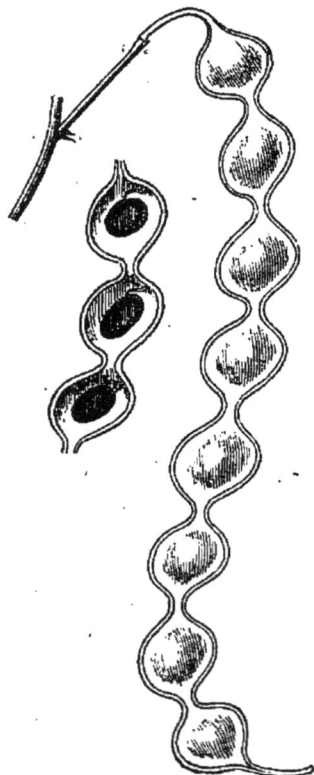

d'incisions pratiquées aux branches. Cette substance n'est pas engendrée par l'écorce, comme on l'a prétendu ; c'est une production pathologique du corps ligneux. La gomme du Sénégal est exsudée principalement par la variété *Tomentosa* (Neb-neb des Yoloffs) ; la gomme de l'Inde par la variété *Indica*. D'ailleurs on trouve, dans les pays qui produisent la gomme, d'autres acacias qui en fournissent également, en dehors de ceux que nous venons de signaler. Tels sont : au Sénégal, l'*A. adstringens*, qui donne la gomme *gonaté* ou *gonatié*, les *A. fasciculata, neboeb, Sénégal, seyal, vereck* ; en Mauritanie, l'*A. gummifera ;* dans l'Afrique orientale et en Arabie, les *A. Ehrenbergii, seyal, tortilis;* dans l'Afrique australe, les *A. Capensis, horrida;* dans l'Inde, les *A. leucophœa;* dans l'Australie, les *A. decurrens, homalophylla, melanoxylon, mollissima, pycnantha, Sophoræ* (Baillon). Toutes ces gommes sont plus ou moins analogues à celle d'Arabie ou du Sénégal.

La gomme arabique proprement dite ou *turique* est solide, en morceaux peu volumineux et irrégulièrement arrondis, blancs ou plus ou moins roux, ridés, souvent brisés, transparents, mais paraissant opaques quand on les regarde en masses, car ils se sont fendillés et séparés en petits fragments. Elle vient de Smyrne, d'Alexandrie, de Beyrouth. Aujourd'hui elle est complétement remplacée dans le commerce français par la gomme du Sénégal, à laquelle on a transporté le nom de gomme arabique. La gomme du Sénégal diffère de la gomme arabique véritable par la propriété de ne pas se fendiller, ni se diviser spontanément par la dessiccation. On en distingue deux variétés : celle DU BAS DU FLEUVE et celle DU HAUT DU FLEUVE ou DE GALAM. La première est tantôt en larmes de grosseur variable, de couleur blanche, blonde ou rouge, tantôt en morceaux sphériques ou ovales (*marrons*) qui peuvent atteindre le poids de 500 grammes. Elle est transparente; sa cassure est vitreuse, brillante; son odeur et sa saveur nulles; l'eau la dissout, en formant un soluté moins visqueux que celui formé par la gomme adragante et qui se trouble par l'oxalate d'ammoniaque, tandis que l'alcool le précipite complétement. La deuxième paraît menue et brisée comme du gros sel; ses fragments, souvent vitreux et transparents à l'intérieur, sont recouverts d'une couche fendillée et opaque; elle se rapproche beaucoup de la gomme arabique véritable. Au reste, la gomme venant d'Arabie et celle qui est récoltée au Sénégal sont identiques au point de vue thérapeutique.

Composition chimique.—La gomme arabique contient : *Eau* 16,1, *cendres* (*carbonates de potasse et de chaux*) 2,8; *arabine* 81,1. L'arabine, $C^{12}H^{10}O^{10}$, se présente sous la forme de fragments irréguliers, d'aspect vitreux, à cassure brillante et conchoïde, friables, inodores, insipides, très-solubles dans l'eau qu'ils rendent visqueuse, insolubles dans l'alcool.

Formes pharmaceutiques, doses. —On la donne : 1º à dose illimitée, en morceaux, qu'on laisse fondre lentement dans la bouche; 2º en tisane, par macération, pp. 15 à 30 : 1000; 3º en sirop; 4º en pastilles; 5º en potion (julep gommeux). Elle est la base de toutes les pâtes médicinales (pâtes de guimauve, de jujube, de datte, pectorale, de lichen, de réglisse).

Action physiologique. —L'action physiologique de la gomme arabique est presque nulle. Cette substance agit seulement comme un adoucissant local, un enduit qui met les surfaces irritées à l'abri du frottement, du contact de l'air et des corps étrangers. En retenant l'eau qu'elle a absorbée, elle supplée au défaut du mucus normal, elle lubrifie les membranes avec lesquelles elle se trouve en contact. Par sa présence, elle modifie les phénomènes osmotiques à la surface des muqueuses; non-seulement elle s'oppose à l'absorption, mais encore elle entrave les phénomènes d'exosmose qui tendent à se produire dans le canal intestinal sous l'influence des boissons aqueuses exagérées.

Usages. — La gomme arabique est un adoucissant des plus employés dans les irritations de la gorge, du tube digestif, des voies urinaires. C'est l'intermède le plus usité pour administrer les substances insolubles dans l'eau, telles que les résines, les huiles fixes et volatiles. La poudre sert à arrêter l'écoulement sanguin provenant de la piqûre des sangsues. Les *bablads* ou fruits de l'acacie arabique sont utilisés, dans les pays où l'arbre végète, pour préparer des infusions astringentes usitées dans les affections des muqueuses, des yeux, de la gorge. L'écorce est astringente et tonique; au Sénégal on l'emploie contre la dysenterie.

ACACIE CACHOU. *Acacia catechu* Willd., *Mimosa catechu* Lin. f. Terre du Japon. Catechu dérive de *cate*, arbre, et *chu*, suc, en indou et en sanscrit. LÉGUMINEUSES-MIMOSÉES.

Description (fig. 5). — Arbre de 12 à 15 décimètres de hauteur, blanchâtre extérieurement, d'un brun foncé à l'intérieur, à rameaux cylindriques, pubescents au sommet. Feuilles alternes, grandes, bipinnées, présentant 12 paires de pinnules soutenant chacune jusqu'à 50 paires de folioles, aiguës, entières, pubescentes des deux côtés. Ces feuilles sont munies à la base de stipules épineuses, comprimées et un peu recourbées en crochets; entre chaque paire de folioles et à la base du pétiole commun, on rencontre une glande déprimée. Fleurs jaunes, disposées en épis pédonculés placés à l'aisselle des feuilles supérieures. Calice à 5 dents. Corolle à 5 pétales soudés à la base. Étamines nombreuses, filets libres, anthères biloculaires, introrses. Ovaire monoloculaire, sessile; style terminal; stigmate non dilaté. Fruit (*gousse*) allongé, lancéolé, plan, contenant 3 à 6 graines. ♄.

Habitat. — L'acacie cachou habite les Indes orientales, il est très-commun au Bengale, surtout dans la province de Bahar.

Partie usitée. — L'extrait obtenu du bois, par décoction, ou *Cachou*. Cet arbre n'est point le seul pourtant qui fournisse du cachou à la matière médicale, car les fruits de l'*Areca catechu* L., PALMIERS, les feuilles du *Nauclea* ou *Uncaria gambir*, RUBIACÉES, donnent des produits qui, malgré leur diversité d'origine, ont tous des propriétés semblables dues à la présence d'un principe particulier, l'*acide cachutique*. Néanmoins, l'acacia catechu paraît être la source du cachou officinal ou *Cachou* de *Pégu*.

Cachou. — Pour préparer le cachou, on prend la partie centrale de l'arbre, qui est d'un rouge foncé tirant même sur le noir, et on la divise en copeaux qu'on fait bouillir avec de l'eau dans un vase à étroite ouverture. Quand le liquide a diminué de moitié, on le verse dans un vase de terre plat et on le réduit des deux tiers, par l'action du feu. La matière est alors laissée en repos pendant un jour, puis épaissie au soleil et enfin versée sur une natte ou un drap saupoudré de cendres de bouse de vache préparée. La masse devenue solide est ensuite divisée en morceaux quadrangulaires qu'on achève de dessécher au soleil.

On connaît plusieurs variétés de cachou, les principales sont : 1° le

FIG. 5. — Acacie cachou.

Cachou terne et parallélipipède (Guibourt), en pains carrés de 54 mill. de côté sur 27 mill. d'épaisseur; sa surface est exempte de glumes de riz, sa texture est comme schistoïde, il se rompt en morceaux noirâtres à l'extérieur, grisâtres à l'intérieur; 2° le *Cachou brunâtre en gros pains parallélipipèdes* (Guibourt); il est en pains carrés de 10 centimètres de côté et de 6 centimètres d'épaisseur, pesant 6 à 700 grammes, brun grisâtre à la surface, brun hépatique à l'intérieur, un peu luisant, présentant çà et là quelques petites cavités, sa saveur un peu amère est suivie d'un goût sucré assez agréable. D'après le Codex de 1866, la seule espèce officinale, « parce qu'elle est une des meilleures et qu'elle a pris la place des autres dans le commerce, est le *Cachou* de Pégu ou Cashcuttie », qui se présente en pains rectangulaires d'un brun foncé, solides et fragiles, d'une saveur amère et astringente, à laquelle succède un faible goût sucré. Aujourd'hui le cachou du commerce arrive sous forme de gros pains aplatis de 40 à 50 kilog. coulés sur des feuilles et enveloppés d'une toile grossière (Dorvault).

Composition chimique. — Le cachou contient : un *tannin particulier* (acide cachoutannique ou mimotannique), *catéchine* (acide cachutique, catéchutique ou tanningénique), *matière extractive, mucilage, fécule.* On y trouve en outre des matières étrangères, telles que sable, argile, etc. L'acide cachoutannique précipite en vert les persels de fer.

Formes pharmaceutiques, doses. — Les formes pharmaceutiques sont très-variées, nous citerons : 1° la poudre, 5 centigrammes à 1 gramme ; 2° l'infusé, pp. 5 à 10 : 1000 ; 3° la teinture, 2 à 30 grammes ; 4° le sirop, 20 à 100 grammes ; 5° les tablettes de 10 centigrammes, dose, 4 à 30 tablettes ; 6° l'extrait : ce dernier n'a pas la saveur agréable du cachou brut, 10 centigrammes à 2 grammes. Le cachou entre dans le diascordium, le cachou de Bologne ou cachou des fumeurs, préparation très-usitée pour masquer l'odeur du tabac. On doit éviter de l'associer aux sels de fer, de plomb, d'antimoine, aux alcaloïdes, aux substances albumineuses et féculentes.

Action physiologique. — Par suite de la grande quantité de tannin qu'il contient (environ 50 p. 100), le cachou peut être considéré comme un des plus puissants astringents connus.

Usages. — A l'extérieur, on emploie la teinture de cachou pour favoriser la cicatrisation des ulcères, des excoriations, des gerçures et surtout de celles du mamelon. A l'intérieur, il est usité dans la diarrhée chronique, dans les dyspepsies atoniques, dans les catarrhes bronchiques. On l'a également indiqué, en injections, dans la leucorrhée, la blennorrhagie ; comme tous les astringents, il peut être utile dans les hémorrhagies ; il modifie heureusement l'état scorbutique de la bouche, il a la propriété de corriger la fétidité de l'haleine.

On donne le nom de *Gambir cubique* à une espèce de cachou extrait par décoction des feuilles de l'*Uncaria gambir* Roxb., RUBIACÉES, et qui se présente en pains cubiques de 2 centimètres ; sa cassure est pâle et terreuse. Le KINO DE L'INDE ou D'AMBOINE, suc desséché du *Pterocarpus marsupium* Roxb., LÉGUMINEUSES, est une autre substance tannique dont l'action se rapproche beaucoup de celle du cachou, sans pourtant l'égaler, et qui sert à peu près dans les mêmes cas.

ACHE ODORANTE. *Apium graveolens* L. Ache puante, Ache, Persil, ou Céleri des marais. OMBELLIFÈRES-AMMINÉES.

Description (fig. 6). — Plante de 2-6 décimètres, très-odorante, un peu nauséeuse ; l'odeur présente une certaine analogie avec celle du persil, mais elle est plus forte. Racine grosse, pivotante, rameuse, fibreuse, blanche en dedans, roussâtre en dehors. Tiges assez nombreuses, droites, cannelées, noueuses, fistuleuses, verdâtres, glabres ; rameaux étalés. — Feuilles luisantes, un peu charnues, polymorphes ; les radicales pétiolées, opposées, pinnatiséquées, à 5 segments cunéiformes à la base, incisés, lobés et dentés au sommet ; les supérieures sessiles, alternes, à gaîne étroite et bordée de blanc, à segments plus petits et plus étroits. Fleurs (juillet-septembre) hermaphrodites ; d'un blanc jaunâtre, en ombelles courtement pédonculées et même sessiles, terminales ou latérales, à 6-12 rayons courts et inégaux ; involucre et involucelle nuls. Calice à peine développé, en forme d'anneau. Corolle à 5 pétales petits, roulés en dedans, disposés en roue autour d'un disque déprimé. Étamines 5, courtes. Styles 2, réfléchis sur un ovaire infère. Fruit formé de 2 méricarpes petits, ovales, oblongs, bruns, à côtes blanches.②.*Ne pas confondre* avec l'Ache des montagnes ou Livèche (*Ligustrum levisticum* L.), qui est plus petite et plus aromatique.

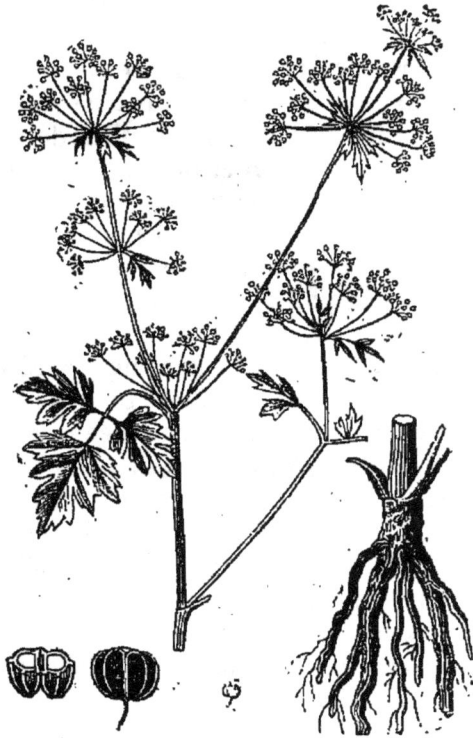

FIG. 6. — Ache odorante.

Habitat. — On la rencontre partout, en France, dans les prairies humides et les marais, surtout sur les côtes de la Méditerranée et de l'Océan, ainsi que dans les lieux salés de l'intérieur des terres. Elle est surtout commune dans le Midi.

Culture. — L'ache odorante n'est pas cultivée, car elle perdrait ses propriétés médicinales par la culture : aussi deux variétés de cette plante, le céleri ordinaire et le céleri rave que l'on rencontre dans les jardins et dont les racines sont usitées comme aliments, n'ont-elles acquis le droit de figurer parmi les plantes potagères qu'en perdant une grande partie de leurs principes aromatiques.

Parties usitées. — La racine, les feuilles et les fruits.

Récolte, dessiccation, conservation. — La racine doit être récoltée la deuxième année, elle est alors plus active, on peut la recueillir en tout temps, pourvu que la plante ne soit ni en fleur, ni en graine. Son suc est jaunâtre, son odeur forte, aromatique, analogue à celle de l'angélique, sa saveur aromatique, âcre et amère. L'odeur disparaît en grande partie par la dessiccation. On connaît, dans le commerce, deux sortes de racine d'ache, appartenant à des plantes de la famille des ombellifères ; l'A. des montagnes ou Livèche, et celle des marais ou *Palupadium*. Cette dernière provient d'Allemagne, elle est rare en France ; on la trouve en tronçons de la grosseur du pouce, souvent fendus longitudinalement ; sa couleur est jaunâtre au dehors, blanchâtre au dedans. Les fruits sont recueillis à la fin de l'été. Les feuilles doivent être employées fraîches.

Composition chimique. — L'ache contient : *huile volatile incolore, huile grasse, bassorine; matière brune extractive, matière gommeuse, mannite, soufre, chlorure et azotate potassiques.*

Formes pharmaceutiques, doses. — 1° Infusion ou décoction des racines, pp. 30 à 60 gr. : 1000, usage interne; 50 à 100 gr. : 1000, usage externe. 2° Suc des feuilles, 30 à 60 gram. comme diurétique, 100 à 200 comme fébrifuge. 3° Sirop, 30 à 60 gram. L'ache était une des 5 racines apéritives des anciens, elle entre dans le sirop des cinq racines, le sirop de chicorée composé.

Action physiologique. — D'après de Candolle, la racine fraîche serait vénéneuse ou au moins suspecte; cette propriété disparaîtrait par la coction et la dessiccation. La plante possède, d'ailleurs, les propriétés toniques, excitantes, antifébriles, carminatives, qui sont propres aux ombellifères aromatiques.

Usages. — C'est un diurétique que l'on a administré dans les hydropisies, la cachexie paludéenne, l'ictère. Ses feuilles passent pour antiscorbutiques; on a conseillé leur suc et leur extrait comme tonique et fébrifuge. Les fruits, que les anciens plaçaient parmi les semences chaudes majeures, sont aromatiques et stimulants; leur huile essentielle est réputée carminative. A l'extérieur, on a préconisé les feuilles pilées comme résolutives dans les cas de contusion, comme détersives sur les vieux ulcères ; en pommade, avec parties égales de feuilles de menthe pour dissiper les engorgements laiteux ; le remède s'applique chaud sur les mamelles.

ACONIT NAPEL. — *Aconitum napellus* L., *A. cœruleum* Bauh. Tue-loup, Coqueluchon, Napel, Capuchon, Pistolet. De ἀκόνη, rocher, caillou; le nom spécifique dérive de la forme de sa racine, qui est celle d'un petit navet, d'où *napellus*, diminutif de *napus*, navet. RENONCULACÉES-ELLÉBORÉES.

Description (fig. 7). — Plante herbacée de 1 mètre environ de hauteur. Racine pivotante, charnue, napiforme, allongée, noire en dehors, blanchâtre en dedans, rameuse, à 3 ou 4 corps principaux, donnant une foule de ramifications et marqués de stries transversales. Tige droite, ferme, simple, un peu rameuse supérieurement, cylindrique, glabre, d'un vert clair. Feuilles alternes, pétiolées, palmatiséquées, à 5-7 segments allongés, presque cunéiformes, découpés en 2-3 lanières étroites. Fleurs (mai-juin) grandes, bleues, plus rarement blanches ou pourprées, hermaphrodites, irrégulières, formant un long épi au sommet de la tige. Calice irrégulier à 5 sépales inégaux, un supérieur (*casque*) en forme de capuchon, deux latéraux (*ailes*), plans irréguliè rement arrondis, deux inférieurs plus petits, pointus. Corolle primitivement à 8 pétales, mais 2 seulement (*nectaires*) se développent en forme de bonnet phrygien cachés sous le sépale supérieur, les 6 autres sont réduits à l'état de languettes inégales, courtes et colorées. Etamines 30 environ, inégales ; filets élargis et comme pétaloïdes à la base. Anthère biloculaire introrse. Pistil 3, allongé, presque cylindrique, pointu ; l'ovaire, qui en forme la plus grande partie, est à 1 loge contenant une vingtaine d'ovules. Fruit composé de 3 capsules (*follicules*) divergentes dans leur jeunesse, s'ouvrant par une suture longitudinale extérieure. Graines menues, noires, anguleuses, chagrinées. ♃.

Fig. 7. — Aconit napel.

Ne *pas confondre* avec l'*Aconitum cammarum* L. et l'*A. ferox* Wall., qui ont aussi les fleurs bleues, ni avec l'*A. anthora* et l'*A. lycoctonum* L. qui ont les fleurs jaunes. L'aconit féroce, qui croît dans le Népaul et l'Hymalaya, contient un des poisons végétaux les plus redoutables, le *bish* ou *bich* des Indiens.

Habitat. — Il croît naturellement dans les lieux couverts et humides des montagnes de l'Europe, et principalement dans les pâturages élevés du Jura et de la Suisse.

Culture. — L'aconit napel prospère dans tous les terrains et à toutes les expositions, il préfère pourtant les sols pierreux plutôt secs qu'humides. On le reproduit soit par graines semées à l'automne, soit par division des racines. La plante sauvage doit être préférée pour l'usage médical, car la culture fait souvent perdre à l'aconit toutes ses propriétés; elle est plus active dans le Midi que dans le Nord.

Parties usitées. — La racine, les feuilles.

Récolte, dessiccation, conservation. — On récolte les feuilles au mois de juin, on sépare celles qui sont flétries et on les dispose en guirlandes dans le séchoir, à l'abri de la lumière. Elles perdent par la dessiccation les 5/6 de leur poids et une grande partie de leur activité. Quand l'opération est bien conduite, elles gardent leur belle couleur verte. Les racines doivent être récoltées vers la fin de l'hiver. Après les avoir lavées, on les dessèche à l'étuve et on les place dans un endroit obscur et sec. Elles conservent leurs propriétés mieux que les feuilles.

Composition chimique. — L'aconit contient : *chlorophylle, albumine, cire, gomme, acides aconitique et malique,* et enfin deux alcaloïdes, la *napelline ?* (Morson) et l'*aconitine.* Cette dernière base se présente sous deux formes. La première, ou *aconitine amorphe* de Liégeois et Hottot, est celle qu'indique le Codex de 1866; c'est une poudre amorphe, blanche, à peine soluble dans l'eau, soluble dans l'alcool, l'éther, la benzine, le chloroforme, que l'on prescrit à la dose de 1/2 milligramme à 1 milligramme. La deuxième, ou *aconitine cristallisée* de Duquesnel (1871), a pour formule $C^{54}H^{40}AzO^2$? Elle cristallise en tables rhombiques; insoluble dans l'eau, même à 100°, elle est soluble dans l'alcool, l'éther et le chloroforme, l'alcool amylique et la benzine, mais elle ne dissout ni dans la glycérine, ni dans les huiles de pétrole lourdes et légères. On ne lui connaît jusqu'à présent aucune réaction spéciale; elle produit sur la langue une sensation de fourmillement caractéristique. Ce sont les racines qui en contiennent le plus; puis viennent les feuilles, et enfin les semences, qui sont peu actives. On la prescrit à doses très-faibles, 1/2 à 1 milligramme. Pour rechercher l'aconitine dans les cas d'empoisonnements, il faut employer la dyalise d'abord, puis le procédé de Stas. Le principe âcre volatil auquel on a attaché pendant longtemps les propriétés irritantes de l'aconit n'existe pas et ces propriétés sont dues exclusivement à l'aconitine (Hottot).

Formes pharmaceutiques, doses. — 1° Extrait avec le suc de feuilles, 5 à 20 centigram. 2° Extrait alcoolique avec feuilles sèches, 1 à 5 centigr. 3° Alcoolature de feuilles, 1 à 8 gram. 4° Sirop, 10 à 80 gram. 5° Extrait alcoolique de racines; il est 25 fois plus actif que celui de feuilles, et on ne doit l'administrer que sur une prescription formelle. La poudre et la teinture de feuilles sèches sont de mauvaises préparations, car la dessiccation fait perdre à cette partie du végétal presque toute son activité. Les préparations d'aconit, quand elles ont été bien exécutées, sont, dans tous les cas, préférables aux aconitines du commerce, qui se présentent le plus ordinairement sous forme de granules et dont il est difficile de connaître la véritable nature. D'ailleurs, ces préparations étant très-variables dans leurs résultats, l'on doit toujours commencer par de faibles doses et surveiller attentivement les effets, car une foule de circonstances telles que le mode de dessiccation et de conservation de la plante, les conditions de température dans lesquelles on a opéré, influent sur l'énergie du remède. Les divers aconits que nous avons énumérés plus haut peuvent être substitués à l'A. napel. Ceux à fleurs bleues et à fruits divergents sont plus actifs que ceux à capsules convergentes. Au point de vue des propriétés toxiques, on peut les classer dans l'ordre suivant, en commençant par les plus actifs : *A. ferox, napellus, lycoctonum, anthora, cammarum.*

Action physiologique. — L'aconit est une plante vénéneuse. C'est la racine dont on a surtout étudié l'action. Si on l'applique sur une région où les téguments sont fins, ou si l'on a préalablement frictionné la peau, on observe une chaleur intense, des picotements, des démangeaisons, puis un engourdissement avec sentiment de pesanteur et de tension. A l'intérieur, elle détermine une action irritante locale sur les voies qu'elle traverse, une impression de chaleur à l'estomac, des nausées, des coliques, une sensation d'engourdissement sur les nerfs périphériques de la sensibilité et spécialement sur le trijumeau, de la faiblesse musculaire, une diminution du pouls et du mouvement respiratoire, des sueurs générales, de la diurèse, du refroidissement, la dilatation de la pupille. Si la dose est toxique, il y a paralysie, convulsions tétaniques, coma vigil final, mort. On ne connaît jusqu'à présent aucun antidote ni spécifique certain. On doit, dans le cas d'empoisonnement, favoriser les vomissements et instituer le traitement d'après les indications symptomatologiques.

Usages. — L'action de l'aconit sur les nerfs périphériques le fait employer dans les névroses et les névralgies, principalement dans la sciatique, les névralgies faciales, l'odontalgie (frictions sur les gencives avec la teinture ou tampon imbibé de ce liquide dans la dent cariée), la migraine de forme névralgique, la surdité sans lésions apparentes, l'angine de poitrine. On l'administre dans les palpitations nerveuses ou rhumatismales, avec douleur précordiale et l'hypertrophie, à cause de son effet déprimant sur le cœur. Cette action dépressive s'étendant à l'appareil respiratoire, on a préconisé l'aconit dans les affections pulmonaires où domine l'élément nerveux, l'asthme dynamique, la coqueluche, la toux nerveuse. Les chanteurs s'en servent avec succès pour combattre l'enrouement. On l'a également conseillé dans les hydropisies passives, probablement à cause de son action diurétique ; dans le rhumatisme aigu et la goutte, par suite de ses propriétés contro-stimulantes. Son efficacité pour combattre ou pour prévenir la diathèse purulente et certaines maladies qui s'en rapprochent, telles que la fièvre puerpérale, le farcin, n'est point encore établie d'une manière incontestable.

L'aconitine est également employée dans la plupart des affections que nous venons d'énumérer ; on l'a aussi recommandée dans l'hypertrophie du cœur, les anévrysmes de l'aorte, où elle agirait en déprimant l'activité cardiaque ; elle paraît avoir donné quelques résultats encourageants dans le tétanos.

ACORE AROMATIQUE.

Calamus aromaticus Bauh., *Acorus calamus* L., Acore vrai, A. odorant. Canne ou roseau aromatique. De ῎Ακορον, qui dérive de κόρη, prunelle, les Grecs attribuant à cette plante des vertus antiophthalmiques. AROÏDÉES-CALLACÉES.

Description (fig. 8). — Plante herbacée ayant l'aspect de nos iris. Rhizome cylindrique, horizontal, présentant d'espace en espace des nœuds avec cicatrice des feuilles, et à la partie inférieure des fibres radicales nombreuses. Feuilles de 5-6 décimèt., alternes, engainantes à la base, ensiformes, à 2 tranchants. Hampe aplatie, plus longue que les feuilles. Fleurs (juin-juillet) petites, jaunâtres, hermaphro-

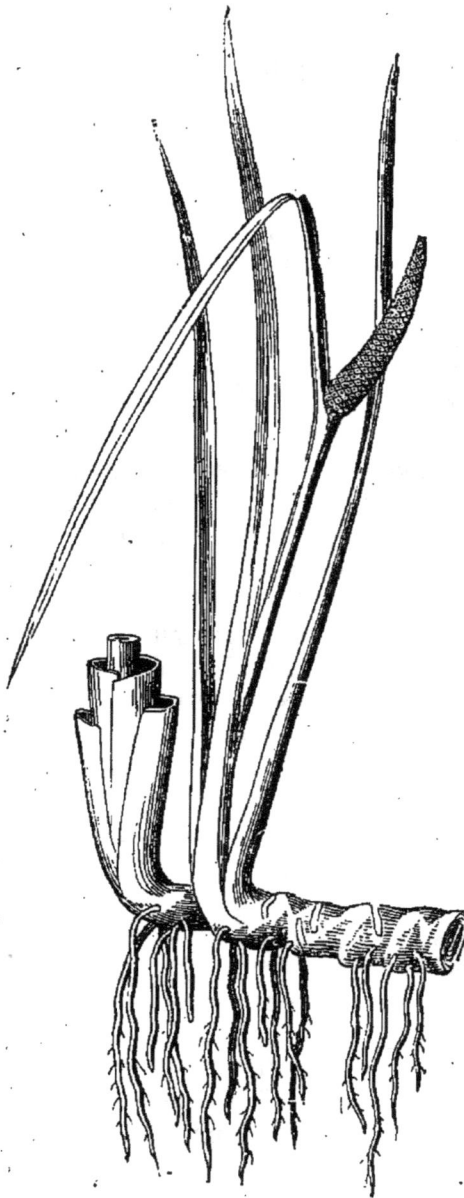

Fig. 8. — Acore aromatique.

dites, formant un spadice très-dense, sessile, s'élevant latéralement sur la hampe prolongée en un appendice étroit et foliacé. Périanthe à 6 folioles scarieuses. Étamines 6, libres. Ovaire supère, stigmate sessile. Fruit (*capsule*) triangulaire à 3 loges, entouré par le calice persistant et contenant 3 semences. ♃. *Ne pas confondre* avec l'*Iris pseudo-acorus*, dont les feuilles présentent une certaine ressemblance, ni avec le *Calamus aromaticus* des anciens, qui serait produit par une Gentianée (Guibourt).

Habitat. — Cette plante est très-commune dans les eaux stagnantes, les bords des rivières et des ruisseaux, en Alsace, en Bretagne, en Normandie, en Belgique.

Culture. — Sa culture est facile dans les lieux humides et marécageux. On la reproduit au printemps ou à l'automne, en plantant, à fleur de terre, les éclats de rhizome.

Partie usitée. — Le rhizome.

Récolte, dessiccation, conservation. — On le recueille au printemps et à l'automne, pour le faire sécher. Dans le commerce, on le trouve en fragments de la grosseur du doigt, comprimés et comme articulés, présentant sur l'un des côtés les restes des racines, et sur l'autre les vestiges des feuilles. Son odeur est suave, sa saveur amère, âcre, aromatique et comme camphrée.

Il nous arrive de la Belgique, de la Hollande, de la Pologne, mais on pourrait le récolter en Normandie, en Bretagne, où la plante est commune. On doit le rejeter quand il est piqué des vers.

Composition chimique. — L'Acore aromatique contient : *huile volatile, résine visqueuse, gomme, matière extractive, inuline? amidon.*

Formes pharmaceutiques, doses. — 1° Poudre, 1 à 4 gram. 2° Infusion ou décoction, pp. 20 : 100. 3° Sirop, 25 à 100 gram. 4° Teinture, 4 à 15 gram. — 5° Extrait, 1 à 2 gram. 6° Vin, 50 à 100 gram. Ce rhizome entre dans la composition de la thériaque et dans un grand nombre de préparations tombées en désuétude :

Usages. — C'est une substance stimulante qui est peu usitée en France, mais qui est très-employée en Allemagne, en Sibérie et dans l'Inde. On s'en est servi dans l'atonie de l'estomac, la dyspepsie, le vomissement, dans les fièvres intermittentes, dans l'épistaxis et les hémorrhagies qui suivent l'avortement. En Allemagne, on la prescrit associée à la sabine, dans la goutte chronique.

AGARIC BLANC. — Voy. *Polypore du mélèze.*

AGARIC DU CHÊNE. — Voy. *Polypore amadouvier* et *P. onguiculé.*

ALIBOUFIER BENZOIN. *Styrax benzoin* Dry. STYRACACÉES. *Asstyrak*, nom arabe de la plante.

Description. — Arbre élevé, à rameaux arrondis, recouverts ainsi que le tronc d'une écorce blanchâtre. Feuilles alternes, pétiolées, ntières, oblongues, acuminées, lisses en dessus, pubescentes en dessous. Fleurs blanches, axillaires, formant des grappes composées, plus longues que les feuilles, pédicelles floraux courts et unilatéraux. Calice campaniforme, à 5 dents peu marquées, court et velu. Corolle infundibuliforme, 4 ou 5 fois plus longue que le calice, à 3 lobes profonds, linéaires, obtus, recouverts à l'extérieur d'un duvet grisâtre. Étamines 6 à 16, incluses, unies par la base; filets ciliés à leur extrémité supérieure; anthères linéaires, introrses. Ovaire supère en grande partie, à 4 loges biovulées; style grêle; stigmate quadrifide. Fruit globuleux sec, ordinairement uniloculaire, avec vestiges des cloisons avortées, contenant 1-4 graines. ♄.

Habitat. — Cet arbre croît naturellement à Bornéo, à Sumatra, à Java, dans le royaume de Siam; il se plaît dans les plaines et sur les bords des rivières.

Partie usitée. — Le baume (*benjoin*) qui s'écoule des incisions qu'on a pratiquées dans l'écorce; on doit les renouveler de temps en temps. Chaque arbre donne environ 500 gram. de benjoin; on réunit les produits, on les liquéfie par la chaleur et on coule le tout dans des caisses du poids de 50 à 150 kilog. Le benjoin présente une saveur douce et balsamique qui, à la longue, irrite la gorge; il excite fortement l'éternument quand on le pulvérise. Il brûle avec d'abondantes vapeurs blanches d'acide benzoïque, et se dissout dans l'alcool et l'éther. L'eau le précipite de ses dissolutions en prenant une couleur qui rappelle celle du lait (*lait virginal*). On connaît deux espèces de benjoin, celui de Siam et celui de Sumatra.

1° **BENJOIN DE SUMATRA.** — On le rencontre sous deux formes : La première variété (*benjoin amygdaloïde*) est en masses considérables, formées de larmes blanches ressemblant à des amandes, disséminées dans une pâte opaque, rougeâtre, à cassure inégale, écailleuse. Son odeur à l'état récent rappelle celle des amandes amères. La deuxième variété (*benjoin commun*) est en masses rougeâtres, sans apparence de larmes, mélangées de nombreux débris d'écorce.

2° **BENJOIN DE SIAM.** — Il est en lames isolées ou réunies par une matière brune, vitreuse et transparente. Les lames isolées larges, anguleuses, plates, blanches, opaques, ont une odeur de vanille qui leur a valu le nom de *benjoin à odeur de vanille.*

Composition chimique. — Le benjoin contient : *acide benzoïque, huile volatile, résine, matière soluble dans l'eau et l'alcool.*

Formes pharmaceutiques, doses. — 1° Poudre 5 décigr. à 2 gr., dans du pain azyme; 2° teinture; 3° teinture composée avec baume de Tolu. On l'emploie encore sous forme de pilules, de sirop, de cigarettes (papier nitré enduit de teinture). Il entre dans la composition des pilules de Morton, du baume du commandeur, des clous fumants, qui servent à masquer les mauvaises odeurs dans les chambres des malades.

Action physiologique. — Localement, c'est un irritant; quand il est diffusé dans l'organisme, son action est simplement stimulante, cette stimulation paraît s'exercer sur les organes de la génération. L'acide benzoïque qu'il contient est éliminé par l'urine sous forme d'acide hippurique.

Usages. — On s'en sert dans les inflammations chroniques des voies respiratoires. Les vapeurs de benjoin obtenues en projetant la poudre sur des charbons ardents et la fumée des cigarettes ont été indiquées contre l'aphonie et l'enrouement. On a également vanté ces vapeurs dans le rhumatisme; dans ce cas, on dirige les vapeurs sur la partie malade avec un appareil spécial, ou bien on la frictionne avec de la flanelle que l'on a exposée à l'action de ces vapeurs. La teinture simple ou composée sert à combattre les engelures non ulcérées; associée au cold-cream, elle donne de bons résultats dans le traitement des gerçures du sein; on l'a également indiquée comme hémostatique.

ALKÉKENGE. — Voy. *Coqueret alkékenge.*

ALOÈS. — On donne le nom d'aloès au suc épaissi, extracto-résineux qu'on retire des feuilles de plusieurs plantes appartenant au genre *aloe* de la famille des LILIACÉES. Ce sont des végétaux acaules, à racines fibreuses, à feuilles charnues, sessiles, disposées en rosace, s'amincissant de la base au sommet, membraneuses et dentées sur les bords. Fleurs portées sur des hampes de longueur variable, à l'extrémité desquelles elles forment de longs épis. Périanthe à six divisions disposées sur deux rangs. Étamines 6, hypogynes. Ovaire triloculaire. Style trigone. Le fruit est une capsule trigone, loculicide. Ces plantes habitent les pays chauds. Presque toutes sont originaires du Cap ou de l'Afrique tropicale. ♃.

L'aloès est fourni par un très-grand nombre d'espèces dont plusieurs rentrent comme synonymes ou variétés dans les trois espèces suivantes, qui paraissent être les sources principales de ce produit pharmaceutique : 1° L'aloès vulgaire (*A. vulgaris* Lam., *A. perfoliata,* π. *vera* L., *A. barbadensis* Mil.). 2° L'aloès sucotrin ou socotrin (*A. socotrina* Lam., *A. perfoliata* L., *A. vera* Mil.). 3° L'aloès en épi (*A. spicata* Thun.). Voici les caractères principaux de ces espèces : *Aloès vulgaire,* feuilles épaisses, longues, lancéolées, tachetées, à bords sinueux, épineux. Fleurs en grappe rameuse, régulières, d'un jaune verdâtre. Étamines incluses. *Aloès sucotrin,* feuilles ensiformes, à sommet recourbé en dedans, découpées en scie et blanchâtres sur les bords. Fleurs en grappe non ramifiée, d'un rouge écarlate à la base, verdâtres vers le sommet. Étamines inégales dont trois exsertes.

Aloès en épi (fig. 9), feuilles très-épaisses, de 1 mètre de long, pointues, pourvues d'épines latérales éloignées, vertes, tachetées de blanc; fleurs campanulées, blanches, teintées de vert; étamines exsertes.

Variétés de forme. — Au point de vue des caractères extérieurs on peut distinguer trois variétés d'aloès :

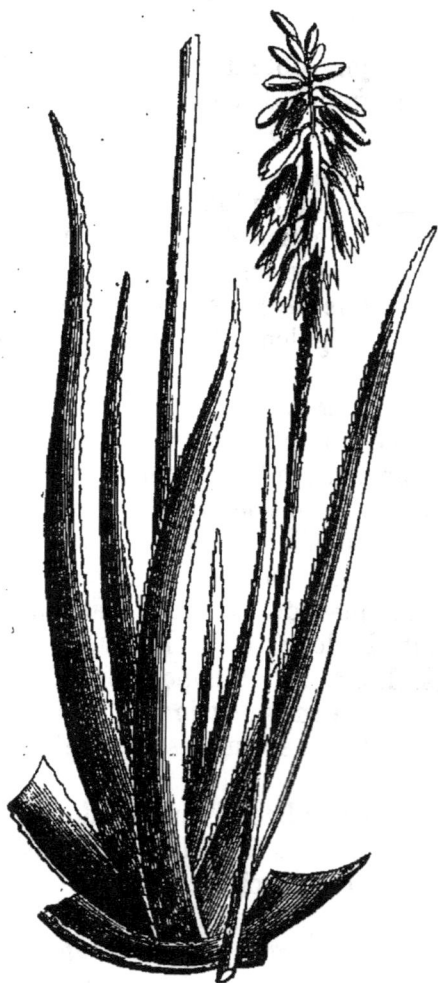

FIG. 9. — Aloès.

1° L'ALOÈS LUCIDE, rougeâtre, plus ou moins transparent, à cassure lustrée, d'odeur douce et agréable. C'est le plus pur de tous

2° L'ALOÈS HÉPATIQUE, d'une couleur rappelant celle du foie, non transparent, à cassure lustrée, mate ou cireuse. Il renferme quelques impuretés et constitue un produit inférieur au premier.

3° L'ALOÈS CABALLIN, en masses noires, d'odeur nauséabonde, quelquefois empyreumatique, d'un goût désagréable. Il contient une assez grande quantité de corps étrangers (sable, charbon, débris du végétal); c'est le plus impur des trois, il doit son nom (*caballus*, cheval) à l'usage qu'en font les vétérinaires.

Variétés de provenance. — 1° ALOÈS DE SOCOTORA OU SOCOTRIN. Il provient de l'île de Socotora, de l'Arabie et de Zanguebar. Il est solide, quelquefois mou, transparent et d'un rouge hyacinthe (*A. lucide*), ou opaque et couleur de foie rougeâtre (*A. hépatique*). — Odeur agréable rappelant celle de la myrrhe. Saveur très-amère. Cassure unie, lustrée, conchoïdale. Poudre d'un jaune d'or. Il est rare dans le commerce français, on le retire de l'*A. socotrina;* on fabrique, dans le même pays, des aloès de qualité inférieure qui se classent parmi les caballins.

2° ALOÈS DES BARBADES OU DE LA JAMAÏQUE. Solide, rougeâtre, devenant noir à la surface avec le temps. Cassure terne et un peu grenue. Odeur de myrrhe rappelant l'iode. Poudre rouge sale. Il est inférieur à celui de Socotora et, comme lui, rare en France. Il provient de l'*A. vulgaris*.

3° ALOÈS DU CAP DE BONNE-ESPÉRANCE. En masses considérables, d'un brun noirâtre, avec un reflet vert caractéristique, opaque ou en masse, transparent et rouge foncé vu en lames minces. Cassure vitreuse. Odeur peu agréable. Saveur amère. Poudre jaune verdâtre. C'est notre aloès officinal et à peu près le seul usité dans la médecine française. Il peut affecter les trois formes d'A. lucide, hépatique, caballin. On l'attribue à l'*A. spicata*.

Fabrication de l'aloès. — Les procédés varient avec les pays : 1° On coupe les feuilles, on les place verticalement dans un grand vase ; le suc qui s'écoule est recueilli et évaporé, soit au soleil, soit au feu. 2° On hache les feuilles, on les pile, on exprime le suc, on le laisse déposer, puis on le fait épaissir par évaporation 3° On divise les feuilles, on les place dans un panier qu'on plonge pendant un moment dans l'eau bouillante, on réitère cette opération plusieurs fois, et quand le liquide est assez chargé, on le fait évaporer.

Composition chimique. — On connaît plusieurs analyses de l'aloès, mais elles sont peu concordantes. On en a extrait une matière colorante non purgative, l'aloétine, $C^6H^{14}O^{10}$ (Robiquet), un corps cristallisé, l'aloïne, $C^{34}H^{18}O^{14} + Aq$, qui serait le principe actif et dont l'énergie serait quatre à cinq fois supérieure à celle de l'aloès ? (Smith et Stenhouse).

Formes pharmaceutiques, doses. — 1° La poudre, tonique 5 à 10 centigram., purgatif 1 à 6 décig. On l'emploie le plus souvent en pilules à cause de son amertume, associée au quinquina et à la cannelle (*pilules antecibum*), à la gomme-gutte et à la gomme ammoniaque (*pilules de Bontius*), au jalap et à la rhubarbe (*grains de santé de Frank*), à la gomme-gutte et à l'essence d'anis (*pilules d'Anderson*), au savon médicinal. 2° En nature et sous forme de fragments non pulvérisés, 1 à 6 décig. 3° La teinture, 1 à 2 gram. et plus. 4° La teinture composée (*élixir de longue vie*), 5 gram. et plus. 5° Le vin composé avec gingembre et cardamome, tonique 4 à 8 gram., purgatif 25 à 50 gr. 6° L'extrait, mêmes doses que la poudre, peu usité. L'aloès s'administre encore en lavements 2 à 8 gram., en suppositoire uni au beurre de cacao. Il entre dans la composition de l'élixir de Garus.

Action physiologique. — A doses non purgatives, mais répétées, il excite l'appétit, augmente la tonicité de l'estomac et de l'intestin, produit des selles plus faciles, en exagérant la sécrétion de la bile. Il exerce une action spéciale sur l'intestin, détermine de la chaleur et de la cuisson à l'anus, congestionne les vaisseaux hémorrhoïdaux ; cette influence s'étend même quelquefois aux organes génito-urinaires et il peut occasionner une légère dysurie, des douleurs utérines, l'augmentation des règles. A doses plus élevées, c'est un purgatif spécial dont l'action se porte surtout sur le foie. Enfin, à haute dose, il agit à la façon des drastiques, et produit une inflammation gastrointestinale. Les narcotiques contrarient ses effets. A l'extérieur, il détermine une légère irritation de la peau.

Usages. — A petite dose, il est employé pour relever les fonctions languissantes de l'estomac (dyspepsie atonique) ; on s'en sert dans les maladies cérébrales chroniques à cause de son action spéciale sur le gros intestin ; dans les états congestifs chroniques du foie ; il agit ici en déterminant l'évacuation de la bile et en provoquant un écoulement sanguin par l'anus ; dans les hydropisies consécutives, soit seul, soit associé aux autres drastiques ; dans la constipation proto ou deutéropathique ; pour pousser aux hémorrhoïdes et les rendre fluentes ; comme emménagogue? comme anthelminthique? On l'a utilisé dans certaines maladies chroniques de la peau pour provoquer une dérivation sur le tube intestinal ; dans le pansement de certains ulcères fongueux ; en injections dans les trajets fistuleux. On doit s'en abstenir chez les personnes disposées à la diarrhée, aux inflammations intestinales, à des flux hémorrhoïdaux abondants, chez les calculeux et les personnes atteintes de maladies inflammatoires de la vessie, chez les femmes sujettes à des métrorrhagies, ainsi qu'à l'époque de la ménopause.

AMANDIER CULTIVÉ. *A mygdalus communis* L., *A. sativa* Bauh. Rosacées-Amygdalées. De αμύγδαλος, amandier.

Description (fig. 10). — C'est un arbre de 6-12 mètres, d'une forme rarement régulière, tronc raboteux, couvert d'une écorce grise et cendrée, à rameaux grêles, d'un vert clair. Feuilles alternes, pétiolées, simples, elliptiques, lancéolées, dentées, glabres. Fleurs (février-mars), blanches ou rosées, solitaires ou géminées, à pédoncules courts, paraissant avant les feuilles, régulières, hermaphrodites. Calice campanulé, à 5 lobes obtus, étalés, rougeâtre extérieurement. Corolle à 5 pétales libres, arrondis, rétrécis à la base en un onglet court, étalés, insérés ainsi que les étamines au sommet du tube calicinal. Étamines 25 à 30 sur plusieurs rangs. Ovaire à 1 loge ; style se terminant par un stigmate chargé de papilles. — Le fruit (juin-septembre) est une drupe verte, ovoïde, alloongée, comprimée, terminée en pointe au sommet, à chair peu épaisse et coriace, s'ouvrant ordinairement par un sillon longitudinal pour laisser échapper le noyau. Ce dernier est rugueux, crevassé, contenant une graine (*amande*) formée d'un épisperme fauve au dehors, blanc au

dedans, et d'un embryon à cotylédons très-développés, blancs, charnus, oléagineux. Suivant les variétés, la coque du noyau peut être
dure ou tendre et la graine douce ou amère. ♄.

Habitat. — L'amandier est originaire de la Mauritanie; il est très-
commun dans la région des oli-
viers et cultivé dans presque
toute la région des vignes.

Partie usitée. — La graine.
Les meilleures amandes sont entières, grosses, bien nourries,
non vermoulues, sans odeur, leur
cassure est blanche. Celles qui
sont ridées, molles, vermoulues,
d'un goût âcre, d'une saveur
rance et dont la cassure est jaune
doivent être bannies de l'usage
médical.

Composition chimique. —
Les amandes douces contiennent : *eau, sucre liquide, gomme, émulsine, huile grasse.* Les
amandes amères renferment de
plus : *matière résineuse, amygdaline.* L'émulsine ou *synaptase*
a pour formule $C^{20}H^{35}Az^2O^{32}$,
l'amygdaline est représentée
par $C^{40}A^{27}AzO^{22}$. Au contact de
l'eau, et de l'émulsine qui agit
à la façon d'un ferment, l'amygdaline se décompose en don-

FIG. 10. — Amandier cultivé.

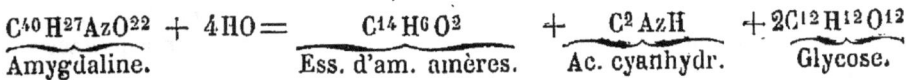

nant de la glycose, de l'essence d'amandes amères et de l'acide
cyanhydrique.

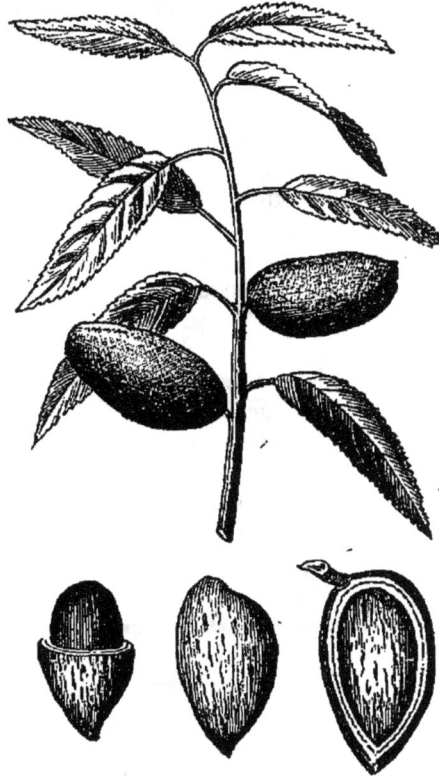

$$C^{40}H^{27}AzO^{22} + 4HO = \underbrace{C^{14}H^6O^2}_{\text{Ess. d'am. amères.}} + \underbrace{C^2AzH}_{\text{Ac. cyanhydr.}} + \underbrace{2C^{12}H^{12}O^{12}}_{\text{Glycose.}}$$
$$\underbrace{\phantom{C^{40}H^{27}AzO^{22}}}_{\text{Amygdaline.}}$$

L'acide cyanhydrique constitue la partie active de toutes les préparations pharmaceutiques dont les amandes amères sont la base;
mais, comme on peut le voir par la réaction que nous venons d'indiquer, il n'existe pas en nature dans les graines, l'eau est indispensable à sa formation. L'huile grasse s'obtient par pression et à froid.
100 kilog. d'amandes douces donnent 47 kilog. d'huile, tandis que
la même quantité d'amandes amères n'en produit que 35 kilog.
Cette huile claire, transparente, plus légère que l'eau, se solidifiant

à — 10°, est à peu près sans couleur et sans odeur, et présente la même composition, que les amandes soient douces ou qu'elles soient amères. L'essence que l'on obtient par distillation avec l'eau est impure, elle contient des quantités notables d'acide cyanhydrique qui lui communique ses propriétés vénéneuses; purifiée, elle n'est plus toxique, mais seulement irritante à la façon des autres essences, elle atténue ou fait disparaître l'odeur d'un grand nombre de substances.

Préparations pharmaceutiques, doses. — Les amandes douces, privées de leur pellicule par une immersion de quelques minutes dans l'eau chaude, servent avec une addition de sucre à confectionner le *lait d'amandes ou émulsion*. On ajoute à cette préparation quelques amandes amères pour en rehausser le goût. C'est avec les amandes douces (trois parties) et les amandes amères (une partie) que l'on prépare le *sirop d'orgeat*. L'huile grasse fait partie du looch huileux du Codex, du cérat de Galien, du savon médicinal, du cold-cream. L'eau distillée et l'huile non purifiée sont inusitées. Les substances incompatibles des amandes amères sont le chlore, l'iode, les sels métalliques, les sels mercuriels surtout; car, au contact des mercuriaux, il peut se former un cyanure de mercure qui entraînerait des accidents toxiques sérieux. Les succédanés de l'amande amère sont les noyaux de pêcher, d'abricotier, les fleurs de quelques rosacées, les feuilles de laurier-cerise, l'acide cyanhydrique; les succédanés de l'amande douce sont la noix, la noisette.

Action physiologique. — Par leur huile grasse, les amandes douces constituent un aliment respiratoire, un agent émollient; cette huile étant d'une digestion difficile, agit ordinairement comme un laxatif. Par l'acide cyanhydrique qu'elles contiennent virtuellement, les amandes amères peuvent être toxiques, chez les enfants surtout, si elles sont administrées en quantité suffisante.

Usages. — Le sirop d'orgeat est usité comme rafraîchissant et calmant dans les inflammations des organes génito-urinaires. L'émulsion d'amandes amères, véritable préparation cyanique, est souvent employée dans les affections des voies respiratoires et les dysménorrhées douloureuses. On se sert des amandes amères en poudre, ou en pâte, associées aux amandes douces, pour remplacer le savon lorsque la peau est irritable, et surtout dans l'eczéma des mains. Gubler s'est servi de la farine d'amande amère et de l'essence pour combattre la fétidité des aisselles et des pieds. L'émulsion d'amande amère a été indiquée pour faire disparaître les taches de rousseur. L'huile grasse s'administre, comme contre-poison et purgatif, à la dose de 60 grammes. On l'emploie, à l'extérieur, en onctions, pour relâcher les tissus dans les cas d'inflammation vive de la peau, brûlures, érysipèle, furoncle, pour prévenir les accidents de desquamation qui accompagnent souvent la scarlatine. On doit l'employer récente, car elle rancit très- ite et irrite alors au lieu d'adoucir. On a indiqué l'infusion des coquilles en tisane, dans les inflammations de poitrine, la coqueluche, et comme condiment pour aromatiser les mets des convalescents.

AMBROISIE DU MEXIQUE. *Chenopodium ambrosioides* L., *Ambrina ambrosioides* Spach. Ansérine ambroisie, Thé du Mexique ou des Jésuites, Ambroisine. CHÉNOPODACÉES.

Description (fig. 11). — Plante de 4-7 décimètres, à odeur très-forte et agréable, à saveur âcre et aromatique, couverte d'un grand nombre de glandules sessiles et jaunâtres. Racine fibreuse, tige dressée, rameuse, légèrement pubescente, verdâtre. Feuilles alternes, sessiles, ascendantes, oblongues, atténuées aux deux extrémités, faiblement sinuées, dentées, les supérieures lancéolées, entières. Fleurs (août) petites, verdâtres, monopérianthées, disposées en grappes allongées à l'extrémité des ramifications de la tige. Périgone à 5 divisions, ovales, obtuses. Étamines 5, ovaire globuleux, avec 2 stigmates allongés. Fruit (*achaine*) enveloppé par le calice. Péricarpe très-mince, blanchâtre. Graine lisse, luisante, noirâtre, qui mûrit en automne. ①

Habitat. — Cette plante, originaire du nouveau-monde, s'est naturalisée en France, et s'y rencontre dans le Midi, autour des villes, dans les lieux secs.

Culture.— On la sème sur couche, au printemps, à une exposition chaude. On repique les plantes sur place. La terre servant au semis doit être légère et substantielle.

FIG. 11. — Ambroisie du Mexique.

HÉRAUD.　　　　2

Partie usitée. — Les sommités fleuries.

Récolte, dessiccation, conservation. — On doit les sécher à l'ombre avec soin et les préserver de l'humidité, qui leur fait perdre leurs propriétés.

Composition chimique. — L'ambroisie contient : *gluten, huile volatile, phyteumacolle*, ce dernier corps est une matière extractive azotée.

Préparations pharmaceutiques, doses. — Infusion des sommités, pp. 20 à 25 : 1000. Dans le Midi, on prépare avec cette plante une liqueur aromatique dédiée à Moquin-Tandon, et qui porte le nom de *Moquine*.

Propriétés médicinales. — On la considère comme stomachique, anthelminthique, carminative, digestive. On l'a employée avec succès dans les affections nerveuses, et notamment dans la chorée, associée à la menthe poivrée (Plenck) ou au quinquina (Mick). Les semences et l'huile essentielle passent pour vermifuges.

ANARMITE COQUE DU LEVANT. *Anarmita cocculus* Wight et Arnott; *Menispermum cocculus* L.; *Cocculus suberosus* DC. Coque du Levant. Pareire à feuilles rondes. MÉNISPERMACÉES.

Description (fig. 12). — Arbrisseau à tige grimpante de la grosseur du bras, striée, couverte d'une écorce subéreuse et fendillée.

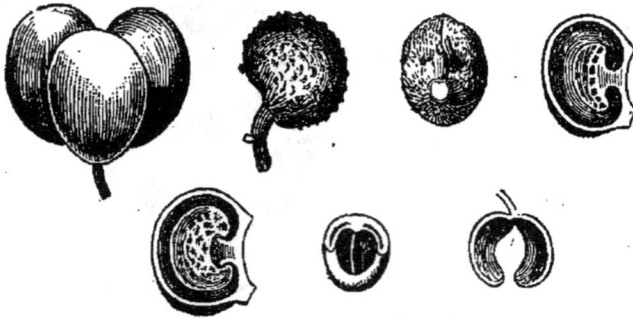

Feuilles alternes, pétiolées, larges, cordiformes à la base, quinquenervées, épaisses, glabres et luisantes. Fleurs unisexuées, dioïques, blanches, disposées en grandes grappes composées

FIG. 12. — Coque du Levant.

et pendantes. Calice à six sépales sur deux rangs, accompagné de deux bractées concaves, la corolle manque. Étamines nombreuses, monadelphes; anthères s'ouvrant longitudinalement par une fente et formant une sorte de tête au sommet de la colonne staminale. Fleurs femelles très-petites présentant des staminodes libres; calice trifide; ovaires 3, libres et sessiles, portés par un gynophore cylindrique; styles très-courts; stigmates arrondis sur le côté. Fruit (*drupe*) un à trois, de la grosseur d'une petite noisette, globuleux, ovoïde, rouge, charnu, le brou recouvre une coque blanche ligneuse, bivalve, do la cavité présente une saillie qui s'avance en se bilobant. La graine se moule sur cette saillie; elle contient une amande cornée qui peut se partager en deux lames inégales. ♃.

Habitat. — Malgré le nom qu'elle porte, la coque du Levant n'est point originaire de l'Asie Mineure, mais des Indes orientales et du Malabar.

Partie usitée. — Le fruit. On le trouve dans le commerce, sous forme de coque composée d'une partie extérieure, sèche, mince, noirâtre, rugueuse, faiblement âcre et amère, et d'un noyau blanc, ligneux, pouvant s'ouvrir en deux valves et contenant une amande blanche, grosse, très-amère. On doit les choisir récents, car l'amande se détruit avec le temps.

Composition chimique. — Le péricarpe contient : *ménispermine, paraménispermine, matière jaune alcaline, acide hypopicrotoxique, chlorophylle.* L'amande renferme : *picrotoxine, résine, gomme, matière grasse acide, cire, acide malique, -amidon, sels.* La *cocculine* ou picrotoxine, $C^{10}H^6O^4$ (de πιχρός, amer, et τοξιχόν, poison), est le principe actif; c'est une matière neutre cristallisant en aiguilles ou en filaments, blanche, inodore, très-amère, vénéneuse, soluble dans l'alcool et l'éther, peu soluble dans l'eau, ne se combinant pas avec les acides et mal avec les alcalis. La ménispermine, $C^{18}H^{12}AzO^2$, est un alcaloïde soluble dans l'alcool et l'éther, insoluble dans l'eau; elle est insipide, vomitive, mais non vénéneuse.

Action physiologique. — L'amande, dans laquelle réside le principe actif, produit des nausées et des vomissements à la dose de 30 à 50 centig. A dose toxique, elle agit surtout sur les muscles volontaires, en produisant la titubation, le tremblement, l'insensibilité, des convulsions tétaniques qui immobilisent le corps dans la position où le poison l'a trouvé (*action cataleptisante*). Elle ralentit le mouvement du cœur. On ne connaît pas de contre-poison, mais on doit s'abstenir d'administrer l'acide acétique, comme on l'a conseillé, car la picrotoxine se dissout dans cet acide.

Usages. — Malgré son énergie, et bien que le principe actif en ait été isolé, la coque du Levant est presque sans applications en médecine, à part l'usage qu'on en fait, sous forme de pommade, pour détruire les poux et pour combattre le porrigo invétéré. Mélangée avec de la mie de pain, elle forme un appât usité, dans l'Inde, pour la pêche du poisson. L'animal qui a avalé cette substance vient tournoyer et mourir à la surface de l'eau. Tué de la sorte, le poisson est un aliment dangereux, si on ne le vide pas dès qu'il est sorti de l'eau. Cette pratique est d'ailleurs interdite par les lois. L'amertume de la coque du Levant l'a fait employer, en Angleterre, pour donner du goût à la bière, au détriment de la santé publique.

ANÉMONE PULSATILLE. *Anémone pulsatilla* L., *Pulsatilla vulgaris* Lob. Pulsatille, Coquelourde, Herbe au vent. De *pulsare*, battre, frapper, à cause de ses aigrettes que le moindre vent agite. RENONCULACÉES-ELLÉBORÉES.

Description (fig. 13). — Plante de 1 à 4 décimètres, couverte de longs poils soyeux. Souche fusiforme épaisse, plus ou moins rameuse, dure, ligneuse, de couleur noire. Feuilles, radicales, soyeuses, tripenniséquées, dont les divisions, portées par un court pétiolule, sont découpées en segments étroits, linéaires, aigus. Hampe de 2-4 décimètres, cylindrique, velue, se terminant par une fleur (mars-avril) dressée, puis penchée, d'une belle couleur violette et sortant du centre d'un involucre formé par une seule feuille sessile, en entonnoir, découpée en lanières étroites, linéaires, aiguës, soyeuses. Calice corolliforme, campaniforme, formé de 6 folioles elliptiques un peu aiguës, recourbées en dehors au sommet, plus

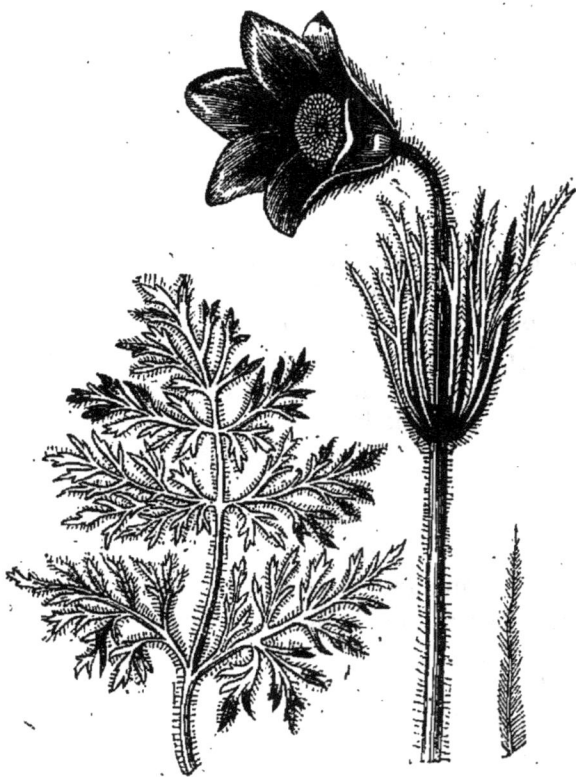

FIG. 13. — Anémone pulsatille.

long que les étamines. Ces dernières en nombre indéfini, hypogynes, portées, ainsi que les pistils, sur un réceptacle globuleux; anthères bilobées, les extérieures sessiles. Pistil formé de nombreux carpelles uniovulés; style simple; stigmate entier. Fruits (*achaines*) réunis en tête, oblongs, surmontés d'une longue aigrette provenant des styles qui se sont allongés. ♃.

Habitat. — Commune dans les bois sablonneux, les lieux arides, les prés secs de presque toute la France.

Culture. — Elle vient dans tous les terrains, pourvu qu'ils ne soient pas trop frais. On la multiplie soit de graines, soit d'éclats des racines.

Parties usitées. — Toute la plante.

Récolte. — La pulsatille perdant la plus grande partie de ses propriétés par la dessiccation, on doit surtout l'employer fraîche. Le moment le plus favorable pour la récolte est celui qui précède un peu la floraison.

Composition chimique. — Elle doit son action à un principe cristallisable et neutre, l'*anémonine*, $C^{30}H^{12}O^{12}$, qui se dépose dans l'eau distillée de cette plante. L'anémonine est un corps assez mal connu, elle n'a ni saveur, ni odeur; mais quand elle est fondue, elle acquiert une odeur forte et produit sur la langue une sensation de piqûres et d'élancements. Elle est soluble dans l'eau chaude et l'alcool.

Formes pharmaceutiques, doses. — 1° Extrait aqueux avec le suc dépuré, 1 à 3 décigrammes par jour et en plusieurs prises; on ne doit l'employer qu'avec une extrême prudence; et commencer par des doses faibles qu'on augmente graduellement. 2° Eau distillée, 4 à 30 gr. 3° Infusion, 4 à 15 gr. pour eau Q. S. pour obtenir 360 gr., dose 90 à 120 gr. par fractions, dans les 24 heures. 4° Alcoolature, 2 à 20 gouttes. 5° Poudre, 2 à 4 décigr.

Action physiologique. — La plante fraîche est irritante, vésicante et même caustique; mais elle devient inerte par la dessiccation, car son principe actif est volatil. Ingérée, elle produit les effets des substances âcres et corrosives, ainsi qu'une action stupéfiante sur le système nerveux. Les bestiaux pourtant la mangent sans danger. L'anémone des bois ou sylvie (*Anemone nemorosa* L.) et l'anémone des prés (*Anemone pratensis* L.) présentent les mêmes propriétés.

Usages. — On l'a employée contre les maladies vénériennes (exostoses, douleurs ostéocopes), et les paralysies (Storck); les dartres rebelles (Bonnel); la coqueluche (Ramon), l'amaurose (Rust). L'eau distillant irritant légèrement la peau, on l'a conseillée pour faire disparaître les taches de rousseur. On pourrait mettre à contribution ses propriétés rubéfiantes et vésicantes, si, comme la chose arrive quelquefois dans les campagnes, on était privé de sinapismes ou de vésicatoires. Sa poudre est un bon sternutatoire.

ANETH ODORANT. *Anethum graveolens* L., *Pastinaca anethum* R. et Sch. Fenouil puant ou bâtard. De Ἄνηθον, nom grec du fenouil. OMBELLIFÈRES-PEUCÉDANÉES.

Description (fig. 14). — Plante de 3 décim. à 1 mètre, très-odorante. Racine pivotante, conique, fusiforme, blanchâtre, plus ou moins ramifiée. Tige cylindrique peu rameuse, glabre, striée, glauque, creuse dans l'intervalle des nœuds. Feuilles alternes, dilatées à la base, embrassantes, découpées en nombreux segments linéaires, subulés, glabres. Fleurs (juin-juillet) jaunes et petites, disposées en ombelles terminales, très-amples, à 30 ou 40 rayons, sans involucres ni involucelles. Calice à limbe oblitéré. Corolle à 5 pétales arrondis terminés par une languette fléchie en dedans. Étamines 5, alternes, jaunes. Ovaire infère chargé d'un style à deux branches peu visibles. Fruit (*diachaine*) formé par deux méricarpes aplatis, un peu convexes en dehors, présentant chacun 5 côtes et se séparant à la maturité. ①.

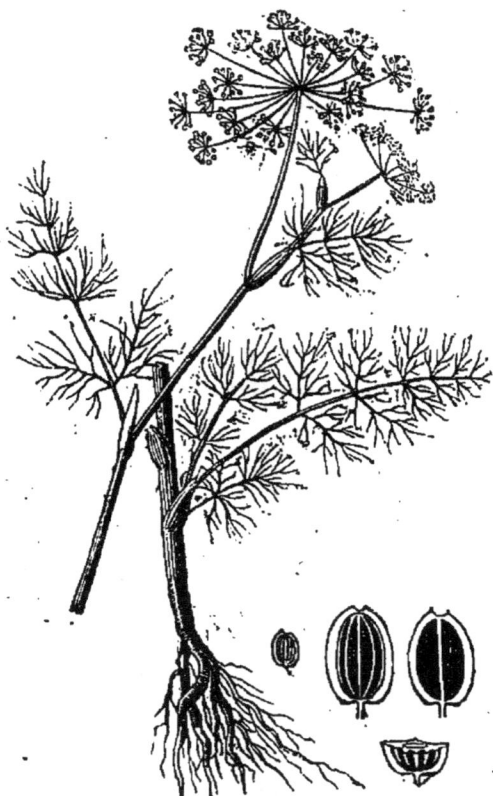

FIG. 14. — Aneth odorant.

Habitat. — Originaire de l'Orient, l'aneth croît dans toute la région méditerranéenne, dans les moissons, au voisinage des maisons et des vergers.

Culture. — On le reproduit de graines que l'on sème dès leur maturité ou au printemps dans une terre chaude et légère.

Partie usitée. — Les fruits.

Récolte, dessiccation. — On les récolte au commencement de l'automne, quand ils sont devenus bruns. On les sépare par un battage au fléau et on les fait sécher dans un sac.

Composition chimique. — Toutes les parties de la plante et surtout les fruits contiennent une huile essentielle, jaune pâle, d'une odeur pénétrante, d'une saveur douce, puis brûlante.

Formes pharmaceutiques, doses. — 1° Essence sur un morceau de sucre, à la dose de quelques gouttes. 2° Infusion des fruits, pp. 4 à 8 : 1000. 3° Eau distillée, 50 à 100 gr. On peut substituer à ces fruits ceux d'anis, de fenouil, de coriandre.

Usages. — L'aneth possède les propriétés stimulantes propres à toutes les ombellifères aromatiques. Les fruits sont carminatifs et indiqués contre les coliques, les vomissements provenant des flatuosités, le hoquet, surtout chez les enfants. Les feuilles, les fleurs et les fruits ont été employés en cataplasmes ou en fomentations comme résolutifs.

ANGÉLIQUE OFFICINALE. *Angelica archangelica* L., *Archangelica officinalis* Hoff. Angélique des jardins ou de Bohême. Herbe du Saint-Esprit. De ἄγγελος, ange, par allusion à de prétendues propriétés merveilleuses. OMBELLIFÈRES-ANGÉLICÉES.

Description (fig. 15). — Plante de 1 mètre à 13 décimètres, d'odeur aromatique agréable, de saveur âcre, chaude et un peu amère.

FIG. 15. — Angélique officinale.

Racine grosse, fusiforme, très-rameuse, garnie de quelques fibres, brune à l'extérieur, blanchâtre à l'intérieur. Tige droite, cylindrique, striée; glabre, couverte d'une poussière glauque, creuse, rameuse. Feuilles grandes, alternes, à pétioles cylindriques fistuleux, embrassants par une gaine très-large; limbe bipinnatiséqué, à segments opposés, subcordiformes, ovales, lancéolés, lobés, aigus, dentés en scie; la division terminale présente 3 lobes. Fleurs (juillet-août) d'un blanc verdâtre, disposées en ombelles terminales, très-grandes, nombreuses, presque globuleuses, involucre de 3 à 5 folioles linéaires qui manquent quelquefois, involucelle de 8 folioles environ, linéaires, subulées. Calice à 5 dents, peu distinct. Corolle régulière, rosacée, à 5 pétales entiers, lancéolés, légèrement recourbés en dedans. Étamines 5, plus longues que la corolle. Ovaire infère. Fruit ovoïde, allongé, relevé de côtes saillantes, bordé d'une aile membraneuse, surmonté de deux styles divergents. Graine volumineuse distincte du péricarpe, couverte de canaux résineux, convexe en dehors, creusée en gouttière à sa face interne ② devenant ♃ par la culture.

Habitat. — C'est une plante du nord de l'Europe, elle y croît naturellement dans les endroits humides.

Culture. — Elle demande une terre substantielle, humide, et une bonne exposition au soleil. On sème les graines en mars ou en septembre, en les recouvrant d'une légère couche de terre, on repique les jeunes plants au printemps ou à l'automne. Ce n'est que dans le courant de la deuxième année que la plantation est en plein rapport.

Parties usitées. — La racine, les tiges et les fruits.

Récolte, dessiccation, conservation. — On cueille les tiges en juin et juillet, les racines en septembre, on les fend en morceaux pour les sécher, puis on les enferme dans des boîtes en bois. La racine sèche arrive de la Bohême, des Alpes et des Pyrénées, elle est d'odeur aromatique musquée, on doit la choisir sèche, nouvelle, non vermoulue. Celle de Bohême est la plus estimée.

Composition chimique. — La racine contient : *huile volatile mélangée avec un acide volatil* (A. angélique, $C^{10}H^8O^4$), *cire, résine cristallisable* (angélicine), *résine amorphe, principe amer, tannin, acide malique et malates, sucre, gomme, amidon, albumine, acide pectique.* L'huile volatile est fortement retenue par une substance résineuse ; ce mélange naturel (*Baume d'angélique*) donne à cette racine la faculté de conserver son arome, même quand elle a été soumise à la cuisson.

Formes pharmaceutiques, doses. — 1° Infusion de la racine et des graines, pp. 20 : 1000. 2° Teinture, 10 à 60 grammes. 3° Poudre (racine), 2 à 6 grammes. Les confiseurs préparent avec cette plante une conserve fort agréable (*Angélique de Niort, de Nevers, de Châteaubriant*). Elle entre dans la composition du baume du commandeur, de l'eau de mélisse des Carmes et dans plusieurs liqueurs de table, telles que la chartreuse, le vespétro, le gin et le bitter anglais. — L'angélique sauvage (*A. sylvestris* L.) a des propriétés analogues, mais inférieures à celles de l'angélique officinale. Ses graines broyées sont employées pour tuer les poux de la tête.

Usages. — Elle est stimulante, stomachique, carminative, antispasmodique. On l'a indiquée pour combattre l'état spasmodique de l'estomac et des intestins, pour calmer l'asthme nerveux, les céphalalgies nerveuses; on l'a conseillée dans l'hystérie, la chlorose, la leucorrhée; comme emménagogue et pour faciliter l'expectoration à la fin des bronchites. Dans le Nord, on mange les jeunes pousses, qui passent pour antiscorbutiques.

ANGUSTURE VRAIE. — Voy. *Cusparie fébrifuge.*

ANIS ÉTOILÉ. *Illicium anisatum* L. Badian anisé, Badanier de la Chine. ILLICINÉES.

Description (fig. 16). — Arbre de 5 décimètres à 10 mètres, rameux, trapu, recouvert d'une écorce grisâtre, dont toutes les parties exhalent une odeur aromatique très-suave, et dont le port ressemble à celui du laurier. Feuilles alternes ou rassemblées en bouquets à la partie supérieure des rameaux, courtement pétiolées, elliptiques, aiguës, entières, persistantes, munies de 2 stipules lancéolées, blanchâtres, très-caduques. Fleurs portées par des pédoncules plus ou moins longs, grêles, cylindriques, d'un vert blanchâtre, et solitaires à l'aisselle des feuilles supérieures. Calice à 5 ou 6 folioles, peu distinct de la corolle, qui présente de nombreux pétales aigus, lancéolés, disposés sur plusieurs rangs.

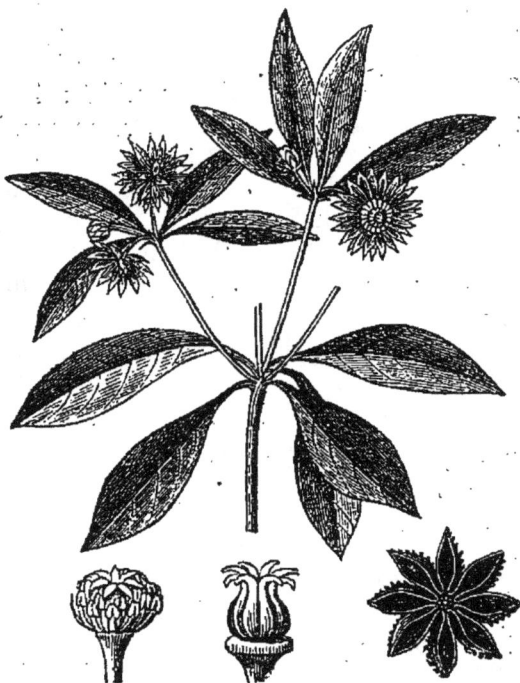

FIG. 16. — Anis étoilé.

Étamines 25 à 30, étalées. Ovaires 6 à 12, disposés en étoile, serrés les uns contre les autres en un faisceau conique qui laisse un vide au milieu, terminés par un style court et un stigmate sillonné longitudinalement. Fruit sec, étoilé, formé de 6 à 12 capsules couleur de rouille, ovoïdes, comprimées, ligneuses, soudées par leur base, s'ouvrant longitudinalement par le bord supérieur. Graines ovoïdes, lisses, luisantes, rougeâtres, à amande blanchâtre et huileuse. ♄.

Habitat. — Le badanier croît en Chine, au Japon, aux Philippines, à Java, dans l'Inde ; il vient surtout dans les lieux humides.

Culture — On peut le cultiver en pleine terre dans le midi de l'Europe ; on le multiplie par semis, boutures, marcottes, ou enfin par greffe.

Partie usitée. — Le fruit. Il est d'une odeur douce et suave, d'une saveur aromatique et sucrée, un peu âcre, analogue à celle de l'anis et du fenouil. On doit les choisir entiers, odorants, exempts d'efflorescences blanchâtres, et rejeter ceux qui sont noirs ou moisis.

Composition chimique. — Les fruits contiennent : *huile volatile, huile grasse verte de saveur âcre et brûlante, résine insipide, tannin, extractif, gomme, acide benzoïque, sels.* L'huile âcre, l'huile volatile et le tannin sont les principes actifs.

Formes pharmaceutiques, doses. — 1° Eau distillée, 10 à 30 grammes. 2° Infusion, pp. 10 : 1000. 3° Macération, pp. 10 ou 20 : 1000. 4° Poudre, 4 à 2 grammes. 5° Alcoolat, 5 à 20 grammes. C'est à l'anis étoilé que l'anisette de Bordeaux doit son odeur et sa saveur agréables. On lui substitue le badian à petites fleurs (*Illicium parviflorum* Mich.) et le badian de la Floride (*I. floridanum* L.).

Usages. — Il possède à un haut degré les propriétés stimulantes et carminatives : aussi le donne-t-on dans les atonies gastro-intestinales, les dyspepsies flatulentes, les catarrhes chroniques ; il a d'ailleurs toutes les propriétés de l'anis vert, auquel on le substitue dans la plupart des cas.

ANIS VERT. *Pimpinella anisum* L., *Anisum officinale* Mœnch. Boucage anis, Anis officinal, Pimpinelle anis. OMBELLIFÈRES-AMMINÉES.

Description (fig. 17). — Plante de 30 à 50 centimètres. Racine pivotante, fusiforme, blanchâtre, peu rameuse. Tige dressée, cylindrique, striée, pubescente, creuse, ramifiée supérieurement. Feuilles alternes, amplexicaules, d'un vert assez foncé ; les radicales, pétiolées, sont, les unes, subréniformes, arrondies, incisées ou dentées, les autres, trifoliolées, à folioles cunéiformes à la base, arrondies au sommet, incisées ou dentées ; les caulinaires sont partagées en lanières d'autant plus fines que la feuille est plus près du sommet. Fleurs blanches, petites, inclinées avant la floraison (juillet), disposées en ombelles terminales de 8 à 12 rayons, sans involucelle. Chaque rayon porte une ombellule sans involucre. Calice nul ou à peine visible. Corolle à 5 pétales ovales, échancrés en cœur avec une lanière infléchie. Étamines 5, libres, plus longues que les pétales, à anthères arrondies. Ovaire infère surmonté de 2 styles droits, dont les stigmates sont globuleux. Fruits ovoïdes, striés longitudinalement, légèrement pubescents et blanchâtres, à 2 graines convexes, accolées par une surface plane. ④.

Habitat. — Il est originaire du Levant ; il a été introduit en Europe vers le milieu du XVIᵉ siècle ; on le cultive en France, près d'Albi, dans l'Anjou et la Touraine.

Culture. — Il demande une exposition chaude, une terre substantielle, douce et légère. On le sème au printemps et à la volée, en ayant soin de ne le couvrir que légèrement. Il a besoin d'arrosages fréquents, surtout si la saison est sèche.

Partie usitée. — Les fruits. Ils se présentent, dans le commerce, sous forme de petits corps grisâtres oblongs, convexes sur une face, plans sur l'autre, du volume d'une tête d'épingle. Leur odeur est agréable, aromatique, leur saveur chaude et piquante, sans sécheresse ni âcreté. Le commerce les classe ainsi : 1° Anis d'Espagne et de Malte, qui est d'un vert cendré ; 2° Anis d'Albi, qui est blanc et aromatique ; 3° Anis de Tunis, qui est vert et plus doux ; 4° Anis de Russie, qui est noirâtre et peu recherché.

Récolte, dessiccation, conservation. — On les récolte en août. On arrache successivement les plantes

FIG. 17. — Anis vert.

arrivées à maturité, on les fait sécher au grenier, puis on les bat avec un fléau pour séparer les fruits qu'on crible ensuite pour les avoir bien nets et qu'on renferme enfin dans des sacs placés dans un endroit sec pour leur conserver leur arome.

Composition chimique. — Les fruits d'anis contiennent : *résine stéarine, chlorophylle, huile grasse, huile volatile.* Celle-ci a pour formule $C^{20}H^{12}O^2$, elle est incolore et se fige à $+ 10°$ pour ne se liquéfier qu'à $+ 17°$.

Formes pharmaceutiques, doses. — 1° Fruits, 2 décigr. à 2 gr. 2° Infusion, pp. 10 à 1000. 3° Eau distillée, 25 à 150 gr. 4° Teinture, 4 à 30 gr. 5° Alcoolat, 4 à 30 gr. 6° Huile essentielle, 1 à 10 gouttes dans une potion ou sur un morceau de sucre. 7° Oléo-saccharum, 2 à 10 gr. On en prépare des dragées (anis couvert, anis de Verdun, de Flavigny), et des liqueurs de table (anisette, vespétro). L'anis entre dans la composition des espèces carminatives.

Action physiologique. — C'est un excitant dont l'action se fait surtout sentir sur l'appareil gastro-intestinal, il détermine des contractions de la tunique musculaire qui favorisent l'acte digestif et occasionnent soit par le haut, soit par le bas, une expulsion de gaz. Il justifie, par suite, parfaitement sa réputation de substance carminative. A doses élevées, il produit une accélération dans la circulation, de la diurèse. Il communique au lait son odeur et en augmente, dit-on, la quantité. L'urine, sous son influence, acquiert une odeur désagréable.

Usages. — On l'administre dans les dyspepsies flatulentes et spasmodiques, dans les coliques qui proviennent de la débilité des voies digestives, dans les tranchées des enfants à la mamelle : on le donne, dans ce cas, à la nourrice; son action excitante sur l'estomac est mise à contribution pour faciliter la digestion de certains légumes aqueux tels que les choux et les navets. Pour quelques-uns, il serait emménagogue, diurétique. Il sert à masquer le goût de certains médicaments. A l'extérieur on l'emploie en lotions, fomentations ou cataplasmes, sur les ecchymoses et pour dissiper les engorgements laiteux.

ARBOUSIER BUSSEROLE. *Arbutus officinalis* Wim. et Grab. *Arbutus uva-ursi* L. Busserole, Buxerolle, Arbousier traînant, Raisin d'ours, Petit Buis. ÉRICINÉES. Le nom de busserole lui vient de la ressemblance de ses feuilles avec celles du buis; celui d'uva-ursi ou raisin d'ours parce que ses fruits sont recherchés par les animaux sauvages.

Description (fig. 18). — Petit arbuste de 3 à 6 décimètres. Racine rampante. Tiges courtes et trapues, dont les rameaux cylindriques, rougeâtres et pubescents à l'extrémité, tombent et s'étalent sur le sol. Feuilles alternes, courtement pétiolées, irrégulièrement ovales, plus larges au sommet, sans nervures transversales saillantes, comme chagrinées sur les deux faces, entières, épaisses, coriaces, d'un vert foncé et luisant, semblables à celles du buis, persistantes. Fleurs (avril-mai) blanches, un peu rougeâtres, penchées, formant une grappe terminale, portées par des pédoncules courts, munis à la base de deux bractées lancéolées. Calice très-petit, gamosépale, à 5 lobes, petits, arrondis, obtus, étalés. Corolle gamopétale, urcéolée, à limbe divisé en 5 lobes réfléchis en dehors, présentant à l'intérieur 10 petits nectaires arrondis. Étamines 10, incluses, anthères rouges, bifides. Ovaire à 5 loges, supère, entouré à la base de trois écailles charnues, surmonté d'un style à 5 lobes stigmatiques obtus. Le fruit (août) est une baie globuleuse, rouge, âpre, à 5 loges, contenant de petites graines, olivaires, très-dures. ♄.

Habitat. — Il croît spontanément sur les montagnes du Jura, les Alpes, les Pyrénées, en Italie, en Espagne, dans le midi de la France. On le rencontre dans les lieux ombragés, stériles, sur le revers des rochers.

Culture. — Dans les jardins, on le reproduit soit de graines, soit de marcottes. Les graines demandent à être semées en vase et dans la terre de bruyère, aussitôt après leur maturité, et les jeunes plants doivent être placés en serre jusqu'à ce qu'ils aient pris assez de développement. On les repique alors dans la terre de bruyère. On ne lève les marcottes que la seconde ou la troisième année, en février et en mars. Il convient de mettre la plante à l'abri du froid et d'un soleil trop ardent.

FIG. 18. — Arbousier busserole.

Partie usitée. — Les feuilles. On peut les confondre avec celles du buis, mais ces dernières sont ovales, oblongues, ordinairement échancrées au sommet, présentant sur leur face inférieure une nervure longitudinale et des nervures transversales nombreuses. On leur substitue également, ou on leur mélange les feuilles d'airelle myrtile (*Vaccinium vitis idœa* L.); ces dernières sont moins vertes, à bords enroulés en dessous, à nervures transversales très-apparentes, sommet non échancré; leur face inférieure, blanchâtre, est parsemée de petites taches brunes; elles ne renferment ni tannin ni acide gallique.

Récolte. — On peut les recueillir toute l'année en choisissant les plus jeunes.

Composition chimique. — L'arbousier busserole contient : *acides gallique et tannique, résine, apothème, gomme, sel soluble, chlorophylle, pectine, extractif, ligneux, arbutine.* Cette dernière substance est un principe amer cristallisé, appartenant à la classe des glycosides. La quantité de tannin que renferment ses feuilles est assez considérable pour que dans quelques pays on les emploie au tannage des cuirs et à la préparation de l'encre.

Formes pharmaceutiques, doses. — 1° Infusion, pp. 15 à 30 : 1000. 2° Poudre, 2 à 8 grammes. 3° Extrait, 1 à 4 grammes. 4° Sirop. Les substances incompatibles sont toutes celles qui précipitent par le tannin.

Action physiologique. — Les feuilles de busserole sont astringentes, amères ; elles excitent la sécrétion salivaire et déterminent une sensation de chaleur et de constriction dans la bouche et le pharynx. A haute dose, elles produisent l'irritation de l'estomac, des nausées, des vomissements ; elles stimulent énergiquement les organes génito-urinaires, augmentent les urines, les colorent en brun et diminuent la formation des dépôts urinaires ; enfin, chose singulière, malgré les principes tannants qu'elles renferment, elles rendent, dit-on, les selles plus faciles.

Usages. — Les usages de ces feuilles sont ceux des autres astringents végétaux, on les a conseillées contre l'hémoptysie, l'hématurie, la ménorrhagie, la diarrhée, la leucorrhée, la gonorrhée ancienne, dans la bronchite chronique s'accompagnant d'une abondante sécrétion de pus ou de muco-pus. C'est surtout dans les affections chroniques de la vessie et du rein qu'elles ont été préconisées, comme diurétiques, anticatarrhales, antinéphrétiques et lithontriptiques. Elles seraient, d'après quelques observateurs modernes, un succédané du seigle ergoté, capables non-seulement d'accélérer les contractions de l'utérus, mais pouvant encore réprimer les hémorrhagies utérines par inertie (de Beauvais).

ARISTOLOCHE SERPENTAIRE. *Aristolochia serpentaria* Willd., *A. officinalis* Nees. Serpentaire de Virginie, Vipérine de Virginie. ARISTOLOCHIÉES.

Description (fig. 19). — Plante volubile de 2-3 décimètres. Racine rampante, formée d'un grand nombre de fibres blanchâtres, longues, grêles, un peu rameuses, disposées en faisceau. Tige grêle, presque simple, un peu coudée en zigzag, pubescente. Feuilles alternes, pétiolées, cordiformes, aiguës, entières, pubescentes, légèrement ciliées sur les bords, planes, minces, vertes. Fleurs (juin-juillet) petites, d'un rouge brun, solitaires, longuement pédonculées, situées à la partie inférieure de la tige et semblant presque sortir de terre. Périanthe à tube recourbé en cercle, renflé à la base, limbe étalé, circulaire ou légèrement triangulaire. Étamines 6, soudées et confondues au centre de la fleur avec le style et le stigmate. Ovaire globuleux, lanugineux; style court; stigmate concave à 6 divisions. Fruit (*capsule*) globuleux, déprimé, à côtes saillantes, contenant 4-6 semences grisâtres, cordiformes, un peu épaisses.

Habitat. — On la rencontre dans les montagnes de l'Amérique du Nord, la Caroline, la Virginie, la Louisiane.

Culture. — On ne la cultive guère que dans les jardins botaniques. Elle se propage par les graines semées sur couche au commencement du printemps et repiquées plus tard en bonne terre.

Partie usitée. — La racine. C'est une petite souche d'où partent des fibres grêles, grises, entremêlées, sa couleur est brune au dehors, jaunâtre en dedans, son odeur est forte, pénétrante, surtout quand on la frotte, sa saveur chaude, térébenthinée. Il en existe, dans le commerce, trois sortes confondues sous le nom d'aristoloche serpentaire, et une quatrième reconnaissable à ses radicules plus grosses, moins nombreuses et beaucoup moins aromatiques, provenant d'une plante que Guibourt a nommée *Aristolochia pseudo-serpentaria*.

Fig. 19.—Aristoloche serpentaire de Virginie.

Composition chimique. — Cette racine contient : *huile volatile, matière résineuse, principe extractif amer* (serpentarine), *principes gommeux, albumine, amidon, sels*. Ses propriétés sont dues à l'huile volatile et à la résine.

Formes pharmaceutiques, doses. — 1° Tisane par infusion, pp. 20 : 1000. 2° Poudre, 1 à 8 grammes. 3° Teinture, 5 décigrammes à 1 gramme.

Action physiologique. — A petite dose, c'est un stimulant qui augmente l'appétit, facilite les fonctions de l'estomac. A dose plus élevée, elle détermine des nausées, des pesanteurs de tête ; sous son influence, les sécrétions et les selles s'accroissent, le pouls devient plus fréquent et plus plein ; elle peut même déterminer une violente céphalalgie, des troubles intellectuels, de l'agitation pendant le sommeil.

Usages. — En Amérique elle passe pour un excellent remède contre la morsure des serpents, on l'a également proposée contre la morsure des chiens enragés. C'est un excitant, un tonique, que l'on emploie dans les fièvres adynamiques avec collapsus profond, le typhus ; un diaphorétique recommandé dans les angines malignes couenneuses et gangréneuses. Elle est peu usitée de nos jours.

ARMOISE COMMUNE. *Artemisia vulgaris* Lin., Armoise vulgaire, Herbe, Couronne, Fleur et Ceinture de Saint-Jean. Remise.

SYNANTHÉRÉES - SÉNÉCIONIDÉES.

Armoise est une corruption du mot artémise, dérivé de ἄρτεμις, Diane, c'est-à-dire herbe des vierges, par allusion à certaines propriétés médicinales.

Description (fig. 20). — Plante herbacée de 1 mètre et plus, très-amère, très-odorante. Racine longue, ligneuse, rampante, de la grosseur du petit doigt. Tiges dressées, cylindriques, cannelées, d'un vert argenté quelquefois rougeâtre, chargées d'un duvet plus ou moins blanchâtre, très-ramifiées. Feuilles alternes, sessiles, profondément pinnatifides, à divisions inégales, très-variables de largeur et de forme, glabres et d'un vert plus ou moins sombre en dessus, blanchâtres et cotonneuses en-dessous. Fleurs

FIG. 20. — Armoise vulgaire.

rougeâtres (juillet-septembre) disposées en épi de capitules de forme pyramidale. Capitules petits, ovoïdes, allongés ; involucre à folioles ovales, blanchâtres, cotonneuses, à bords membraneux, scarieux. Réceptacle convexe, glabre. Fleurons du centre hermaphrodites, ceux de la circonférence femelles et au nombre de 5. Corolle glabre, à tube allongé, glanduleux. Anthères prolongées au sommet en un appendice subulé. Fruits (*achaine*) cylindroïdes, lisses, à sommet muni d'un petit épaississement disciforme. ♃.

Habitat. — Elle est spontanée en Europe et très-commune dans les lieux incultes, les bords des chemins, des buissons, des haies.

Culture. — On ne la cultive que dans les jardins botaniques, où sa multiplication s'opère soit par la division des vieux pieds, soit par graines qu'on place dans une terre légère, en choisissant une exposition découverte.

Parties usitées. — La racine et les feuilles.

Récolte, dessiccation, conservation. — On récolte les feuilles en juin, en choisissant de préférence celles des plantes venues dans les lieux secs. On les monde, et on les porte au séchoir où on les suspend en guirlande. Les racines doivent être séchées avec grand soin, sinon elles moisissent.

Composition chimique. — L'armoise contient : *huile volatile, principe amer.*

Formes pharmaceutiques, doses. — La saveur de la racine est douce ; on l'administre en poudre, 2 à 8 gr. Les feuilles donnent lieu aux préparations suivantes : 1° Infusion, pp. 15 à 30 : 1000. 2° Eau distillée, 50 à 100 gr. 3° Huile essentielle, 1 à 2 gr. 4° Sirop, 30 à 60 gr. 5° Extrait, 2 à 4 gram. 6° Poudre, 4 à 8 gr. 7° Suc, 15 à 30 gr. 8° Vin, un ou plusieurs petits verres par jour. 9° Lavement, pp. 20 : 500. A l'extérieur, 50 à 100 gr. en fumigations vaginales. On doit éviter d'associer les préparations d'armoise aux sels de fer et de zinc.

Action physiologique, usages. — Comme toutes les plantes amères et aromatiques, c'est un tonique, un excitant, un antispasmodique dont l'action élective se porte sur l'utérus. Aussi est-ce un emménagogue populaire qui réussit lorsque le retard ou la disparition des règles dépendent d'un état atonique ou nerveux et qu'on l'emploie à des doses un peu élevées. On l'a également préconisée dans l'hystérie, les vomissements spasmodiques, les coliques flatulentes. On l'a même vantée contre la chorée, l'épilepsie (*poudre de Bresler*); elle est anthelminthique. Quand on pulvérise les feuilles d'armoise, on obtient un résidu cotonneux formé par le duvet mêlé de fibres; ce résidu peut servir à préparer des moxas.

ARMOISE VERMIFUGE. *Artemisia contra* L., *A. Sieberi* D.C. Semen-contra, Sementine, Barbotine. SYNANTHÉRÉES-SÉNÉCIONIDÉES.

Description (fig. 21). — Petit arbrisseau droit dont la tige est cotonneuse, blanchâtre; les rameaux plus cotonneux encore. Feuilles très-petites, linéaires, à 3 lobes bien marqués, le médian est pinnatifide, et les latéraux bifides ou trifides. Capitules ovoïdes, allongés, glabres; involucre d'écailles imbriquées, scarieuses, oblongues, tuberculeuses à leur surface. Réceptacle nu. Fleurons peu nombreux et tous hermaphrodites.

Partie usitée. — Le mélange de capitules brisés, de fleurs, de fruits et de rameaux, que l'on désigne sous le nom de *Semen-contra* d'Alep ou d'Alexandrie, parce que cette substance arrivait jadis par la voie de ces deux villes. D'ailleurs il n'est point parfaitement établi que l'*Artemisia contra* soit réellement la plante qui produit le semen-contra; on l'a attribué aussi à l'*A. Vahliana* Kost et à l'*A. judaïca*

L. Quoi qu'il en soit, le semen-contra est verdâtre, et devient rouge en vieillissant; son odeur est forte et aromatique; sa saveur chaude, analogue à celle de l'anis; il ressemble à un amas de petites graines; c'est cette apparence qui lui a valu son nom qui est l'abrégé du latin : *semen contra vermes*.

Composition chimique. — Le semen-contra contient : *huile volatile, santonine, matière résineuse, huile grasse, principes extractifs indéterminés.* L'huile essentielle est très-volatile, d'un jaune pâle, d'une saveur âcre et amère, son odeur vive, pénétrante, est analogue à celle de la menthe poivrée; elle paraît résulter du mélange d'un hydrocarbure isomérique du térébenthène et d'un composé oxygéné isomérique du bornéol. Cette essence serait vénéneuse et non vermifuge. La *santonine* ou *acide santonique*, $C^{30}H^{18}O^6$, est en prismes brillants, nacrés, prenant rapidement une coloration jaune sous l'influence des rayons solaires. Elle est

FIG. 21. — Armoise vermifuge.

peu sapide, pourtant elle développe au bout de quelque temps une saveur amère assez persistante, inodore, fusible, volatile, soluble dans l'eau, l'alcool, l'éther, le chloroforme, le sulfure de carbone, l'essence de térébenthine. Sa solution aqueuse est amère. La santonine s'unit aux bases et se colore en rouge au contact d'une solution alcoolique concentrée de potasse, ou quand on la dissout dans l'acide sulfurique. C'est un glycoside se dédoublant en glycose et en *santinorétine*. La matière résineuse est d'un jaune verdâtre foncé, soluble dans l'alcool et l'éther bouillant. La santonine n'est pas le seul principe actif du semen-contra, car un poids donné de cette substance est plus actif que le poids de santonine qu'il renferme (14 p. 1000).

Formes pharmaceutiques, doses. — 1° Poudre de semen-contra, 1 à 4 gram. chez les enfants; 4 à 8 gram. chez l'adulte. 2° Infusé, pp. 10 : 1000. 3° Santonine, 30 à 40 centigram. en dragées, tablettes, pastilles, contenant chacune en général 2 à 5 centigram. 4° Sirop avec l'essence.

Action physiologique. — Ingérée, la santonine produit un sentiment de gêne à l'épigastre, des éructations, une lassitude générale; elle pervertit la vision et parfois le goût et l'odorat, détermine des hallucinations. Sous son influence, les objets paraissent colorés en jaune ou en violet; ces troubles de la vision sont d'ailleurs passagers. Elle augmente légèrement la quantité des urines, qui deviennent jaunes dans le cas où leur réaction est acide, rouges si elles sont alcalines; à doses élevées, elle occasionne des vomissements, des coliques, des selles nombreuses, des convulsions.

Usages. — Toutes les applications auxquelles le semen-contra avait donné lieu sont aujourd'hui tombées dans l'oubli, sauf son emploi comme vermifuge, et encore le cède-t-il de beaucoup à ce point de vue à la santonine. Cette dernière substance, en effet, à la dose de 10 à 15 centigram., est un vermifuge énergique. Les ascarides lombricoïdes sont rapidement expulsés sous son influence, mais elle a moins d'action sur les oxyures, à moins qu'on ne la donne en lavement.

Le semen-contra de Barbarie fourni par l'*A. glomerata* Sieb. (fig. 22) est formé de capitules plus arrondis, réunis plusieurs ensemble, de couleur blanche, à cause du duvet blanchâtre qui les recouvre. Il est plus petit que le précédent, plus léger, rempli de bûchettes et moins estimé. Les

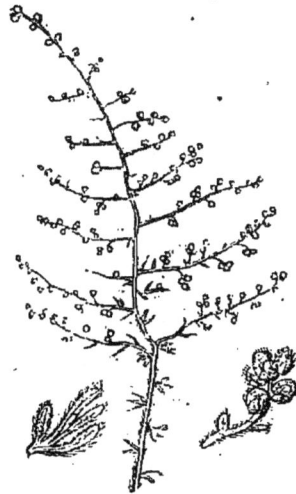

Fig. 22. — Semen-contra de Barbarie.

fleurs des absinthes et des armoises peuvent, au besoin, remplacer le semen-contra exotique, aussi leur a-t-on donné le nom de semen-contra indigène.

ARNIQUE DES MONTAGNES. *Arnica montana* L., *Doronicum oppositifolium* Lam., *D. arnica* Desf. Tabac des Vosges, T. des Savoyards, Bétoine des montagnes, Souci et plantain des Alpes. Altération de *ptarmica*, πταρμικὸς, qui fait éternuer. SYNANTHÉRÉES-SÉNÉCIONIDÉES.

Description (fig. 23). — Plante de 2 à 6 décimètres. Rhizome fibreux, horizontal, noirâtre, émettant de nombreuses racines grêles et brunes. Feuilles, le plus souvent 4, réunies en rosette, à la

surface du sol, sessiles, ovales, obtuses, entières, à 5 nervures, lé-
gèrement pubescentes surtout en dessus, d'un vert clair plus pâle en dessous. Hampe grande, à fleur termi-nale, présentant ordi-nairement vers sa par-tie moyenne deux feuil-les plus petites, oppo-sées, dressées, oblon-gues, lancéolées, plus ou moins aiguës. De chacune de leurs ais-selles sort plus tard une fleur latérale plus petite. Fleurs (juin-juil-let) en capitule de 5 à 6 centimètres de dia-mètre, d'un beau jaune. Involucre évasé, cam-panulé, formé de 15 à 20 bractées, velues, aiguës, linéaires, bisé-riées. Réceptacle nu. Fleurons hermaphro-dites, tubuleux, à 5 dents et placés au cen-tre ; demi-fleurons fe-melles, à languette oblongue, tridentée, étalée, occupant la cir-conférence. Fruits (a-chaine) allongés, sub-cylindriques, noirâtres, pubescents, surmontés d'une aigrette blanche, sessile et plumeuse. ♃.

Habitat. — L'arnica croît dans les pâturages des montagnes, sur les

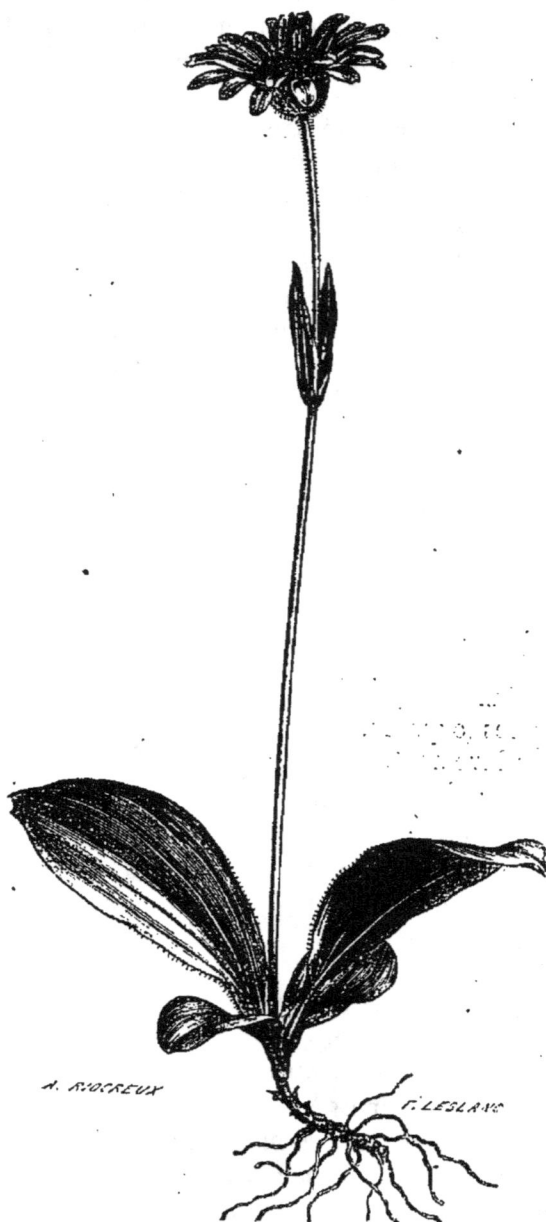

FIG. 23. — Arnique des montagnes.

terrains siliceux, granitiques, dans les Alpes, les Pyrénées, les Vosges. On le trouve également dans les plaines sablonneuses des Landes et de la Sologne.

Culture. — Il est difficile à cultiver. Il exige de la terre de bruyère et une exposition abritée et ombragée. On le propage par graines qu'on sème au printemps; on repique les plants qui en proviennent au mois d'août ou mieux en automne. On le multiplie aussi par la séparation des racines.

Parties usitées. — La racine, les feuilles et surtout les fleurs.

Récolte, dessiccation, conservation. — La récolte des fleurs a lieu en juillet; après les avoir mondées, on les fait sécher à l'étuve. On les trouve dans le commerce, dans un état de floraison très-avancé, de sorte que les fleurons couronnés d'aigrettes blanches, et les demi-fleurons à languette d'un jaune assez vif, s'en détachent plus ou moins. On doit rechercher les fleurs les plus jaunes et celles qui sont restées le plus entières. Quand elles sont récentes, leur odeur est assez forte pour exciter l'éternument; cette odeur et cet effet s'affaiblissent par la dessiccation; leur saveur est un peu âcre et amère.

Composition chimique. — L'arnica contient : *matière résineuse jaune unie au principe odorant de la plante, matière colorante jaune, acide gallique, gomme, huile colorante bleue, saponine, sels.* L'arnicine que l'on extrait des feuilles est un produit cristallisable mal défini qui a l'aspect et la consistance de la térébenthine, et dont la saveur est très-amère. On a également donné le nom d'arnicine (W. Bastick) à une base assez énergique qui aurait été extraite de cette plante, mais dont l'existence est encore controversée.

Formes pharmaceutiques, doses. — 1° Infusion, pp. 4 à 8 : 1000, passez à travers un linge bien serré. 2° Poudre, 50 centig. à 2 gram. pour bols, pilules, ou demi-fine comme sternutatoire. 3° Eau distillée, 50 à 100 gram. 4° Extraits aqueux et alcoolique, 50 centig. à 4 gram. 5° Teinture éthérée, 1 à 10 gram. 6° Teinture alcoolique, 1 à 20 grammes. L'arnica entre dans la composition du vulnéraire suisse ou Faltrank; on doit éviter son association avec les acides minéraux, les sels de fer, de zinc, de plomb.

Action physiologique. — A faible dose, c'est un tonique excitant; à doses plus élevées, c'est une substance âcre déterminant une sensation de brûlure dans la gorge, l'irritation de l'estomac et du tube digestif avec anxiété, nausées, vomissements, coliques, selles, sueurs froides, diurèse; plus tard des étourdissements, de la céphalalgie, des mouvements convulsifs, de la dyspnée, du délire. Chez les femmes, il cause de violentes douleurs abdominales et des menaces d'avortement. A dose plus élevée encore, il amène des accidents graves, des hémorrhagies et la mort.

Usages. — C'est une plante énergique dont il faut surveiller l'action avec soin. L'arnica était usité autrefois comme émétique. On l'a recommandé dans les fièvres intermittentes (*quinquina des pauvres*), contre la dysenterie; dans les paralysies, les rétentions d'urine par faiblesse paralytique de la vessie chez les vieillards; contre l'amaurose; pour relever les forces dans l'adynamie. On l'a vanté contre la coqueluche. La teinture et l'infusion, soit à l'intérieur, soit sous forme de compresses, constituent un remède populaire, dans les commotions cérébrales, les coups, chutes avec ecchymoses et collections de sang caillé (*Panacea lapsorum*). On a indiqué la racine comme antiseptique dans les infections purulentes. En cas d'empoisonnement par cette plante, on doit administrer l'opium et le tannin.

ARROW-ROOT. — Voy. *Galanga à feuilles de balisier.*

ARTHANTE ALLONGÉE. *Arthante elongata* Miq., *Piper angustifolium* R. et Pav., *P. elongatum* Vahl. Matico, Herbe du soldat. PIPÉRACÉES.

Description. — Arbrisseau à branches grêles, marquées de nœuds saillants, dont les rameaux nombreux, dichotomes, noueux, sont couverts de poils mous. Feuilles (fig. 24) pouvant atteindre jusqu'à 2 décimètres, alternes, courtement pétiolées, étoilées, lancéolées, partagées inégalement par la nervure médiane, réticulées, bulleuses, velues, coriaces, d'un brun foncé supérieurement, d'un vert pâle inférieurement. Les nervures secondaires, au nombre de 7 de chaque côté, sont palmées, saillantes, poilues. Chaque feuille est munie d'une stipule ovale, lancéolée, acuminée, oppositifoliée. Fleurs (juin-juillet) hermaphrodites, sessiles, disposées en anneaux et formant des épis solitaires de 10-15 centim., opposés aux feuilles, denses et légèrement recourbés, cylindriques, gros comme une plume de corbeau au plus, chargés de bractées coriaces, pédicellées, peltées, semi-orbiculaires ou obscurément triangulaires. Étamines 3-4 jaunâtres, filets arrondis, glabres. Anthères réniformes, cordées. Ovaire sessile, oblong, anguleux, surmonté par un stigmate divisé. Fruits (*baie*) sessiles, pressés, obovés, tétragones, d'une odeur agréable, aromatique, contenant une graine à sommet tronqué. ♄.

Habitat. — Cette plante est originaire de la Bolivie, du Pérou, du Chili.

Partie usitée. — Les feuilles que l'on désigne sous le nom de *matico.* Elles arrivent en Europe en bottes d'une dizaine de kilogrammes, fortement comprimées et renfermées dans des surons. Elles sont plus ou moins brisées, souvent mélangées de quelques épis et de débris de tiges, mais toujours faciles à reconnaître à leurs deux faces, la supérieure étant relevée de saillies séparées par des sillons, tandis que l'inférieure présente des sillons creux séparés par des nervures proéminentes et velues; la face supérieure est d'un vert foncé, tandis que la face inférieure est d'un vert blanchâtre. Elles ont une vague ressemblance avec les feuilles de digitale, mais même brisées, on peut toujours les distinguer à leurs nervures très-prononcées, à leur odeur de menthe et de cubèbe, à leur saveur âcre, amère, mais non astringente.

Récolte, dessiccation. — On récolte ces feuilles au moment de la floraison, on les sèche au feu et on les met en bottes.

Composition chimique. — Les feuilles de l'arthante allongée contiennent : *tannin, résine, huile volatile, chlorophylle, matière colorante, extractif végétal, maticine, acide arthantique, nitrate de potasse.* La maticine n'est pas cristallisable et n'a aucun des caractères d'un alcaloïde. L'acide arthantique est solide, incolore, cristallisable, soluble dans l'eau, l'alcool et l'éther, à saveur franchement acide. L'huile volatile est verdâtre quand elle est récente, mais devient jaune quand elle a subi pendant quelque temps l'action de la lumière.

Formes pharmaceutiques, doses. — 1° Tisane par infusion, pp. 10 à 20 : 1000. 2° Lotions, embrocations, lavements, injections, 30, 40, 50 gr. : 1000 en décoction légère. 3° Poudre, soit directement à l'extérieur comme hémostatique, soit à l'intérieur sous forme de pilules, bols, 4 à 8 grammes. 4° Eau distillée. 5° Extrait hydro-alcoolique, 2 à 3 décig. 6° Teinture, 4 à 8 grammes. 7° Sirop, 30 grammes.

Action physiologique. — Le matico possède une certaine analogie d'action avec le poivre noir, le cubèbe et le baume de copahu. Son action sur la muqueuse gastro-intestinale est tonique, stimulante,

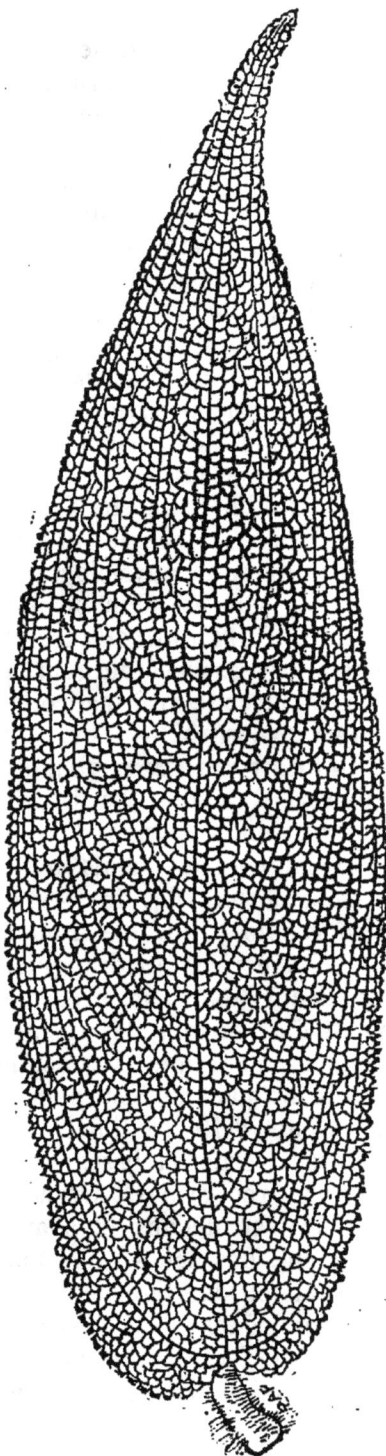

FIG. 24. — Arthante allongée.

elle devient irritante quand on exagère la dose; il se produit alors des troubles digestifs, de la diarrhée, de la céphalalgie, une augmentation dans la calorification. Les principes actifs sont éliminés surtout par l'urine, ce qui explique ses effets sur la muqueuse génito-urinaire; le passage de ces principes dans l'appareil cutané détermine de ce côté des exanthèmes sudoraux. Mis en contact avec une plaie récente, soit en décoction, soit en infusion, soit en poudre, il diminue ou arrête l'écoulement sanguin, coagule la fibrine, oblitère les petits vaisseaux et accélère la cicatrisation.

Usages. — A l'extérieur, on l'emploie pour étancher le sang, fermer les piqûres des sangsues, agglutiner les plaies des gencives et du nez; le nom d'*herbe du soldat* qu'il porte au Pérou fait allusion à ses propriétés styptiques et vulnéraires. On l'a proposé dans l'ulcère simple de l'estomac et le cancer de cet organe, pour diminuer l'hypérémie et favoriser la reproduction de l'épithélium; dans l'hématémèse, l'hémoptysie. C'est le succédané du cubèbe et du copahu dans la blennorrhagie uréthrale, la leucorrhée. D'ailleurs, l'étude thérapeutique et physiologique de ce médicament est encore inachevée, car son introduction dans la médecine européenne est assez récente. L'*Arthante adunca* Miq. et L., *A. ancifolia*, ainsi que quelques autres espèces du genre peuvent fournir des feuilles susceptibles de remplacer le vrai matico.

ASA FŒTIDA. — Voy. *Férule ase fétide.*

ASARET D'EUROPE. *Asarum europæum* L., *A. officinale* Mœnch. Cabaret, Rondelle, Nard commun ou sauvage, Oreille d'homme. ARISTOLOCHIÉES. Le nom d'asarum dérive de άσαρος, rebuté, parce que cette plante n'était jamais employée par les anciens pour orner leur tête.

Description (fig. 25). — Petite plante toujours verte, d'une odeur désagréable. Rhizome rampant, tortueux, de la grosseur d'une plume à écrire, quadrangulaire, d'un brun grisâtre à l'extérieur, jaunâtre à l'intérieur, présentant de distance en distance des renflements d'où sortent des racines blanchâtres. Les tiges qui en proviennent n'ont que 2-4 centimètres de long; elles sont couchées, terminées par une paire de feuilles. Celles-ci, portées par des pétioles de 8-10 centimètres canaliculées, laineux, sont un peu coriaces, vertes et lisses en dessus, pâles et légèrement velues en dessous, réniformes, arrondies, un peu échancrées en haut, recourbées en dedans et ayant grossièrement l'aspect d'une oreille d'homme. Les fleurs (avril-mai) d'un pourpre brunâtre apparaissent au sommet des tiges entre les deux pétioles; elles sont portées sur des pédoncules très-courts. Périgone velu sur les deux faces, campanulé, à trois divisions pointues recourbées en dedans au sommet. Étamines 12, incluses, insérées sur un disque périgyne; filets libres et courts ; anthères libres surmontés par un prolongement du connectif. Ovaire oblong, à 6 loges ; style hexagone ; stigmate à 6 lobes. Le fruit est une capsule hexagone à 6 loges, surmonté des restes du périgone et contenant des graines grisâtres rugueuses, insérées sur deux rangs dans chaque loge. ♃. *Ne pas confondre* avec l'asarine, *Antirrhinum asarina* L., SCROPHULARIÉES, dont les feuilles ont une certaine ressemblance avec celles de l'asaret.

Habitat. — Il croît dans les lieux ombragés et les bois montagneux, on le trouve dans toute la chaîne jurassique, au-dessus de la région des vignes et principalement dans celle des sapins.

Culture. — On le reproduit par éclat des rhizomes que l'on sépare au printemps et à l'automne. Tous les terrains lui conviennent, pourvu que l'on fasse choix d'une exposition un peu ombragée.

Parties usitées. — La racine et les feuilles.

Récolte. — Les feuilles se

FIG. 25. — Asaret d'Europe.

récoltent pendant tout l'été. On recueille la racine au printemps et à l'automne, on doit la renouveler deux fois par an et la choisir entière, bien nourrie, de la grosseur d'une plume de corbeau ; son odeur doit être forte, camphrée ; sa saveur, amère, poivrée.

Composition chimique. — La racine d'asaret contient : *huile volatile, huile grasse très-âcre, matière jaune nauséeuse et émétique,* qui probablement est le principe actif, *albumine, fécule, acide citrique, sels.* Par la distillation, elle donne trois produits : une matière cristallisée (*asarite*), une matière blanche cristallisable (*asarone*), et une huile volatile liquide.

Formes pharmaceutiques, doses. — 1° Feuilles fraîches digérées dans l'eau pendant 12 heures, 5 à 20 feuilles pour 200 gram. d'eau. 2° Poudre de la racine et des feuilles, comme vomitif, 5 décigram. à 2 gram. ; comme excitant ou altérant, 5 à 20 centigram. 3° Extrait aqueux, 1 à 4 gram. 4° Extrait alcoolique, 5 décig. à 1 gram. 5° Vin ; inusité aujourd'hui.

Action physiologique. — Toutes les parties sont irritantes, la poudre introduite dans les fosses nasales détermine l'éternument, un écoulement de mucus, l'épistaxis quelquefois. A l'intérieur, c'est un éméto-cathartique produisant des tranchées, des nausées, des vomissements et des selles nombreuses, quelquefois même un flux urinaire. Ces effets se rencontrent aussi bien dans la racine que dans les feuilles, mais ils disparaissent par la dessiccation de ces parties, l'ébullition prolongée dans l'eau, la macération dans le vinaigre.

Usages. — L'asaret a joué jadis dans la médecine européenne un rôle qu'il a perdu, en partie, par suite de la découverte de l'ipéca avec lequel il présente une certaine analogie d'action. Non-seulement il était très-usité comme éméto-cathartique et il l'est encore dans la campagne, mais à dose altérante on s'en est servi dans la bronchite, la pneumonie, la coqueluche, la diarrhée. Comme substance diurétique, il a été vanté dans certaines hydropisies. On l'a également indiqué dans la sciatique, dans quelques dermatoses et comme anthelminthique. C'est un sternutatoire énergique et sa poudre a été employée comme telle pour combattre les céphalées rebelles, la suppression d'un flux nasal habituel; il fait partie de la poudre *Saint-Ange*. L'asaret était autrefois usité pour combattre l'ivresse; c'est, dit-on, la raison qui l'a fait appeler cabaret, d'autres veulent que ce nom lui ait été imposé parce que les ivrognes s'en servaient pour se faire vomir et recommencer leurs libations.

ASPERGE OFFICINALE. *Asparagus officinalis* L. Asperge commune. Son nom grec ἀσπάραγος vient de σπαράσσειν, déchirer, par allusion aux épines dont sont ornées certaines espèces. SMILACÉES.

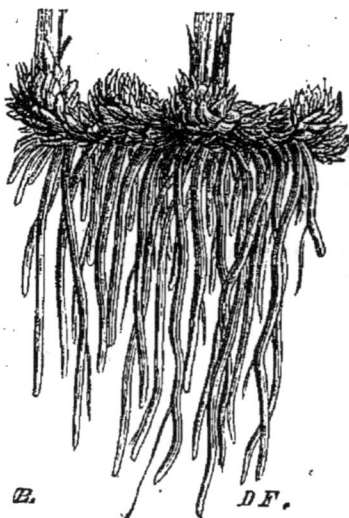

FIG. 26. — Rhizome d'asperge.

Description. — Plante de 7-9 décimètres. Rhizome rampant de la grosseur du pouce (fig. 26), cylindracé, écailleux, produisant un grand nombre de racines simples, allongées, de la grosseur d'une plume d'oie, grises au dehors et blanches en dedans. Tige apparaissant au printemps sous forme de plusieurs bourgeons allongés (*turions*), grêles, cylindriques, blancs inférieurement, à extrémité supérieure verdâtre ou un peu violacée, formée d'écailles rapprochées qui recouvrent les rudiments des rameaux. La tige une fois développée (fig. 27) est cylindrique, glabre, très-rameuse. Les feuilles, *f* (*hypophyllum*) sont alternes, blanches, caduques, les rameux avortés *cld* (*cladodes*) qui naissent par 3-6 à leur aisselle et qui sont sétacés, subulés, mous, verts, sont souvent considérés, mais à tort, comme les véritables feuilles. Fleurs (juin-juillet) hermaphrodites, le plus souvent diclines par avortement, d'un jaune verdâtre, naissant à la base des rameaux, pendantes à l'extrémité de pédoncules articulés dans leur milieu, solitaires ou géminées. Périanthe campanulé, à 6 divisions sur 2 rangs. Dans les fleurs mâles : étamines 6, incluses, insérées à la base du calice ; dans les femelles : ovaire supère, ovale, à 3 loges, chacune biovulée. Style trigone ; 3 stigmates. Le fruit est une baie du volume d'un gros pois, verte d'abord, rougeâtre ensuite, à 6 graines anguleuses et noires. ♃.

Habitat. — Croît spontanément dans

Fig. 27. — Portion de rameau d'asperge montrant deux faisceaux de cladodes placés chacun à l'aisselle d'une petite feuille.

tous les climats. On la rencontre dans les prairies sablonneuses et les bois de presque toute la France (variété *campestris*), et dans les sables maritimes des côtes de l'Océan et de la Méditerranée (variété *maritimus*).

Culture. — L'asperge se propage par éclats des rhizomes ou griffes que l'on place en pépinière. Après un an ou deux, suivant le terrain, on relève les pieds pour les repiquer dans des planches séparées où on les recouvre chaque année d'une couche légère de fumier. On ne récolte que la troisième ou la quatrième année. Une bonne aspergière produit pendant douze ou quinze ans.

Parties usitées. — Les racines et les bourgeons.

Récolte, dessiccation. — On récolte les racines au printemps, sur des plants de trois ans au moins, on les sépare du rhizome et on les fait sécher à l'étuve ; par la dessiccation elles se fendillent longitudinalement et prennent l'aspect de la salsepareille. Leur couleur est grise au dehors, blanche au dedans, leur saveur douce et fade, leur consistance molle et visqueuse, l'écorce s'en détache facilement.

Composition chimique. — La racine d'asperge contient : *albu-*

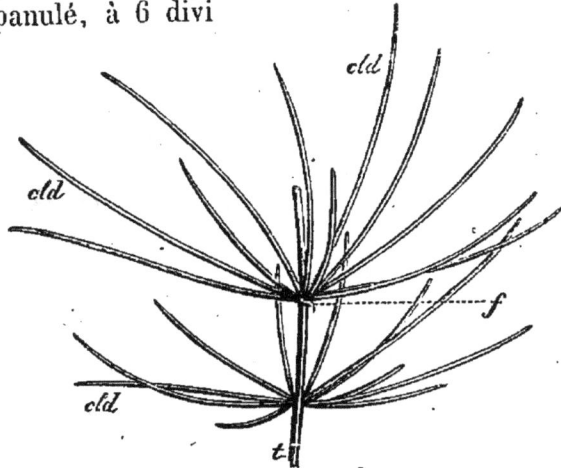

mine végétale, matière gommeuse, résine, matière sucrée, matière amère extractive, malates, chlorures, acétates et phosphates de chaux et de potasse. Les bourgeons renferment : chlorophylle, cire, albumine végétale, résine, extractif, matière colorante, sels de chaux et de potasse, mannite et asparagine. Cette dernière substance, dont la composition est représentée par $C^8H^8Az^2O^6$, est incolore, cristallisant en prismes droits rhomboïdaux; sa saveur est fraîche et fade; elle se dissout dans l'eau chaude, les acides, les solutions alcalines. Son action sur l'économie est très-faible, et ce n'est point, certainement, le principe actif de l'asperge, puisqu'on rencontre l'asparagine chez des plantes telles que la guimauve, la réglisse, qui n'ont aucune analogie de propriétés.

Formes pharmaceutiques, doses. — Sa racine s'administre : 1° en décoction, pp. 15 à 60 : 1000; 2° sous forme d'extrait, 1 à 4 gr. Elle fait partie des espèces apéritives ou diurétiques, et du sirop des cinq racines apéritives. Les bourgeons se donnent : 1° en extrait de 1 à 4 gr.; 2° en sirop préparé avec l'extrémité du bourgeon (*sirop de pointes d'asperges*), 10 à 50 gr. Les *Asparagus albus, horridus, aphyllus* Lin., peuvent être substitués à l'*A. officinalis*.

Action physiologique. — Chacun connaît l'emploi que l'art culinaire fait de l'asperge entière (*asperge en branche*), et sait que, sous l'influence de cet aliment, l'urine contracte une odeur forte, particulière, fétide, qu'on peut transformer en odeur de violette par l'adjonction de quelques gouttes d'essence de térébenthine. Cette action remarquable de l'asperge sur l'appareil rénal est peut-être plus prononcée encore chez la racine. De plus, sous l'influence de cette plante il se manifeste une sédation notable des mouvements du cœur; par son amertume, elle peut se ranger parmi les substances apéritives.

Usages. — On met à contribution les propriétés de l'asperge pour calmer les palpitations, dans les affections du cœur en général et dans les hydropisies qui en dépendent; dans les catarrhes bronchiques et la phthisie pulmonaire, pour modérer la suractivité des organes. On a accusé les asperges de produire des écoulements uréthraux; il faudrait, par suite, les bannir du régime des personnes atteintes de blennorrhagie ou d'affections des voies urinaires; d'après Cazin, les sujets nerveux et les femmes hystériques doivent s'en abstenir, car cet aliment produit de l'agitation et de l'insomnie. La racine est employée dans les obstructions des viscères abdominaux, la jaunisse.

ASTRAGALE VRAI. *Astragalus verus* Olivier. LÉGUMINEUSES-PAPILIONACÉES.

Description (fig. 28). — Racine de la grosseur du doigt, blanche, ligneuse, s'étendant au large. Tige ligneuse, médiocrement élevée, très-rameuse. Feuilles bipinnées, avec impaire, composées de 8-9 paires de folioles linéaires, hispides, portées sur un pétiole qui persiste après la chute des folioles, durcit et prend la forme d'une longue épine. Ce pétiole est muni de stipules latérales, adnées, villeuses ou soyeuses dans leur jeunesse et glabres dans l'âge adulte. Fleurs sessiles, placées au nombre de 2-5 dans l'aisselle des feuilles.

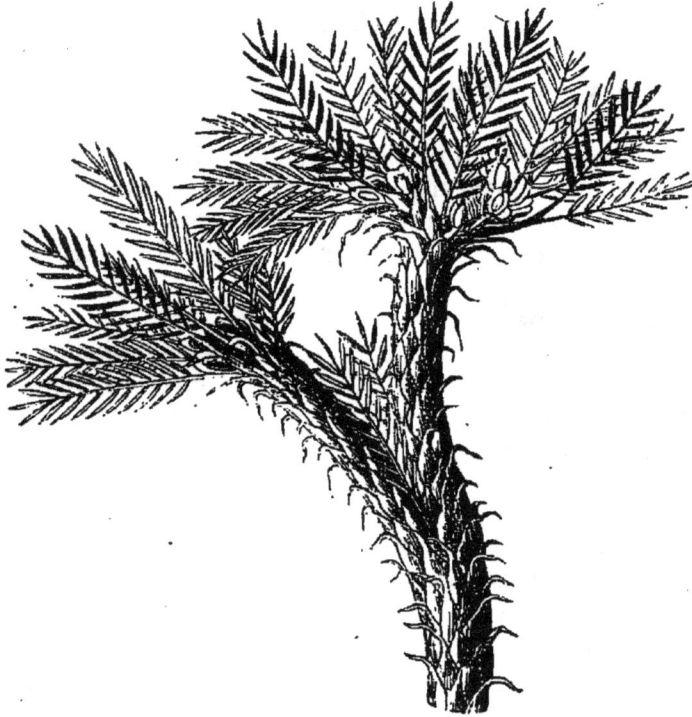

Fɪɢ. 28. — Astragale vrai.

Calice tomenteux à 5 dents obtuses. Corolle à carène obtuse. Étamines 10, diadelphes; style ascendant. Stigmate peu prononcé. Le fruit est une gousse biloculaire contenant des graines réniformes. Le nom d'astragale (ἀστράγαλος), os du talon, fait allusion à la forme des graines ou de la racine, dans certaines espèces.

Habitat. — L'Arménie, les provinces septentrionales de la Perse.

Partie usitée. — La gomme provenant de la tige, et qui est connue sous le nom de gomme adragante. Ce produit n'est point une sécrétion s'écoulant et se concrétant à l'air, mais une véritable transformation des cellules du tissu de la moelle et des rayons médullaires. On en connaît deux espèces commerciales : 1° La *G. vermiculée* ou *en filets*. Elle se présente en filaments aplatis, vermiculés, blancs ou jaunâtres, de consistance cornée, inodores, insipides. Elle se°dissout à peine dans l'eau froide, mais s'y hydrate et s'y gonfle énormément, en formant un mucilage épais et tenace ; elle se dissout imparfaitement dans l'eau bouillante, en laissant un résidu de cellulose et d'amidon. La forme de cette gomme semblerait indiquer que sa substance, d'abord pâteuse, s'est fait jour à l'extérieur, en s'étirant à travers les interstices ligneux du végétal, comme à travers les trous d'une filière. 2° La *G. en plaques*, elle est en plaques blanches ou jaunâtres, irrégulières, recourbées, marquées de lignes arquées et concentriques. Elle se gonfle dans l'eau et forme un mucilage très-épais ; elle devient presque complétement soluble par une longue ébullition dans l'eau. Il est probable qu'elle a été obtenue par incisions. Les deux espèces peuvent être employées en médecine, la première est pourtant préférée ; d'après quelques naturalistes, elle serait produite par l'astragale crétique (*A. creticus* Lam.).

Composition chimique. — La gomme adragante renferme : *arabine, bassorine, amidon, eau, substances minérales*. La bassorine ou adragantine, $C^{24}H^{20}O^{20}$, est solide, incolore, demi-transparente, insipide, inodore, incristallisable, difficile à pulvériser, elle se distingue de l'arabine par la propriété de s'hydrater et de se gonfler beaucoup dans l'eau froide, mais sans s'y dissoudre. Sa solubilité dans l'eau bouillante est très-imparfaite.

Usages. — C'est une substance adoucissante, émolliente, que l'on administre quelquefois dans les mêmes circonstances que la gomme arabique. Elle sert surtout à donner de la consistance aux loochs, à maintenir en suspension certains agents médicamenteux, à lier les corps qui entrent dans la préparation des pastilles et des pilules.

Outre l'A. crétique dont nous avons déjà parlé, il existe plusieurs plantes du même genre, telles que l'*A. Parnasii*, l'*A. microcephalus*, l'*A. aristatus* L'Her., qui donnent aussi de la gomme adragante. L'astragale porte-gomme (*A. gummifer* Labil.) du Liban fournit une gomme jaune appelée, par Guibourt, gomme pseudoadragante.

AUNÉE OFFICINALE. *Inula helenium* L., *Aster helenium* Scop., *A. officinalis* All., *Corvisartia helenium* Mor. Grande aunée. Œil de cheval, Aillaune, Inule hélénière, Enule campane. De ἐνάειν purifier, par allusion à ses propriétés médicinales. SYNANTHÉRÉES-ASTÉROÏDÉES.

Description (fig. 29). — Plante de 1-2 mètres. Racine longue, grosse, charnue, rougeâtre extérieurement, blanche en dedans, odorante. Tige droite, forte, cylindrique, rameuse, velue. Feuilles alternes, grandes, épaisses, dentées, d'un vert pâle, rugueuses en dessus, cotonneuses et fortement veinées en dessous, les radicales sont ovales, lancéolées, longuement atténuées en pétiole, les caulinaires d'autant plus petites qu'elles sont plus élevées, sessiles, en cœur, semi-amplexicaules. Fleurs (juillet-août) jaunes, disposées en capitules de 8 centim. de diamètre, solitaires à l'extrémité de chaque division de la tige.

Involucre formé de plusieurs rangs de folioles imbriquées, les externes foliacées sur plusieurs rangs, les internes étroites, coriaces, sur un rang. Réceptacle large, plan, nu, présentant de petits alvéoles dans lesquels sont reçues les fleurs. Fleurs de la circonférence, femelles, ligulées, trifides, à ovaire fertile, contenant un ovule dressé; celles du centre, hermaphrodites, à corolle tubuleuse, régulière, à 5 lobes; 5 étamines syngénèses, à anthères pourvues de 2 soies à la base, à ovaire fertile. Le fruit est un achaine tétragone, tronqué au sommet, surmonté d'une aigrette à une seule série de soies capillaires et rudes. ♃.

FIG. 29. — Aunée officinale.

Habitat. — Elle croît dans les prairies humides de toute la France, dans les *aunaies*, d'où lui vient son nom français.

Culture. — On la reproduit soit de graines, soit d'éclats de pieds; elle a besoin d'une terre fraîche et d'une certaine humidité.

Partie usitée. — La racine.

Récolte, dessiccation. — On récolte la racine au printemps et à l'automne, quand la plante a deux ou trois ans. La dessiccation se fait au soleil ou dans une étuve modérément chauffée; si elle est trop grosse, on la coupe préalablement en petites rouelles. Elle est d'une odeur forte, d'une saveur aromatique, âcre et amère; elle conserve ses propriétés en se desséchant, seulement sa couleur devient grise et elle prend l'odeur de l'iris.

Composition chimique. — La racine d'aunée contient : *résine âcre, molle et brune, huile volatile, cire, extrait amer, gomme, albumine, fibre, sels de potasse, de chaux, de magnésie, hélénine, inuline.* L'hélénine (hélénol ou camphre d'aunée), $C^{42}H^{28}O^6$, est une huile volatile concrète; l'inuline est une fécule particulière qui se colore en jaune par l'iode, ne forme pas de gelée avec l'eau et se dissout dans l'eau bouillante, d'où elle se précipite par l'évaporation sous forme d'une masse amorphe, gélatineuse. L'hélénine et la résine molle sont probablement les principes actifs.

Formes pharmaceutiques, doses. — 1° Décoction ou infusion, pp. 15 à 30 : 1000. 2° Sirop, 30 à 100 gr. 3° Teinture, 5 à 10 gr. 4° Vin, 50 à 100 gr. 5° Extrait, 1 à 8 gr. 6° Poudre, 4 à 10 gr. Cette racine entre dans le sirop d'érysimum et le sirop d'armoise composés.

Action physiologique. — C'est un amer et un aromatique agissant comme stimulant doux des organes digestifs et circulatoires, et par conséquent capable d'exciter les principales sécrétions. A dose élevée, l'aunée produit des nausées et des vomissements.

Usages. — Les propriétés de l'aunée ont été utilisées dans la dyspepsie atonique, les catarrhes pulmonaire et bronchique; dans l'asthme, les fièvres exanthématiques, quand l'éruption se fait attendre. C'est un emménagogue populaire, qu'on associe souvent au fer dans le traitement de la chlorose avec dysménorrhée. On l'a également employée contre les flueurs blanches atoniques. Les anciens la croyaient alexitère; il est certain que son action tonique, excitante, peut être mise à contribution pour combattre la dépression résultant de l'introduction dans l'économie d'un poison ou d'un venin. On incorpore quelquefois sa pulpe ou sa poudre dans de la graisse, et l'on emploie cette pommade en frictions contre la gale. On a également indiqué la décoction comme antipsorique, et la pulpe, en cataplasmes, pour déterger les ulcères sanieux.

AVOINE CULTIVÉE. *Avena vulgaris* Bauh., *A. sativa* L. GRAMINÉES. De *aveo*, je désire fourrage désiré par tous les bestiaux.)

Description. — Plante de 5 décim. à 1 mètre. Racine fibreuse. Tige (*chaume*) droite, creuse, articulée, glabre, rameuse dès la base. Feuilles longues, linéaires, engaînantes, aiguës, vertes, glabres, un peu rudes; ligule courte et tronquée. Fleurs (juillet-août) vertes, nombreuses, disposées en panicules lâches dont les rameaux longs, grêles, flexibles et penchés portent plusieurs épillets biflores, unilatéraux, ouverts; glume à 2 valves, lisses, striées, très-aiguës, plus longues que les fleurs qu'elles entourent. Chaque fleur est munie d'une glumelle ou *balle* à 2 valves, dont l'extérieure, plus grande, lancéolée, aiguë, bidentée au sommet, présente sur le milieu de son dos une arête roide plus longue que la fleur, tandis que l'intérieure est glabre. Étamines 3, anthères oblongues. Ovaire supère surmonté par 2 styles à stigmates plumeux. Fruit (*caryopse*) allongé, étroit, pointu aux deux extrémités, glabre, marqué d'un sillon dans toute sa longueur, de couleur brunâtre, enveloppé par la glumelle. ①.

Habitat. — L'avoine est probablement originaire de l'Orient.

Culture. — Nous ne dirons rien de la culture de cette plante que l'agriculture produit en grande quantité pour des usages autres que ceux de la médecine.

Partie usitée. — Le fruit improprement appelé graine.

Composition chimique. — L'avoine contient : *gluten, albumine, amidon, dextrine, matières grasses, ligneux, cellulose, substances minérales, eau*. Parmi les matières grasses se trouve une huile d'un jaune verdâtre qui paraît contenir les principes excitants de cette graminée, et dont l'odeur et la saveur ont une certaine analogie avec celles de la vanille. Les grains de l'amidon d'avoine affectent plusieurs formes : les uns sont simples, ovoïdes, arrondis, fusiformes ou polyédriques (fig. 30); les autres paraissent être la réunion de deux, trois, quatre éléments, d'autres enfin plus gros, sphériques ou ovoïdes, présentent une surface réticulée.

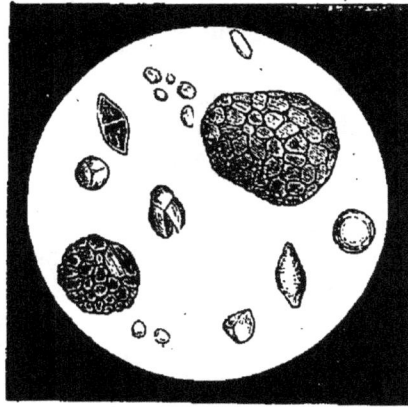

FIG. 30. — Fécule d'avoine.

Usages. — Le fruit privé du péricarpe constitue le *gruau d'avoine*, dont on connaît deux espèces : le *gruau en grains*, qui s'obtient en écalant l'avoine qu'on a desséchée au four, et le gruau concassé, qu'on prépare en brisant et décortiquant dans un moulin spécial l'avoine préalablement passée au four ou à l'étuve. On doit employer le gruau récent, car il devient rapidement la proie des insectes, il sert à préparer, surtout en Angleterre, des potages d'une digestion facile et très-nourrissants que l'on prescrit aux convalescents; on en prépare également une décoction, pp. 20 : 1250, que l'on réduit à 1000 (*eau ou tisane de gruau*), qui est très-usitée dans les affections de poitrine, telles que catarrhe, toux, hémoptysie. La décoction du fruit non dépouillé de son enveloppe passe pour diurétique; les cataplasmes de farine d'avoine sont employés dans la campagne. En Écosse, on prépare avec l'avoine une eau-de-vie particulière (*wiskey*). Les balles d'avoine sont douces et molles et servent à remplir les coussins destinés à rembourrer les attelles dans les appareils à fracture. On s'en sert également pour fabriquer des coussins qui s'échauffent moins que ceux de plume et qui sont utiles aux personnes atteintes d'affections cérébrales et surtout aux enfants.

B

BARDANE OFFICINALE. *Arctium lappa* L., *Lappa major* Bauh. Glouteron, Herbe aux teigneux, Napolier. SYNANTHÉRÉES-CARDUACÉES. *Arctium*, de ἄρκτος, ours, par allusion aux poils grossiers de son involucre; *lappa*, de λαβεῖν, prendre, parce que les involucres de cette plante s'attachent aux vêtements des passants. Bardane vient de l'italien *barda*, couverture de cheval, à cause de l'extrême ampleur des feuilles.

Description (fig. 31). — Plante de 1 à 2 mètres. Racine longue, fusiforme, grosse comme le doigt, brunâtre en dehors, blanchâtre en dedans, présentant, surtout vers le bas, des racines secondaires. Tige herbacée, droite, striée, lanugineuse, rougeâtre, très-rameuse. Feuilles alternes, à pétiole canaliculé élargi et semi-amplexicaule, molles, d'un vert foncé en dessus, blanches et cotonneuses en dessous, pointues; les inférieures cordiformes, de 3 décimètres de long et larges à proportion, dentées sur les bords; les supérieures de moins en moins grandes, ovales. Fleurs purpurines (juillet-août), disposées à l'extrémité des rameaux en grappe lâche de corymbes. Involucre globuleux, verdâtre, composé d'un grand nombre de folioles lancéolées, rudes, dont chacune se termine par une pointe acérée, recourbée en hameçon. Réceptacle plan, alvéolé, parsemé de paillettes étroites et nombreuses. Fleurons égaux, nombreux, hermaphrodites. Corolle tubuleuse, 5-fide. Étamines 5, syngénèses, munies au sommet d'un appendice subulé et à la base de deux prolongements filiformes. Ovaire infère, uniloculaire, uniovulé, stigmate bifide. Fruit (*achaine*) oblong, fauve, comprimé, à côtes latérales, couronné d'un disque irrégulièrement plissé et ondulé, à aigrette formée de poils caducs. ♃.

Habitat. — Elle est commune dans toute la France, sur le bord des routes, les lieux incultes et stériles, autour des vieilles masures.

Culture. — La bardane est très-rustique, on la reproduit de graines; on peut laisser les jeunes plants en place ou les repiquer.

Parties usitées. — La racine, les feuilles et les fruits.

Récolte, dessiccation. — Ordinairement on se sert de la racine fraîche, mais quelquefois aussi on la sèche au soleil ou à l'étuve, après l'avoir mondée et divisée en rouelles. Quand elle est fraîche,

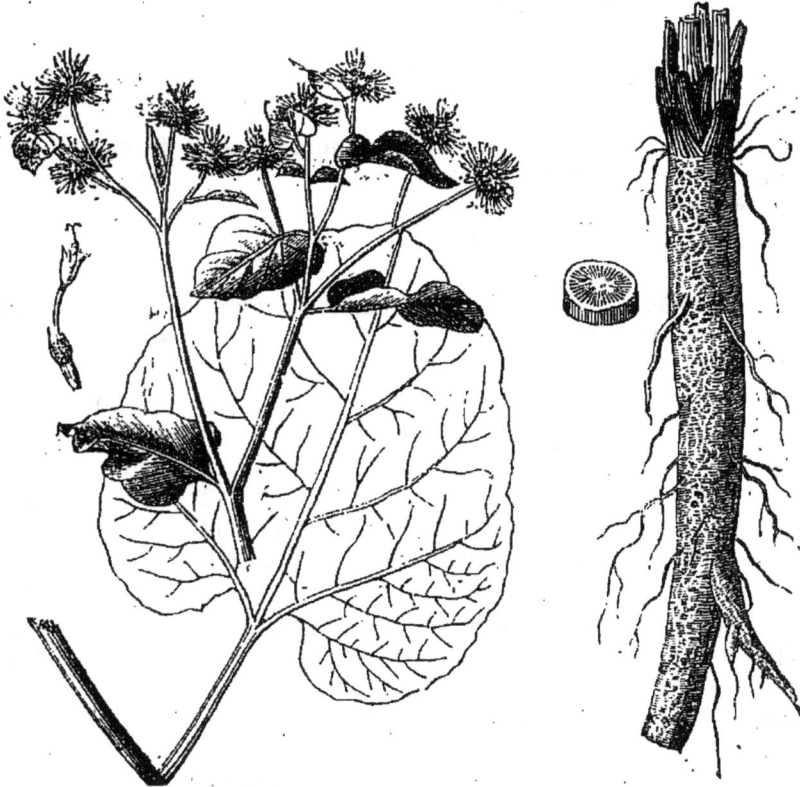

Fig. 34. — Bardane officinale.

elle possède une odeur fade, visqueuse, une saveur mucilagineuse, avec un peu d'âpreté. L'odeur et la saveur persistent malgré la dessiccation, à moins que la racine ne soit trop vieille; mais alors elle contracte une coloration gris brunâtre et se sillonne de rides longitudinales. On peut la récolter toute l'année; on préfère sécher celle qui a été arrachée à l'automne. Les feuilles sont inodores, leur saveur très-amère; on ne les sèche pas; on peut se les procurer tout l'été et une partie de l'hiver.

Composition chimique. — La racine contient : *inuline, sels de potasse, mucilage, matière céro-oléagineuse verdâtre.*

Formes pharmaceutiques, doses. — 1° Tisane par infusion (racine), pp. 10 à 20 : 1000. 2° Extrait, 2 à 10 grammes. On peut substituer à cette bardane la B. commune (*Lappa minor* DC.) et la B. cotonneuse (*L. tomentosa* Lam.). Les racines de ces plantes ont les mêmes propriétés.

Action physiologique, usages. — La racine de bardane est à peu près inerte. Cependant on l'a préconisée comme diurétique, effet qui n'a rien d'impossible, vu la présence des sels de potasse. On lui a également attribué des propriétés sudorifiques dépuratives, et on l'a recommandée dans le traitement des maladies de peau et la syphilis. Le suc des feuilles mélangé avec son poids d'huile a été conseillé pour cicatriser les plaies, les ulcères atoniques, et pour guérir la gale. Leur décocté sous forme de lotions apaise le prurit dartreux. Les semences sont amères, âcres, purgatives; on s'en sert, en Angleterre, comme sudorifiques. Dans certaines localités, on fait bouillir la racine et on la mange comme celle du salsifis.

BAUMIER BDELLIUM. *Balsamodendron africanum* Arn.; *Heudelotia africana* Perr. Bdellium d'Afrique, Niottout. TÉRÉBINTHACÉES-BURSÉRACÉES.

Description. — Arbre de 3 mètres et plus. Tronc rameux, branches épineuses. Feuilles trifoliolées, à folioles obovées, incisées, dentées, pubescentes, légèrement rugueuses, la médiane plus grande que les latérales. Fleurs (mars-avril) d'un rouge foncé, très-petites, polygames, pédicellées, apparaissant avant les feuilles. Calice dressé, tubuleux, rougeâtre, à 4 dents aiguës, incurvées. Corolle à 4 pétales un peu plus longs que les sépales, linéaires, oblongs, subspatulés, obtus au sommet, dressés. Étamines 8, inégales. Anthères allongées, biloculaires, introrses, mucronées au sommet. Style dressé, rouge; stigmate capitulé. Fruit (*drupe*) peu charnu, pisiforme, pointu, oblique à noyau, uniloculaire, indéhiscent; graine suspendue. ♄ .

Habitat. — L'Abyssinie, le royaume d'Aden, la Sénégambie.

Partie usitée. — La gomme-résine (*Bdellium*) qui suinte au dehors des tiges soit naturellement, soit à l'aide d'incisions pratiquées à l'arbre. Le bdellium est toujours mêlé d'une certaine quantité de gomme de Sénégal. Il se présente en larmes arrondies, de 2-4 centimètres, d'un gris jaunâtre, rougeâtre ou verdâtre, demi-transparent. Sa cassure est terne et cireuse; en vieillissant, il devient opaque et farineux à la surface (Guibourt); son odeur est faible, aromatique, sa saveur amère.

Composition chimique. — Le bdellium contient : *résine, gomme soluble, gomme insoluble* (bassorine), *huile volatile.*

Formes pharmaceutiques, doses. — Il est aujourd'hui à peu près oublié, peut-être à tort. Il entre pourtant dans la composition du diachylum et l'emplâtre de Vigo-cum-mercurio. Dose, 5 décigrammes à 2 grammes.

Usages. — C'est un stimulant, un balsamique faible; on l'a vanté comme antispasmodique, béchique, emménagogue, astringent.

On connaît sous le nom de *bdellium de l'Inde*, de *myrrhe de l'Inde*, une autre gomme-résine âcre, amère, d'une odeur de myrrhe, et qui est formée par une autre térébinthacée, le *Balsamodendron Roxburgii* Arn.

BAUMIER DU PÉROU. *Myrospermum peruiferum* DC., *Myroxilum peruiferum* Mutis et Lin. f., *M. pedicellatum* Lam. Myrosperme pédicellé. LÉGUMINEUSES - PAPILIONACÉES. *Myrospermum*, de μύρον, parfum, et σπέρμα, graine; *myroxylum*, de μύρον et ξύλον, bois.

Description (fig. 32). — Grand arbre, pouvant acquérir jusqu'à 6 décimètres de diamètre, à écorce épaisse et cendrée, à bois blanc extérieurement, d'un rouge brunâtre intérieurement, très-dur, à rameaux et pétioles glabres. Feuilles alternes, ailées avec impaire, composées de 7-15 folioles alternes, ovales, oblongues, entières, échancrées au sommet, quelquefois un peu pointues, vertes, fermes, coriaces, glabres; pétiole et pétiolules pubescents. Fleurs

FIG. 32. — Baumier du Pérou.

blanches ou d'un blanc rosé, en grappes axillaires. Calice campanulé pubescent, à 5 dents. Corolle irrégulière à 5 pétales, plus longs que le calice, inégaux; le supérieur plus grand, arrondi, presque cordiforme, les quatre autres étroits, linéaires, aigus. Étamines 10, à filets libres déclinés, anthères jaunes, droites, biloculaires. Ovaire unique, supère, pédiculé, surmonté d'un style et d'un stigmate qui figurent une faucille à pointe acérée. Fruit (*gousse*) pédicellé, glabre, fauve, allongé, linéaire, très-aplati, membraneux, excepté à l'extrémité, qui présente un renflement. Il contient 1-2 graines, plates, membraneuses, réniformes. ♄.

Habitat. — Le Pérou, la Nouvelle-Grenade, la Colombie, le Mexique.

Partie usitée. — La résine solide, qui provient, soit d'un suintement naturel de l'arbre, soit d'incisions faites aux branches et au tronc, et qui est connue sous le nom de *baume du Pérou solide*. Ce corps que l'on appelle aussi *B. du Pérou en coque*, *B. du Pérou blanc*, est solide, demi-fluide, transparent; avec le temps, il se solidifie, devient blanc-rougeâtre ou brunâtre, sa cassure est cristalline, il se ramollit sous la dent, son goût est parfumé, légèrement âcre, mais non désagréable. Il arrivait jadis dans des cocos fermés souvent par une feuille de maïs, aujourd'hui il vient en potiches de terre entourées de tresses de jonc, du poids de 15 à 20 kil., ou dans des vases en tôle de 40 à 50 kil. Il est rare dans le commerce; quelques auteurs l'attribuent au baumier de Tolu.

Le myrosperme pubescent (*Myrospermum pubescens* DC, *Myroxylum pubescens* Kunth), qui croît près de Carthagène, sur la côte de Son sonate, dans l'État de San-Salvador, fournit un baume du Pérou que l'on distingue du précédent par l'appellation de *baume du Pérou noir* ou *liquide*, *B. de Carthagène*, de *Son sonate*, et que, d'après quelques naturalistes, on extrairait du *Myrospermum Pereiræ* Roy. Il est mou, liquide, d'une couleur brun rougeâtre foncé; son odeur agréable et faible rappelle celle du styrax, sa saveur est amère, presque insupportable; il brûle avec flamme quand on l'a préalablement échauffé, et se dissout dans l'alcool avec un léger résidu. On l'extrait, soit en faisant bouillir dans l'eau l'écorce, les rameaux, les bourgeons, soit à la manière du goudron. Pour cela, on entaille l'arbre, on y met le feu et l'on absorbe le produit qui se condense dans les incisions à l'aide de chiffons que l'on fait ensuite bouillir dans l'eau; le baume qui s'en échappe est alors clarifié par fusion. Le baume du Pérou liquide contient de la résine, de la *cinnaméine*, corps liquide correspondant à la formule $C^{54}H^{26}O^8$, de la *métacinnaméine*, substance solide, et de l'acide cinnamique provenant de l'oxydation de la cinnaméine et de la métacinnaméine.

On connaît encore les variétés suivantes : 1° le *baume blanc de Son sonate*, que l'on obtient, dit-on, en exprimant les semences du myrosperme pubescent; 2° le *baume brun du Pérou*, que les uns attribuent au myrosperme peruifère, d'autres à un Cabureiba du Brésil : il est de couleur foncée, opaque, demi-liquide, grumeleux; sa saveur est douce, agréable et parfumée, son odeur pénétrante et des plus suaves.

Formes pharmaceutiques, doses. — On l'emploie à la dose de 25 centig. à 2 gram. sous forme de teinture, de sirop. Il entre dans les pilules de Morton et la thériaque. Il est surtout usité comme parfum.

Action physiologique, usages. — C'est un stimulant légèrement âcre. A l'intérieur et à fortes doses, il produit une excitation fébrile, de la soif; le pouls devient fort et fréquent sous son influence. On l'a recommandé dans la bronchite simple et tuberculeuse, la laryngite chronique; on s'en sert pour exciter les granulations charnues et faciliter la cicatrisation des plaies molles et blafardes.

BAUMIER DE TOLU. *Myrospermum toluiferum* DC., *Toluifera balsamum* L., *Myroxylum toluifera* Kunth. Myrosperme baumier.LÉGUMINEUSES-PAPILIONACÉES.

Description(fig. 33). — Arbre élégant, fort élevé; l'écorce est brune, épaisse et rugueuse, le bois, rouge au centre, présente l'odeur de la rose; les branches sont verdâtres et nombreuses. Feuilles alternes, pétiolées, ailées avec impaire; folioles alternes, entières, coriaces, ondulées, d'un vert clair, marquées de points ou de lignes translucides. Fleurs blanches, naissant en grappes à l'aisselle des feuilles. Calice campanulé, glabre, à 5 dents obtuses. Corolle papilionacée, étendard très-ouvert, longue-

FIG. 33. — Baumier de Tolu.

ment onguiculé, arrondi, presque cordiforme, ailes et carène linéaires, libres. Étamines 10, saillantes, égales, formant comme une étoile. Ovaire stipité, long; style filiforme, légèrement arqué; stigmate peu marqué, obtus. Fruit (*gousse*) brièvement pédonculé, élargi et apiculé au sommet, comprimé, roussâtre, indéhiscent, membraneux. Graines oblongues, un peu arquées, à surface rugueuse, bosselées, balsamifères. ♄.

Habitat. — Il croît dans l'Amérique méridionale, au Pérou, dans la province de Carthagène, aux environs de la ville de Tolu, de Turbaco, de Corozol.

Partie usitée. — Le suc qui découle des incisions faites au tronc de l'arbre. On le recueille dans des vases et on le laisse sécher. Suivant la nature de ces vases, le produit porte le nom commercial de *baume de Tolu* en coques, en cocos, en potiches. Depuis quelque temps, on l'envoie dans des boîtes de fer-blanc de 3 kilogram. Le baume de Tolu est fluide au moment où il sort de l'arbre ; il s'épaissit peu à peu, devient demi-solide, puis se durcit, se solidifie complétement en contractant une certaine friabilité. En même temps sa couleur passe du blanc au jaune, puis au rougeâtre. Son odeur, d'abord suave et forte, s'affaiblit à la longue, probablement par suite de la transformation de son huile essentielle, soit en acide benzoïque, soit en acide cinnamique. On en connaît deux variétés, le *sec* et le *mou*. Le *sec* est solide, dur, friable à froid, coulant comme de la poix. Il est opaque ou tout au moins transparent, grenu et cristallin ; son odeur est douce et suave, il se ramollit et devient ductile sous la dent ; sa saveur est parfumée, mais laissant une légère âcreté à la gorge ; il est soluble dans l'alcool et un peu moins dans l'éther. Le *mou* rappelle la térébenthine par sa consistance. Il est plus transparent que le précédent, sa couleur est moins foncée, son odeur plus forte, sa saveur moins grande. C'est le même produit que le premier, seulement il est plus récent.

Composition chimique. — Le baume de Tolu contient : *résine, huile volatile, cinnaméine, métacinnaméine, acide cinnamique et benzoïque.* Il tient du benjoin et du baume du Pérou. D'après Gerhardt, on distingue le B. de Tolu du B. du Pérou par la petite quantité de matière huileuse qu'il renferme et la rapidité avec laquelle il perd l'état mou.

Formes pharmaceutiques, doses. — Le baume de Tolu donne lieu aux préparations suivantes : 1° Sirop, 30 à 50 gram. 2° Pastilles, 2 à 10. 3° Teinture 2 à 10 gram. 4° Ethérolé, 1 à 4 gram. On l'administre également, en substance, à la dose de 25 centig. à 2 gram. Il entre dans la composition de pilules, de cigarettes, de clous fumants.

Usages. — C'est un excitant, un stimulant balsamique, assez usité dans les vieux catarrhes pulmonaires, les laryngites chroniques. La fumé du papier nitré imbibé de teinture de Tolu, séché et roulé en cigarette, a été indiquée dans les catarrhes bronchiques chroniques, dans l'asthme nerveux catarrhal. On l'a également recommandé dans les inflammations chroniques des voies génito-urinaires, le catarrhe de la vessie, la leucorrhée, et les blennorrhagies rebelles.

BAUMIER PORTE-MYRRHE. *Balsamodendron Ehrenbergianum* Berg. TÉRÉBINTHACÉES-BURSÉRACÉES.

Description. — Arbuste épineux dont les rameaux inermes, très-raccourcis, disposés sans ordre sur les branches, portent à leurs extrémités 2-3 feuilles pétiolées, composées-ternées, recouvertes de poils fins. Les folioles sont entières, obovales, la terminale pétiolulée, souvent obcordée. Les fleurs sont unisexuées, petites, axillaires ; chez les *mâles*, on trouve un calice urcéolé, à 4 divisions peu profondes, une corolle de 4 pétales, 8 étamines insérées au pourtour d'un disque périgyne et annulaire, ainsi qu'un ovaire à l'état rudimentaire. *Femelles :* calice et corolle comme chez les mâles, étamines rudimentaires. Ovaire à 2 loges biovulées. Fruit globuleux, pisiforme, légèrement charnu, terminé par le style persistant et recourbé.

Habitat. — L'Arabie et l'Abyssinie.

Partie usitée. — Le suc gommeux résineux qui découle de l'arbuste et qui est connu sous le nom de *myrrhe.* La myrrhe est en larmes irrégulières, pesantes, rougeâtres, couvertes d'efflorescences blanchâtres, demi-transparentes, fragiles, à cassure brillante avec de petites stries blanchâtres. Leur saveur est âcre et amère, leur odeur forte, aromatique, particulière. Quelques morceaux présentent des stries jaunâtres, en forme d'ongle, d'où le nom de *myrrhe onguiculée.* La myrrhe est plus soluble dans l'eau que dans l'alcool.

Composition chimique. — La myrrhe contient : *huile volatile, deux principes résineux, l'un mou, l'autre sec, gomme soluble, adragantine, sels, matières étrangères.* L'huile volatile *(myrrhol)* est incolore, très-fluide, d'une saveur balsamique et camphrée.

Formes pharmaceutiques, doses. — 1° Poudre, 5 décigram. à 4 gr. 2° Infusion. 3° Teinture, 4 à 8 gram. en potion. Elle entre dans la thériaque, la confection de safran composé, le baume de Fioravanti, l'élixir de Garus, les pilules de cynoglosse, l'emplâtre de Vigo.

Action physiologique. — C'est une substance stimulante qui, à faible dose, excite les fonctions digestives, augmente l'appétit, et qui, à dose plus élevée, produit une excitation générale.

Usages. — On a vanté les bons effets de cette gomme-résine dans les catarrhes chroniques, la leucorrhée, l'aménorrhée, la chlorose. On l'associe souvent aux préparations ferrugineuses. La teinture sert au pansement des caries osseuses, des ulcères ; on pratique avec la myrrhe des fumigations excitantes.

4.

BDELLIUM D'AFRIQUE. — Voy. *Baumier bdellium.*

BELLADONE OFFICINALE. *Atropa belladona* L.; *Solanum lethale* Dod. Belle-dame, Morelle furieuse, Mandragore baccifère. SOLANACÉES. Son nom générique latin dérive de ἄτροπος, cruel, par allusion à ses propriétés vénéneuses et son appellation spécifique de l'usage que faisaient les dames romaines de son suc comme cosmétique.

Description (fig. 34). — Plante de 10 à 15 décimètres, dont toutes les parties exhalent une odeur vireuse désagréable. Racine longue, rameuse, épaisse, charnue, de couleur fauve. Tige dressée, cylindrique, herbacée, simple à la base, bi ou trichotome au sommet. Feuilles alternes, brièvement pétiolées, entières, molles, amples, ovales, acuminées, très-entières, les supérieures géminées et très-inégales. Fleurs (juin-juillet) axillaires ou placées entre deux feuilles géminées, pédonculées, penchées, assez grandes. Calice campanulé à 5 lobes ovales, acuminés, un peu velu, persistant. Corolle d'un brun sale, gamopétale, campanulée, ventrue, plissée, à 5 lobes courts et obtus. Étamines 5, incluses, à filets tordus et inégaux. Ovaire supère, ovoïde, allongé, à 2 loges polyspermes. Style grêle, stigmate aplati, un peu lobé. Baie d'abord verte, puis rouge, puis noire, entourée à sa base par le calice accru et étalé, ressemblant à une cerise ou guigne (*Guigne de côte*). Cette ressemblance a souvent donné lieu à des méprises fatales. Cette baie est biloculaire et renferme des graines nombreuses, réniformes. ♃.

FIG. 34. — Belladone.

Habitat. — Elle est assez commune dans toute la France. On la rencontre dans les bois, sur le bord des chemins, le long des haies ombragées et des vieilles murailles.

Culture. — On la reproduit de graines semées au printemps; on repique les jeunes plants en juin et juillet. On peut encore se servir des éclats de pieds. Il faut la placer dans une bonne terre et dans un lieu ombragé.

Parties usitées. — Les racines, les fruits, les semences et surtout les feuilles. Leur emploi a diminué d'une manière notable, depuis l'introduction de l'atropine dans la matière médicale.

Récolte, dessiccation. — On récolte la racine à la fin de l'été, et quand la plante a deux ans ; après l'avoir nettoyée et privée des tronçons de tige qui s'y trouvent souvent mélangés, on la coupe en fragments, si elle est trop volumineuse, puis on la sèche à l'étuve. Les feuilles doivent être cueillies en juillet et en août, quand les baies commencent à mûrir (Lefort), c'est-à-dire entre la floraison et la fructification. On les sèche à l'étuve après les avoir disposées en guirlande. Les feuilles de la belladone cultivée et de la belladone sauvage ont la même activité, pourvu qu'on les récolte dans les mêmes conditions. Quant à la racine, plus elle est âgée, moins elle est active ; sa composition est d'ailleurs plus variable que celle de la feuille et par suite ses propriétés sont moins constantes.

Composition chimique. — Les feuilles de la belladone contiennent : *cellulose, chlorophylle, sel d'atropine, principe vireux nauséabond, matière grasse ou cireuse.* La racine renferme : *cellulose, amidon, inuline, asparagine, matière grasse nauséabonde, sel d'atropine.* L'atropine, $C^{34}H^{23}AzO^{6}$, est un alcaloïde, incolore, cristallisant en prismes soyeux, peu soluble dans l'eau froide, assez soluble dans l'eau bouillante, l'alcool et l'éther, un peu volatil, répandant quand on le chauffe une odeur spéciale. Cet alcaloïde est doué de propriétés énergiques et vénéneuses ; il représente le principe actif de la plante.

Formes pharmaceutiques, doses. — A l'intérieur : 1° Poudre de la racine ou de feuille, 1 à 20 centigrammes. 2° Extrait aqueux, 2 à 20 centigr. 3° Extrait alcoolique, 1 à 10 centigr. 4° Extrait avec le suc dépuré, 2 à 10 centigr. 5° Extrait de fruit (*rob*), 5 à 30 centigr. 6° Alcoolature, 1 à 6 gouttes. 7° Teinture alcoolique et éthérée, 2 à 12 gouttes. 8° Sirop, 5 à 30 gram. A l'extérieur : 1° Infusion, pp. 10 à 50 : 1000, pour lotions, fomentations, bains. 2° Huile par digestion. 3° Pommade. 4° Feuilles desséchées que l'on fume dans une pipe ou en cigarette. L'emploi de cette plante demande une grande circonspection. L'atropine est vingt fois plus active que la poudre de racine ; dose, depuis 1 millig. jusqu'à un centig., mais progressivement et avec beaucoup de prudence. La belladone entre dans la préparation du baume tranquille et de l'onguent populéum.

Action physiologique. — A l'extérieur, les préparations de belladone appliquées sur l'œil exercent une action simplement locale, caractérisée par une dilatation de la pupille (*mydriase*) pouvant aller jusqu'à l'effacement presque complet des bords de l'iris, sans troubles bien notables de la vision, mais s'accompagnant d'un peu de larmoiement et de conjonctivite. Appliquées sur une surface dénudée ou introduites sous la peau, elles produisent, outre la dilatation de la pupille, des troubles de la vision, et de l'intelligence. A l'intérieur et à dose modérée, elles déterminent des nausées, le ralentissement du pouls, l'abaissement de la chaleur animale, puis un mouvement fébrile, l'affaiblissement de l'énergie musculaire et de la sensibilité, avec pâleur de la face, soif intense, sécheresse de la bouche et de la gorge, déglutition difficile, impossible même; dilatation de la pupille et troubles de la vision; diminution de la sécrétion bronchique et urinaire, météorisme, constipation. A doses élevées, on constate en plus une céphalalgie intense, avec vertige; désordre des sens spéciaux, tels qu'hallucinations de la vue, perception de sons qui incommodent le malade, délire intellectuel rappelant celui des buveurs, fièvre ardente; la peau sèche et chaude est couverte d'une éruption scarlatiniforme sur la face, le cou, la poitrine et les membres supérieurs; il y a vomissements et quelquefois diarrhée, besoin fréquent d'uriner, et enfin, dans les cas graves, symptômes de défaillance générale, coma, mort. — En résumé, la belladone agit en abolissant la sensibilité, stimulant l'énergie des muscles de la vie organique et stupéfiant ceux de la vie de relation.

Usages. — Il faudrait entrer dans des développements que ne comporte pas la nature de cet ouvrage, pour signaler tous les usages médicaux de la belladone. Parmi les applications auxquelles elle a donné lieu, les unes sont purement empiriques, les autres sont basées sur les effets physiologiques de cette plante, que l'on peut employer comme mydriatique, stupéfiant, relâchant musculaire, réducteur des sécrétions, excitant des nerfs vaso-moteurs.

1° *Comme mydriatique*, on s'en sert pour faciliter l'examen ophthalmoscopique; pour rendre plus facile la sortie du cristallin dans l'opération de la cataracte par extraction, et pour favoriser les manœuvres chirurgicales dans cette opération; pour rendre la vision plus distincte chez les sujets affectés d'une étroitesse exagérée de la pupille, pour s'opposer à la formation des adhérences de l'iris ou pour les détruire.

2° *Comme stupéfiant.* Cette action est utilisée dans les affections douloureuses, spasmodiques, convulsives. C'est ainsi que la belladone trouve d'heureuses applications dans les névralgies trifaciale, sciatique ou intercostale; elle peut en triompher ou les amoindrir. On a également constaté ses bons effets dans la gastralgie, la colique de plomb, la colique sèche; pour calmer les douleurs du rhumatisme, de la goutte, du cancer, la toux quinteuse spasmodique, la coqueluche, l'asthme (sous forme de fumée), le tétanos, l'hydrophobie ?

3° *Comme relâchant musculaire*, elle est efficacement employée contre les contractions spasmodiques des muscles orbiculaires, et on l'a par suite indiquée contre les contractions spasmodiques des muscles palpébraux, laryngiens, œsophagiens ; dans les contractures de l'anus avec ou sans fissure, dans la constipation spasmodique, l'incontinence d'urine nocturne, la contracture de l'orifice utérin pendant l'accouchement, la résistance à l'issue des règles par la rigidité du col; le phymosis et le paraphymosis accidentels, l'iléus spasmodique; l'occlusion intestinale, la hernie étranglée; les coliques néphrétiques, hépatiques; le hoquet; l'angine de poitrine; les vomissements incoercibles des femmes enceintes.

4° *Comme réducteur des sécrétions.* Cette propriété la fait employer dans la diarrhée catarrhale, la bronchorrhée, la polyurie.

5° *Comme tonifiant les nerfs vaso-moteurs.* C'est à cette faculté de la belladone qu'il faut rapporter son usage dans les convulsions, l'épilepsie, où elle s'est montrée le moins infidèle de tous les agents dits antiépileptiques, dans le délire lypémaniaque, dans les fièvres intermittentes.

Sa propriété de produire des exanthèmes l'a fait indiquer comme prophylactique de la scarlatine dont elle limite l'éruption. Elle agirait à la façon d'un spécifique dans l'angine érysipélateuse et phlegmoneuse.

Dans les cas d'empoisonnement par la belladone, le traitement consiste à évacuer le plus promptement possible la substance toxique; à neutraliser chimiquement l'atropine en la rendant insoluble par l'iodure de potassium ioduré, le tannin et les substances qui en contiennent, telles que le thé et le café; à combattre le narcotisme par des affusions et des fomentations froides sur la tête, des bains de pied, des lavements irritants, etc. L'opium, bien qu'antagoniste de la belladone, ne modifie pas sensiblement la marche et la terminaison de l'empoisonnement.

BENJOIN. — Voy. *Alibousier benjoin.*

BENOITE OFFICINALE. *Geum urbanum* L., *Caryophyllata urbana* Scop., *C. officinalis* Mœn. Herbe de Saint-Benoît, Sanicle des montagnes, Galiotte, Récise. ROSACÉES-AMYGDALÉES. *Geum*, de γευω, j'assaisonne, par allusion à l'arome de la racine.

Description. — Plante herbacée de 5 à 6 décimètres. Rhizome allongé, cylindrique, gros comme une plume, tronqué près du sommet, brunâtre, garni d'un grand nombre de fibrilles capillaires. Tiges dressées, grêles, velues, à rameaux alternes en haut et arrondis. Feuilles alternes, d'un vert foncé, pubescentes; les radicales pétiolées, pinnatiséquées à 5-9 divisions, lancéolées, incisées, dentées, lobées ou lobulées, les caulinaires presque sessiles, à 3 divisions inégales, accompagnées à la base de deux stipules foliacées, incisées ou dentées. Fleurs (juillet-août) jaunes, petites, pédonculées, terminales. Calice à 5 divisions; calicule aussi à 5 divisions alternes avec celles du calice. Corolle rosacée à 5 pétales arrondis à la base, un peu plus longs que les sépales. Étamines, 30 environ. Pistils très-nombreux, formant au centre de la fleur un capitule serré, insérés sur un gynophore arrondi et globuleux. Ovaire ovoïde, allongé, velu; style latéral; stigmate allongé et grêle. Le fruit (fig. 36, A) se présente sous la forme d'une masse globuleuse d'achaines, B, C, terminés par le style persistant, offrant un crochet en hameçon à la partie supérieure. ♃.

Habitat.— Elle est commune en France, dans les lieux ombragés et humides, les bois, le long des murs et des haies.

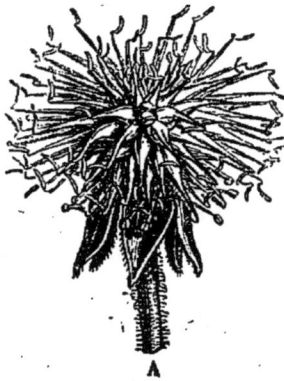

Culture.—Elle est très-rustique et s'accommode de tous les terrains, il vaut mieux pourtant la cultiver dans une terre légère et dans un lieu frais. On la reproduit en semant les graines à l'ombre, ou en séparant ses pieds en février et en septembre.

Partie usitée. — La racine (R. de giroflée ou de caryophyllée). Elle possède une odeur analogue à celle du girofle, se prononçant davantage par le frottement et diminuant par la dessiccation; sa saveur est astringente, amère, aromatique.

Fig. 35. — Benoite. — A. Fruit. — B. Un fruit isolé. C. Le même pour montrer la graine en place.

Récolte, dessiccation, conservation. — On doit la récolter dans un terrain sec au printemps; il faut la faire sécher lentement et la conserver à l'abri du soleil dans un lieu frais. Il vaut mieux l'employer fraîche.

Composition chimique. — Elle renferme : *huile plus pesante que l'eau, résine, tannin, adragantine, matière gommeuse, ligneux.*

Formes pharmaceutiques, doses.— 1° Poudre, 15 à 30 gram. en plusieurs doses. 2° Décoction (racine sèche), pp. 30 : 1000; (racine fraîche), pp. 60 : 1000. 3° Vin, 30 à 80 gram. On prépare encore une teinture et un extrait. On doit éviter d'associer la benoîte à des matières minérales ou alcaloïdiques capables de précipiter par le tannin. Les racines de la benoîte aquatique (*G. rivale* L.) et de la B. des montagnes (*G. montanum* L.) paraissent avoir les mêmes propriétés.

Action physiologique, usages. — C'est un astringent, un amer et un aromatique qui par ses principes tannants et amers peut stimuler les fonctions digestives, resserrer les tissus, diminuer ou tarir certaines excrétions pathologiques : aussi cette racine est-elle employée dans le traitement des maladies des organes digestifs, telles que la dysenterie et la diarrhée chronique, l'anorexie, la dyspepsie, les distensions gazeuses. On s'en sert également dans les hémorrhagies et notamment dans l'hémoptysie, la métrorrhagie passive. Sa réputation comme fébrifuge est surfaite ; le vin est un bon stomachique.

BERBERIS COMMUN.
Berberis vulgaris L. Epine-vinette, Vinettier, BERBÉRIDÉES. De βέρβερι, coquille, par allusion à la forme concave des pétales.

Description (fig. 36). — Arbuste rameux de 1-2 mètres. Racine ligneuse, traçante, d'un jaune pur. Tiges dressées, à écorce grisâtre, à bois jaunâtre et dur, rameaux diffus de couleur cendrée. Feuilles alternes, à pétioles articulés près de la base, roides, veinées en dessous, glabres, ovales-oblongues, à dents aiguës sur les bords, formant d'abord de petites rosettes accompagnées d'une épine trifide, de moitié plus courte que la feuille. Fleurs (mai-juin) jaunes, à

FIG. 36. — Berberis commun.

odeur fade et désagréable, pédicellées, accompagnées d'une petite bractée, formant des grappes simples, pendantes. Calice à 6 sépales étalés, offrant souvent en dehors 3 autres folioles plus étroites et plus courtes. Corolle à 6 pétales obtus, concaves, bifides au sommet, présentant 2 glandes rougeâtres au côté interne de leur base. Étamines 6, hypogynes, se rapprochant vivement du pistil quand on les touche avec un corps délié ; filets libres, articulés à la base ;

anthères biloculaires s'ouvrant de la base au sommet par une petite valve. Ovaire simple, ovoïde, uniloculaire; stigmate sessile, épais, discoïde, percé à son centre d'une ouverture, persistant. Fruit (*baie*) petit, rougeâtre, monoloculaire, contenant 1-3 graines, oblongues, brunes, chagrinées, un peu déprimées au sommet. ♄.

Habitat. — Le long des bois, dans les haies, au voisinage des fermes.

Culture. — Tous les terrains lui conviennent, mais de préférence ceux qui sont frais et substantiels; on le multiplie soit de graines parfaitement mûres, qui ne sortent que la deuxième année, soit par des rejetons de l'année enlevés au premiers jours de l'automne, soit par marcottes.

Partie usitée. — La racine, les feuilles, les fruits.

Récolte. — On récolte les fruits à la fin de l'été; ils ne perdent, par la dessiccation, ni leur volume, ni leur couleur. Les feuilles se cueillent au moment de la floraison, les racines à l'automne.

Composition chimique. — Les fruits contiennent : *acides citrique et malique*. La racine est très-amère, on en a extrait deux alcaloïdes cistallisables, la *berbérine* et l'*oxyacanthine*. La berbérine, $C^{21}H^{19}AzO^5$, constitue la matière colorante jaune de l'épine-vinette, elle cristallise en aiguilles jaunes déliées, amères; elle est peu soluble dans l'eau et l'alcool froids, plus soluble dans ces liquides bouillants, insoluble dans l'éther, se dissolvant dans l'ammoniaque et la colorant en rouge. L'oxyacanthine est blanche, friable, cristallisable, d'une saveur âcre et amère.

Formes pharmaceutiques, doses. — 1° Décoction de la racine pp. 8 : 1000. 2° Suc exprimé des baies, 30 à 60 gram. 3° Sirop, 30 à 150 gram. La berbérine se donne à la dose de 20 à 70 centigram.

Usages. — La racine est légèrement purgative, on l'a employée dans l'hydropisie. Les feuilles ont un goût analogue à celui de l'oseille; on a conseillé leur décoction dans le scorbut, la dysenterie, l'angine. Les fruits présentent une saveur acide, agréable; la limonade préparée avec leur suc a été indiquée dans les fièvres inflammatoires, bilieuses, typhoïdes, dans les affections inflammatoires et scorbutiques de la gorge. La berbérine a été préconisée dans les fièvres intermittentes et l'atonie des organes digestifs. Le produit dit *quinoïde Armand* est préparé avec l'extrait de berberis.

BIGARADIER. — Voy. *Oranger*.

BISTORTE. — Voy. *Polygone bistorte*.

BLÉ. — Voy. *Froment cultivé*.

BOUILLON BLANC. *Verbascum thapsus* L. Molène, Bouillon blanc, M. officinale, Bonhomme, Herbe de Saint-Fiacre, Cierge de Notre-Dame. SCROPHULARIACÉES. *Verbascum* est une altération de *barbascum*, qui fait allusion aux filets barbus de la plante.

BOUILLON BLANC (fig. 37). — Plante de 6-10 décimètres, d'un vert jaunâtre, couverte d'un duvet tomenteux et étoilé. Racine pivotante, blanchâtre et fibreuse. Tige roide, droite, robuste, effilée, simple ou rameuse. Feuilles grandes, épaisses, molles, superficiellement crénelées, tomenteuses, blanchâtres; les radicales oblongues, elliptiques, atténuées en pétiole; les caulinaires aiguës, décurrentes sur la tige jusqu'à l'insertion de la feuille immédiatement inférieure, au moins d'un côté. Fleurs (juillet-août) grandes, jaunes, légèrement odorantes, formant un épi dense, terminal, s'allongeant quelquefois considérablement. Calice pubescent, persistant, à 5 divisions profondes, aiguës. Corolle gamopétale; tube court; limbe rotacé presque plan, à 5 divisions obtuses, arrondies, inégales. Étamines 5, inégales; les 2 inférieures à filets glabres, les 3 supérieures

FIG. 37. — Bouillon blanc.

à filets lanugineux. Ovaire à 2 carpelles multiovulés; style filiforme; stigmate en tête. Fruit (*capsule*) ovoïde un peu aigu, tomenteux, à 2 loges et à 2 valves. Graines petites, irrégulières, chagrinées. ♃.

Habitat. — Il est commun dans toute la France; on le trouve dans les lieux incultes et pierreux, dans les décombres, les champs, sur le bord des chemins.

Culture. — Il demande des terres chaudes et légères; une bonne exposition au soleil. On sème les graines en pleine terre, dès la maturité, car la transplantation lui est peu favorable. Il croît d'ailleurs spontanément en assez grande quantité pour qu'il ne soit pas nécessaire de le cultiver pour les besoins de la médecine.

Parties usitées. — Les feuilles et les fleurs.

Récolte, conservation, dessiccation. — Les fleurs doivent être récoltées dès qu'elles sont épanouies, et promptement séchées ; quand la dessiccation est bien faite, les pétales contrastent par leur belle couleur jaune doré avec la teinte jaune verdâtre du calice, et exhalent une légère odeur de violette. On peut ne récolter que les corolles ; on attend, dans ce cas, que la fécondation ait eu lieu, car alors elles se détachent sous l'influence de la plus légère traction. Il faut conserver les fleurs tassées et à l'abri de la lumière pour qu'elles ne noircissent pas. On recueille les feuilles pendant toute la belle saison ; elles ne changent pas d'aspect par la dessiccation, si l'opération est bien conduite. Les fleurs ont une saveur visqueuse un peu sucrée, les feuilles sont légèrement amères.

Composition chimique. — Les fleurs de bouillon blanc contiennent : *huile volatile jaunâtre, matière grasse acide, gomme, sucre incristallisable, principe colorant jaune, sels.*

Formes pharmaceutiques, doses. — On administre les fleurs : 1° en infusion, pp. 10 à 30 : 1000 ; 2° en décoction, 30 à 60 : 1000 ; 3° les feuilles en décoction, pp. 30 à 60 : 1000 ; on en fait des cataplasmes. La molène sinuée (*V. sinuatum* L.), la M. noire (*V. nigrum* L.), la M. Lychnis (*V. Lychnitis* L.), peuvent être substituées à la M. officinale.

Usages. — Les fleurs sont adoucissantes et pectorales, elles font partie des espèces pectorales. On administre leur infusion dans les rhumes, les tranchées, la dysurie. On doit passer l'infusion avant de la prendre, sinon les poils rudes qui couvrent les filets des étamines provoqueraient la toux, par suite de l'irritation mécanique qu'ils exerceraient sur la gorge. La décoction des feuilles est usitée en lavements pour calmer les épreintes de la diarrhée et de la dysenterie, et en fomentations contre les brûlures et le prurit dartreux ; bouillies dans du lait et sous forme de cataplasmes, on les applique sur les furoncles, les panaris, les hémorrhoïdes ; dans ce dernier cas, on leur adjoint les feuilles de jusquiame. Écrasées et appliquées localement, elles guérissent rapidement les plaies que les mendiants se procurent avec la renoncule pour exciter la charité publique. Les graines de bouillon blanc sont un stupéfiant pour les poissons.

BOURRACHE OFFICINALE. *Borrago officinalis* L. BORRAGINÉES. *Borrago* dérive de *cor ago*, par allusion à de prétendues propriétés cordiales.

Description. — Plante de 3-7 décimètres, couverte de poils rudes, d'odeur légèrement vineuse, de saveur herbacée et mucila-

gineuse. Racine allongée, noirâtre à l'extérieur, blanche en dedans.
Tige herbacée, dressée, cylindrique, épaisse, creuse, rameuse.
Feuilles alternes, ridées, vertes, hérissées de poils; les inférieures
humifuses, grandes, pétiolées, elliptiques; les caulinaires plus étroites,
sessiles, légèrement décurrentes, amplexicaules. Fleurs (juin-septembre) grandes, bleues ou blanches, rarement roses, peu odorantes, disposées au sommet des rameaux en grappes unipares scorpioïdes. Calice gamosépale, profondément quinquéfide, étalé, à divisions
linéaires aiguës. Corolle gamopétale rotacée, à tube nul, à 5
lobes larges et acuminés; gorge (fig. 38) munie de 5 écailles (ec),
glabres et obtuses. Étamines 5, conniventes en cône
(e), à filets (fl) pourvus sous le sommet d'un appendice (a) linguiforme, dressé, atteignant le milieu
de la hauteur de l'anthère (fig. 39). Ovaire supère
à 4 lobes; style gynobasique; stigmate simple. Fruit
formé de 4 petits achai-
nes. Graines noirâtres à
leur maturité, ovoïdes,
ridées et osseuses. ⓐ.

Habitat. — Cette plante, originaire du Levant,
s'est naturalisée dans
toute la France, où elle
croît spontanément dans
les lieux cultivés; elle se
sème d'elle-même.

FIG. 38. — Fleurs de bourrache.

FIG. 39. — Étamine entière de bourrache.

Culture. — Elle est très-rustique; on la reproduit par graines en
tout temps et dans tous les terrains; elle aime le soleil; on peut
transplanter les jeunes pieds.

Parties usitées. — Les feuilles, les fleurs, la plante entière.

Récolte, dessiccation, conservation. — La bourrache, contenant
un suc visqueux abondant, doit être desséchée avec soin. Pour cela,
on la dispose sur des claies et l'on renouvelle fréquemment la surface exposée à l'air; quand le milieu ambiant est humide, on doit,
pour abréger l'opération, terminer la dessiccation à l'étuve. La plante
entière se récolte pendant toute la belle saison; les fleurs, au milieu
de l'été; et après les avoir mondées, on les porte au séchoir. La bourrache mal desséchée est jaune ou noire.

Composition chimique. — Elle renferme : *matière mucilagineuse, substance albuminoïde, acides végétaux combinés à la potasse et à la chaux, nitrate de potasse.*

Formes pharmaceutiques, doses. — 1° Infusion des fleurs, pp. 10 :
1000. 2° Décoction des feuilles et des jeunes tiges, pp. 4 à 16 : 1000.

3° Suc exprimé, 50 à 100 grammes. 4° Extrait, 1 à 4 grammes. On peut remplacer la bourrache par les fleurs de coquelicot ou de buglosse.

Usages. — La bourrache, dont on a tour à tour exalté et dénigré les propriétés, est un remède populaire, qui trouve des applications : 1° comme béchique et adoucissante dans les inflammations de poitrine, la bronchite, la pneumonie ; 2° comme diaphorétique dans les fièvres exanthématiques (rougeole, variole, scarlatine, miliaire), le rhumatisme ; 3° comme diurétique, à cause du nitre qu'elle contient, dans les fièvres à éléments bilieux et inflammatoires.

BRYONE DIOÏQUE. *Bryonia dioica* Jacq., *B. alba* L. Bryone officinale, B. dioïque, Vigne blanche, Couleuvrée, Navet du diable. CUCURBITACÉES. De βρύειν, pousser, par allusion à la vigueur de la plante.

Description (fig. 40). — Plante de 2-4 mètres, grimpante, hérissée de poils roides et courts insérés sur des glandes. Racine pivotante, grosse comme le bras et quelquefois comme la jambe, charnue, d'un blanc jaunâtre à l'extérieur, grisâtre à l'intérieur, striée transversalement. Tiges minces, herbacées, grêles,

Fig. 40. — Bryone dioïque.

anguleuses, rudes au toucher, s'attachant aux corps voisins à l'aide de vrilles extra-axillaires très-longues, roulées en spirale. Feuilles alternes, pétiolées, cordiformes, palmées, à 5 lobes sinués, hérissées de poils rudes sur leurs deux faces. Fleurs dioïques, d'un vert jaunâtre, disposées en petites grappes axillaires sur des pédoncules assez longs pour les fleurs mâles et courts pour les femelles (mai-juillet). *Mâles* : calice gamosépale, campanulé, à 5 dents aiguës, soudé inférieurement avec la corolle gamopétale, également campanulée, à 5 divisions ovales, d'un blanc sale. Étamines 5, réunies en 3 faisceaux par leurs filets et leurs anthères ; deux de ces faisceaux sont formés chacun de 2 étamines; anthères courbées en S. *Femelles* : calice et corolle] plus petits. Ovaire triloculaire, soudé au calice, qui se resserre en tube au-dessus de lui. Style trifide; stigmates échancrés. Fruit (*baie*) globuleux, de la grosseur d'un pois, lisse, vert d'abord, d'un rouge vif à la maturité, contenant 4-6 graines ovoïdes, logées dans une pulpe mucilagineuse. ♃.

Habitat. — La bryone est commune dans les haies, les bois.

Culture. — Elle est rarement cultivée; mais on peut la reproduire, en pleine terre, soit de graines, soit par des fragments de racine; elle s'accommode de tous les sols.

Partie usitée. — La racine. Elle présente une saveur amère désagréable, une odeur nauséeuse.

Récolte, dessiccation. — On peut employer cette racine à l'état frais, pendant toute l'année, mais on la fait aussi sécher. Pour cela, on l'arrache à l'automne ou pendant l'hiver, on la lave, on la coupe en tranches minces que l'on étend sur des claies, ou dont on forme des chapelets. La dessiccation a lieu au soleil ou à l'étuve. La racine sèche est moins odorante que la fraîche, mais elle reste très-amère. On doit rejeter celle qui a été piquée par les vers.

Composition chimique. — La racine de bryone contient : *bryonine, bryoïcine, amidon, huile verte concrète, résine, albumine, gomme, sels de potasse et de chaux*. La bryonine (Dulong) est formée par la réunion de deux principes amers non azotés, analogues aux résines, la *bryonitine* et la *bryonine* (Walz); cette dernière est un glycoside. La bryoïcine est une matière cristalline, azotée. L'amidon y existe en assez grande quantité, 20 % environ; or, la matière amère ou bryonine étant soluble dans l'eau, il est facile, par le râpage et des lavages subséquents, d'extraire de cette racine de l'amidon que l'on peut utiliser dans l'alimentation.

Formes pharmaceutiques, doses. — 1° Décoction, pp. 10 à 20 : 1000. 2° Sirop. 3° Alcoolature, très-usitée dans la médecine homœopathique. 4° Vin, 30 à 100 grammes. 5° Suc, 4 à 12 grammes. 6° Extrait, 25 à 75 centigrammes. 7° Poudre, 6 décigr. à 2 grammes. La bière qu'on laisse séjourner pendant 12 heures dans une excavation pratiquée dans la racine devient purgative. A l'extérieur, on emploie la pulpe et le suc seuls ou avec de la mie de pain, sous forme de cataplasmes. La bryonine est inusitée; c'est un poison violent à la dose de 20 centigrammes; elle est déjà drastique à 1 ou 2 centigr. La noix de galle paraît neutraliser les effets de la bryone.

Action physiologique. — La racine de bryone est purgative; elle amène des selles aqueuses abondantes, sans déterminer ni irritation intestinale, ni ténesme. Elle est également vomitive; mais cette action est moins sûre, moins constante que l'action purgative; on a également signalé ses effets diurétiques. A hautes doses, elle produit des superpurgations avec refroidissement, petitesse du pouls, crampes, état cholériforme, quelquefois des convulsions de forme tétanique, de la stupeur, la mort même dans certains cas. Appliquée, en grande quantité, sur la peau, elle y détermine une vive irritation, et quelquefois des phlyctènes.

Usages. — La bryone se range dans le groupe des purgatifs hydragogues, et son action est mise à contribution dans les hydropisies et surtout dans celles de cause palustre. Ses propriétés nauséeuses, vomitives, sont utilisées dans les différentes formes de catarrhe, l'asthme humide, la coqueluche au début; ses vertus diaphorétiques l'ont fait conseiller, dans le traitement du rhumatisme, comme succédané de la poudre de Dower; pour faciliter et régulariser les éruptions dans les maladies exanthématiques. On l'a indiquée comme antilaiteux, comme vermifuge, vu son amertume et ses propriétés purgatives; pour combattre la manie et l'épilepsie. L'action rubéfiante de sa racine pourrait être mise à profit au cas où l'on manquerait de moutarde.

BUSSEROLE. — Voy. *Arbousier busserole.*

C

CACAOYER ORDINAIRE. *Theobroma cacao* L., *Cacao sativa* Lam., *C. minus* Gœtn. Cacao commun, Cabosse. MALVACÉES-BYTTNÉRIACÉES.

Description (fig. 41). — Arbre de 10 mètres de hauteur. Bois tendre et léger, branches nombreuses, allongées et grêles. Feuilles alternes, entières, courtement pétiolées, obovales ou elliptiques, acuminées, entières, glabres, lisses, penninerves, munies à la base de deux stipules linéaires subulées, caduques; pétiole creusé en gouttière. Fleurs petites, rougeâtres, inodores, pédicellées, placées par petits bouquets de 6 à 7 sur le tronc, les grosses branches et les jeunes rameaux; ces dernières stériles. Calice régulier à 5 sépales, lancéolés, pétaloïdes. Corolle régulière à 5 pétales, alternes, libres, creusés en gouttière et élargis inférieurement, rétrécis dans leur partie moyenne, puis élargis et spatulés au sommet. Étamines 10, monadelphes, dont 5 fertiles et 5 sans anthère, alternant avec les premières et formant à leur base une enveloppe à l'ovaire. Celui-ci libre, supère, à 5 loges, marqué de 10 sillons; style long, partagé à son sommet en 5 branches stigmatifères. Le fruit est une sorte de baie, du volume d'un grand citron (vulgairement *cabosse*), ovoïde,

allongé, à surface inégale raboteuse, marqué de 10 sillons longitu-
dinaux, jaune ou rouge, à péricarpe épais, dur, coriace, ordinaire-

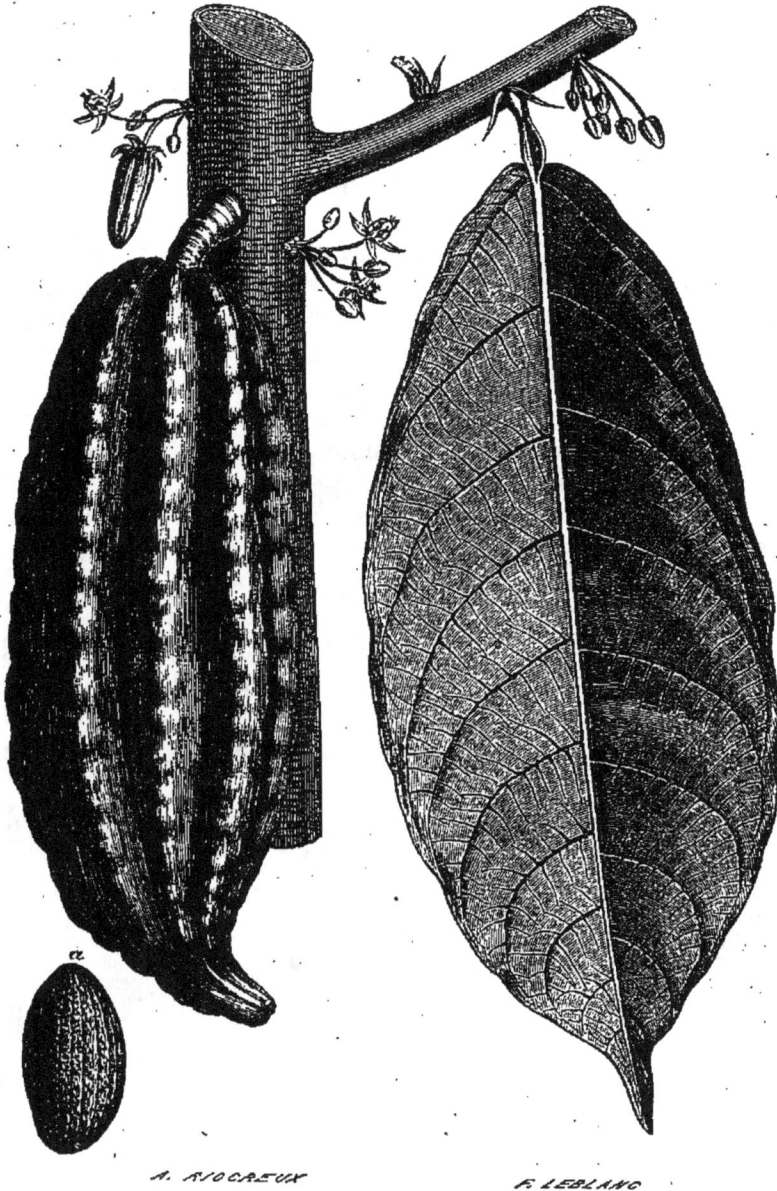

A. RIOCREUX   F. LEBLANC

[FIG. 41. — Cacaoyer ordinaire : *a*, une graine isolée.

ment indéhiscent, monoloculaire, rempli d'une pulpe aqueuse, acide,
qui unit entre elles les graines ; celles-ci (15 à 40), empilées les unes
sur les autres, ont à peu près la forme et la grosseur d'une amande

dépouillée de sa coque ; leur tégument, mou, flexible et blanchâtre quand il est frais, devient papyracé et d'un rouge obscur en se desséchant. L'amande est presque entièrement formée par un embryon oléagineux, d'un gris noisette au dehors, rougeâtre en dedans, dont les cotylédons sont découpés en un grand nombre de lobes, irrégulièrement plissés. Les plis sont remplis par un albumen peu développé. ♄.

Habitat. — Il est originaire des régions chaudes de l'Amérique tropicale, du Mexique et des pays voisins, d'où il s'est répandu aux Antilles, à la Guyane, au Brésil, dans l'Inde.

Culture. — On choisit pour le planter les lieux exposés au midi et facilement arrosables. On le sème en novembre, après la saison des pluies. Comme les jeunes plantes craignent un soleil trop ardent, on plante dans leur voisinage des érythrines et des bananiers dont l'ombre les protége. L'arbre est en plein rapport au bout de six à huit ans. Il est couvert de fleurs et de fruits pendant toute l'année, mais il faut plusieurs mois au fruit pour se former et mûrir.

Partie usitée. — La graine.

Récolte. — Leur récolte se fait de la manière suivante : dès que les fruits sont mûrs, on les coupe en deux ; on extrait la pulpe et les graines, qu'on réunit dans un vase. Au bout de quelques jours, et par suite de la fermentation, les graines ont perdu leur faculté germinative et se sont séparées de la pulpe devenue liquide ; on les fait alors sécher au soleil. D'autres fois on enfouit les fruits, et la fermentation, détruisant la pulpe, laisse les graines libres. Les cacaos ainsi obtenus portent le nom de *cacaos terrés* par opposition aux *cacaos non terrés*.

Les cacaos que l'on rencontre sur les marchés européens se divisent en sept classes, fondées sur l'examen des propriétés.

1re CLASSE. — Soconusco. Maracaïbo. Madeleine.

2e CLASSE. — Caracas (cacao caraque). Trinité. Occana.

3e CLASSE. — Guayaquil.

4e CLASSE. — Sinnamari. Démérary. Berbice. Surinam. Arawari. Macapa.

5e CLASSE. — Maragnan. Pava.

6e CLASSE. — Antilles. Cayenne. Bahia.

7e CLASSE. — Bourbon.

Les espèces les plus estimées sont le Soconusco, le Maracaïbo et le Madeleine. Voici, d'ailleurs, d'après Fonssagrives, les caractères des principales sortes commerciales :

SORTES COMMERCIALES.	COULEUR.	LONGUEUR.	LARGEUR.	ODEUR.	ASPECT de LA CHAIR.	SAVEUR.
Soconusco....	Grisâtre.	5 c. à 25 mill	Moindre.	Faible.	Fine, agréable	
Caraque......	Micacée.			Caractérisée	Brun clair.	Agréable.
Maragnan.....	Gris–rouge.	F. allongée.	F. pointue		Brun clair.	Douce.
Haïti.........	Terrée.	Petite.	Petite.			Faible.
Brésil (Bahia).	Rouge terrée	F. arrondie	F. arrond.		Vert foncé ou rouge ardoisé	Acerbe– amère.
Bourbon......	Rouge–brun.	Petite.	Petite.		Rouge violacé	Vineuse.
Jamaïque:....	Gris.	Arrondie.	Arrondie.		Violette ou vert foncé.	Apre.

On doit choisir le cacao bien intact, non piqué des vers, lisse, uni, plein. On doit rejeter ceux qui sont en poudre, car ils sont souvent falsifiés ou privés de leur huile grasse.

Composition chimique. —La graine du cacao contient : *matière grasse* (huile ou beurre de cacao), *fécule, glycose, sucre de canne, amidon, matière colorante rouge, matière albuminoïde, théobromine*, et probablement une *huile essentielle.* Le beurre de cacao s'obtient en torréfiant la graine, séparant les enveloppes, réduisant en pâte avec un dixième d'eau bouillante, dans un mortier chauffé, et soumettant à la presse. C'est un corps solide, jaunâtre, d'odeur douce et agréable, qui rappelle celle du cacao, fondant à 33° (Soubeiran), plus léger que l'eau, rancissant difficilement, soluble dans l'éther. Il a les mêmes usages topiques lénitifs que les autres corps gras ; on s'en sert : pour combattre l'érythème ; pour garantir la peau des jeunes enfants de l'action irritante de l'urine ; contre les gerçures du mamelon ou des lèvres ; pour faire des suppositoires ; pour servir d'excipient aux pilules. La théobromine, $C^{14}H^8Az^4O^4$, est une poudre cristalline dont la saveur rappelle celle du cacao, capable de se volatiliser sous l'influence de la chaleur, en laissant un faible résidu de charbon ; elle est peu soluble dans l'eau bouillante, ainsi que dans l'éther et l'alcool ; mais elle est soluble dans l'alcool bouillant et cristallise par le refroidissement du liquide. Elle n'est point employée en médecine, tant à cause de son prix élevé que de son identité presque complète avec la caféine.

Action physiologique. —Par la fécule, la glycose, le sucre, la matière grasse, le cacao est une substance essentiellement alimentaire ; par la théobromine, il appartient au groupe des caféiques, c'est-à-dire des substances qui ralentissent le mouvement de désassimilation.

Usages. — La graine du cacao sert à faire le chocolat. On désigne sous ce nom des pâtes solides préparées en broyant avec le cacao torréfié et privé de sa pellicule, du sucre, des poudres minérales ou végétales et des sels. On les distingue en chocolats alimentaires et médicinaux. Les premiers consistent seulement en un mélange de cacao et de sucre aromatisé soit par la cannelle, soit par la vanille, et constituent un aliment respiratoire dont on augmente quelquefois la masse nutritive par l'adjonction du sagou, du salep, de l'arrow-root, et que l'on a même essayé de rendre un aliment complet, en l'unissant au gluten. Les seconds peuvent remplir une foule d'indications thérapeutiques : c'est ainsi que le calomel, le sublimé corrosif, le fer porphyrisé, le kermès, la magnésie, le jalap, la scammonée, la santonine, etc., peuvent s'administrer sous cette forme. Il suffit d'incorporer la dose du médicament au chocolat chauffé et réduit en pâte. Ces préparations sont très-utiles, dans la médecine infantile, pour masquer et dissimuler le goût des matières actives.

Le cacao entre encore dans la composition de deux poudres alimentaires : l'une, le *palamoud*, est un mélange de cacao torréfié, de farine de riz, de fécule et de santal rouge ; l'autre, le *racahout*, renferme en moins le santal rouge et en plus du sucre et de la vanille. Les téguments (*coques*) sont utilisés dans quelques pays sous forme de décocté et donnent une boisson aromatique assez agréable, mais peu nutritive ; on les emploie aussi en médecine comme tonique ; on les fait entrer, avec une certaine quantité de graines de cacao, dans un chocolat légèrement astringent auquel on a donné le nom de *cocoa*.

CACHOU.—Voy. *Acacie cachou.*

CADE. — Voy. *Genévrier cade.*

CAFÉIER D'ARABIE. *Coffea arabica* L. RUBIACÉES-COFFÉACÉES. De *Kuebwa*, nom arabe du caféier.

Description (fig. 42). — C'est un arbrisseau toujours vert, pyramidal, qui peut acquérir jusqu'à 10 et 12 mètres de hauteur. Tiges cylindriques, rameaux opposés. Feuilles opposées, simples, ovales, lancéolées, ondulées sur les bords, d'un vert foncé et luisant en dessus, blanchâtres en dessous, courtement pétiolées, munies de deux stipules interfoliacées, courtes, aiguës, subulées, caduques. Fleurs, 3 à 5, à l'aisselle des feuilles supérieures, semblables à celles du jasmin d'Espagne, presque sessiles, d'un blanc légèrement rosé, d'une odeur suave. Calice gamosépale, petit, à 5 dents. Corolle gamopétale, infundibuliforme, à tube cylindrique, plus long que le calice, à 5 lobes aigus. Étamines 5, saillantes. Ovaire infère surmonté d'un disque annulaire d'où s'échappe un style inégalement bifurqué au sommet. Le fruit (fig. 43) est une baie de la grosseur d'une petite cerise, successivement verte, jaune et rouge, à pulpe douceâtre, contenant 2 coques (*nucules*) minces, cartilagineuses. Chaque coque renferme une graine convexe sur la face dorsale, plane et creusée d'un sillon longitudinal profond sur la face interne, et recou-

FIG. 42. — Caféier.

verte d'un tégument d'un blanc jaunâtre, grisâtre ou jaune verdâtre; elle contient un endosperme dur, cartilagineux, comme corné, et un petit embryon ♄.

Habitat.— Cette plante appartient à la flore d'Abyssinie; elle se rencontre à l'état sauvage dans différentes parties du pays, dans les provinces d'Énarea, de Kaffa et de Choa, dans le Soudan et dans toute l'Afrique équatoriale. C'est en Arabie, dans la province d'Yémen, aux environs de Moka, que sa culture a commencé; elle s'est répandue de là dans l'Afrique occidentale et orientale, les Indes, Bourbon, Mayotte, le Pérou, le Brésil, la Guyane, le Vénézuéla, Costa-Rica et les Antilles.

Culture. — Il ne prospère que dans les régions dont la température moyenne est de 20° à 22°, et surtout dans la zone intertropicale; il réussit très-bien sur le versant des montagnes, dans les endroits arrosés. On le reproduit soit de jeunes plants provenant du semis des graines, soit d'éclats de racine. Les arbres commencent à porter des fruits vers l'âge de trois ans.

Partie usitée. — La graine ou *café*.

Récolte, desssiccation. — Les baies mûres sont traitées de différentes manières pour en séparer les graines; tantôt c'est la fermentation qu'on charge de détruire la pulpe; tantôt on a recours à des cylindres de bois munis de râpes métalliques, qui réduisent la pulpe en bouillie; un lavage à l'eau entraîne cette dernière et laisse la graine isolée; d'autres fois enfin, on laisse le fruit se dessécher et se flétrir sur l'arbre, et la graine tombe alors spontanément.

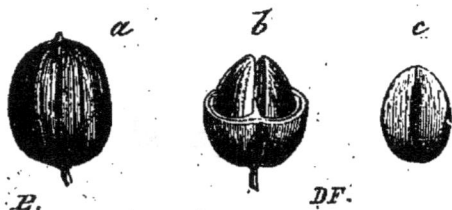

Fig. 43. — Café: *a*, baie ; *b*, la partie supérieure enlevée pour montrer les deux graines; *c*, une graine isolée.

La séparation complète de la graine ne se pratique point d'ailleurs dans tous les pays; aussi trouve-t-on dans le commerce : 1° le *café en cerises*, c'est celui dont le fruit s'est desséché et est devenu brunâtre; 2° le *café en parche*, c'est-à-dire celui dont la graine est recouverte par la coque sèche et parcheminée; 3° le *café décortiqué* ou privé de sa coque; dans ce cas, le tégument de la graine peut rester adhérent (*café pelliculé*), ou bien la mince pellicule tégumentaire a disparu par le frottement des grains, et on a le *café nu.* On classe ordinairement les cafés dans l'ordre suivant : *Moka, Martinique, Guadeloupe, Bourbon, Cayenne, Saint-Domingue, Ceylan, la Havane, Porto-Rico, Brésil, Java, Sumatra.* Le tableau suivant indique leurs principaux caractères.

SORTES COMMERCIALES.	COULEUR.	FORME.	ODEUR.	SAVEUR.	ASPECT DE LA SURFACE.	ASPECT GÉNÉRAL.
Moka........	Jaune ou verdâtre.	Petits, roulés.	Très-prononcée	Agréable.	Assez pelliculés.	Très-irréguliers.
Martinique....	Vert clair.	Allongés, ellip-tiques.	Franche, agréable.	Rappelle celle du blé.	Pellicules argentées.	
Guadeloupe...	Vert plombé luisant.	Allongés.			Pellicules rares.	
Bourbou......	Jaune ou verte.	Allongés, arron-'dis, petits.	Agréable, frai-che.		Pellicules fréquentes.	Très-irréguliers.
Haïti........	Vert clair, quelquefois blanchâtre.	Réguliers, poin-tus aux extrémités		Légèrement acide	Pellicules rougeâtres.	Très--irréguliers.
Cayenne......	Vert roussâtre terne.	Gros, larges, plats			Pellicules blanchâtres.	Mal conformés.
Cuba.........	Vert tendre ou jaunâtre.	Petits, larges, plats.			Pellicules rougeâtres quelquefois.	Réguliers.
Ceylan	Jaune pâle, verdâtre fon-cée ou noire.		Faible.	Faible.	Piquetée ou mouchetée.	Irréguliers.
Porto-Rico....	Vert bleuâtre ou jaunâtre	Légèrement re-courbés.		Un peu acerbe.		
Brésil........	Jaune foncé.	Ovoïdes, roulés.			Pellicules brunes, bril-lantes.	Irréguliers.
Java.........	Jaune-brun, pâle ou ver-dâtre.	Gros, forts, allon-gés.	Très-péné-trante.		Plus ou moins pelliculée	Beaucoup sont ir-réguliers.
Sumatra.....	Jaune-brun, rougeâtre ou noire.	Larges, plats....	Très-odorants.	Amère.		
Jamaïque.....	Vert clair.	Un peu allongés.	Forte, agréable		Sans pellicule.	
Manille.......	Vert pâle.		Peu d'odeur.		Marbrée.	Assez irréguliers.

On juge de la qualité du café par la grosseur et la forme des grains, par leur couleur, leur saveur et leur odeur; mais ces caractères, bien que suffisants pour faire connaître la valeur du café, lorsqu'ils sont appréciés par des gens ayant l'habitude de manier cette graine, ne permettent que difficilement aux personnes inexpérimentées de se prononcer avec certitude. On doit, dans tous les cas, choisir le café, nouveau, dur, sec, se brisant aisément sous la dent, en grains lisses, d'odeur agréable et franche. Le mieux, si l'on désire être fixé sur sa qualité, est de préparer une infusion avec la graine torréfiée et d'en examiner le goût et l'arome. Le *Coffea mauritiana* Lam. de l'île Bourbon (*café marron*) doit être repoussé; sa graine est amère et passe pour vénéneuse.

Composition chimique. — Le café renferme : *cellulose, eau hygroscopique, substances grasses, glycose, dextrine, acide végétal indéterminé, légumine, caféine, chloroginate de potasse et de caféine, matières azotées, huile essentielle concrète insoluble, essence aromatique soluble à odeur suave, matières minérales* (Payen). La caféine (*théine, guaranine*), $C^{16}H^{10}Az^4O^4$, est une substance alcaloïdique, inodore, en fines aiguilles blanches et soyeuses, légèrement amère, soluble dans l'eau froide ou chaude et l'alcool dilué. L'acide chloroginique (*a. cafétannique, a. caféique*), quand il est en combinaison avec la potasse et la caféine, possède la propriété d'augmenter de volume par l'action de la chaleur; c'est ce qui explique pourquoi la café gonfle par la torréfaction. Les corps qui résultent de la torréfaction du café sont encore peu connus; le produit le plus intéressant est une huile brune plus lourde que l'eau, provenant de la décomposition du chloroginate de potasse et de caféine et qui donne son arome à la masse : c'est la *caféone*. Ce corps est soluble dans l'eau, et peut, à dose presque impondérable, aromatiser une grande quantité de ce liquide. Il se produit, en outre, un corps brun amer. Le café torréfié diffère surtout du café vert par une moindre proportion de caféine et par de la caféone qu'il contient en plus.

Formes pharmaceutiques, doses. — Le café cru ou torréfié peut s'administrer en grains ou en poudre. Le plus souvent on fait usage de l'infusion de café noir. Dans ce cas, on torréfie préalablement le café dans une brûloire jusqu'à ce qu'il prenne une teinte d'un roux marron; il importe de ne pas dépasser ce point, sinon il se produit des huiles empyreumatiques qui donnent des infusions désagréables. Les graines perdent, pendant cette opération, 16 à 17 % de leur poids, et leur volume augmente du tiers; après les avoir retirées de la brûloire, on les vanne pour les refroidir et on les réduit en poudre à l'aide d'un moulin particulier. On prépare l'infusion avec cette poudre en opérant en vases clos (pp. 100 à 200 : 1000). Lorsque la torréfaction n'a pas été poussée trop loin, un litre d'eau, agissant sur 100 gr. de café, peut dissoudre 25 gr. de substances solubles; cette quantité va en diminuant si l'on a brûlé les graines outre mesure.

Action physiologique. — Pour comprendre l'action physiologique du café, il convient d'étudier à part la caféine et la caféone. La caféine, à la dose de 1 à 5 décigram., produit un abaissement de la température animale et la diminution du pouls, elle détermine une excitation, puis une détente dans le système nerveux; un effet analogue se manifeste vis-à-vis du système musculaire de la vie de relation, qui se contracte d'abord, puis se fatigue, sans se paralyser toutefois; elle n'augmente pas la diurèse, mais amène la contraction des fibres de la vessie et provoque un impérieux besoin d'uriner; en même temps elle diminue la quantité d'urée, d'acide urique et d'urates. Elle n'est ni antisoporifique, ni alimentaire, et passe dans l'urine avec une très-grande facilité. La caféone est le principe excitant du café; elle détermine une excitation considérable des fonctions intellectuelles, une insomnie très-pénible pour quelques personnes, mais que recherchent celles qui doivent prolonger le travail de l'esprit au delà des limites habituelles. Le café torréfié participe de ces deux modes d'action; il ralentit la circulation tout en excitant le système nerveux, produit un fréquent besoin d'uriner sans être pour cela diurétique, et diminue la quantité des matériaux solides contenus dans l'urine; il amoindrit les combustions organiques, enraye le mouvement de désassimilation; s'il ne nourrit pas, il empêche de se dénourrir, et se comporte, à ce titre, comme les alcooliques, sans en avoir les inconvénients. Par sa caféone, principe aromatique et antiseptique, il corrige certaines eaux malsaines et peut rendre de véritables services aux armées en campagne.

Usages. — Le café est usité dans les céphalalgies et surtout dans celles qui surviennent après le repas chez les personnes nerveuses et pléthoriques; il combat la stupeur, la somnolence, l'état apoplectique, l'hémorrhagie cérébrale. Il est avantageusement opposé au narcotisme produit par l'opium et les solanées vireuses; dans ce cas, il empêche le coma, facilite l'élimination rapide par l'urine, et par son acide cafétannique, sorte de tannin, il transforme les alcaloïdes de ces substances toxiques en composés insolubles ou peu solubles. C'est un médicament d'épargne, et l'on comprend qu'on l'ait indiqué dans la phthisie. On l'a vanté, à haute dose, contre les hernies étranglées, à cause des contractions intestinales qu'il réveille. Il est salutaire dans la goutte, pourvu que le régime ne soit pas trop substantiel et que le malade n'abuse pas de l'alcool. Enfin il a été préconisé dans les fièvres d'accès, dans les fièvres typhoïdes de forme adynamique; la diarrhée chronique, certaines aménorrhées;

la période algide du choléra, l'asthme essentiel; la coqueluche (café vert). L'infusion de café noir sert à masquer le goût de certains médicaments amers ou nauséeux, tels que le quinquina, le sulfate de quinine, le sulfate de magnésie, le séné, l'huile de ricin.

CAINCA. — Voy. *Chiocoque dompte-venin.*

CAJEPUT. — Voy. *Mélaleuque cajeput.*

CAMOMILLE PYRÈTHRE. *Anthemis pyrethrum* L., *Anacyclus pyrethrum* DC. Anacyle pyrèthre, Pyrèthre d'Afrique, Pyrèthre officinale. COMPOSÉES - SÉNÉCIONIDÉES. ''Aνθημις, petite fleur ; πύρεθρον, nom grec d'une sorte de camomille.

Description (fig. 44).— Plante de 20 à 25 centimètres. Racine pivotante, fusiforme ou cylindrique, peu rameuse. Tiges nombreuses, simples inférieurement, un peu couchées à la base, redressées dans la partie supérieure. Feuilles radicales, pétiolées, étalées en rosette ; les caulinaires sessiles, pinnatifides, à divisions linéaires, un peu épaisses, char-

FIG. 44. — Camomille pyrèthre.

nues, velues, d'un vert bleuâtre. Fleurs (juillet-août) ordinairement solitaires à l'extrémité de la tige. Involucre hémisphérique composé d'écailles imbriquées, oblongues, presque égales, scarieuses sur les bords. Réceptacle convexe, garni de paillettes. Fleurs du centre d'un jaune pâle ; ce sont des fleurons tubulés, à cinq dents, hermaphrodites, à cinq étamines syngénèses; style 1. Les fleurs de la circonférence sont des demi-fleurons femelles, nombreux, fertiles, plus longs que l'involucre, linéaires, blanchâtres en dessus, d'un beau pourpre violet en dessous; un style,

FIG. 45.— Racine de pyrèthre.

deux stigmates. Fruits (*achaines*) glabres, comprimés et légèrement

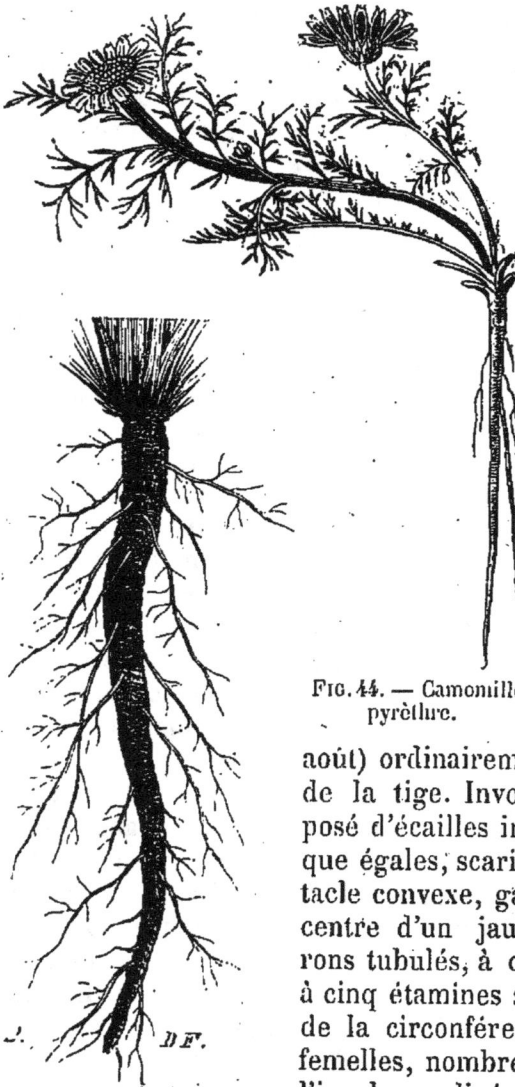

ailés, couronnés par une petite membrane entière et dentée, ♃.

Habitat. — Cette plante croît en Turquie, en Asie et surtout en Afrique.

Culture. — On la cultive dans le Midi, soit par semis, soit par éclats de pieds; elle demande un terrain sec et une exposition un peu chaude. Dans le nord de la France, on ne peut la cultiver qu'en vases, car il faut la rentrer pendant l'hiver.

Partie usitée. — La racine (fig. 45). Elle arrive sèche en Europe par la voie de Tunis. Elle est longue de 10 à 12 centimètres, de la grosseur du doigt, grise et ridée extérieurement, d'un blanc grisâtre intérieurement. Son odeur est aromatique, mais irritante et désagréable. Sa saveur âcre et piquante; mâchée, elle détermine une abondante salivation. Il faut rejeter celle qui est piquée des vers.

Composition chimique. — La racine de pyrèthre contient : *principe âcre, inuline, gomme, tannin, matière colorante, ligneux, sels minéraux.* Le principe âcre (*pyréthrine*) est formé de résine âcre et de deux huiles, l'une brune, l'autre jaune.

Formes pharmaceutiques, doses. — On l'emploie : 1° en nature, comme masticatoire, dose 2 à 4 gram.; 2° en poudre, comme sternutatoire et pour tuer les poux; 3° en teinture, 2 gram. dans 50 gram. d'eau, comme collutoire; la teinture additionnée d'alcoolat de romarin est usitée comme cosmétique; 4° sous forme de teinture éthérée; cette préparation très-âcre est utilisée pour calmer l'odontalgie; on introduit un tampon imbibé de teinture dans la dent cariée. On prépare encore : un vinaigre de pyrèthre recommandé comme odontalgique; une huile de pyrèthre qui est un rubéfiant; des pastilles que l'on a préconisées comme sialagogues.

Action physiologique. — Appliquée sur les téguments, elle agit comme rubéfiant et peut même déterminer l'ulcération de la peau; introduite dans la bouche, elle produit une sensation de chaleur cuisante, faisant place à une impression de froid vif quand on aspire l'air, puis à une abondante salivation. Son action sur la pituitaire est aussi très-vive et s'accompagne de violents éternuments. Ingérée, elle donne naissance à un sentiment de chaleur locale, et probablement aux phénomènes d'excitation propres aux substances balsamiques.

Usages. — La pyrèthre est rarement employée à l'intérieur; elle sert surtout comme sialagogue dans l'engorgement des glandes salivaires; pour calmer, par substitution, les névralgies gingivales et dentaires, et par révulsion celles de la face; on l'a également conseillée pour remédier à la paralysie de la langue; la décoction concentrée a été indiquée pour frictionner les membres paralysés, pour

rappeler la transpiration cutanée. C'est surtout comme dentifrice
que la pyrèthre trouve sa principale application; on s'en sert pour
donner du montant au vinaigre.

La poudre de la pyrèthre du Caucase (*Pyrethrum caucasicum* L.)
est grise, d'une odeur forte, et constitue un violent poison pour les
insectes en général et les punaises en particulier. On lui substitue
souvent la poudre de deux autres espèces du genre pyrèthre, le
P. roseum Bieb et le *P. carneum*.

CAMOMILLE ROMAINE. *Anthemis nobilis* L., *Ormenis nobilis*
Gay, *Chamomilla nobilis* God. Camomille noble, C. odorante. SYNAN-
THÉRÉES-SÉNÉCIONIDÉES.

Description (fig. 46). — Plante de 1 à 3 décimètres, très-touffue

Fig. 46. — Camomille romaine.

et rampante, d'odeur forte et agréable. Racine traçante, fibreuse, chevelue. Tige couchée, simple et rameuse, cylindrique, striée, pubescente, d'un vert blanchâtre, munie sur la partie rampante de nombreuses racines adventices et se relevant par l'extrémité des rameaux.
Feuilles petites, alternes, irrégulièrement bipinnatiséquées, à segments très-petits, linéaires ou subulés, pubescentes, velues. Fleurs
(juin-août) en capitules solitaires à l'extrémité des rameaux. Involucre
presque plane, composé de plusieurs rangs de folioles imbriquées,
pubescentes, scarieuses sur les bords. Réceptacle très-convexe, proéminent, chargé d'autant d'écailles qu'il y a de fleurs, dont elles
égalent à peu près la hauteur. Fleurons jaunes, hermaphrodites,
fertiles, à corolle infundibuliforme, dont le tube est cylindrique et
le limbe campanulé à cinq divisions réfléchies; ovaire ovoïde, nu,
sans aigrette. Demi-fleurons de la circonférence blancs, femelles,

fertiles, limbe terminé par trois dents obtuses. Fruit (*achaine*) petit, verdâtre, allongé, surmonté d'un petit bourrelet membraneux, à côtes filiformes blanches, lisses sur le dos. ♃.

Habitat. — Croît en France, en Italie, en Espagne, dans les pâturages secs, les allées sablonneuses, les pelouses des bois.

Culture. — On préfère, pour l'usage médical, celle qui est cultivée dans les jardins. Par la culture, on parvient à faire développer en demi-fleurons un grand nombre de fleurons, et le capitule représente alors un petit pompon entièrement blanc. On la multiplie d'éclats de racine, ou mieux par un bouturage naturel, en laissant s'enraciner les racines étalées sur la terre; elle vient assez bien partout, mais de préférence dans les terres douces, substantielles, fraîches ou souvent arrosées, à l'exposition du midi.

Partie usitée. — Les capitules.

Récolte, dessiccation, conservation. — On récolte les capitules en juin ou juillet, et l'on fait choix de fleurs petites, grisâtres, non entièrement développées. On les étend en couches minces, et on les fait sécher à l'étuve ou au soleil. Il faut les dessécher promptement, afin de leur conserver leur couleur et les placer ensuite dans des caisses ou dans des tonneaux garnis intérieurement de papier collé que l'on place dans un lieu sec, frais et obscur. Ces capitules ont une odeur aromatique, forte, mais agréable, se rapprochant de celle du coing; leur saveur est amère, aromatique et même brûlante.

Composition chimique. — Les capitules de camomille contiennent : *camphre, principe gommo-résineux, tannin,* un *acide particulier* (a. anthémique), *huile volatile.* Ce dernier corps est d'une belle couleur verte un peu foncée, devenant brune au contact de l'air; sa consistance est visqueuse.

Formes pharmaceutiques, doses. — 1° Infusion, pp. 4 à 20 : 1000. 2° Extrait, 3 décigr. à 2 gr. 3° Poudre, 5 à 6 gr. 4° Teinture, 5 à 10 gr. 5° Eau distillée, 30 à 100 gr. 6° Vin, 30 à 60 gr. 7° Sirop, 30 à 40 gr. 8° Huile essentielle, 1 à 2 gouttes. L'huile obtenue par macération des capitules dans l'huile d'olive, possède l'odeur aromatique de la fleur, mais, en réalité, elle ne jouit que des propriétés de l'huile d'olive. On emploie encore la camomille en lavements, lotions, liniments, embrocations; on lui substitue quelquefois les capitules de la chrysanthème matricaire (*Chrysanthemum parthenium* Pers.) et ceux de la matricaire inodore (*Matricaria parthenoïdes* Desf.). La vraie camomille se reconnaît à son odeur caractéristique, à la forme et à la grosseur des capitules, à ses fleurons petits, peu nombreux, tandis qu'ils sont grands, très-nombreux et très-longs dans les autres espèces. Les matricaires ont un réceptacle nu, tandis que la camomille a son réceptacle garni de fleurons.

La camomille puante ou maroute (*Anthemis cotula* L.), quoique moins usitée, a des propriétés analogues à celles de la C. romaine; on a également indiqué, comme succédanée, la camomille des teinturiers (*Anthemis tinctoria* L.). La gélatine, les sels métalliques, ne doivent point être associés à cette plante, à cause du tannin qu'elle contient.

Action physiologique. — Mâchée, la camomille provoque la salivation; introduite dans l'estomac, elle excite la muqueuse, favorise le travail digestif et excite l'appétit. Ingérée en trop grande quantité, elle peut déterminer des vomissements. Cette action locale une fois produite, elle devient tonique, stimulante, antispasmodique.

Usages. — Les propriétés toniques de cette plante sont mises à contribution dans les digestions difficiles, les crampes d'estomac, l'inappétence, les coliques venteuses et spasmodiques, la constipation atonique. On a recours à son action stimulante et antispasmodique dans les fièvres typhoïdes, les états adynamiques, dans la dysménorrhée par suite de spasmes utérins, l'hystérie. Ses propriétés anthelminthiques sont peu prononcées, mais son action fébrifuge est certaine. C'était le quinquina de l'antiquité (Trousseau), et sans pouvoir rivaliser avec l'écorce du Pérou, la camomille a donné des résultats incontestables dans certaines fièvres intermittentes mal définies, irrégulières, ayant résisté au sulfate de quinine. On se sert quelquefois de l'infusion pour faciliter l'action d'un vomitif. Les fomentations, les cataplasmes et l'huile de camomille ont été conseillés contre la goutte et le rhumatisme, on a également vanté cette plante comme un puissant cicatrisant, en applications sur les plaies récentes et pour combattre l'infection purulente.

CAMPHRE DU JAPON. — Voy. *Laurier-camphrier.*

CANÉFICIER OFFICINAL. *Cassia fistula* L., *C. nigra* Dod., *Cathartocarpius fistula* Pers. Casse officinale, C. en bâtons, C. des boutiques ou en silique. LÉGUMINEUSES-CÆSALPINIÉES.

Description (fig. 47). — C'est un arbre élégant ayant le port d'un noyer, dont le tronc, très-ramifié, peut atteindre 5 à 6 décim. de diamètre et 5 à 10 mètres de hauteur; dont l'écorce, d'un gris cendré, est verte chez les jeunes rameaux. Feuilles alternes, courtement pétiolées, longues de 3 à 5 décim., composées, pennées, à 4-8 paires de folioles opposées, ovales, pointues, marquées de nervures fines, entières, lisses. Fleurs hermaphrodites, irrégulières, disposées en longues grappes simples, pendantes, de 3-6 décimètres; pédoncules portant une courte bractée à la base; pédicelles longs, glabres, flexibles. Calice à 5 sépales inégaux, ovales, arrondis, glabres, d'un vert clair, caducs. Corolle à 5 pétales jaunes, inégaux, obtus, alternes avec les sépales et trois fois plus longs qu'eux. Étamines

10, hypogynes, dont 3 inférieures plus grandes. Ovaire stipité, surmonté d'un disque arqué, à sommet stigmatifère. Fruit (fig. 48) (*gousse*) pendant, indéhiscent, long de 15 à 50 centimètres, large de 2 ou 3, atténué ou arrondi aux deux bouts, glabre, d'un brun noirâtre présentant deux sutures latérales, l'une saillante, l'autre en

FIG. 47 — Canéficier officinal.

FIG. 48.—Casse : *a*, casse plus petite que nature; *b*, extrémité ouverte pour montrer les cloisons et la pulpe; *c*, graine.

gouttière, et dont la cavité est partagée en plusieurs logettes par des diaphragmes horizontaux; chacune des faces de ces diaphragmes est recouverte par une pulpe noirâtre, douce, sucrée, au milieu de laquelle nage une graine aplatie, lenticulaire, d'un jaune noirâtre, lisse, à téguments durs.

Habitat. — Le canéficier est originaire de l'Éthiopie, mais il s'est répandu dans tous les pays intertropicaux.

Partie usitée. — Le fruit.

Récolte.—La casse venait autrefois du Levant; aujourd'hui toute

celle du commerce provient de l'Amérique. Dès que les fruits sont
mûrs, on les cueille et on les expédie en les plaçant dans des conditions favorables pour qu'ils ne se dessèchent ni ne se moisissent.
On doit les choisir récents, pleins, non moisis, *non sonnants*, car
dans ce dernier cas la pulpe est sèche, et les conserver dans des
lieux frais et non humides.

Composition chimique. — La pulpe extraite du fruit contient,
outre le parenchyme : *sucre, pectine, gomme, glutine, matière extractive amère.*

Formes pharmaceutiques, doses. — Si, après avoir ouvert le
fruit, on enlève la pulpe en raclant l'intérieur, on obtient la *casse
en noyaux* ou *casse avec les grains;* en pulpant cette casse sur
un tamis, on a la *casse mondée*, dose 10 à 60 gram; enfin, en faisant cuire la pulpe au bain-marie avec sucre, sirop de violette, eau
de fleur d'oranger, on a la *casse cuite*, dose 50 à 120 gram. On
prépare encore : un extrait de casse, 10 à 30 gram., et une eau de
casse, par infusion, pp. 60 à 125 : 1000. On doit éviter d'employer
la pulpe fermentée et aigre, car, ainsi altérée, elle occasionne des
coliques et des flatuosités. On utilise encore la PETITE CASSE, fournie
par le *Cassia moschata* H. B. K., et la CASSE DU BRÉSIL (*Cassia brasia-
lana* Lam.). Beaucoup d'autres espèces sont usitées, en médecine,
dans le pays qui les produit.

Usages. — C'est un purgatif doux qui est précieux dans la médecine des enfants, et que l'on administre quelquefois chez les personnes irritables qui ont le ventre paresseux. On l'associe souvent à
la manne. Son usage est d'ailleurs de moins en moins fréquent; on
a pourtant indiqué la pulpe dans les fièvres rémittentes et les fièvres
gastriques des pays chauds.

CANNE A SUCRE. *Saccharum officinarum* L. Cannamelle, Canne
mielleuse ou mellifère. GRAMINÉES.

Description (fig. 49). — Racine en partie géniculée et en partie
fibreuse, formant une touffe épaisse de laquelle sortent plusieurs
tiges simples, cylindriques, divisées par des nœuds plus ou moins
distants les uns des autres, pouvant acquérir jusqu'à 4-5 mètres de
long et 6 centimètres de diamètre, pleines, succulentes, à écorce
ligneuse, lisse, comme vernissée, verte, jaune ou violette suivant les
variétés. Feuilles alternes, distiques, engaînantes de 12-15 décimètres
de long, planes, striées longitudinalement, présentant au milieu une
côte blanchâtre. Fleurs disposées en panicule pyramidale sur un axe
sans nœud (*flèche*) de 10-15 décimètres, s'élevant du milieu des
feuilles supérieures; épillets formés de deux fleurs hermaphrodites,
l'une sessile, l'autre pédonculée, glumelle à 2 valves mutiques. Étamines 3; anthères jaunes, allongées, bifurquées; ovaire comprimé,

surmonté de 2 styles, stigmates plumeux pourpres. Graine petite, ovale, pointue à ses deux extrémités.

Habitat. — La canne à sucre est originaire de l'Inde, d'où elle se répandit en Arabie, en Égypte, en Éthiopie, dans le midi de l'Europe. De là elle passa à Madère, aux Canaries, à Saint-Domingue (1506) et plus tard dans les autres colonies et sur le continent américain.

Culture. — Dans l'Inde, la canne vient de graine, mais dans les pays où on la cultive en grand, on la reproduit avec le sommet des tiges encore feuillées. La mise en terre détermine l'évolution du bourgeon qui existe à l'aisselle des feuilles. Elle exige une terre meuble riche ou des engrais exempts d'un excès de sels minéraux qui rendraient l'extraction du sucre difficile. On la récolte avant la formation des graines, quand, ayant pris une teinte jaunâtre dans presque toute son étendue, elle présente encore une coloration verte à l'extrémité supérieure; on la coupe au pied, les souches qui restent en terre repoussent de nouvelles tiges pendant plusieurs années.

Composition chimique. — La canne à sucre exprimée donne 90 % de jus qui contient 72 p. d'eau

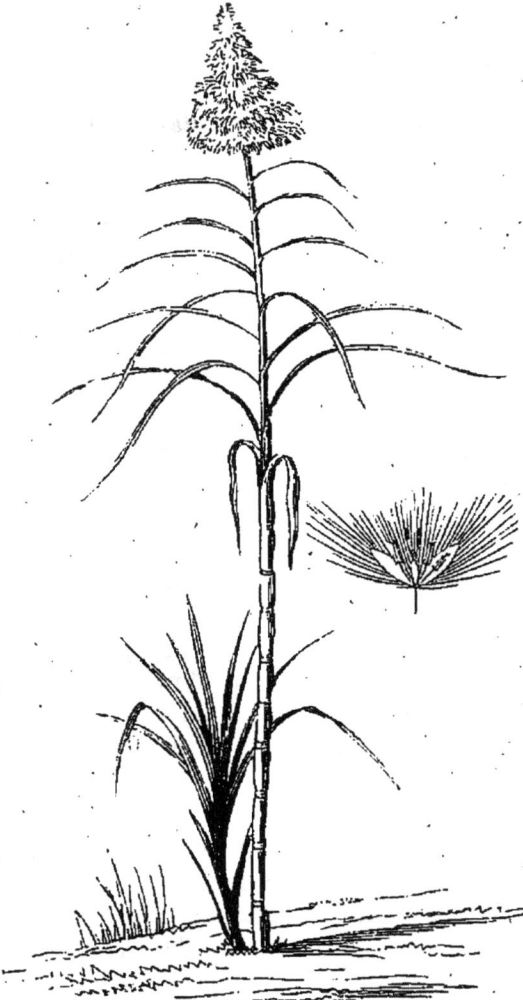

FIG. 49. — Canne à sucre.

et 18 p. de sucre. C'est la plante qui donne le plus de sucre et qui le donne le plus pur. Il existe, en outre, dans ce suc, divers principes immédiats azotés ou non azotés, des sels, de la silice et une petite quantité d'une huile essentielle très-agréable, circonstance qui permet de consommer une grande partie du sucre à l'état de sucre brut.

SUCRE DE CANNE. — L'extraction du sucre de canne se fait de la manière suivante. Après avoir coupé la canne en morceaux de longueur convenable, on les écrase dans des moulins spéciaux ; le suc qui s'écoule porte le nom de *vesou*, la canne sèche constitue la *bagasse*. Le vesou est soumis à l'évaporation dans de grandes chaudières, jusqu'à consistance de sirop, après avoir préalablement subi l'action de la chaux, qui sépare les impuretés. Quand le sirop est convenablement concentré, il laisse déposer par le refroidissement du sucre cristallisé en grains plus ou moins fins, c'est le sucre brut (*moscouade ou cassonade*); le liquide non cristallisé constitue la *mélasse*. Les cassonades sont soumises à un raffinage qui a pour but d'éliminer les matières étrangères. Cette opération se pratique en préparant, à la vapeur, un sirop que l'on clarifie par le sang de bœuf, que l'on décolore par le charbon, et qu'après concentration dans le vide on fait cristalliser dans des *formes* ou moules. Là le sucre subit une nouvelle manipulation, le *terrage*, qui a pour but de le blanchir complétement. Cette décoloration peut également s'effectuer à l'aide d'une opération qui porte le nom de *clairçage*.

La canne à sucre n'est point d'ailleurs la seule plante qui puisse fournir du sucre; la betterave, le sorgho, l'érable, la séve de plusieurs palmiers, certaines racines telles que la carotte, le navet, les fruits non acides donnent un produit identique.

Le sucre, $C^{12}H^{11}O^{11}$, est blanc, en cristaux confus quand il est sous forme de pains; en prismes obliques à quatre pans terminés par deux facettes (*sucre candi*) quand on a laissé refroidir lentement une dissolution concentrée; inodore, d'une saveur typique, d'une pesanteur spécifique = 1,66; phosphorescent par le choc dans l'obscurité; déviant à droite le plan de polarisation de la lumière. Il fond à 160° et devient visqueux; coulé en cet état sur un marbre huilé, il constitue le *sucre d'orge*. A 210° ou 220°, il perd 2 équivalents d'eau et se convertit en un corps noir, le *caramel*. Il est inaltérable à l'air, même en dissolution; mais les dissolutions de sucre impur se moisissent si elles ne sont pas très-concentrées. L'eau froide en dissout le tiers de son poids, l'eau bouillante une quantité plus considérable encore; dissous dans la moitié de son poids d'eau, il donne un liquide visqueux, le *sirop de sucre* ou *sirop simple*. Insoluble dans l'éther, il est à peu près insoluble dans l'alcool absolu froid, mais il se dissout d'autant plus aisément, dans les liquides alcooliques, que ceux-ci sont plus faibles. Sous l'influence des acides minéraux étendus, il se transforme en un corps incristallisable (*sucre interverti*), qui est un mélange de deux sucres isomériques ayant des pouvoirs rotatoires inverses, la glycose et la lévulose. Il peut se combiner avec la chaux, en formant un sel soluble, le saccharate de chaux ; il ne fermente pas directement ; mais, sous l'influence des ferments, il se transforme en glycose et lévulose directement fermentescibles ; il peut, suivant la nature du ferment, subir les fermentations alcoolique, visqueuse, lactique, butyrique.

Action physiologique. — Le sucre impressionne vivement l'organe du goût et excite par suite la sécrétion salivaire et l'activité de l'estomac. C'est un aliment respiratoire pouvant augmenter la réserve graisseuse de l'économie. En trop grande quantité, et par suite de sa transformation en acide lactique, il rend la bouche épaisse, pâteuse, acide ; il agace et corrode les dents, échauffe, constipe, détermine de la soif, oblitère l'appétit et cause de l'embarras gastrique. Son abus peut entraîner de graves inconvénients pour la santé : tels sont le ramollissement des gencives, l'ulcération de la bouche, une sursécrétion d'acide urique. Il est rarement éliminé en nature, car, après son ingestion, il se transforme en glycose sous l'influence des acides de l'estomac et se trouve brûlé quand il est absorbé. Seul il ne peut suffire à la nourriture de l'homme ; il tue presque instantanément les animaux à sang froid, tels que les grenouilles et les lézards ; il exerce également une action délétère sur les oxyures vermiculaires.

Usages. — Sa saveur douce et agréable le fait rechercher comme adjuvant dans une foule de préparations pharmaceutiques ; il adoucit les picotements de la bouche et de la gorge, diminue leur sécheresse et facilite l'expectoration et la parole. A ce titre, il est fréquemment employé dans les rhumes, les angines légères ; sous forme d'eau sucrée, il est quelquefois digestif et peut pallier la gastralgie et le pyrosis. Non-seulement il rend les médicaments plus agréables, mais encore il facilite leur conservation, tel est le cas de certains sucs et de quelques substances minérales, les préparations de fer entre autres. A l'extérieur, il est employé en insufflations, sur les taies et les ulcères de la cornée, dans les fosses nasales des enfants atteints de coryza, sur les gerçures non enflammées du mamelon, les aphthes, les ulcères blafards et atoniques ; pour dissoudre les éclaboussures du lait de chaux ayant pénétré dans l'œil. Brûlé sur une pelle rougie au feu, il masque les mauvaises odeurs. A l'état de cassonade et de mélasse, il est laxatif et employé en lavements. C'est un contre-poison du cuivre, de l'arsenic, du plomb ; il adoucit l'action des résines et des gommes-résines. On l'a proposé pour conserver la viande et le poisson.

CANNE DE PROVENCE. *Arundo donax* L., *A. sativa* Lam., *Donax arundinaceus* Pol. Roseau à quenouille, Roseau cultivé, Grand roseau. GRAMINÉES.

6

Description. — Rhizome allongé, tuberculeux, poreux, d'un blanc jaunâtre. Tige (*chaume*) presque ligneuse, dressée, de 3 à 4 mètres, cylindrique, creuse, dont la cavité est séparée de distance en distance par des entre-nœuds pleins. Feuilles, sessiles, de 6 décimètres de long environ, de 5 centimètres de large, lancéolées, à nervures longitudinales saillantes, planes, lisses sur les bords, d'un vert glauque; ligule très-courte, tronquée, courtement ciliée. Fleurs (septembre-octobre) en épis dont l'ensemble forme une grande panicule terminale, pouvant atteindre 5 décimètres de longueur, droite, épaisse, à rameaux anguleux, rudes, velus à leur point d'insertion. Les épillets sont verdâtres ou légèrement purpurins, bi ou triflores. Glume à 2 valves lancéolées, pointues, trinervées, à carène rude et de la longueur des fleurs. Glumelle à 2 paillettes, l'inférieure membraneuse, acuminée, trifide et triaristée au sommet; la valve supérieure plus courte que l'autre, bidentée. Glumellule formée de 2 palléoles charnues. Étamines 3. Ovaire simple surmonté de 2 styles allongés terminés par des stigmates plumeux. Fruit (caryopse) libre.

Habitat. — La canne de Provence habite toute la région méditerranéenne; on la rencontre spontanée et en grande quantité près des rivières, des ruisseaux, des étangs.

Culture. — Elle demande une terre humide et profonde, on la propage par éclats des racines.

Partie usitée. — Le rhizome, improprement appelé racine. On le trouve dans le commerce soit en tronçons plus ou moins volumineux, soit coupé par tranches. Ces fragments sont peu sapides, inodores, spongieux, poreux, blancs à l'intérieur, jaunes, durs, luisants à l'extérieur, ridés et marqués d'un grand nombre d'anneaux. Leur saveur est douce et sucrée, quand ils sont récents; ils deviennent insipides quand ils sont vieux et secs.

Récolte, dessiccation, conservation. — On récolte la racine de canne de Provence vers la fin de septembre, on la coupe par tranches et on la fait sécher. On peut la conserver indéfiniment en la privant du contact de l'air humide.

Composition chimique. — Elle contient : *extrait muqueux un peu amer, substance résineuse amère aromatique à odeur de vanille, acide malique, huile volatile, matière azotée, sucre, quelques sels, et, entre autres, du silicate de soude.* Elle n'est pas féculente.

Formes pharmaceutiques, doses. — Tisane, par décoction, pp. 20 à 40 : 1000.

Usages. — Elle jouit, dans le peuple, d'une grande réputation comme antilaiteux chez les femmes qui ne peuvent nourrir ou veulent sevrer; cette opinion est des plus contestables; néanmoins c'est un préjugé qu'il faut éviter de heurter. On l'a également indiquée en fomentations sur les plaies. Nous n'insisterons pas sur ses usages économiques; c'est le bambou de l'Europe. Elle est employée en grande quantité, dans le Midi, pour faire des lambris ou *cannisses* destinés à plafonner les appartements. Lorsque, avant d'être mise en œuvre, elle reste longtemps exposée à l'humidité, elle se recouvre d'une moisissure qui, pendant la manipulation, donne naissance à des poussières agissant comme irritant sur la peau et les muqueuses. Cette dermatose (maladie des vanniers-cannissiers) cède à l'influence des bains émollients et alcalins.

CANNELLE DE CEYLAN. — Voy. *Laurier-cannelier.*

CAOUTCHOUC. — Voy. *Siphonie élastique.*

CAPILLAIRES. — On donne ce nom à plusieurs plantes de la famille des fougères, qui, pour la plupart, appartiennent au genre *Adiantum* (ἀδίαντος, non mouillé, c'est-à-dire, plante restant sèche quand on la plonge dans l'eau). Deux surtout sont utilisées en médecine, le capillaire du Canada et celui de Montpellier. Le nom de capillaire fait allusion à leurs pétioles lisses, grêles et noirâtres.

1° CAPILLAIRE DU CANADA *Adiantum pedatum* L. Adiante pédiaire, A. pédalé.

Description (fig. 50). — Rhizome horizontal. Feuilles (*frondes*) de 3 à 5 décim. de long, pétiole lisse, glabre, d'un rouge brillant, simple inférieurement, divisé à son extrémité supérieure en deux branches opposées divergentes; les subdivisions de ces deux branches sont toutes insérées sur le côté interne, ce qui constitue la disposition des feuilles dites pédalées. Les folioles, d'un vert pur, courtement pédicellées, triangulaires, cunéiformes, à bord supérieur arqué et muni de dentelures profondes, représentent comme une moitié de feuille. Sporanges disposés en sores marginaux, oblongs ou arrondis, pourvus d'un indusium continu avec le bord de la feuille et libre du côté interne. La plante nous vient du Canada; son odeur est agréable, sa saveur styptique. ♃.

Culture. — On la multiplie par la division des rhizomes; on doit la cultiver dans de la terre de bruyère, en serre chaude et à l'ombre.

Partie usitée. — Les feuilles.

2° CAPILLAIRE DE MONTPELLIER. *Adiantum capillus Veneris* L.

Description (fig. 51). — Rhizome de 10 centim. de longueur, gros comme un tuyau de plume, oblique, poilu à la surface, présentant en dessous de fines radicules et laissant échapper en dessus des feuilles (*frondes*) toujours vertes, longues de 15 à 20 centim., à pétioles grêles, lisses, d'un noir rougeâtre, luisants, portant quelques subdivisions alternes et des folioles espacées, alternes, pétiolées, cunéiformes, découpées en lobes à leur bord supérieur, glabres.

Les organes de la fructification, groupés en masses renflées, linéaires ou arrondies (*sores*), occupent le bord supérieur de chaque foliole ;

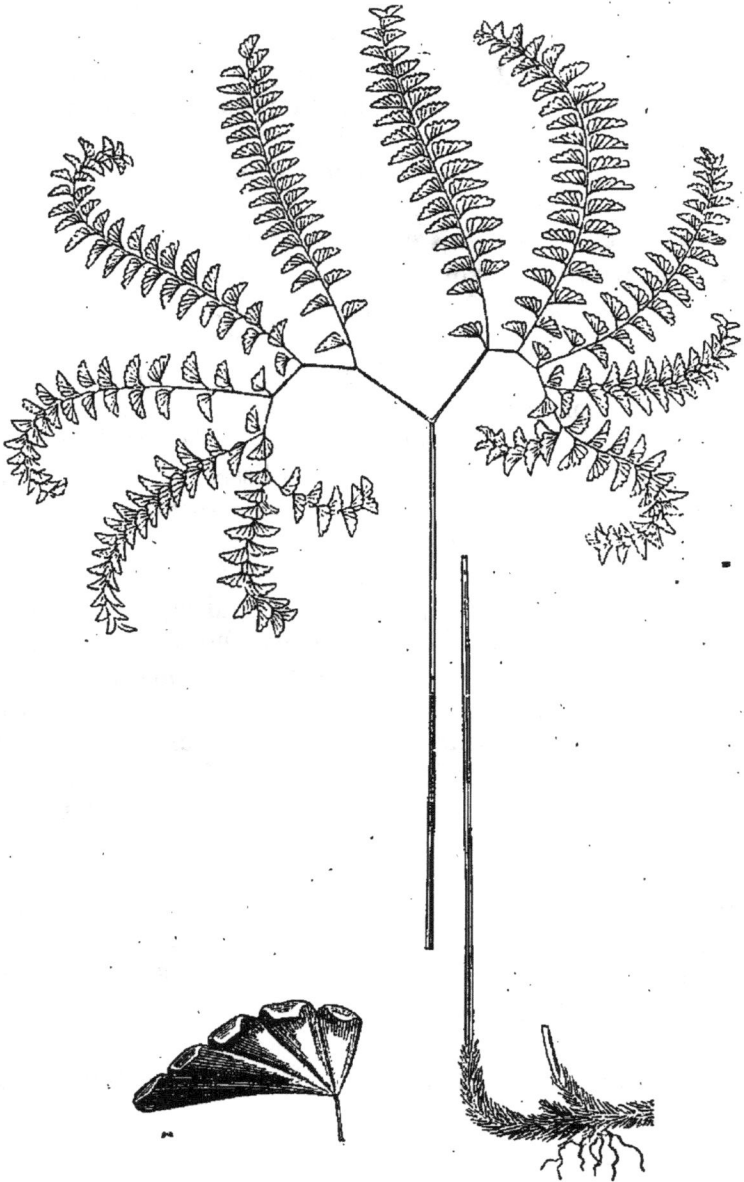

FIG. 50. — Capillaire du Canada.

chaque sore est recouvert d'une membrane protectrice ou *indusium* constitué par le bord même de la feuille replié en dessous et formé de plusieurs sporanges contenant les spores ou graines. Ce capillaire fructifie de mai à août. ♃.

Habitat. — Il végète dans tout le midi de l'Europe, dans les endroits humides et pierreux, les grottes humides, au bord des fontaines

Culture. — On le propage en plantant des fragments de rhizome dans une terre de bruyère un peu humide.

Fig. 51. — Capillaire de Montpellier.

Partie usitée. — Les feuilles.

Récolte. — On peut les recueillir pendant toute la belle saison. Leur saveur est amère, quelque peu âcre, leur odeur faible, analogue à celle de la fougère mâle. Elles perdent leurs qualités par la dessiccation.

Composition chimique. — Les feuilles des capillaires contiennent : *acides gallique et tannique, matière amère, huile essentielle.*

6.

Cette dernière substance est plus abondante dans le capillaire du Canada que dans les autres espèces.

Formes pharmaceutiques, doses. — 1° Infusion, pp. 10 à 20 : 1000, coupée avec du lait. 2° Sirop, 30 à 100 gram. — Le genre asplénium ou doradille fournit aussi des capillaires qui pourraient être utilisés en médecine, tels sont : le capillaire noir (*Asplenium adiantum nigrum* L.), le C. rouge (*A. trichomanes* L.), la doradille des murs (*A. ruta muraria* L.), le cétérach des boutiques (*A. ceterach* L.).

Usages. — On a attribué à ces plantes des effets béchiques et expectorants. Ces effets sont loin d'être démontrés, et il y a lieu de rabattre beaucoup de la réputation dont les sirops et les infusions de capillaire jouissent dans la médecine domestique, pour combattre les rhumes, les catarrhes. On les emploie aussi quelquefois dans les maladies des voies urinaires.

CARDAMOME DU MALABAR. — Voyez *Ellétarie cardamome*.

CARRAGEEN ou CARRAGAHEEN. — *Fucus crispus* L., *Chondrus crispus* Lyng., *Ch. polymorphus* Lmx. Mousse d'Irlande, Mousse perlée marine. ALGUES.

Description. — Plante de couleur pourpre, brune ou verte à l'état frais, formée par un pédicule aplati qui s'étale en une fronde plate, dichotome, à segments linéaires, cunéiformes, sur lesquels on observe quelquefois de petites capsules hémisphériques, sessiles, concaves en dessous. Cette algue est longue de 5-8 centimètres, et sa forme est très-variable; tantôt elle est plane ou toute crispée, tantôt élargie ou filiforme, tantôt obtuse ou pointue. Le plus ordinairement, dans le commerce, elle est sèche, crispée, élastique, d'un blanc jaunâtre, d'une odeur faible et d'une saveur mucilagineuse non désagréable. Quand on la plonge dans l'eau, elle se gonfle presque aussitôt, devient blanche, gélatineuse, et paraît même se dissoudre en partie. Dans l'eau bouillante, elle se dissout presque complétement et forme 5 ou 6 fois son poids d'une gelée très-consistante et insipide.

Habitat. — La mer du Nord, la mer d'Irlande, les côtes de Bretagne.

Composition chimique. — Le carrageen renferme : *gelée, mucus, deux résines, acide oxalique, matière grasse acide, sels, un peu d'iode, de chlore, de brome, du soufre*. On en a retiré aussi une substance neutre très-azotée et sulfurée, la *goëmine*.

Formes pharmaceutiques, doses. — 1° Tisane, pp. 5 : 1000. 2° Saccharure. 3° Gelée, 100 à 300 gram. 4° Pâte. Associé au lait, il forme le *lait analeptique de Thodanter*.

Usages. — Dans les pays pauvres, le carrageen sert de nourri-

ture et on l'a préconisé comme un analeptique comparable au salep
et à l'arrow-root. Il est certain que le mucilage qu'il donne par
l'ébullition est très-doux, très-émollient, et qu'il pourrait être employé sous forme de collyre, de lavements, d'injection, de gargarisme,
dans les cas où l'on fait appel aux semences de coing, à la guimauve, à la graine de lin, etc. Son efficacité contre la phthisie est
encore à prouver; on le prescrit en Angleterre dans la diarrhée, la
dysenterie, la pneumonie, l'hémoptysie.

CASCARILLE OFFICINALE. — Voyez *Croton eleutérie*.

**CASSE A FEUIL-
LES AIGUËS.** *Cas-
sia acutifolia.* Del.
LÉGUMINEUSES-CÆSAL-
PINIÉES.

Description (fig.
52). — Sous-arbris-
seau de 6-10 décimè-
tres de hauteur. Tige
ligneuse, dressée, cy-
lindrique, blanchâtre,
un peu tomenteuse
dans le haut, rameaux
droits et minces.
Feuilles alternes, pin-
nées sans impaire,
composées de 4-8 pai-
res de folioles, oppo-
sées, presque sessiles,
coupées obliquement
sur un de leurs côtés
à la naissance du
limbe, terminées en
pointe aux deux ex-
trémités, très-entiè-
res, minces, fragiles,
d'un vert pâle infé-
rieurement, jaunâtres

FIG. 52. — Casse à feuilles aiguës.

supérieurement; finement pubescentes surtout à la partie inférieure.
Le pétiole commun présente à sa base deux petites stipules subulées.
Fleurs jaunes, formant des épis pédonculés axillaires; chaque fleur
est courtement pédicellée. Calice à 5 divisions profondes inégales,
caduques. Corolle à 5 pétales, presque régulière. Étamines 10,
libres, inégales, 3 inférieures plus longues, 4 latérales moyennes,

3 supérieures plus courtes et stériles. Anthères s'ouvrant par un petit trou placé au sommet de la loge. Ovaire légèrement pédicellé, hérissé de poils jaunes, terminé par un style grêle et recourbé. Fruit (*gousse*) bivalve, plat, mince, ovale, obtus, glabre, chargé de veinules lisses, noirâtre au centre, vert sur les bords, à 6-9 loges contenant chacune une graine cendrée, dure, cordiforme, rendant le péricarpe proéminent au dehors et séparée des graines voisines par une fausse cloison mince.

Habitat. — Cette plante croît dans la haute Égypte, la Nubie, le Cordofan et principalement dans les vallées de Bicharié sur les confins de l'Égypte et de la Nubie.

Parties usitées. — Les feuilles mondées, appelées *séné*, et les fruits, improprement nommés *follicules de séné*.

Plusieurs autres espèces du genre *Cassia* peuvent fournir du séné, tels sont le *Cassia obovata* Col., qui donne les sénés dits *d'Alep*, *d'Alexandrie, de la Thébaïde, du Sénégal, d'Italie*; le *C. angusti-folia* Bail., d'où proviennent les sénés *Moka, de la Mecque, de la Pique, de Tinnevelly, de l'Inde* ou *Suna Mutka*. Quant au *C. acu-tifolia*, il fournit les sortes commerciales nommées : *de Nubie, d'É-thiopie, de la palthe* (Baillon). Cette dernière sorte, qui est à peu près la seule que l'on rencontre dans le commerce français, tire son appellation du nom de l'impôt (*palthe*) dont il était frappé en Égypte; c'est le séné officinal.

Récolte, commerce. — On récolte le séné au mois de septembre, quand les fruits sont mûrs. Le produit est transporté à Boulacq, près du Caire. Là, on le débarrasse des corps étrangers qu'il contient accidentellement, on sépare les follicules, puis on mélange les diverses espèces et on les brise légèrement. La feuille du *Cassia acu-tifolia* domine dans le mélange et y entre dans la proportion de 5/10, mais on y trouve aussi celle du *Cassia obovata* (fig. 53, *b*) pour 3/10, et celle de l'arguel (*Cynanchum arguel* Del., APOCYNÉES) (fig. 54) pour 2/10. Ces dernières sont épaisses, chagrinées, d'un vert blanchâtre; leurs nervures sont à peine visibles, et leurs deux faces sont semblables. Lorsque cette opération est accomplie, le séné est expédié, en Europe, en ballots de 100 à 150 kilogr. nommés *fardes*. Un triage un peu attentif permet d'en séparer : 1° des *buchettes* ou débris des pétioles communs des feuilles; 2° quelques follicules ayant échappé au premier examen; 3° des *grabeaux* ou débris indistincts de toutes les parties de végétal; 4° des feuilles étrangères autres que celles de l'arguel, et principalement celles du *Tephro-sia appolinea* (*Galega appolinea* Del., LÉGUMINEUSES). Lorsque ce triage a été fait, on a le séné mondé. On reconnaît aisément, dans ce mélange, les feuilles du *Cassia acutifolia*. En effet (fig. 55, *b*), elles sont ovales, aiguës, légèrement pubescentes, d'un vert grisâtre, d'une odeur assez agréable, d'une saveur visqueuse et amère. On falsifie souvent le séné avec les feuilles du redoul (*Coriaria myrtifolia* L., CORIARIÉES). Cette fraude, qui est loin d'être sans danger, se

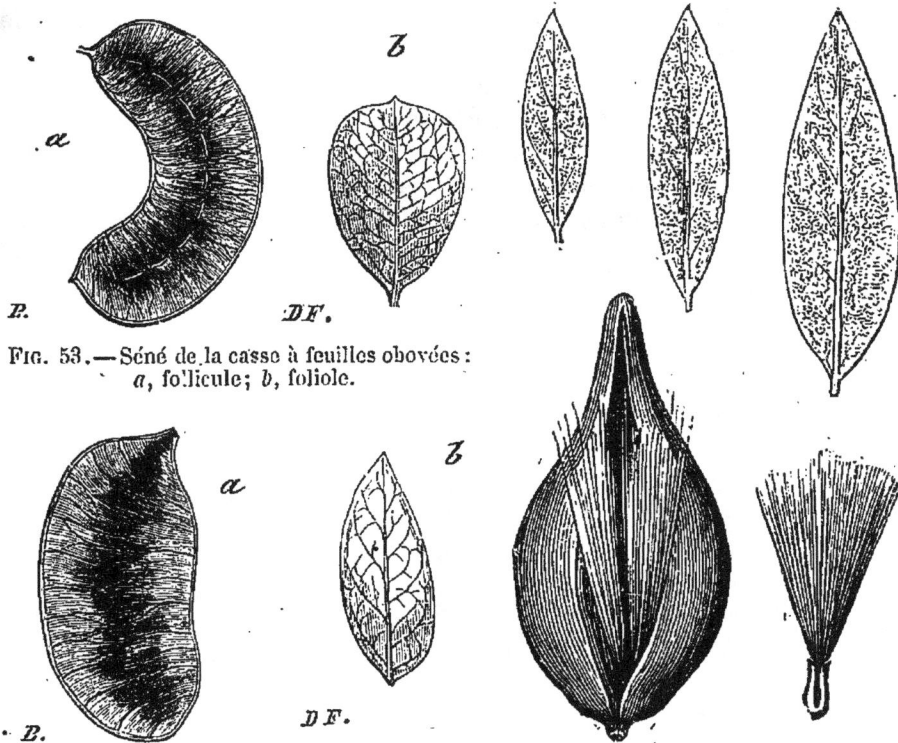

FIG. 53. — Séné de la casse à feuilles obovées : *a*, follicule; *b*, foliole.

FIG. 55. — Séné de la casse à feuilles aiguës : *a*, follicule; *b*, foliole.

FIG. 54. — Feuilles et follicules, de l'arguel.

reconnaît à ce que les feuilles du redoul (fig. 56) ont 2 grandes nervures latérales, à direction oblique et parallèle à la nervure médiane. Les follicules du *Cassia acutifolia* (fig. 55, *a*) sont grands, plats, larges, un peu arqués, d'un vert sombre, noirâtres à l'endroit des graines. Celles-ci sont au nombre de 6 à 9.

On emploie encore quelquefois le séné de Tripoli, que l'on attribue au *Cassia œthiopica* Guib., variété du *C. acutifolia*, et le séné Tinnevelly. Ce dernier provient de l'Inde et commence à se répandre dans les officines.

Composition chimique. — Les feuilles de séné contiennent : *cathartine, chlorophylle, huile volatile peu abondante, matière colorante jaune, matière gommeuse, albumine, acide malique, sels.* La cathartine, que l'on a considérée longtemps comme le principe actif, est un mélange assez complexe de substances extractives. D'après de récentes analyses, il faudrait attribuer l'action du séné à un glycoside, l'*acide cathartique*, capable de se dédoubler en glycose et en *cathartogénine;* mais, d'après Bourgoin, l'acide cathartique n'existerait point, et la cathartine ne serait qu'un mélange d'*acide chrysophanique*, de glycose dextrogyre et d'une nouvelle substance, la *chysophanine*. On a également signalé dans le séné la présence d'un principe sucré, non fermentescible, dextrogyre, la *cathartomanite*. Quoi qu'il en soit, aucune de ces substances ne peut rendre exactement compte de l'ensemble des propriétés du séné.

Formes pharmaceutiques, doses.—1° Poudre, 4 à 8 gram., rarement employée. 2° Infusion, pp. 15 : 200; l'ébullition un peu prolongée

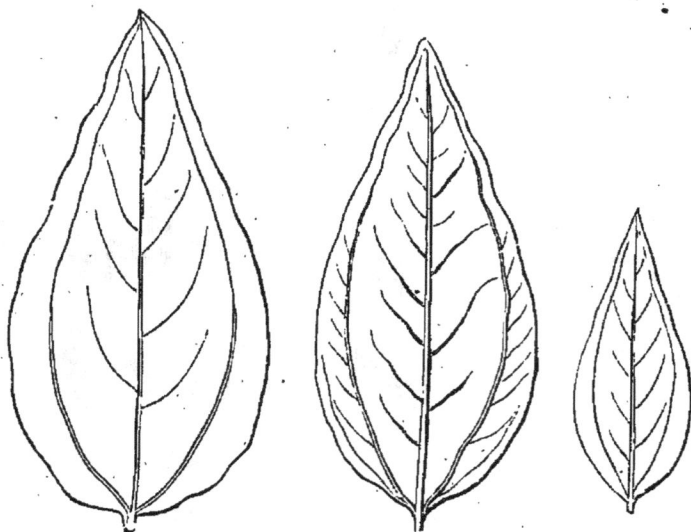

FIG. 56. — Feuilles de redoul.

affaiblit son action. 3° Extrait, inusité. 4° Lavement, pp. 15 : 500 avec 15 gram. de sulfate de soude. Il entre dans la médecine noire, la tisane royale, le thé de Saint-Germain et de Smyrne, le sirop de pomme composé, le petit lait de Weiss. Il faut éviter de l'associer aux acides forts, aux carbonates alcalins, à l'eau de chaux, à l'émétique.

Action physiologique. — Ingéré à la dose de 15 à 25 gram., le séné produit ordinairement des nausées, des coliques, des tranchées, des borborygmes et des selles fréquentes non séreuses. Il agit sur les fibres contractiles de l'intestin et exerce sur elles une action spasmodique, mais sans produire une grande sécrétion de liquide. A dose élevée, son action convulsivante, en se portant sur les autres organes abdominaux, peut provoquer l'écoulement des flux hémorrhoïdaux et menstruels, et chez les femmes enceintes, des hémorrhagies utérines, l'avortement. Sous son influence, le pouls se déprime et se ralentit; la température du corps s'abaisse, puis, la réaction s'établissant, le nombre des pulsations augmente, la tension artérielle s'élève, la calorification subit une augmentation. Le lait des nourrices soumises à l'action du séné devient purgatif. Les follicules paraissent moins actifs que les feuilles. Quant aux feuilles de l'arguel, elles seraient inactives d'après les expériences de Schroff, tandis que d'après d'autres observateurs, tels que Nectoux, Pugnet, elles auraient une action plus énergique que celles des feuilles du séné.

Usages. — C'est un purgatif précieux, malgré son goût désagréable, nauséabond, et les coliques qu'il produit souvent. On l'administre dans les cas de constipation opiniâtre, de volvulus, d'iléus, d'engouement stercoral ou herniaire; on peut corriger ses effets nauséeux, en l'associant à quelque aromatique, tel que l'anis, le fenouil, le citron, et son goût désagréable, par l'adjonction d'une infusion de café; on combat les tranchées qu'il détermine en administrant en même temps une faible dose d'extrait de belladone. — Il est contre-indiqué toutes les fois qu'il y a inflammation du canal intestinal, du péritoine, tendance aux hémorrhagies utérines ou rectales.

CENTAURÉE (Petite). — Voy. *Érythrée centaurée.*

CÉPHÉLIDE IPÉCACUANHA. *Cephœlis ipecacuanha* Tussac, *Collicocca ipecacuanha* Gom. et Brot. RUBIACÉES-PSYCHOTRIÉES.

Description (fig. 57). — Souche rampante, horizontale, émettant des racines fibreuses, capillaires ou bien charnues, et marquées d'impressions annulaires très-rapprochées, à épiderme brun recouvrant un parenchyme blanc, presque charnu à l'état frais, et un axe central, ligneux, filiforme. Tige de 3 décimètres, simple, subquadrangulaire. Feuilles 6-8, opposées, courtement pétiolées, ovales, acuminées, entières, presque glabres. Stipules 2, intrafoliacées, laciniées. Fleurs (novembre à mai) blanches, petites, 10-12 au plus, réunies en un capitule terminal pédonculé, entouré à sa base par un involucre régulier tétraphylle. Calice adhérent, à cinq dents. Corolle blanche, infundibuliforme, staminifère, à tube cylindrique, limbe à cinq divisions aiguës. Étamines 5, ovaire infère à 2 loges uniovulées, surmonté par un disque épigyne jaunâtre; style simple; stigmates 2, linéaires, divergents. Fruit (*baie*) ovoïde, noirâtre, contenant deux nucules blanchâtres, convexes par le dos, marqués d'un sillon sur le côté interne et se séparant à la maturité.

Habitat. — Croit dans une grande zone qui occupe toutes les provinces du littoral du Brésil, depuis l'équateur jusqu'au tropique du Capricorne, entre l'Atlantique et les hautes terres de l'intérieur. C'est la province de Matto-Grosso qui alimente presque à elle seule tout le commerce européen.

Culture. — Cette plante vient généralement dans les lieux à l'abri des inondations, en bouquets lâches et arrondis. Elle se multiplie, soit de graines, soit surtout par un système naturel de bouturage,

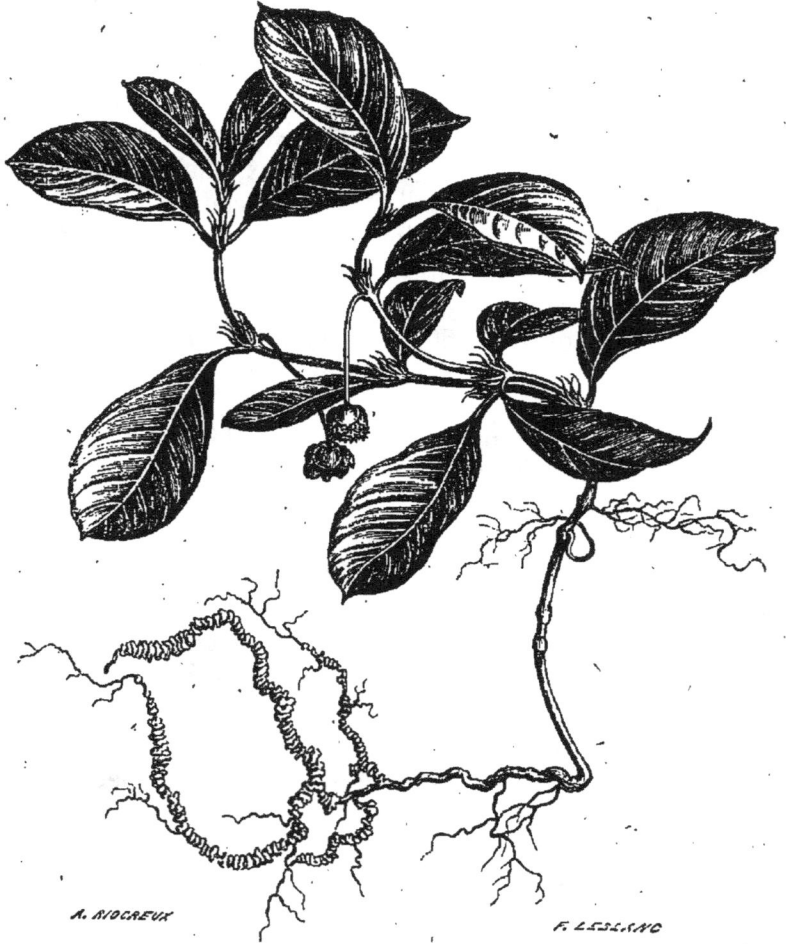

FIG. 57. — Céphélide ipécacuanha.

provenant des fragments de la racine abandonnés accidentellement dans le sol, quand on arrache la plante.

Partie usitée. — La racine.

Récolte, dessiccation. — La plante est arrachée en entier à l'aide d'un bâton pointu ; la racine est ensuite convenablement séparées puis séchée au soleil. Elle perd sensiblement la moitié de son poid, par la dessiccation ; elle arrive en France par la voie de Bordeaux, dans des surons de peau de 30 à 50 kilogr.

Cette racine (fig. 58) (*ipécacuanha annelé ou officinal, I. gris annelé du Brésil*, et par abréviation *ipéca*) est en fragments allongés, de la grosseur d'une plume d'oie, irrégulièrement contournés, simples ou rameux, formés : 1° d'une écorce gris noirâtre à l'extérieur, grise à l'intérieur, épaisse, à petits anneaux saillants, inégaux, séparés par des étranglements plus étroits ; 2° d'un corps ligneux (*meditullium*) mince, d'un blanc jaunâtre et continu. Elle est cassante, lourde ; sa cassure est brunâtre ; sa saveur aromatique assez âcre ; son odeur nauséabonde. L'*ipéca gris rougeâtre* de Guibourt est une variété qui

FIG. 58. — Ipécacuanha annelé.

FIG. 59. — Ipécacuanha strié.

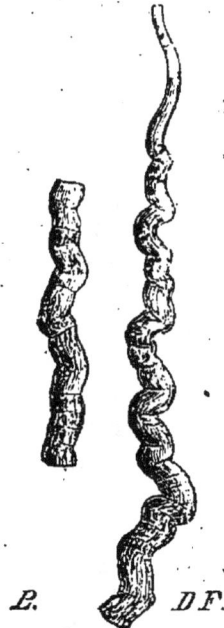

FIG. 60. — Ipécacuanha ondulé.

se distingue par son écorce moins foncée et rougeâtre, cornée et demi-transparente, son odeur moins forte, sa saveur moins aromatique. Elle est un peu moins estimée que la première. Quant à la racine désignée, dans le commerce, sous le nom d'*ipéca annelé majeur*, elle paraît devoir être rapportée à un *Cephœlis* autre que le *C. ipeca*. On connaît aussi deux sortes inférieures, savoir : l'*ipécacuanha strié* (fig. 59), fourni par la *Psychotria emetica* Mut., RUBIACÉES-PSYCHOTRIÉES ; et l'*ipécacuanha ondulé* (fig. 60), produit par le *Richardsonia scabra* A. H. S., RUBIACÉES-SPERMACOCCÉES ; ce dernier ne se trouve plus dans le commerce.

Composition chimique. — La racine d'ipéca officinal contient : *émétine, cire végétale, gomme, amidon, ligneux, extractif non vomitif, acide ipécacuanhique, matière grasse odorante.* L'émétine, $C^{30}H^{12}AzO^8$, est le principe actif. Cet alcaloïde est pulvérulent, blanchâtre, inodore, amer, très-alcalin, fondant à 70°, se colorant légèrement en brun au contact de l'air, mais non déliquescent, très-soluble dans l'alcool concentré et le chloroforme, assez soluble dans l'eau, peu soluble dans l'éther et les huiles grasses. Ses solutions sont précipitées par le tannin et l'iodure ioduré de potassium. Elle produit de violents vomissements à la dose de quelques centigrammes; elle n'est pas employée en médecine à cause de son énergie et de son prix élevé; on lui substitue l'émétine brune ou médicinale, qui n'est qu'un extrait hydro-alcoolique déterminant des vomissements prolongés à la dose de 10 centigr.

Formes pharmaceutiques, doses. — 1° Poudre, 50 centigr. à 2 gram., comme vomitif; quand on donne cette dernière dose, on l'administre en quatre prises à 10 minutes d'intervalle, pour que tout ne soit pas vomi d'un seul coup; dose incisive, 1 à 5 centigr. 2° Tablettes de 1 centigr. de poudre chacune. 3° Hydrolé : ipéca, 8 gram.; eau, 375 gr. — *Ipéca à la brésilienne :* poudre d'ipéca, 2 à 8 gram.; eau bouillante, 200 à 250 gram.; faites infuser pendant dix à douze heures; on fait par ce procédé deux autres infusions avec le marc de la première. 4° Teinture : dose vomitive, 5 à 20 gram.; diaphorétique, expectorant, 2 à 5 gram. 5° Extrait : vomitif, 10 à 30 centigram.; expectorant, ½ à 5 centigram. 6° Sirop, 10 à 60 gram. 7° Vin : vomitif, 10 à 30 gram.; expectorant, 1 à 5 gram. L'ipéca fait partie de la poudre de Dower, des pilules de Segond, du liniment de Hannay, du sirop de Clérambourg ou de Desessarts.

Action physiologique. — C'est un irritant plus ou moins vif pour toutes les surfaces tégumentaires. Aspirée par le nez, la poudre d'ipéca produit des éternuments fréquents, s'accompagnant d'un écoulement de mucus; quand elle pénètre dans les voies respiratoires, elle détermine de la dyspnée, de l'anxiété précordiale, de la suffocation, un véritable accès d'asthme très-pénible, mais éphémère. L'action de la poussière d'ipéca peut se manifester à des distances assez considérables. Mise en contact soit avec l'estomac, soit avec le rectum, cette poudre produit une action locale assez intense. Ingérée à faible dose, elle occasionne un malaise particulier avec nausées, salivation, dépression musculaire, tendance aux syncopes, sueurs générales, pâleur. A dose plus élevée (5 décigram. à 1 gram.), elle détermine des nausées et bientôt des vomissements accompagnés de refroidissement de la peau, de sueurs profuses, de ralentissement et d'affaiblissement du pouls, de résolution subite des forces. Quelquefois il n'y a pas de vomissements, et alors il se manifeste un effet purgatif. A haute dose, il arrive parfois qu'au bout de quelques vomissements la tolérance s'établit, et l'on observe alors quelques-uns des phénomènes de la médication hyposthénisante.

Usages. — C'est un vomitif journellement employé pour provoquer l'évacuation de l'estomac dans les empoisonnements, les indigestions, l'état saburral. Sa valeur dans la dysenterie aiguë est incontestable ; c'est sous la forme d'ipéca à la brésilienne qu'il est administré dans cette maladie. On l'a également indiqué associé à l'opium et au calomel dans la dysenterie chronique, la diarrhée, dans les fièvres intermittentes, au début du choléra. Son action dans l'état puerpéral n'est utile qu'autant qu'il y a embarras gastrique ou phlegmasie pulmonaire, car ce n'est point un spécifique. On l'a aussi conseillé comme expectorant, sudorifique, antispasmodique, dans le catarrhe pulmonaire chronique, l'asthme sec ou humide, la coqueluche, le croup, les pneumonies catarrhales et typhoïdes, les hémorrhagies, particulièrement l'hémoptysie. A l'extérieur, on l'emploie quelquefois sous forme de pommade, comme rubéfiant.

CÉVADILLE. — Voy. *Schœnocaule officinal.*

CHAMPIGNONS COMESTIBLES ET VÉNÉNEUX. — Les champignons, par suite de la nature de leurs principes pauvres en carbone, riches en azote, constituent pour l'homme un aliment presque aussi réparateur que la chair musculaire. Si plusieurs espèces sont recherchées à cause de leur goût fin et délicat, il en est d'autres, moins agréables peut-être, qui sont précieux pour les personnes peu fortunées et qui jouent un rôle important dans l'alimentation en Russie, en Hongrie, en Toscane, dans les Vosges. Les principales espèces usitées en France sont :

1° La truffe (*Tuber cibarium* Bul.), ou truffe noire de France.

2° L'agaric comestible (*Agaricus campestris* L.).

3° L'agaric mousseron ou champignon muscat (*Ag. albellus* DC.).

4° L'agaric délicieux (*Ag. deliciosus* L.).

5° L'agaric élevé (*Ag. procerus* Pers.).

6° L'oronge vraie (*Amanita aurantiaca* Pers.).

7° Le bolet comestible (*Boletus edulis* DC.). Cèpe, girolle, brugnet, potiron.

8° Le bolet bronzé (*Boletus æreus* DC., Bul.). Cèpe noire, champignon noir.

9° La chanterelle comestible (*Cantharellus cibarius* Fries). Girolle, jaunet, jaunelet.

10° La clavaire coralloïde (*Clavaria coralloides* L.).

11° La morille ordinaire (*Morchella esculenta* Pers., *Phallus esculentus* L. et Bull.).

12° La trémelle mésentère (*Tremella mesenteriformis*).

13° L'helvelle comestible (*Helvella esculenta* Pers.).

14° Les hydnes.

On peut diviser les champignons comestibles en deux classes; les voici dans l'ordre décroissant de la valeur alimentaire que chacun d'eux représente :

La première classe comprend le champignon de couche ou agaric comestible, le mousseron, le faux mousseron (*Ag. tortilis* DC.), l'agaric atténué (*Ag. attenuatus* DC.), le bolet comestible, le palomet (*Ag. palometus* Th.), la chanterelle, l'oronge vraie, la golmote ou golmette vraie (*Amanita rubescens*), la morille ordinaire et la truffe.

La deuxième classe, plus étendue, et d'importance moindre, renferme les espèces ci-après, prises parmi les plus usitées : l'agaric boule de neige (*Ag. campestris* var.), le bolet circinal (*B. circinans* Pers.), l'agaric alutacé (*Ag. alutaceus* L.), l'agaric du panicaut (*Ag. eryngii* DC.), le bolet rude (*B. scaber* DC.), le bolet bronzé (*B. æreus* DC.), le bolet-foie (*B. hepaticus* DC.); les clavaires, qu'on plonge dans l'eau bouillante et dont on fait des conserves pour l'hiver, telles que les *Clavaria coralloides* Pers., *Cl. pistillaris* Bul., *Cl. Botrytis* Pers.; les hydnes, telles que l'H. sinué (*Hydnum repandum* L.), l'H. écailleux (*H. imbricatum* L.), l'H. lisse (*H. lœvigatum* Fr.), la spathulaire citronnée (*S. flavida* DC.), le polypore blanchâtre (*Polyporus ovinus* Fr.); on mange aussi plusieurs lycoperdons quand ils n'ont pas été rendus spongieux par le développement des spores.

Dans les départements du centre et du nord de la France, on mange surtout le champignon de couches, le mousseron, la morille et la truffe; dans l'ouest, le faux mousseron; dans l'est, la galmote; dans le sud-ouest et le midi, le palomet, le cèpe, l'oronge et la chanterelle (Roumeguère).

Malheureusement les avantages que présentent les champignons au point de vue alimentaire sont plus que compensés par la présence dans ce groupe végétal d'un grand nombre d'espèces toxiques pouvant produire les accidents les plus redoutables. Dans les grandes villes les empoisonnements par les champignons sont rares; en effet, les marchands ne sont autorisés à mettre en vente que quelques espèces parfaitement connues et faciles à distinguer; c'est ainsi qu'à Paris, et en dehors des truffes, deux espèces seulement peuvent être vendues sur les marchés publics : ce sont l'agaric comestible et la morille.

L'agaric comestible (fig. 61) (*Ag. edulis* Bul., *Ag. campestris* L.), ou champignon de couche, est aisément reconnaissable à son pied pourvu d'un anneau, son chapeau blanc ou grisâtre muni en dessous de lames roses; il est cultivé en grand dans les galeries souterraines des carrières et dans les caves. La morille a. l'aspect et la couleur d'une éponge et ne peut être confondue avec aucune espèce dangereuse.

Sur les marchés de quelques villes du Midi, on autorise la vente de plusieurs espèces d'agarics et de l'oronge vraie (*Amanita aurantiaca* Pers.) (fig. 62), reconnaissable à son chapeau rouge orangé, à ses lames jaune de soufre, au large anneau qui entoure son pied et à l'espèce de voile blanc qui, enveloppant le champignon au moment où il sort de terre, le fait ressembler à un œuf.

Mais, dans la campagne, il arrive souvent que, par imprudence,

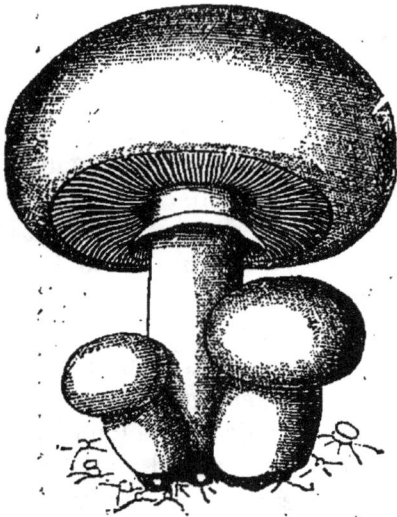

FIG. 61. — Agaric comestible   FIG. 62. — Oronge vraie.

par suite d'une détermination vicieuse, d'une erreur dans la récolte, de terribles empoisonnements viennent frapper parfois des familles entières. Le cadre de ce livre ne nous permet point d'établir la diagnose de toutes les espèces vénéneuses; nous indiquerons seulement les caractères de celles qui sont les plus redoutables et que l'on rencontre le plus souvent.

Les champignons vénéneux appartiennent aux genres amanite, agaric et bolet. Toutes ces espèces se font remarquer : 1° par un pédicule (*stipe*) quelquefois renflé à la base; 2° un chapeau tantôt convexe, tantôt concave, muni inférieurement de lames perpendiculaires (amanites, agarics) ou de tubes étroits (bolets). Souvent la face inférieure du chapeau est recouverte d'une membrane horizontale (*velum*) qui, partant du bord de ce chapeau, va s'attacher à la partie

supérieure du pied ; quand elle vient à se rompre, par suite du développement du végétal, elle forme autour du pied un anneau
qu'on nomme *anneau, bague, collerette.* Dans les amanites, il existe,
en plus, une poche *(volve* ou *volva)* qui enveloppe complétement le champignon. Celui-ci, en s'élevant et s'étalant, rompt la volve, et alors si la rupture a lieu au sommet du chapeau, le pédicule est en- touré d'un large sac; si au contraire la rupture se. fait à la base, la volve reste adhérente au chapeau ; si enfin elle se pro- duit circulairement autour du bord, le chapeau reste couvert d'une espèce de coiffe, et le pédicule entouré par une sorte de manchon.

AMANITES. — Deux champignons de cette espèce, l'amanite fausse oronge et l'amanite bulbeuse, sont la cause des cinq sixièmes des empoisonnements.

FIG. 63. — Oronge fausse.

1° AMANITE FAUSSE ORONGE. *Amanita muscaria* Pers., *Agaricus muscarius* L., *A. pseudo-aurantiacus* Bul. Agaric aux mouches (fig. 63). — Elle ressemble beaucoup par son port et ses couleurs à l'oronge, dont on peut la différencier par les caractères sui- vants : Pendant sa jeunesse, *elle est incomplé- tement recouverte par la volva.* Le chapeau, large de 12-18 centimètres, d'abord convexe, puis horizontal, à surface un peu visqueuse, est d'un beau rouge écarlate plus foncé au centre, souvent rayé sur les bords et *présen- tant des taches blanches irrégulières* prove- nant des débris de la volve. Les lames sont larges, inégales, non adhérentes, *blanches* et non d'un jaune tendre comme dans l'oronge vraie; dans la jeunesse elles sont recouvertes d'une membrane qui laisse plus tard un an- neau blanc, large, membraneux. Le pédicule, haut de 8-16 centim., est blanc, plein, un peu bulbeux et écailleux à la base. Odeur nulle. Saveur salée (?). Chair blan- che ne changeant pas de couleur à l'air. Elle croît en automne dans les bois.

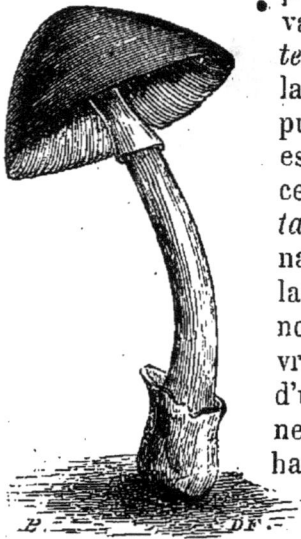

FIG. 64. — Amanite bulbeuse.

2° AMANITE BULBEUSE. *Agaricus bulbosus* Bul., *Amanita bulbosa*

Lam., *A. phalloides*. Oronge-ciguë (fig. 64). — On la confond souvent avec l'agaric comestible. Dans sa jeunesse, ce champignon est recouvert en entier par une volva qui se fend en laissant une partie adhérente à la base du pédicule et l'autre au chapeau. Celui-ci est par suite un peu verruqueux, sa largeur est de 6-8 centim., il est plus ou moins convexe, visqueux, luisant, non strié sur les bords, *sa peau adhère fortement à la chair, il ne pelle pas;* sa teinte est variable. Les lames sont blanches et non rosées comme chez le champignon de couche; le pédicule, long de 15 centim., cylindrique, *toujours renflé à la base, est entouré par une partie de la volva.* Anneau large, *à bords entiers,* régulier, blanc ou jaune, humide. Chair peu épaisse, ferme, blanche. Odeur nauséabonde, devenant cadavéreuse avec l'âge. Croît dans les bois en automne. On en connaît trois variétés toutes vénéneuses : 1° l'A. BULBEUSE BLANCHE ou ORONGE-CIGUË BLANCHE de Paulet (*Agaricus bulbosus-vernus* Bul.), qui est blanche dans toutes ses parties; 2° l'A. SULFURINE ou ORONGE-CIGUË JAUNATRE de Paulet (*Amanita citrina* Pers., Bul.), dont le chapeau et l'anneau sont d'un jaune citron; on remarque de plus, sur le chapeau, des verrues brunes; 3° l'A. VERDATRE ou ORONGE-CIGUË VERTE de Paulet (*Amanita viridis* Pers.). Son chapeau, d'un vert plus ou moins foncé, est ordinairement lisse et sans verrues; l'odeur et la saveur de cette variété sont plus fortes et plus nauséabondes que celles des espèces précédentes.

AGARICS. — Les principaux agarics vénéneux de la France sont au nombre de sept : 1° l'*annulaire*, 2° l'*amer*, 3° le *brûlant*, 4° le *meurtrier*, 5° le *caustique*, 6° l'*agaric de l'olivier*, 7° le *styptique*, que l'on peut ainsi différencier d'après Moquin-Tandon :

Pédicule.	central ; suc	non laiteux	avec collier	parfait	1. A. annulaire.
				imparfait	2. A. amer.
			sans collier		3. A. brûlant.
		laiteux ; chapeau	roussâtre		4. A. meurtrier.
			jaunâtre		5. A. caustique.
	latéral ; spores	ferrugineux			6. A. de l'olivier.
		blanchâtres			7. A. styptique.

1° AGARIC ANNULAIRE, *Ag. annularis* Bul., *Tête de Méduse* Paul. — Il vient, dans les bois, par groupes de quarante à cinquante individus, croissant soit à terre, soit sur les vieux arbres. Le chapeau, large d'environ 10 centim., est convexe, mamelonné au centre, un peu écailleux, strié, fauve ou roux. Pédicule de 8-10 centim, charnu, cylindrique, quelquefois un peu contourné à la base, écailleux en haut et muni dans cette partie d'un collet annulaire, redressé et concave. Lames blanchâtres d'abord, puis un peu brunâtres, larges, inégales. Odeur peu agréable. Saveur styptique. On n'est point d'accord sur les propriétés de ce champignon : pour les uns, il est vénéneux; pour les autres, il est inoffensif. Peut-être ses propriétés changent-elles avec le climat ou se modifient-elles par la cuisson.

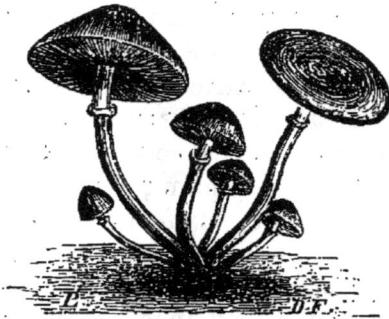

FIG. 65. — Agaric amer.

D'un autre côté, comme ses effets délétères n'ont été constatés que sur les chiens, il serait possible qu'il fût inoffensif pour l'homme.

2° AGARIC AMER, *Ag. amarus* Bull., *Ag. lateritius* Schæf. (fig. 65). — Il croît au pied des vieux arbres, dans toutes les saisons. Son chapeau, de 4 centim. environ, d'abord bombé, puis plan et enfin creux, présente une surface sèche d'un jaune rougeâtre, souvent foncée au centre. Pédicule de 6-7 centimètres, cylindrique, un peu tortueux, jaunâtre, montrant dans sa partie supérieure et près des lames les débris d'un anneau. Lames serrées, inégales, d'un gris verdâtre, noircissant avec l'âge. Odeur agréable, saveur amère, nauséabonde, il perd en partie par la cuisson ses propriétés délétères; mais l'eau qui a servi à cette opération devient émétocathartique.

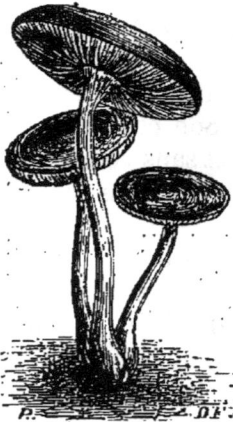

FIG. 66.— Agaric brûlant.

3° AGARIC BRULANT, *Ag. urens* Bul. (fig. 66). — Son chapeau, assez régulier, de 4-5 centim. de diamètre, convexe d'abord, plan ensuite, rarement concave, est fauve ou gris roussâtre avec des tâches noirâtres dans le centre. Lames d'un roux plus ou moins foncé, étroites, inégales, se terminant à 2 millimètres d'un pédicule de 10-15 cent. de long, plein, cylindrique, grêle, glabre, un peu [renflé et velu à la base, sans anneau, d'un gris roussâtre. Chair ferme, mince, blanche. Saveur poivrée et brûlante. Cette espèce est très-vénéneuse; on prétend que grillée elle perd ses propriétés toxiques.

4° AGARIC MEURTRIER, *Ag. necator* Bul., Morton, Raffoult. Mouton zoné (fig. 67). — Très-commun dans les bois en automne. Chapeau de 6 à 8 centim. d'abord convexe, puis plan, et enfin se creusant au centre, d'un brun roux, marqué quelquefois de zones concentriques et recouvert de petits pédicules iné-

FIG. 67. — Agaric meurtrier.

gàux, à bords roulés en dessus. Lames inégales, roussâtres ou bleuâtres. Pédicule de 8 à 10 centimètres, cylindrique, aminci ou renflé à la base, épais, d'un blanc sale. Chair mince, blanchâtre, jaunissant à l'air; suc blanc ou jaunâtre, âcre et caustique. La cuisson paraît lui enlever son principe vénéneux; néanmoins on doit s'en abstenir.

5° AGARIC CAUSTIQUE, *Ag. pyrogalus* Bul. (fig. 68). — Chapeau de 10-16 centim., un peu convexe sur les bords, concave au centre, d'un rouge assez vif avec des zones concentriques de couleur plus foncée, tomenteux dans sa jeunesse, glabre plus tard ; lames inégales, rougeâtres ou jaunes ; pédicule de 3-4 centim., cylindrique, plein, nu, jaunâtre, un peu aminci à

Fig. 68. — Agaric caustique.

la base. Chair ferme, épaisse, blanche, ne changeant pas de couleur à l'air. Suc d'un blanc jaunâtre, saveur âcre et caustique. L'âcreté semble disparaître par la cuisson, mais l'espèce est vénéneuse.

6° AGARIC DE L'OLIVIER, *Ag. olearius* DC., *Oreille de l'olivier* (fig. 69). — Il naît ordinairement par touffes sur les racines de l'olivier et de quelques autres arbres, tels que le charme, le lilas, le laurier-tin, l'yeuse. Il est souvent phosphorescent pendant la nuit. Chapeau grand, flexueux,

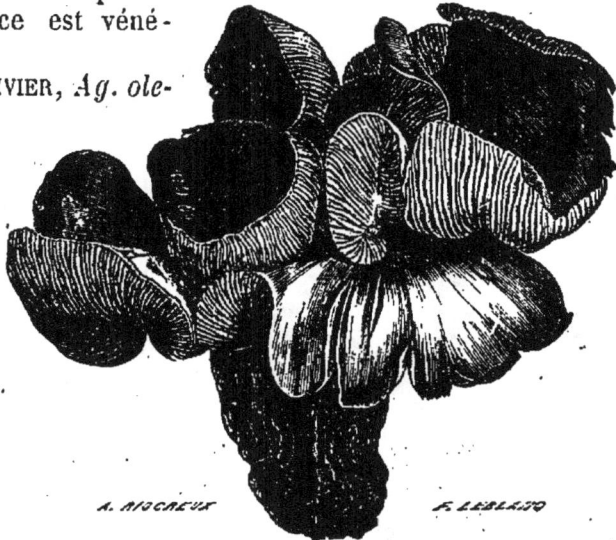

Fig 69. — Agaric de l'olivier.

ondulé, contourné, convexe d'abord, puis étalé et enfin infundibuliforme; d'un brun rouge plus foncé au centre et sur les bords ; lames inégales, décurrentes sur le pédicule. Celui-ci souvent très-excentrique, un peu recourbé, atténué en bas, et roussâtre. Chair dure et filandreuse. Saveur fraîche et aigrelette. Il est fort vénéneux.

7.

7° AGARIC STYPTIQUE, *Ag. stypticus* Bul., *Oreille d'homme* (fig. 70). — Chapeau oblong ou réniforme, à bords enroulés en dessous et ressemblant assez à une oreille d'homme, présentant 3 centim. environ dans son plus grand diamètre, d'un brun cannelle ou jaunâtre, souvent farineux à la surface. Lames inégales, blanches ou roussâtres; pédicule de 10-15 millim., latéral, un peu comprimé, plein, se dilatant vers le haut. Chair d'abord mollasse puis coriace. Odeur peu marquée, saveur amère, âcre, astringente. Il n'est peut-être pas vénéneux, mais il purge fortement. Il croît sur les vieux troncs d'arbres coupés à ras de terre. L'*Agaricus nigricans* est au moins suspect.

FIG. 70. — Agaric styptique.

BOLETS. — D'après certains auteurs, tous les bolets peuvent être mangés impunément quand ils sont jeunes et sains; tandis que, d'après Moquin-Tandon, plusieurs espèces de la France sont vénéneuses; ce sont le *pernicieux*, le *cuivré*, l'*indigotier*, le *chicotin*, que l'on peut distinguer aux caractères suivants :

	rouges	1. B. pernicieux.	
Tubes	jaunes....	2. B. cuivré.	
	blancs; cassure devenant { bleue	3. B. indigotier.	
	{ rose	4. B. chicotin.	

On peut ajouter à cette liste les *Boletus purpureus, satanas, piperatus, viscidus*.

Le BOLET PERNICIEUX, *Boletus luridus* Schœf., *B. perniciosus* Roq., Bolet à tubes rouges (fig. 71), présente un chapeau de 3-4 décimètres, arrondi, bombé, dont la surface un peu cotonneuse et olivâtre devient rougeâtre et visqueuse. Tubes presque libres, très-longs, jaunes, à surface rouge. Pédicule cylindrique, gros, renflé à la base, atténué au sommet, présentant dans le haut un réseau rougeâtre Chair molle, jaunâtre, passant au bleu, au vert, puis au vert noirâtre, quand on brise le champignon. Odeur forte, nauséeuse; très-dangereux; il produit sur les animaux des vomissements répétés avec mouvements convulsifs.

FIG. 71. — Bolet pernicieux.

Parmi les polypores, l'agaric blanc (*Polyporus officinalis* Fr.) est drastique, les deux amadouviers sont au moins suspects, les *Polyporus sulfureus* et *lucidus* sont vénéneux. ,

Caractères des champignons vénéneux. — Existe-t-il des caractères à l'aide desquels on puisse reconnaître au premier coup d'œil les champignons vénéneux? Y a-t-il des règles permettant de choisir à coup sûr-les champignons comestibles? Les botanistes répondront toujours négativement à cette question ; mais il est des personnes qui prétendent la résoudre à l'aide de procédés empiriques : les uns conseillent, dans ce cas, de faire cuire les champignons avec une cuiller d'argent ou d'étain, qui conserve son brillant, si l'espèce est inoffensive; les autres recommandent l'intervention du lait, qui ne se caille qu'autant que la plante est malfaisante ; les autres enfin ont recours aux oignons blancs, qui ne doivent pas noircir en cuisant en même temps que le champignon, si celui-ci est comestible. Cet empirisme grossier vaut celui des anciens, qui rejetaient comme nuisibles les champignons trouvés près d'un trou de serpent, d'un drap moisi, d'un arbre vénéneux, d'un clou rouillé. La crédulité de nos jours ne le cède en rien à celle du temps passé.

Les caractères généraux que l'on a essayé de tirer de la couleur, de l'odeur, de la saveur, ne présentent pas plus de garanties. D'après quelques auteurs, en effet, le jaune pur ou doré, le brun mat, le violet, le blanchâtre, le rouge vineux, appartiennent à des espèces malfaisantes, mais ces signes n'ont rien de bien certain ; l'odeur et la saveur fourniraient peut-être de meilleurs caractères, mais il ne faut point accorder à ces indices une valeur absolue. Il y a, il est vrai, présomption défavorable pour tous les champignons dont la saveur est acide, styptique, acerbe, amère, poivrée, âcre, brûlante, ou dont l'odeur est nauséabonde ou fétide, car les champignons comestibles ont un goût fin, un parfum agréable; mais la règle n'est pas infaillible, car la saveur des hydnes, des chanterelles, de quelques russules, de plusieurs bolets alimentaires, est âcre et amère ; par contre l'*Agaricus pileolarius* Bul., dont l'odeur est douce et agréable, constitue une espèce vénéneuse.

On a remarqué que les bonnes espèces ont le plus souvent une cassure nette, une texture compacte, que leur chair est le plus souvent blanche, et que ces espèces croissent de préférence dans les lieux secs et découverts; il faudrait, par suite, s'abstenir de ceux dont la chair molle et aqueuse change de couleur quand on les entame, et qui viennent dans les cavernes, les souterrains, les matières animales en putréfaction. Nous ferons pourtant observer que certains bolets comestibles ont la chair molle et aqueuse ; que la chair blanche de l'agaric de couches sauvage prend une couleur citrine ou rougeâtre quand on la froisse ; que plusieurs coprins venus sur le bois mort, le fumier, sans être de bon goût, sont inoffensifs; que dans les bois sombres et humides aussi bien que dans les plaines se rencontrent des espèces toxiques vivant côte à côte d'espèces alimentaires.

Il est certain que l'anneau existe plus souvent chez les champignons comestibles que chez les champignons vénéneux; que dans les premiers, le pédicule se creuse plus souvent que dans les seconds; que c'est chez ces derniers que l'on rencontre plus fréquemment des champignons visqueux, verruqueux, parsemés de débris de membrane; mais, nous le répétons, il n'y a rien d'absolu dans ces indications; on pourrait se trouver entraîné aux plus fatales méprises si l'on s'y fiait aveuglément. On ne saurait voir non plus la preuve qu'un champignon est comestible, dans ce fait qu'il a été dévoré par des limaces, des vers; car ces animaux attaquent les espèces les plus toxiques. La présence d'un lait âcre ne constitue pas davantage un motif d'exclusion; car plusieurs lactaires, l'*Agaricus deliciosus* entre autres, sont comestibles. Mais, dans tous les cas, un champignon doit devenir suspect lorsqu'il a éprouvé un commencement d'altération et alors même qu'il est cueilli depuis plus de vingt-quatre heures; car les propriétés toxiques peuvent se développer lorsque le champignon vieillit ou se dessèche.

Quelle conclusion tirer de cet exposé, où, les faits négatifs l'emportant sur les faits positifs, on arrive à rejeter aussi bien les espèces nuisibles que les espèces comestibles, sans pourtant entourer le choix que l'on fait des dernières, de garanties absolues? On doit reconnaître chaque espèce aux *caractères botaniques;* les différencier soigneusement, avec cette aide, des espèces voisines, surtout quand le même genre contient des espèces comestibles et des espèces vénéneuses. La forme, la taille, la couleur, le port, l'odeur, la saveur, viendront compléter les indications botaniques. A défaut des données combinées de la science et de l'expérience, on pourra s'en rapporter à la pratique de certaines personnes qui, quoique peu lettrées, connaissent parfaitement les espèces comestibles; mais ici encore l'erreur est possible, puisque Moquin-Tandon rapporte avoir vu mourir, à Montpellier, empoisonnés par les champignons, deux individus qui en récoltaient et en vendaient depuis vingt-cinq ans.

Il est vrai que, d'après F. Gérard, on parvient à rendre comestibles certains champignons vénéneux en les réduisant en fragments que l'on met à macérer pendant 30 à 45 minutes dans de l'eau salée ou acidulée (2 cuillerées de sel de cuisine ou 3 cuillerées de vinaigre dans un litre d'eau, pour 500 grammes de champignons). La pratique paraît sûre pour la fausse orange et l'oronge-ciguë; reste à savoir s'il convient de la généraliser et surtout de la vulgariser, quand on songe que F. Gérard est peut-être mort empoisonné par les champignons. Dans tous les cas, si ces champignons sont devenus inoffensifs par suite de ce traitement, ils sont aussi devenus détestables au goût. On a également indiqué la chaleur, qui, en coagulant le suc de certains champignons, l'*Agaricus acris* par exemple, peut détruire leur action délétère ; mais comme les expériences de ce genre qui ont été tentées sont peu nombreuses, rien ne prouve que ce mode d'opérer soit toujours efficace.

Composition chimique. — Les champignons contiennent de 70 à 94 pour 100 d'eau de végétation. Le reste est formé de sels et de substances organiques, parmi lesquelles figurent des huiles essentielles spéciales à chaque espèce et toujours en petite quantité ; des matières colorantes, résinoïdes, cireuses, grasses (*agaricine* de Gobley, *adipocire* de Vauquelin) ; de la glycose, de la mannite, des acides organiques divers, des matières visqueuses (*viscosine* de Boudier, *mycétine*) ; rarement de la fécule ; de la cellulose (*fungine* de Braconnot), de l'osmazôme, des substances albuminoïdes et quelquefois des alcaloïdes plus ou moins bien définis, tels que la *bulbosine*, trouvée par Boudier dans l'amanite bulbeuse, l'*amanitine* (?), signalée par Letellier.

Empoisonnement par les champignons. — Les champignons vénéneux donnent naissance aux accidents suivants : quelque temps après l'ingestion, c'est-à-dire 7, 8, 10, 12 heures et quelquefois 16 et 24 heures, gêne et douleur à l'épigastre, vomissements violents, soif vive, tranchées, selles nombreuses, sensibilité excessive de l'abdomen et de l'épigastre, pouls petit, fréquent, irrégulier, faiblesse extrême, puis vertiges, pesanteur de la tête, stupeur, délire, assoupissement, léthargie. Le corps se refroidit, la face devient hippocratique, presque cholérique. Dans les cas mortels, la terminaison survient au bout de 2 ou 3 jours ; dans les cas moins graves, il reste une inflammation gastro-intestinale dont la guérison est lente.

Dans les cas d'empoisonnement par les champignons, la première indication à remplir est de provoquer le plus rapidement possible les vomissements soit en titillant la luette, soit en enfonçant les doigts dans la gorge, soit en administrant 10 à 20 centigrammes d'émétique en 2 ou 3 prises, dans un peu d'eau. A défaut d'émétique on donne une ou deux tasses d'huile tiède, et l'on seconde l'action de ce liquide par les moyens mécaniques. Il convient également de débarrasser le tube intestinal par un purgatif tel que l'huile de ricin, le sulfate de soude, l'infusion de séné, administrés soit par la bouche, soit en lavements. Le poison une fois expulsé, on combattra la stupeur par les acides, l'ammoniaque, le café, l'éther ; l'inflammation par les antiphlogistiques, les émollients ; la douleur par l'opium. Quant au principe toxique, il est trop mal connu pour qu'on puisse lui opposer

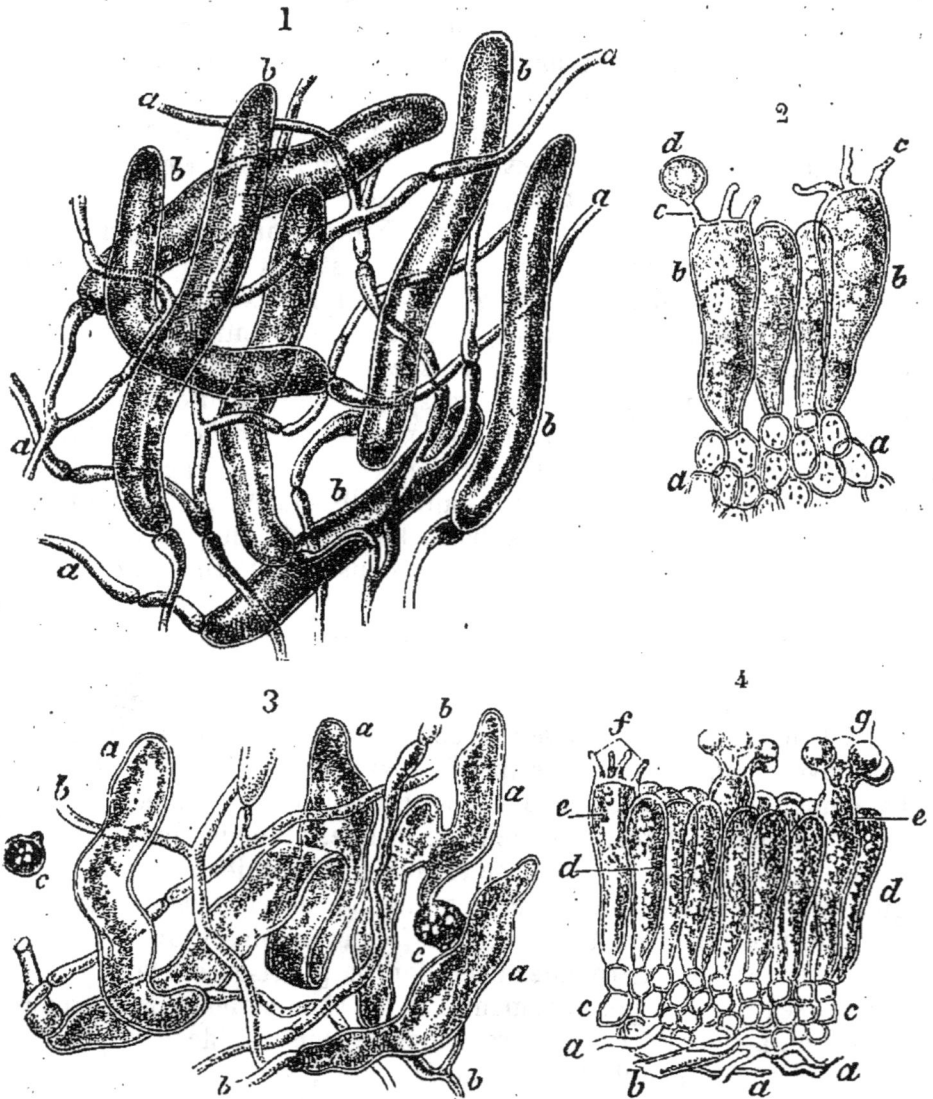

Fig. 72 —Tissus et basides de l'*Amanita bulbosa*, var. *citrina*, avant et après la cuisson, d'après M. Boudier.—1. Tissu cellulaire du chapeau : *a, a,* filaments grêles ; *b, b,* grandes cellules cylindriques. — 2. Basides ayant subi la cuisson : *a, a,* tissu sous-hyménial ; *b, b,* basides fertiles ; *c, c,* stérigmates ; *d,* spore. — 3. Tissu du chapeau après la cuisson : *a, a,* grandes cellules cylindriques fanées et remplies de granulations d'albumine coagulée ; *b, b,* filaments grêles du parenchyme ; *c, c,* spores. — 4. Hyménium et tissu sous-hyménial : *a, a,* filaments grêles du parenchyme ; *b,* portion d'une grande cellule cylindrique ; *c,* cellules courtes du tissu sous-hyménial ; *d, d,* basides stériles ; *f,* stérigmates ; *g,* spores.

un antidote chimique ; le tannin, l'iodure ioduré de potassium, ont été pourtant proposés, mais sans efficacité reconnue. Il faut éviter d'administrer l'eau salée ou vinaigrée au début, comme on le fait malheureusement quelquefois par suite d'un préjugé populaire.

En même temps, on doit recueillir avec soin et conserver dans l'eau salée les débris de champignon incriminé trouvés dans les détritus de cuisine, et ceux qui ont été évacués par les vomissements. Il y a, en effet, tout avantage à étudier à loisir, à l'aide du microscope, ces débris, et cela autant au point de vue médical, pour rap-

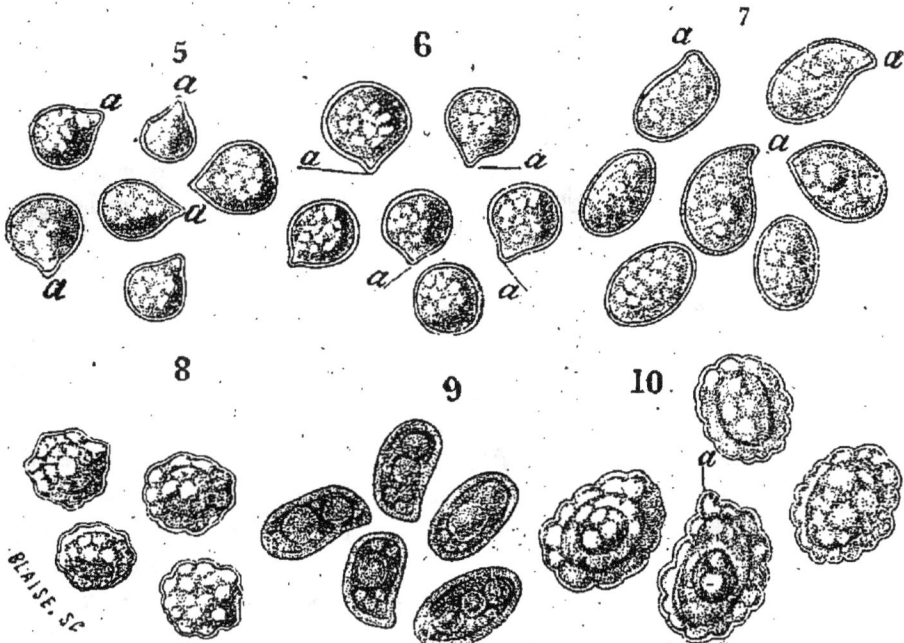

FIG. 73. — Spores de divers Champignons, montrant leur apicule ou hile (*a*, *a*, *a*), d'après M. Boudier. — 5. *Amanita bulbosa*, var. *citrina*. — 6. *Amanita bulbosa*, var. *alba*. — 7. *Amanita muscaria*. — 8. *Russula emetica*. — 9. *Agaricus campestris*. — 10 *Agaricus deliciosus*.

porter à une espèce déterminée les symptômes observés, qu'au point de vue médico-légal. En effet, il résulte des travaux de Boudier que la forme des spores est très-souvent caractéristique d'une espèce toxique; d'un autre côté, comme ces spores résistent aux actions digestives et à la cuisson, il devient possible de déterminer par l'investigation microscopique l'espèce de champignon incriminé. Les figures 72 et 73, empruntées au mémoire de Boudier, montrent tout l'avantage que l'on peut retirer, dans ces cas, de l'examen des caractères anatomiques. Letellier et Speneux ont pourtant soutenu qu'il n'est pas possible de reconnaître, à ses spores, une espèce vénéneuse quelconque.

CHANVRE ORDINAIRE. *Cannabis sativa* Lin. CANNABINÉES.
(Κάνναβις, chanvre.)

Description. — Plante
de 1 à 2 mètres, d'odeur
forte, désagréable, vireuse.
pouvant déterminer des
vertiges et de la céphalalgie. Racine pivotante, ligneuse, blanche. Tige
dressée, roide, effilée, obscurément quadrangulaire,
fistuleuse, rude, velue,
simple ou rameuse, à li-
ber constitué par des fi-
bres textiles. Feuilles pétiolées, opposées au bas de
la tige, alternes au som-
met, palmatiséquées à 5-7
segments ovales, lancéo-
lés, dentés en scie; les
supérieures réduites à 3
ou 1 segment; les unes et
les autres sont rudes, pubescentes, d'un vert pâle
en dessous. Stipules libres.
Fleurs (juin-septembre)
d'un jaune pâle ou verdâ-
tres, dioïques, rarement
monoïques. *Mâles*
(fig. 74), pen-
dantes, disposées
en grappes de cy-
mes au sommet de
la tige; périgone
à 5 folioles pres-
que égales, éta-
lées, lancéolées;
étamines 5, dres-
sées; filets courts,
capillaires; anthè-
res terminales,
longues, bilocu-
laires. *Femelles*

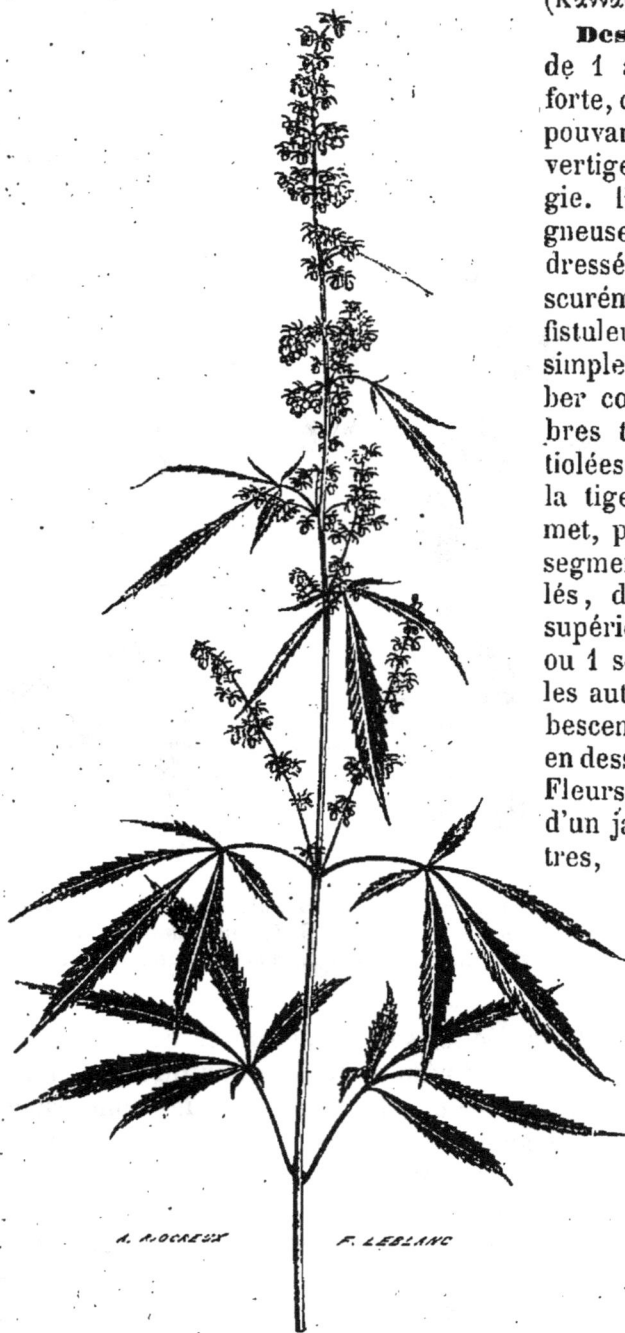

A. RIOCREUX   F. LEBLANC

FIG. 74. — Chanvre mâle.

(fig. 75), affectant la même disposition que les mâles, plus petites, presque sessiles, munies chacune d'une petite bractée ; le périgone consiste en un sépale fendu en long et ressemblant à une spathe, renflé à la base et entourant l'ovaire ; styles 2, saillants, subulés, velus ; stigmates 2, longs et filiformes.

Fruit (achaine) brun ou noirâtre, vulgairement appelé chènevis, bivalve, indéhiscent, se partageant en 2 valves par la pression, recouvert par le calice. Graine blanche et huileuse. ④. Le vulgaire nomme souvent femelles les pieds mâles qui sont plus grêles, et réciproquement.

Habitat.—Le chanvre est originaire de l'Orient; il est cultivé aujourd'hui dans toute l'Europe. C'est une plante de grande culture; nous ne décrirons donc pas la manière de le reproduire et de le récolter. Le chanvre indien (Cannabis indica) paraît n'être qu'une simple variété.

Parties usitées.— Les feuilles, les inflorescences, et les fruits, qu'on appelle improprement graines.

FIG. 75. — Chanvre femelle.

Composition chimique. — Il contient une matière résineuse (cannabine ou hachischine) et une huile volatile. La matière résineuse est d'un vert brunâtre foncé, d'une odeur nauséeuse et aromatique; sa saveur est poivrée, âcre et persistante; elle est soluble dans l'alcool, l'éther, les huiles fixes et volatiles, insoluble dans l'eau et l'alcool faible. L'huile essentielle est d'un jaune ambré foncé, plus légère

que l'eau, se congelant à + 12° ou + 15° ; respirée elle provoque un frémissement singulier, un besoin extraordinaire de locomotion, suivi d'abattement et même de syncope ; elle est formée par la réunion de deux hydrocarbures : l'un, le *cannabène*, $C^{36}H^{20}$, qui bout entre 235° et 240°; l'autre, $C^{12}H^{14}$, serait un hydrocarbure de cannabène. C'est à cette huile volatile qu'il faut attribuer les propriétés du chanvre ; mais elle est si intimement unie à la résine, qu'il est fort difficile de l'en séparer ; aussi la résine peut-elle être employée aussi efficacement que l'huile essentielle elle-même.

Les graines contiennent une huile grasse (huile de chènevis).

Formes pharmaceutiques, doses. — 1° Infusion des feuilles, pp. 30 à 60 : 1000. 2° Infusion des semences, pp. 30 à 60 : 1000. 3° Émulsion de chènevis, pp. 60 à 120 : 1000. Feuilles en cataplasmes.

Usages. — Les feuilles fraîches, en cataplasmes sur les tumeurs blanches, en facilitent la résolution. L'infusion des graines a été employée avec avantage dans la gonorrhée, et l'émulsion pour calmer l'irritation de la vessie dans le catarrhe vésical. L'huile de chènevis et l'émulsion ont été proposées, la première en friction sur les seins, la deuxième à l'intérieur, pour combattre la galactorrhée. L'huile est donnée, en lavements, contre la colique de plomb.

HACHISCH. — Les sommités fleuries du chanvre indien portent le nom de *hachisch* (*herbe* en arabe, *l'herbe par excellence*) ; elles sont employées depuis plusieurs siècles, dans l'Orient, à cause des sensations, des rêves agréables, de la stupeur voluptueuse, qu'elles éveillent chez ceux qui en font usage. C'est un mélange de petits fragments de tiges, de folioles, de fleurs, de fruits imparfaitement développés, qu'on récolte au moment où la fleur commence à grainer. La plante cultivée en France ne possède que très-affaiblies les propriétés de celles de l'Orient. Ces sommités sont employées de diverses manières et subissent des préparations qui varient avec les pays ; tantôt on en fait des infusions ou des décoctions, d'autres fois on les mâche, on les fume à la manière du tabac. Le *mad-joun* des Arabes, ou *esrar* des Turcs, est un hachisch légèrement torréfié que l'on prend mélangé à du miel. L'*extrait gras* (hachisch proprement dit) s'obtient en chauffant le hachisch avec du beurre et un peu d'eau. Son action est très-énergique ; c'est une matière épaisse, tenace, d'un jaune verdâtre, d'une odeur désagréable, d'une saveur âcre qui s'oppose à ce qu'on l'emploie seule. On l'additionne toujours de substances aromatiques. Dose, 2 à 4 gram. Le *dawamesc* est une pâte molle, brune, d'odeur et de saveur agréables, préparée avec l'extrait gras, le miel et des aromates ; on y ajoute quelquefois des cantharides pour le rendre aphrodisiaque. Dose, 20 à 30 gram. Dans l'Inde, on emploie les préparations suivantes : le *churrus*, résine extraite des feuilles; le *cunjah*, tiges et sommités fleuries, que l'on fume; le *bangh*, feuilles et fleurs séchées sur la tige, on les fume ou on en fait une boisson. Au Caire, sous le nom de *chatsraky*, on consomme une solution alcoolique.

Action physiologique. — Toutes les préparations de hachisch exercent une action remarquable sur le système nerveux : sous son influence, toutes les manifestations des nerfs acquièrent une plus grande activité; cette excitation se communique également aux fonction digestives et génésiques. A dose plus élevée, elles déterminent de l'analgésie, de l'anesthésie, un état cataleptique; la pupille se dilate. L'ivresse qu'elles occasionnent est gaie, quoique accompagnée d'hallucinations bizarres, surtout du côté de la vue et de l'ouïe. Cependant il arrive quelquefois que les mangeurs de hachisch deviennent furieux et portés à commettre toutes les violences. Les breuvages à l'aide desquels le Vieux de la Montagne, au temps des croisades, obtenait le dévouement fanatique de ses sectateurs ou *hachischins* (dont a fait le mot français *assassin*), avaient, dit-on, le hachisch pour base. Ces symptômes d'excitation font place, suivant la dose, soit au sommeil, soit à la stupeur. Son usage permanent détermine une intoxication (*cannabisme*) qui plonge ceux qui s'y livrent dans un état de torpeur, d'imbécillité et d'idiotisme. En résumé, le hachisch serait enivrant, exhilarant, soporifique, stupéfiant, anesthésique, mydriatique, hypocinétique, c'est-à-dire modérateur de la contraction musculaire. Quelques-unes de ces propriétés sont utilisées en médecine.

Usages. — Les effets enivrants et exhilarants ont été mis à contribution dans certaines monomanies, pour substituer un délire artificiel et passager au délire maladif. Les effets stupéfiants, hypnotiques, antispasmodiques peuvent trouver leur utilisation dans lh'ystérie, la chorée, l'épilepsie, le rhumatisme apyrétique, la goutte, la rage, le delirium tremens, l'épilepsie, partout, en un mot, où il faut calmer l'élément douleur et abattre la surexcitation nerveuse. On l'associe au lupulin pour combattre les érections nocturnes. Son action hypocinétique l'a fait employer dans le tétanos, le choléra, les convulsions infantiles. Il favoriserait le travail de l'accouchement, mais son action serait très-fugace. Les formes européennes d'administration sont : 1° l'extrait alcoolique de chanvre indien, de 5 à 30 centigram. et jusqu'à 1 gr.; 2° la teinture alcoolique, de 1 à 4 gr., en potion; 3° l'extrait hydro-alcoolique (*hachischine* ou *cannabine*), que l'on obtient en traitant par l'eau l'extrait alcoolique; l'eau enlève les matières gommo-extractives et laisse la résine sous forme d'une matière molle et verte; dose, 5 à 15 centigr.; 4° teinture de hachischine, 5 à 20 gouttes.

CHARDON BÉNIT. *Cnicus benedictus* Gœrtn., *Centaurea bénedicta* L., *Carduus benedictus* Black., *Calcitrapa lanuginosa* Lam. Centaurée chardon bénit. SYNANTHÉRÉES-CARDUACÉES. L'épithète de *bénit* avait été donnée à cette plante à cause des propriétés nombreuses qu'on lui attribuait. *Carduus* dérive de *cardo*, pointe.

Description (fig. 76). — Plante de 3-4 décimètres, d'une amertume peu prononcée, persistante pourtant; d'une odeur désagréable qui disparaît par la dessiccation. Racine grêle, pivotante. Tige dressée, anguleuse, herbacée, rougeâtre, lanugineuse, à rameaux divariqués. Feuilles alternes, d'un vert pâle, pubescentes, minces, un peu coriaces, à nervures blanches, anastomosées et saillantes, sinuées-pinnatifides ou sinuées-dentées, à lobes ou dents terminés par une petite épine. Les radicales pétiolées, oblongues; les caulinaires sessiles, brièvement décurrentes; les supérieures plus petites, serrées contre les fleurs et s'y attachant à l'aide de leurs poils, de manière à former une sorte d'involucre. Fleurs (mai-juillet) grandes, jaunes, en capitule terminal et solitaire, renfermant 20 à 25 fleurons. Involucre conique,

FIG. 76. — Chardon bénit.

campanulé, composé d'écailles imbriquées, larges inférieurement, terminées par une épine pennée. Réceptacle plan, garni de poils très-longs, très-adhérents, qui à la maturité se détachent d'une pièce avec un calotte séparée du réceptacle et forment une espèce de pinceau. Fleurons du disque fertiles; ceux de la circonférence stériles. Fruits (*achaines*) fauves, longs, cannelés, couronnés par un petit rebord membraneux et par une aigrette formée de 2 rangs de 10 soies denticulées. ①.

Habitat. — Croît spontanément dans toute la région des oliviers.

Culture. — On le sème sur couche, en plein air. Chaque plant est ensuite repiqué en pleine terre; il se sème souvent de lui-même.

Partie usitée. — Toute la plante fleurie.

Récolte, dessiccation. — On le récolte en juin, alors que les fleurs ne sont pas épanouies. Il est alors plus actif, car il est gorgé d'un suc rougeâtre. On réunit les tiges et les sommités en paquets minces qu'on sèche à l'étuve ou au soleil.

Composition chimique. — Le chardon bénit contient : *matière grasse verte, huile volatile, gomme, traces de soufre, nitrate de potasse, sels, cnicin.* Ce dernier corps est une substance neutre, cristalline, blanche, très-amère, peu soluble dans l'eau, l'éther et les acides, soluble dans l'alcool et les alcalis, provoquant le vomissement à la dose de 3 décigr.

Formes pharmaceutiques, doses. — 1° Poudre, 1 à 4 gr. 2° Infusion, pp. 16 à 60 : 1000; la décoction est lourde et difficile à digérer. 3° Infusion vineuse, 30 à 50 : 1000 de vin, par cuillerées avant le repas. 4° Suc, 30 à 100 gr. 5° Extrait, 2 à 4 gr. en pilules, bols. 6° Eau distillée, 60 à 120 grammes. 7° Teinture, 2 à 5 grammes.

Usages. — Le chardon bénit a joui d'une réputation dont il est aujourd'hui bien déchu. C'est un médicament que son amertume permet d'utiliser dans les fièvres intermittentes légères, les fièvres éruptives avec atonie, les fièvres continues. Son action tonique lui assure un emploi dans l'anorexie, la dyspepsie. Il serait également sudorifique; et comme tel on l'a recommandé dans les affections de poitrine, telles que la pneumonie, la pleurésie. Il a été pendant longtemps considéré comme alexipharmaque. Les propriétés émétiques du cnicin ont empêché de l'employer en médecine; ce serait pourtant un fébrifuge supérieur à la salicine. La décoction et l'eau distillée de chardon bénit ont été indiquées, à l'extérieur, sur les ulcères atoniques, gangréneux et cancéreux.

CHÊNE A GALLES. *Quercus lusitanica orientalis infectoria* A. DC. Chêne des teinturiers. AMENTACÉES-CUPULIFÈRES. (*Infectorius,* qui sert à teindre, par allusion à ses usages en teinture.)

Description (fig. 77). — Végétal ayant le port d'un buisson rabougri. Racines dures, pivotantes, ligneuses, ramifiées. Tige de 13 à 16 décim., tortueuse, noueuse, ainsi que les branches. Feuilles alternes, courtement pétiolées, petites, arrondies ou cordées à la base, se terminant en pointe au sommet et présentant latéralement des dents inégales, coriaces, lisses, glabres et luisantes en dessus, pubescentes et ternes en dessous, tombant à l'automne. Fleurs monoïques. *Mâles* en chatons longs et grêles à la partie inférieure des jeunes rameaux; périgone à 4-5 segments; étamines 8-10 à filets courts. *Femelles* solitaires, groupées à l'aisselle des feuilles supérieures, à involucre globuleux, formé par des écailles foliacées imbriquées et serrées, devenant plus tard une cupule. Calice propre, très-petit, à 6 dents aiguës, adhérent à un ovaire infère, allongé, à 3 loges confuses, biovulées. Style épais, cylindrique, assez court; stigmates 3, spatuliformes. Fruit (*gland*) allongé, sessile, presque cylindrique, long d'environ 2 à 3 centim., et 2 ou 3 fois plus long que la cupule; celle-ci sessile, légèrement cotonneuse, formée d'écailles petites, imbriquées, très-serrées. Le gland, dont le sommet est

FIG. 77. — Chêne à galles.

légèrement ombiliqué, est monoloculaire, monosperme, et contient une graine unique remplissant toute la capacité du péricarpe. ♃.

Habitat. — Croît dans toute l'Asie Mineure, jusqu'aux frontières de la Perse; il s'est acclimaté dans le Portugal et le midi de l'Espagne. On peut le cultiver dans nos départements méridionaux.

Partie usitée. — Les *galles*, qui naissent aux bourgeons des jeunes rameaux. Ce sont des excroissances morbides produites par la piqûre d'un insecte.

GALLE VERTE D'ALEP, GALLE DU LEVANT. — Elle est produite par la piqûre du *Cynips* ou *Diplolepis gallæ tinctoriæ* (fig. 78), insecte hyménoptère, appartenant au sous-ordre des térébrants. La femelle perce les bourgeons à peine formés, à l'aide d'une tarière dont son abdomen est pourvu, et dépose un œuf dans la blessure. Le bourgeon, dénaturé par la présence de cet œuf, se développe irrégulièrement; les sucs nourriciers y abondent, et au bout de quelque temps il s'est complétement transformé en un corps arrondi qui ne retient plus de sa forme primitive que des aspérités dues à l'extrémité des écailles soudées. L'insecte éclôt au milieu de la galle, y subit toutes ses transformations, et quand il est arrivé à l'état parfait, il perce sa prison et s'envole. La galle d'Alep, sauf les aspérités dont nous venons de parler, est de forme hémisphérique, du volume d'une noisette, d'un vert noirâtre, glauque, quelquefois un peu jaunâtre, dure, com-pacte, plus dense que l'eau. Coupée par le milieu (fig. 78), elle présente plusieurs cou-ches concentriques, d'épi-derme, de parenchyme et de tissu cellulaire rempli d'ami-don. Au centre de la couche amylacée se trouvent la ca-vité a, occupée par l'insecte,

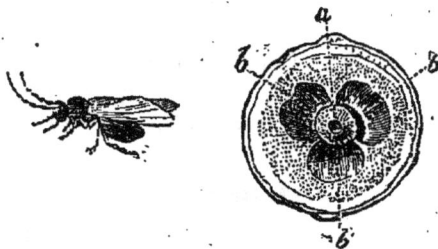

FIG. 178.   Galle d'Alep.

et autour de cette cavité de grandes lacunes ou cellules b qui, d'après Guibourt, contiennent l'air destiné à la respiration de l'ani-mal. On doit recueillir la galle en juillet, avant que l'insecte l'ait abandonnée; on reconnaît que la sortie de l'animal a eu lieu au trou rond de 1 à 2 millimètres dont la paroi est percée. La galle s'est alors décolorée (*galle blanche*), elle a perdu, avec une partie de son poids, une grande quantité du tannin qui la faisait rechercher. On estime la valeur des galles en déterminant la quantité de tannin qu'elles contiennent. La *galle de Smyrne* est plus volumineuse, moins colorée, moins dense que celle d'Alep. La *petite galle couron-née d'Alep* vient sur les bourgeons terminaux; elle est de la grosseur d'un pois et se termine par des tubercules disposés en couronne.

Composition chimique. — La galle d'Alep renferme : *chloro-phylle, huile volatile, gomme, amidon, fibre ligneuse, sucre liquide, albumine, acides lutéogallique, ellagique, gallique, tannique*. La quantité de ce dernier oscille entre 26 et 65 pour 100.

Formes pharmaceutiques, doses. — 1° Poudre de noix de galle, 5 décigr. à 2 gr. 2° Teinture, 2 à 8 gr. 3° Infusé, pp. 4 à 8 : 1000. 4° Pommade avec la poudre fine incorporée à l'axonge. 5° Teinture de noix de galle composée de Lepère. *Incompatibles :* sels métalli-ques, gélatine, alcaloïdes.

Usages. — C'est un tonique, un hémostatique, un astringent très-énergique, mais dont l'activité est très-variable, par suite de l'inégale quantité de tannin qu'elle contient; aussi lui préfère-t-on aujourd'hui cet acide. Néanmoins elle est encore employée pour combattre les hémorrhagies du tube digestif et les hémorrhagies hémorrhoïdales, les leucorrhées, les blennorrhées, le relâchement du vagin, les fissures à l'anus, pour modifier les ulcères atoniques,

pour contracter les sphincters relàchés; on l'applique en pommad₁
sur les hernies des nouveau-nés. C'est le, contre-poison des alca
loïdes et de l'émétique. L'extrait a été préconisé contre le tænia.

CHÊNE ROUVRE. *Quercus robur* L. AMENTACÉES-CUPULIFÈRES
Il comprend deux sous-espèces fondées sur le caractère des gland₁
portés sur des pédoncules allongés ou sessiles. Ces sous-espèce₁
se divisent elles-mêmes en plusieurs variétés. Les °sous-espèce₁
sont : 1° le CH. PÉDONCULÉ (*Q. pedunculata* Willd., *Q. robur* α L.)
Ch. blanc, Ch. à grappes, Gravelin, Rouvre; 2° le CH. A GLANDS SES
SILES (*Q. sessilifolia* Sm., *Q. robur* β L.), Ch. rouvre, Ch. à trochets
Durelin.

Description. — Arbre de haute taille, à branches étalées, à boi
dur, surtout dans la variété *pedunculata*. Feuilles alternes, plus o₁
moins longuement pétiolées ou sessiles, oblongues, plus larges ver₁
le sommet, inégalement et profondément découpées sur les bord₁
en lobes arrondis et sinueux; leur face supérieure est lisse et verte
l'inférieure presque glauque, marquée de nervures latérales et obli
ques; elles sont munies à la base de 2 stipules linéaires très-étroites
Fleurs (avril-mai) monoïques. *Mâles*, jaunâtres, formant un chato₁
long, mince, lâche et pendant, placé au-dessous des fleurs femelles
périgone membraneux, monophylle, à 5 segments. Étamines 6-8
filets courts; anthères ovales, à 2 loges. *Femelles* rousses, solitaires
groupées sur les jeunes rameaux, à l'aisselle des feuilles supérieures
tantôt sessiles, tantôt soutenues par un pédoncule commun. Calic
monophylle, hémisphérique, coriace, rugueux en dehors. Ovaire su
père, à 3 loges biovulées, 3 styles courts et épais. Fruits (*gland*
(août-septembre) sessiles sur un pédoncule très-court ou bien 5 o₁
6 fois plus long que le pétiole. Ce fruit, ovoïde, présentant au som
met une petite pointe mousse, à péricarpe coriace et luisant, ne con
tient qu'une seule graine et est enchâssé, par sa base, dans une cu
pule hémisphérique assez épaisse, lisse en dedans, formée en dehor
par des écailles courtes et apprimées. ♃.

Habitat. — Le chêne géant des forêts européennes ne dépass
pas, dans les montagnes, 8 à 900 mètres d'altitude.

Parties usitées. — L'écorce, les fruits, les feuilles et les galles

Récolte, dessiccation. — On enlève l'écorce sur les branches d
3 ou 4 ans, un peu avant la floraison; les feuilles se récoltent pen
dant l'été. Il est facile de les dessécher à cause de leur tissu sec e
résistant. On recueille les glands à l'automne; on doit les sécher ra
pidement à l'étuve.

Écorce. — Elle présente des caractères différents suivant l'àg
de l'arbre et des branches. Lorsque l'arbre est vieux, elle est épaisse
rugueuse, noire et crevassée en dehors, rougeâtre en dedans; ₁

l'arbre est jeune, elle est lisse, presque sans crevasse, d'un blanc verdâtre en dehors, d'un brun rougeâtre à l'intérieur. Son odeur est forte, sa saveur âcre et astringente ; séchée et réduite en poudre, elle constitue le *tan* qui sert à tanner les peaux ; le tan tamisé donne une poussière, la *fleur de tan*, qui est employée en médecine. Le tan contient : *acides gallique et tannique, sucre incristallisable, pectine, tannates de chaux, de magnésie, de potasse*, et de la *quercine*, substance voisine de la salicine et se dissolvant dans l'eau, l'alcool et l'éther.

Les formes pharmaceutiques de l'écorce sont : 1° la décoction, pp. 10 à 30 : 1000 ; 2° la poudre (fleur de tan), 2 à 24 grammes ; 3° l'extrait aqueux, 1 à 2 grammes. A l'extérieur : 1° la décoction, pp. 30 à 60 : 1000 ; 2° le vin, 60 à 80 : 1000. *Incompatibles :* les carbonates alcalins, l'eau de chaux, les sels métalliques, la gélatine.

L'écorce est un des astringents les plus énergiques. Cette astringence est telle, que son usage fort longtemps continué fatigue l'estomac. On l'a vantée comme fébrifuge sous le nom de *quinquina français*, en l'associant à la camomille et à la gentiane. Elle est surtout réservée à l'usage externe ; on l'emploie soit en poudre, soit en décoction, pour modifier les plaies de mauvaise nature ; contre la gangrène, la pourriture d'hôpital, les plaies de position ; en gargarisme dans l'angine chronique, l'angine gangréneuse ; en injections dans la leucorrhée ; sous forme de bains, chez les enfants affaiblis ou atteints de fièvre intermittente. On en fait quelquefois usage dans la dysenterie, l'hémoptysie. La poudre a été utilisée pour l'embaumement des cadavres. On a conseillé les bains de tan dans les engorgements glanduleux, les ulcères scrofuleux, les dartres. On s'est également servi de la *jusée*, liquide provenant des fosses des tanneurs ; on en prépare un extrait qui a été indiqué dans le traitement de la phthisie.

Glands. — Ils contiennent : *fécule, huile grasse, résine, gomme, tannin, légumine, extractif amer, ligneux, sels de potasse, de chaux, d'alumine, quercite*. La quercite, $C^{12}H^{12}O^{10}$, se rapproche de la mannite ; elle est en prismes transparents, inaltérables à l'air, solubles dans l'eau et l'alcool. La saveur des glands est amère ; en Turquie, on les enfouit, pendant quelque temps, pour leur faire perdre leur amertume, et on les torréfie après les avoir desséchés. Leur poudre mêlée à du sucre et à des aromates constitue le *palamoud* des Turcs et le *racahout* des Arabes. Torréfiés, pulvérisés et infusés dans l'eau, pp. 30 à 60 : 1000, ils donnent une liqueur tonique, qui convient dans certaines dyspepsies, et chez les enfants dans les affections scrofuleuses, le carreau, les engorgements abdo-

minaux. On a proposé cette infusion pour remplacer le café, chez
les personnes qui ont l'habitude de cette boisson, lorsqu'il y a contre-
indication à son usage. On emploie quelquefois la poudre des
glands ou des cupules, 2 à 4 gram. comme tonique, astringent.

Feuilles. — Les feuilles infusées dans du vin rouge et addition-
nées de miel constituent un gargarisme que l'on a recommandé dans
le relâchement des gencives et de la luette, dans l'angine chronique.

Galles. — On trouve sur les jeunes rameaux la *galle lisse* ou
galle du pétiole du chêne (fig. 79). La *galle corniculée* se rencontre

FIG. 79. — Galle du chêne rouvre.

sur les jeunes branches, placée à cheval sur la partie qui la supporte. Le *gallon de Hongrie* ou *de Piémont* vient sur la cupule après
la fécondation de l'ovaire. La *galle squameuse* ou *galle en artichaut*,
qui ressemble à un cône de houblon, provient du développement
anormal de l'involucre de la fleur femelle avant la fécondation.
Ces galles, d'ailleurs, n'ont aucune importance au point de vue médical. Aussi nous bornerons-nous à indiquer, avec Moquin-Tandon,
leurs caractères abrégés

				tuberculeuse	1. D'Alep.
		régulières	sphériques	non tuberculeuse	2. Lisse.
	d'une seule		non sphériques		3. Couronnée.
Galles	pièce	irrégulières	avec cornes		4. Corniculée.
			sans cornes		5. Hongroise.
	de plusieurs pièces				6. Squameuse.

Deux autres variétés de chêne fournissent des produits qui trouvent des applications en médecine. 1° Le chêne-liége (*Quercus suber* L.) doit son nom au tissu léger, élastique, compressible, fourni par l'écorce. Le liége brûlé réduit en poudre et incorporé dans l'axonge constitue une pommade astringente, employée contre les hémorrhoïdes flatulentes. On se sert du liége dans les appareils chirurgicaux pour établir des points de compression; on en fait des bouts de sein artificiels. 2° Le chêne à kermès (*Q. coccifera* L.) est un buisson très-commun dans la région méditerranéenne. C'est sur ce chêne que vit l'espèce de cochenille connue sous le nom de *kermès animal* ou *végétal* et dont on faisait un grand commerce, comme matière colorante, avant l'introduction de la cochenille du nopal.

CHICORÉE SAUVAGE. *Cichorium intybus* L. SYNANTHÉRÉES-CHICORACÉES. (Κίχορα, nom grec de la chicorée.)

Description (fig. 80). — Plante herbacée de 5-12 centimètres, pouvant acquérir 2 mètres quand on la cultive. Racine longue, pivotante, fusiforme, de la grosseur du doigt, brune en dehors, blanchâtre en dedans, remplie d'un suc laiteux. Tige droite, ferme, cylindrique, un peu rude, rameuse, flexueuse et sillonnée au sommet, à rameaux roides et divariqués. Feuilles alternes, très-velues sur la nervure médiane. Les inférieures oblongues, profondément découpées, avec un lobe terminal élargi, presque triangulaire; les caulinaires petites, lancéolées, demi-embrassantes, entières ou un peu incisées à la base. Fleurs (juillet-août) grandes, bleues, plus rarement blanches ou roses, disposées en capitule, dont les uns sont axillaires, sessiles, géminés ou ternés, tandis que les autres sont solitaires au sommet des rameaux. Involucre formé par deux rangs de bractées, ciliées, glanduleuses, les extérieures ovales-lancéolées, plus courtes que les intérieures, qui sont linéaires-obtuses. Réceptacle plan, alvéolé, sans paillettes. Demi-fleurons 18-20. Corolle ligulée, à sommet tronqué, à 5 dents. Étamines 5. Anthères réunies en cylindre traversé par un style à 2 stigmates. Fruits (*achaine*) tétragones, comprimés, surmontés d'une couronne d'écailles très-courtes, dressées, obtuses, érodées au sommet. ♃.

Habitat. — Croît dans toute la France, sur les bords des chemins, dans les lieux incultes

Culture. — On la cultive en planche ou en bordure. Il est possible d'en avoir toute l'année par des semis successifs en pleine terre ou en couche, suivant la saison. Elle vient très-bien et ne demande d'autres soins que l'arrosage.

Parties usitées. — Les feuilles, les racines et les fruits.

Récolte, dessiccation, conservation. — On récolte les feuilles en juin, elles perdent leur couleur en se desséchant. Il faut les conserver dans un lieu sec, car elles attirent fortement l'humidité de l'air. Elle sont amères, inodores; elles donnent néanmoins une eau distillée odorante et très-amère. Les racines doivent être récoltées en septembre.

Composition chimique. — Les feuilles contiennent : *extractif amer, chlorophylle, albumine, sucre, plusieurs sels, entre autres du nitrate de potasse.* Les racines renferment en plus de l'inuline

Formes pharmaceutiques, doses. — 1° Infusion ou décoction des feuilles, pp. 10 à 15 : 1000; on préfère employer les feuilles fraîches. 2° Suc, 30 à 120 gr. 3° Sirop, 30 à 120 gr. 4° Extrait, 4 à 12 gr. 5° Sirop composé à la rhubarbe, 8 à 40 gr., très-usité pour purger les enfants. Infusion ou décoction des racines, pp. 15 à 15 : 1000. Les fruits, improprement appelés graines, étaient une des quatre semences froides.

FIG. 80. — Chicorée sauvage.

Usages. — La chicorée, par son principe extractif amer, se range parmi les substances toniques. Son action, quoique lente et faible d'abord, se manifeste quand on en continue l'usage pendant un certain temps. On a préconisé les feuilles pour ranimer les forces digestives à la suite des fièvres intermittentes et des fièvres muqueuses, mais on a rarement recours à leur action fébrifuge. Jadis on leur attribuait des propriétés fondantes et apéritives qui les faisaient employer dans les engorgements du foie et des viscères abdominaux; elles entrent dans les sucs d'herbe dépuratifs et sont prescrites dans les affections de la peau, telles que dartres, rougeurs, etc. Les jeunes feuilles sont tendres; leur amertume peu prononcée;

on les mange en salade; elles sont laxatives et conviennent aux personnes dont le ventre est resserré. La racine possède une saveur
douceâtre et mucilagineuse d'abord, très-amère ensuite. Elle a les
mêmes propriétés que les feuilles, mais elle n'est pas employée en
thérapeutique. On fabrique avec elle le *café-chicorée*. Pour cela,
après avoir coupé la racine par tranches et l'avoir desséchée, on la
torréfie et on la réduit en poudre. La poudre de chicorée possède
une saveur amère, un arome particulier qui a une certaine analogie
avec celui du caramel. Il est presque inutile d'ajouter que le café-
chicorée n'a ni le goût, ni le parfum, ni aucune des propriétés du
café véritable. On l'accuse de produire des flueurs blanches chez les
femmes qui en font usage; il est certain que sous son influence le
teint contracte une coloration paille particulière. La poudre de chicorée peut s'enflammer spontanément quand elle est emmagasinée
en grande quantité.

CHIENDENT OFFICINAL. — Voy. *Froment rampant.*

CHIOCOQUE DOMPTE-VENIN. *Chiococca anguifuga* Mart.
Chiocoque anguifuge, Caïnca, Caïnça, Raïz preta, Racine noire.
De χιών, neige, et κόκκος, baie; à cause de la couleur du fruit.
RUBIACÉES-COFFÉACÉES.

Description. — Arbrisseau de 2-3 mètres. Racine rameuse, à divisions cylindriques, variant comme grosseur entre celle d'une
plume et celle du doigt; branches cylindriques, glabres, sarmenteuses, s'attachant aux corps environnants. Feuilles opposées, courtement pétiolées, ovales, acuminées, un peu échancrées en cœur à
la base, entières, glabres sur les 2 faces, munies de 2 petites stipules, ovales, acuminées. Fleurs d'un blanc sale, disposées au
nombre de 4-5 en grappes axillaires, unilatérales. Calice à 5 dents
fines, aiguës, ovales; adhérent à l'ovaire. Corolle infundibuliforme,
presque campanulée à 5 divisions étalées. Étamines 5, incluses, insérées sur un disque épigyne. Ovaire infère, à 2 loges, surmonté d'un
style simple terminé par 2 stigmates linéaires soudés en un seul.
Fruit (*baie*) charnu, blanc, sec, à 2 lobes, un peu comprimé, couronné par les dents du calice, contenant 2 graines lisses, allongées,
comprimées comme celles du café.

Habitat. — Croît au Brésil, dans les forêts vierges des provinces
de Bahia et de Minas-Géraës, au Pérou, à la Guyane française,
dans l'île de Cuba.

Partie usitée. — La racine. Elle se présente en fragments cylindriques de 3-4 décimètres de longueur et d'une épaisseur variant
entre les limites que nous avons indiquées pour la racine fraîche.
Son écorce, brunâtre, recouvre un corps ligneux blanchâtre; elle est
rugueuse, mamelonnée, parcourue longitudinalement par des nervures

très-apparentes, peu épaisse, offrant de distance en distance des fissures transversales, se séparant aisément du bois. La cassure de ce dernier paraît être criblée de trous. Cette racine possède une odeur particulière analogue à celle du jalap ou de la valériane; l'écorce, qui est la seule partie active, présente une saveur très-âcre, très-amère. Le bois est insipide.

Composition chimique. — Elle contient : *matière grasse douce d'une odeur vireuse, acide cafétannique, acide caïncique* ($C^{32}H^{26}O^{14}$), *matière jaune extractive amère, matière colorante, émétine.*

Formes pharmaceutiques, doses. — 1° Poudre, 2 à 4 gr. 2° Extrait alcoolique, 2 à 5 décigr. 3° Teinture, 2 décigr. à 8 gr. 4° Acide caïncique, 5 à 6 décigr. 5° Sirop, 30 à 100 gr. 6° Vin, 30 à 60 gr. 7° Macéré, pp. 8 : 250. Au bout de 48 heures, on fait bouillir, on laisse reposer et l'on passe au moment de l'administrer; en 2 fois, à 2 ou 4 heures d'intervalle, dans les hydropisies. Autre macéré, 12 : 750; dose, 60 gr., dans le catarrhe vésical. Le *Chiococca densifolia* Mart. et le *Ch. racemosa* L. paraissent fournir la racine de caïnca concurremment avec le *Ch. anguifuga*.

Action physiologique. — C'est un purgatif qui agit sans irriter fortement l'intestin et qui devient drastique et vomitif si l'on augmente la dose; il détermine également un effet diurétique incontestable, des sueurs considérables, et facilite l'apparition des règles. A hautes doses, il paraît susceptible de produire des accidents toxiques semblables à ceux qui appartiennent aux éméto-cathartiques. Il est donc tout à la fois purgatif, vomitif, diurétique et emménagogue.

Usages. — C'est un puissant hydragogue; il peut rendre de véritables services dans l'hydropisie essentielle, dans l'hydropisie symptomatique des affections cérébrales, où il est nécessaire de dévier sur le tube intestinal; il apporte dans ces cas un certain soulagement. On a essayé, sans trop de succès, son action diurétique dans le catarrhe vésical; ici, sans doute, il modifie la quantité et la nature des urines, mais il n'apporte aucun changement à l'état de la muqueuse gastro-urinaire. Au Brésil, il passe pour alexipharmaque; on l'y emploie également contre l'aménorrhée, le pica des nègres; aux Antilles, il est réputé antisyphilitique.

CIGUË OFFICINALE. *Cicuta major* Bauh., *Conium maculatum* L., *C. officinale* Chev. Ciguë tachetée, Grande ciguë. OMBELLIFÈRES-SMYRNÉES.

Description (fig 81). — Plante de 1-2 mètres, vénéneuse, répandant quand on la froisse une odeur vireuse, désagréable. Racine pivotante, napiforme, de la grosseur du petit doigt, longue de 20 à 25 centimètres, peu ramifiée, d'un blanc jaunâtre, chargée de stries circulaires, d'une odeur forte, d'un goût douceâtre. Tige droite, simple inférieurement, rameuse au sommet, cylindrique, fistuleuse, noueuse, striée, d'un vert clair, glabre, parsemée dans sa partie inférieure de taches rougeâtres, d'où le nom spécifique de *maculatum*. Feuilles d'un vert brillant sur la page supérieure, d'un vert pâle sur la page inférieure, pétiolées, grandes, à pourtour triangulaire; celles du bas ont des pétales alternes, embrassants; elles sont tri- et quadripennées, tachetées comme la tige; celles du haut, ordinairement opposées et seulement bipennées; les unes et les autres se terminent par une foliole pointue, elles ressemblent à celles du persil sauvage. Fleurs (juin-juillet) nombreuses, petites, blanches, disposées en ombelles très-ouvertes, terminales et composées de 12-20 rayons. Involucre de 4-5 folioles lancéolées, réfléchies et comme couchées sur le pédoncule. Involucelle à 3 folioles ovales, aiguës et tournées en dehors de l'ombellule. Calice petit, court, à 5 sépales soudés avec l'ovaire. Pétales 5, inégaux, cordiformes, sessiles, étalés. Étamines 5, épigynes; filets subulés au sommet; anthères ovales, blanchâtres. Ovaire infère, arrondi, globuleux, ridé, strié, à 10 côtes. Styles 2, très-courts, divergents, se confondant par le bas avec un disque à 3 lobes terminés par un stigmate globuleux jaunâtre. Fruit (*diachaine*) court,

FIG. 81. — Ciguë officinale.

ovale, globuleux, comprimé latéralement, formé de 2 méricarpes à 5 côtes saillantes et crénelées, à vallécules striées longitudinalement, sans vaisseaux résineux, se séparant à la maturité en deux moitiés qui restent suspendues par le sommet à l'extrémité d'une columelle filiforme. Chaque méricarpe contient une graine dont le tégument propre est presque confondu avec le péricarpe.

Habitat. — Elle est commune dans toute l'Europe et l'Asie boréale, elle s'est naturalisée en Amérique. On la rencontre dans les terrains incultes ombragés et un peu humides, dans les décombres, sur les bords des chemins, près des habitations; elle a souvent donné naissance à des méprises funestes par suite de sa ressemblance avec le cerfeuil.

NOMS.	GRANDE CIGUË.	CIGUË VIREUSE.	CIGUË AQUATIQUE.	PETITE CIGUË.	PERSIL.	CERFEUIL.
Durée......	Bisannuelle.	Vivace.	Vivace.	Annuelle.	Bisannuelle.	Annuelle.
Habitation..	Lieux incultes, bords des routes, décombres.	Bord des eaux.	Eaux stagnantes.	Jardins.	Jardins.	Jardins.
Odeur......	Vireuse, nauséeuse, désagréable.	De persil.	De cerfeuil.	Nauséeuse.	Aromatique spéciale.	Aromatique spéciale.
Racine.....	Suc laiteux dans la première année.	Suc jaune.	Suc extractif.	Suc nul.	Suc extractif.	Suc extractif.
Tige......	Taches rouge vineux.	Sans taches.	Sans taches.	Taches brunes à la base.	Pas de taches.	Pas de taches.
Involucre...	A plusieurs folioles en couronne réfléchie.	Nul.	Nul.	Monophylle ou nul.	2-3 folioles linéaires.	Nul.
Involucelle..	Tournée d'un seul côté.	Complète.	Complète, 7-8 folioles en couronne	Tournée d'un côté.	En couronne complète	Tournée d'un seul côté.
Fleurs	Blanches.	Blanches.	Blanches.	Blanches ; pétales marqués d'une tache verte.	D'un jaune verdâtre.	Blanches.
Fruits......	Globuleux.	Ovoïdes.	Oblongs.	Globuleux.	Allongé.	Linéaire.
Méricarpes..	5 côtes saillantes ondulées, crénelées ; vallécules sans bandelettes.	Côtes planes, égales ; vallécules à large bandelette.	Côtes obtuses ; vallécules à une bandelette.	Côtes saillantes, lisses et carénées ; vallécules à une bandelette.	Côtes filiformes ; vallécules à une bandelette atténuée aux deux bouts.	Sans côtes ; vallécules sans bandelettes.

· *Ne pas confondre* avec la ciguë vireuse (*Cicuta virosa* L.) la ciguë aquatique ou phellandrium (*Phellandrium aquaticum* L.), la petite ciguë (*Æthusa cynapium* L.), le persil (*Apium petroselinum* L.), et le cerfeuil (*Scandix cœrefolium* L.). -- ·

Le tableau ci-contre (p. 140) permet de différencier ces six plantes.

Culture. — La ciguë officinale croît spontanément en si grande abondance, qu'on ne la cultive pas ordinairement pour les besoins de la médecine ; on peut la reproduire en semant la graine au printemps. On repique les plants en mai, à 2 ou 3 pieds de distance, en faisant choix d'une terre fraîche et substantielle. Dans les pays septentrionaux, la ciguë perd de ses propriétés médicinales et devient presque inactive.

Parties usitées. — Les feuilles et les fruits, improprement appelés semences.

Récolte, dessiccation. — On doit recueillir les feuilles au moment de la floraison ; avant cette époque elles sont peu actives ; on les emploie vertes autant que possible. On opère la dessiccation à l'étuve et à l'abri de la lumière ; si l'opération est bien conduite, elles conservent leur couleur et leur odeur et perdent les $\frac{5}{6}$ de leur poids. Il est bon de les renouveler toutes les années, ainsi que les préparations auxquelles elles donnent lieu. Les fruits doivent être récoltés parfaitement mûrs, sinon ils sont inactifs

· **Composition chimique.** — Le suc de ciguë récent contient : *résine, extractif, gomme, albumine, fécule, sels, conhydrine, conine*. Les fruits renferment en plus une huile volatile très-odorante qui devient brune et se résinifie au contact de l'air. La conicine ou cicutine (C^{16}H^{15}Az), principe actif de la ciguë, est un alcaloïde liquide incolore, oléagineux, plus léger que l'eau, d'une odeur piquante, pénétrante, désagréable, rappelant celle du tabac et de la souris ; son goût est âcre, analogue à celui du tabac ; elle est peu soluble dans l'eau, très-soluble dans l'éther et dans l'alcool, bouillant à 212° et se décomposant aisément sous l'influence de l'eau et de la chaleur. Il résulte de là que l'on doit éviter d'employer les préparations de ciguë qui ont subi l'action de la chaleur. La conicine du commerce renferme souvent de la méthylconicine. Elle est très-vénéneuse et se dose par milligrammes et centigrammes. La conhydrine (C^{16}H^{17}AzO^{2}) est beaucoup moins active que la conicine, dont elle paraît dériver.

: **Formes pharmaceutiques, doses.** — *Préparations avec les feuilles fraîches* : 1° alcoolature (bonne préparation), 1 à 2 gr. ; 2° extrait de suc, 1 décigr à 1 gr. On connaît aussi une huile, un emplâtre, une pulpe, un glycérolé. *Préparations avec les feuilles sèches* : 1° poudre, 5 centigr. à 1 gram. ; 2° extrait alcoolique, 5 centigr. à 1 gram. ; 3° teinture alcoolique, 10 à 30 gouttes ; 4° teinture éthérée, 4 à 12 gouttes (inusitée). *Préparation avec les fruits* : extrait alcoolique, 5 à 50 centigr. On emploie aussi la poudre, la teinture et le sirop.

Action physiologique. — A petites doses, la ciguë et la conicine produisent des nausées, du malaise, un peu de céphalalgie, de légers vertiges, des défaillances; la vue s'obscurcit, l'ouïe devient moins fine, la langue s'embarrasse, la peau est le siége d'un fourmillement désagréable et quelquefois d'une éruption érythémateuse; les urines sont abondantes, involontaires quelquefois, ainsi que les selles; le pouls se ralentit, la calorification diminue, les forces musculaires s'anéantissent progressivement, les membres s'agitent souvent d'un mouvement convulsif, la pupille se dilate; la paralysie, limitée d'abord aux muscles volontaires, finit par gagner les muscles respiratoires, puis le cœur, et la mort a lieu, par asphyxie, précédée de cyanose, de stupeur, de délire. L'action de ces substances se produirait sur la moelle, dont elles épuiseraient la force excito-motrice. La conicine est après l'acide cyanhydrique le plus redoutable des poisons; les antidotes à lui opposer sont le tannin et l'iodure ioduré de potassium; on doit s'abstenir d'employer les acides domestiques, tels que le vinaigre, le suc de citron.

Usages. — La ciguë, après avoir joui d'une haute réputation en médecine, est tombée, de nos jours, dans un discrédit qui tient certainement à la confusion que l'on trouve dans l'histoire thérapeutique de cette plante. Parmi les emplois malheureusement trop nombreux que l'on a indiqués, les uns sont de nature purement empiriques, les autres sont rationnels. Dans la première catégorie se rangent les applications basées sur les propriétés fondantes, résolutives, qu'on lui prête, et de là son usage dans les affections cancéreuses et scrofuleuses, la péritonite tuberculeuse, les hypertrophies du foie, du pancréas, de la rate, la syphilis, les dartres, la teigne, les hydropisies articulaires. L'étude physiologique a démontré son action hypocinétique, stupéfiante, anesthésique, diurétique, sudorifique. En tenant compte de chacune de ces manifestations, il est facile de comprendre qu'on ait pu rationnellement la prescrire dans le tétanos traumatique ou spontané, les convulsions toniques, les contractures, la toux spasmodique, la coqueluche, l'asthme, les affections névralgiques, rhumatismales et goutteuses Elle est malheureusement impuissante à guérir le cancer et la phthisie; mais dans ces maladies, elle peut calmer l'élément douleur et produire un soulagement passager.

CITRONNIER-LIMONIER. *Citrus limonum* Risso. *Citrus limon* Gall. Citre-limonier. RUTACÉES-AURANTIACÉES (Baillon).

Description. — Arbre de 4-5 mètres au plus. Racines fortes et ramifiées, blanches en dedans, couvertes en dehors d'une écorce jaunâtre. Tige droite, grisâtre, garnie dans le jeune âge de nombreux rameaux anguleux et souvent violacés, devenant plus tard arrondis et verdâtres, munie d'épines surtout à l'état sauvage. Feuilles alternes, portées par des pétioles articulés peu ou point ailés sur les parties latérales, présentant un aiguillon plus ou moins fort; elles sont oblongues, acuminées, planes, luisantes, d'un vert jaunâtre, dentées ou entières, coriaces. Dans les climats chauds, il fleurit et fructifie toute l'année. Fleurs nombreuses disposées en grappes axillaires ou terminales, blanches en dedans, lavées d'un rouge violet en dehors, d'odeur faible, en partie hermaphrodites, et en partie privées de pistil. Calice court, épais, presque plan, monophylle à 5 dents. Corolle à 5 pétales allongés presque elliptiques. Étamines 30-40, polyadelphes; anthères oblongues, jaunes. Ovaire arrondi, unique, supère, pluriloculaire, entouré d'un disque annulaire glanduleux. Stigmate gros, glanduleux, convexe. Fruit (*hespéridie*) ovoïde, d'un rouge brun d'abord, prenant à la maturité une couleur d'un jaune clair, à peau plus ou moins fine, se terminant supérieurement par un mamelon conique; ayant une double écorce : l'extérieure (*zeste*) mince, rugueuse, très-aromatique; l'intérieure (*ziste*) plus épaisse, blanche, coriace, très-adhérente; le sarcocarpe, formé par une pulpe pleine d'un suc acide agréable et divisé en 9-11 loges, contient des semences jaunâtres, ovales, ventrues, striées, inodores et très-amères. On connaît de nombreuses variétés, telles que le *bignette*, le *rosolin*, le *barbadore*, le *ferraris*. ♄.

Habitat. — Le citronnier est originaire des contrées de l'Inde situées au delà du Gange, d'où il a été transporté dans l'Asie Mineure, la région méditerranéenne, où il est cultivé en grand.

Culture. — Cet arbre se multiplie par bouture ou marcotte, ou bien encore de graines que l'on fait germer dans du marc de citron; on élève les jeunes sujets sous bâche pendant la première année, et l'on dépote la seconde.

Parties usitées. — Le fruit, nommé *citron* ou *limon*, et l'huile volatile fournie par l'écorce du fruit.

Récolte, conservation. — On récolte les fruits à la maturité, c'est-à-dire lorsque l'épicarpe est devenu entièrement jaune. Dans les pays du Nord, on préfère ceux qui ont l'épicarpe très-épais; ce ne sont pas les meilleurs, mais ils résistent bien au froid. On peut les conserver dans la saumure, dans le sable sec, ou sur des planches de peuplier, en ayant soin de les recouvrir d'une cloche en verre ou d'un bocal. Il faut, pendant l'hiver, les placer à l'abri du froid et séparer ceux qui sont gâtés, pour qu'ils ne corrompent pas les autres.

Composition chimique. — L'écorce de citron contient : *huile volatile, hespéridine, aurantine; acide gallique*. L'huile volatile (*essence de citron*), $C^{10}H^8$, obtenue par expression, est jaune, fluide, un peu trouble, d'odeur très-suave, plus légère que l'eau; elle paraît être composée de deux essences isomères. Par distillation, elle donne une essence incolore, très-fluide, mais moins suave, qu'on emploie pour détacher les étoffes de soie. L'hespéridine est une substance cristalline, résineuse; l'aurantine une matière amère. Le suc des fruits renferme : *acides citrique et malique, gomme, extractif amer*. On a extrait des semences un principe amer ou *limonine*.

Formes pharmaceutiques, doses. — Le suc d'un citron exprimé dans un demi-litre d'eau froide additionnée de sucre donne la *limonade commune*. On obtient la *limonade cuite* en versant un demi-litre d'eau bouillante sur 1 ou 2 citrons coupés par tranches; elle est moins acide et moins agréable que la limonade ordinaire. Le suc se prépare en séparant l'écorce et les graines et soumettant à la presse; on en fait un sirop. On emploie également l'alcoolat et l'alcoolature de zestes, et l'oléosaccharure.

Usages. — Le citron sous forme de limonade est souvent employé, dans les fièvres, les phlegmasies, pour calmer l'état fébrile, modérer la chaleur générale. Son suc a été vanté avec raison comme un altérant spécial dans le scorbut, soit comme prophylactique, soit dans les premières périodes de cette affection. On se sert également du suc dans les ulcères de mauvaise nature, la pourriture d'hôpital, la gangrène traumatique, les maladies diphthéritiques des voies aériennes, l'angine couenneuse, le croup, le purpura et certaines hémorrhagies passives. On l'a recommandé comme antidote dans les empoisonnements par les euphorbiacées. Il serait très-efficace contre le rhumatisme polyarticulaire. L'huile essentielle est un stimulant diffusible; on l'a administrée, à la dose de 8 gr., contre le tænia. L'écorce du fruit est tonique, carminative. Les semences ont été prescrites sous forme d'émulsion comme fébrifuges et anthelminthiques.

COCA. — Voy. *Erythroxyle coca.*

COCCULE COLOMBO. *Cocculus palmatus* DC., *Menispermum columba* Roxb., *Jateorhiza columba* Miers. MÉNISPERMÉES. De κόκκος, petite baie.

Description. — Arbuste dioïque, sarmenteux, grimpant. Racines épaisses à ramifications fusiformes. Tige volubile, simple, cylindrique, de la grosseur du petit doigt, duveteuse. Feuilles alternes, longuement pétiolées, cordées à la base, orbiculaires, acuminées, entières, palmées à 5 lobes écartés et à 5 nervures. *Fleurs mâles* sessiles sur des pédoncules simples ou rameux plus longs que les feuilles. Calice à 6 sépales caducs, corolle à 6 pétales épais et subcunéiformes. Étamines 6, plus longues que les pétales. Anthères quadriloculaires. *Femelles* à 3-6 ovaires libres, uniloculaires, surmontés d'un stigmate sessile, simple ou bifide au sommet. Le fruit est une drupe velue presque sessile, terminée par une saillie glanduleuse et noire, à noyau réniforme. ♃.

Habitat. — Les forêts qui avoisinent le canal de Mozambique, Madagascar.

Partie usitée. — La racine (*r. de colombo*). Elle se présente en tronçons de 5 à 8 centim., ou en rouelles de 3 à 5 centim. de diamètre; son épiderme est d'un brun verdâtre, épais, rugueux; sa section transversale représente des zones concentriques, son odeur est agréable, sa saveur amère; on croyait autrefois, mais à tort, qu'elle provenait de Ceylan, et son nom de colombo rappelle celui de la capitale de cette île. Il faut éviter de la confondre avec la racine du faux colombo (colombo d'Amérique ou de Marietta), fournie par le *Frasera Walteri* Michx., GENTIANÉES. Cette dernière est en rouelles irrégulières ou en tronçons; son épiderme d'un gris fauve est souvent strié circulairement. Son odeur rappelle celle de la gentiane, sa saveur est amère, puis sucrée. Elle ne se colore pas par la teinture d'iode, tandis que celle de colombo bleuit.

Composition chimique. — La racine de colombo contient : *amidon, colombate de berbérine, matière albuminoïde, huile volatile, colombine, quelques sels.* Elle ne renferme pas de tannin; on peut donc l'associer au fer. La colombine, $C^{42}H^{22}O^{14}$, cristallise en prismes rhomboïdaux, incolores, inodores, dont la saveur est très-amère, c'est un corps neutre.

Formes pharmaceutiques, doses. — 1° Poudre, 5 décigr. à 4 gram. 2° Extrait alcoolique, 2 décigr. à 1 gram. 3° Teinture, 1 à 10 gram. 4° Hydrolé, pp. 10 : 1000. Par la macération on extrait le principe odorant, les matières albuminoïdes et amères; l'infusion entraîne, en outre, un peu d'amidon, la décoction en sépare une plus grande quantité.

Usages. — C'est un amer pur, exempt d'astringence et de propriétés stimulantes, qui tonifie l'estomac sans exercer d'action particulière sur le pouls et la calorification. A haute dose, il produit des vomissements et serait même toxique. On le prescrit dans la diarrhée, la dysenterie, la dyspepsie, les coliques, les vomissements nerveux, les indigestions. On l'a également employé dans les affections scrofuleuses et scorbutiques, et les fièvres intermittentes.

COCHLÉARIA DE BRETAGNE. *Roripa rusticana*, Gre. et God., *Cochlearia armoracia*, L. Cran de Bretagne, Cranson, Raifort sauvage, grand raifort. CRUCIFÈRES. De *cochlear*, cuiller, par allusion à la forme des feuilles.

Description (fig. 82). — Plante de 6-10 décimètres tout à fait glabre. Racine épaisse, charnue, verticale, brièvement rameuse au sommet, d'une grosseur variant entre celle du doigt et celle du bras. Tige dressée, sillonnée, fistuleuse, rameuse au sommet. Feuilles radicales, très-grandes, longuement pétiolées, ovales, oblongues, cor-

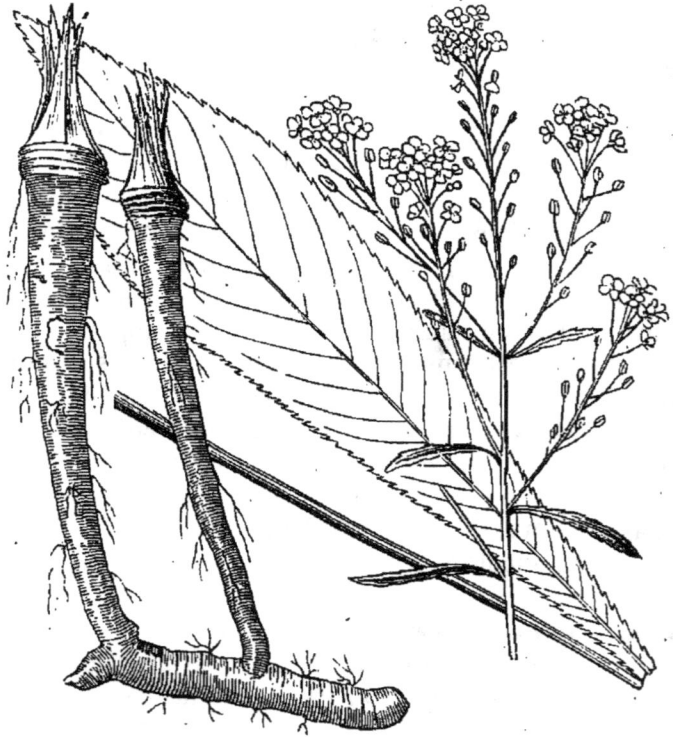

FIG. 82. — Cochléaria de Bretagne.

diformes à la base, crénelées sur les bords ; les caulinaires inférieures longuement pétiolées, lancéolées, aiguës, dentées en scie sur les bords, assez semblables aux radicales, d'autant moins grandes qu'elles sont plus élevées ; les caulinaires supérieures presque sessiles, lancéolées, incisées. Fleurs (mai-juin) blanches, petites, nombreuses, pédonculées, formant de longs épis à l'extrémité de la tige et des rameaux. Calice à 4 sépales dressés courts. Corolle à quatre pétales en croix, ovales, plus grands que le calice. Étamines 6, tétradynames, droites, divergentes ; anthères bilobées, introrses. Ovaire libre, à deux carpelles ; style court et filiforme terminé par un stigmate en tête, presque discoïde. Fruit (*silicule*) petit, ovoïde, finement réticulé, veiné, couronné par le stigmate persistant. Graines ovoïdes, lisses. ♃.

Habitat. — Croît naturellement sur les bords des ruisseaux dans les pays humides, en Bretagne et dans d'autres parties de la France

Culture. — Il peut végéter dans tous les terrains, mais les lieux frais et ombragés lui sont surtout favorables. On le multiplie en plantant, à l'automne, des éclats de sa racine, ou bien en semant la graine au printemps; celle-ci ne lève qu'autant qu'elle n'est pas trop vieille.

Partie usitée. — La racine, connue surtout sous le nom de raifort sauvage. Elle est complétement inodore quand elle est entière, mais si on vient à l'inciser transversalement, à la râper, ou à la contuser, il s'y développe une huile volatile qui irrite fortement les yeux. La saveur de cette racine est âcre et très-forte.

Récolte. — On l'emploie toujours fraîche, en ayant soin de la choisir, après la floraison, sur une plante ayant plus d'un an et moins de deux : comme les racines du cochléaria de Bretagne sont très-longues, on peut en retrancher de grandes parties sans pour cela faire périr la plante. On pourrait se servir de la racine sèche, si on l'avait desséchée avec soin, car elle reprend alors toutes ses propriétés au contact de l'eau.

Composition chimique. — Cette racine contient : *huile volatile âcre, résine amère, extractif, sucre, gomme, amidon, ligneux, albumine, acide citrique, acétate et sulfate de chaux.* L'huile volatile est liquide, épaisse, d'un jaune clair, plus pesante que l'eau; son goût est d'abord douceâtre, puis âcre et brûlant; son odeur est insupportable et provoque le larmoiement; une seule goutte suffit pour infecter un appartement. Appliquée sur la peau, elle l'enflamme et produit de la vésication. Elle est un peu soluble dans l'eau, soluble dans l'alcool. Elle est sulfurée; par sa composition et son mode de formation, elle paraît se rapprocher de l'essence de moutarde; elle ne préexiste pas d'ailleurs dans la racine et ne se forme que sous l'influence de l'eau de végétation, quand on vient à briser les cellules.

Formes pharmaceutiques, doses. — 1° Infusion, pp. 15 à 30 : 1000. 2° Suc exprimé, 15 à 30 gram. 3° Eau distillée, 15 à 30 gram. Teinture, 8 à 15 gram. Elle entre dans la tisane de raifort, la teinture de raifort composé; avec les bourgeons de sapin, la bière et le cochléaria officinal, dans la bière antiscorbutique ou sapinette; dans l'alcoolat cochléaria, dans le vin et le sirop antiscorbutique.

Action physiologique. — La racine possède, à un degré moin-

dre, il est vrai, les mêmes propriétés que l'essence, c'est-à-dire
que la pulpe appliquée sur la peau détermine la rubéfaction et la
vésication, qu'elle provoque le larmoiement. Mâchée, elle excite
fortement la sécrétion de la salive ; ingérée, elle cause de la chaleur
à l'estomac, des vomissements même, si la dose est forte. L'excitation qu'elle provoque venant à se généraliser, on constate quelquefois une diurèse abondante, une augmentation dans la transpiration.

Usages. — Comme rubéfiant, on peut substituer la racine de
raifort sauvage à la moutarde ; l'infusion est quelquefois utilisée
comme vomitif. C'est le plus énergique des antiscorbutiques. Son
action diaphorétique, diurétique, est utilisée dans les hydropisies
et surtout dans celles qui dépendent d'une affection du rein ; dans
la goutte et le rhumatisme chronique, la paralysie. Par le soufre
qu'elle renferme, elle est aussi anticatarrhale ; on l'administre comme
expectorante dans les catarrhes chroniques, l'asthme pituiteux, l'engorgement des voies respiratoires. Crue et râpée, elle est employée
comme assaisonnement.

COCHLÉARIA OFFICINAL. *Cochlearia officinalis* L. Herbe aux
cuillers, Cranson-officinal. CRUCIFÈRES.

Description (fig. 83). — Plante de 1-2 décimètres. Racine fusiforme, simple, allongée, de la grosseur d'une plume à écrire, munie de nombreuses fibrilles capillaires. Tige dressée, très-rameuse,
dès la base, anguleuse, glabre, verte, herbacée ; rameaux dressés,
atteignant tous la même hauteur, quelquefois étalés, diffus. Feuilles
alternes, un peu charnues, lisses, luisantes, d'un vert foncé ; les radicales longuement pétiolées, courbées en cuiller, plus ou moins
échancrées en cœur à la base, non décurrentes sur le pétiole, entières ou sinuées ; les caulinaires plus petites, sessiles, oblongues,
anguleuses, dentées ; les supérieures embrassant la tige par deux
oreilles. Fleurs (mai-juillet) blanches, pédonculées, disposées à
l'extrémité des rameaux en grappes corymbiformes. Calice, 4 sépales, obtus, creux et concaves en dedans, convexes en dehors,
étalés. Corolle, 4 pétales, une ou deux fois plus longs que les
sépales, obovés, étalés, entiers, longuement et subitement onguiculés à la base. Étamines 6, tétradynames, sans appendices, à filets
larges, linéaires. Style court, persistant, stigmate obtus. Fruit (*silicule*) ovale, elliptique, non vésiculeux, à deux valves longtemps
persistantes, à deux loges contenant une ou deux graines fortement
tuberculeuses. ① ou ②, suivant la nature du terrain où il végète.

Habitat. — La variété *maritima* God. croît sur les bords de la
mer, dans les terrains marécageux ; la variété *pyrenaica*, le long
des ruisseaux, dans les montagnes

Culture. — On le cultive dans les jardins maraîchers pour l'usage médical. On le reproduit de graines que l'on sème au printemps, en ayant soin de faire choix d'une terre molle et humide, exposée au nord.

Parties usitées. — Les feuilles fraîches.

Récolte. — Il faut les recueillir quand la plante est dans sa plus grande vigueur, c'est-à-dire au moment de la floraison : elles sont alors pleines d'un suc âcre et piquant. Elles exhalent, quand on les froisse dans les doigts, une odeur irritante qui excite l'éternument et les larmes ; leur saveur est chaude, âcre, légèrement amère ; elles perdent toutes leurs propriétés par la dessiccation ou l'action de la chaleur.

Composition chimique. — Elles renferment : *résine amère, extractif amer, gomme, chlorophylle, albumine végétale, sels, un peu d'iode.* Le principe actif est une huile essentielle sulfurée ou *oxysulfure d'allyle* (C^6H^5SO), qui est jaune, d'odeur fugace, pénétrante, provoquant les larmes, d'une saveur amère, plus dense que l'eau, très-volatile, soluble dans l'alcool. On a également signalé dans les feuilles la présence d'une matière âcre, la *cochléarine.*

Formes pharmaceutiques, doses. — 1° Infusion, 16 à 30 :

FIG. 83. — Cochléaria officinal.

1000 d'eau, de lait, de vin 2° Suc, 16 à 64 grammes. 3° Alcoolat composé (*esprit ardent de cochléaria*), 10 à 30 gr. 4° Vin, 50 à 150 gr. 5° Conserve, 20 à 60 gr. 6° Sirop, 50 à 60 gr. Le cochléaria est rarement employé seul ; le plus souvent on l'associe au raifort sauvage ; il fait partie de plusieurs préparations, telles que l'alcool, le vin, la bière, le sirop antiscorbutique.

Usages. — C'est un des antiscorbutiques les plus usités. On mâche les feuilles, dans les affections scorbutiques de la bouche, pour raffermir les gencives, modifier les ulcérations. Le suc est employé à l'intérieur, non-seulement dans le scorbut, mais dans les engorgements ganglionnaires et viscéraux, les scrofules, les catarrhes pulmonaires avec sécrétion abondante des bronches, l'asthme, les hydropisies qui surviennent à la suite des fièvres intermittentes, les maladies chroniques de la peau. On doit, d'après Cazin, se garder de l'employer quand il y a irritation inflammatoire dans les affections, hémorrhoïdales, l'hémoptysie, les toux sèches et spasmodiques, les palpitations, les congestions sanguines au cerveau, la céphalalgie.

COGNASSIER CULTIVÉ. *Cydonia vulgaris* Pers., *Pyrus cydonia* L. Coignier, Cognassier. ROSACÉES-POMACÉES. (De Κύδων, ville de Crète, patrie primitive de la plante.)

Description. — Arbre à tronc tortueux de 5 à 8 mètres, le plus souvent de 3 à 4 mètres, rameaux nombreux, diffus, cotonneux et blanchâtres dans leur jeunesse, devenant bruns en vieillissant. Feuilles alternes, pétiolées, ovales, arrondies à la base, obtuses, ou courtement acuminées au sommet, très-entières, vertes en dessus, blanches et cotonneuses en dessous. Stipules caduques, ovales, petites, finement dentées, à dents glanduleuses. Fleurs (mai) blanches avec une teinte rougeâtre, très-grandes, axillaires, solitaires à la partie supérieure des jeunes rameaux; pédoncules courts. Calice velu, à tube ovoïde, limbe à 5 divisions aiguës bordées de dentelures glanduleuses. Corolle assez grande, à 5 pétales concaves, un peu arrondis, un peu échancrés, deux fois plus longs que les étamines, laineux à la base. Étamines 20 et plus. Ovaire à 5 loges multiovulées; styles 5, pubescents à la base. Le fruit (*melonide*) mûrit en septembre et porte le nom de *coing;* il est pyriforme, charnu, jaunâtre, ombiliqué au sommet, surmonté par le limbe persistant et accru du calice, d'odeur forte, de saveur âpre et désagréable; endocarpe cartilagineux; loges 5, contenant chacune 10 à 15 graines, presque horizontales et entourées de mucilage. ♄.

Habitat. — Il est originaire de l'île de Crète, et il était très-commun dans les environs de la ville de Cydon, dont il porte le nom. On le trouve à l'état sauvage dans nos départements méridionaux.

Culture. — Il demande un sol léger, frais, et une exposition chaude. Les graines doivent être semées immédiatement après leur maturité, dans une terre douce, bien ameublie. On le propage également à l'aide de marcottes ou de buttages, après en avoir établi des mères d'où l'on sépare chaque année de jeunes branches plus ou moins enracinées.

Parties usitées. — Les fruits et les graines ou *pepins.*

Récolte, conservation. — Dès que les fruits sont arrivés à la maturité, on les cueille, on les laisse pendant 5 à 6 jours dans une pièce bien aérée pour les faire ressuyer, puis on les porte au fruitier, où on les dépose sur des tablettes de bois garnies de paille fine.

Composition chimique. — La pulpe des fruits contient : *sucre, tannin, acide malique, matière azotée, pectine, eau, ligneux*, et probablement *une huile volatile*. Les semences renferment : *amygdaline, émulsine, amidon, huile grasse, cydonine*. La cydonine est une matière gommeuse spéciale, développée au centre des enveloppes de la graine.

Formes pharmaceutiques, doses. — A. *Fruits*. 1° Suc, étendu d'eau q. s. pour boissons. 2° Sirop avec suc, 50 à 100 grammes. 3° Gelée, 100 à 200 gr. 4° Vin. 5° Décoction. On en prépare une marmelade et un résiné particulier dit *cotignac*. B. *Graines*. 1° Mucilage. 2° Mucilage sec; un millième suffit pour rendre l'eau presque sirupeuse. Le mucilage de coings constitue la *bandoline* des coiffeurs.

Usages. — C'est un astringent et un acidule. La décoction de coings coupés en morceaux est employée dans l'hémoptysie, la diarrhée atonique et séreuse, les vomissements chroniques; le sirop est usité dans les mêmes cas. Le vin de coing est prescrit en gargarismes contre les affections de la bouche et des gencives, et en injections contre les relâchements du vagin, les chutes de l'utérus. Le mucilage que donnent les semences est émollient, adoucissant; il trouve des applications dans le traitement des gerçures des lèvres, du mamelon, dans la conjonctivite, l'érysipèle, les hémorrhoïdes enflammées, l'eczéma des mains.

COLCHIQUE D'AUTOMNE. *Colchicum autumnale* L. Safran bâtard, S. des prés, Tue-chien, Tue-loup, Veilleuse, Veillotte. COLCHICACÉES DC., ou MÉLANTHACÉES, R. B.

Description (fig. 84). — Bulbe gros, charnu, entouré d'une tunique membraneuse, à racines fibreuses, fasciculées. Feuilles naissant au printemps, ayant 2-3 décimètres de long sur 2-4 centim. de large, dressées, oblongues, lancéolées, subaiguës, glabres, d'un vert foncé, s'embrassant les unes les autres et formant une rosette au milieu de laquelle est le fruit. Fleurs (août-septembre) de couleur rose ou lilas tendre, 5-6, disposées en cymes unipares scorpioïdes (Baillon), gaînes membraneuses et paraissant avant les feuilles. Périgone en entonnoir campanulé, d'environ 1 décimètre de long, à tube 5 ou 6 fois plus long que le limbe, ce dernier formé de 6 divisions soudées à la base, lancéolées, oblongues. Étamines 6, dont 3 plus courtes; filets filiformes, subulés; anthères allongées, vacillantes. Ovaire trigone, libre, situé au fond du tube. Styles 3, libres, crochus, enroulés; stigmates pâles, longuement

prolongés sur les styles. Fruit (*capsule*) (mai-juin) de la grosseur
d'une noix, obovale, renflé, formé de 3 carpelles soudés par la suture ventrale et s'ouvrant au sommet par le bord interne. Graines
brunes, globuleuses ou ovoïdes, chagrinées. ♃.

Cette plante présente, dans son mode de végétation, quelques
particularités qu'il convient de faire connaître. Le bulbe acquiert
son développement normal au printemps; il renferme alors sous

FIG. 84. — Colchique d'automne.

FIG. 85. — Tubercule
de colchique.

l'écorce, à sa partie supérieure et latérale, un nouveau bulbe de la
grosseur d'un haricot, qui s'accroît et arrive à son développement
complet en trois mois; pendant ce temps-là, le bulbe primitif se
flétrit et il a en entier disparu quand le bulbe nouveau est complétement formé. Lorsqu'à la fin de l'été le nouveau bulbe arrive à la
floraison, les feuilles, qui, bien que formées, ne sont point encore
apparentes, s'arrêtent dans leur développement. Quand la fécondation est opérée, la fleur se détruit, mais l'ovaire fécondé, qui, par
suite de la longueur du tube calicinal, est resté caché sous terre,
demeure dans cette situation tout l'hiver, puis peu à peu grossit, se
montre au printemps et s'élève avec les feuilles, qui commencent
alors à se manifester au dehors.

Habitat. — Les pâturages humides d'une grande partie de l'Europe. Le colchique abondait, dit-on, en Colchide et tirerait son nom de cette contrée.

Culture. — Le colchique sauvage suffit aux besoins de la médecine. On pourrait le cultiver dans une terre franche et douce à l'aide des caïeux qu'on relève dans le mois de juin pour les replanter aussitôt, ou au plus tard au mois d'août, en les enfonçant de 5 à 8 centimètres.

Parties usitées. — Les fleurs et surtout les bulbes et les graines.

Récolte, dessiccation, conservation. — Le moment le plus favorable pour la récolte du bulbe est le mois d'août, avant l'apparition des fleurs. Il est alors ovoïde (fig. 85), gros comme un marron, comprimé et creusé longitudinalement d'un côté, convexe de l'autre; sa tunique externe est coriace, brune et veinée; son parenchyme blanc, solide, succulent, d'une odeur forte et désagréable, d'une saveur forte et corrosive. On doit le renouveler tous les ans. On le dessèche à l'étuve ou au soleil et on le conserve dans un lieu sec. Les fleurs doivent être recueillies en septembre, les graines dès qu'elles sont mûres.

Composition chimique. — Le bulbe renferme : *matière grasse, matière colorante jaune, colchicine, gomme, amidon, inuline, ligneux, acide gallique* La colchicine, $C^{46}H^{31}AzO^{21}$, qui paraît être le principe actif, est une substance vénéneuse, neutre ou faiblement alcaline, amorphe ou cristallisant en prismes ou en aiguilles incolores, amères; elle est soluble dans l'eau, l'alcool, l'éther, le chloroforme. Elle se colore par l'acide azotique en un violet qui vire au vert olive ou au jaune. Sous l'influence des acides, elle se dédouble en un corps cristallisable particulier, la colchicéine, $C^{35}H^{22}AzO^{11}$ (?), et en une substance de nature résinoïde. La colchicine existe aussi dans les graines, les fleurs, les feuilles, les capsules fraîches. Les graines contiennent une huile grasse qui est drastique et peut devenir vénéneuse. L'analyse chimique du colchique est d'ailleurs très-imparfaite.

Formes pharmaceutiques, doses. — On emploie les graines de préférence aux bulbes, car chez les premières la quantité de colchicine est moins variable et leur effet thérapeutique plus sûr; elles sont d'ailleurs plus actives dans la proportion de 4 ou 6 à 1. A. *Semences.* 1° Teinture, 1 à 8 gr. 2° Extrait alcoolique, 1 centigr., à 1 décigr. 3° Vin, 4 à 16 gr. B. *Bulbe sec.* 1° Poudre, 5 à 30 centigr. 2° Teinture, 2 à 14 gr., mais on ne doit pas dépasser 8 gr., en 24 heures. 3° Vin, 5 à 16 gr., en plusieurs doses. 4° Vinaigre, 5 à 20 gr. 5° Mellite de bulbes, 15 à 60 gr. L'alcoolature se donne aux mêmes doses que la teinture, et lui est préférable. C. Alcoolature de fleurs, 4 à 16 gr. Toutes les préparations de colchique doivent être administrées avec prudence, en commençant par de petites quantités ; il ne faut pas les donner longtemps, même à faible dose, les effets pouvant s'accumuler. Le colchique entre dans beaucoup de remèdes secrets, tels que l'*élixir de Reynolds*, la *liqueur de Laville*, le *vin d'Anduran*, le *sirop de Boubée*, les *pilules de Lartigue*.

Action physiologique. — Le colchique est une substance très-active, pouvant occasionner l'empoisonnement à dose élevée, mais on ne sait rien de précis sur son action physiologique ; aussi toutes ses applications thérapeutiques sont-elles fondées sur l'empirisme. Dans tous les cas, on n'observe ni sueurs, ni diurèse, ni élimination plus grande d'acide urique, comme on l'avait cru pendant longtemps. A haute dose, il détermine une inflammation gastro-intestinale, des nausées, des vomissements, des coliques et d'abondantes évacuations alvines, la soif, le délire, l'abaissement du pouls, la mort. Le tannin est le contre-poison du colchique

Usages. — Les préparations de colchique sont usitées dans les diverses hydropisies, les rhumatismes, la goutte. Son efficacité dans cette dernière affection est incontestable, soit qu'il agisse comme drastique, soit qu'il exerce une action sédative. On l'a employé aussi dans l'asthme, l'hystérie, la chorée, la leucorrhée, les douleurs syphilitiques.

Hermodactes. — On donne ce nom aux bulbes fournis par le colchique panaché (*C. variegatum* L.). Ils jouissent des mêmes propriétés que le colchique d'automne, quoique moins actifs ; ils sont inusités.

COLOMBO. — Voy. *Coccule colombo.*

COLOQUINTE. — Voy. *Cucumère coloquinte.*

CONCOMBRE SAUVAGE. *Ecballium agreste* R.; *Momordica elaterium* L., *Elaterium cordifolium* Mœnch. Ecballie élatérie, Momordique élastique, Concombre d'âne. Cucurbitacées.

Description (fig. 86). — Plante de 2-6 décimètres. Racine longue, épaisse, blanchâtre. Tiges épaisses, courbées, rampantes, rameuses, couvertes de poils rudes. Feuilles longuement pétiolées, alternes, sans vrilles, triangulaires dans leur pourtour, profondément échancrées à la base, obtuses, irrégulièrement dentées ou sinuées, lobées, vertes, hérissées, tuberculeuses en dessus, blanches cotonneuses en dessous. Fleurs monoïques, assez petites, d'un jaune pâle (mai-août) ; les deux sexes naissent souvent de l'aisselle de la même feuille. *Mâles*, en grappes allongées, lâches, quelquefois solitaires ou accompagnées d'une fleur femelle aux aisselles supérieures. Calice brièvement campanulé, à 5 divisions linéaires, lancéolées. Corolle insérée sur le calice et le dépassant, à 5 segments longs, mucronés, pubescente. Étamines 5, soudées 2 à 2, la cinquième libre. Anthères uniloculaires contournées en S. *Femelles*, ordinairement solitaires au sommet d'un pédoncule axillaire, quelquefois 2-3 à la base de la grappe des mâles. Calice à tube ovoïde resserré au-dessus de l'ovaire ; limbe campanulé 5-parti. Corolle semblable à celle des mâles. Ovaire à 3 loges multiovulées. Style trifide, stigmate bifide. Fruit (*baie*) penché, ovoïde, d'un vert jaunâtre quand il est mûr, pubescent, hérissé de tubercules, se détachant du pédoncule à la maturité, soit spontanément, soit au moindre contact, et lançant au dehors, par une ouverture basilaire, les graines et la pulpe mucilagineuse qu'il contient. Graines brunes, oblongues. ♃.

Habitat. — Il est commun dans les régions méridionales de la France, où on le rencontre dans les lieux incultes, les décombres.

Culture. — Le concombre sauvage ne résiste pas au froid dans les départements du Nord. On le reproduit en semant 2 ou 3 graines en pot, dans une terre

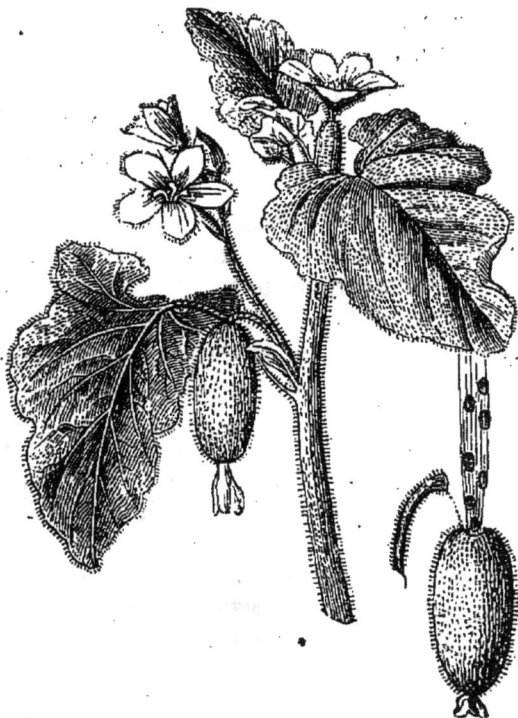

FIG. 86. — Concombre sauvage.

chaude et légère, ou bien en pleine terre ou encore sur couche. Les semis se font en avril, à une exposition chaude, et l'on repique en mai, au pied d'un mur, au midi.

Parties usitées. — Le suc des fruits et la racine.

Récolte. — On recueille les fruits en automne un peu avant la maturité ; la racine au printemps ou à l'automne.

Composition chimique. — Le suc des fruits contient : *matière amylacée, principe extractif non purgatif, albumine végétale, élatérine, sels.* L'élatérine, $C^{20}H^{14}O^5$ (?) est une substance amère, styptique, drastique, cristallisant en prismes rhomboïdaux incolores, très-brillants, insolubles dans l'eau, solubles dans l'alcool et l'éther, fusibles à 100°.

Formes pharmaceutiques, doses. — 1° L'extrait du suc connu sous le nom d'*élatérium*. On connaît deux élatériums, le français et l'anglais. En France, on prépare cet extrait en évaporant le suc, après avoir séparé par décantation la partie liquide; c'est une mauvaise préparation, car l'élatérium est insoluble dans l'eau. En Angleterre, on décante le suc, on rejette la partie liquide, et on sèche à une douce chaleur le résidu vert pâle qui s'est déposé. Cet élatérium est incomparablement plus énergique que le produit français. Il purge à la dose de 6 à 13 milligr. 2° L'élatérine, dose 3 à 4 milligr. 3° La décoction de la racine sèche, pp. 20 : 1000; on fait réduire de moitié.

Usages. — L'élatérium est une substance très-âcre qui irrite fortement les muqueuses et la peau dépouillée de son épiderme. A l'intérieur, c'est le plus violent des drastiques; il produit des superpurgations à des doses moindres qu'un centigramme; il enflamme la muqueuse gastro-intestinale, détermine des vomissements, des selles séreuses nombreuses, avec coliques : cet effet purgatif se manifeste même en faisant absorber la substance par la peau; le lait paraît contracter cette propriété purgative quand on a administré l'élatérium à la nourrice. La décoction de la racine est encore plus active que les fruits. L'élatérium est peu employé en France, malgré son énergie et à cause de l'inégalité d'action qu'il présente suivant son espèce commerciale. On l'administre dans l'hydropisie, la néphrite albumineuse On l'a également employé comme emménagogue et anthelminthique. On appliquait autrefois le cataplasme de racine sur les tumeurs goutteuses.

CONSOUDE OFFICINALE. *Symphytum officinale* L., *S. major* Dod., *Consolida major* Matth. Grande consoude, Consoude,. Oreille d'âne, Hérbe à la coupure. BORRAGINÉES.

Description (fig. 87). — Plante de 3-6 décim., hérissée. Racines épaisses, fibreuses, allongées. Tige rameuse, forte, dressée, quadrangulaire, un peu membraneuse sur les angles. Feuilles alternes, un peu fermes, rudes, parsemées de petits poils épars et de poils plus longs sur les nervures ; les inférieures grandes, ovales, lancéolées, s'amincissant vers le pétiole, qui est très-long; les supérieures souvent opposées, étroitement lancéolées, acuminées, sessiles et longuement décurrentes. Fleurs (mai-juin) en petites grappes unilatérales, géminées, penchées, blanchâtres, jaunâtres u rosées. Calice persistant, à 5 divisions étroites, lancéolées, acuminées, dressées. Corolle tuberculeuse, campanulée; tube droit, allongé; limbe à 5 lobes courts, triangulaires, obtus, recourbés en dehors, fermé à la gorge par 5 écailles incluses, subulées, glanduleuses sur les bords, rapprochées en cône. Étamines 5, incluses;

filets sans appendice; anthères plus longues que le filet. Ovaire (*ov*, fig. 88), 4, ovoïdes, trigones, entourés d'un disque (*d*) saillant et plissé. Du milieu des ovaires s'élève un style simple pourvu à sa base de 2 angles saillants (*a*). Stigmate obtus. Fruit formé de 4 achaines distincts, ovés, rugueux. ♃.

Habitat. — Croît dans les prairies humides, le bord des eaux; elle est commune dans le nord et le centre de la France; elle est rare dans la région du Midi.

Culture. — Elle est très-rustique et très-commune. On ne la cultive pas; si on voulait le faire, il suffirait de semer la graine mûre, qui lève et prospère sans soins.

Partie usitée. — La racine. Elle est longue de 3 décim. environ, de la grosseur du doigt, noirâtre en dehors, blanche, charnue en dedans, inodore, douceâtre, visqueuse, gluante.

Récolte. — On [peut l'avoir fraîche en tout temps. On la coupe en tranches longitudinales, si on désire la dessécher et la conserver; il faut avoir soin de la récolter l'hiver.

FIG. 87. — Consoude officinale.

Composition chimique. — La racine de consoude contient : *malate acide d'althéine*, *mucilage*, *tannin*. On doit éviter, à cause de cet acide, de préparer la décoction dans des vases de fer.

Formes pharmaceutiques, doses. — 1° Décoction, pp. 15 à 60 : 100. 2° Sirop, 50 à 100 gram.

Usages. — Les anciens avaient la plus haute idée des vertus de cette plante; elle doit son nom de consoude (*consolidare*) à la propriété qu'on lui supposait de consolider les fractures, sans le secours d'aucun appareil. On la croyait aussi utile dans la diarrhée, la dysenterie, les hémorrhagies utérines, l'hémoptysie, etc. Aujourd'hui, bien qu'il soit reconnu que le médicament est loin d'avoir l'efficacité qu'on lui attribuait jadis, on le prescrit encore dans ces affections. Il réunit, en effet, à des propriétés émollientes, béchiques, une action astringente, qui permet de le considérer comme un adjuvant dans le traitement des maladies que nous venons d'énumérer. La pulpe, appliquée sur les brûlures au premier degré, produit un rapide soulagement. On utilise aussi cette pulpe pour guérir les gerçures du sein; on peut également, dans ce cas, creuser la racine en forme de dé à coudre et introduire le mamelon dans la cavité intérieure : on apaise ainsi la douleur et l'on hâte la cicatrisation.

Fig. 88. — Ovaire.

Plusieurs plantes appartenant à des familles différentes portent le nom de consoude; c'est pour en distinguer le *Symphytum officinale* que l'appellation de *grande* lui a été affectée.

COPAYER OFFICINAL. *Copaifera officinalis* Jacq. LÉGUMINEUSES-CŒSALPINIÉES.

Description (fig. 89). — Arbre élevé de 18 à 20 mètres. Bois rouge, branches étalées, rameaux glabres, d'un brun cendré, un peu fléchis en zigzag. Feuilles alternes, pétiolées, composées de 3-8 folioles alternes, longuement pédicellées, ovales, acuminées, entières, glabres, luisantes, ponctuées, un peu coriaces, accompagnées à la base de 2 stipules caduques. Fleurs blanches, petites, hermaphrodites, disposées en grappes ramifiées, lâches, axillaires. Calice formé de 4 sépales étalés, deux latéraux, un antérieur, l'autre postérieur, ce dernier plus large que les 3 autres; car il représente à lui seul 2 folioles calicinales dont on retrouve parfois la trace vers son sommet plus ou moins profondément échancré (Baillon). Là corolle manque. Étamines 10, libres, égales, sur deux rangs; filet libre; anthère petite et arrondie, jaunâtre. Ovaire supporté par un pied court, uniloculaire, biovulé, surmonté d'un style réfléchi, puis redressé, qui se termine par un petit stigmate. Fruit (*gousse*) à pied court, orbiculaire, oblique, comprimé, pointu, glabre, bivalve, contenant une graine descendante, munie d'une aile en forme de sac qui enveloppe plus ou moins complétement la base.

Habitat. — Croît naturellement dans l'Amérique méridionale.

Partie usitée. — Le suc oléo-résineux improprement appelé *baume.*

Récolte. — Le baume de copahu s'obtient en pratiquant, pendant l'été, une incision au tronc de l'arbre avec une hache, ou un trou avec une tarière. Une seule ouverture peut donner 6 kilogr. de liquide; on en fait 2 ou 3 par arbres. Ce suc est liquide, transparent, incolore, s'il est récent; il devient d'un jaune citron en vieillissant; son odeur est forte et pénétrante, sa saveur amère, très-désagréable; presque insoluble dans l'eau, il se dissout dans l'alcool absolu, l'éther et les huiles essentielles. On en trouve deux sortes

Fig. 89. — Copayer officinal.

principales dans le commerce : 1° le baume de copahu du Brésil, qui arrive dans des tonneaux de 50 à 200 kilogr.; il est très-fluide, complétement soluble dans l'alcool très-rectifié, mais la solution est un peu laiteuse à cause d'une petite quantité de résine molle qui reste en suspension; 2° le baume de copahu de la Colombie, qui arrive par Macaraïbo, dans des estagnons de fer-blanc de 30 à 50 kilogr.; on trouve au fond des vases qui le contiennent un dépôt assez abondant, épais, ambré, formé par de la résine cristallisée.

Le copayer officinal n'est point, d'ailleurs, le seul végétal qui donne du baume de copahu; on l'extrait encore des *C. guyanensis*

DC., *C. nitida* Mart., *C. Martii* Hay, *C. Langsdorfii* Desf., *C. co-*
riacea Mart., *C. Beyrichi* Hay.

Composition chimique. — Le baume de copahu contient : *huile*
volatile hydrocarbonée, acide copahivique, résine incristallisable.
L'huile volatile, $C^{20}H^{16}$, isomère de la térébenthine, est liquide, incolore, d'un poids spécifique égal à 0,878, ayant l'odeur du baume,
bouillant entre 245° et 260°, soluble dans l'alcool anhydre et l'éther.
L'acide copahivique, $C^{40}H^{30}O^{14}$, est une résine acide inodore, soluble
dans les huiles, l'éther, l'alcool, capable de s'unir aux bases ; c'est à
cette propriété de l'acide copahivique que le baume de copahu doit de
pouvoir se solidifier au contact de certaines bases. La résine est
jaunâtre, visqueuse, onctueuse, soluble dans l'alcool anhydre et
l'éther ; elle est isomère de l'acide copahivique, mais elle se forme
par l'oxygénation de l'essence à l'air, tandis que l'acide copahivique se produit sous l'influence de l'acte végétatif. Si le baume est
extrait d'un arbre vieux, il contient beaucoup d'acide ; si, après son
extraction, il a subi pendant longtemps l'action de l'air, il renferme
beaucoup de résine. Privé de son huile volatile par une ébullition
prolongée avec l'eau distillée, il laisse une résine sèche et cassante.
Si on l'agite dans un ballon avec de l'ammoniaque liquide à 0,917
de densité (5 p. de copahu et 2 d'ammoniaque), en le plaçant à la
température de 10° à 15°, le mélange, d'abord trouble, redevient
immédiatement transparent et reste homogène. La propriété qu'il
possède de se solidifier par un seizième de son poids de magnésie
calcinée, dépend de l'espèce de copahu ou de son ancienneté dans
le commerce, et n'est ni une marque de pureté, ni un indice de fal-
sification (Codex).

Formes pharmaceutiques, doses. — Le baume de copahu
s'administre à la dose de 4 à 20 gram. par jour en 3 ou 4 fois. Il
revêt une foule de formes pharmaceutiques, telles que celles d'émulsion, de sirop, de bols, de pilules, de capsules. On le donne également en lavement ; on l'associe souvent au cubèbe.

Action physiologique. — A faible dose (1 à 2 gram.), il active les
fonctions de l'estomac, augmente l'appétit ; à la dose de 10 gram., il
détermine une sensation de gêne et de pesanteur à l'estomac, des
nausées, des vomissements, de la diarrhée avec coliques. Il s'élimine par les reins, le poumon et la peau ; l'haleine et les sueurs en
prennent l'odeur caractéristique. On observe aussi, sous son influence,
une sensation de chaleur dans les bronches s'accompagnant de sécheresse et de toux. Souvent la peau, dans les régions où elle est fine
et délicate, devient le siége d'un exanthème particulier (érythème,
urticaire, miliaire rouge, éruption scarlatiniforme). En résumé, ce
médicament est caractérisé par trois sortes de manifestations bien

distinctes, les unes sur les organes génito-urinaires, les autres sur les bronches, les troisièmes sur la peau.

Usages. — Il est employé avec avantage dans la blennorrhagie, soit au début, s'il n'y a point encore de phénomènes inflammatoires, soit plus tard, alors que ces accidents se sont présentés et ont été conjurés par une médication antiphlogistique appropriée ; dans le catarrhe vésical, on injecte alors, dans la vessie, l'eau d'orge chargée de copahu ; dans le catarrhe pulmonaire, les bronchites rebelles, où il donne de bons résultats, en modifiant la muqueuse trachéo-bronchique. La stimulation qu'il exerce sur la peau le fait prescrire avec succès dans quelques dermatoses, telles que le psoriasis. Enfin, on l'a proposé dans le croup et les affections diphthéritiques, où il aurait donné quelques résultats encourageants.

COQUE DU LEVANT. — Voy. *Anarmite coque du Levant.*

COQUELICOT. — Voy. *Pavot coquelicot.*

COQUERET ALKÉKENGE. — *Physalis alkekengi* L., *Halicacabum* des Latins, d'où paraît dériver par corruption le mot alkakangi ; la dénomination de *physalis* vient de φυσαλίς, bulle ou ampoule. Coqueret alkékenge, Coqueret officinal, Cerise d'hiver ou de Juif, Physale. SOLANACÉES.

Description. — Plante de 3-6 décimètres. Rhizome articulé, longuement traçant, tige dressée, simple ou rameuse, anguleuse, d'un vert rougeâtre. Feuilles alternes, pétiolées, géminées, ovales, irrégulières, pointues, ondulées-sinuées sur les bords, assez grandes, d'un vert sombre. Fleurs (juin-septembre) solitaires, blanches, assez grandes, portées par des pédoncules axillaires courts et recourbés. Calice petit, à 2 lobes, urcéolé. Corolle rotacée, tube court ; limbe étalé, à 5 divisions ovales, aiguës et plissées. Étamines 5, filets assez longs, anthères conniventes. Ovaire ovoïde, glabre, à 2 loges ; style de la longueur des étamines ; stigmate petit, convexe. Le fruit (fig. 90) est une baie rougeâtre, succulente, de la grosseur d'une petite cerise (*fr*), accompagnée par le calice persistant (*s*), qui lui forme une enveloppe membraneuse, vésiculaire, rougeâtre. Graines réniformes et aplaties. ♃

Ne pas confondre avec la belladone. Il s'en distingue par son calice coloré et accrescent et ses baies rouges ou jaunes, mais non noires.

Habitat. — Il croît spontanément dans les champs, les vignes, les bois taillis de la France.

Culture. — On sème les graines en pots à l'automne ou au printemps, et l'on repique les pieds lorsqu'ils sont assez forts. Il se propage de lui-même.

Parties usitées. — Les tiges, les feuilles et surtout les baies.

Récolte, dessiccation. — On récolte les baies quand elles sont mûres, c'est-à-dire à la fin d'août ou en septembre. Pour hâter leur dessiccation, on les sépare souvent du calice et on les fait sécher à l'air libre d'abord, puis dans une étuve ou dans un four chauffé à 40°. Desséchées, elles ressemblent à de petites jujubes ridées. On les trouve dans le commerce nues ou accompagnées de leur calice, de couleur orange. Elles sont aigrelettes, un peu amères et assez agréables.

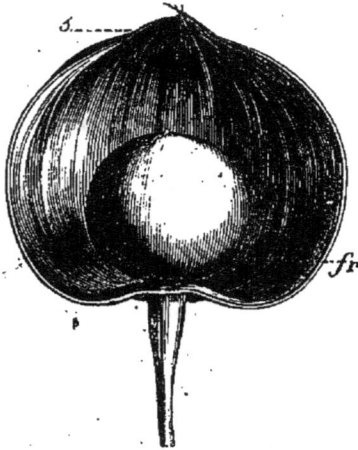

Composition chimique. — Le coqueret renferme une matière cristalline amère, non alcaline, la *physaline*. La saveur acide des baies est due à l'acide malique.

Formes pharmaceutiques, doses. — 1° Poudre des baies ou des feuilles, 4 à 20 gr. 2° Baies fraîches et mûres, 6 à 20 gr. 3° Infusion des baies, pp. 15 à 60 : 1000. 4° Suc des baies, 30 à 60 gr. On en prépare encore un vin, un extrait qui fait la base des pilules antigoutteuses de Laville; elles entrent dans la formule du sirop composé de chicorée.

FIG. 90. — Fruit du coqueret.

Usages. — Les baies sont diurétiques; les feuilles, les tiges, les calices, constituent des amers dépuratifs; aussi a-t-on préconisé ces diverses parties soit contre la pierre, la goutte, l'ictère, plusieurs genres d'hydropisies, soit comme fébrifuges. La poudre des baies et des calices a été surtout vantée comme fébrifuge (Gendron), et c'est principalement dans les cas de fièvres intermittentes automnales qu'elle a donné de bons résultats. C'est, par suite, un remède précieux pour les habitants de la campagne; certainement il n'a ni la promptitude d'action, ni la sûreté du sulfate de quinine; mais il possède le grand avantage de ne rien coûter et d'être toujours sous la main des paysans. Les feuilles ont été employées, à l'extérieur, en fomentations et en cataplasmes, comme émollientes et calmantes.

CORIANDRE CULTIVÉE. *Coriandrum sativum* L., Coriandre. OMBELLIFÈRES-CORIANDRÉES. En grec κορίανδρον et κορίανον, dérivés de κόρις, punaise.

Description (fig. 91). — Plante herbacée, glabre, d'un vert gai, d'odeur forte, aromatique, désagréable, qui rappelle celle de la punaise, surtout quand on la froisse dans les doigts, et qui devient agréable par la dessiccation. Racine pivotante, fibreuse, grêle, blanchâtre. Tige dressée, cylindrique, comme noueuse, légèrement striée, rameuse au sommet. Feuilles alternes, pétiolées, luisantes, les adi-

cales presque entières incisées et cunéiformes, les caulinaires inférieures pennatiséquées, à segments larges, cunéiformes, incisés-den-
tés; les supérieures bi- ou tripennatiséquées, à segments découpés
en lanières, fines, linéaires, aiguës. Fleurs (juin-juillet) hermaphrodites, régulières, petites, blanches ou rougeâtres; ombelles de 5-10
rayons, sans involucre; ombellules multiflores, à involucelle de 3 folioles linéaires courtes, pla-
cées d'un côté. Calice gamosépale; tube adhérent à
l'ovaire; limbe à 5 dents
inégales, allongées, ovales-
lancéolées, étalées, inégales, persistantes. Corolle,
5 pétales obovales, échancrés, avec une lanière infléchie. Étamines 5; anthè-
res biloculaires, introrses.
Ovaire à 2 loges uniovulées;
styles 2, épais à la base,
courbés en dehors. Fruit
(*diachaine*) globuleux, ovoïde, jaunâtre, du volume
du plomb à bouteille, surmonté de 5 dents inégales,
se séparant en 2 méricarpes
portant 5 côtes déprimées,
flexueuses, 4 côtes secondaires saillantes, des vallécules sans bandelettes, et
qui restent suspendus à un
carpophore bifide. Graines
excavées du côté de la com-
missure. ④.

FIG. 91. — Coriandre cultivée.

Habitat. — La corian-
dre, originaire de l'Orient et de la Grèce, est spontanée en Italie et
en Espagne. Elle s'est acclimatée en France.

Culture. — On la cultive aux environs de Paris, dans la plaine
des Vertus, à Belleville et à St-Denis, en Touraine, en Alsace. Elle
vient dans tous les terrains, mais de préférence dans les sols légers
et bien exposés au soleil. On la sème en avril, en pleine terre; elle
ne demande d'autres soins que quelques sarclages. On prétend qu'il
a danger à séjourner près des champs de coriandre, à cause de
'odeur qu'exhale cette plante.

Partie usitée. — Les fruits, improprement appelés semences.

Récolte. — On les récolte au mois de septembre, époque de leur maturité, et on les fait sécher à l'ombre.

Composition chimique. — Ils contiennent une huile volatile de couleur citrine, très-odorante. L'analyse complète est encore à faire.

Formes pharmaceutiques, doses. — 1° Infusion, 10 à 30 gr. : 1000. 2° Eau distillée, 30 à 100 gr. 3° Poudre, 1 à 4 gr. 4° Teinture, 2 à 4 gr. 5° Alcoolat, 4 à 20 gr. 6° Huile essentielle, 30 centigr. à 1 gr. Ils entrent dans l'alcoolat de mélisse composé et, comme correctif, dans la *médecine noire*.

Usages. — La coriandre est peu usitée de nos jours ; elle possède les propriétés des ombellifères aromatiques, c'est-à-dire qu'elle provoque l'hypersécrétion du suc gastrique, qu'elle est stomachique, carminative, diaphorétique. On l'emploie dans les affections gastro-intestinales ; elle a été conseillée dans l'hystérie et les céphalalgies qui se rapportent à cette maladie, dans la fièvre quarte. Les confiseurs en préparent des dragées pour parfumer l'haleine ; on s'en sert dans quelques pays pour aromatiser les aliments et les boissons.

COTONNIER HERBACÉ. *Gossypium herbaceum* L. MALVACÉES-HIBISCÉES.

Description. — Végétal herbacé de 5 décimètres environ, mais pouvant atteindre une hauteur de 2 mètres et devenant alors ligneux. Feuilles alternes, pétiolées, cordiformes, palmatinervées, à 3-5 lobes courts, arrondis, terminés par une pointe brusque, présentant une glande à la base, et souvent parsemées de points noirs. Fleur d'un jaune pâle avec une tache pourpre à la base de chaque pétale. Calicule de 3 folioles cordiformes, incisées. Calice gamosépale, cupuliforme, à 5 dents obtuses. Corolle à 5 pétales obovés, contournés, soudés avec la base du tube staminifère, celui-ci dilaté en forme de dôme à sa partie inférieure, qui recouvre l'ovaire, se divisant en haut en nombreux filaments simples ou bifurqués portant des anthères réniformes et bivalves. Ovaire sessile, à 3-5 loges, surmonté d'un style et d'un stigmate claviforme à 3-5 sillons. Le fruit est une capsule de la grosseur d'une noix, un peu épaisse, coriace, à 3-5 loges, s'ouvrant en autant de valves septifères et contenant des graines nombreuses, ovoïdes, couvertes d'un épiderme spongieux auquel adhèrent de longs filaments blancs ou roussâtres, doux, soyeux, qu'on nomme *coton*. ①.

Habitat. — Il croît en Égypte, en Perse, aux grandes Indes. Sa culture s'est propagée dans plusieurs régions méditerranéennes, l'Italie, l'Espagne.

Une autre espèce de cotonnier, le C. arborescent, *G. arborum* L., est non moins important. Sa tige, haute de 5 à 6 mètres, ligneuse par le bas, à rameaux pubescents au sommet, porte des feuilles à 5 lobes profonds, des fleurs purpurines. On le trouve aux Indes, en Arabie, en Chine, sur la côte occidentale d'Afrique. Il a été transporté de là aux Canaries, et en Afrique, où il est cultivé depuis un temps immémorial. On connaît d'ailleurs d'autres cotonniers, parmi lesquels nous citerons : les *G. indicum* Lam. (fig. 92), *G. religiosum* L., *G. vitifolium*, *G. micranthum*, etc. Dans le commerce, on désigne les cotons par le nom de leur pays de provenance avec l'indication de la longueur de la soie (*coton longue soie, coton courte soie*). Les premiers ont des fibres de 20 à 39 millim.; chez les seconds, les filaments varient entre 14 et 25 millim.

Culture. — On le reproduit des graines; il demande un sol bien meuble et permettant aux racines de s'étendre. Les terres légèrement salées lui conviennent; le cotonnier venu sur les côtes de la mer donne les meilleurs produits.

Récolte. — On recueille le coton lorsque les capsules s'ouvrent et que les flocons laineux débordent de toute part. On l'expose pendant quelque temps au soleil, puis on sépare les

Fig. 92. — Cotonnier.

filaments, de la graine, à l'aide d'un moulin particulier. Dans cet état, il porte le nom de *coton brut*.

Propriétés physiques et chimiques. — Le coton est doux, soyeux, blanc ou roussâtre; son poids spécifique est 1,949. Vu au microscope, quand il est frais, il paraît formé de tubes cylindriques très-fins, remplis d'un liquide que le lavage n'enlève pas. Quand la fibre est desséchée, elle se présente sous la forme de tubes aplatis, plus ou moins diaphanes, et dont les bords mousses sont relevés par deux bourrelets parallèles sur toute leur longueur. Insoluble dans l'alcool, l'éther, l'huile, les acides végétaux, il est soluble dans les dissolutions alcalines concentrées, les acides minéraux puissants, et l'ammoniure de cuivre ou réactif de Schweitzer. L'acide azotique étendu le transforme en acide oxalique. Sous l'influence d'un mélange d'acide nitrique fumant (1 partie) et d'acide sulfurique monohydraté (2 parties), il donne le *coton-poudre* ou *pyroxyline*, $C^{24}H^{17}O^{17},5AzO^5$.

Usages. — Dans l'Inde, les racines, les feuilles et les fleurs du cotonnier sont usitées comme émollientes. Les semences en infusion théiforme passent pour fébrifuges en Amérique. On en retire, par expression, une huile grasse pouvant servir à l'éclairage et à la fabrication du savon, et dont on extrait une matière colorante bleue. Il est presque inutile de faire ressortir les avantages des linges de coton pour certaines pièces de pansement. Les étoffes de coton intéressent l'hygiéniste, car elles sont également propres à garantir de la chaleur et du froid. En effet, le coton est mauvais conducteur de la chaleur, il conserve au corps sa température dans les pays froids, mais il absorbe aussi promptement la sueur; il rend, par suite, la transpiration plus facile, plus libre, et met à l'abri des maladies qu'entraîne souvent la suppression de l'exhalation cutanée. Sous forme de ouate, on l'applique sur les plaies consécutives aux opérations, pour les soustraire à l'action des ferments morbides; sur les brûlures, dont il calme assez rapidement les douleurs, soit par une action spéciale, soit parce qu'il s'interpose comme une cuirasse entre l'air et la partie brûlée. On l'imbibe de nitre ou de chlorate de potasse, pour en faire des moxas. En Angleterre, on fabrique une charpie de coton feutré que l'on considère comme supérieure à notre charpie de fil. D'après de récentes expériences, le coton imprégné de glycérine vaut la meilleure charpie comme absorbant.

Le coton-poudre, dissous dans l'éther alcoolisé, donne le collodion, qui a reçu de nombreuses applications en médecine et en chirurgie comme moyen de protection, de contension et de compression.

COURGE POTIRON. *Cucurbita maxima* Duch., *Pepo macrocarpus* Rich. Gros potiron, Citrouille courge. CUCURBITACÉES.

Description. — Racines courtes, fibreuses. Tige herbacées, étalée, sarmenteuse, longue de 6 à 10 mètres, cylindrique, cannelée, fistuleuse, charnue, velue, munie de vrilles rameuses. Feuilles grandes, alternes, pétiolées, réniformes, à contour anguleux et denté, à 5 lobes obtus, recouvertes de poils presque sans roideur. Fleurs axillaires, jaunes, grandes, monoïques, portées sur des pédoncules qui, à la maturité, deviennent durs, renflés, striés. *Mâles :* calice campaniforme, se rétrécissant en entonnoir à la base. Corolle campaniforme, à 5 divisions étalées, réfléchies, soudée inférieurement avec le calice. Étamines 5, triadelphes et synanthérées, formant une colonne. Anthères linéaires en S, courbées, s'ouvrant longitudinalement. Pistil rudimentaire. *Femelles :* le calice et la corolle ont la même forme que chez les mâles, mais le calice adhère à l'ovaire. Anthères stériles. Ovaire à 3 ou 5 loges. Style court, portant au sommet 3 gros stigmates épais, glanduleux, obcordés. Fruit (*péponide*) globuleux, aplati avec des enfoncements considérables à la base et au sommet, pouvant acquérir 1 mètre de diamètre et un poids de 30 kilog. et plus, à surface lisse ou presque lisse, marquée de côtes peu ou point saillantes ; blanchâtre, vert, jaune ou orangé suivant les variétés, à chair pulpeuse, ferme, d'un jaune rougeâtre, présentant à l'intérieur une vaste cavité irrégulière dont les parois sont garnies de nombreuses graines. Celles-ci larges, aplaties, elliptiques, blanches, entourées d'un rebord un peu élevé. Épisperme crustacé. Amande blanche. ①.

Habitat. — Elle est originaire de l'Inde ; on la cultive en grande quantité dans les jardins, pour les usages alimentaires. Le fruit peut se conserver depuis le mois d'octobre, époque de sa récolte, jusqu'au mois de mars.

Parties usitées. — Le fruit, les graines.

Composition. — Les graines contiennent : *huile fixe, principe aromatique, parenchyme, chlorophylle, sucre, émulsine, gomme, acide citrullique.* L'acide citrullique (Saint-Martin) est soluble dans l'eau et dans l'alcool. Sa nature n'est point encore bien définie.

Usage. — Les graines étaient jadis comptées parmi les 4 *semences froides majeures.* Elles sont rafraîchissantes et calmantes, leur émulsion était usitée dans les rhumes, les inflammations du tube digestif, de la vessie et de l'urèthre. Comme tænicides, elles étaient à peu près complétement tombées dans l'oubli, lorsque leur efficacité à peu près certaine contre le tænia, a été de nouveau mise en relief dans ces derniers temps. On les donne, dans ce cas, à la dose de 60 grammes, mondées de leur épisperme et réduites en une pâte granuleuse que l'on délaye dans l'eau ; on fait avaler le marc et l'émulsion, en ayant soin d'administrer l'huile de ricin avant et après l'ingestion de ce remède. L'huile qu'on extrait de la graine est employée, dans l'Anjou, sous le nom d'*huile de terre.* Le fruit, dont la chair est savoureuse, lorsqu'elle est cuite, constitue un aliment aqueux et relâchant. La pulpe crue peut servir à préparer des cataplasmes émollients que l'on peut utiliser dans la brûlure au premier degré et les inflammations superficielles.

COUSSOTIER D'ABYSSINIE. *Brayera abyssinica* Moq., *Brayera anthelminthica* Kunth., *Hagenia anthelminthica* Lam., *Banksia abyssinica.* ROSACÉES-SPIRÉACÉES.

Description. — Arbre de 20 mètres, toujours vert, ressemblant à un noyer, à bois mou ; rameaux inclinés, alternes, velus, chargés des cicatrices annulaires des anciennes feuilles. Feuilles ramassées à l'extrémité des rameaux alternes, composées-pennées avec impaire, rappellant celles des sorbiers. Pétiole dilaté à la base, avec une large gaîne incomplète qui se continue latéralement avec deux grandes stipules membraneuses. Fleurs petites, polygames ou dioïques, disposées en énormes grappes de cymes, un grand nombre de fois ramifiées, situées à l'aisselle des feuilles ou à l'extrémité des rameaux, accompagnées de 2-3 bractéoles qui s'insèrent au-dessous de la base d'un réceptacle en forme de sac étranglé au niveau de son ouverture et muni d'un disque à rebord saillant et membraneux situé à l'ouverture. Périanthe formé de 3 verticilles tétra- ou pentamères, à folioles imbriquées, membraneuses et veinées. Celles du verticille intérieur forment un calicule de nature stipulaire et sont les plus grandes de toutes. Celles du verticille moyen sont de même consistance, mais plus courtes, atténuées à leur base ; leur réunion constitue le calice. Les folioles intérieures, qui sont des pétales et qui peuvent manquer totalement, sont de courtes languettes linéaires et caduques, rarement des lames pétaloïdes, à peu près aussi larges que longues, rétrécies à la base et obtuses au sommet (Baillon). Étamines 20, insérées en dedans du périanthe et en dehors du rebord membraneux du disque ; dans la fleur femelle, elles sont stériles et formées d'un filet court et d'une petite anthère biloculaire, introrse, longitudinalement déhiscente. Ovaire, 2, monoloculaire, uniovulé. Style terminal, spatulé et glanduleux au sommet. Cet organe est rudimentaire dans la fleur mâle. Les inflorescences femelles (*cousso rouge*) sont rougeâtres et plus estimées que les mâles (*cousso essels*). Leur activité plus grande serait due à une résine qui est excrétée à la base de l'ovaire.

Habitat. — Il croît sur les montagnes de l'Abyssinie, à environ 3000 mètres d'altitude.

Partie usitée. — Les fleurs (*kousso, cousso, habbi, cotz* ou *cobotz*). Elles ont une odeur particulière qui ne se manifeste qu'autant qu'elles sont en grande quantité ; l'arome qu'elles développent au contact de l'eau chaude rappelle celui du sureau. Leur infusion est acide ; leur saveur, peu prononcée d'abord, devient âcre et désagréable. A la longue, elles perdent leur activité. On les trouve, dans le commerce, tantôt entières, en paquets de 100 à 125 grammes serrés par une liane, ou brisées et mélangées des débris des pédoncules.

Dessiccation, conservation. — On les fait sécher comme nos fleurs de tilleul, on doit les placer dans un lieu sec ; elles conservent alors leurs propriétés pendant longtemps.

Composition chimique. — Les fleurs de cousso contiennent : *résine insipide, résine âcre et amère, tannin, huile volatile ayant l'odeur de la fleur, huile grasse, cire, chlorophylle, coussine*. La coussine (*kousséine, koussine*) n'est pas cristallisée ; sa composition est représentée par $C^{26}H^{22}O^5$; elle est en aiguilles blanches, acide aux réactifs colorés, soluble dans l'alcool, l'éther, les alcalis, peu soluble dans l'eau, douée d'une saveur styptique. La résine âcre, l'huile volatile et la coussine sont probablement les principes actifs.

Action physiologique. — Sur l'homme, l'action du cousso est peu marquée ; il détermine seulement un sentiment d'astriction à la gorge, une légère sensation de chaleur à l'estomac, avec nausées ; quelquefois des vomissements, des coliques, du malaise. Par contre, c'est un tænicide énergique, aussi mortel pour le *tænia solium* que pour le *botriocephalus latus,* car lorsque ces animaux sont éliminés sous l'influence du cousso, ils ne donnent aucun signe de vie. Son action sur l'ascaride lombricoïde et les oxyures vermiculaires est également manifeste, car ces parasites sont expulsés par des lavements tenant en suspension quelques grammes de poudre de cousso.

Usages. — L'usage du cousso a été importé de l'Abyssinie. Dans ce pays, et par suite, probablement, de l'usage de la viande crue, presque tous les habitants sont atteints de tænia. Parmi les médicaments nombreux (*habbe, bolbida, musséna, soaria, angogo, ogkert*) que fournit la flore du pays pour éliminer ce parasite, le cousso est le plus sûr, le plus employé. Le mode d'administration consiste à réduire en poudre 15 à 20 grammes de la substance, à la délayer dans un verre d'eau tiède et à administrer le tout en une seule fois. On a eu soin de faire garder la diète la veille et de vider l'intestin par un purgatif. On donne une tasse de thé une heure après l'ingestion du médicament, et si le tænia tardait trop à être expulsé, on aiderait l'évacuation par un verre d'eau de Sedlitz. Il faut s'abstenir de boire, tant que l'effet n'est pas produit ; on peut modérer la soif en suçant un citron. Une dose suffit le plus souvent.

CRESSON DE FONTAINE. *Sisymbrium nasturtium.* L., *Nasturtium officinale* Br. Cresson d'eau, Cresson aquatique. CRUCIFÈRES. Σισύμβριον, cresson.

Description (fig. 93). — Plante de 1-6 décimètres. Racine pivotante d'abord, fasciculée ensuite. Tige rameuse, anguleuse, fistuleuse, épaisse, succulente, verte ou rougeâtre, rampante, émettant de nombreuses racines adventives, redressée dans sa partie supérieure. Feuilles alternes, pétiolées, un peu épaisses, pennatiséquées, à segments latéraux inéquilatères, entiers ou légèrement sinués, le terminal plus grand. Fleurs (juin-septembre) hermaphrodites, régulières, blanches, disposées en grappes terminales ou oppositifoliées. Réceptacle à 4 glandes hypogynes. Calice à 4 sépales libres, pressés, non gibbeux. Corolle cruciforme à 4 pétales hypogynes, caducs, rétrécis en onglet, une fois plus longs que les sépales. Étamines 6, tétradynames; anthères bilobées, introrses. Ovaire libre, à 2 loges pluriovulées. Style simple; stigmate bilobé. Fruit (*silique*) cylindrique, un peu arqué, bosselé, étalé, à angle droit et même réfléchi. Graines bisériées, brunes, arrondies. ♃.

Habitat. — Croît au bord des ruisseaux, des marais ou au fond de leur lit. Il est très-commun en Europe et se rencontre dans tous les climats froids et tempérés.

Culture. — On sème cette plante au printemps, sur le bord des eaux courantes, où elle s'étend par ses nombreuses racines traçantes; on la cultive également, à défaut d'eau courante, soit dans des baquets à moitié remplis de terre qu'on recouvre d'eau, soit

FIG. 93. — Cresson de fontaine.

dans les jardins, en faisant choix d'un endroit ombragé qu'on arrose tous les jours. Lorsqu'on se sert de baquets, il faut renouveler l'eau, de temps en temps, pour l'empêcher de se corrompre. Dans les environs de Paris, on cultive le cresson dans des jardins à demi inondés ou *cressonnières*. Par la culture, on a obtenu plusieurs races, dont les principales sont le cresson charnu, le cresson à feuilles minces, le cresson gauffré.

Partie usitée. — La plante entière et fraîche.

Récolte. — Le moment le plus favorable pour la récolte est celui où la plante est fleurie; elle est alors plus active qu'avant la floraison. Le cresson produit par un sol fumé est préférable à celui qui est venu sans le secours du fumier. L'arrosage avec une eau ferrugineuse est très-favorable.

Composition chimique. — Le cresson contient : *huile essentielle,* *extractif amer, iode, fer, phosphates et quelques sels.* L'huile essentielle est sulfoazotée et peut être considérée comme une combinaison de soufre et de sulfocyanogène avec l'allyle.

Formes pharmaceutiques, doses. — 1° Suc, 60 à 150 gram. 2° Sirop, 100 gram. 3° Huile volatile, 25 centigram. à 1 gram. 4° Teinture, surtout pour l'usage externe. On se sert aussi, à l'extérieur, du cresson pilé sous forme de cataplasmes froids.

Action physiologique. — L'odeur du cresson est presque nulle; sa saveur, âcre et amère, est pourtant assez agréable. Ses propriétés disparaissent par la cuisson; mais, contrairement à l'opinion généralement reçue, elles se conservent en grande partie malgré la dessiccation. Ingéré, il détermine dans l'estomac une chaleur plus ou moins vive; sous son influence, on constate une augmentation dans la quantité d'urine excrétée; l'exaltation cutanée et la sécrétion de la salive deviennent plus abondantes, l'expectoration plus facile. Si l'on en fait un usage prolongé, il se manifeste un effet altérant qui permet de considérer cette plante comme un dépuratif et un antiscorbutique des plus efficaces. En résumé, le cresson est stimulant, apéritif, diurétique, diaphorétique, expectorant, antiscorbutique.

Usages. — Il est employé dans les maladies chroniques pour combattre l'atonie des organes digestifs; comme stimulant dans le scorbut, les scrofules, le rachitisme; comme diurétique dans les hydropisies, les maladies des voies urinaires, les calculs; comme expectorant dans les catarrhes pulmonaires chroniques. Appliqué en cataplasmes sur les ulcères scorbutiques, scrofuleux, atoniques, il les modifie et hâte leur cicatrisation. C'est un aliment excitant, d'une digestion facile, soit associé aux viandes rôties, soit seul en salade, ou confit au vinaigre. Il convient aux diabétiques, car il renferme peu de principes amylacés.

SUCCÉDANÉS. — Le cresson alénois (*Lepidium sativum* L., CRUCIFÈRES) peut remplacer le cresson de fontaine dans toutes ses applications. Le cresson de Para (*Spilanthes oleracea* L., COMPOSÉES) possède une saveur piquante aromatique qui l'a fait également considérer comme un succédané. Il constitue la base de l'élixir *Paraguay-Roux*, que l'on a préconisé comme odontalgique.

CROTON CATHARTIQUE. *Croton tiglium* L., *Tiglium officinale* Kl. EUPHORBIACÉES.

Description (fig. 94). — Arbrisseau de quelques pieds de hauteur, à rameaux peu serrés et peu feuillus, fleurissant et fructifiant soit toute l'année, soit deux fois par an, et dont toutes les parties contiennent un suc âcre et caustique. Racines longues, fasciculées. Tige (*bois purgatif, bois des Moluques ou de pavane*) dure, solide, résistante, revêtue d'une écorce d'un gris cendré. Feuilles alternes, longuement pétiolées, couvertes de petits poils étoilés microscopiques, dentées en scie, douces au toucher : les inférieures cordiformes, glauques; les supérieures plus petites, plus acuminées, d'un vert tendre; pétiole présentant 2 glandes à la base. Fleurs monoïques, rarement dioïques, petites, odorantes, en grappes pauciflores, unisexuées, les mâles occupant la partie supérieure de l'inflorescence. *Mâles :* calice gamosépale à 5 divisions. Corolle à 5 pétales libres. Disque de 5 glandes alternes avec les pétales. Étamines 10-20, libres, dressées, exsertes, introrses, biloculaires. *Femelles :* calice semblable à celui des mâles. Corolle à 5 pétales étroits, glanduleux, renflés en massue. Disque de 5 glandes. Ovaire à 3 loges monospermes; styles, 3, bifides, à divisions intérieurement glanduleuses. Fruit capsulaire de la grosseur d'une noisette, glabre, jaunâtre, à trois coques

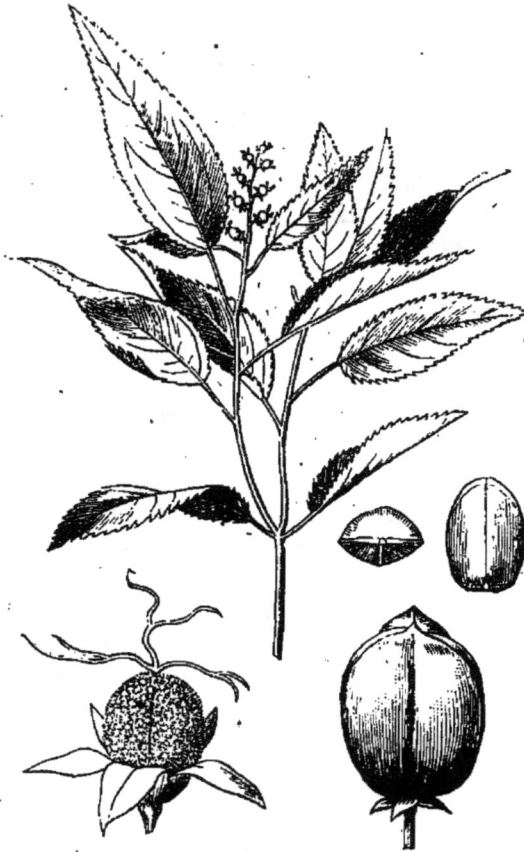

FIG. 94. — Croton cathartique.

minces renfermant chacune une graine. Graines ovoïdes, oblongues, de la grosseur d'un petit haricot, presque quadrangulaires, jaunâtres, à cause de l'épiderme (*epitesta*) qui les recouvre, devenant noirâtres quand cet épiderme se détache, présentant une double enveloppe (*testa et tegmen*) et deux nervures latérales très-apparentes qui vont de l'ombilic au sommet et forment deux gibbosités à leur partie inférieure. ♄.

Habitat. — Il croît spontanément dans les différentes parties de l'Inde, en Chine, en Cochinchine, à Malacca, à Ceylan, aux Moluques

Partie usitée. — Les graines et l'huile qu'on en extrait.

Composition chimique. — Les graines (*graines de Tilly, des Moluques, petit pignon d'Inde,* qu'il faut éviter de confondre avec les pignons d'Inde, fournis par le *Curcas purgans* Adans., qui sont beaucoup moins actifs, contiennent : *acide crotonique, huile brunâtre, résine, matière grasse incolore, matière brunâtre, matière gélatineuse, crotonine, gomme, albumine végétale, huile essentielle âcre* (?). L'acide crotonique est volatil, très-âcre, toxique; il est liquide, oléagineux, et se solidifie à + 5°. Lorsque, après avoir broyé les graines, on les soumet à l'action dissolvante de l'éther ou à la pression, on obtient environ 38 pour 100 d'une huile épaisse, transparente, jaunâtre, jaune-orangée ou brune, de la consistance de l'huile d'amande douce, d'odeur désagréable, de saveur âcre et brûlante, se coagulant à + 5° et devenant solide à 0°, soluble dans l'éther et en partie dans l'alcool froid. L'acide crotonique, la résine amère et la résine sont les substances qui donnent à l'huile ses propriétés irritantes.

Formes pharmaceutiques, doses. — On prescrit toujours l'huile à doses très-faibles, une à deux gouttes, en ayant soin d'augmenter son volume par une addition de sucre, de savon médicinal, de mie de pain, d'huile d'amande douce, ou bien dans un looch, une émulsion, pour lui permettre d'arriver dans l'estomac. En lavements, on peut élever la dose jusqu'à 10 gouttes. A l'extérieur, on l'emploie, en frictions, à la dose de 10 à 30 gouttes, soit pure, soit mélangée avec une ou deux parties d'huile d'amande douce, d'huile d'olive, d'essence de térébenthine.

Action physiologique. — L'huile de coton est excessivement âcre. Ses vapeurs suffisent pour produire une irritation de la pituitaire et de la conjonctive, et quelquefois une inflammation érysipélateuse plus ou moins grave. Ingérée à dose médicinale, elle laisse dans l'arrière-bouche un sentiment de chaleur, d'âcreté, qui dure longtemps. Son action sur l'estomac est moins énergique, bien qu'elle amène quelquefois des vomissements; elle détermine d'ordinaire seulement une sensation de chaleur. Son effet se fait surtout sentir sur l'intestin grêle; elle occasionne de vives coliques, une diarrhée aqueuse parfois très-abondante, accompagnée de cuisson à la marge de l'anus. On constate quelquefois une supersécrétion urinaire. A plus forte dose, il survient des accidents toxiques très-graves. Appliquée sur la peau (10 à 30 gouttes), elle l'irrite et produit une éruption spéciale des vésicules, qui, au bout de quelques jours, laissent suinter un liquide jaunâtre; le nombre des vésicules est d'ailleurs variable et dépend de l'étendue de la substance frictionnée.

Usages. — L'huile de croton est un drastique précieux, mais

10.

dont on ne doit faire usage que quand il est nécessaire et difficile d'obtenir des évacuations alvines. Les cas où on la fait intervenir sont, par suite, peu nombreux; nous citerons : la colique de plomb, le volvulus, l'invagination, l'étranglement herniaire, l'hydropisie; pour conjurer une hémorrhagie cérébrale. A l'extérieur, c'est un révulsif puissant qu'on peut utiliser dans certains cas où il y a indication pour les vésicatoires; c'est surtout contre les affections du larynx et du thorax (laryngite subaiguë ou chronique, bronchite) qu'elle a donné les meilleurs résultats. On l'a également indiquée dans les névralgies, les rhumatismes. Il ne faut jamais oublier que l'huile de croton est un médicament dangereux, et qu'on ne saurait apporter trop de circonspection dans son emploi.

CROTON ÉLEUTÉRIE. *Croton eleuteria* Benn. EUPHORBIA-CÉES.

FIG. 95. — Croton éleutérie.

Description (fig. 95). — Arbrisseau de 6 - 15 décimètres de haut, dont la tige peut atteindre 1 - 2 décimètres de diamètre.

Feuilles ovales, lancéolées, longuement acuminées, arrondies ou légèrement cordées à la base, finement dentelées, couvertes en dessus et surtout en dessous d'écailles argentées. Fleurs unisexuées, disposées en grappes d'épis axillaires, ou terminales, les mâles et les femelles sur le même axe. *Mâles :* calice double à cinq divisions; pétales grands. Étamines 12 à 20. *Femelles :* calice double. Ovaire à trois côtes, surmonté par un style à trois branches, bipartites. Fruit à trois coques, petit, oblong, arrondi, gris ou argenté. ♄.

Habitat. — Il croît dans les îles d'Andros, Longue, Éleuthère, à la Nouvelle-Providence.

Partie usitée. — L'écorce, connue sous le nom de cascarille officinale ou vraie (*chacrille, écorce éleuthérienne, cascarille de Bahama, quinquina aromatique*). Le nom de cascarille dérive de *cascarilla*, petite écorce, en espagnol. Elle se présente en petits fragments de 3-5 centimètres de long, de la grosseur du doigt ou d'une plume à écrire ; sa surface extérieure fendillée transversalement, quelquefois couverte de petits lichens, et d'un gris cendré, est d'un jaune fauve à l'intérieur. La cassure est résineuse, finement rayonnée, la saveur âcre et amère, l'odeur très-aromatique et se développant surtout quand on la brûle. Une autre espèce, le *Croton cascarilla* L., a fourni autrefois beaucoup de cascarille ; mais les quantités que l'on trouve aujourd'hui dans le commerce européen sont insignifiantes. Les *Croton glabellus* L., *C. lineare* Jacq., *C. flaveus* L., *C. lucidum* L., donnent des cascarilles de qualité inférieure.

Composition chimique. — L'écorce de cascarille contient : *principe amer, résine soluble dans l'alcool, gomme, acide benzoïque, cascarilline, huile essentielle.* La cascarilline est une substance alcaloïdique, cristalline, peu soluble dans l'eau, plus soluble dans l'alcool. L'huile essentielle est verte, d'odeur forte, de saveur aromatique et amère, pesant spécifiquement 0,938.

Formes pharmaceutiques, doses — 1° Poudre, 1 à 4 gram dans les premières cuillerées de potage. 2° Infusion, pp. 8 : 1000. 3° Teinture, 2 gram. 4° Extrait, 2 gram. Cette écorce fait partie de l'élixir antiseptique de Chaussier

Action physiologique. — L'huile essentielle et le principe amer rendent compte de l'action physiologique de la cascarille et permettent de classer cette écorce dans la catégorie des amers aromatiques. L'huile essentielle est un excitant du système nerveux et réveille la sécrétion du suc gastrique.

Usages. — On prescrit l'écorce de cascarille dans l'atonie du tube digestif. Elle arrête, dit-on, les vomissements, et favorise la sécrétion du lait. On l'a recommandée dans la diarrhée ancienne, la diarrhée atonique des enfants, dans les catarrhes pulmonaires, les hémorrhagiés passives, et comme anthelminthique A une certaine époque, on a voulu faire de la cascarille une rivale de l'écorce de quinquina; elle est loin d'avoir justifié la haute opinion qu'on avait conçue d'elle; ce serait tout au plus un adjuvant du quinquina. Les fumeurs la mâchent pour enlever l'odeur que le tabac communique à l'haleine, ou bien ils mélangent sa poudre au tabac à cause de l'odeur spéciale qu'elle manifeste en brûlant.

CUBÈBE. — Voy. *Poivre cubèbe.*

CUCUMÈRE COLOQUINTE. *Cucumis colocynthis* L., *Citrullus colocynthis* Schrad. Coloquinte. (Κολοκυνθίς, de κοιλία, ventre, et κινεῖν, remuer.) CUCURBITACÉES.

Description (fig. 96). — Tige herbacée, courbée, s'élevant sur les corps voisins à l'aide de vrilles extra-axillaires courtes, cylindrique, couverte de poils rudes, charnue et cassante. Feuilles alternes, pétiolées, réniformes, aiguës à cinq lobes, celui du milieu plus prononcé, dentées pubescentes, rudes sur les nervures. Fleurs monoïques, solitaires, extra-axillaires. *Mâles* : calice campanulé, à cinq lanières étroites, subulées, libres, hérissé de poils blancs et rudes. Corolle

FIG. 96. — Coloquinte.

jaune-orangée, adhérente par sa base avec le calice, campanulée, ouverte, à cinq lobes ovales, aigus. Étamines 5, soudées 2 par 2, la cinquième libre. Anthères uniloculaires, en S, rapprochées en cône. *Femelles*, présentant un calice et une corolle semblables aux mâles. Ovaire infère, ovoïde, en massue, monoloculaire; ovules nombreux, attachés à un trophosperme à trois branches; style trifide; chaque division porte un stigmate bifide. Fruit globuleux, jaune; de la grosseur d'une orange, recouvert par une écorce dure, coriace, assez mince, à pulpe blanche spongieuse, dans laquelle on trouve des graines nombreuses, ovales, comprimées, blanches. ①.

Habitat. — Originaire de l'Orient et des îles de l'Archipel.

Culture. — L'Espagne, le Levant, le nord de l'Afrique, fournissent la plus grande partie de la coloquinte que l'on trouve dans le commerce; mais elle s'est naturalisée en France, où on la cultive. On choisit, pour cela, une exposition chaude, une terre substantielle, et l'on y sème les graines sur place, ou mieux sur couche; il faut arroser fréquemment pendant les chaleurs. Elle se ressème souvent d'elle-même.

Partie usitée. — Le fruit dépouillé de son enveloppe (*pulpe sèche*).

Composition chimique. — Les fruits contiennent : *huile grasse, extractif, gomme, acide pectique, extrait gommeux, colocynthine, colocynthitine.* La colocynthine, $C^{56}H^{42}O^{23}$, est une matière solide, jaune, amère, soluble dans l'eau et l'alcool, insoluble dans l'éther, appartenant à la classe des glycosides. La colocynthitine est un principe d'un blanc éclatant, soluble dans l'éther.

Formes pharmaceutiques, doses. — 1° Pulpe sèche, 10 à 75 centigr. 2° Teinture, 1 à 8 gram. 3° Vin, 20 à 40 gram. 4° Extrait, 10 à 50 centigr.

Action physiologique. — C'est un drastique puissant dont l'action se fait déjà sentir lorsqu'on le pulvérise ou qu'on applique sa teinture sur la peau. Ingérée, la coloquinte détermine des coliques précédées de nausées et de vomissements. Si la dose est forte, il y a des selles fréquentes et sanguinolentes; il se manifeste aussi quelquefois des effets diurétiques.

Usages. — L'action drastique est utilisée dans les hydropisies passives, la manie, la colique saturnine. A faible dose, on emploie la coloquinte pour combattre la constipation chez les personnes atteintes de paralysie à la suite d'hémorrhagies cérébrales. Elle n'est pas vermicide, elle provoque seulement l'expulsion des parasites morts dans l'intestin; on la prescrit dans la goutte et le rhumatisme, à cause de ses propriétés purgatives et diurétiques. C'est un remède souvent mis en usage, par le peuple, dans les hémorrhagies. Elle détermine une fluxion sur l'utérus qui n'est souvent pas sans danger; à ce titre elle peut être emménagogue et abortive. On se sert quelquefois d'une légère infusion de coloquinte pour mouiller le bout des seins des nourrices et décourager les enfants à l'époque du sevrage. C'est un moyen dont il ne faut pas abuser

CUMIN OFFICINAL. *Cuminum cyminum* L. Faux anis. OMBELLIFÈRES-CUMINÉES.

Description (fig. 97). — Plante de 3 décimètres et plus. Racines grêles, allongées, fibreuses, blanchâtres. Tige droite, rameuse, comme dichotome, striée, glabre inférieurement, velue supérieurement. Feuilles alternes, distantes, glabres, découpées en lanières presque capillaires, bifides ou plus souvent trifides. Fleurs blanches, petites, disposées en ombelles terminales de quatre rayons. Involucre et involucelle formés de trois ou quatre folioles linéaires. Pétales 5, blancs ou rougeâtres, égaux, un peu échancrés et cordiformes. Étamines 5. Styles 2, persistants. Fruit (*diachaine*) oblong, ellipsoïde, aminci aux deux bouts, strié, couronné par les dents du calice, qui sont sétacées, formé de deux méricarpes qui restent unis; chacun d'eux présente 5 côtes primaires et 4 côtes secondaires; les unes et les autres sont couvertes de petites côtes qui rendent le fruit comme pubescent. ④.

Habitat. — Il est originaire de l'Orient.

Culture. — On le cultive en Sicile et surtout à Malte; c'est de cette île que nous vient tout le cumin du commerce. Cette culture est aussi usitée dans le midi de la France On doit choisir une exposition abritée du froid, une terre chaude et légère; il faut semer la graine en avril, ou bien dès

FIG. 97. — Cumin officinal.

sa maturité. Dans ce dernier cas, on fait les semis en vase, afin de pouvoir rentrer les jeunes plantes et les mettre à l'abri de la gelée.

Partie usitée. — Les fruits. Leur couleur est jaunâtre ou fauve; leur odeur forte, fatigante; leur saveur aromatique, tenant à la fois du poivre et de l'anis.

Composition chimique. — Ils contiennent une essence de couleur jaunâtre, fluide à la température ordinaire, de saveur fort âcre, et qui est composée d'un hydrocarbure, le *cymène*, $C^{20}H^{14}$, et de *cuminol*, $C^{20}H^{12}O^2$, isomère de l'essence d'anis.

Formes pharmaceutiques, doses. — 1° Infusion, pp. 2 à 4 : 1000. 2° Poudre, 2 gram. 3° Teinture éthérée, 5 décigr. à 1 gram. 4° Essence, 10 à 30 gouttes en potion. Les fruits du cumin font partie des *quatre semences chaudes* des anciens.

Usages. — L'action du cumin est entièrement semblable à celle de l'anis et des autres ombellifères aromatiques; c'est-à-dire qu'il est stomachique, carminatif, emménagogue, diurétique. Sous forme de cataplasmes et de sachets, on l'emploie pour résoudre les engorgements froids des mamelles et des testicules. L'infusion a été recommandée, en injection dans l'oreille, contre la dureté de l'ouïe. En Allemagne, on l'introduit dans le pain; il sert, dit-on, à aromatiser le fromage de Hollande.

CURCUMA TINCTORIAL. CURCUMA TINCTORIA Grub., *Amomum curcuma* Jacq. Safran des Indes, Safran bâtard, Souchet des Indes, *Terra merita*. AMOMACÉES. On en connaît deux variétés qui ne diffèrent que par des caractères peu importants.

Description. — Rhizome tuberculeux, blanchâtre à l'extérieur, jaune à l'intérieur, d'où naissent plusieurs articles, allongés, digités, et des fibrilles, les unes à extrémité aiguë, les autres terminées par de petits tubercules en forme d'olive. Feuilles, 4 à 5, pétiolées, engaînantes à la base, amples, géminées, pointues aux deux extrémités, glabres, sillonnées en dessous, à nervures latérales obliques, devenant odorantes par le froissement. Fleurs jaunâtres, formant un épi central, lâche, composé de bractées imbriquées, ouvertes, demi-concaves, verdâtres, blanchissantes sur les bords, devenant plus tard d'un brun pâle. Chaque fleur est environnée, à sa base, d'une spathe très-courte. Calice double, tubuleux, l'extérieur à trois divisions courtes, l'intérieur à quatre divisions dont une plus grande trilobée. Étamine 1 ; filet bifide ; les deux loges de l'anthère sont adnées aux côtés de la fente du filet, qui est pétaloïde, et muni d'une petite corne ou éperon de chaque côté de son extrémité supérieure. Ovaire à trois loges pluriovulées. Style grêle, terminé par stigmate en forme de coupe. Fruit (*capsule*) biloculaire, trivalve, polysperme. ♃.

Habitat. — Croît aux Indes orientales et en Chine.

Culture. — En Europe il n'est cultivé qu'en serre chaude, et on le propage à l'aide d'éclats de rhizome.

Partie usitée. — Les rhizomes. Les formes commerciales varient avec la partie du rhizome qui a donné le produit; on en distingue trois sortes : 1° le rond (fig. 98); 2° l'oblong (fig. 99) ; 3° le long (fig. 100). Les curcumas rond et oblong sont jaune sale à l'extérieur, d'un jaune d'œuf à l'intérieur. Le curcuma long est cylindrique; sa surface est grise, souvent un peu verdâtre, rarement jaune, à l'intérieur d'un rouge brun. La saveur de ces racines est aromatique, un peu amère; leur odeur analogue à celle du gingembre.

Composition chimique. — Le curcuma long contient : *ligneux, amidon, matière colorante jaune, matière colorante brune, gomme,* *huile volatile âcre et odorante, chlorure de calcium.* La matière colorante jaune (*curcumine*) est résineuse, en lames de couleur cannelle, donnant une poudre jaune; elle est soluble dans l'alcool,

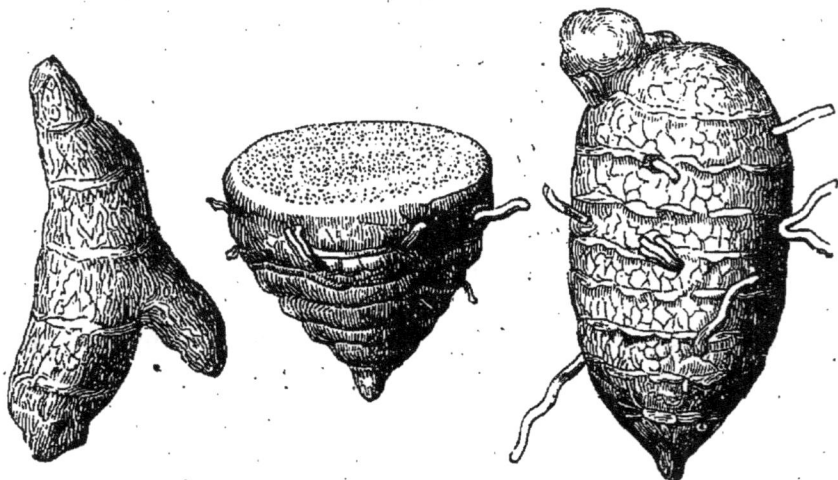

FIG. 98. — Curcuma rond.

FIG. 99. — Curcuma oblong.

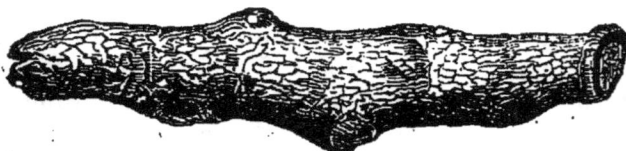

FIG. 100. — Curcuma long.

l'éther, les huiles fixes et volatiles, et devient rouge de sang au contact des alcalis.

Formes pharmaceutiques, doses. — 1° Poudre, 2 à 4 gr. 2° Infusion et décoction, p. 4 à 8 : 1000.

Usages. — C'est un excitant des fonctions digestives qui est employé comme condiment dans les pays chauds; un stimulant diffusible très-énergique. On le prescrit dans les diarrhées aqueuses; on l'a également recommandé comme diurétique et lithontriptique, à cause de la propriété qu'il possède de passer dans les urines et de leur communiquer une teinte d'un jaune foncé. Il sert, en pharmacie, à colorer quelques onguents, cérats, huiles médicamenteuses.

CUSPARIE FÉBRIFUGE. *Galipea cusparia* A. S. H., *Bonplandia trifoliata* Wild. Angusture vraie. RUTACÉES-DIOSMÉES.

Description (fig. 101). — Arbre de 15 à 25 mètres de hauteur, droit, cylindrique, divisé à son sommet, et ayant, vu de loin, le port d'un palmier. Feuilles réunies en tête vers le sommet, persistantes, vertes, à pétiole allongé, à limbe trifolié; folioles sessiles, ovales, allongées, aiguës, entières. Fleurs blanches, légèrement lavées de rose, formant des grappes dressées et cylindriques. Calice gamosépale, à 5 divisions, ovales, aiguës, couvertes en dehors d'un duvet épais. Corolle en tube à 5 pétales obtus, soudés inférieurement, trois fois plus longue que le calice. Étamines 7, quelquefois 6 ou 5, dont 2 seulement fertiles. Ovaire à 5 côtes obtuses, entouré par un disque saillant et concave. Style simple; stigmate à 5 lobes. Fruit formé par 5 capsules, uniloculaires, bivalves et monospermes, réunies sur un axe commun.

Habitat. — Il forme de vastes forêts dans les environs d'Angostura, ville située sur la rive

FIG. 101. — Cusparie fébrifuge.

droite de l'Orénoque, dans le Vénézuéla. Son nom d'angusture paraît dériver de celui de cette ville.

Partie usitée. — L'écorce. D'après Hancock, ce ne serait pas le *Galipea cusparia* qui produirait l'écorce d'angusture vraie, mais le *G. officinalis*, qui n'est peut-être qu'une forme de *G. cusparia* (Baillon). Cette écorce présente des caractères variables, et on la trouve dans le commerce sous trois formes principales.

PREMIÈRE FORME.	DEUXIÈME FORME.
Morceaux plats de 20 centim.	Morceaux roulés de 48 à 50 centim.
Epiderme mince, gris jaunâtre, à peu près lisse.	Epiderme épais, rugueux, fongueux, blanchâtre, marqué de stries horizontales.
Cassure brun jaunâtre, nette, compacte, résineuse.	Cassure brune, dure, compacte, nette.
Odeur faiblement nauséeuse.	Odeur très-forte, très-désagréable, nauséeuse.
Saveur amère, impression mordicante à la pointe de la langue.	Saveur amère, très-mordicante.

La troisième forme est intermédiaire aux précédentes. Quelle que soit la forme commerciale, la poudre rappelle par sa couleur celle de la rhubarbe, et les fragments présentent un biseau sur les bords.

Ne pas confondre avec l'écorce de fausse angusture qui est produite par le vomiquier officinal (*Strychnos nux vomica* L.), qui est un violent poison. On peut résumer ainsi les caractères différents des deux écorces :

ANGUSTURE VRAIE.	ANGUSTURE FAUSSE.
Morceaux presque plats, amincis en biseau sur les bords.	Morceaux contournés non amincis sur les bords.
Odeur nauséeuse, désagréable.	Odeur nulle.
Saveur amère, laissant une sensation particulière à la pointe de la langue.	Saveur très-amère, persistant surtout au palais, puis à la langue.
Dureté : facile à couper.	Dureté : très-difficile à rompre ou à couper.
Surface externe jaune grisâtre, plane sans excroissance.	Surface brune, grisâtre ou jaune-orange, inégale et comme tourmentée par la dessiccation. La surface interne se colore en rouge de sang par l'acide azotique.
L'infusion ne précipite ni par l'acide phospho-molybdique, ni par l'iodure de potassium.	L'infusion précipite par l'acide phospho-molybdique et l'iodure de potassium.

Composition chimique. — L'écorce d'angusture vraie contient : *gomme, matière amère, résine, huile volatile, principe particulier cristallisable* (cusparin). Chose singulière, elle ne renferme pas de tannin.

Formes pharmaceutiques, doses. — 1° Poudre, 4 et jusqu'à 12 gr. par jour. 2° Infusion, pp. 30 : 1000; dose, 30 à 60 gr. par jour. 3° Teinture, 4 à 8 gr. Associée au quinquina, à l'opium et au *Quassia amara*, elle fait partie du vin de Séguin.

Usages. — Elle jouit de propriétés stimulantes assez énergiques, de plus elle est tonique. A haute dose, elle produit des nausées; à dose modérée, elle réveille les forces digestives et augmente l'appétit.

— On l'a vantée comme fébrifuge, dans les fièvres intermittentes et rémittentes bilieuses des pays chauds, dans certaines fièvres continues de mauvais caractère, dans l'anémie, les catarrhes des muqueuses. On l'a également recommandée dans la dysenterie et contre la fièvre jaune. Les méprises auxquelles elle a donné lieu, par suite de sa ressemblance avec l'angusture fausse, font qu'elle est presque abandonnée. Il y aurait peut-être lieu de revenir sur cet oubli.

CYNOGLOSSE OFFICINALE. *Cynoglossum officinale.* Langue de chien, Herbe d'Antal. BORRAGINÉES.

Description (fig. 102). — Plante de 4-8 décimètres, d'un vert blanchâtre, fétide. Racine grosse, longue, fusiforme, charnue, d'un gris foncé en dehors, blanche en dedans, d'une saveur fade et d'une odeur vireuse. Tige dressée, roide, très-rameuse, striée longitudinalement, couverte de poils mous et étalés. Feuilles molles, blanchâtres, couvertes d'un duvet fin. Les radicales lancéolées, aiguës, se terminant par un long pétiole. Les caulinaires, sessiles, un peu embrassantes, alternes, ovales-lancéolées, aiguës, entières ; on les a comparées à une langue de chien, ce qui a valu à la plante son nom générique. Fleurs (mai-juin) assez petites, rouges ou d'un violet foncé, munies de 1-2 bractées à la base, disposées en grappes courtes, roulées en crosse au sommet. Calice persistant, à 5 divisions profondes, ovales, allongées, chargées de poils soyeux. Corolle gamopétale, infundibuliforme, un peu plus longue que le calice; limbe concave à 5 lobes; gorge fermée par 5 appendices connivents et obtus. Étamines 5, alternes, incluses. Ovaires 4, obovés, un peu déprimés au centre, hérissés de pointes courtes. Style court, aminci en pointe au sommet; stigmate très-petit, échancré. Fruit (*tétrachaine*) aplati, hérissé de pointes, surtout sur les bords, entouré par le calice persistant. ②.

Habitat. — Elle est commune dans toute la France; on la trouve dans les lieux stériles, secs et sablonneux.

Culture. — La cynoglosse, qui croît spontanément, est assez abon-

FIG. 102. — Cynoglosse.

dante pour qu'il ne soit pas nécessaire de cultiver cette plante; mais on peut le faire au besoin, en semant ses graines, en automne, dans une terre légère chaude et substantielle. On doit éviter de la transplanter.

Partie usitée. — La racine.

Récolte, dessiccation, conservation. — On ne la récolte que la deuxième année et avant la floraison. On la fend d'ordinaire, pour qu'elle sèche complétement; desséchée, elle présente une écorce ridée, noire, et une couleur blanche à l'intérieur. L'écorce est la partie que l'on préfère, aussi rejette-t-on souvent la partie ligneuse comme inerte. Cette écorce attire fortement l'humidité et doit être conservée dans un lieu sec.

Composition chimique. — La racine de cynoglosse contient : *principe odorant vireux, matière colorante grasse, résine, tannin, substances organiques diverses, sels.*

Formes pharmaceutiques, doses. — Décoction, pp. 30 à 60 : 1000 ; elle entre dans les pilules de cynoglosse, qui contiennent un huitième de leur poids d'extrait d'opium.

Usages. — On a attribué des propriétés narcotiques à la racine, probablement à cause de son odeur, mais elle est presque inerte. Si cette plante a quelque réputation, elle le doit à ses pilules et surtout à l'opium qu'elles renferment. On la considérait autrefois comme antihémoptysique et antidiarrhéique. Les feuilles en décoction ou en cataplasmes cuits, ont été appliquées sur les brûlures et les inflammations superficielles.

D

DAPHNÉ GAROU. *Daphne gnidium* L., *D. paniculata* Lam., *Thymelea gnidium* All. Lauréole paniculée, Garou, Sainbois, Saintbois. DAPHNOÏDÉES.

Description (fig. 103). — Arbrisseau élégant. Racine longue, grosse comme le pouce, grise au dehors, blanchâtre à l'intérieur, fibreuse. Tige de 6-10 décimètres, ligneuse, dressée, se divisant à la base en rameaux élancés, recouverte d'une écorce brune et légèrement grisâtre. Feuilles nombreuses, épaisses, sessiles, dressées, recouvrant les rameaux dans toute leur longueur, lancéolées, linéaires, aiguës, très-glabres, un peu coriaces et cassantes, d'un vert gai. Fleurs (juillet-septembre) hermaphrodites, petites, odorantes, blanchâtres ou rougeâtres, disposées en grappes terminales, peu étalées, formant dans leur ensemble un corymbe terminal ; pédoncule et pédicelles blancs, tomenteux. Périgone monophylle, infundibuliforme, couvert d'un duvet soyeux, marcescent, puis caduc ; limbe 4-fide, plus court que le tube. Étamines 8, incluses, sur deux rangs. Ovaire supère, uniloculaire. Style terminal, court, filiforme. Stigmate globuleux. Fruit (*baie*) globuleux du volume d'un gros grain de poivre, à péricarpe charnu, pulpeux, un peu sec, noirâtre, monosperme, indéhiscent. Graine presque sphérique, munie d'une pointe courte à sa partie supérieure. Amande blanche et huileuse. ♄.

Habitat. — Croît spontanément dans les lieux arides et secs de la région méditerranéenne.

Culture. — On le reproduit par graines qu'on sème dès leur maturité et avant qu'elles soient sèches. On peut semer soit en pleine terre, soit en terrine dans la terre de bruyère, et alors on repique dès que le plant est assez vigoureux. Les terres substantielles, mais légères, franches et ombragées, lui conviennent. Il craint le froid.

Partie usitée. — L'écorce. On la rencontre, dans le commerce, en petites bottes, de volume variable, formées de lanières minces de 3-6 décimè-tres et plus, larges de 2-3 centimè-tres, enroulées sur elles-mêmes, la face interne en dehors, et main-tenues dans leur milieu par un lien de même écorce. Leur épiderme est d'un brun rou-geâtre, facile à détacher, couvert d'un duvet soyeux risâtre, ridé, en travers par l'effet de la dessiccation, marqué de petites taches blanches, tuberculeuses. La face interne, blanchâtre ou d'un blanc jaunâ-tre, est luisante, soyeuse, marquée de stries longitu-dinales déchirées,

FIG. 103. — Daphné garou.

provenant du liber, qui forme plusieurs couches très-résistantes.

Récolte. — On récolte l'écorce au printemps ou à l'automne; on doit la choisir en lanières larges et bien sèches. Le temps ne paraît diminuer en rien son efficacité.

Composition chimique. — L'écorce de garou contient : *daphnine, huile volatile, résine âcre, cire, matière colorante jaune, matière azotée, extractif, acide malique, sels*. C'est aux matières résineuses et oléagineuses qu'elle doit ses propriétés. La daphnine, $C^{64}H^{42}O^{46}$, est un glycoside pouvant se dédoubler en glycose et en *daphnétine*; elle se présente en cristaux incolores, de saveur astringente, peu solubles dans l'eau froide, très-solubles dans l'eau bouillante, l'al-

cool et l'éther. Elle serait isomère de l'*esculine* que l'on trouve dans la racine de marronnier.

Formes pharmaceutiques, doses. — 1° Poudre, 5 à 25 centigr. 2° Tisane par décoction, pp. 5 : 1000. On prépare aussi un extrait aqueux, un extrait alcoolique, un extrait éthéré, un sirop, une pommade épispastique, un taffetas et un papier vésicants, des pois à cautère. On peut lui substituer le bois-gentil (*Daphne mezereum* L.), la lauréole odorante (*D. cneorum* L.), la lauréole commune (*D. laureola* L.).

Action physiologique. — L'écorce de garou possède une odeur faible et nauséeuse, une saveur âcre et corrosive très-persistante. Ingérée dans l'estomac, elle détermine une sensation de brûlure, des nausées, des vomissements, et l'irritation, se propageant à l'intestin, donne lieu à des coliques, à des selles liquides ou même sanguinolentes. Les sécrétions cutanée et urinaire sont augmentées. Enfin, si la dose est considérable, des accidents graves et même mortels se manifestent. Appliquée, sur la peau, par sa face interne ou par sa face externe dépouillée de son épiderme, elle produit à la longue, de la chaleur, de la cuisson, la vésication. Ces effets sont plus longs à se manifester que par les préparations de cantharides.

Usages. — Les propriétés drastiques du garou ont été utilisées autrefois dans les cas d'affections cutanées rebelles, les engorgements vénériens ou squirrheux, le rhumatisme chronique; mais les accidents toxiques pouvant résulter de l'emploi de cette substance ont fait renoncer à son usage interne. Il n'en est pas de même de son usage externe, et elle est journellement mise à contribution, soit pour produire la rubéfaction et la vésication, soit pour entretenir la suppuration des cautères et des vésicatoires. Les préparations de garou ont, dans ce cas, l'avantage de ne produire aucune influence fâcheuse sur l'appareil génito-urinaire. On produit la vésication en faisant macérer un morceau d'écorce pendant une heure dans de l'eau ou du vinaigre, puis l'appliquant sur la peau par la face interne et la maintenant avec une bande. La vésication ne se produit quelquefois qu'au bout de 24 heures. Les graines et les feuilles sont purgatives. L'huile extraite des graines peut être employée comme celle de croton tiglium.

DATTIER CULTIVÉ. *Phœnix dactylifera* L. PALMIERS. (Φοῖνιξ, *datte*.)

Description (fig. 104). — Arbre très-élégant, s'élançant comme une colonne à une hauteur considérable et se couronnant alors d'un faisceau de feuilles gigantesques. Tige (*stipe*) cylindrique s'élevant, sans ramification, à 10 ou 12 mètres de hauteur, montrant à l'extérieur les cicatrices des feuilles tombées; bois assez dur, à fibres rougeâtres, longitudinales. Feuilles engaînantes à la base, atteignant 2 - 3 mètres de longueur; le pétiole, qui présente la grosseur et la forme d'une branche, est muni latéralement de folioles aiguës, pennées. Fleurs unisexuées, placées sur des pieds différents,

petites, réunies en nombre considérable, sur d'énormes spadices rameux, nommés *régimes*, pourvus d'une spathe coriace, monophylle, fendue latéralement. *Mâles*, périanthe à 6 divisions, 3 externes et 3 internes. Étamines 6; filet court; anthère biloculaire, introrse. *Femelles*, périanthe comme chez les mâles. Ovaires 3, terminés chacun par un style en forme de crochet. Fruit (fig. 105) connu sous le nom de *datte*, unique par l'avortement presque constant de deux ovaires, charnu, ovoïde, allongé, de la grosseur et à peu près de la longueur du pouce; épicarpe mince, rouge jaunâtre, lisse, luisant. Sar-

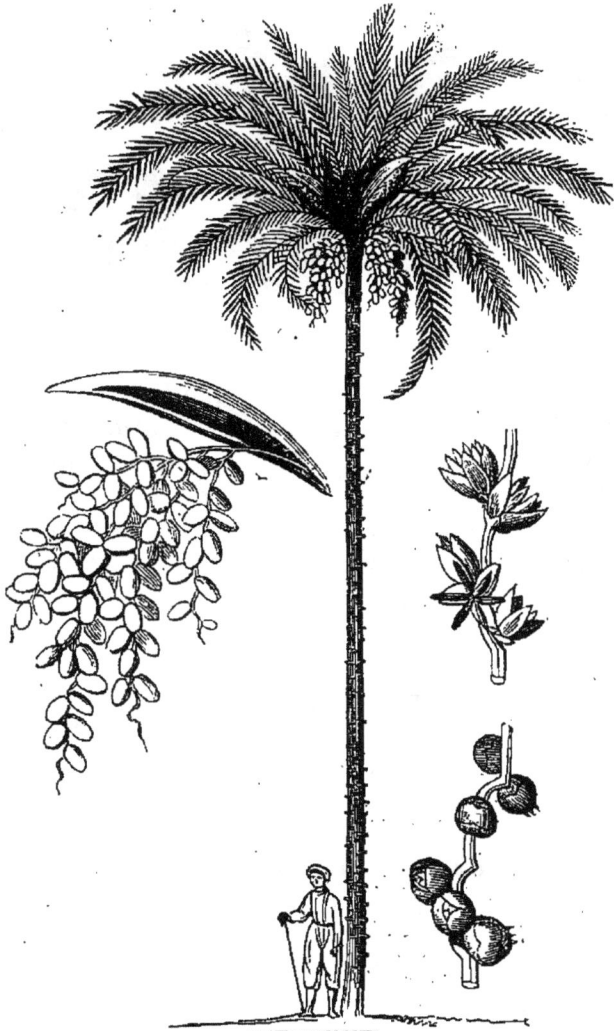

FIG. 104. — Dattier cultivé.

cocarpe solide, sucré, d'une odeur de miel. Avec le temps, les dattes se dessèchent, se rident, et sont piquées par les insectes. Graine composée d'un tégument mince, membraneux, lâche, d'u-blanc soyeux et d'une amande cylindrique, pointue aux deux bouts, dure, osseuse, profondément sillonnée d'un côté et portant sur le milieu de la face convexe une petite cavité, couverte d'un opercule, où est logé l'embryon. ♄.

Habitat. — L'Inde, la Perse et surtout les oasis de l'Afrique. On le cultive en Grèce, dans le sud de l'Espagne, de l'Italie, en Provence même, mais ses fruits mûrissent mal ou sont de qualité inférieure. Les meilleures dattes viennent d'Afrique par Tunis.

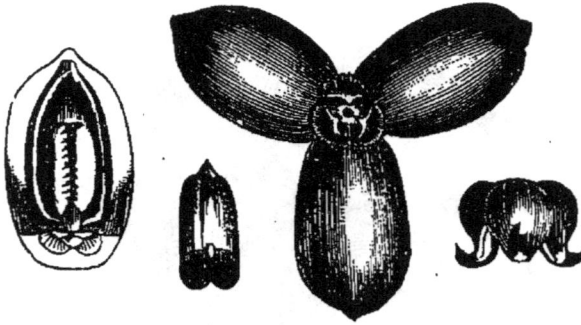

FIG. 105. — Fruit du dattier.

Culture. — On propage le dattier par des graines semées au printemps ou de rejetons pris sur les racines ou aux aisselles des feuilles.

Partie usitée. — Le fruit, que l'on a fait sécher au soleil.

Composition chimique. — Les dattes contiennent : *matières albuminoïdes et pectiques, acide gallique, glycose, inuline, matière grasse, cellulose, matières minérales.*

Usages. — Les dattes font partie, avec les figues, les jujubes et les raisins secs, des *quatre fruits pectoraux;* leur saveur douce, sucrée, les fait rechercher comme adoucissantes, dans les maux de gorge, les rhumes, les inflammations des voies aériennes. On les administre sous forme de tisane, pp. 60 : 1000, par décoction. On prépare également avec elles une pâte, un sirop; elles entrent dans la composition de l'électuaire diaphœnix. Elles sont fort nourrissantes.

DATURA STRAMOINE. *Datura stramonium* L. Stramoine pomme épineuse, Herbe aux sorciers, Endormie, Pommette épineuse SOLANACÉES.

Description (fig. 106). — Plante herbacée de 3 - 8 décimètres, d'odeur forte, pénétrante, nauséeuse, de saveur amère, désagréable. Racine fibreuse, blanche, assez grosse. Tige cylindrique, glabre, un peu pubescente en haut, très-rameuse, dichotome. Feuilles alternes, longuement pétiolées, grandes, ovales, acuminées, sinuées-dentées, à dents larges et acuminées. Fleurs (juillet-août) blanches ou violacées, très-grandes, placées aux angles de bifurcation des rameaux, solitaires, dressées, portées par un pédoncule court et pubescent. Calice gamosépale, longuement tubuleux, pentagonal à 5 dents acuminées, pliées en deux. Il est caduc; sa partie inférieure accompagne pourtant la base du fruit. Corolle gamopétale, beaucoup plus grande que le calice, infundibuliforme; tube pentagonal; limbe évasé, à 5 lobes courts, plissés, brusquement acuminés en une pointe fine. Étamines 5, incluses, insérées au haut du tube de la corolle. Ovaire pyramidal, hérissé, à 4 lobes, biloculaire. Ovules nombreux attachés à 4 trophospermes, saillants, partant de la cloison moyenne. Style cylindrique, de la longueur des étamines, glabre, élargi à sa partie supérieure ; stigmate]' à deux lamelles. Fruit (fig. 107) consistant en une capsule ovoïde, presque pyramidale, charnue, chargée de piquants aigus, à 4 loges incomplètes ; s'ouvrant en 4 valves par le haut. Graines jaunâtres d'abord, noires à la maturité, réniformes, à surface chagrinée. ⚥.

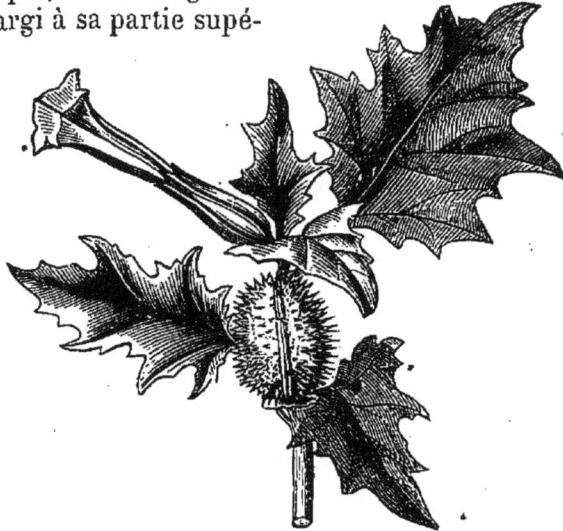

Fig. 106. — Datura stramoine.

Habitat. —Le datura, originaire de l'Inde, s'est acclimaté en Europe et se rencontre dans toute la France, sur le bord des chemins ; les décombres, dans les champs incultes.

Culture. — La culture demande peu de soins ; on le propage à l'aide de graines que l'on sème au printemps, dans une terre légère, chaude et substantielle, exposée au midi. Il se ressème de lui-même.

Parties usitées. —Les feuilles et les graines.

Récolte, dessiccation. — On récolte les feuilles au moment de la floraison. La dessiccation doit être conduite avec soin ; cette opération les fait replier sur elles-mêmes, détruit leur odeur et leur saveur, mais ne change en rien leurs propriétés. Les graines sont recueillies au moment de la déhiscence du fruit.

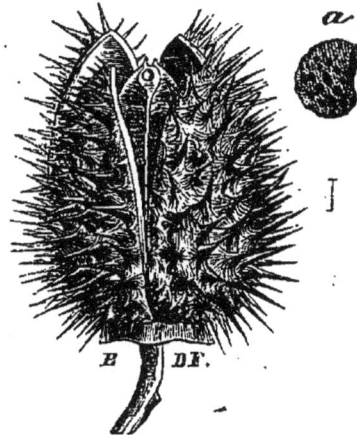

Fig. 107. — Fruit du datura stramoine ; a, semence grossie.

Composition chimique. — Les feuilles contiennent : *daturine, stramonine, gomme, extractif, fécule, albumine, résine, sels, ligneux.*

11.

La daturine, $C^{34}H^{23}AzO^6$, que l'on rencontre également dans les graines, est un alcaloïde qui paraît identique avec l'atropine par sa composition, mais qui s'en distingue en ce qu'elle ne précipite pas par le chlorure de platine, et que son précipité par le chlorure d'or est blanc, tandis que l'atropine précipite en isabelle. Cette substance, qui paraît être le principe actif du datura, est en prismes incolores, très-brillants, d'une saveur âcre et amère rappelant celle du tabac, soluble dans 280 p. d'eau froide, soluble dans l'alcool et un peu moins dans l'éther. La stramonine est une substance neutre cristallisable.

Formes pharmaceutiques, doses. — 1° Poudre, 5 à 30 centigr. 2° Suc, 6 gouttes. 3° Infusion (usage interne), 5 à 50 centigr. pour 150 gram. d'eau. 4° Extrait avec le suc, 1 à 10 centigr. 5° Extrait par l'eau, 2 à 20 centigr. 6° Extrait alcoolique, 2 à 10 centigr. 7° Teinture, 2 à 20 gouttes. 8° Alcoolature, 2 à 20 gouttes. 9° Vin de semences, on le donne par gouttes. 10° Extrait de semences, 1 à 10 centigram. On fume en cigarettes les feuilles parfaitement desséchées et convenablement roulées; elles entrent dans la préparation du baume tranquille.

Action physiologique. — C'est la plus dangereuse des solanées toxiques. A dose physiologique, il produit de légers vertiges, avec accélération de la respiration et de la circulation, affaiblissement de la sensibilité et de l'énergie musculaire, mydriase, troubles de la vision, soif, augmentation de la chaleur animale et de la tension artérielle, des sécrétions cutanées et urinaires. A dose plus élevée, on constate des vertiges, de la stupeur légère, puis de l'agitation, des spasmes, un délire furieux, des hallucinations avec éruption scarlatiniforme. La mydriase est énorme, la soif intense, le pharynx se sèche et se resserre, la déglutition devient difficile, impossible même, l'insomnie est opiniâtre. En même temps surviennent de la cardialgie, des vomissements, quelquefois de la diarrhée; les urines sont diminuées, supprimées même, bien que le malade éprouve de fréquentes envies d'uriner. Lorsque la terminaison doit être fatale, le collapsus et la stupeur succèdent à l'agitation et au délire, puis la mort survient précédée de convulsions ou de paralysie et de refroidissement. Toutes les parties de la plante, même la fumée des feuilles brûlées, sont toxiques, mais les semences se font remarquer par leur énergie. L'action que cette plante exerce sur le système nerveux, le délire qu'elle procure, les hallucinations qu'elle engendre, expliquent les effets qu'obtenaient avec elle les prétendus sorciers du moyen âge, et lui ont valu le nom d'*herbe au sorcier*, *herbe du diable*. Sous forme de lavements, les préparations de datura paraissent agir plus rapidement que quand elles sont ingérées;

leur absorption par la peau couverte de son épiderme ou dénudée, est également très-active.

L'empoisonnement par le datura doit être combattu par les vomitifs, les purgatifs, les alcooliques, le café. On oppose aux symptômes nerveux les bains froids, les opiacées. Le tannin et les substances tannantes sont les contre-poisons chimiques. Dans les cas de guérison, le malade peut, pendant plusieurs mois, être affligé de tremblements des jambes, de troubles de la vision, de perte de la mémoire.

Usages. — Comme l'ont fait remarquer Trousseau et Pidoux, « le datura peut tout ce que peut la belladone, souvent même il jouit de propriétés plus actives. » On l'a indiqué dans les névroses telles que la chorée, l'épilepsie, le tétanos traumatique, les affections mentales. Ses succès sont douteux dans ce genre d'affection. La fumée des feuilles soit seules, soit mélangées avec de la sauge, procure un grand soulagement dans les accès d'asthme. Ses résultats, dans la coqueluche, présentent une certaine analogie avec ceux de la belladone. On a également indiqué le datura dans l'incontinence d'urine, le priapisme, la nymphomanie ; pour calmer la douleur, dans le tic douloureux, la sciatique, la photophobie, les hémorrhoïdes, les brûlures, certains ulcères très-irritables. L'action mydriatique de la daturine étant moins intense et moins durable que celle de l'atropine, on a proposé de la substituer à cette dernière.

DAUPHINELLE STAPHISAIGRE. *Delphinium staphisagria* L., *Pedicularia.* Herbe à la pituite, Herbe aux poux. RENONCULACÉES-ELLÉBORÉES.

Description (fig. 108). — Plante de 1 mètre, pubescente dans toutes ses parties. Racine pivotante, simple ou peu divisée. Tige cylindrique, droite, rameuse, d'un vert mêlé de pourpre. Feuilles alternes, pétiolées, d'un vert foncé et presque glabres en dessus, d'un vert pâle et velues en dessous, palmées, divisées en 5-9 lobes profonds. Les lobes du sommet sont entiers, ovales, lancéolés, aigus, et ceux de la base trifides. Fleurs (juin) bleues, disposées en longue grappe lâche de 2-3 décim. à l'extrémité des ramifications de la tige. Chacune est portée par un pédoncule plus long qu'elle, offrant 3 bractées linéaires, courtes à sa partie inférieure. Calice à 5 sépales, verdâtres; ovales, obtus, un peu velus, le supérieur prolongé à sa base en un éperon court et recourbé en dessous. Corolle à 4 pétales distincts glabres, les 2 supérieurs ovales, allongés, obtus, rapprochés, prolongés à leur partie inférieure en appendice qui pénètre dans l'éperon; les 2 inférieurs onguiculés, à limbe irrégulièrement arrondi et denticulé. Quelquefois on trouve 8 pétales. Étamines nombreuses, 15 au moins, libres; anthères bilobées.

Ovaires 3, libres, uniloculaires, pluriovulés, terminés chacun par un style court; stigmate simple. Fruit formé par 3 follicules rapprochés, ovoïdes, ventrus, allongés, terminés à leur sommet par les styles persistants, s'ouvrant par la suture ventrale. Graines grisâtres, irrégulièrement triangulaires, comprimées et rapprochées de manière à simuler une semence unique, à surface noirâtre, réticulée, d'une saveur âcre et amère, d'une odeur désagréable. ① ou ②.

Habitat. — Elle est originaire de l'Europe méridionale, et croît dans les lieux ombragés de la Grèce, de l'Italie et du midi de la France.

Culture. — Elle demande une terre légère; on la reproduit à l'aide des graines, qu'on sème, dès leur maturité, dans des pots ou des terrines. On repique au printemps.

Partie usitée. — Les graines, connues sous le nom de *graines des capucins.*

Récolte. — On les recueille à la maturité.

Composition chimique. — Les graines de dauphinelle staphisaigre contiennent : *stéarine, corps gras peu soluble dans l'alcool, huile très-soluble dans l'alcool, gomme, amidon, matière azotée, albumine végétale soluble, albumine végétale coagulée, delphine, acide volatil, sels.* Les propriétés de la graine sont dues à la delphine et à l'acide volatil.

IG. 108. — Dauphinelle staphisaigre.

La delphine est une base organique assez mal définie, et d'après Darbel, il faudrait attribuer les propriétés de la staphisaigre à 3 bases très-vénéneuses, la *delphine*, la *staphisagrine*, la *staphisine*, et à une matière résineuse particulière. La delphine pure est d'un jaune ambré, elle devient blanche par la pulvérisation; sa saveur est âcre et amère. Elle est presque insoluble dans l'eau, mais elle se dissout dans l'alcool, l'éther, le sulfure de carbone, la benzine, les acides.

Formes pharmaceutiques, doses. — 1° Poudre (poudre pédiculaire). 2° Décoction, pp. 15 à 30 : 1000 pour lotions. 3° Teinture, en frictions, pommade. 4° Delphine, $\frac{1}{2}$ à 2 centigram.

Action physiologique. — Les graines de staphisaigre sont émétiques, purgatives ; elles irritent fortement la muqueuse gastro-intestinale. La delphine est un poison qui à la dose de 6-10 milligr. produit sur l'homme des nausées, des vomissements, une augmentation dans la sécrétion salivaire, le ralentissement des mouvements du cœur. A dose plus élevée, elle émousse la sensibilité, détermine une certaine paresse et même la paralysie des mouvements. C'est un paralyso-moteur et un modificateur de l'innervation. Lorsqu'on frotte le bras avec de la pommade de delphine, il se manifeste de la chaleur, des picotements, une rougeur légère et une espèce de frémissement dans la partie frottée.

Usages. — Les graines de staphisaigre étaient jadis employées à l'intérieur comme éméto-cathartique. Aujourd'hui elles sont presque exclusivement réservées à l'usage externe et sont utilisées comme parasiticide et insecticide, pour saupoudrer la tête et au besoin le corps des individus qui portent des poux. Cette application doit être surveillée, au cas surtout où le cuir chevelu porterait des érosions. Les lotions de staphisaigre sont employées dans le traitement de la gale et pour déterger les ulcères. L'usage interne de ces graines semble pourtant avoir repris faveur, dans ces dernières années, car la teinture a été recommandée contre l'eczéma, en frictions sur le front dans l'amaurose et l'iritis. On prescrit la delphine en frictions dans certaines névralgies, et entre autres dans celles de la langue, le tic douloureux de la face, l'odontalgie. Les graines de staphisaigre enivrent le poisson. .

DICTAME DE CRÈTE. *Origanum dictamnus* L. Origan dictame. LABIÉES-THYMÉES.

Description. — Plante de 3 décimètres, d'une odeur forte et agréable, d'une saveur âcre et piquante. Racine grêle, grisâtre, à nombreuses fibrilles ramifiées. Tige sous-frutescente, dressée, rameuse, tétragone, velue, rougeâtre. Feuilles opposées, pétiolées ; les supérieures sessiles, grandes comme l'ongle du pouce, ovales, entières, couvertes d'un duvet cotonneux épais et blanchâtre sur les deux faces. Fleurs (juillet-août) purpurines, un peu inclinées, pendantes, disposées en petits épis serrés ; pyramidaux, presque globuleux, opposés 2 à 2 et réunis plusieurs ensemble à la partie supérieure des ramifications de la tige. Les épis sont formés par des bractées vertes ou rougeâtres, disposées sur 4 rangs et qui contiennent une fleur à leur aisselle. Calice cylindrique à 5 dents, dont une prolongée en languette. Corolle bilabiée ; tube évasé, un peu comprimé ; lèvre supérieure courte et bifide, l'inférieure à 3 lobes aigus, celui du milieu un peu plus grand. Étamines 4, didynames, saillantes, écartées. Ovaire à 4 lobes ; style simple ; stigmate légèrement bifide.

Le fruit est formé par 4 achaines ovales, placés au fond du calice.

Habitat. — Le dictame de Crète, comme l'indique son nom, est originaire de l'île de Crète ou de Candie, d'où il est apporté en France.

Culture. — On peut le cultiver dans les départements du Midi, en choisissant des lieux secs et bien exposés, car il craint l'humidité et le froid. On le multiplie soit à l'aide de graines, soit par des boutures que l'on fait pendant l'été et que l'on place en pots dans de la terre sablonneuse. Il demande peu d'arrosage et beaucoup de chaleur.

Partie usitée. — Les sommités fleuries. Dans le commerce, on les trouve le plus souvent mélangées de tiges, de rameaux et même de corps étrangers à la plante, dont on doit les débarrasser.

Conservation. — Il faut les conserver dans des vases bien fermés.

Composition chimique. — Le dictame de Crète renferme une huile volatile rougeâtre, d'un goût âcre, aromatique, d'une odeur pénétrante. Il contient du camphre comme les autres labiées.

Formes pharmaceutiques, doses. — 1° Infusion, pp. 8 à 30 : 1000. 2° Poudre, 2 à 4 gram. 3° Teinture, 4 à 8 gram.

Usages. — Il possède les propriétés antispasmodiques, aromatiques et toniques des labiées où l'huile essentielle prédomine, et on l'a employé pour favoriser la digestion, stimuler la circulation, provoquer les règles, l'accouchement. Les anciens en faisaient le plus grand cas comme vulnéraire. Seul, il est aujourd'hui à peu près inusité, mais il entre dans la préparation de plusieurs médicaments, tels que la thériaque, le diascordium, l'alcoolat de Fioraventi.

DIGITALE POURPRÉE. *Digitalis purpurea* L. Gant de Notre-Dame, Gantelée. SCROFULARIACÉES.

Description (fig. 109). — Plante de 5-15 décimètres, couverte de poils fins, mous, étalés, articulés. Racine fusiforme, pivotante, charnue, un peu rougeâtre à l'extérieur, blanche en dedans, munie d'un grand nombre de fibres brunâtres. Tige droite, simple, pleine, cylindrique, velue, d'un beau vert en bas, d'un vert un peu plus glauque en haut. Feuilles alternes, ovales ou lancéolées, crénelées, dentées, décurrentes sur un long pétiole canaliculé supérieurement, présentant en dessous une arête saillante sur la ligne médiane; les supérieures sessiles, les radicales réunies en touffe à la base de la tige. Fleurs (juin-août) d'un beau rouge vif et tigrées intérieurement, quelquefois blanches et immaculées, pendantes, formant à la partie supérieure de la tige un long épi terminal, unilatéral; chacune d'elles présente, à sa base, une bractée verte, aiguë, légèrement velue. Calice persistant, gamosépale à 5 divisions profondes, ovales, aiguës, inégales. Corolle gamopétale, campanulée, ventrue, en forme de dé à coudre, à 4 divisions obliques, inégales, arrondies, obtuses, la supérieure souvent échancrée. Étamines 4, incluses, didynames; filet court, épais, blanchâtre; anthère jaune, arrondie. Ovaire supère, appliqué sur un disque hypogyne, pointu, biloculaire, polysperme; style conique; stigmate bilobé. Fruit (*capsule*) acuminé, terminé par le style persistant, biloculaire, bivalve, velu, glanduleux. Graines petites, nombreuses, un peu anguleuses, brunes. ②.

Habitat. — Très-commune dans les bois, les pâturages, sur les grès et les granits, et en général dans tous les terrains siliceux. Elle manque généralement dans les terrains calcaires.

Partie usitée. — Les feuilles.

Récolte, dessiccation, conservation. — On doit employer *exclusivement* la plante qui est venue *spontanément* dans un terrain sec; la récolte a lieu pendant la deuxième année de la végétation et alors que la tige est sur le point d'atteindre sa hauteur normale. Il faut repousser les feuilles radicales, ne prendre sur la tige que celles qui sont saines, en séparer le pétiole et la plus grande partie de la nervure médiane comme inutiles, et les faire sécher d'abord à l'ombre, puis dans une étuve

FIG. 109. — Digitale pourprée.

chauffée à 40°. On conserve ces feuilles dans des vases bien fermés et à l'abri de la lumière, en ayant soin de les renouveler tous les ans. Les feuilles de la conyze squarreuse (*Inula conyza* DC.), qu'on y mélange quelquefois, se reconnaissent à leur odeur fétide, à leur pétiole plan et non canaliculé. Quant aux feuilles de bouillon blanc et de grande consoude, avec lesquelles on pourrait les con-

fondre, elles sont cotonneuses sur leurs deux faces, les premières
ont un goût faiblement amer, les deuxièmes ont une saveur mucilagineuse.

Composition chimique. — La digitale contient : *digitaline, digi-
talose, digitalin, digitalide, acides digitalique, antirrhinique, digi-
taléique, tannique, amidon, sucre, pectine, matière albuminoïde,
matière colorante rouge-orangé cristallisable, chlorophylle, huile
volatile* (Homolle et Quevenne). Parmi ces substances, la digitaline,
$C^{54}H^{44}O^{30}$ (?), est la seule qui soit intéressante, au point de vue médical, bien qu'au dire de plusieurs praticiens elle ne représente pas
complétement les propriétés thérapeutiques de la plante. Elle est
blanche, en mamelons poreux ou en écailles, inodore, neutre, très-
amère quand elle est dissoute, déterminant de violents éternuments quand on la pulvérise ou qu'on l'agite sans précaution, très-
soluble dans l'alcool, le chloroforme, presque insoluble dans l'éther,
insoluble dans la benzine et le sulfure de carbone, peu soluble dans
l'eau ; elle ne neutralise pas les acides ; se dissout dans l'acide chlorhydrique, en prenant une belle couleur verte, mais cette réaction
ne se manifeste pas quand ce produit a été préparé depuis quelque
temps. Elle est très-vénéneuse, à la dose de 1 à 2 centigram. Le
tannin la précipite en blanc et peut lui servir de contre-poison,
comme aux alcaloïdes. Nativelle, en modifiant le procédé habituel
d'extraction dû à Homolle et Quevenne, est parvenu à l'obtenir en
petits cristaux lamellaires et prismatiques qui sont beaucoup plus
actifs ; néanmoins cette digitaline n'est point encore entrée dans la
pratique médicale.

Formes pharmaceutiques, doses. — 1° Infusion, pp. 5 : 1000.
2° Poudre, 10 à 30 centigr. (on doit la renouveler tous les deux mois,
au moins). 3° Teinture, 1 à 5 gram. 4° Teinture éthérée, 1 à 5 décigr.
5° Sirop, 20 à 120 gram. progressivement. 6° Alcoolature, 5 décigr.
à 5 gram. La digitaline s'administre sous forme de granules qui en
contiennent 1 milligramme, ou sous forme de sirop (1 milligr. pour
20 gram. de sirop). La dose utile de digitaline ne dépasse pas 1 à
4 milligr. On peut considérer la digitale comme cent fois moins
active que la digitaline d'Homolle et Quevenne, et celle-ci comme
dix fois moins active que la digitaline de Nativelle.

Action physiologique. — La digitale et la digitaline appliquées
sur le derme dénudé ou sur les muqueuses produisent une cuisson
et une irritation pouvant aller jusqu'à l'inflammation e l'ulcération.
Nous avons déjà dit que la digitaline était toxique ; à haute dose, la
digitale partage cette propriété. L'absorption de ces substances s'effectue lentement, et, de plus, les effets produits s'accumulent, c'est-à-
dire qu'ils vont en croissant, bien qu'on n'augmente pas la dose du

médicament, et ils persistent plusieurs jours après qu'on a cessé le traitement. A dose thérapeutique, la digitale et la digitaline peuvent déterminer de l'anorexie, des nausées, des vomissements; puis 24 ou 36 heures après l'ingestion, s'il s'agit de la digitale, au bout de 12 heures, s'il s'agit de la digitaline, il se manifeste un ralentissement dans le pouls, qui a fait donner à ces préparations le nom d'opium du cœur. Cette expression est inexacte, car en même temps que le nombre des battements cardiaques diminue, le pouls devient plus plein, plus fort, plus résistant. La digitale serait donc un régulateur, un tonique de la circulation centrale, et si l'on tenait à établir une comparaison, ce serait non point l'opium, mais le quinquina du cœur. En même temps que se produit cette action remarquable sur la circulation, se manifestent les phénomènes suivants : les mouvements respiratoires deviennent plus lents, la température s'abaisse, l'excrétion urinaire augmente, l'urée diminue, la contractilité des muscles à fibre striée et à fibre lisse est excitée, on constate une sédation sur le système nerveux de la vie animale et une excitation sur le système nerveux de la vie végétative. Les actions que nous venons d'énumérer ne sont point les mêmes si la digitale et la digitaline interviennent à doses toxiques, elles sont le plus souvent inverses; c'est ainsi que, dans ce cas, le pouls devient plus fréquent, finit par être petit, irrégulier, intermittent, que l'énergie des battements diminue, que la contractilité musculaire est rapidement éteinte, que le système nerveux de la vie animale, excité d'abord, est paralysé ensuite.

Usages. — Trois faits ressortent de l'exposé de l'action physiologique : 1° la digitale et la digitaline ralentissent le mouvement du cœur; 2° elles abaissent la température, diminuent la quantité d'urée; elles sont par suite antiphlogistiques; 3° elles sont diurétiques. L'action sur la circulation est utilisée dans les affections cardiaques, telles que le rétrécissement aortique non accompagné d'insuffisance, dans les palpitations nerveuses par défaut d'innervation, mais jamais dans celles qui dépendent d'une stimulation excessive et désordonnée du cœur. La digitale fait cesser promptement les métrorrhagies, elle provoque des douleurs utérines ressemblant à celles du travail et l'expulsion des caillots existant dans la matrice; à ce point de vue, elle présenterait une grande analogie d'action avec le seigle ergoté. Dans la pneumonie, ses effets antiphlogistiques sont aussi nettement établis que ceux des antimoniaux, mais à cause de la lenteur de son action on ne peut s'en servir que tout à fait au début, ou bien, plus tard, alors que le sujet déjà traité par la saignée et les antimoniaux se trouve dans un état de prostration qui ne permet pas de continuer ce traitement. On l'emploie également, avec plus ou moins de succès, dans le rhumatisme articulaire aigu, les fièvres intermittentes, typhoïdes, puerpérales, la pleurésie, l'aliénation mentale, la spermatorrhée d'un caractère irritatif; dans la migraine, en l'associant au sulfate de quinine.

L'action diurétique de la digitale est incontestable; néanmoins elle a été niée par quelques médecins; cela se comprend, il y a ici une manière différente d'agir suivant que la dose est faible ou forte. Dans le premier cas, la digitale excite les vaso-moteurs et les fibres lisses, elle diminue le calibre des vaisseaux, augmente la tension vasculaire et la diurèse; dans le deuxième cas, comme elle est paralysante, elle détermine nécessairement des phénomènes inverses. C'est surtout dans les hydropisies essentielles ou symptomatiques d'une affection du cœur que la digitale employée comme diurétique donne les meilleurs résultats, seule ou associée à la scille, à la scammonée. On s'en est servi dans l'albuminurie, la goutte, la gravelle.

DORÈME GOMME AMMONIAQUE. *Dorema ammoniacum* Don., *Heracleum gummiferum* Willd. OMBELLIFÈRES-PEUCÉDANÉES.

Description. — Plante herbacée de 1-2 mètres de hauteur, toute couverte de poils floconneux. Racine fusiforme, pivotante, couronnée par les fibres provenant de la destruction des anciennes feuilles. Tige feuillée seulement à la base. Feuilles alternes, longuement pétiolées, amplexicaules, décomposées, à segments sessiles, elliptiques, allongés, inéquilatéraux et confluents à leur base. Fleurs très-petites, blanches, sessiles, réunies, au sommet de courts pédoncules communs, en ombellules contractées, qui simulent des capitules. L'ensemble des fleurs offre l'aspect d'une grappe composée dont les axes de troisième génération portent les ombellules. Calice à 5 dents très-petites et aiguës; tube adhérent avec l'ovaire, comprimé et couvert de poils lanugineux. Corolle à 5 pétales petits, elliptiques, acuminés, infléchis vers le centre de la fleur. Étamines 5. Ovaire biloculaire, surmonté d'un disque très-grand, concave en forme de coupe, ondulé et comme denticulé dans son bord libre. Styles très-longs, divergents. Fruit (*diachaine*) glabre ou presque glabre, de couleur brune, bordé d'une aile jaune peu saillante et entière.

Habitat. — Croît en Perse et dans le Béloutchistan.

Partie usitée. — La gomme-résine qui s'écoule des tiges et des rameaux, pendant l'été, par suite des piqûres d'un insecte, et qui se concrète sur la tige ou tombe à terre. Elle provient de la Perse et de l'Arménie. La gomme-résine ammoniaque se trouve, dans le commerce, sous deux formes : tantôt elle est en larmes détachées, jaunâtres ou blanchâtres, dures, opaques, à cassure blanche, cireuse,

conchoïde, jaunissant par le contact de l'air, d'odeur forte et pénétrante, de saveur amère, âcre et nauséeuse; tantôt en masses solides
formées de larmes agglomérées ; elle s'émulsionne avec l'eau, se dissout en partie dans l'alcool, l'éther et le vinaigre.

Composition chimique. — Elle renferme : *gomme soluble, résine,
bassorine, matière albuminoïde insoluble, huile volatile.* La résine
est rougeâtre, transparente, se ramollissant par la chaleur de la
main et fondant à 54°. L'huile volatile est transparente, plus légère
que l'eau.

Formes pharmaceutiques, doses. — Le plus ordinairement on
l'administre en pilules, depuis 75 centigr. jusqu'à 2 et 4 gram. par
jour. Elle entre dans la composition des emplâtres diachylum, de
ciguë, des pilules de Bontius.

Action physiologique — La gomme ammoniaque est considérée
comme un excitant assez énergique, dont l'action se rapprocherait
de celle de l'asa fœtida. A faible dose, elle agirait localement sur
l'estomac ; à dose plus élevée, elle déterminerait une stimulation
générale. Ces faits sont niés par Trousseau et Pidoux, qui affirment
que, d'après leurs expériences, cette substance n'a jamais accusé la
moindre action stimulante soit locale, soit générale. En applications
externes, elle détermine une rubéfaction suivie d'une éruption pa-
puleuse.

Usages. — Elle est utile dans tous les cas où les antispasmodiques sont employés, et possède des propriétés anticatarrhales, an-
tiasthmatiques recommandables. Elle est prescrite dans l'asthme
essentiel humide, pour hâter et facliter l'expectoration qui termine
la crise; dans les catarrhes pulmonaires chroniques, pour diminuer
la sécrétion muqueuse ou mucoso-purulente; dans les névroses de
la respiration et de la digestion; on l'a également indiquée dans
la leucorrhée et l'aménorrhée. A l'extérieur, c'est un fondant, un
résolutif qu'on applique sur les engorgements froids des membres,
des glandes et des articulations.

DOUCE-AMÈRE. — Voy. *Morelle douce-amère.*

E

ÉLÉMI DU BRÉSIL. — Voy. *Iciquier icicariba.*

ELLÉBORE BLANC. *Veratrum album* L. Ellébore vératre,
Vératre blanc, Varaire. COLCHICACÉES (*Mélanthacées*). (Ἐλεῖν, faire périr, βορά, nourriture; nourriture mortelle.)

Description (fig. 110). — Racine pivotante, tuberculeuse, charnue, allongée, de la grosseur du pouce, présentant un grand nombre de fibrilles grisâtres, réunies en touffe. Tige de 1 mètre, droite, striée, pubescente surtout vers le haut, très-feuillue. Feuilles alternes, fort grandes, pubescentes en dessous, molles, fortement ner-

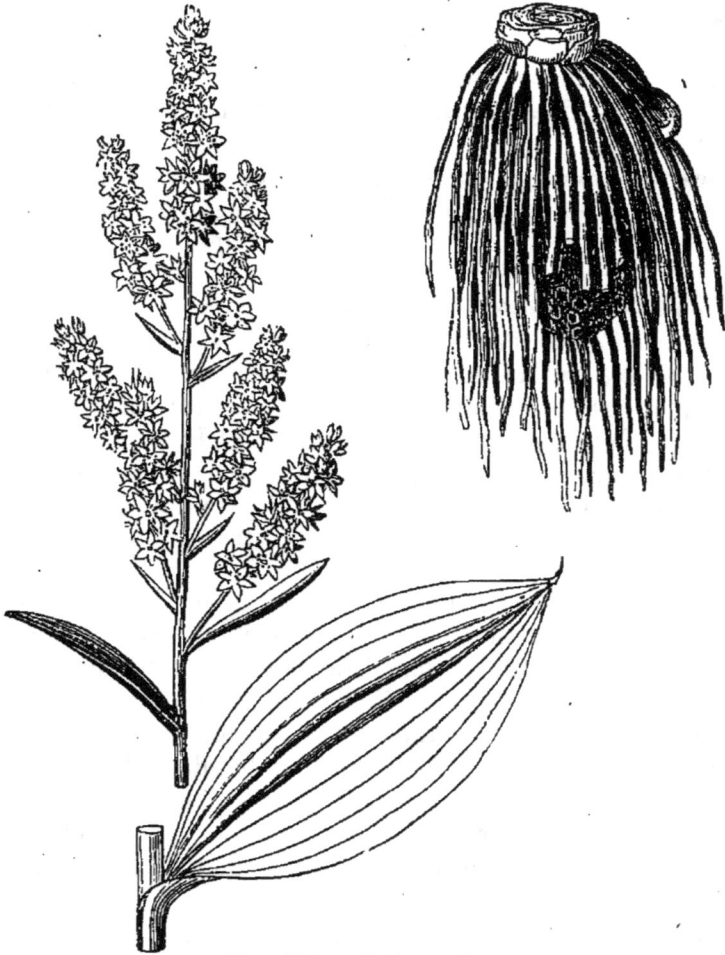

FIG. 110. — Ellébore blanc.

vées et plissées Les inférieures elliptiques, obtuses, engaînantes à la base, les supérieures lancéolées, acuminées. Fleurs (juillet-août) hermaphrodites, blanchâtres ou verdâtres, courtement pédicellées, formant, au sommet de la tige et sur les rameaux, des grappes spiciformes étalées, dressées ; la terminale est bien plus longue que les autres, et l'ensemble constitue une ample panicule de 4-6 décimètres. Bractées ovales, lancéolées, égalant ou dépassant les pédicelles. Périgone à 6 divisions, pubescentes, très-profondes, lancéolées, oblongues, excavées à la base, dentées en scie, étalées, redressées, persistantes. Étamines 6, insérées à la base des divisions; anthères réniformes, biloculaires, s'ouvrant tranversalement. Ovaires 3, supères, soudés entre eux du côté interne, ovales, oblongs, amincis par le haut, terminés chacun par 1 style divergent canaliculé. Fruit. consistant en 3 capsules soudées par le bas, se séparant par le haut et s'ouvrant du côté interne. Graines nombreuses comprimées en follicules, à testa très-lâche constituant une aile membraneuse. ♃.

Habitat. — Le Jura, l'Auvergne, les Alpes, les Pyrénées.

Culture. — Il est rarement cultivé dans les jardins; on peut le reproduire à l'aide des graines, que l'on sème aussitôt après la maturité; mais il est préférable d'employer les éclats de racines, que l'on met en terre au printemps.

Partie usitée. — La racine. Elle se présente en tronçons de 3 centimètres de diamètre, sur 5 à 8 centim. de long, blancs à l'intérieur, noirs et ridés au dehors, munis ou non de fibrilles nombreuses, jaunâtres, de la grosseur d'une plume de corbeau; sa saveur douceâtre, mêlée d'amertume, devient bientôt âcre et corrosive. On la trouve souvent mélangée de racines d'asperges.

Récolte. — Elle arrive sèche de la Suisse. On la récolte au printemps ou à l'automne.

Composition chimique. — La racine d'ellébore contient : *vératrine, jervine, acide jervique, gallate acide de vératrine, matière colorante jaune, amidon, ligneux, gomme.* La vératrine se trouve surtout dans les radicelles et les couches extérieures de la racine. C'est une substance incolore, pulvérulente, rarement cristalline, d'une grande âcreté, excitant, à très-petites doses, de violents éternuments, quand elle est aspirée par le nez; peu soluble dans l'eau; soluble dans l'alcool et l'éther; prenant une teinte écarlate sous l'influence de l'acide nitrique froid. Sa composition est représentée par $C^{64}H^{52}Az^2O^{16}$ (?). La jervine, $C^{60}H^{45}AzH^3$ (?), est un alcaloïde blanc, cristallin, peu soluble dans l'eau, très-soluble dans l'alcool. L'acide jervique a pour formule $C^{28}H^{10}O^{24} + 4HO$ (Weppen).

Formes pharmaceutiques, doses. — 1° Poudre, 1 à 3 décigr. comme éméto-cathartique. 2° Teinture, 5 décigr. à 2 gr. 3° Infusion, pp. 60 : 1000 (usage externe).

Action physiologique. — L'ellébore blanc est un poison narcotico-âcre très-violent, qui exerce une action très-énergique sur la peau et les muqueuses. La poudre inspirée provoque de violents éternuments. Administrée à l'intérieur, elle manifeste une saveur âcre, provoque la salivation, détermine une sensation de chaleur dans l'estomac; si la dose est élevée ou toxique, il survient des vomissements, des superpurgations, des accidents cholériformes. Sous son influence, on constate une augmentation dans l'excrétion urinaire et dans la transpiration cutanée. Les contre-poisons sont le tannin et l'iodure ioduré de potassium.

Usages. — On l'a employé comme sternutatoire; on l'a conseillé à cause de son action émétique, purgative, antispasmodique, dans l'anasarque, la goutte, les congestions cérébrales, les paralysies, le rhumatisme articulaire, la péritonite puerpérale, les affections du système nerveux. On s'en sert sous forme de pommade, de lotions, pour combattre la gale, la teigne, le prurigo, le pytiriasis versicolor, pour détruire les poux, mais son emploi, dans ce cas, n'est pas sans inconvénient, et l'effet de ce médicament doit toujours être surveillé avec soin.

Succédanés. — Le *Veratrum nigrum* L. possède à peu près les mêmes propriétés et lui est souvent substitué. On se sert, en Amérique, d'un autre vératre, le vératre vert (*Veratrum viride* U. S.) ou ellébore des marais, qui a les mêmes usages, mais qui demande à être employé à doses un peu plus fortes; il appartient aussi à la famille des COLCHICACÉES.

Le nom, de vératre devrait prévaloir sur celui d'ellébore, car plusieurs plantes de la famille des RENONCULACÉES portent la même appellation générique; nous citerons : 1° l'ellébore noir (*Elleborus niger* L.); rose de Noël, qu'il ne faut pas confondre avec le vératre noir. Son rhizome, d'une saveur âcre et amère, était employé autrefois comme purgatif; il est à peu près inusité, si ce n'est dans la médecine vétérinaire; 2° l'ellébore fétide (*Elleborus fœtidus* L.), patte d'ours : employé par les vétérinaires, il est vermifuge; 3° l'ellébore vert L. (*Elleborus viridis* L.), usité dans les maladies de la peau; 4° l'ellébore d'Orient (*Elleborus orientalis* Lamk), vanté jadis contre la folie.

ELLÉTARIE CARDAMOME. — On donne le nom de cardamomes à plusieurs fruits à graines aromatiques produits par des plantes de la famille des AMOMACÉES. Le cardamome officinal ou cardamome du Malabar est fourni par l'ELLÉTARIE CARDAMOME (*Elletaria cardamomum* Whit et Mat., *Alpinia cardamomum* Roxb., *Amomum racemosum*, Amome à grappes).

Description. — Racine longue, traçante, noueuse, blanchâtre. Tiges de 2 à 4 mètres, droites. Feuilles alternes, étroites, lancéolées, acuminées, engaînantes à la base, vertes, minces. Fleurs blanchâtres, portées par des hampes rameuses qui naissent de la racine, et qui sont couchées sur la terre. Ces fleurs forment une grappe longue, irrégulière, articulée, coudée, écailleuse, sortant de petites spathes membraneuses. Calice double, l'extérieur cylindrique, tubulé, mince, à bord divisé en 2 lobes courts et obtus; l'intérieur à 4 divisions dont trois étroites lancéolées assez semblables entre elles,

la quatrième, plus grande, élargie au sommet. Anthère double.
Ovaire à 3 loges; style grêle; stigmate terminal concave. Fruit
(*capsule*) de la grosseur d'un grain de raisin, à 3 côtes obtuses, sec,
ferme, à 3 loges, s'ouvrant en 3 valves par déhiscence loculicide;
graines anguleuses, cunéiformes, d'un gris brun, attachées à l'angle
interne, d'une odeur et d'une saveur aromatiques. ♃.

Habitat. — Cette plante croît dans les lieux ombragés et humides
de l'Inde, la côte du Malabar, les Gâtes près de Mahé. On la cultive
à la Jamaïque.

Parties usitées. — Les capsules et les graines. On récolte les
capsules en novembre et on les fait sécher sur un feu doux, ce qui
change leur couleur verte en une teinte paille. Guibourt distingue
deux variétés de capsules : 1° le PETIT CAR-
DAMOME DU MALABAR (fig. 111), dont la coque
triangulaire, un peu arrondie, longue de 1 centim. environ, striée longitudinalement, un peu
bosselée, contient des graines brunâtres, irrégulières, d'une odeur forte et térébinthacée. Ce serait le vrai cardamome officinal, celui qui a la
plus grande valeur vénale. 2° Le LONG CARDAMOME

FIG. 111. — Petit car-
damome de Malabar.

DU MALABAR (*moyen cardamome*) est plus allongé, d'un blanc cendré, ses graines sont rougeâtres (fig. 112). On connaît sous le nom
de GRAND CARDAMOME (*cardomome de
Ceylan*) des capsules produites par
l'*Elletaria major* Smith (Grande ellétarie) (fig. 113). Elles ont 3-4 centim.
de long; elles sont pointues aux deux
bouts, d'un gris brunâtre et contiennent des graines très-anguleuses, blanchâtres, d'une odeur et d'une saveur
moins fortes que
celles des espèces
précédentes.

**Composition
chimique.** — Les
graines du carda-
mome du Mala-
bar contiennent :
*huile essentielle
incolore*, *huile*

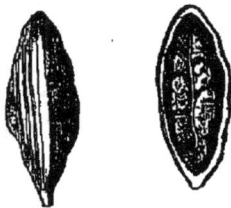

FIG. 112. — Long carda-
mome du Malabar.

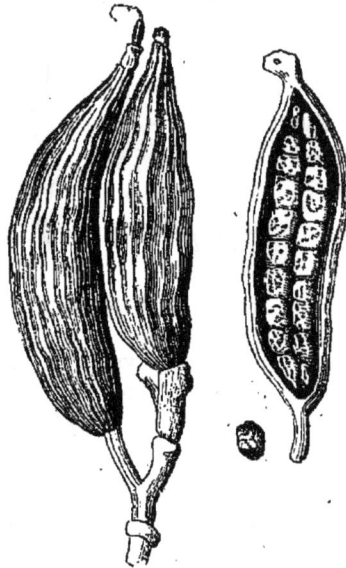

FIG. 113. — Cardamome de Ceylan.

*fixe jaune, fécule, matière colorante
jaune, ligneux, quelques sels.* L'huile essentielle est d'odeur suave,
de saveur brûlante, plus légère que l'eau, soluble dans l'alcool,

l'éther, les huiles grasses, l'acide acétique. Elle perd son odeur et sa saveur en vieillissant.

Formes pharmaceutiques, doses. — On rejette les valves, on vanne les graines pour en séparer les cloisons minces qui y restent mélangées. On prépare, avec ces graines, une poudre, dose 2 décigr. à 2 gram., et avec les fruits une teinture.

Usages. — Le cardamome peut recevoir toutes les applications des aromatiques; néanmoins il est devenu d'un usage très-restreint. Le plus ordinairement, on ne l'utilise qu'associé à d'autres substances; c'est ainsi qu'il entre dans l'alcoolé de cardamome composé, la thériaque, le diascordium. Les parfumeurs mettent son arome à profit. Dans l'Inde, il est fréquemment employé comme stomachique, excitant, carminatif et comme condiment.

ENCENS. — Voy. *Plosslée papyracé.*

ÉPINE-VINETTE. — Voy. *Berberis commun.*

ERGOT DE SEIGLE. *Sclerotium clavus* DC., *Spermœdia clavus* Fries. Seigle ergoté, Ergot. CHAMPIGNONS.

Description (fig. 114). — C'est un corps solide, long de 1-3 centimètres, large de 2-4 millimètres,

presque cylindrique, obscurément quadrangulaire ou triangulaire, plus ou moins arqué, ressemblant à une petite corne ou à un ergot de coq; d'un brun violet à l'extérieur, parfois grisâtre, marqué sur le côté d'un sillon longitudinal avec des fissures transversales. Son odeur, qui rappelle celle des champignons, se transforme en une odeur de poisson pourri, quand il commence à se décomposer. Sa saveur, d'abord faible, détermine, plus tard, une astriction particulière dans l'arrière-bouche. Il est ferme, compacte; sa cassure est blanche

FIG. 114. — Ergot de seigle.

avec une teinte vineuse sur les bords; sa poudre de couleur cendrée.

Origine. — L'ergot (fig. 115) se rencontre souvent pendant les années pluvieuses sur les épis de seigle. Avant la fécondation et dans les premiers temps qui suivent l'apparition de l'ovaire, il se développe, dans l'intérieur de la glume et à la partie supérieure de l'ovaire resté à l'état rudimentaire, une matière liquide, visqueuse, la *sphacélie des céréales* (*Sphacelia segetum* Lev.) ou *spermogonie*, Tul., qui colle ensemble les organes de la végétation et s'oppose à la fécondation. De cette matière gluante (fig. 116, A) va naître un corps mou, visqueux, d'un blanc jaunâtre, *b*, qui s'élève, grandit, en entraînant l'épiderme velu de l'ovaire *o* et en refoulant tellement au-dessous de lui cet organe, qu'on n'en constate bientôt plus l'existence que par la présence d'un point noir. Ce corps est l'ergot; il sort de l'épi (fig. 116, B), en entraînant avec lui la sphacélie *a*, qui reste attachée à la partie terminale de cette nouvelle production; mais elle se dessèche au bout de quelque temps et manque complétement dans l'ergot du commerce.

Cet ergot est un mycélium tuberculeux; en effet, en le plaçant superficiellement dans une terre humide, à une température douce et à l'abri de la lumière, il donne naissance à un certain nombre de *sphéries* (*Claviceps purpurea* Tul., *Sphæria purpurea* Fries) (fig. 117), faciles à reconnaître par leur pied *a* et leur chapeau globuleux *b*, contenant des spores. Ces spores, en germant sur une fleur non fécondée de seigle, reproduisent la sphacélie, d'où sortira l'ergot; lequel à son tour, placé dans des conditions favorables, engendrera la sphérie ou champignon parfait capable de fructifier et de se reproduire.

Conservation. — Il s'altère aisément, et souvent il est attaqué par un sarcopte semblable à celui du fromage. On doit le conserver dans un lieu sec et dans des vases bien fermés.

Composition chimique. — Le seigle ergoté contient : *ergotine, huile grasse, matière grasse cristallisable, acide cérotique, mycose ou tréhalose, matières extractives et colorantes, albumine, fungine, phosphate acide de potasse et de chaux*

FIG. 115. — Épi de seigle ergoté.

(Wiggers), *formiate de propylamine* (Winckler). L'huile est épaisse, insipide, inodore, soluble dans l'éther et l'alcool chaud. Elle est sans action sur l'économie animale, quand elle a été obtenue par expression; mais elle est très-active si on l'a préparée par l'intermédiaire de l'éther, car alors elle renferme la substance active de l'ergot. L'ergotine de Wiggers est d'un rouge brun, pulvérulente, amère, légèrement âcre, d'odeur nauséabonde, neutre, ressemblant beaucoup au rouge cinchonique, insoluble dans l'éther et l'eau, soluble dans l'alcool; sa puissance est 60 fois plus grande que celle de l'ergot. Il ne faut pas la confondre avec l'ergotine de Bonjean, qui n'est qu'un extrait hydro-alcoolique. Le principe sucré, ou mycose, est voisin du sucre de canne et ne réduit l'oxyde de cuivre qu'après une ébullition prolongée. Wenzell a séparé du seigle ergoté deux alcaloïdes particuliers, l'*ecboline* et l'*ergotine*, qui seraient combinés avec un acide spécial, l'*acide ergotique*. Le premier de ces alcaloïdes résumerait les propriétés actives de l'ergot.

FIG. 116. —Ergot de seigle et sa sphacélie.

Formes pharmaceutiques, doses.— 1° Poudre, 30 à 40 centigr.; 4 à 8 fois dans les 24 heures; on ne la prépare qu'au moment de l'employer. 2° Décoction, pp. 3 à 4 : 500 d'eau. 3° Sirop, 50 à 100 gr. 4° Extrait, 2 décigr. à 2 gram. 5° Extrait hydro-alcoolique (*ergotine de Bonjean*), 2 décigr. à 2 gr. et plus. 6° Sirop d'ergotine, 30 à 60 gr., et plus.

Le tannin serait le contre-poison de l'ergot et de ses préparations.

FIG. 117. — Ergot de seigle portant des *Claviceps purpurea.*

Succédanés. — Plusieurs autres graminées, telles que le blé, le chiendent, l'orge, l'ivraie, l'*Avena elatior* L., le *Dactylis glomerata* L., l'*Alopecurus agrestis* L., et même plusieurs cypéracées sont frappée

par l'ergot. Ces champignons n'ont point été employés, excepté
pourtant l'ergot de blé, qui a été considéré comme ne le cédant en
rien à celui du seigle.

Action physiologique. — Administrés à doses thérapeutiques, le
seigle ergoté et l'ergotine déterminent chez l'homme et la femme
non enceinte, des troubles légers du côté de l'estomac, de la sécheresse à la gorge, la pâleur de la peau, des douleurs abdominales;
la pupille se dilate, la circulation se ralentit, le pouls devient petit et dur, la diurèse augmente, la sueur et la sécrétion lactée diminuent, se suppriment même, les artérioles se contractent. A haute
dose, il se manifeste des troubles cérébraux. Lorsqu'il est mélangé,
en quantité notable, à la farine de seigle ou de froment, il produit
les accidents que l'on désigne sous le nom d'*ergotisme convulsif*, si
les symptômes nerveux dominent, et sous celui d'*ergotisme gangréneux* quand le symptôme principal est la gangrène des extrémités.
Chez la femme enceinte, il survient, un quart d'heure ou une demi-
heure après l'ingestion, des tranchées et des contractions utérines.
Dans ce résumé rapide, trois faits frappent l'attention, car ils peuvent être rapportés à la même cause, c'est la contraction des artérioles, celle de l'utérus et la dilatation de la pupille, qui seraient le
résultat de l'action que l'ergot exerce sur les fibres lisses. Cette
notion une fois admise, il est facile d'expliquer la plupart des effets
de ce médicament et d'en déduire les applications thérapeutiques
rationnelles. Par la contraction que subissent les vaisseaux, la
pression du sang augmente, l'action diurétique en est la consé-
quence; la diminution de l'afflux sanguin à la périphérie explique
la cessation des hémorrhagies, l'affaiblissement des sécrétions lactée et urinaire, la gangrène de l'extrémité des membres. On trouve
la cause de la dilatation de la pupille dans la contraction des fibres
radiées de l'iris. Enfin, l'action prépondérante sur l'utérus s'explique par la contraction des fibres lisses de cet organe et des vaisseaux.

Usages. — Le seigle ergoté est employé dans les accouchements
difficiles, mais seulement alors que le col est dilaté et qu'il n'existe
aucun obstacle mécanique à l'expulsion du produit. L'administration de cette substance ne doit être pratiquée qu'avec réserve, car,
trop hâtive ou inopportune, elle peut être dangereuse pour la mère
et pour l'enfant. On l'emploie également lorsque la délivrance est
tardive, pour favoriser l'expulsion des caillots contenus dans la matrice. L'ergot et ses préparations sont préconisés dans tous les cas
d'hémorrhagie, mais surtout dans les hémorrhagies utérines puerpérales ou non. L'action spéciale de ce médicament sur les fibres
lisses pourra être utilisée dans les paralysies d'organes formés de

fibres de cette nature, telles que la vessie, l'intestin. On l'emploie également dans quelques affections du cœur, alors qu'il convient d'obtenir une sédation énergique, mais peu durable. Enfin, à l'extérieur, l'ergotine (10 grammes pour 100 à 200 gram. d'eau) constitue un médicament d'une grande valeur pour arrêter les hémorrhagies causées par l'ouverture des capillaires ou des vaisseaux d'un volume assez faible pour ne pas nécessiter la ligature.

ÉRYTHRÉE, PETITE CENTAURÉE. *Erythræa centaurium* Pers., *Chironia centaurium* W., *Gentiana centaurium* L. Petite centaurée, Herbe au centaure, Herbe à Chiron. GENTIANACÉES. (Ἐρυθρός, rouge, à cause de la couleur de la corolle.)

Description (fig. 118). — Plante de 2-3 décimètres, inodore, franchement amère. Racines fibreuses, petites, blanchâtres. Tige grêle vers le bas, quadrangulaire, à rameaux opposés, dichotomes, étalés, ascendants, lisses, glabres. Feuilles opposées, sessiles, ovales, aiguës, entières, à 5 nervures, glabres, d'un vert jaunâtre, les radicales en rosette peu touffue, pétiolées, obovales; les supérieures, linéaires, aiguës. Fleurs (juillet-août) d'un rose tendre, sessiles dans les dichotomies, pour-

FIG. 118. — Érythrée petite centaurée.

vues de bractées linéaires et formant par leur ensemble des corymbes compactes et terminaux. Calice cylindrique à 5 divisions étroites, subulées et dressées. Corolle gamopétale, infundibuliforme, plus longue que le calice; tube étroit, strié; limbe à 5 divisions égales, ovales, obtuses. Étamines 5, à peine ouvertes; anthères introrses, se tordant en spirale après l'émission du pollen. Ovaire allongé, linéaire, monoloculaire, polysperme. Style court, bifurqué au sommet, chaque branche porte un stigmate arrondi. Fruit (*capsule*) allongé, enveloppé par le calice et la corolle persistants, bivalve. Graines petites, lisses, subglobuleuses.

Habitat. — Très-commune en France, dans les bois taillis, les prairies, le bord des haies.

Culture. — La plante sauvage étant plus amère et plus active que la plante cultivée, on ne reproduit pas la petite centaurée pour les usages de la médecine. Il serait pourtant facile de le faire, à l'aide des graines, en choisissant une terre qui ne serait ni trop forte ni trop humide.

Parties usitées. — Les sommités fleuries.

Récolte, dessiccation. — On les récolte en juillet et en août. On en fait de petites bottes qu'on enveloppe de papier, afin de conserver la couleur des fleurs, et on les dessèche rapidement dans un grenier aéré. Elles perdent, par la dessiccation, 62 pour 100 de leur poids. Leur odeur est très-faible, leur saveur amère, franche, très-prononcée.

Composition chimique. — La petite centaurée contient : *érythro-centaurine, matière amère, matière céroïde*. L'érytho-centaurine (Méhu) est une substance non azotée, cristallisant en aiguilles blanches, inodores, insipides, soluble dans l'eau bouillante, l'alcool et le chloroforme, à peine soluble dans l'eau, devenant tour à tour orangée, rose et enfin rouge, sous l'influence des rayons solaires directs, sans se modifier dans sa composition chimique. La matière amère est le principe actif.

Formes pharmaceutiques, doses. — 1° Tisane par infusion, pp. 10 : 1000. 2° Extrait, 1 à 2 gram. 3° Poudre, 1 à 4 gram. comme stomachique ; 10, 15 et plus comme fébrifuge. 4° Suc, 30 à 50 gram. On prépare encore un vin, une teinture, une bière, une eau distillée, un sirop, une conserve. On emploie sa décoction en lavements, et, à l'extérieur, en lotions, fomentations. Elle fait partie des espèces amères, du baume vulnéraire, de l'esprit carminatif de Sylvius, de la thériaque. SUCCÉDANÉS : l'*Erythræa pulchella* Sm. et l'*E. spicata* Pers. jouissent des mêmes propriétés.

Action physiologique. — C'est un amer aromatique faible, susceptible d'avoir toutes les applications de ce genre de médicaments. À haute dose, cette plante peut déterminer des douleurs d'estomac, des vomissements, de la diarrhée.

Usages. — Avant la découverte du quinquina, la petite centaurée était un de nos fébrifuges indigènes les plus employés ; bien que déchue de la haute réputation qu'elle s'était faite dans les fièvres intermittentes ordinaires, elle peut rendre des services dans ce genre de maladie, surtout comme adjuvant du quinquina. Elle est

12.

également usitée comme stomachique dans les dyspepsies, comme apéritif dans l'anorexie, comme carminatif dans les flatuosités. On l'a également conseillée dans la goutte atonique et la gastralgie des goutteux, comme anthelminthique, et enfin, en cataplasmes sur les ulcères atoniques scrofuleux ou scorbutiques.

La GRANDE CENTAURÉE ou centaurée officinale (*Centaurea centaurium* L.), malgré l'analogie de nom, appartient à une famille différente, celle des SYNANTHÉRÉES-CARDUACÉES. Sa racine, tonique et fébrifuge, a pendant longtemps fait partie de la matière médicale. Elle est aujourd'hui à peu près tombée dans l'oubli. D'autres centaurées, telles que la CENTAURÉE CHAUSSE-TRAPE (*Centaurea calcitrapa* L.), la CENTAURÉE BLEUE ou BLUET (*C. cyanus* L.), la JACÉE DES PRÉS (*C. jacea* L.), employées jadis, sont presque inusitées aujourd'hui.

ÉRYTHROXYLE COCA. *Erythroxylum coca* Lam., *E. peruvianum*. LINACÉES-ÉRYTHROXYLÉES (Baillon).

Description. — Arbuste de 1 à 3 mètres au plus et n'atteignant cette hauteur que la troisième année. Racine rameuse, à fibrilles obliques, délicates. Tige forte, couverte d'une écorce blanchâtre, à rameaux alternes, droits et rougeâtres, les plus petits abondamment tuberculeux dans toute leur longueur. Feuilles simples, alternes, entières, elliptiques, ovales, aiguës, penninerves, longues de 4 centimètres, d'un vert lustré à la page supérieure, d'un jaune poli en dessous, d'une odeur de thé, d'une saveur amère astringente un peu âcre, munies chacune d'une stipule axillaire. Fleurs (avril-juin) petites, jaunes-blanchâtres, axillaires, solitaires ou réunies au nombre de 3-5 en petits bouquets de cyme. Calice libre, persistant, à 5 divisions profondes. Corolle à 5 pétales, libres, alternes sur deux rangs, ovales, oblongs, obtus, à onglet large, présentant une petite écaille à leur surface interne. Étamines 10, hypogynes soudées à leur base. Anthères biloculaires, introrses, longitudinalement déhiscentes. Ovaire libre, à 3 loges monospermes; styles 3 terminés chacun par un stigmate capitulé. Fruit (*drupe*) rouge, sec, oblong monoloculaire et monosperme, accompagné à sa base des restes du calice et de l'androcée. ♃ .

Habitat. — La coca habite les vallées humides des Andes.

Culture. — On la cultive au Pérou, dans la Bolivie, la Colombie, la partie occidentale du Brésil. La coca demande des terrains humides et gras, ainsi qu'un ciel chaud. On la plante en pépinière ou bien on la sème sur place, en ayant soin de protéger les jeunes plantes de l'action des rayons solaires, et de sarcler le terrain de temps en temps.

Parties usitées. — Les feuilles, sous le nom de coca.

Récolte, dessiccation, conservation. — La récolte a lieu trois

fois par an, en mars, juillet, octobre, du moment que la plante a
atteint l'âge de deux ans et que les feuilles ont acquis 4 centimètres
de long.; après les avoir séchées au soleil, on en fait des paquets
qui pèsent environ 30 kilog. Pour les conserver il faut les enfermer
dans des flacons bien bouchés et placés à l'abri de l'humidité.

Composition chimique. — Elles contiennent plusieurs alcaloïdes;
le plus important est la *cocaïne*, $C^{16}H^{23}AzO^8$, qui cristallise en prismes incolores, inodores, très-amers, déterminant une insensibilité
passagère de la langue, peu soluble dans l'eau, soluble dans l'alcool
et l'éther. L'*hygrine*, autre alcaloïde de la coca, est liquide, volatil,
non vénéneux.

Formes, pharmaceutiques, doses. — 1° Les feuilles sous forme
de masticatoire, 10 à 20 gram.; 2° la poudre, 2 gram., en répétant la
dose 4 à 8 fois par jour; 3° l'infusion; 4° la teinture, 10 à 60 gram.;
5° l'élixir, qui n'est que de la teinture sucrée, 10 à 60 gram.; 6° le
sulfate de cocaïne, 5 décigram. à 2 gram

Action physiologique. — Les feuilles de coca seules ou mélangées à la chaux ou au tabac sont employées journellement comme
masticatoires par les Indiens; ils trouveraient, dit-on, dans cet usage,
la faculté de résister à la fatigue, au sommeil, et de supporter la
diète. Voici ce que l'expérimentation physiologique nous apprend
sur les propriétés réelles de la coca. Sous son influence, le volume
de l'urine, la quantité d'urée, augmentent; la température s'élève;
la respiration s'accélère; le pouls devient plus rapide. On constate
une légère tendance à l'insomnie. Les combustions organiques deviennent plus actives, et cet agent, loin de ralentir le mouvement
de nutrition, comme on le supposait, l'accélère au contraire, au point
que si la diète est prolongée, il survient un amaigrissement considérable. Sous son influence et en l'absence d'aliments, la mort par
inanition survient plus rapidement que si on n'en avait point fait
usage.

Mâchée, la feuille de coca détermine une augmentation du flux
salivaire, une certaine anesthésie de la langue et de la bouche qui
se communique à l'estomac, si l'on avale la salive. Cette action
anesthésique explique pourquoi la coca émousse la sensation de la
faim. Elle exercerait de plus une action tonique, stimulante, sur
l'organisme, et deviendrait toxique à haute dose.

Usages. — Son action sur la muqueuse buccale explique son
usage dans les stomatites, les gingivites, surtout dans celles de ces
affections qui sont dues à l'emploi des préparations mercurielles. Elle
conserverait les dents. Ses propriétés anesthésiques l'ont fait employer dans les troubles gastriques, la dyspepsie, la gastralgie. Elle
peut rendre des services dans la phthisie avancée; on a vu, sous

son influence, l'appétit renaître, les vomissements diminuer ou s'arrêter. On l'a également préconisée dans le rhumatisme et les fièvres intermittentes, et on l'a indiquée comme pouvant combattre un embonpoint exagéré.

EUCALYPTE GLOBULEUX. *Eucalyptus globulus* Labil., *Tasmanian blue-gum-tree*. Gommier bleu de Tasmanie. MYRTACÉES-LEPTOSPERMÉES. De εὖ, bien, et χαλύπτω, je couvre, par allusion au limbe du calice, qui reste clos.

Description. — Arbre pouvant rapidement atteindre une hauteur considérable (100 mèt. de hauteur sur 28 mèt. de circonférence en 80 ans), d'une apparence bizarre, peu agréable; on a comparé la teinte de son feuillage à celle de l'olivier et le port à celui du peuplier d'Italie. Racines horizontales, traçantes. Tronc se dégarnissant naturellement et très-vite à sa partie inférieure jusqu'à une certaine hauteur, laissant, deux ou trois fois par an, se détacher l'écorce, qui se sépare en longues bandes grisâtres à l'extérieur, d'un jaune marron à l'intérieur. Le bois est assez dur, assez lourd, malgré la croissance extraordinaire de la tige, mais nous le rangerions plus volontiers dans la catégorie des bois mous que dans celle des bois durs. Feuilles (fig. 119) nombreuses, persistantes, opposées et sessiles quand le végétal est jeune;

FIG. 119. — Eucalypte globuleux.

elles deviennent alternes et longuement pétiolées quand l'individu est parvenu à l'âge adulte; on les trouve souvent sur le même individu à cause de la persistance du feuillage; elles sont lancéolées, arquées en faux, entières, ressemblant à des phyllodes, pendantes, roides, d'un vert glauque ou bleuâtre, criblées de glandes remplies d'huile essentielle, d'une odeur forte et pénétrante, mais non désagréable. Fleurs blanches ou légèrement rosées, axillaires, sessiles sur un pédoncule commun, court, épais, anguleux. Calice formé de deux pièces, l'une inférieure, en forme de pyramide quadrangulaire, coriace, épaisse, représentant le tube; l'autre, en forme de capsule, coiffe la première et s'en détache à la maturité, à la façon de la valve supérieure des pyxides. Corolle nulle. Étamines nombreuses, d'un jaune pâle ou rosé, insérées sur un disque qui borde la partie supérieure du calice; filets grêles et très-longs, recourbés avant l'anthèse. Anthères subovoïdes, biloculaires. Ovaire infère, ovale, adhérent, à 4 loges; style effilé, stigmate un peu bombé. Fruit (*capsule*) glauque, turbiné, un peu anguleux, accompagné par le calice persistant. Graines petites, noires ou brunes; les dernières généralement stériles. ♄.

Habitat. — Il est originaire de l'Australie et de la Tasmanie. Il a été introduit, dans ces derniers temps, en Espagne, en Italie, en Algérie, en Provence, en Corse. Il paraît prospérer surtout dans les terrains favorables au développement du chêne-liége, c'est-à-dire dans les terrains granitiques, schisteux, siliceux; mais il s'accommode de tous les terrains pourvu que la température du pays ne soit pas inférieure à + 4°.

Parties usitées. — L'écorce et surtout les feuilles.

Culture. — On le reproduit de graines qu'on sème d'abord en terrine dans de la terre de bruyère et que l'on repique ensuite en godets. Le moment le plus favorable pour les semis est l'automne; on met les jeunes plants en place, au printemps, en les abritant, s'il y a lieu, contre le froid.

Composition chimique. — Les feuilles contiennent : *huile essentielle, matière résineuse, principe amer neutre, acides gallique et tannique, chlorophylle, cellulose, sels calcaires, carbonates alcalins.* Il est probable qu'elles ne renferment pas d'alcaloïde. L'essence est liquide, légèrement verdâtre, d'une odeur pénétrante, aromatique, qui tient à la fois du laurier et de la menthe; soumise à une distillation fractionnée, elle donne vers 175° une essence oxygénée, l'*eucalyptol*, $C^{24}H^{20}O^2$ (Cloëz), incolore, plus légère que l'eau, peu soluble dans l'eau, très-soluble dans l'alcool, se transformant sous l'influence de l'acide phosphorique en un hydrocarbure, l'*eucalyptène*, $C^{24}H^{18}$. La résine est rougeâtre, cassante; son odeur rappelle celle de l'essence, elle est soluble dans l'alcool et l'éther.

Formes pharmaceutiques, doses. — 1° Poudre des feuilles et de l'écorce, 4-8-12-16 gram. 2° Décoction des feuilles, pp. 8 : 1000, usage externe. 3° Infusion des feuilles, pp. 20 à 40 : 1000. On a encore indiqué : une eau distillée de feuilles, un extrait aqueux, un extrait alcoolique, une teinture, un alcoolat, un vin, des cigarettes. L'essence se donne à la dose de 2 à 4 gouttes.

Action physiologique. — L'essence d'eucalyptus déposée sur les muqueuses détermine une sensation de rougeur et une légère chaleur. A l'intérieur, et à dose modérée, elle produit des effets anti-

spasmodiques,.analogues à ceux qu'on observe après l'ingestion de
l'éther et du chloroforme ; de même que pour ces anesthésiques, il
peut se manifester une période initiale d'excitation ; si les doses sont
plus fortes, les effets antispasmodiques peuvent être suivis de la résolution musculaire ; et, enfin, si la dose est trop élevée, la circulation, la respiration, se ralentissent graduellement, la sensibilité devient de plus en plus obtuse, et la mort arrive, tantôt au milieu d'un
calme profond, tantôt précédée de quelques convulsions. Les principales voies .d'élimination sont l'appareil respiratoire, probablement
les glandes sudoripares et, sur un dernier plan, l'appareil uropoïé-
tique (Gubler). L'urine prend, sous son influence, une odeur d'iris.
ou de, violette. L'essence ne résume pas pourtant et ne saurait expliquer toutes les propriétés thérapeutiques de l'eucalyptus:

Usages. — En effet, les feuilles d'eucalyptus ont donné des résultats d'une efficacité incontestable dans les fièvres intermittentes.
rebelles à la quinine et aux autres fébrifuges, sans qu'il soit encore
possible de dire si c'est à l'essence, à la résine, au principe amer,.
que l'on doit attribuer ces bons effets. L'élimination de l'essence soit
par les voies respiratoires, soit par les organes génito-urinaires, son
action anesthésique, sont autant de phénomènes qui ont conduit à
tenter les applications suivantes, dont plusieurs n'ont pas été sans
succès : comme modificateur des sécrétions de la muqueuse broncho-
trachéale, dans les catarrhes bronchiques, les bronchites simples ;
comme antispasmodique pour modérer la toux chez les phthisiques ;.
comme balsamique dans les catarrhes de la vessie, les affections.
catarrhales et purulentes de l'urèthre et du vagin, les leucorrhées,
les blennorrhagies subaiguës et chroniques. La stimulation que
l'eucalyptus exerce sur l'estomac l'a fait prescrire comme apéritif,.
digestif, dans la dyspepsie atonique. A l'extérieur, c'est un stimulant
local qui peut, en modifiant la nature de certaines plaies, en faciliter la cicatrisation ; ce serait de plus un topique désinfectant.
Enfin, l'arbre planté. en grande quantité purifierait l'air des pays.
marécageux ; par l'absorption rapide dont ses racines sont le siége,
il épuiserait le sol de ces contrées d'une quantité d'eau énorme; et
cet effet ajouterait un contingent efficace à l'action purifiante des
feuilles. Les émanations des forêts d'eucalyptus paraissent avoir
donné, en Australie, de bons résultats dans le traitement de la
phthisie. On a proposé l'essence pour masquer l'odeur de l'huile de-
foie·de morue.

EUPHORBE DES CANARIES. *Euphorbia canariensis* L: Eu-
PHORBIACÉES. ·

Description (fig. 120). — Tige ressemblant à un cactus, pleine
d'un suc laiteux, haute de 13 à 20 décimèt., droite, épaisse, qua-

drangulaire, présentant des rameaux ouver . Les faces sont planes, unies, d'un beau vert, les angles munis de tubercules rangés en séries longitudinales, portant chacun deux aiguillons courts et divergents dont un est recourbé en crochet. Fleurs monoïques, sessiles, placées au-dessous des aiguillons, accompagnées de bractées ovales; les mâles et les femelles réunies dans une même inflorescence sont protégées par un involucre commun à 10 divisions, dont 5 plus externes, charnues et d'un rouge obscur. Les fleurs mâles consistant en une seule étamine sont nombreuses et entourent une fleur femelle unique, formée par un ovaire pédicellé, à 3 loges uniovulées, surmonté de trois styles bifides. Le fruit est capsulaire, petit, lisse, jaunâtre, formé de 3 coques monospermes. ♃.

Habitat. — Elle croît naturellement dans les îles Canaries.

Culture. — Dans nos climats, on ne peut le cultiver qu'en serre tempérée ou dans une orangerie, en faisant choix d'une terre sèche et légère; on la reproduit de graines.

Partie usitée. — La gomme résine qui s'écoule de l'écorce soit naturellement, soit par des incisions, et qui s'est épaissie en séchant à l'air, et que l'on désigne sous le nom d'euphorbe (*Euphorbium* Fée). D'autres plantes appartenant au même genre peuvent donner de l'euphorbium; ce sont les *E. antiquorum* L., *E. officinarum* L. On a décrit sous le nom d'*E. resinifera*, et d'après les débris trouvés dans l'euphorbium, une euphorbe encore

Fig. 120. — Euphorbe des Canaries.

inconnue à l'état vivant et qui serait la plante produisant le produit gommo-résineux qui nous occupe.

L'euphorbium se présente en larmes fragiles, friables, irrégulières, de la grosseur d'un pois, jaunâtres ou roussâtres, demi-transparentes, ordinairement transpercées de 1-2 trous coniques se rejoignant par

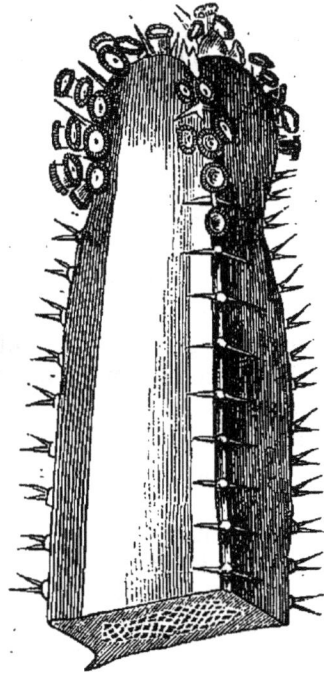

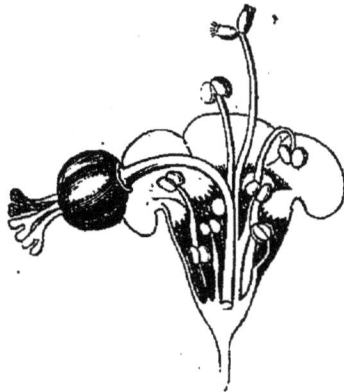

la base et dans lesquels on trouve souvent les aiguillons de la plante. Son odeur est presque nulle ; sa saveur, faible d'abord, devient ensuite brûlante et corrosive. Il nous arrive d'Afrique et de l'Inde dans des sacs de cuir.

Composition chimique. — La gomme-résine d'euphorbe contient : *résine, euphorbon, gomme, malates, substances minérales* (Flückiger). L'euphorbon, $C^{36}H^{22}O^2$, est cristallisable, soluble dans l'éther, l'alcool amylique, le chloroforme, insoluble dans l'eau. La résine est rougeâtre, d'odeur faible, fusible, soluble dans l'alcool et les huiles grasses.

Formes pharmaceutiques, doses. — 1° Poudre, 5 à 15 centigr., dangereuse à préparer. 2° Teinture, 1 à 2 gram., usage externe. 3° Huile, emplâtre.

Action physiologique. — L'euphorbium est très-irritant ; appliqué sur la peau, il l'enflamme et finit par déterminer la vésication d'une manière presque aussi intense que la cantharide. Sa poussière, absorbée par les voies aériennes, produit de violents éternuments, une toux convulsive avec bronchite intense et parfois hémoptysie ; on a constaté quelquefois du vertige, du délire, de l'insensibilité, des convulsions. Ingéré, c'est un drastique des plus violents qui peut occasionner la mort, précédée des symptômes d'une gastro-entérite suraiguë. L'action drastique serait due surtout à l'euphorbon.

Usages. — Cette violence d'action fait qu'on l'a complétement abandonné aujourd'hui comme médicament interne ; il est à peine usité comme sternutatoire, et encore faut-il s'en servir avec de grandes précautions. Ses usages externes sont également peu nombreux ; comme vésicant, il est moins sûr et plus douloureux que la cantharide ; néanmoins, il fait partie de quelques préparations épipastiques : la teinture, à la dose de 1 à 2 gram., étendue sur les emplâtres de poix de Bourgogne, sert à en augmenter l'action rubéfiante. Il est surtout usité dans la médecine vétérinaire.

F

FENOUIL DOUX. — *Fœniculum dulce* Bauh., *Anethum fœniculum* L. OMBELLIFÈRES-SÉSÉLINÉES.

Description (fig. 121). — Plante de 1-2 mètres, d'un vert glauque, dont toutes les parties exhalent une odeur agréable. Racine épaisse, fusiforme, blanchâtre. Tige droite, cylindrique, glabre, lisse, striée, rameuse. Feuilles alternes, amples, à découpures nombreuses, presque capillaires, dont les divisions principales sont opposées, à pétioles amplexicaules, membraneux sur les bords. Fleurs (juin-juillet) jaunes, petites, en ombelles terminales, grandes, étalées, à rayons nombreux et très-larges, ombellules courtes et ouvertes. Pas d'involucre ni d'involucelle. Calice entier Corolle à 5 pétales entiers presque égaux, courbes en dedans. Étamines 5, plus longue que les pétales. Styles 2, courts. Fruit (*diachaine*) formé de 2 méricarpes, un peu comprimés, petits, ovales, appliqués l'un sur l'autre, striés, longs, étroits, blanchâtres, à 5 côtes saillantes, presque égales. Graines globuleuses, ovoïdes. ♃.

Habitat. — Il croît spontanément en Provence, en Italie, dans les terrains pierreux et les décombres.

Culture. — Le fenouil s'accommode de tous les terrains, et de préférence d'une terre chaude et légère. Il se ressème de lui-même.

Parties usitées. — La racine et les fruits. La racine est allongée, recouverte d'une écorce fibreuse, blanchâtre, quelquefois d'un jaune rougeâtre ; elle présente des couches concentriques distinctes, la partie centrale est ligneuse ; son odeur est faible, douce, agréable ; sa saveur rappelle celle de la carotte. Les fruits ont une odeur aromatique forte, une saveur sucrée, chaude, un peu âcre.

Fig. 121. — Fenouil doux.

Récolte. — On recueille la racine soit au printemps, soit à l'automne ; les fruits à l'automne.

Composition chimique. — Les fruits contiennent une essence incolore ou jaunâtre, d'odeur suave, d'un poids spécifique variant entre 0,983 et 0,985, se solidifiant à + 5°, et formée de deux principes différents.

Formes pharmaceutiques, doses. — 1° Poudre des fruits, 1 à 5 gr 2° Infusé, pp. 10 : 1000. 3° Infusé de la racine, 30 : 1000.

4° Hydrolat. ; 5° Huile volatile, 1 à 10 gouttes. 6° Alcoolat, 4 à 20 gr.

Usages: — Les fruits du fenouil étaient autrefois une des *quatre semences chaudes*, et les racines une des *cinq racines apéritives*. Les fruits ont les mêmes propriétés et les mêmes usages que ceux de l'anis, c'est-à-dire qu'ils sont carminatifs, stomachiques, apéritifs, emménagogues. Ils passent pour augmenter le lait des nourrices ; on les applique, en cataplasmes, sur les tumeurs indolentes ou les engorgements atoniques, pour en opérer la résolution. Les racines sont diurétiques. En Italie, on mange le fenouil soit cru, soit en salade, soit cuit dans les potages.

FÉRULE ASE FÉTIDE. *Ferula asa fœtida* L., *asa fœtida disgunensis* Kœmpf., *Scorodosma fœtidum* Bunge., *Narthex asa fœtida* Falc. OMBELLIFÈRES-PEUCÉDANÉES.

Description (fig. 122). — Plante d'odeur de poireau et de saveur amère fort désagréable. Racine volumineuse, pivotante, simple ou bifurquée, émettant un grand nombre de branches obliques ou horizontales, noirâtre à l'extérieur, lisse ou rugueuse suivant la nature du sol, charnue, à suc laiteux. Collet un peu saillant, hors de terre, chargé d'un grand nombre de filaments fibreux. Feuilles radicales, de 5-6 décim. de long, pennatiséquées, à segments pinnatifides, sinués, à lobes oblongs et obtus. Hampe, 2-4 mètres de hauteur, très-volumineuse à la base, portant de longues gaînes écailleuses, alternes, écartées les unes des autres, s'atténuant au sommet et se partageant en branches qui portent les fleurs. Celles-ci, en ombelles, d'un jaune pâle, composées chacune de 10-20 rayons supportant chacun 5 ou 6 fleurs. Involucre nul. Calice peu apparent. Corolle de 5 pétales égaux, planes, ova-

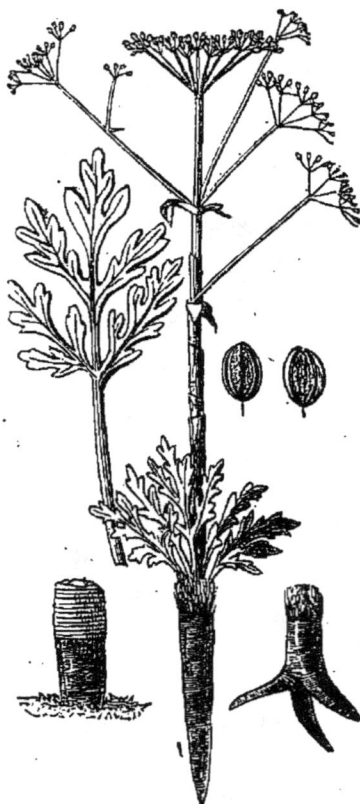
FIG. 122. — Férule ase fétide.

les. Étamines 5, plus longues que la corolle et couchées en dedans. Ovaire infère, chargé de 2 styles. Fruit (*diachaine*) ovale, aplati, d'un brun roussâtre, un peu rude ou poilu, à côtes dorsales peu saillantes, à côtes latérales à peine marquées, à 20 ou 22 bandelettes résineuses. ♃.

Habitat. — Elle croît en Perse, dans les environs d'Hérat et dans les montagnes de Lâr.

Culture. — On ne la cultive que dans les jardins botaniques et en choisissant une exposition chaude. On la multiplie en semant les graines dès leur maturité, dans une terre légère sèche et profonde. On repique les jeunes plants dès qu'ils sont assez forts.

Partie usitée. — La gomme-résine connue sous le nom d'asa fœtida.

Récolte. — C'est de la racine qu'on l'extrait. Pour cela, on creuse au printemps une fosse autour de la plante, afin d'en découvrir le pied, on coupe la tige, on sépare les filaments du collet, et quand on a ainsi préparé la racine, on la recouvre de terre convenablement ameublie et de débris de feuillage pour la mettre à l'abri des rayons solaires. On l'abandonne alors à elle-même pendant une quarantaine de jours; au bout de ce temps, on la découvre et l'on trouve son sommet couvert de gomme-résine que l'on détache avec une spatule de fer. On rafraîchit ensuite la section avec un instrument tranchant pour ouvrir les vaisseaux; le suc gommo-résineux s'écoule de nouveau, et quelques jours après, on fait une nouvelle récolte. On renouvelle la même manœuvre jusqu'en juillet, époque à laquelle la plante est à peu près complétement épuisée.

L'asa fœtida se présente rarement en lames détachées; le plus souvent cette substance est en masses irrégulières, molles, agglutinées, d'un brun rougeâtre, parsemée de lames grisâtres, opalines. Sa cassure devient rapidement rouge, au contact de l'air et de la lumière. Son odeur est alliacée, forte, fétide, d'où le nom de *Stercus diaboli* qu'on donnait autrefois à ce produit. Le chloroforme paraît détruire cette odeur; sa saveur est âcre, amère, désagréable. L'asa fœtida est aux deux tiers soluble dans l'alcool à 80°. La *Ferula orientalis* L. fournit également cette gomme-résine.

Composition chimique. — L'asa fœtida contient : *résine, gomme, bassorine, huile volatile, acide férulique, malate de chaux.* L'acide férulique est très-soluble et cristallisable. L'huile volatile, $C^{14}H^{14}S^9$, est incolore, fluide, d'odeur alliacée, de saveur âcre et amère; elle paraît être un mélange de monosulfure et de bisulfure d'allyle. La résine à laquelle l'asa fœtida doit la propriété de se colorer en rouge au contact de l'air, est un mélange de 2 résines, dont l'une est jaune foncé, tandis que l'autre, d'un brun verdâtre, est amère. Cette dernière constitue avec l'huile essentielle les principes actifs de l'asa fœtida.

Formes pharmaceutiques, doses. — 1° Gomme-résine, en nature à la dose de 5 décigr. à 1 gram., en potion, émulsion, pilules; la forme pilulaire est la plus habituelle à cause de la saveur désagréable du produit; en lavements, 4 à 8 gram. 2° Teinture alcoolique, 1 à 4 gram. en potion, 2 à 12 gram. en lavement. 3° Teinture éthérée, 1 à 8 gram. en lavement. 4° Hydrolat, 20 à 100 gram. Elle entre dans les pilules antihystériques du Codex.

Action physiologique. — Malgré son odeur et sa saveur peu agréables, l'asa fœtida est très-estimée des Persans, qui s'en servent pour assaisonner leurs aliments. Les herbivores, les bœufs surtout, la recherchent. Elle est peu dangereuse, car elle a pu être ingérée jusqu'à la dose de 15 grammes sans que les expérimentateurs aient eu à souffrir autrement que de l'odeur infecte qu'elle communiquait à toutes leurs excrétions. Elle est néanmoins bien loin d'être inactive, et ses effets physiologiques peuvent se résumer ainsi : 1° elle active la digestion, à la façon des amers aromatiques; 2° c'est un antispasmodique, qui ralentit la circulation et modère l'activité du système nerveux; 3° par suite de son mode d'élimination par les voies respiratoires, elle modifie les sécrétions bronchiques. Ces trois genres d'effets expliquent les usages de cet agent.

Usages. — Son action antispasmodique et digestive la font employer dans les constipations opiniâtres et les coliques flatulentes des hystériques et des hypochondriaques. On l'a préconisée dans les maladies nerveuses des organes respiratoires, l'asthme, la toux spasmodique, l'angine striduleuse, le spasme de la glotte, la coqueluche, dans les accidents si variés de l'hystérie, dans les catarrhes suffocants pour favoriser l'expectoration. On l'a également indiquée comme anthelminthique, comme emménagogue chez certaines chlorotiques et anémiques, comme sédative et calmant les palpitations du cœur chez les chlorotiques.

Une autre plante du même genre, la FÉRULE ÉRUBESCENTE (*Ferula erubescens*), donne, d'après Boissier, la gomm-erésine connue sous le nom de GALBANUM, produit qu'il faudrait, au dire de Lobel, attribuer au *F. galbanifera* (?). Quoi qu'il en soit, le galbanum arrive de Syrie et de l'Inde et se présente soit en lames, soit en masses agglutinées. Il est mou et adhère aux doigts; sa couleur est le jaune verdâtre, son odeur très-forte, très-tenace, sa saveur âcre et amère. Il contient : *résine, gomme, adragantine, acide malique, huile volatile.* Cette essence, que l'on obtient par distillation, jaune d'abord, devient ensuite d'un bleu indigo. La résine est insipide, soluble dans l'alcool fort, l'éther, les huiles fixes, peu soluble dans l'essence de térébenthine; elle se combine aux bases. On connaît une autre variété de galbanum à qui sa consistance plus ferme a valu le nom de galbanum sec, et qu'il faudrait d'après Don attribuer à une plante assez hypothétique, le *Galbanum officinale*. Les propriétés du galbanum sont sensiblement les mêmes que celles de l'asa fœtida; son action

antispasmodique paraît cependant inférieure. Il entre dans la thériaque, le diascordium, l'emplâtre diachylon, l'alcoolat de Fioraventi.

La gomme-résine connue sous le nom de *sagapenum* ou *gomme
séraphique*, découle de la *férule de Perse (Ferula persica* Willd).
Cette férule est une plante vivace de 1-2 mètres, dont les feuilles
sont radicales, grandes, amplexicaules, vertes, pennatiséquées, à
segments nombreux, lancéolés, aigus; les ombelles, nombreuses, présentent un grand nombre de rayons; l'ombelle centrale sessile est
composée de fleurs hermaphrodites, celles de la périphérie sont mâles
et stériles. Elle croît en Perse.

Le sagapenum se présente quelquefois sous forme de lames, le
plus souvent en masses volumineuses, d'un jaune verdâtre, molles,
demi-transparentes, d'une odeur forte, alliacée, de saveur aromatique
amère, très-désagréable. Il ne se colore pas en rouge, comme l'asa
fœtida, par le contact de l'air et de la lumière. Il s'enflamme et brûle
avec beaucoup de fumée. Il renferme : *résine, huile volatile, gomme,
sels, bassorine, malate, sulfate et phosphate de chaux, beaucoup d'impuretés, des fragments de la plante, des fruits.* L'huile volatile, d'un
jaune pâle, très-fluide, plus légère que l'eau, est d'une odeur alliacée,
d'une saveur amère. La résine possède également l'odeur de l'ail et
n'est qu'un mélange de deux autres résines. Le sagapenum se rapproche de l'asa fœtida et du galbanum par ses propriétés. On le
prescrit dans les dyspepsies flatulentes avec constipation, à la dose
de 25 centigram. à 2 ou à 4 gram.; on l'administre également dans
plusieurs névroses, l'hystérie entre autres. Il entre dans la thériaque
et l'emplâtre diachylon gommé.

FÈVE D'ÉPREUVE DU CALABAR. — Voy. *Physostigma vénéneux*.

FÈVE DE SAINT-IGNACE. — Voy. *Vomiquier amer*.

FIGUIER COMMUN. *Ficus carica* L., *Ficus communis* Bauh.
MORÉES.

Description (fig. 123). — Arbre de 5-6 mètres et plus. Tronc
lisse, souvent tortueux, bois spongieux et jaune, rempli d'un suc
laiteux, très-âcre. Rameaux grisâtres, un peu verdâtres. Feuilles
grandes, accompagnées d'une longue stipule embrassante, alternes,
pétiolées, épaisses, échancrées à la base, profondément divisées en
3-7 lobes obtus, sinués ou lobés, d'un vert foncé en dessus, ridées
et couvertes de poils en dessous, d'une odeur particulière. Fleurs
(juillet-août) monoïques, très-nombreuses, renfermées dans un réceptacle (*a*), courtement pédonculé, globuleux, pyriforme, creux,
charnu, glabre, présentant à la base 2 ou 3 petites écailles, percé au
sommet d'une ouverture en forme d'ombilic qui est entourée de petites écailles sur 2 rangs. *Mâles (b)*, occupant la partie supérieure

du réceptacle et se mêlant souvent aux femelles dans la partie inférieure. Périgone à 3 divisions profondes, en alène. Étamines 3, opposées aux sépales. Anthères à 2 loges. *Femelle (c)*, périgone à 5 divisions soudées inférieurement en tube décurrent sur le pédicelle.
Ovaire supère, uniloculaire, brièvement stipité ; style latéral, filiforme,

Fig. 123. — Figuier commun : rameau ; *b, c,* fleurs mâle et femelle ;
a, d, section de la figue ; *e, f,* fruit et graine.

à 2 stigmates. Fruit, petite drupe (*e*), dont la graine contient, au milieu d'un endosperme charnu, un embryon un peu recourbé en crochet. Tous les fruits mûrissent dans le réceptacle, qui devient alors
charnu et sucré ; le sycone qui en résulte constitue la *figue* (*d*). Les
figues sont verdâtres, jaunâtres, rougeâtres, violacées, suivant les
espèces ; les unes occupent la partie moyenne des branches et croissent sur les rameaux des années précédentes ; elles sont généralement plus grosses (*figues fleurs*) ; les autres sont situées au sommet
des branches et ne naissent qu'en septembre. ♄.

Habitat. — Le figuier est originaire de la Carie ; il est cultivé et subspontané dans toute la région méditerranéenne, ainsi que sur les bords de l'Océan, dans tout l'Ouest et le Nord. On le cultive dans l'intérieur de la France, en le plaçant dans des lieux abrités.

Partie usitée. — Les figues.

Récolte, dessiccation. — On les recueille dès qu'elles sont mûres, et on les dessèche en les exposant, sur des claies, à l'action des rayons solaires, à la chaleur du four ou d'une étuve. On en distingue trois variétés commerciales : 1° les *jaunes* ou *figues grasses;* 2° les *blanches* ou *marseillaises;* 3° les *violettes ou médicinales.* Les figues sèches médicinales appartiennent à la variété connue, en Provence, sous le nom de *mouissone.* Il faut les choisir grosses, pesantes, sèches, nouvelles, sans odeur, sucrées, recouvertes d'une peau fine et tendre.

Usages. — La figue est adoucissante, laxative; elle compte au nombre des *quatre fruits pectoraux.* La décoction (15 à 60 gram. pour 500 d'eau) est une boisson employée contre les rhumes opiniâtres; bouillies avec du lait, on en fait des gargarismes qui sont usités dans les irritations de la gorge et dans les fluxions des gencives. On applique la moitié d'une figue sur les abcès des gencives, c'est le seul cataplasme possible. On a proposé un café de figue que l'on obtient en torréfiant le fruit, et dont l'infusion a été vantée dans la pneumonie aiguë, les catarrhes, la bronchite, la coqueluche. On prépare avec les figues sèches ou fraîches, des cataplasmes émollients pour les tumeurs douloureuses ou enflammées. Le suc laiteux du figuier est caustique, il peut servir à détruire les verrues et les cors; il est purgatif à l'intérieur et fait cailler le lait. Les feuilles rudes servent à frotter la surface des hémorrhoïdes pour les faire saigner.

FOUGÈRE MALE. *Polystichum filix mas* Roth., *Aspidium filix mas* Sw., *Polypodium filix mas* L., *Nephrodium filix mas* Rich. Fougères.

Description (fig. 124). — Rhizome horizontal, montrant des tubercules allongés constitués par la base persistante des anciennes feuilles et, dans les intervalles de ces tubercules, des lames laciniées, rousses, entremêlées de racines noirâtres. La partie antérieure porte des feuilles non étalées et roulées en crosse. Feuilles (*frondes*) grandes, longues de 5-10 décimètres, ovales, lancéolées, à pétioles courts d'un brun foncé, couverts de poils scarieux et à pinnules très-longues rapprochées les unes des autres, profondément pennatifides, à divisions dentées, obtuses, confluentes par la base et inclinées vers le sommet de la pinnule. A la face inférieure des frondes, on remarque des corps réniformes ou *sores* disposés en séries parallèles de chaque côté du pétiole, dirigeant leur partie concave vers l'axe secondaire de la fronde. Chaque sore (fig. 125, A) est formé d'une indusie (*i*) membraneuse qui n'est qu'un prolongement de l'épiderme soulevé en cet endroit et servant d'organe de protection ; un pédicule étroit, correspondant à l'échancrure, le fixe à la feuille. Sous l'indusie se trouvent de nombreux sporanges (*c*) lenticulaires, attachés en un même point sur une nervure et constitués par des cellules (fig. 125, B) dont les unes (*a*) forment un anneau incomplet, tandis que les autres *c*, à parois minces et fragiles, constituent les parois de cette espèce de capsule qui contient les spores. A la maturité, l'anneau se redresse, déchire la paroi, et les spores s'échappent. ♃.

Habitat. — Elle est fréquente dans les buissons, les haies, les lieux ombragés et humides.

Culture. — D'ordinaire, on ne la cultive pas, mais si on désirait l'avoir à sa disposition on replanterait de jeunes pieds dans une terre très-substantielle, franche, abritée du soleil. Elle n'exige aucun soin et se multiplie d'elle-même.

Parties usitées. — Le rhizome et les bourgeons foliacés.

Récolte. — On récolte les rhizomes en hiver ; on doit les choisir de couleur verte ; ceux dont la teinte est pâle sont peu efficaces. Il faut les renouveler souvent, car, avec le temps, ils perdent l'huile essentielle qu'ils contiennent et qui contribue puissamment à leurs effets thérapeutiques. Les rhizomes frais paraissent d'ailleurs plus actifs que ceux qui ont été desséchés. On les trouve, dans le commerce, en fragments de 15 à 20 centimètres, gros comme le pouce, irréguliers, noueux, écailleux, noirs à l'extérieur, formés d'un parenchyme central d'un vert clair, entouré d'un cercle irré-

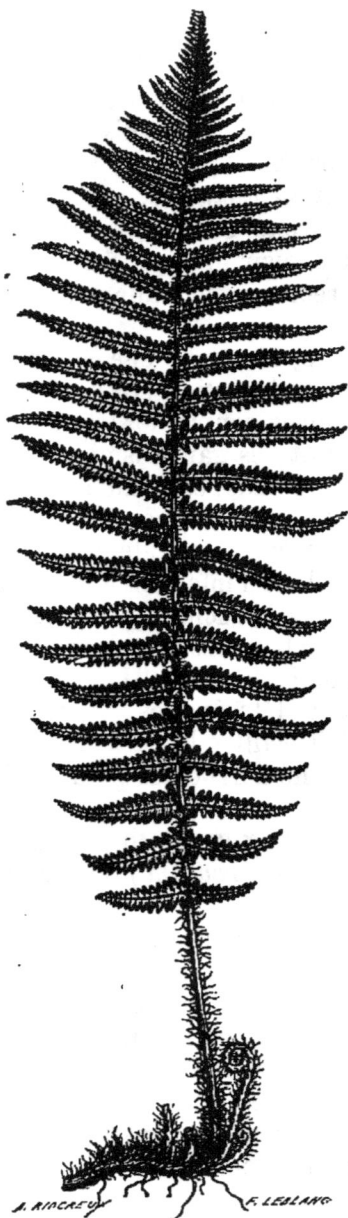

FIG. 124. — Fougère mâle.

gulier de faisceaux vasculaires fibreux. Leur odeur est désagréable, leur saveur amère, un peu astringente. Les bourgeons se récoltent au printemps au moment où ils commencent à se dérouler.

Composition chimique. — Les rhizomes contiennent : *filicine, huile volatile, matière grasse, acides gallique, tannique, acétique; sucre incristallisable, amidon, matière albuminoïde, ligneux.* La filicine ou acide filicique, corps assez incomplétement étudié, est insoluble dans l'eau, mais soluble dans l'éther et dans l'alcool. C'est au mélange de filicine, de matière grasse et d'huile volatile, qu'il faut attribuer les propriétés de la plante. Les bourgeons renferment un mélange de matière grasse,

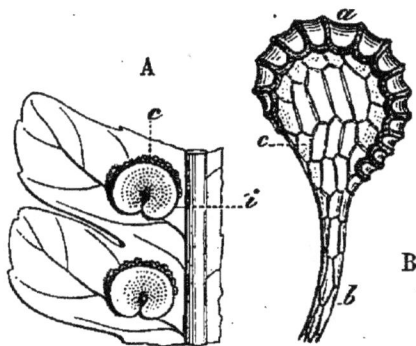

FIG. 125.— Portion d'une feuille de fougère.

d'huile volatile et de résine dans lequel résident les propriétés thérapeutiques.

Formes pharmaceutiques, doses. — 1° Poudre récente, 30 gr. 2° Tisane, par décoction, pp. 30 : 1000 (mauvaise préparation. 3° (Extrait alcoolique. 4° Extrait éthéré (*huile de fougère mâle, extrait oléo-résineux de fougère mâle*), 2 à 4 gram. On le prépare soit avec les rhizomes, soit avec les bourgeons. La poudre fait partie, avec le calomel, la scammonée et la gomme-gutte, du remède de madame Nouffer.

Usages. — A doses modérées, c'est un astringent nauséeux; à haute dose, elle provoque le vomissement. Autrefois elle était employée comme apéritive; aujourd'hui elle est seulement usitée comme tænicide, mais son action sur le tænia serait simplement stupéfiante, car quelque temps après avoir administré cette substance, il faut avoir recours à un purgatif pour expulser le parasite. Elle serait surtout énergique sur le botriocéphale à anneaux larges. On l'a accusée de n'avoir point d'action sur le tænia commun, c'est une erreur, car elle est également efficace contre ce dernier; si elle est convenablement administrée. Les frondes servent à faire des coussins et des matelas pour les enfants rachitiques.

FRAGON PIQUANT. *Ruscus aculeatus* L. Petit houx, Houx frelon, Housson, Buis piquant, Myrte épineux. SMILACÉES.

Description (fig. 126). — Plante de 1-2 décimètres, toujours verte. Rhizome rampant, de la grosseur du petit doigt, long, noueux, articulé, annelé, garni inférieurement de racines blanches et ligneuses. Tige dressée, dure, verte, striée, très-rameuse, présentant deux sortes de rameaux, les uns arrondis, les autres filiformes (*cladodes*) (*cld*), nombreux, rapprochés, d'un vert foncé, lisses, tordus à leur base (*a*), ovales, acuminés, et terminés par une épine. Ces cladodes sont épais et naissent à l'aisselle d'une petite bractée, membraneuse, lancéolée, très-aiguë. Les fleurs (*fl*) (mars-avril), dioïques par avortement, sont solitaires ou géminées ; elles naissent à l'aisselle, d'une petite feuille bractéiforme, acuminée, uninerviée et placée sur la face supérieure des cladodes. Périgone verdâtre, à 6 divisions, les 3 externes ovales, les 3 internes plus petites, étroitement lancéolées. *Mâles*, étamines 3 ; filets soudés en tube et insérés à la base des divisions du périgone. Anthères réniformes à loges écartées. *Femelles*, ovaire à 3 loges biovulées ; style court ; stigmate entier, globuleux. Le fruit est une baie assez grosse, globuleuse, rouge, uniloculaire, souvent monosperme par avortement. Graines jaunâtres, très-grosses. ♃.

Habitat. — Il croît dans les lieux stériles. On le rencontre dans les bois des terrains calcaires d'une grande partie de la France.

FIG. 126. — Fragon piquant.

Culture. — La plante se multiplie par des éclats de pied que l'on sépare en février et en mars, et que l'on place dans des terres légères exposées un peu chaudement, à l'ombre et à l'abri du vent. Le fragon piquant craint les grands froids et doit être abrité l'hiver.

Partie usitée. — Le rhizome. On doit les choisir pesants, compactes. Quand ils sont secs, leur odeur est térébenthacée, leur saveur douce et amère.

Récolte. — On les recueille en septembre et on les fait sécher à l'étuve après les avoir coupés en fragments.

Formes pharmaceutiques, doses. — Tisane par décoction, pp. 20 : 1000. Ils entrent dans le *sirop des cinq racines*. On a proposé l'emploi des semences torréfiées en guise de café. On peut substituer au fragon piquant l'HYPOGLOSSE (*Ruscus hypoglossum* L.) et le LAURIER ALEXANDRIN (*Ruscus hypophyllum* L.).

Usages. — Le rhizome du fragon est apéritif, diurétique. On l'a employé dans l'hydropisie, les affections des voies urinaires, l'ictère, la chlorose, les affections scrofuleuses.

FRAISIER COMMUN. *Fragaria vesca* L., *F. vulgaris* Bauh. ROSACÉES-FRAGARIACÉES.

Description (fig. 127). — Souche brune émettant inférieurement

FIG. 127. — Un pied de fraisier.

des fibres noirâtres, allongées, grêles, un peu rameuses, donnant naissance à plusieurs tiges dont les unes sont dressées, florifères, hautes de 8-15 centimètres, velues ; les autres forment des jets fort longs (*coulants ou filets*) qui rampent à terre, s'y enracinent et fournissent ainsi de nouveaux pieds. Feuilles, radicales, pétiolées, trifoliolées ; les folioles sessiles, ovales, un peu onduleuses, profondément dentées, un peu soyeuses en dessous. Fleurs (fig. 128) blanches, réunies par 5-10 à l'extrémité des rameaux florifères. Calice gamosépale, à 5 divisions profondes, étalées, doublé d'un calicule de 5 bractées. Corolle à 5 pétales étalés en rose, orbiculaires, arrondis, portés par un onglet très-court. Étamines très-nombreuses, d'un jaune foncé, insérées sur un disque périgyne qui revêt toute la base du calice.

FIG. 128. — Fleur du fraisier.

Pistils très-nombreux, rassemblés en une tête hémisphérique au centre de la fleur et portés par un renflement charnu particulier ou gynophore, qui prend après la fécondation un grand développement et constitue la partie que l'on mange. Chaque carpelle est formé d'un petit ovaire, ovoïde, réniforme, uniloculaire, uniovulé ; d'un style latéral, court, cylindrique, terminé par un stigmate plane, à peine visible. Les fruits (fig. 129) sont de petits achaines durs, renfermant une seule graine et portés sur un réceptacle charnu, rougeâtre à l'extérieur, blanc et pulpeux à l'intérieur, d'une forme arrondie. Le fraisier fleurit et fructifie, successivement, pendant tout l'été. ♃.

Habitat. — Il croît naturellement dans tous les bois de l'Europe. La culture en a créé de nombreuses variétés.

Culture. — Le fraisier se multiplie quelquefois de graines, le plus ordinairement à l'aide de ses filets. On les plante, en planches ou en bordures, en terre douce, bien fumée, à une exposition chaude, en septembre et en octobre. La plantation d'automne donne des fruits au printemps ; celle du printemps est nulle pour la production.

FIG. 129. — Fruit du fraisier.

Parties usitées. — La racine et le fruit. La racine se compose ordinairement de plusieurs souches ligneuses, longues de 6-8 centimètres, réunies par la partie inférieure, d'où partent des radicules nombreuses. Elle est de couleur brune à l'extérieur, fauve à l'intérieur, inodore, de saveur amère et astringente. Il faut la récolter pendant l'hiver.

Composition chimique. — Les fraises contiennent : *eau, acide malique, sucre de canne, sucre interverti, matières grasses, matières albuminoïdes.* Les racines doivent au tannin qu'elles renferment la propriété de se colorer en noir par les persels de fer.

Formes pharmaceutiques, doses. — On prépare avec les fraises un alcoolat et un sirop. La racine s'administre en décoction, pp. 20 : 1000.

Usages. — La fraise, si recherchée sur nos tables à cause de son parfum délicieux, possède des propriétés rafraîchissantes et relâchantes ; certains estomacs atoniques la digèrent difficilement ; mais elles conviennent aux personnes pléthoriques et bilieuses. Elles déterminent quelquefois une sorte de roséole du cou et de la face. Écrasées dans l'eau, elles forment une boisson utile pour modérer la chaleur et la fièvre qui accompagnent certaines maladies inflammatoires. Leur suc, bien qu'acide, rend les urines alcalines. La *cure de fraises* a été vantée à l'égal de la *cure de raisins*, dans la goutte et la gravelle. Les racines colorent l'urine en rose et les excréments en rouge ; leur action astringente est utilisée dans la diarrhée, les hémorrhagies passives, la blennorrhagie. On les emploie, en gargarismes, contre l'angine. Elles sont également diurétiques. Les gens de la campagne se servent des feuilles en guise de thé.

FRÊNES A MANNE. — On connaît deux arbres de la famille des OLÉACÉES pouvant fournir de la manne.

1° FRÊNE A FEUILLES RONDES. *Fraxinus rotundifolia* Lam., *F. rotundiore folio* Bauh. — C'est un arbre de taille médiocre, dont le tronc, présentant 15-30 centimètres de diamètre, est cylindrique, couvert d'une écorce lisse, marquée irrégulièrement de taches blanchâtres. Feuilles opposées, pétiolées, composées de 9-11 folioles ovales, formant 4-5 paires équidistantes, terminées par une impaire, les inférieures plus petites, à bords dentés en sac, à nervures secondaires peu saillantes, inégales à leur base. Les fleurs, petites, d'un pourpre foncé ou noirâtre, sont disposées en grappes pendantes. Ce frêne habite la Sicile et la Calabre.

2° FRÊNE A FLEURS. — *Fraxinus florifera* Scop., *F. ornus* L., *F. paniculata* Miller. Orne.

Description. — Racine pivotante, d'un gris rougeâtre à l'extérieur. Tronc de 6 mètres de hauteur, droit, élancé, à écorce lisse. Feuilles pétiolées, opposées, impari-pennées, composées de 7-9 folioles courtement pétiolées, ovales, acuminées, dentées, d'un vert clair; la foliole impaire est un peu plus grande. Fleurs blanches, disposées à l'extrémité des rameaux, généralement hermaphrodites, quelques-unes polygames et dioïques par avortement. Calice très-court, à 4 divisions. Corolle à 4 pétales, linéaires, lancéolés. Étamines 2. Ovaire supère, à 2 loges biovulées. Style simple. Stigmate bilobé. Le fruit est un carcérule allongé, étroit, terminé par une languette membraneuse, plane, un peu obtuse, se prolongeant suivant l'axe du fruit, qui présente 2 loges dont une oblitérée et stérile, l'autre monosperme. ♄.

Habitat. — Il croît naturellement dans le midi de l'Italie, surtout en Calabre et en Sicile; il est aujourd'hui naturalisé dans le midi de la France.

Culture. — On cultive le frêne à manne sur des collines en pente, tournées vers l'orient; il produit de la manne pendant trente ou quarante ans, et on commence à l'exploiter vers l'âge de dix ans, qui est l'époque où il est en plein rapport. On ne le cultive point dans les jardins, à cause de son feuillage, qui attire les cantharides. Le frêne à feuilles arrondies est des deux arbres celui qui donne le plus de manne.

Partie usitée. — Le suc concret, de saveur sucrée, connu sous le nom de manne. Ce suc s'écoule naturellement des frênes par les pores de l'épiderme ou les fissures du tronc; mais comme la quantité que l'on obtient ainsi est fort minime, on pratique sur le tronc des incisions longitudinales et profondes qui laissent écnapper la séve élaborée. On commence ces incisions en uillet, et on les continue autour de l'arbre jusqu'en septembre ou en octobre. Une partie de ce suc se concrète sur l'arbre, l'autre s'écoule à terre sur des feuilles dont on a eu soin d'entourer le pied du végétal. La partie qui s'est concrétée sur l'écorce est la plus pure et constitue la *manne en larmes;* celle qui s'est écoulée sur les feuilles forme, suivant sa pureté, la *manne en sorte* ou la *manne grasse.* On obtient la *manne en canons,* qui est la plus estimée de toutes, en plaçant dans l'incision un brin de paille : le suc forme, autour du cylindre de paille, des espèces de stalactites dont la grosseur est variable. Les produits varient d'ailleurs en pureté suivant l'époque de la récolte et suivant que la saison a été plus ou moins pluvieuse. La manne en larmes, qui constitue avec la manne en canon la première qualité, se présente en morceaux allongés, de la grosseur du doigt, inégaux, rugueux, poreux, d'un blanc plus ou moins pur. Sa cassure est cristalline où granuleuse, son odeur nulle, sa saveur douce et sucrée; elle fond au bain-marie comme la cire, et se dissout dans trois parties d'eau et huit parties d'alcool.

La manne en sorte présente deux variétés commerciales, la *M. de Sicile* ou *M. Géracy* et la *M. de Calabre* ou *M. Capacy.* Elle est en larmes d'un jaune blond, agglutinées par une pâte plus foncée, molle, visqueuse, fermentant et jaunissant au bout d'une ou deux années. Sa saveur est douceâtre, un peu nauséabonde et légèrement aigre. La manne de Calabre est en larmes plus nombreuses, plus blanches et plus belles que celle de Sicile. Enfin, la manne grasse est molle, gluante, humide, poisseuse, presque en consistance de miel, remplie de corps étrangers de toute espèce, d'odeur nauséabonde, de saveur sucrée et désagréable; elle provient soit de sucs recueillis au commencement de l'hiver, soit d'anciennes mannes qui ont subi la fermentation.

Composition chimique. — La manne contient : *sucre de canne, sucre interverti, mannite, substance mucilagineuse, résine, acide organique, matières azotées, dextrine, sels minéraux* (Buignet). La mannite, $C^{12}H^{14}O^{12}$, est une substance incolore, cristallisant en prismes rhomboïdaux droits, inodore, de saveur sucrée, douce et agréable, soluble dans l'eau, peu soluble dans l'alcool froid, très-soluble dans l'alcool bouillant; elle ne fermente pas.

Formes pharmaceutiques, doses. — On donne la manne à la dose de 15 à 30 gram. chez les enfants, et de 30 à 60 gram. chez les adultes, dissoute dans de l'eau, du lait ou du café. On l'associe souvent à d'autres purgatifs tels que : la crème de tartre, le séné, le sulfate de soude. Elle reçoit également la forme de pastilles, de tablettes, de conserves (*marmelade de Tronchin, de Zanetti*).

Action physiologique. — A faible dose, c'est un aliment; administrée en plus grande quantité, elle n'est pas digérée et produit des effets laxatifs qui s'accompagnent quelquefois de coliques, de flatulences, d'inappétence. Elle a pourtant l'avantage de ne pas laisser de constipation. La mannite n'est point son principe actif, et c'est probablement à la résine qu'il faut attribuer son action purgative, car la résine se développe à l'air, avec le temps, et plus la manne est ancienne, plus son effet est marqué.

Usages. — C'est un purgatif doux, dont on peut faire usage lorsqu'il est nécessaire de provoquer des évacuations dans les maladies aiguës et surtout dans les affections abdominales inflammatoires, telles que l'entérite, la dysenterie. On la prescrit souvent aux enfants, à cause de son absence de mauvais goût. A petite dose et sous forme de tablettes, elle est employée pour calmer la toux; elle agit alors comme lubrifiant à la manière du sucre.

FROMENT CULTIVÉ. *Triticum sativum* Lam., *T. vulgare* Will. Blé. GRAMINÉES.

Description. — Tige souterraine, épaisse, simple ou ramifiée. Rameaux aériens (*chaume*) herbacés, creux dans certaines variétés, médulleux dans d'autres. Feuilles alternes, embrassantes, ligulées; limbe rubané, aigu, lisse. Fleurs terminales (juin) en épi (fig. 130) constitué par un axe central marqué de dents ou entailles saillantes, alternant de chaque côté et servant de support aux *fleurons* ou *épillets*. Chaque épillet forme un groupe de 3-5 fleurs, dont 1 ou 2 sont ordinairement stériles; il est embrassé latéralement par les 2 valves de la glume, qui sont aiguës ou tronquées, échancrées ou mucronées. Dans quelques variétés, la glume est munie d'une petite arête dorsale ou carène. Chaque fleur contenue dans la glume comprend : 3 étamines, 1 ovaire sessile, 2 styles plumeux, à insertion terminale, et 1 enveloppe propre ou glumelle formée de 2 valves, dont l'inférieure, plus grande, plus renflée, porte une longue arête rigide, dans les espèces dites barbues. Le fruit (*caryopse*) est ovoïde, allongé, présentant sur l'une de ses faces un sillon longitudinal étroit et plus ou moins profond. ① et ②.

Habitat. — On ignore la patrie du blé; il ne croît plus à l'état sauvage. C'est une plante de grande culture; nous ne dirons rien, par conséquent, ni des soins que nécessite ce végétal, ni de la récolte et de la conservation de son fruit, vulgairement nommé *grain du blé*. Ce fruit se compose de deux parties : l'enveloppe ou péricarpe et le grain proprement dit. Le péricarpe est constitué par trois couches minces placées les unes sur les autres. Le grain proprement dit comprend, outre une enveloppe externe et un petit embryon, un périsperme ou albumen dont la portion centrale donne par la *mouture* ce qu'on appelle la *fleur de farine;* tandis que les parties extérieures, qui affectent la forme de grains durs et solides, constituent les *gruaux*. Le *son* provient de la déchirure du péricarpe, auquel adhèrent l'enveloppe de la graine, les cellules externes du périsperme et quelques cellules placées en dessous contenant des globules d'amidon.

Composition chimique. — Le grain de blé contient : *matières grasses, matières azotées insolubles* (gluten), *matières azotées solubles* (albumine), *dextrine, amidon, cellulose, sels minéraux.*

Partie usitée. — Le blé trouve des applications en médecine, sous forme de farine, d'amidon, de dextrine, de gluten, de pain et de son.

1° La farine que l'on obtient par la mouture du grain et la séparation du son, appliquée sèche sur les surfaces irritées et enflammées qui exhalent des liquides séreux ou séro-purulents, absorbe ces derniers et calme l'inflammation ; on l'applique dans l'intertrigo des enfants ou des personnes obèses ; sur les écorchures causées par le contact de l'urine ou le frottement. Elle a l'inconvénient de se réduire en pâte et de subir la fermentation acétique. On l'a recommandée pour calmer l'inflammation érysipélateuse. Délayée avec q. s. d'eau ou de décoction mucilagineuse, elle sert à faire des cataplasmes émollients ; on l'ajoute aux bains généraux dans les affections cutanées chroniques accompagnées d'irritation. Elle sert d'excipient au chlorure de zinc, dans la pâte de Canquoin.

2° L'amidon, $C^{12}H^{10}OO^{10}$, est une substance pulvérulente, grenue, formée de granules arrondis ou ellipsoïdes, ovoïdes et lenticulaires (fig. 131), toujours mélangés d'une certaine quantité de granules écrasés par la meule ; les plus gros granules ont 40 à 50 millièmes de millimètre. Quand on délaye l'amidon dans un peu d'eau et qu'on le soumet à l'action de la chaleur, les granules augmentent de 30 fois leur volume, adhèrent les uns aux autres et forment une masse gélatineuse, l'*empois*. Sous l'influence de l'iode, il prend une couleur bleue d'autant plus intense que sa texture est plus serrée. On obtient l'amidon dans l'industrie : 1° en faisant fermenter dans l'eau les farines avariées ; le gluten et le sucre

FIG. 130. — Froment cultivé. Épi.

entrent en dissolution et constituent l'*eau sure* des amidonniers, l'amidon se précipite, il ne reste qu'à le laver et à le sécher; 2º par un lavage mécanique de la farine, ce qui permet de le séparer du gluten. Ce dernier produit peut, dans ce cas, être utilisé. L'amidon se présente en pains carrés ou en morceaux aiguillés.

C'est un aliment respiratoire ; il agit comme émollient, adoucissant sur la muqueuse des voies digestives; on le donne dans les inflammations intestinales, la diarrhée, la dysenterie, soit en décoction (pp. 8 à 15 : 1000), soit en lavement, pp. 8 à 15 : 500. En poudre et à l'extérieur, c'est un absorbant physique que l'on emploie dans les mêmes cas que la farine, ainsi que dans les éruptions cutanées (lichen, herpès, eczéma, impétigo, acné) ; pour calmer le prurit de l'anus, des bourses, des aines; en insufflations contre la leucorrhée; en injections dans la blennorrhée uréthrale, sous forme d'empois; on l'applique sur les parties enflammées, excoriées, dar-

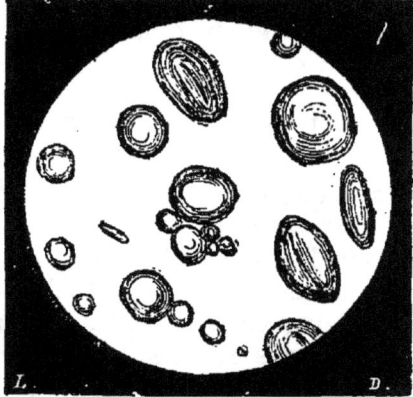

Fig. 131. — Amidon de blé.

treuses et sur les brûlures; il sert à confectionner le bandage amovo-inamovible de Seuten, l'appareil inamovible de Laugier contre les entorses; sous forme de glycérolé d'amidon, il trouve d'utiles applications dans les affections inflammatoires de la peau, les gerçures des mains, du mamelon. C'est le contre-poison chimique de l'iode. L'iodure d'amidon a les mêmes propriétés que l'iode; on s'en sert, à l'intérieur, dans les affections scrofuleuses et tuberculeuses.

3º On obtient la dextrine en soumettant l'amidon soit à une température de 200º, soit à une légère torréfaction au contact de l'acide nitrique, soit par l'ébullition dans l'eau, en présence d'un acide énergique, soit encore à l'action de la diastase. La dextrine se distingue de l'amidon par sa solubilité dans l'eau. Elle sert à préparer le bandage dextriné de Velpeau pour les fractures (dextrine, 100; alcool camphré, 60; eau, 40 environ). Le bandage dextriné a été indiqué aussi pour combattre l'eczéma des membres inférieurs. On prétend que la dextrine est un puissant digestif, favorisant la formation de la pepsine, et on l'a préconisée dans la dyspepsie. On en fait une tisane pour remplacer l'eau de gomme.

4º Le gluten que l'on prépare, dans les laboratoires, en malaxant sous un filet d'eau la farine pétrie avec 50 pour 100 d'eau, est un aliment azoté des plus importants; il trouve place dans l'alimentation sous forme de gluten granulé, de vermicelle, de macaroni; il sert à préparer des capsules médicamenteuses; on fabrique un pain de gluten pour les diabétiques qui doivent s'abstenir d'aliments féculents; c'est un antidote du sublimé corrosif (poudre antidotaire de Taddéi).

5° Le pain, l'aliment national par excellence, lorsqu'il contient une certaine proportion de son, est un bon remède contre la constipation habituelle. La mie de pain est adoucissante et rafraîchissante; elle entre dans la décoction blanche de Sydenham.

On prépare des cataplasmes émollients avec du pain, de l'eau, du lait, ou encore une décoction mucilagineuse.

6° Le son est un émollient que l'on peut employer soit à l'intérieur en tisane, soit à l'extérieur en fomentations, bains. On se sert de sachets de son grillé comme moyen de caléfaction.

FROMENT RAMPANT. *Triticum repens* L., *Agropyrum repens* P. Beauv. Chiendent commun, Petit chiendent. GRAMINÉES.

Description (fig. 132). — Rhizome indéterminé, horizontal, noueux, blanchâtre, un peu jaune, émettant au-dessous de chaque nœud des racines grêles, présentant de nombreux rameaux qui s'étendent au loin avec une grande rapidité, tandis que d'autres s'élèvent en tiges (*chaume*) dressées, hautes de 6-10 décimètres, divisées en 3 ou 4 articulations. Feuilles vertes ou glauques, légèrement velues en dessus, lisses en dessous, lancéolées, linéaires, molles, planes, engaînantes, à ligule courte. Fleurs (juin-juillet) verdâtres, en épi allongé de 8 centim. environ, un peu lâche, comprimé. Épillets sessiles, alternes, solitaires placés à chaque dent d'un axe commun, renfermant 4-5 fleurs. Glumes moins longues que l'épillet, à valves lancéolées, acuminées, subulées, blanches, à 5-7 nervures. Glumelle inférieure acuminée et aiguë quelquefois aristée, glumelle supérieure brièvement ciliée. Étamines 3, stigmates 2 velus. Fruit (*caryopse*) allongé, ovale, convexe d'un côté, marqué de l'autre par un sillon longitudinal. ♃.

Habitat. — Le chiendent croît en abondance dans les lieux incultes et cultivés, le long des haies, des vieux murs.

Culture. — On ne le cultive pas, c'est même une plante très-incommode, se propageant avec une grande rapidité, que les cultivateurs essayent de détruire par tous les moyens.

Partie usitée. — Le rhizome, improprement appelé racine.

Récolte. — Après avoir arraché les rhizomes, on les nettoie, on les bat pour les dépouiller de leur épiderme, on les débarrasse de leur chevelu, du reste des feuilles ou écailles, on les rassemble en petites bottes et on les fait sécher. En vieillissant, la racine de chiendent devnt très-ligneuse ; elle se jetteàsuiet être mangée par les vers ;

FIG. 132. — Froment rampant.

aussi faut-il la renouveler souvent, ou mieux encore l'employer fraîche.

Composition chimique. — La racine de chiendent contient : *sucre de fruit déviant à gauche, un sucre différent du sucre de canne et déviant à droite, gomme de nature particulière, substances azotées, triticine.* Par la fermentation et la distillation elle donne de l'alcool.

Formes pharmaceutiques, doses. — 1° Décoction, pp. 20 à 30 : 1000; on l'additionne, le plus souvent, de miel, d'oxymel. 2° Extrait, 30 à 60 gr., en bols, pilules. 3° Suc exprimé de jeunes feuilles et de la tige, 30 à 100 grammes.

Usages. — Le chiendent passe pour délayant, rafraîchissant, antiphlogistique et diurétique; cette dernière propriété, quoique admise depuis longtemps, est fort problématique. Quoi qu'il en soit, on l'emploie dans les maladies du foie, la jaunisse, les calculs biliaires, les coliques néphrétiques, l'inflammation des reins et de la vessie. Les chiens et les chats mangent les jeunes feuilles pour se faire vomir et se purger.

Une autre espèce de chiendent, le *C. pied de poule, Gros chiendent* (*Cynodon dactylum* Rich., *Panicum dactylum* L., est très-usité en Allemagne; il contient une plus grande quantité de sucre que le petit chiendent.

FUMETERRE OFFICINALE. *Fumaria officinalis* L. Fiel de terre. FUMARIACÉES.

Description. — Plante de 2-8 décimètres, inodore, exhalant quand on l'écrase une odeur herbacée, de saveur amère augmentant par la dessiccation. Racines blanches, fibreuses, allongées. Tige grêle, anguleuse, couchée, s'accrochant quelquefois par les pétioles recourbés, rameuse, à branches diffuses, glabre, glauque. Feuilles alternes, pétiolées, bipennatiséquées, à segments planes, oblongs, linéaires, aigus, obtus ou mucronés, d'un vert glauque ou cendré, glabres. Fleurs (fig. 133, A') (mai-octobre) d'un blanc rougeâtre, tachetées de pourpre au sommet, nombreuses, petites, disposées en grappes terminales lâches, munies chacune d'une bractée membraneuse (*b*), blanchâtre. Calice (*s*) à 2 sépales B, lancéolés, à bords érodés, n'atteignant pas la moitié de la corolle. Celle-ci oblongue, irrégulière, à 4 pétales inégaux (*cc'*) dont 2 internes latéraux D opposés, symétriques aux sépales, deux externes; un supérieur ou postérieur (*c*) isolé et vu de face en C, éperonné; un inférieur ou antérieur (*c'*) qu'on voit isolé en E et qui se rétrécit brusquement en onglet à la base. Étamines 6 (fig. 134), hypogynes, réunies en 2 faisceaux portant chacun trois anthères, celle du milieu à 2 loges, les 2 latérales uniloculaires. Ovaire (*ov*) supère, comprimé, uniloculaire;

style (*sl*) filiforme, arqué, caduc, terminé par un stigmate (*sg*) bilobé.

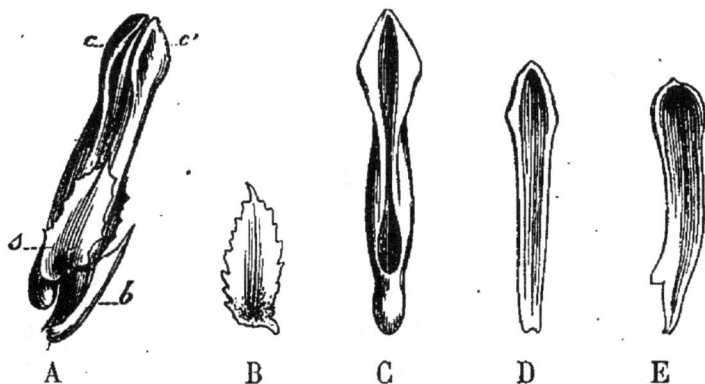

Fig. 133. — Fumeterre officinale L. — A, fleur sur son pédoncule et accompagnée de sa bractée *b* ; *s*, calice ; *c, c'*, corolle. — B, un sépale isolé. — C, D, E, pétales isolés pour montrer la configuration de chacun d'eux.

Fruit (fig. 135) petit, à peu près globuleux, finalement sec et renfermant une seule graine. ①.

Habitat. — La fumeterre paraît originaire de l'Orient; elle est devenue très-commune dans les champs, les vignes, les jardins.

Culture. — On sème les graines au printemps et en place, elle se ressème d'elle-même.

Partie usitée. — Toute la plante.

Récolte. — L'époque la plus favorable pour la recueillir est le mois de juin, parce qu'elle a alors beaucoup de feuilles et peu de fleurs. On doit la dessécher promptement, elle conserve alors sensiblement sa forme, sa couleur verte et ses propriétés.

Composition chimique. — La fumeterre contient : *fumarine, extractif, résine, acide fumarique*. La fumarine est une base incolore, amère, cristallisable, dont les sels ont une saveur franchement amère et persistante. L'acide fumarique, $C^8H^2O^6$, 2HO, existe à l'état

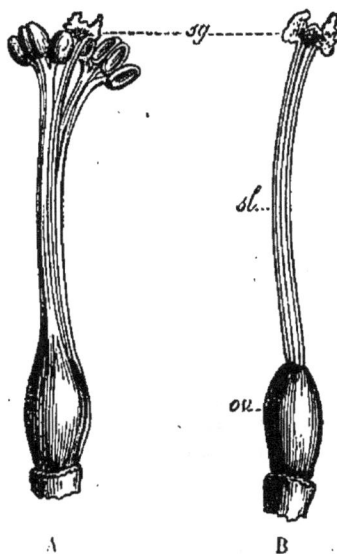

Fig. 134. — Organes reproducteurs de la fumeterre officinale.

de fumarate de chaux; il est identique avec l'acide paramaléique. Dans l'organisme, il est brûlé; ce sel se transforme en carbonate, comme les tartrate, acétate, malate, et rend les urines alcalines.

Formes pharmaceutiques, doses. — 1º Infusé, pp. 20 : 1000. 2º Extrait, 2 à 10 gr. 3º Sirop, 20 à 100 gr. 4º Suc dépuré, 50 à 250 grammes. Toutes ces préparations sont bonnes; on doit éviter de leur associer le tannin. On peut aussi employer les autres espèces de fumeterre qui croissent en France, telles que la F. à petites fleurs, (*F. parviflora* L.), la moyenne (*F. media* Lois.), la grimpante (*F. capreolata* L.), celle en épi (*F. spicata* L.), et même la fumeterre bulbeuse (*Fl. bulbosa* L).

Usages. — La fumarine, à la dose de 20 à 30 centigr., agit comme stimulant; sous son influence, l'appétit augmente, le pouls s'accélère, mais ces effets sont fugaces, et si l'on continue l'administration de cet alcoloïde, il y a bientôt tendance au sommeil et ralentissement de la circulation. Le suc et l'infusé de fumeterre sont toniques et employés dans le scorbut, les affections du foie, les maladies chroniques de la peau, les dartres, la gale. Comme sudorifique, cette plante n'agit qu'à la façon des infusions chaudes. Dans la bronchite, où on l'emploie quelquefois, elle intervient à la manière des alcalis. Enfin, c'est à la fumarine qu'il faut attribuer les bons effets de la fumeterre dans l'atonie des organes digestifs.

FIG. 135. — Fruit de la fumeterre officinale.

G

GALANGA A FEUILLES DE BALISIER. *Maranta arundinacea* Plum. et L. Maranta à feuilles de balisier. AMOMACÉES.

Description. — Racine tuberculeuse ou rhizome allongé, horizontal, charnu, blanc. Tige annuelle de 1 mètre à 15 décim., de l'épaisseur du doigt, droite, dure, recouverte par les pétioles des feuilles embrassantes, rameuse vers le haut, renflée à ses nœuds. Feuilles alternes, grandes, ovales, lancéolées, aiguës, membraneuses, d'un vert gai, pétiole et dessous des feuilles velues. Inflorescence en panicule lâche; fleurs petites et blanches portées par deux sur chaque rameau de l'inflorescence. Calice double; l'extérieur à 3 lobes lancéolés; l'intérieur presque en entonnoir, à 6 lobes égaux, dont trois plus grands. Étamine nique. Ovaire infère, monoloculaire, monovulé. Fruit de la grosseur d'une olive, ovoïde, uniloculaire. Graine ridée, blanche et dure.

Habitat. — Cette plante est cultivée aux Antilles, dans le sud des États-Unis, à l'île de France. Son rhizome contient : *huile volatile, extractif, ligneux, albumine, fécule*. C'est pour cette fécule (*arrow-root*) que l'on cultive la plante.

L'ARROW-ROOT (*salep des Indes occidentales, poudre de Castilhon*) est une poudre d'un blanc grisâtre, inodore, insipide, agglomérée en morceaux irréguliers qui se divisent en craquant sous le doigt, comme la fécule. Les grains, transparents et nacrés, vus au microscope (fig. 136), sont égaux, ellipsoïdes, presque trigones, à hile punctiforme, excentrique, avec zones concentriques, qui souvent est remplacé par une petite fente. La dimension des grains est semblable à celle de l'amidon, mais ils se distinguent de ces derniers par leur régularité. Cette fécule donne à l'eau une consistance analogue à celle de la fécule de pomme de terre; elle prend, par l'iode, une couleur café au lait clair, quand elle n'est pas falsifiée par la fécule de pomme de terre. On prépare l'arrow-root, en lavant les racines, les râpant et recevant la pulpe dans l'eau, où elle se débarrasse de l'huile essentielle. On filtre ensuite le liquide trouble à travers une toile lâche, pour en séparer les impu-

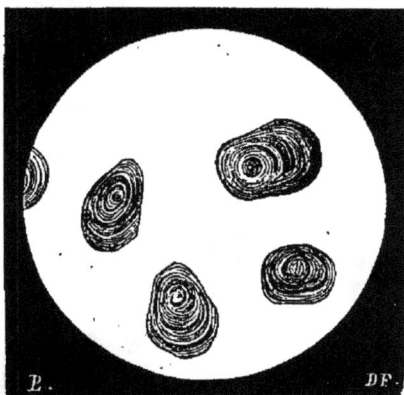

FIG. 136. — Fécule d'arrow-root.

retés, puis on laisse déposer; la fécule gagne le fond, il ne reste qu'à décanter l'eau et à faire sécher le dépôt au soleil.

Usages. — L'arrow-root est un médicament féculent, dont le prix est assez élevé et que l'on peut utiliser chez certains malades à digestions stomacales difficiles ou capricieuses. Le mot arrow-root (*flèche-poison*, en anglais) fait allusion à la propriété qu'on lui attribuait, d'après les Indiens, d'être un spécifique contre les blessures des flèches empoisonnées.

Le *Maranta indica* Tus. fournit également de l'arrow-root. Cette plante (fig. 137) ne diffère du *M. arundinacea* que par ses racines produisant des jets charnus, longs, cylindriques, couverts d'écailles triangulaires et rampant sous terre avant que l'extrémité en sorte pour produire de nouvelles tiges (Descourtils).

Le *Canna coccinea* Mill. donne la variété d'arrow-root connue sous le nom d'*A. de Tolomane*. Ses grains sont très-gros et elliptiques. Le *Curcuma angustifolia* Rox. fournit l'*A. de Travancore* ou de *l'Inde*, dont les grains sont sans hile et sans couches concentriques.

L'A. de Taïti se prépare avec le *Tacca pinnatifida* L. (AROÏDÉES).
Nous citerons encore parmi les plantes donnant des produits analo-

FIG. 137. — Maranta de l'Inde.

logues, le *Jatropha Manihot* (EUPHORBIACÉES) et l'*Arum maculatum*
(AROÏDÉES).

GALBANUM. — Voy. *Férule érubescente.*

GARCINIE MORELLIÈRE. *Garcinia morella* Desr., *Hebraden-
dron cambogioides* Grah., *Stalagmites cambogioides* Mur. et Mon.
Mangostana morella Gært. GUTTIFÈRES (*Clusiacées*).

Description (fig. 138). — Arbre dioïque, de médiocre grandeur.
Feuilles opposées, pétiolées, entières, obovales, allongées, acuminées
au sommet, vertes, coriaces, luisantes, à nombreuses nervures secondaires, fines, pennées et parallèles. *Fleurs mâles*, d'un bleu
rosé, disposées à l'aisselle des feuilles en faisceaux de 3-5, presque
sessiles (variété *sessilis*) ou pédonculées (variété *pedicellata*). Calice
à 4 sépales libres. Corolle à 4 pétales également libres. Étamines
30-40, cohérentes par la base des filets, insérées sur un réceptacle
hémisphérique; anthère terminale en forme de tête arrondie s'ou-

vrant par un opercule (*a*) plus large qu'elle. Pas de rudiment de pistil. *Fleurs femelles*, sessiles, solitaires à l'aisselle des feuilles, un peu plus grosses que les mâles. Calice et corolle comme dans les fleurs mâles, calice persistant, corolle caduque. Étamines 20-30, stériles, à filets cohérents et formant une couronne autour de la base de l'ovaire; celui-ci globuleux, à 4 loges uniovulées; style court; stigmate à 4 lobes ouverts et persistants. Fruit (*baie*) globuleux, glabre, du volume d'une grosse cerise, couronné par les lobes du stigmate, accompagné par le calice persistant, à 4 loges monospermes. Graines oblongues, un peu aplaties. ♄.

Habitat. — Cet arbre croît abondamment à Ceylan; la variété *pedicellata*, originaire de Siam, est cultivée à Singapore.

Partie usitée. — La gomme-résine qui s'écoule de l'arbre et qui est connue sous le nom de *gomme-gutte*. Lorsque l'arbre est en pleine végétation, on brise les feuilles et les jeunes rameaux et l'on

FIG. 138. — Garcinie morellière ; *a*, opercule.

recueille, dans des noix de cocos ou dans des cornets formés de feuilles enroulées, le suc jaunâtre qui s'écoule, goutte à goutte, des blessures. C'est à cela qu'est dû le nom de *gutte* que porte le produit. On rassemble dans des vases d'argile le suc ainsi obtenu, on l'épaissit au soleil, on le purifie, puis on le coule dans des moules de bambou ou bien on en forme des masses irrégulières enveloppées de feuilles. De là deux formes commerciales : 1° *gomme-gutte en bâtons* (en canons ou en cylindres). Elle est cylindrique, de 3-5 centim. de diamètre, sur 20-30 centim. de long, présentant à la surface des bâtons les débris du bambou qui a servi à recevoir le suc. Ces cylindres sont friables, d'un jaune orangé, tirant un peu sur le fauve; leur cassure est conchoïdale, leur odeur nulle; leur saveur, très-peu prononcée d'abord, devient âcre et finit par prendre à la gorge; quand on en tient, pendant un instant, un fragment dans

14

la bouche, la salive devient jaune et lactescente. Cette gomme-gutte
est presque entièrement soluble dans l'alcool; elle donne aisément,
avec l'eau, une émulsion d'un beau jaune. C'est la gomme-gutte officinale. Les cylindres se soudent quelquefois et forment des masses
irrégulières. 2° *Gomme-gutte en masses ou en gâteaux.* Cette variété
est en masses informes pesant 1000 à 1500 gram.; elle est moins
pure, moins homogène que la précédente.

Toute la gomme-gutte qui arrive en Europe provient de Siam;
celle de Ceylan, d'après Christison, n'existe pas dans le commerce
européen. Le *Garcinia cambogia* Desr. (*Mangostana cambogia* Gært-
ner) fournit une gomme-gutte inférieure à celles que nous venons
de signaler.

Composition chimique. — La gomme-gutte contient : *résine,
gomme soluble ou arabine, eau.* La résine (acide cambogique),
$C^{40}H^{23}O^8$, est d'un jaune orangé, insipide, inodore, insoluble dans
l'eau, soluble dans l'alcool, formant des sels avec les alcalis; c'est
le principe actif de la gomme-gutte, il purge à la dose de 25 centigrammes.

Formes pharmaceutiques, doses. — On administre la gomme
gutte en pilules, à la dose de 10-20 centigr. comme laxatif et à celle
de 50 centigr. et au delà comme purgatif puissant, seule ou associée
au savon médicinal. Le plus ordinairement, on l'unit à d'autres purgatifs, tels que l'aloès, le jalap, la rhubarbe. Elle entre dans la
composition des pilules écossaises ou d'Anderson, de Bontius, de
Morisson.

Action physiologique. — C'est un purgatif drastique. A la dose
de 1 à 2 décigr., elle irrite peu le tube intestinal, et son action se
borne à produire des selles séreuses; mais à fortes doses, elle
détermine des nausées, des vomissements, des coliques, une augmentation dans la sécrétion urinaire, un état congestif des organes
pelviens, une dépression du système vasculaire. Le ventre devient
sensible à la pression, les extrémités se refroidissent et enfin on
constate un état syncopal qui peut précéder la mort. En résumé,
une action plus ou moins drastique, des effets diurétiques, une ap-
titude à congestionner l'utérus et l'extrémité inférieure de l'intestin.

Usages. — La gomme-gutte est employée quand il y a lieu
d'obtenir une forte purgation. Ses propriétés hydragogues la font
utiliser dans plusieurs hydropisies, par exemple, dans celles qui
dépendent de la maladie de Bright. La dérivation qu'elle exerce sur
la muqueuse intestinale est mise à profit dans le catarrhe pulmonaire, la paralysie, l'asthme. On la prescrit dans la constipation habituelle, pour développer les hémorrhoïdes, pour provoquer les
règles chez les femmes atteintes d'aménorrhée torpide et dont les

digestions sont languissantes. Elle est vermifuge et fait partie du remède de madame.Noüffer contre le tænia.

GAROU. — Voy. *Daphné Garou.*

GAYAC OFFICINAL. *Guajacum officinale* L. RUTACÉES-ZYGO-PHYLLÉS.

Description (fig. 139). — Arbre très-élevé, à tige tortueuse se

FIG. 139. — Gayac officinal.

développant lentement, mais pouvant acquérir plus d'un mètre de diamètre; rameaux souvent dichotomes, couverts d'un épiderme grisâtre et rugueux. Feuilles opposées, pinnées, sans impaires à 2-3, rarement 4 paires de folioles sessiles, ovales ou obovées, obtuses, quelquefois obliquement émarginées, entières, glabres, fermes, d'un vert clair, les inférieures plus petites et arrondies. Fleurs 8-10, bleues, pédonculées, formant des espèces d'ombelle au sommet des rameaux. Calice à 6 lobes, profonds, obtus, inégaux. Corolle à 5 pétales étalés, obovales, obtus, onguiculés. Étamines 10, dressées, à filets un peu élargis à la base. Anthères ovoïdes, jaunes. Pistil plus court que les étamines. Ovaire stipité, ovoïde, comprimé, glabre ; style court et pointu ; stigmate simple. Fruit (*capsule*) charnu, offrant 2 à 5 angles saillants, comprimé, tronqué au sommet avec une petite pointe courbée, d'un jaune rougeâtre, à 2 loges, par avortement. Graine suspendue à l'angle interne, ovoïde, dure. ♄.

Habitat. — La Jamaïque, Saint-Domingue, Cuba, la Nouvelle-Providence.

Culture. — Le gayac est peu cultivé dans son pays natal. En Europe, il ne végète que dans les serres chaudes ; on le reproduit, mais avec difficulté, à l'aide de boutures étouffées.

Parties usitées. — Le bois et la résine.

Bois. — On l'apporte en France, en bûches assez volumineuses, assez droites, quelquefois recouvertes d'une écorce mince, un peu luisante, légère, résineuse, d'un vert cendré avec des taches plus foncées. Il est résineux, très-dur, très-compacte, pesant spécifiquement 1,33. L'aubier est jaune de buis, le bois d'un brun verdâtre. Inodore à froid, il exhale quand on le frotte ou qu'on le râpe une odeur aromatique ; sa poussière fait éternuer ; sa saveur est amère, âcre, resserre la gorge. La râpure, qui est l'état sous lequel on l'emploie, est jaunâtre, elle verdit lentement par l'action de l'air et de la lumière. Ce changement de couleur se manifeste immédiatement sous l'influence des vapeurs intenses, de l'eau de chlore et des hypochlorites alcalins.

Composition chimique. — Le bois de gayac contient : *résine, extractif amer et piquant, extractif muqueux, sels, matières colorantes.*

Résine. — Elle exsude naturellement du tronc par des crevasses accidentelles, mais on l'obtient en plus grande quantité soit par des incisions que l'on pratique sur la tige de l'arbre vivant, soit en perçant un trou suivant l'axe des bûches et chauffant l'autre extrémité, ou bien encore en épuisant par l'alcool les copeaux de gayac provenant des ateliers de tourneurs ; elle se présente en masses considérables, dures, cassantes, d'un brun verdâtre ou rougeâtre. Sa cassure est brillante, conchoïde ; son odeur balsamique faible ; sa saveur âpre. Elle est soluble dans l'alcool, peu soluble dans l'éther, encore moins dans les huiles volatiles. Elle est formée de : *acide gayaconique, acide résino-gayacique, résine* B, *gomme, substances minérales, acide guajacique, matière colorante* (Hadelich).

Formes pharmaceutiques, doses. — A. Bois. 1° Tisane par décoction, pp. 50 : 1000. 2° Poudre, 2 à 4 gram. 3° Teinture alcoolique, 2 à 8 gram. 4° Extrait, 1 à 2 gram. On prépare aussi un sirop. — B. Résine. On l'administre à la dose de 15 centigr. à 1 gram. par

jour, sous forme de pilules, de poudre, d'émulsion, de savon. SUCCÉ-
DANÉS : le gayac à feuille de lentisque (*G. sanctum* L.), le G. douteux
(*G. dubium* Forst.), le guayacan (*G. arboreum* DC.).

Action physiologique. — Le gayac à petite dose est un stimulant analogue aux balsamiques ; il active la circulation, augmente la
chaleur animale. A haute dose, il produit une sensation de chaleur
dans la gorge et dans l'estomac, des nausées, des vomissements, des
selles diarrhéiques et souvent de la salivation, une augmentation
dans la diurèse. Il active également la transpiration, mais cet effet
ne se manifeste qu'à l'aide des boissons chaudes et d'une tempéra-
rature ambiante suffisamment élevée. On lui attribue une stimulation particulière sur les organes pelviens. La résine produit les effets
du bois en les amplifiant.

Usages. — Ce n'est point un spécifique de la syphilis comme on
l'a cru pendant longtemps ; bien qu'il soit encore aujourd'hui le plus
renommé des bois sudorifiques, il ne peut être considéré que comme
un adjuvant utile ; néanmoins il est encore usité dans les affections
de la peau, le rhumatisme, la goutte, l'asthme, les affections vénériennes anciennes et rebelles, la scrofule, le catarrhe pulmonaire
chronique. On le prescrit comme stimulant dans les dysménorrhées
douloureuses et l'aménorrhée. La teinture dite eau-de-vie de
gayac est employée comme dentifrice.

GENÉVRIER COMMUN. *Juniperus communis* L., *J. vulgaris*
Bauh. Genièvre. CONIFÈRES-CUPRESSINÉES.

Description (fig. 140). — Arbre de 6-7 mètres, dont le tronc
peut acquérir 20 à 30 cent. de diamètre ; mais dans le nord de l'Europe, ce n'est qu'un arbrisseau de 2 à 3 mètres, dressé, très-rameux,
couvert d'une écorce rude et d'un brun rougeâtre, à rameaux alternes, anguleux, diffus. Feuilles articulées à la base, glaucescentes,
persistantes, verticillées par 3, rapprochées et même imbriquées sur
les jeunes rameaux, sessiles, étalées, linéaires, insensiblement atténuées en une pointe épineuse, canaliculées en dessus, carénées sur le
dos, à 3 nervures, dont les latérales sont marginales. Fleurs (avril)
dioïques, disposées en petits chatons axillaires et solitaires. *Chatons
mâles* (B), petits, oblongs, solitaires, axillaires, rapprochés vers le
sommet des rameaux, munis d'écailles pédicellées, verticillées, élargies au sommet en forme de bouclier (C). Sur le bord inférieur de
chaque écaille, 3-6 loges d'anthères s'ouvrant en long. *Chatons femelles* (A), petits, verdâtres, portés sur un pédoncule écailleux dont
les écailles supérieures, rapprochées et en partie soudées, forment un
involucre urcéolé (D), contenant 3 ovules prolongés en un tube ouvert
au sommet. *Fruit :* les écailles supérieures, s'accroissant et devenant
charnues, se soudent complétement et forment une baie (E) qui ren-

ferme trois graines anguleuses, osseuses. Cette baie, verte d'abord, puis noirâtre, couverte d'une poussière résineuse, reste deux années à mûrir; sa pulpe est très-succulente, son odeur aromatique, sa saveur amère, résineuse, un peu sucrée.

Habitat. — Il est assez commun dans les bois, sur les coteaux secs et arides de presque toute la France.

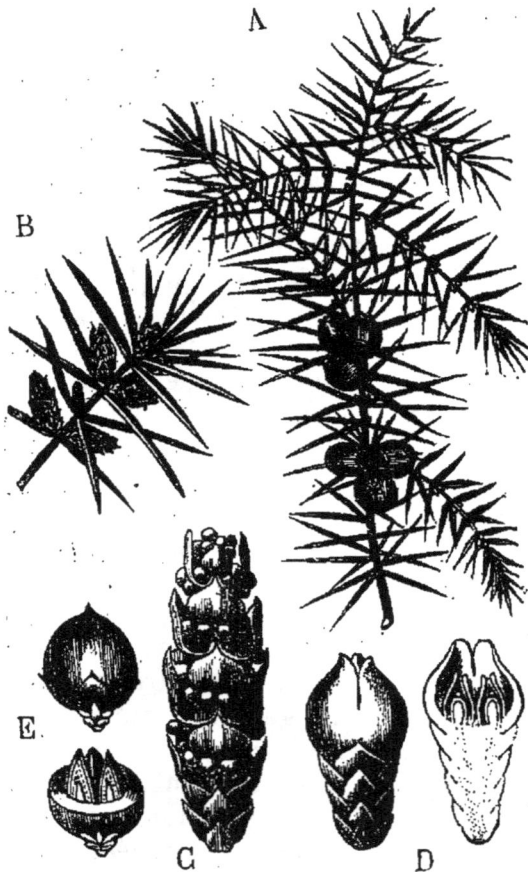

FIG. 140. — Genévrier commun.

Culture. — On peut le cultiver en pleine terre dans toutes les expositions. On sème les graines en place, aussitôt leur maturité; elles lèvent au printemps suivant. Une terre légère, sans engrais, exposée au levant, est très-convenable. On peut aussi le multiplier à l'aide de boutures faites à l'ombre pendant l'été.

Partie usitée. — Les fruits, connus sous le nom de baies de genièvre.

Récolte, dessiccation. — On recueille ces fruits en octobre et en novembre; on les sèche en les étendant clair-semés dans un grenier et les remuant souvent. On doit les choisir gros, bien nourris, noirs, luisants, pesants, d'un goût sucré et un peu âcre. Il faut les employer récents, car avec le temps, ils perdent leur arome et leurs propriétés médicales. Ils arrivent en ballots de Hambourg et de Trieste.

Composition chimique. — Les baies de genièvre contiennent : *cire, résine, sucre, gomme, matière extractive, sels de chaux et de potasse.* L'huile volatile est très-limpide, à peine jaunâtre; son odeur rappelle celle du fruit; sa saveur est aromatique et balsamique; elle est peu soluble dans l'alcool et isomère de l'essence de térébenthine. Elle provient des graines; celles-ci, en effet, sont creusées de petites fossettes garnies d'utricules remplis d'huile volatile avant la maturité des fruits, mais qui se résinifient à cette époque. Pour obtenir cette huile, il faut prendre les fruits non mûrs.

Formes pharmaceutiques, doses. — 1° Infusion aqueuse, pp. 10 : 1000. 2° Eau distillée, 10 à 100 gram. 2° Extrait ou rob (thériaque des Allemands), 1 à 10 gram. 4° Huile volatile, 8 à 10 gouttes. En distillant les baies avec de l'eau-de-vie de grains, on a l'*eau-de-vie de genièvre;* on prépare également cette eau-de-vie en faisant fermenter les baies avec du moût et distillant ensuite.

Action physiologique. — Les baies de genévrier constituent un excitant des premières voies, un stimulant diffusible et en même temps un modificateur des excrétions, surtout de l'excrétion urinaire; l'urine, sous leur influence, prend l'odeur de la violette. Cette action est surtout très-remarquable chez l'huile, qui est un des meilleurs diurétiques connus; elle possède également des propriétés carminatives, sudorifiques, emménagogues. A dose élevée, elle peut déterminer l'irritation des voies urinaires et même l'hématurie.

Usages. — On emploie les baies de genièvre : 1° comme modificateur des sécrétions, et anticatarrhales, dans la leucorrhée, la blennorrhagie, le catarrhe vésical; 2° comme diurétique, dans les maladies du cœur, l'ascite, l'anasarque et les autres hydropisies, les calculs, la gravelle; 3° comme tonique, stimulant, stomachique, dans la dyspnée atonique, les débilités de l'estomac, le scorbut. On se sert des fumigations de genièvre pour stimuler la peau dans les affections rhumatismales chroniques, les lumbago, courbature, œdème; on expose la partie souffrante à la fumée qui se dégage d'un fourneau où l'on brûle les baies, ou bien encore on imprègne de ces vapeurs des draps, des flanelles qu'on applique sur la partie malade. On se sert également des vapeurs pour masquer les mauvaises odeurs, dans les chambres des malades.

GENÉVRIER OXYCÈDRE. *Juniperus oxycedrus* L., *J. rufescens* Linck., *J. major monspeliensium* Lob. Cade, Cèdre piquant. CONIFÈRES-CUPRESSINÉES.

Description. — Arbre dressé, présentant de nombreux rameaux obtusément anguleux. Feuilles persistantes, verticellées par 3, sessiles rapprochées, très-étalées, roides, linéaires, insensiblement atténuées en pointe épineuse, creusées d'un double sillon en dessus et munies, en dessous, d'une carène aiguë. Fleurs (mai) : chatons mâles petits, ovoïdes, rapprochés sur les jeunes rameaux. Fruits axillaires, ordinairement plus courts que les feuilles, globuleux, rouges et luisants à la maturité, 2 ou 3 fois plus gros que ceux du genévrier commun, contenant 3 osselets renflés à la base, comprimés à la partie supérieure, tronqués au sommet, avec une petite pointe au milieu. ♄.

Habitat. — La région méditerranéenne; il est commun dans la

Provence, le Languedoc, le Roussillon, la Corse, en Espagne, dans le Levant.

Partie usitée. — L'huile empyreumatique, désignée sous le nom d'huile de cade. On l'obtient en brûlant le bois d'oxycèdre, dans un fourneau, sans courant d'air. On recueille ainsi un liquide brunâtre, huileux, inflammable, d'une odeur résineuse, empyreumatique, très-forte, d'une saveur âcre, presque caustique, qui a été obtenu par suite d'une sorte de distillation *per descensum*. On substitue souvent à ce produit l'huile de goudron de pin, qui lui est inférieure en propriétés, et souvent encore l'huile de goudron de houille.

Action physiologique. — Quand on applique l'huile de cade sur les muqueuses saines, elle ne cause pas d'irritation; si on l'applique, au contraire, sur des parties enflammées, elle produit une légère cuisson passagère; si les parties sont ulcérées, il se manifeste une cuisson plus forte, mais durant rarement au delà d'une demi-minute.

Usages. — L'huile de cade est employée en frictions, dans le traitement de la gale; elle est supérieure au goudron dans quelques affections de la peau, et a été préconisée à l'extérieur sous forme de frictions dans les affections suivantes : favus, lupus, acné, eczéma, pytiriàsis, ichthyose, psoriasis, lichen-agrius; en onction sur les tempes, le front, les paupières, dans l'ophthalmie scrofuleuse des enfants. On l'a donnée à l'intérieur à la dose de 15 à 20 gouttes comme anthelminthique; on s'en est servi comme odontalgique, on en dépose une goutte dans la dent cariée.

GÉNÉVRIER SAVINIER. *Juniperus sabina* L. Sabine, Savinier. CONIFÈRES-CUPRESSINÉES.

Description (fig. 141). — Arbre de 4 mètres environ, toujours vert, pyramidal, couvert d'une écorce un peu dure et rougeâtre. Tige dressée, à rameaux dressés, étalés, nombreux, très-grêles. Feuilles opposées, petites, fort larges, non articulées, connées à leur base, imbriquées sur 4 rangs, écailleuses, ovales, aiguës, mais non épineuses, sans nervure saillante, munies sur le dos d'une vésicule résinifère, elliptiques, vertes; les supérieures un peu lâches. Fleurs (mai-juin) dioïques, en chatons portés par de petits pédoncules recourbés et écailleux. *Chatons mâles* (A), petits, ovoïdes, disposés latéralement le long des jeunes rameaux, munis d'écailles verticillées (*a*), pédicellées, en bouclier, présentant 4 à 8 anthères à 1 loge. *Chatons femelles* (B), globuleux, composés de 3 écailles convexes formant un ovaire avec un stigmate béant. Fruit simulant une baie, de la grosseur d'une noisette, charnu, d'un bleu noirâtre, porté par un pédoncule recourbé, ne contenant ordinairement qu'un seul osselet (*b*) par avortement des autres. ♄. On en connaît deux variétés : A, la sabine à feuilles de cyprès, improprement appelée mâle; B, la sabine à feuille de tamaris (*sabine commune, S. stérile*), improprement nommée femelle.

Habitat. — Les hautes Alpes du Dauphiné, les Pyrénées, et surtout en Italie, le pays nommé Sabine, qui a donné son nom à la plante.

Culture. — On la cultive dans quelques jardins. Les soins à donner sont ceux que nous avons indiqués pour le genévrier commun.

Partie usitée. — Les sommités des rameaux. Leur odeur est forte, aromatique, térébinthacée, nauséabonde, pénétrante ; leur saveur âcre, amère, résineuse.

Composition chimique. — Les feuilles contiennent : *résine, huile volatile, acide gallique, chlorophylle, extractif, ligneux, sels calcaires.* L'huile, $C^{20}H^{16}$, est très-fluide, incolore ; son odeur et sa saveur rappellent celle de la plante ; elle se colore rapidement à l'air ; elle est soluble dans l'éther et l'alcool.

Formes pharmaceutiques, doses. — 1° Poudre, 10 centigr. à 1 gr. 2° Infusé pour l'intérieur, pp. 1 à 8 : 1000. 3° Dé-

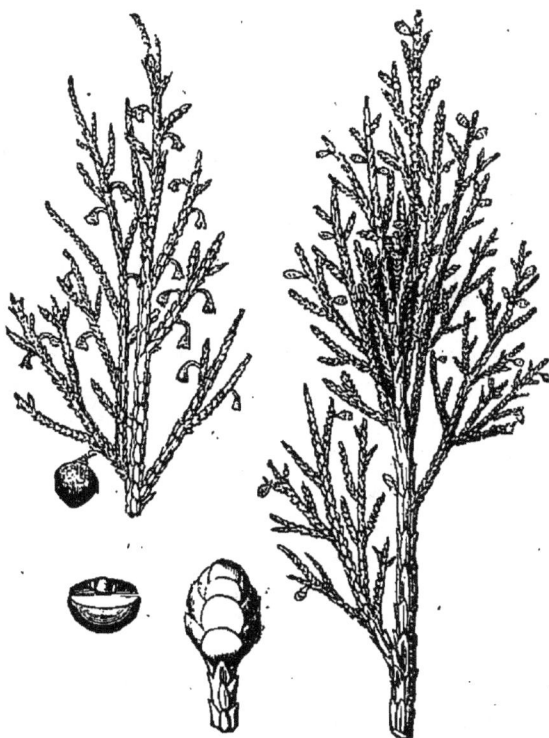

FIG. 144. — Genévrier savinier.

cocté ou infusé pour l'extérieur, pp. 20 : 1000. 4° Huile essentielle, 2 à 10 gouttes. 5° Teinture alcoolique, 4 gr. 6° Extrait, 50 centigr. à 1 gram. 7° Poudre escharotique avec poudre de sabine 1, alun calciné 2.

Action physiologique. — La poudre de sabine, en application sur les muqueuses et même sur la peau, détermine une vive inflammation, la vésication et même l'ulcération. A l'intérieur, elle produit tous les symptômes des médicaments irritants, une chaleur incommode dans l'estomac, des coliques violentes, des selles mélangées de sang, de la fièvre, l'augmentation des sécrétions salivaires, biliaires, rénales, de l'hématurie et quelquefois de la métrorrhagie. Les désordres qu'elle amène peuvent entraîner la mort. Son action emménagogue est incontestable, mais ses vertus abortives ne sont nullement démontrées d'une manière absolue, car dans certains cas où la sabine a été administrée dans un but coupable, le produit de la conception n'a point été expulsé, ou bien l'avortement ne s'est produit qu'à la suite de terribles accidents mettant en danger la vie de la femme. Les opiacés, les narcotiques, les stupéfiants peuvent combattre l'irritation qu'elle fait naître.

Usages. — La sabine est un remède dangereux qu'il ne faut administrer qu'à petites doses et avec beaucoup de prudence. A l'intérieur, on l'a indiquée dans l'aménorrhée torpide des chlorotiques et dans les métrorrhagies en dehors de la grossesse. Ces deux applications, bien qu'en apparence contradictoires, n'ont rien d'illogique, si l'on songe que la stimulation produite par cet agent peut tout aussi bien combattre l'inertie qui s'oppose à l'écoulement sanguin que le défaut de contraction qui, dans le deuxième cas, permet l'exagération de cet écoulement. Les autres applications, telles que son emploi dans la goutte chronique, le rhumatisme, l'ischurie des femmes en couche, les fièvres intermittentes, la blennorrhagie chronique, sont moins sûres. Son usage comme vermifuge a donné quelques bons résultats. A l'extérieur, elle sert à réprimer les bourgeons charnus et à déterger les ulcères chroniques.

GENTIANE JAUNE. *Gentiana major lutea* Bauh., *G. lutea* L. Grande gentiane. GENTIANACÉES.

Description (fig. 142). — Racine perpendiculaire, un peu traçante, très-longue, grosse comme l'avant-bras, tortueuse, ramifiée, d'un brun noirâtre à l'extérieur, d'un jaune rougeâtre au dedans, charnue, spongieuse, ridée, garnie d'aspérités annulaires. Tige haute de 10 à 15 décimètres, droite, simple, ferme, cylindrique, d'un vert tendre, légèrement glauque. Feuilles supérieures, sessiles, opposées, connées, ovales, arrondies à la base, pointues au sommet, entières, présentant 5-7 nervures longitudinales très-saillantes, concaves à l'intérieur, convexes à l'extérieur, glabres, glauques; les inférieures très-grandes, elliptiques, obtuses. Fleurs (mai) jaunes, assez grandes, pédonculées, nombreuses, fasciculées et comme verticillées, dans les aisselles des feuilles supérieures, et formant une sorte de grappe très-allongée à la partie supérieure de la tige. Calice membraneux, spathiforme, déjeté d'un côté et fendu longitudinalement pour laisser sortir la corolle, à 5 et quelquefois 4 dents courtes, subulées, inégales. Corolle monopétale, régulière et rotacée, divisée en 5 et quelquefois 4 ou 10 segments, profonds, lancéolés, aigus, parsemés de petits points d'un jaune très-brillant. Étamines 5, et quelquefois 4, insérées sur le tube de la corolle, dressées; filets d'un gris-blanchâtre; anthères elliptiques, allongées, arrondies. Ovaire glabre, ovoïde, terminé en pointe, monoloculaire, à ovules nombreux. Style court; stigmates 2, petits, divergents. Fruit (*capsule*) ovoïde, à 4 angles arrondis, allongés, uniloculaire, terminé par le style persistant glabre. Graines nombreuses arrondies, très-minces. ♃.

Habitat. — Elle croît de préférence dans les terrains calcaires et montagneux. On la trouve en France, surtout dans les Alpes, les Pyrénées, les Cévennes, le Puy-de-Dôme, la Côte-d'Or, les Vosges.

Culture. — On la cultive rarement dans les jardins, car le commerce la fournit en abondance; mais on peut la reproduire de graines ou d'œilletons, en ayant soin de la placer à mi-ombre et en terre franche.

Partie usitée. — La racine. Celle qu'on trouve dans le commerce vient de la Lorraine, de la Bourgogne et de la Suisse; elle est en morceaux de

FIG. 142. — Gentiane jaune.

la grosseur du pouce et au delà, durs, cylindriques, ridés, d'une couleur brun foncé à l'extérieur, jaune à l'intérieur, d'odeur fort désagréable, de saveur amère, franche, très-prononcée. On doit les choisir non cariées et médiocrement grosses.

Récolte, dessiccation. — On la récolte vers la deuxième année au plus tôt, après la chute des feuilles. On la monde, en évitant de la laver, et on la sèche à l'étuve.

Composition chimique. — Elle contient : *matière amère, principe odorant fugace, gentisin, glu, matière huileuse verdâtre, matière colorante fauve, lévulose, gomme, acide pectique, acide organique indéterminé.* Le gentisin est la substance colorante de la gentiane; il se présente en aiguilles très-légères, feutrées, d'un jaune soufre très-brillant. Il est insipide, inodore, peu soluble dans l'eau, plus soluble dans l'alcool à chaud qu'à froid. La matière amère est

peu connue, elle est en masse résinoïde, incristallisable, très-soluble
dans l'eau et l'alcool. La glu serait composée d'huile, de cire et de
caoutchouc. Quant au gentianin, qu'indiquent d'anciennes analyses
c'est un mélange de gentisin et de matière grasse. Le sucre existe,
dans cette racine, en assez grande quantité pour que par la fermentation et la distillation on puisse en retirer de l'alcool.

Formes pharmaceutiques, doses. — 1° Poudre, 1 à 4 gram.
2° Infusion, pp. 5 : 1000. 3° Extrait, 2 à 4 gram. 4° Teinture, 2 à
8 gram. 5° Vin, 120 à 200 gram. 6° Sirop, 10 à 100 gram. Elle
entre dans la composition de l'élixir de Peyrilhe, du remède antiar-
thritique du duc de Portland; avec la camomille et l'écorce de chêne,
elle fait partie du fébrifuge français.

Succédanés. — Plusieurs autres plantes du même genre peuvent
la remplacer; telles sont la G. PURPURINE (*G. purpurea* L.), la G.
PONCTUÉE (*G. punctata* L.), la G. CROISETTE (*G. cruciata* L.).

Action physiologique. — La racine fraîche peut produire des
effets narcotiques à cause de son principe odorant. Sèche, c'est un
amer sans astringence qui augmente la sécrétion salivaire, stimule
l'appétit. Sous son influence, la digestion est plus active, probablement à cause de l'afflux d'une plus grande quantité de suc gastrique,
les selles deviennent plus régulières, la constipation diminue sans
doute sous l'influence d'une hypersécrétion intestinale. La diarrhée
s'arrête quand elle est due à de mauvaises digestions. A haute dose,
elle peut occasionner du malaise, un sentiment de pesanteur à l'épigastre et même le vomissement. Le principe actif est éliminé par
l'urine et la sueur, auxquelles cette plante communique sa saveur
amère.

Usages. — La gentiane est considérée avec raison comme un de
nos meilleurs toniques indigènes; on la prescrit dans les dyspepsies
qui suivent les fièvres intermittentes, et qui accompagnent les maladies nerveuses, la chlorose. Elle a été préconisée pour ranimer les
forces digestives dans la goutte atonique ou pendant la convalescence
des accès de goutte inflammatoire. Elle est utile dans l'anémie, la
chlorose, le scorbut, la scrofule. Elle était très-usitée comme anti-
périodique avant la découverte du quinquina. Il est certain qu'elle
donne de bons résultats dans les fièvres saisonnières, mais elle est
sans influence sur les fièvres palustres. On fait avec sa décoction des
fomentations résolutives. Elle sert, comme l'éponge préparée, pour
agrandir les trajets fistuleux et dilater certaines ouvertures, particulièrement le canal de l'urèthre des femmes atteintes de la pierre.

GERMANDRÉE AQUATIQUE. *Teucrium scordium* L. Scordium,
Chamaras, Germandrée d'eau. LABIÉES-AJUGÉES.

Description. — Plante de 1-2 décimètres, amère, aromatique, dont l'odeur rappelle un peu celle de l'ail. Souche grêle, recouverte d'un duvet blanchâtre, rampante, émettant des jets munis d'appendices foliacés. Tiges herbacées, radicantes à la base, dressées, flexueuses, grisâtres, creuses, carrées, rameuses. Feuilles opposées, sessiles, ovales, oblongues, obtuses, dentées à leur courbure, molles, velues, d'un vert cendré. Fleurs (juin-août) lilas, purpurines ou blanches, placées par 2-3 à l'aisselle des feuilles supérieures. Calice campaniforme, tubulé, à 5 dents acuminées. Corolle bilabiée, à tube court, lèvre supérieure fort courte avec une échancrure d'où sortent les étamines, l'inférieure assez grande, étalée, à 3 lobes, le médian plus grand, échancré au sommet, les latéraux lancéolés. Étamines 4, didynames, filets inclinés, arqués. Ovaire supère à 4 lobes; style bifide au sommet; 2 stigmates. Achaines petits, bruns, ridés en réseau. ♃.

Habitat. — Elle est commune en France, dans les lieux humides, les fossés, au bord des ruisseaux et des étangs.

Culture. — Elle vient dans tous les sols. On la propage de graines semées en place, et de bouture.

Partie usitée. — La plante fleurie.

Récolte, dessiccation. — On la récolte pendant la floraison. Par la dessiccation, elle perd, en grande partie, son odeur alliacée; on doit la rejeter quand cette odeur a disparu. Celle du Midi paraît avoir plus d'efficacité que celle du Nord.

Composition chimique. — On y a signalé la présence d'un principe actif d'une grande amertume, la *scordinine*, qui est une substance jaune, aromatique, insoluble dans les alcalis et l'alcool, soluble dans l'eau froide, communiquant à l'eau bouillante une saveur très-amère.

Formes pharmaceutiques, doses. — 1° Infusion, pp. 30 à 60 : 1000. 2° Suc, 15 à 60 gram. On préparait jadis une eau distillée, un sirop, un extrait, une teinture, inusités aujourd'hui. Elle fait partie de l'électuaire diascordium auquel elle a donné son nom.

Usages. — Elle est tonique et stimulante à la manière des autres labiées. On la prescrit dans l'atonie digestive, la faiblesse générale, comme carminative, diurétique, anthelminthique, antiscorbutique; on l'a également vantée dans les dyscrasies et les cachexies. On s'en sert, à l'extérieur, sous forme de lotions, de cataplasmes, de poudre sur les ulcères sanieux, la gangrène.

GERMANDRÉE PETIT CHÊNE. *Teucrium chamædrys* L. Germandrée chamædrys, G. officinale. LABIÉES-AJUGÉES.

Description (fig. 143). — Plante de 1-2 décimètres. Souche grêle, rampante, rameuse, émettant des stolons jaunes et filiformes. Tiges membraneuses, ligneuses à la base, couchées, presque cylin-

driques, pubescentes, à rameaux nombreux, étalés, puis dressés.
Feuilles opposées, courtement pétiolées, petites, ovales, crénelées
sur le bord, obtuses, coriaces, luisantes en dessus, d'un vert pâle et
mat en dessous. Fleurs (juin-septembre) d'un rose foncé, géminées
et ternées à l'aisselle des feuilles supérieures, formant une grappe
feuillée, assez dense, unilatérale, oblongue et un peu allongée. Les
feuilles florales supérieures soutenues par des pédoncules courts
sont à peine dentées ou entières, plus courtes que les fleurs et colorées d'une teinte rougeâtre. Calice
légèrement velu, souvent purpurin,
un peu bossu à la base, comme à 2
lèvres : la supérieure à une dent, un
peu redressée ; l'inférieure à 4 dents
plus petites, aiguës. Corolle purpurine, à tube un peu comprimé, re
dressé subitement ; lèvre supérieure
très-courte profondément fendue,
formant deux languettes subulées,
redressées ; lèvre inférieure pendante, à 3 lobes, les deux latéraux
fort petits, ovales, aigus, le moyen
ou inférieur très-grand, dilaté, arrondi et un peu concave. Étamines
4, didynames, sortant ainsi que le
style par l'échancrure de la lèvre
supérieure ; filets grêles, subulés,

Fig. 143. — Germandrée.

très-saillants, glabres, coudés au sommet. Anthères ovoïdes, réniformes. Ovaire surmonté d'un style simple ; stigmate bifide. Le fruit
est formé de 4 achaines petits, bruns, papilleux au sommet, entourés
par le calice persistant. ♃

Habitat. — On la trouve sur le bord des bois et les coteaux calcaires de toute la France.

Culture. — Elle est d'une culture facile et ne réclame pas d'arrosage. On la multiplie au commencement du printemps ou en automne, par la séparation des pieds, ou en semant la graine sur de
vieilles couches ; on la repique ensuite en pleine terre ; elle s'accommode de tous les terrains.

Partie usitée. — La plante fleurie. Sa saveur est franchement
amère, son odeur peu prononcée.

Récolte. — On la recueille au mois de juin. Il faut choisir la
plante courte, munie de beaucoup de feuilles ; elle conserve son
amertume et même sa couleur verte quand la dessiccation a été
faite avec soin.

Composition chimique. — Elle contient : *huile volatile, principe amer*. Ce dernier corps, assez mal défini, est jaune brunâtre, d'un aspect résineux, cristallin, faiblement alcalin, très-amer, insoluble dans l'eau, soluble dans l'alcool et l'éther à la température ordinaire.

Formes pharmaceutiques, doses. — 1° Infusion, pp. 10 à 15 : 1000. 2° Poudre, 2 à 4 gr. 3° Extrait, 2 à 4 gr. 4° Eau distillée, 60 à 120 grammes.

Usages. — C'est un amer-aromatique, dans lequel le principe amer l'emporte sur le principe aromatique. Les usages sont ceux des substances toniques et stimulantes. Ses propriétés, très-vantées autrefois, sont presque tombées dans l'oubli, et peut-être à tort ; néanmoins elle trouve encore de nos jours des applications dans les catarrhes muqueux, la bronchite chronique ; on la prescrit comme tonique dans les dyspepsies, la scrofule, le scorbut ; pour relever les forces digestives dans la convalescence des fièvres muqueuses ; c'est un léger fébrifuge, et jadis elle était usitée comme antigoutteuse.

GINGEMBRE OFFICINAL. *Zingiber officinale* Rosc., *Amomum zingiber* L. AMOMACÉES.

Description (fig. 144). — Rhizome tuberculeux, articulé, gros comme le doigt, coriace, pâle ou jaunâtre à l'extérieur ; blanc ou rougeâtre à l'intérieur, émettant 3-4 tiges annuelles de 3-10 décim., stériles, simples, cylindriques, contenues dans les gaînes des feuilles. Celles-ci alternes, distiques, longues, lancéolées, ensiformes, terminées inférieurement par une longue gaîne fendue, glabres, à nervure médiane saillante, à nervures latérales fines et obliques. Fleurs jaunâtres, portées par des hampes écailleuses, de 3 décimètres de long, naissant immédiatement du rhizome, et disposées en épis ovales, recouverts d'écailles membraneuses, vertes, puis jaunâtres ; chaque écaille florale renferme deux fleurs qui se succèdent l'une à l'autre. Calice extérieur à 3 divisions courtes, l'intérieur tubuleux à 3 divisions irrégulières. Le labelle, ou division interne et inférieure du calice, est pourpre, varié de brun ou de jaune. Étamine 1, à anthère bilobée. Style 1, grêle, terminé par un stigmate concave. Ovaire à 3 loges. Fruit (*capsule*) ovale, triangulaire, un peu coriace, triloculaire, s'ouvrant en 3 valves, graines irrégulières, noirâtres, d'odeur agréable, de saveur aromatique amère. ♃.

Habitat. — Croît naturellement dans les Indes orientales, surtout dans les environs de Zingi ou Gingi, d'où vraisemblablement dérive le nom de *gingiber* ou *zingiber*. Il croît aussi au Malabar, à Ceylan, à Amboine, en Chine.

Culture. — On le cultive au Mexique, à Cayenne, aux Antilles et surtout à la Jamaïque. On le reproduit à l'aide de tronçons de rhizome qu'on plante dans une terre fraîche, substantielle et bien ameublie. En Europe, on ne peut élever le gingembre qu'en serres chaudes.

Partie usitée. — Le rhizome. On en connaît deux variétés commerciales : 1° le *gingembre gris* ou noir (fig. 145). C'est le plus usité. Il est en morceaux de 2 à 3 centim. de long, tuberculeux, géniculés, plats, ridés, marqués d'anneaux peu apparents, gris à l'extérieur, jaunâtres à l'intérieur, d'odeur et de saveur camphrée, aromatique, agréable. Il faut le choisir dur, pesant, compacte, non piqué des vers. 2° Le *gingembre blanc*. Il vient surtout de la Jamaïque, il est en morceaux plus grê-

FIG. 144. — Gingembre.

les, plus plats, et plus ramifiés que le gris (fig. 146); sa couleur est blanche, car il a été décortiqué avant la dessiccation; son odeur est moins prononcée, moins aromatique, mais sa saveur est plus forte et plus brûlante.

Composition chimique. — Le gingembre contient : *résine molle, sous-résine, huile volatile, extractif, gomme, amidon, matière azotée.* La résine molle est le principe actif. L'huile volatile est

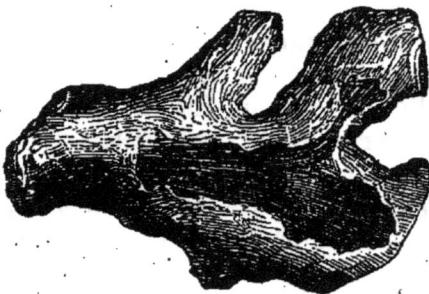

FIG. 145. — Gingembre gris.

jaune, de saveur brûlante et aromatique, plus légère que l'eau; elle bout à 246°.

Formes pharmaceutiques, doses. — 1° Poudre, 2 gram.

2° Infusion, pp. 3 à 8 : 500. 3° Teinture, 2 à 4 gram. On prépare aussi des tablettes, un sirop, un vin, une bière. Il entre dans la thériaque et le diascordium. Le pipéroïde de gingembre est un extrait éthéré qui correspond à 16 parties de gingembre.

Action physiologique. — C'est un médicament très-énergique ; mis en contact avec la pituitaire, il provoque de violents éternu-

FIG. 146. — Gingembre blanc.

ments ; si on le mâche, il détermine une abondante sécrétion de salive ; appliqué sur la peau, il produit de la chaleur, des picotements, de la rougeur. Ingéré, il développe un sentiment de chaleur assez pénible, augmente les diverses sécrétions gastriques, et facilite les fonctions digestives ; après absorption, la stimulation s'étend au reste de l'économie et principalement sur les organes respiratoires et l'appareil génital ; il passe même pour augmenter l'activité cérébrale.

Usages. — En médecine, on l'utilise comme odontalgique, comme sialagogue, pour combattre le prolapsus de la luette. On le prescrit dans les dyspepsies atoniques accompagnées de coliques avec flatuosités. C'est un condiment très-usité dans les pays chauds. En Angleterre, en Allemagne, on le fait entrer dans la préparation de la bière. A l'extérieur, on l'emploie pour préparer des cataplasmes révulsifs. Il peut servir à corriger l'action des purgatifs drastiques.

GIROFLIER AROMATIQUE. *Caryophyllus aromaticus* L. MYRTACÉES-MYRTÉES.

Description (fig. 147). — Arbre toujours vert, de forme pyramidale. Tronc droit, à rameaux opposés, ouverts, grêles, glabres, grisâtres. Feuilles opposées, portées par de longs pétioles articulés à la base, oblongues, pointues aux deux extrémités, coriaces, glabres, ponctuées, à nervures latérales nombreuses. Fleurs (juin-août) roses, d'une odeur agréable, disposées en corymbes trichotomes, à ramifications articulées, partant de l'aisselle des rameaux. Calice tubuleux, cylindrique, rouge, rugueux, adhérent avec l'ovaire infère; limbe à 4 dents ovales, aiguës, épaisses. Corolle à 4 pétales insérés au sommet du tube calicinal, adhérents par leur sommet et se séparant du calice commun, comme une coiffe, au moment de l'anthèse. Étamines nombreuses, insérées sur un anneau charnu, tétragone, disposées en 4 faisceaux; anthères ovoïdes, biloculaires. Ovaire à 2 loges; style simple, épais; stigmate capitulé. Fruit (*drupe sèche*) à 1 ou 2 loges contenant chacune une graine ovoïde ou demi-ovoïde. ♄.

Habitat. — Il est originaire des Moluques, d'où il a été transporté dans les autres parties de l'Inde, à Bourbon, à Cayenne et aux Antilles.

Culture. — En Europe, c'est une plante de serre dont la culture et la conservation sont assez difficiles.

Partie usitée.—Les fleurs non épanouies (*clous de girofle*) et l'huile essentielle qu'on en extrait.

Récolte, dessiccation. —Les girofles ou géroffes ont la forme d'un petit clou, ce qui leur a valu leur nom; leur odeur est aromatique, piquante; leur saveur chaude, brûlante et un peu amère.

FIG. 147. — Giroflier aromatique.

Ils sont composés de deux parties : une étroite (*queue*), qui est le tube du calice soudé avec l'ovaire; et une tête, qui est le limbe du calice, surmonté des pétales et recouvrant les organes sexuels. Souvent les pétales se sont détachés et il ne reste que la queue surmontée des dents calicinales. On les récolte, soit à la main, soit en les abattant avec de longs roseaux et les faisant tomber sur des toiles. On les fait sécher ensuite au soleil. On en distingue dans le commerce trois variétés : 1° le *girofle des Moluques*, qui est gros, obtus, pesant, d'un brun clair comme cendré, à surface un peu huileuse; 2° le *girofle de Bourbon*, qui offre à peu près les mêmes caractères, mais qui est un peu plus petit; 3° le *girofle de Cayenne*, qui est grêle, aigu, sec et noirâtre; c'est le moins estimé. On doit les choisir bien nourris, lourds, gras, faciles à briser, d'une couleur plus ou moins brune, munis autant que possible de leur tête, et laissant exsuder de l'huile volatile quand on les comprime ou qu'on les râpe.

Composition chimique. — Les girofles contiennent : *huile volatile, tannin particulier, gomme, résine, extractif, caryophylline.* L'huile volatile, incolore quand elle est récente, brunit avec le temps; sa pesanteur spécifique est de 1,061, elle est peu volatile et encore liquide à — 18°. Elle devient instantanément rouge par l'action de l'acide azotique, et se transforme en une masse butyreuse sous l'influence d'une dissolution alcoolique de potasse; l'ammoniaque lui donne une consistance demi-solide. Cette essence renferme un hydrocarbure, $C^{20}H^{16}$, isomère de l'essence de térébenthine, et une huile oxygénée, $C^{20}H^{12}O^2$, qui en forme la majeure partie. Le tannin du girofle serait moins acerbe que le tannin ordinaire; il forme avec la gélatine une combinaison insoluble dépourvue d'élasticité. La caryophylline, $C^{20}H^{16}O^2$, isomère avec le camphre des laurinées, est une matière résineuse, brillante, cristallisable, inodore, insipide, insoluble dans l'eau, soluble dans l'alcool et l'éther.

Formes pharmaceutiques, doses. — On prépare avec les girofles une eau distillée, un vin, un alcool, un alcoolat, une infusion, pp. 8 : 1000. Ces formes sont inusitées. On prescrit le plus souvent la poudre préparée avec l'intermède du sucre : dose, 20 à 30 centigram. Le girofle fait partie du laudanum de Sydenham, du baume de Fioraventi, de l'élixir de Garus, de l'eau de Botot.

Usages. — Le girofle est un stimulant diffusible qui convient surtout aux tempéraments froids, lymphatiques. On doit le prescrire à doses très-modérées, sinon il pourrait occasionner une irritation trop vive. Il a l'inconvénient d'échauffer, de constiper, d'exciter la fièvre. On l'emploie souvent comme aromate et condiment pour faciliter la digestion des mets froids, des viandes insipides. L'essence, introduite dans les dents cariées, cautérise la pulpe dentaire et calme l'odontalgie. Cette pratique n'est pas sans inconvénient, car ce corps est un caustique dont les effets peuvent se manifester même sur la peau recouverte de son épiderme. On se sert également de l'essence mélangée avec des corps gras, en friction contre les faiblesses musculaires, les paralysies. Les fruits connus sous le nom d'*antofles*, de *mère de girofle*, de *clous mature*, et les pédoncules que l'on appelle *griffes* dans le commerce, sont employés comme aromates.

GLÉCOME HÉDÉRACÉ. *Glecoma hederacea* L., *Nepeta glechoma* Bent., *Calamenta hederacea* Scop. Lierre terrestre, Rondote, Herbe de Saint-Jean. LABIÉES-NÉPÉTÉES. Γλήχων, nom grec d'une sorte de pouliot.

Description (fig. 148). — Plante de 1 à 3 décimèt. Racines grêles et fibreuses. Tige rampante, émettant plusieurs rameaux, les uns fleuris et dressés, les autres stériles, couchés, souvent très-allongés. Feuilles opposées, pétiolées, cordiformes, arrondies, obtuses, crénelées, molles, plus ou moins velues. Fleurs (avril-mai) violacées, quelquefois roses ou même blanchâtres, pédonculées, au nombre de 2-3 se rencontrant à l'aisselle de presque toutes les feuilles. Calice tubuleux, cylindrique, strié à 5 dents très-aiguës, un peu inégales. Corolle bilabiée, trois fois plus longue que le calice, tube obconique ; lèvre supérieure courte et bifide ; l'inférieure, très-velue à la base, plus large et plus longue, est à 2 lobes, celui du milieu plus grand et échancré à son milieu. Étamines 4, didynames, placées sous la lèvre supérieure. Les anthères sont didymes et rapprochées 2 à 2 en forme de croix. Style un peu plus long que les étamines ; stigmate bifide. Fruit, 4 achaines ovales, finement ponctués, placés au fond du calice persistant. ♃.

FIG. 148. — Glécome hédéracé.

Habitat. — Croît dans les vergers, les prairies, le bord des haies, le long des murs ; il est commun dans toute la France.

Culture. — On ne cultive pas le lierre terrestre, car la plante obtenue par la culture est moins active que celle venue spontanément. On pourrait la reproduire de graines.

Partie usitée. — La plante fleurie. Elle possède une odeur aromatique, forte, peu agréable, une saveur amère, balsamique, un peu âcre.

Récolte, dessiccation, conservation. — On récolte le lierre terrestre quand il est en fleurs. On doit le choisir peu élevé, bien touffu, à peine fleuri, ayant végété dans des lieux secs et élevés. Par la dessiccation, que l'on exécute à l'étuve ou au soleil, il perd beaucoup de son poids ; son amertume semble se prononcer davantage, mais son odeur s'affaiblit beaucoup. Les fleurs conservent bien leur couleur. On doit conserver cette plante dans un lieu sec et à l'abri du contact de l'air, sinon elle attire l'humidité et noircit.

Composition chimique. — Son analyse est très-incomplète encore. On sait seulement qu'il contient une huile essentielle et une matière résineuse amère.

Formes pharmaceutiques, dosés. — 1° Infusion, pp. 10 : 1000. 2° Suc, 30 à 80 gram. 3° Sirop, 25 à 60 gram.

Action physiologique. — Le lierre terrestre appartient au groupe des labiées amères, aromatiques; son action est par suite tonique, excitante, antispasmodique. Ses effets s'étendent non-seulement sur les organes respiratoires, mais sur les organes digestifs et génito-urinaires. On peut donc le considérer comme un agent béchique, anticatarrhal, stomachique. On lui a également attribué des propriétés vulnéraires, vermifuges et antipériodiques.

Usages. — On l'emploie dans les affections catarrhales des muqueuses et principalement dans celles des voies respiratoires. Il facilite l'expectoration et combat aussi les sécrétions morbides qui les provoquent. Comme stomachique, son utilité est moins certaine; pourtant on s'en est servi contre les débilités d'estomac, les dyspepsies, les flatuosités. Cette propriété stomachique se retrouverait dans les galles que portent quelquefois les feuilles. Ces galles, produites par un *diplolepis*, sont connues sous le nom de *pommes de terrète*. Les effets diurétiques du lierre terrestre sont rarement mis à contribution. A l'extérieur, on s'en sert, en infusion ou en décoction, pour exciter ou modifier les ulcères; on en prépare des cataplasmes que l'on considère comme toniques, résolutifs et calmants.

GOMME ADRAGANTHE. Voy. *Astragale vrai.*

GOMME AMMONIAQUE. Voy. *Dorème gomme ammoniaque.*

GOMME ARABIQUE. Voy. *Acacie arabique.*

GOMME-GUTTE. Voy. *Garcinie morellière.*

GNAPHALE DIOÏQUE. *Gnaphalium dioicum* L., *Antennaria dioica* Gœrtn. Pied de chat. SYNANTHÉRÉES-SÉNÉCIONIDÉES. Γναφαλον, bourre, c'est-à-dire, plante cotonneuse.

Description. — Plante de 1-2 décimètres, blanche, tomenteuse. Souche très-rameuse, émettant des stolons grêles, couchés, radicants, terminés par une rosette de feuilles. Tiges simples, dressées, portant des feuilles alternes, glabres et vertes en dessus, blanches et soyeuses en dessous; les radicales oblongues, spatulées, obtuses, les caulinaires sessiles, étroites, lancéolées. Fleurs (mai-juin) blanches ou rougeâtres, dioïques, disposées en capitules peu nombreux, plus ou moins pédonculés, formant par leur réunion un corymbe ombelliforme, simple ou composé, serré. Involucre campanulé, plus large et comme déprimé chez les mâles, cylindrique chez les femelles; laineux à la base, à écailles inégales, luisantes, scarieuses sur les bords, pétaloïdes au sommet. Réceptacle convexe, nu, portant des fleurons composés d'un calice en aigrette, d'une corolle tubuleuse à 5 dents égales. On trouve dans les fleurs mâles 5 étamines saillantes, à anthères soudées, un pistil rudimentaire. Les

15.

fleurs femelles, filiformes, sans rudiment d'étamines, ont un style saillant, bifide, à stigmate coloré et comme ferrugineux. Le fruit (*achaine*), presque cylindrique, glabre, lisse, est surmonté d'une aigrette plumeuse qui forme un duvet fin et soyeux au centre des capitules, ce qui donne à la fleur, quand elle commence à pousser, quelque ressemblance avec l'extrémité de la patte d'un chat. ♃.

Habitat. — Elle est commune sur les sables siliceux de presque toute la France.

Culture. — On la reproduit de graines semées en terrines ou sur couches, ou bien en séparant au mois de mars les pieds ou les rejetons. Elle n'a pas besoin d'humidité.

Partie usitée. — Les capitules. On préfère ceux à fleurs rouges, parce qu'ils·sont plus agréables à l'œil et plus odorants.

Récolte, dessiccation, conservation. — On les récolte au mois de mai, avant le complet épanouissement, qui s'achève pendant la dessiccation; sans cette précaution les fleurons et les aigrettes se sépareraient. On les fait sécher après les avoir mondés; ils perdent par la dessiccation les trois quarts de leur poids. Il faut les conserver à l'abri de l'humidité et de la lumière. On les emploie presque toujours secs.

Formes pharmaceutiques, doses. — Infusion, pp. 15 à 30 : 1000. On préparait autrefois un sirop et une conserve inusités aujourd'hui. Ils font partie des fleurs pectorales, ou quatre fleurs.

Usages. — Ils sont béchiques, adoucissants et usités dans les affections catarrhales chroniques.

GRENADIER COMMUN. *Punica granatum* L., *P. sylvestris* Tour. MYRTACÉES-GRANATÉES.

Description (fig. 149). — Racines pivotantes, fortes, ligneuses, fusiformes, ramifiées, d'un brun rougeâtre à l'extérieur, d'un jaune presque blanc à l'intérieur, dont l'écorce mince se détache aisément. Tronc tordu, noueux, rabougri, grisâtre, de 5 à 6 mètres. Feuilles portées sur des pétioles courts, arrondis, légèrement canaliculés, un peu rougeâtres; elles sont opposées, elliptiques, lancéolées, très-entières, luisantes, glabres, non ponctuées, rougeâtres dans leur jeunesse, puis vertes. Fleurs (juin-juillet) se doublant aisément par la culture, d'un rouge orangé, grandes, solitaires, quelquefois réunies par 3 ou 4 au sommet des rameaux. Calice épais, lisse, coriace, de couleur rouge, infundibuliforme, adhérent par sa base avec l'ovaire infère, à limbe étalé, à 5-6 divisions. Corolle à 5-6 pétales insérés vers la partie supérieure du calice, sessiles, arrondis, ovales à leur partie supérieure, ondulés sur les bords et comme chiffonnés. Étamines très-nombreuses, libres, attachées à la paroi interne du tube calicinal; filets rouges, glabres; anthères jaunes, biloculaires. Ovaire à plusieurs loges, disposées sur deux étages superposés, renfermant un grand nombre d'ovules, attachés à l'angle interne. Style simple, rougeâtre; stigmate en tête, glanduleux. Le fruit, ou *grenade*, est une capsule grosse comme une pomme, couronnée par le tube et les dents du calice, à 6 angles saillants arrondis; les loges sont disposées sur deux plans, l'un inférieur, l'autre supérieur. Le premier renferme 6-7-8 loges régulières, le deuxième, 4-5 loges irrégullières. Placenta jaune spongieux, ramifié, partant du milieu de chaque loge et portant un grand nombre de *grains*, irrégulièrement polyédriques, composés d'une vésicule extérieure, mince, remplie d'un suc aigrelet sucré, et contenant au centre une graine triangulaire allongée.

Habitat. — Il est originaire de l'Afrique, mais s'est naturalisé dans la région des oliviers.

Culture. — Dans les pays chauds, on le cultive dans les jardins pour améliorer les fruits. Dans les climats tempérés, on ne peut l'avoir qu'en caisses qu'on rentre, pendant l'hiver, dans l'orangerie; rarement pourtant ses fruits mûrissent; plus au nord, il ne vient qu'en serre chaude. On le multiplie de graines ou de greffe.

FIG. 149. — Grenadier.

Parties usitées. — 1° Les fleurs, dites *balaustes*; 2° l'épicarpe, nommé *écorce de grenade*; 3° le suc du fruit; 4° l'écorce de la racine.

1° Les fleurs non épanouies sont toniques, astringentes; leur infusion précipite fortement en noir les persels de fer. On doit les choisir d'un rouge vif et nullement noirâtres. On peut les employer en décoction ou en poudre dans les cas où les astringents sont indiqués (leucorrhée, blennorrhée, diarrhée chronique, hémorrhagies passives); elles sont aussi usitées en gargarismes.

2° L'épicarpe à l'état frais est épais de 2 à 3 millimètres, ce qui lui a valu le nom de *malicorium*, ou cuir de pomme; il est jaune rougeâtre, inodore, d'une amertume très-marquée et désagréable; il renferme du *tannin*, du *mucilage*, une *huile volatile*. On prescrit sa décoction dans les mêmes cas que les fleurs, pp. 8 à 15 : 1000. On donne également la poudre : dose, 4 à 8 gram. On lui attribue une propriété vermifuge marquée contre les strongles, les ascarides. Il est aujourd'hui à peu près abandonné.

3° Le suc provenant de la pulpe rougeâtre qui entoure les grains est rosé, transparent, un peu sucré, peu ou point acide; il est rafraîchissant, tempérant; on le donne aux fiévreux dans les pays chauds; il sert à préparer un sirop usité dans les fièvres, les inflammations, surtout celles des voies urinaires.

4° L'écorce de la racine est la partie la plus usitée en médecine. Elle est d'un gris jaunâtre ou d'un gris cendré en dehors, jaune en dedans, cassante, non fibreuse, d'une saveur astringente; humectée avec un peu d'eau et passée sur un papier, elle y laisse une trace jaune qui devient d'un bleu foncé par le sulfate de fer. Elle contient : *chlorophylle, tannin, acide gallique, résine, cire, mannite, matière grasse, matière amère cristalline*, ou *granatine*. Cette écorce est usitée comme tænifuge. Elle est surtout efficace contre le tænia armé, elle réussit aussi contre le bothryocéphale à anneaux courts, mais elle échoue contre le bothryocéphale à anneaux longs. On peut reprocher à ce médicament d'être désagréable à ingérer, et difficile à supporter; il cause des coliques, de la diarrhée, des vomissements et souvent des étourdissements, des syncopes, une inflammation de la muqueuse gastro-intestinale. On administre la décoction de 64 gram. d'écorce de racines fraîches dans 750 gram. d'eau réduits à 500 gram., qu'on fait prendre en trois prises à une heure de distance. Il convient de n'employer ce remède que lorsque des anneaux sont actuellement expulsés par le malade. On a remarqué, en effet, que le ver est alors plus aisément évacué. L'écorce sèche réussit aussi bien, quand on a eu soin de la faire préalablement macérer 24 heures dans l'eau qui doit servir à préparer la décoction. On a également indiqué, dans les mêmes cas, l'extrait alcoolique à la dose de 15 à 20 gram., et la poudre à celle de 4 à 8 gram. On emploie aussi, avec succès, l'écorce du tronc et des rameaux que l'on tire du Portugal, et même la racine chevelue du grenadier cultivé en France. Mérat a proposé l'écorce contre les autres vers intestinaux, tels que les strongles, les ascarides.

GUARANA. Voy. *Paullinia*.

GUIMAUVE OFFICINALE. *Althœa officinalis* L., MALVACÉES.
Description (fig. 150). — Plante de 5-15 décim., légèrement cotonneuse, molle au toucher. Racine longue, fusiforme, cylindrique, pivotante, charnue, de la grosseur du doigt, grisâtre et striée transversalement à l'extérieur; d'un blanc légèrement jaunâtre à l'intérieur, simple, quelquefois rameuse. Tige pleine, dressée, cylindrique, à rameaux alternes, verte ou d'un vert rougeâtre. Feuilles nombreuses, alternes, pétiolées, un peu en cœur, divisées en 3-5 lobes anguleux, légèrement dentés dans leur contour, molles, épaisses, douces au toucher, munies à leur base de 2 stipules membraneuses, caduques, pubescentes, à 2-3 lacinies. Fleurs (juillet-août) blanchâtres, purpurines ou légèrement rosées, presque sessiles, formant une espèce de panicule dans les aisselles des feuilles supé-

FIG. 150. — Guimauve officinale.

rieures. Calice gamosépale à 5 divisions pointues, d'un vert blanchâtre. Calicule à 6-9 découpures profondes. Corolle à 5 pétales arrondis, légèrement lobés au sommet, rétrécis inférieurement et unis avec la substance des filets de manière à recouvrir et à cacher entièrement l'ovaire. Étamines en nombre indéterminé, monadelphes à filets distincts vers leur partie supérieure, réunis inférieurement en un tube que traverse le style. Anthères réniformes. Style plus court que le tube staminal, fendu supérieurement en 8-9 divisions étroites, aiguës, terminées par un petit stigmate. Ovaire libre, arrondi, pubescent. Fruit orbiculaire, très-déprimé, avec des côtes relevées, tomenteux, enveloppé par le calice et formé de plusieurs capsules se séparant à la maturité. Graines brunes, lisses. ♃.

Habitat. — Elle est commune dans les marais des côtes de la Méditerranée et de l'Océan et dans toute la moitié occidentale de la France.

Culture. — On la multiplie par les graines, que l'on sème au printemps dans une terre franche, légère, profonde et un peu humide. On repique les pieds à l'automne dans un sol bien labouré.

Partie usitée. — La racine, les feuilles et les fleurs. La racine est la partie qu'on emploie le plus habituellement. On la trouve, dans le commerce, dépouillée de son épiderme, d'une belle couleur blanche, d'une odeur faible, d'une saveur douce et mucilagineuse; elle offre un canal médullaire central. Il faut la choisir bien nourrie et peu fibreuse.

Récolte, dessiccation. — On récolte les racines; à l'automne on les lave, on fend les plus grosses, et on les divise toutes en morceaux de la même longueur, puis on les blanchit en enlevant l'épiderme, et on en forme de longs chapelets que l'on suspend dans un lieu sec, aéré, et même à l'étuve; quelquefois, à cause de la grande quantité de mucilage qu'elles renferment, on emploie la chaleur du four. Les feuilles doivent être récoltées au mois de juin, avant la floraison. La dessiccation ne leur fait pas perdre leurs propriétés, mais elles sont moins mucilagineuses que les racines. On cueille les fleurs en juillet; de toutes les parties de la plante, ce sont elles qui renferment le moins de mucilage.

Composition chimique. — La racine de guimauve contient : *gomme, amidon, matière colorante jaune, albumine, asparagine, sucre, huile fixe.* L'asparagine n'a aucune influence sur les propriétés thérapeutiques de cette racine. L'*althéine* de Bacon n'est autre chose que de l'asparagine.

Formes pharmaceutiques, doses. — 1° Tisane par infusion, pp. 20 : 1000. On peut également employer la macération. 2° Sirop, 30 à 100 gr. en potions. 3° Poudre. Sous cette forme la guimauve est surtout usitée pour augmenter la consistance des bols, des pilules, etc. 4° Décoction, pp. 30 à 60 : 1000 pour bains locaux, fomentations, lotions, lavements, gargarismes. On en prépare des pastilles, une pâte de guimauve.

Usages. — C'est de toutes les plantes mucilagineuses celle dans laquelle on rencontre réunies au plus haut degré les propriétés émollientes et adoucissantes. La grande quantité de mucilage qu'elle cède à l'eau la fait journellement employer dans les affections avec irritation et inflammations, telles que les rhumes, les maux de gorge, les catarrhes vésicaux, uréthraux. Sous forme de lotion et de fomentation, on s'en sert soit pour calmer les cuissons, les chaleurs, les éruptions de la peau, et sous forme de lavement dans les inflam-

mations intestinales, la constipation. La décoction est utile pour
délayer la farine de lin dont on prépare les cataplasmes. On donne
souvent la racine à mâcher aux enfants, pour favoriser la dentition.
On s'en sert en chirurgie pour dilater les trajets fistuleux.

Les feuilles sont employées comme émollientes, et les fleurs
comme pectorales ; on les donne en tisane, par infusion, pp. 20 :
1000. Les feuilles font partie des espèces émollientes, et les fleurs des
espèces béchiques.

GUTTA-PERCHA. Voy. *Isonandra gutta*.

H

HACHISCH. Voy. *Chanvre ordinaire*.

HOUBLON COMMUN. *Humulus lupulus* L. URTICÉES-CANNABI-
NÉES.

Description (fig. 15). — Plante de 3 à 5 mètres. Racines li-

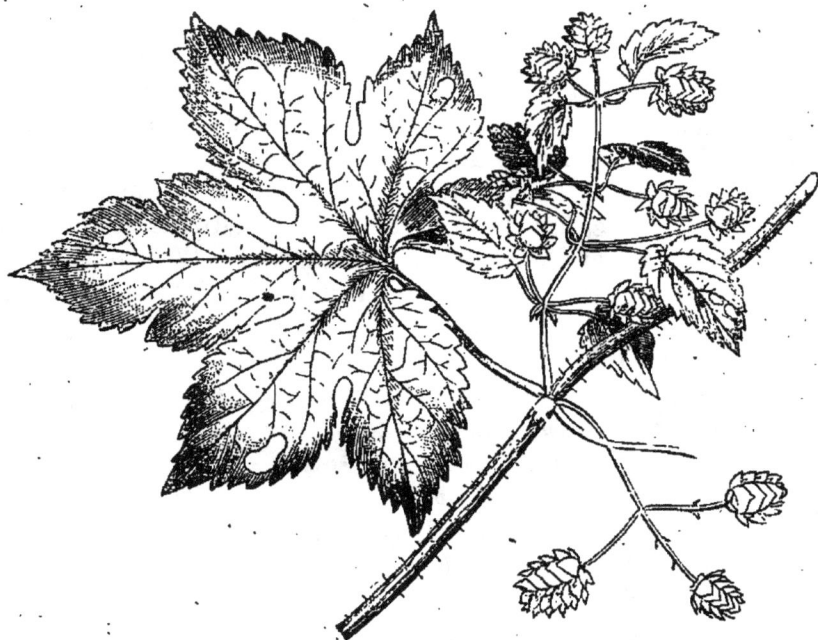

FIG. 151. — Houblon.

gneuses, dures, rameuses, stolonifères. Tiges dures, grêles, légèrement anguleuses, sarmenteuses, volubiles de gauche à droite.
Feuilles opposées, les supérieures souvent alternes, pétiolées, lisses

en dessus, très-rudes en dessous, échancrées en cœur à la base, palmatilobées, à 3-5 lobes acuminés et dentés, pourvues, à la base des pétioles, de 2 stipules membraneuses, dressées et quelquefois bifides au sommet. Fleurs (juillet-août) dioïques. *Mâles* petites, blanchâtres, pédicellées, disposées en grappes opposées, axillaires ou terminales, rameuses. Périanthe à 5 folioles concaves, elliptiques, étalées ou réfléchies. Étamines 5, assez courtes. Anthères oblongues. *Femelles* naissant aux aisselles des feuilles supérieures, portées par des pédoncules courts et axillaires, formant des espèces de chatons globuleux, d'un blanc roussâtre, composées d'une bractée ovale roulée en cornet et d'écailles foliacées persistantes, chacune entourant un ovaire surmonté par 2 stigmates allongés, subulés. A la maturité, les fleurs femelles deviennent des cônes ovoïdes (fig. 152) de 2-3 centimètres de long, à écailles très-amples, jaunâtres, scarieuses, ovales, membraneuses, réticulées, à la base de chacune

P.　　　*DF.*

Fig. 152. — Cône de houblon.

desquelles on trouve deux achaines ovoïdes, comprimés, carénés sur les côtés, à péricarpe mince, jaunâtre, environnés d'une poussière résineuse, jaune brillante, odorante, très-amère, à laquelle on a donné le nom de *lupulin*. ♃.

Habitat. — Croît naturellement dans les haies, les buissons, la lisière des bois.

Culture. — On le cultive en grand dans les contrées de l'Europe dont le climat s'oppose à la cuture de la vigne. Il entre dans la fabrication de la bière, il rend cette boisson agréable et d'une digestion plus facile. Il vient bien partout, mais surtout dans les terrains bas, les terres fortes et bien fumées. On le reproduit par des éclats de racines détachés en automne, plus rarement de graines.

Partie usitée. — Les fruits, mieux désignés sous le nom de *cônes écailleux* ou *florifères* (*houblon du commerce*).

Récolte, dessiccation, conservation. — On les récolte en août et on les fait sécher au four. Leur saveur et leur odeur ne diminuent pas par la dessiccation. Il convient de ne pas conserver les cônes au delà de deux ans, car leur saveur et leur odeur deviennent désagréables.

Composition chimique. — Les bractées contiennent : *matière astringente âpre, matière colorante inerte, chlorophylle, quelques sels.* Leur action physiologique est nulle; les propriétés médicales résident dans le lupulin. Celui-ci (fig. 153) se présente d'abord sous la forme d'une simple cellule épidermique *a*, qui se divise ensuite en deux parties *b*, dont l'inférieure forme un pédicule à la supérieure, qui s'est transformée en un disque rayonné *c*. Plus tard, les bords se relèvent, et le disque devient cupuliforme, *d*; puis, enfin, il se manifeste dans l'intérieur une sécrétion jaunâtre qui soulève peu à peu la cuticule qui revêt la cavité de la capsule et fait prendre à la glande la forme d'un gland de chêne aminci vers le sommet *e*. Ce lupulin contient : *lupuline, huile volatile, résine, cérosine, sel ammoniacal*. La lupuline est amère, azotée, fort probablement de la nature des alcaloïdes, mais elle est très-instable et se transforme aisément en ammoniaque. L'huile volatile se compose d'éléments analogues à ceux de l'essence de valériane, savoir : 1° l'acide valérianique, 2° une huile volatile

verte plus légère que l'eau composée de valérol, $C^{10}H^{12}O^2$, et d'un hydrocarbure, $C^{20}H^{16}$, à odeur de thym. Cette huile volatile, dont l'odeur rappelle celle du houblon, se transforme à l'air en acide valérianique et en matière résineuse. La résine qui constitue le tiers de la masse du lupulin est de consistance variable, d'une couleur jaune dorée, et paraît être un produit complexe.

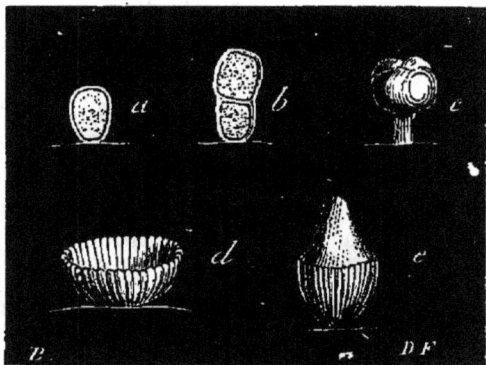

FIG. 153. — Cônes de houblon. *a*, lupulin commençant à se former. — *b*, lupulin composé de deux utricules. — *c*, upulin pédiculé. — *d*, lupulin en forme de coupe striée.— *e*, lupulin devenu glandiforme.

Formes pharmaceutiques, doses. — 1° Tisane par infusion, pp. 10 : 1000. 2° Extrait, 30 centigr. à 2 gr. 3° Teinture alcoolique, 2 à 4 gr. Le lupulin s'obtient en froissant, sur un tamis, les cônes de houblon et recueillant la poussière jaune qui a passé à travers les mailles. On le vanne pour le purifier. Doses : 1° en nature, 50 centigr. à 2 gram. par jour, dans du pain azyme ; 2° teinture, 5 gram. représentent 1 gram. de lupulin ; 3° extrait alcoolique ; il est plus actif que le lupulin dans la proportion de 10 à 7 ; 4° sirop, 100 gram. représentent 1 gramme de lupulin; 5° pommade avec : axonge, 30 gram., extrait alcoolique, 3 gram.

Action physiologique. — La composition du houblon fait voir que ses effets principaux peuvent être attribués à deux substances, la matière amère et l'huile volatile. La lupuline, principe amer, est un tonique aromatique légèrement astringent ; à haute dose, elle détermine de la chaleur à l'épigastre, des nausées, des vomissements, la soif, de l'engourdissement, mais jamais elle ne produit de vertiges, de la céphalalgie. Ces manifestations, en effet, appartiennent à l'huile volatile, que l'on rencontre en trop petite quantité dans le houblon pour que son action puisse entrer en ligne de compte dans l'action de ce médicament. Néanmoins, comme elle est essentiellement stupéfiante, ses vapeurs, venant à s'accumuler dans un espace limité, dans les magasins de houblon, par exemple, pourront exercer l'action qui leur est propre sur les individus qui font un séjour prolongé dans ces magasins. Lorsque le lupulin est ingéré à doses modérées, 5 décigrammes à 2 grammes, il révèle des propriétés stomachiques, sédatives, anaphrodisiaques, que l'on met souvent à contribution.

Usages. — Le houblon est employé à l'intérieur comme stomachique et tonique dans la dyspepsie atonique, le carcinome stomacal; il apaise, dans ce cas, les douleurs lancinantes et favorise la digestion. On l'administre également dans le lymphatisme, la scrofule, le scorbut. On prescrit le houblon et surtout le lupulin pour suspendre les érections et les pollutions nocturnes; ce dernier est également très-utile dans les maladies où les érections sont accompagnées de douleurs très-vives comme dans les blennorrhagies et les plaies de la verge. Le houblon est également usité en applications topiques comme résolutif et fondant des gonflements douloureux, comme calmant des ulcères cancéreux. On substitue quelquefois des oreillers remplis de cônes de houblon aux oreillers de plume, chez les sujets tourmentés d'insomnie et qui ne peuvent supporter les opiacés. Les jeunes pousses sont regardées comme antiscorbutiques; les racines passent pour diurétiques.

HOUX MATÉ. *Ilex mate* A. S. H., *Ilex paraguensis* Lamb. Herbe du Paraguay, Thé du Paraguay ou des jésuites, Arvore do mate ou du Gongouha. ILICINÉES.

Description. — Arbre à rameaux touffus. Feuilles alternes, presque sessiles, grandes, cunéiformes, ovales ou ovales-lancéolées, oblongues, un peu obtuses, à dents de scie écartées, coriaces, luisantes. Fleurs blanches, disposées en cymes corymbiformes serrées, à l'aisselle des feuilles de la partie moyenne des rameaux. Calice à 4 sépales arrondis, concaves. Corolle à 4 pétales arrondis. Étamines 4, à filets courts. Ovaire à 4 loges uniovulées; stigmate sessile, quadrilobé. Fruit (*baie*) rougeâtre, de la grosseur d'un grain de poivre, pédiculé; paraissant à côtes quand il est sec, à noyau veiné. Ces fruits sont réunis par bouquets axillaires. ♄.

Habitat. — Croît spontanément entre 29° et 32° de latitude sud, dans les forêts du Paraguay, au Brésil et dans diverses provinces de la confédération argentine.

Culture. — Il n'est cultivé en Europe qu'en serre chaude, en vases remplis d'un mélange de terre de bruyère et de terre franche.

Partie usitée. — Les feuilles et les extrémités des rameaux. On connaît ce mélange sous le nom de *maté*. Ce produit est consommé en grande quantité dans les États de l'Amérique du Sud ; il est encore rare dans le commerce français.

Récolte. — On abat les branches, on les dépouille de leurs rameaux, et ceux-ci, munis de leurs feuilles et souvent de leurs petites baies, sont placés sur un espace de six pieds carrés environ. On allume du feu dans le voisinage, de manière à leur faire subir une première torréfaction. Il se sépare ainsi des feuilles et des ramuscules que l'on soumet à une deuxième torréfaction plus énergique sur des claies d'osier ; sous l'influence de cette torréfaction il se développe un principe aromatique particulier. On réduit alors le tout en poudre grossière que l'on enferme dans des peaux de bœuf encore fraîches. Ces ballots, séchés au soleil, deviennent aussi durs que la pierre ; on en forme alors des colis de 200 à 250 livres.

Composition chimique. — Le maté contient 0,45 pour 100 de caféine et 20,88 d'acide caféitannique, sans trace d'huile essentielle.

Mode d'administration. — Dans l'Amérique du Sud, l'infusion du maté constitue une boisson alimentaire qui paraît jouer, dans les relations, le même rôle que le café en Orient. L'eau distillée a une saveur qui rappelle celle de la menthe poivrée.

Action physiologique. — Cette infusion exerce sur l'estomac une action spéciale, irritante, qu'il est difficile de définir ; les personnes qui n'y sont pas habituées éprouvent un sentiment de faiblesse et de douleur, et il n'y a que quelques estomacs privilégiés qui puissent en supporter aisément l'usage après le repas, car elle trouble la digestion ; avant le repas elle émousse l'appétit. Elle active chez quelques personnes les mouvements péristaltiques de l'intestin et par suite combat la constipation. Elle surexcite le système nerveux et spécialement les facultés intellectuelles, plus vivement que le café et le thé. Elle diminue la tension artérielle, dilate les artérioles cutanées, augmente la transpiration, même quand on l'ingère à la température de l'air ambiant. C'est un aliment dit d'épargne ou antidéperditeur ; son action se traduit : 1° par une moindre élimination d'urée par l'urine ; 2° par la diminution de l'acide carbonique dans les produits de la pneumatose ; 3° par un abaissement dans la calorification ; mais comme énergie d'effet, il est inférieur à l'alcool, au thé et à la coca.

Usages. — Il n'a guère été employé jusqu'à présent comme agent médicamenteux. Il est néanmoins probable qu'il peut remplir toutes les indications du thé. Pourtant, il est douteux qu'à cause de sa saveur amère et astringente, il s'introduise dans nos habitudes. Toutefois, comme aliment antidéperditeur, il est appelé à rendre des services à tous ceux que les nécessités du service maritime, les intérêts scientifiques ou commerciaux appellent à vivre dans les pays dont il est originaire.

HYSSOPE OFFICINALE. *Hyssopus officinalis* L., *H. vulgaris* Dod. LABIÉES-SATURÉINÉES. Υσσωπος, nom grec de la plante.

Description (fig. 154). — Plante de 2-6 décimètres. Racine grosse, rameuse, fibreuse. Tige un peu ligneuse à la base, à nombreux rameaux, dressés, quadrangulaires, finement pubescents et très-feuillés. Feuilles opposées, sessiles, ovales, lancéolées, étroites, entières, glabres ou pubescentes, glanduleuses, portant souvent à leurs aisselles des feuilles plus petites. Fleurs (juillet-août) roses ou blanchâtres, sessiles ou brièvement pédonculées, formant, au sommet de la tige, de petits paquets réunis en un épi étroit et unilatéral. Calice tubuleux, allongé, violacé, strié, à 5 dents aiguës. Corolle tubuleuse, bilabiée, lèvre supérieure redressée, un peu échancrée, l'inférieure à 3 lobes, étalés, divergents; le médian plus grand. Étamines 4, didynames, saillantes. Ovaire supère à 4 loges. Style 1. Stigmate bifide. Le fruit consiste en 4 achaines placés au fond d'un calice sans poils à l'orifice. ♃.

Habitat. — L'hyssope croît naturellement sur les collines du sud de la France; on la trouve aussi dans le centre et le nord, végétant sur les murs en ruine.

Culture. — On cultive cette plante dans les jardins, pour l'usage de la médecine et comme plante d'agrément. On la reproduit soit par boutures et éclats, soit par les graines, qu'on sème en mai. On doit renouveler la plante quand elle a trois ans; les terres légères et bien exposées au soleil lui conviennent particulièrement.

FIG. 154.—Hyssope officinale.

Parties usitées. — La plante entière ou seulement les sommités fleuries, qui ont une odeur forte, agréable, une saveur aromatique, un peu amère, piquante et comme camphrée.

Récolte. — On peut les récolter pendant toute la belle saison. La dessiccation diminue un peu leur odeur, mais ne change en rien leur nature.

Composition chimique. — L'hyssope contient : *huile essentielle, soufre, hyssopine.* Celle des pays chauds donne par la distillation un camphre analogue à celui des laurinées. L'huile essentielle est liquide, d'une saveur brûlante, jaunissant et se résinifiant au contact de l'air. L'hyssopine est une substance neutre, soluble dans l'eau, l'alcool et l'éther.

Formes pharmaceutiques, doses. — 1º Tisane par infusion, pp. 5 : 1000. 2º Eau distillée, 30 à 100 gram. 3º Sirop, 30 à 60 gram. 4º Décoction, pp. 30 : 1000 pour lotions, injections, gargarismes. Elle entre dans l'eau de mélisse, le baume tranquille, le sirop d'armoise composé.

Action physiologique. — L'hyssope est une labiée amère et tonique; le soufre qu'elle renferme ajoute encore à ses propriétés, et l'on peut dire qu'elle réunit trois agents souvent combinés avec succès dans le traitement des maladies chroniques du poumon.

Usages. — Elle est employée comme anticatarrhale et antiasthmatique, dans les catarrhes pulmonaires chroniques, l'asthme, les affections nerveuses des organes respiratoires. Elle est également usitée comme stomachique et tonique; on l'a aussi recommandée comme un sudorifique utile dans les rhumatismes apyrétiques et les exanthèmes arrêtés ou rétrocédés, comme emménagogue. On s'en est servi avec succès pour déterminer l'expulsion des ascarides lombricoïdes. A l'extérieur, elle est considérée comme tonique, résolutive, vulnéraire, et on la prescrit en gargarismes dans les angines simples ou diphthéritiques; en collyre, dans les ophthalmies catarrhales; pilée et bouillie dans l'eau et sous forme de sachets pour résoudre les ecchymoses des paupières; en fomentations, dans les contusions, entorses, blessures.

I

ICIQUIER ICICARIBA. *Icica icicariba* DC., *Amyris ambrosiana* L. TÉRÉBENTHACÉES-BURSÉRACÉES.

Description. — Arbre élevé. Feuilles pinnées avec impaire, à 3-5 folioles pétiolulées, oblongues, acuminées. Fleurs axillaires, rapprochées, presque sessiles, blanches. Calice à 4-5 dents persistantes. Corolle à 4-5 pétales, dilatés à la base, insérés ainsi que les étamines sur un disque annulaire glanduleux qui entoure l'ovaire. Étamines 8-10; anthères biloculaires. Ovaire à 4-5 loges, biovulées. Style court. Stigmates 4-5. Fruit coriace renfermant 4-5 noyaux osseux, monospermes, placés dans une pulpe recouverte d'une écorce à 2-5 valves. ♃.

Habitat. — Le Brésil.

Partie usitée. — La résine qui découle des incisions pratiquées au tronc et désignée sous le nom de *résine élémi*. On connaît deux

sortes d'élémis. 1° ÉLÉMI DU BRÉSIL. Il arrive en caisses de 100 à
150 kilogr. D'abord mou, gras, onctueux, il devient sec et cassant
avec le temps ou par le froid; il est demi-transparent, d'un blanc
jaunâtre, mêlé de points verdâtres, ou bien il est formé de lames
blanches, jaunes ou jaune verdâtre. Son odeur forte, agréable, analogue à celle du fenouil, est due à une essence qu'on peut séparer
par la distillation. Sa saveur est parfumée, douce d'abord, amère
ensuite. L'alcool bouillant le dissout et laisse précipiter par le refroidissement de l'*élémine*, résine cristallisée, opaque, très-légère.
Il contient également une résine transparente soluble dans l'alcool froid. 2° ÉLÉMI EN PAINS. Il est en masses de 500 gram. à 1 kilogram., de forme triangulaire, enveloppées dans une feuille de
palmier ou de roseau; son odeur est très-prononcée et rappelle
celle du fenouil; sa saveur est amère. Il provient de la Nouvelle-
Grenade, où il est produit par l'*Icica caragna* H. B. K.

Usages. — La résine élémi n'est employée qu'à l'extérieur. Elle
agit comme stimulant, et fait partie des onguents styrax, d'Arcéus,
du baume de Fioraventi, de l'emplâtre diachylon. On connaît plusieurs autres élémis qui ne se trouvent pas dans le commerce.

IRIS DE FLORENCE. *Iris florentina* L. IRIDÉES.

Description (fig. 155). — Rhizome rampant, horizontal ou un
peu oblique, charnu, rameux, de la grosseur du pouce, marqué supérieurement d'anneaux formés par les feuilles déjà tombées,
présentant inférieurement des racines fibreuses, émettant chaque
année, par sa partie antérieure, des rameaux aériens. Feuilles 4-5
droites, ensiformes, d'un vert glauque, du milieu desquelles sort
une hampe les dépassant en hauteur. Fleurs (mai-juin) 2-3, grandes,
blanches, à veines bleuâtres, d'odeur suave. Périanthe régulier, tubuleux à la base, limbe à 6 divisions, dont 3 internes dressées,
3 externes étalées, ayant une barbe jaune sur la ligne médiane;
tube plus long que l'ovaire. Étamines 3, libres, opposées aux divisions externes du périanthe et appliquées contre la face inférieure
des stigmates. Ovaire adhérent, à 3 angles obtus; style simple, trigone inférieurement, divisé supérieurement en trois lames pétaloïdes, recourbées en voûtes et recouvrant les étamines. Ces lames
offrent dans leur extrémité et à la face inférieure un repli dont les
2 lèvres portent des papilles formant le stigmate. Fruit (*capsule*)
coriace, trigone, triloculaire. Graines nombreuses, longitudinales,
plus ou moins comprimées. ♃.

Habitat. — La Provence et l'Italie.

Culture. — Il est cultivé en grand, dans les départements de
l'Ain et du Gard. On le multiple par la division des rhizomes.

Partie usitée. — Le rhizome.

Récolte, dessiccation. — Il doit avoir trois ans au moins au moment de la récolte, qui se fait pendant l'été ; on enlève d'abord l'épiderme avec un couteau, puis on le fait sécher en l'exposant au soleil, au vent, ou à la chaleur du four. Il se présente dans le commerce en fragments gros comme le pouce, du poids de 15 à 60 gram.,

d'une belle couleur blanche, et criblés de trous qui sont les traces des racines qui ont été enlevées en séparant l'épiderme. Ils ont une odeur de violette très-prononcée et une saveur légèrement âcre et amère.

Composition chimique. — Le rhizome d'iris contient : *huile volatile, huile fixe, extrait brun, gomme, fécule, ligneux, matière résineuse ressemblant à la glu de houx.* L'huile volatile, C^4H^8O, est solide, cristallisant en lames d'aspect nacré, d'odeur de violette.

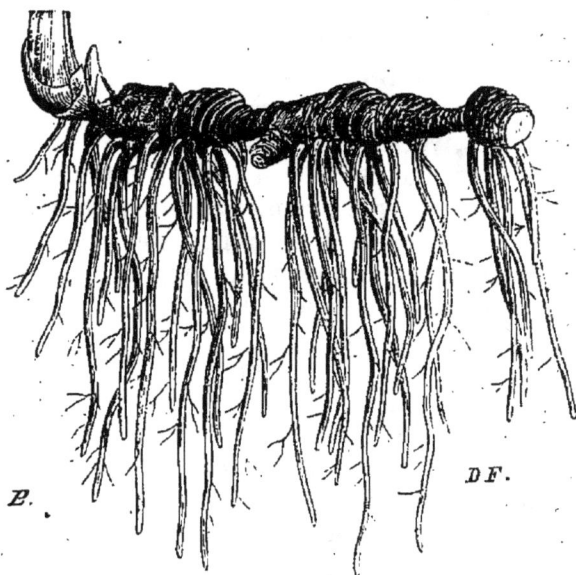

Fig. 155. — Rhizome d'iris.

Formes pharmaceutiques, doses. — 1° Poudre, 5 à 10 décigr. 2° Tablettes. 3° Suc, 30 à 60 gram.

Action physiologique. — A l'état frais et à haute dose, il est vomitif et détermine des selles abondantes. Sec et à la dose de quelques centigrammes, il agit comme un léger stimulant des bronches, et facilite l'expectoration à la fin des catarrhes bronchiques.

Usages. — Le principal usage du rhizome à l'état sec est l'emploi qu'on en fait pour fabriquer de petites boules (*pois d'iris*) de diverses grandeurs (n°s 0 à 24) à l'aide desquelles on entretient la suppuration des cautères. Cet effet est dû en partie à l'action irritante spéciale à la substance, et en partie à l'augmentation de volume produite par le gonflement. On en fait des sachets de dentition, à tort peut-être, vu l'amertume et l'âcreté de ce corps. Sa poudre peut remplacer le lycopode pour saupoudrer les plis de la peau des enfants à la mamelle. Les fumeurs en mâchent les copeaux pour enlever à l'haleine l'odeur du tabac. On administrait jadis la poudre, dans les rhumes et les catarrhes pulmonaires chroniques. L'iris flambe (*I. germanica* L.) est un mauvais succédané du précédent. Le rhizome de l'iris fétide (*I. fœtida* Lam.) a été employé dans l'hydropisie, celui de l'I. faux-acore (*I. pseudo-acorus* Lin.) a été indiqué comme sternutatoire.

ISONANDRE GUTTA. *Isonandra gutta* Hook. Gomme de Sumatra. G. *Gettania-gutta tuban.* SAPOTACÉES.

Description. — Arbre de 13 à 14 mètres. Feuilles alternes, longuement pétiolées, obovées, brièvement acuminées, très-entières, vertes en dessus, dorées en dessous. Fleurs axillaires, fasciculées. Calice à 6 sépales. Étamines 12. Ovaire à 6 loges. Fruit (*baie*) presque globuleux, dur, à 2 loges fertiles, monospermes.

Habitat. — Il se rencontre principalement dans les forêts de Malacca, de Sumatra, de Singapore. On le trouve aussi à Bornéo et dans les îles de la Malaisie.

Partie usitée. — Le suc laiteux qui, épaissi et solidifié par l'action de l'air ou du temps, constitue un produit immédiat analogue au caoutchouc et désigné sous le nom malais de *gutta-percha*. Le procédé d'extraction suivi par les indigènes consiste à abattre l'arbre, à enlever l'écorce et à recueillir le suc laiteux. On peut aussi obtenir la gutta-percha en faisant au tronc des incisions analogues à celles que l'on pratique sur la siphonie élastique, pour obtenir le caoutchouc. Elle se présente en lames minces, jaunâtres ou tigrées, dures, coriaces, flexibles, plus légères que l'eau, sans saveur, d'odeur faible, se ramollissant dans l'eau à 50° ou 60°, pouvant alors prendre toutes les formes désirables et les conservant par le refroidissement. Insoluble dans l'eau, l'alcool, la gutta-percha est soluble dans le sulfure de carbone, le chloroforme, le pétrole, l'éther nitrique, les huiles volatiles; incomplétement soluble dans l'éther hydrique, inattaquable par les alcalis et les acides, sauf l'acide sulfurique concentré. Elle fond à 240° et brûle avec une flamme jaune, et produisant beaucoup de fumée. Elle n'est conductrice ni de la chaleur, ni de l'électricité; sa durée est pour ainsi dire sans limites.

Composition chimique. — Elle contient : *acide végétal, caséine, principe spécial analogue au caoutchouc, résine soluble dans l'alcool, résine soluble dans l'éther et l'essence de térébenthine.*

Usages. — Ses emplois sont surtout chirurgicaux; mais, comme elle s'altère à l'air et devient cassante, son usage dans quelques circonstances n'est pas sans danger. On s'en est servi pour préparer des appareils à fracture, des appareils orthopédiques, des sondes, bougies, tubes à drainage, bassins, urinoirs, draps de lit pour l'hydrothérapie. Mais dans quelques-unes de ces applications, le caoutchouc lui est préférable, à cause de sa souplesse et de son élasticité. On l'a incorporée à un grand nombre de médicaments actifs, tels que le chlorure de zinc, la potasse caustique, pour en faire des topiques d'un maniement facile, tels que des plaques pour la cautérisation des surfaces, des cylindres pouvant remplacer les crayons de nitrate d'argent, des pois caustiques pour cautères, des fils pour la ligature des tumeurs. Sa solution dans le chloroforme (1 : 6) est usitée, sous le nom de *traumacitine*, dans le pansement des plaies, des coupures et des dartres squameuses humides. On a proposé de la vulcaniser par les procédés usités pour la vulcanisation du caoutchouc. Elle s'électrise facilement et l'on a préparé, sous le nom de *tissu électro-magnétique*, des feuilles très-minces de gutta percha qu'on applique sur les douleurs.

J

JABORANDI. — Sous le nom de *Jaborandi*, M. Cotinho a fait connaître dernièrement un médicament qui paraît appelé à un certain avenir médical. Ce sont les feuilles du *Pilocarpus pinnatus* (rutacées), plante originaire de la province de Saint-Paul au Brésil. Ces feuilles exhalent, quand on les froisse dans les doigts, une odeur légèrement aromatique ; leur goût est un peu âcre et sans amertume. Elles constituent un sudorifique vrai, un médicament portant son action vers la peau, en tant qu'organe exhalant, et cela en dehors du concours du calorique.

Le mode d'administration consiste à faire infuser 4 à 6 gram. de feuilles mélangées avec les ramuscules qui les supportent, dans une tasse d'eau chaude. Dix minutes après l'ingestion de la boisson, et sans qu'il soit nécessaire de la boire chaude, le sujet, qui doit se coucher et bien se couvrir, est envahi par des sueurs profuses, pendant quatre à cinq heures ; en même temps survient une sécrétion salivaire et bronchique qui peut égaler un litre et plus en moins de deux heures et qui est tellement abondante, que la parole devient presque impossible. C'est tout à la fois un diaphorétique puissant et un sialagogue énergique.

Cette plante paraît pouvoir se prêter aux indications suivantes : les affections *a frigore* pendant leur première période, les bronchites à râles vibrants avec ou sans emphysème, le diabète albumineux et les hydropisies, les empoisonnements et les maladies dues à des miasmes ou à des poisons morbides, les fièvres éruptives entravées dans leur évolution (Gluber).

JALAP OFFICINAL. *Convolvulus jalapa* L., *Exogonium jalapa*

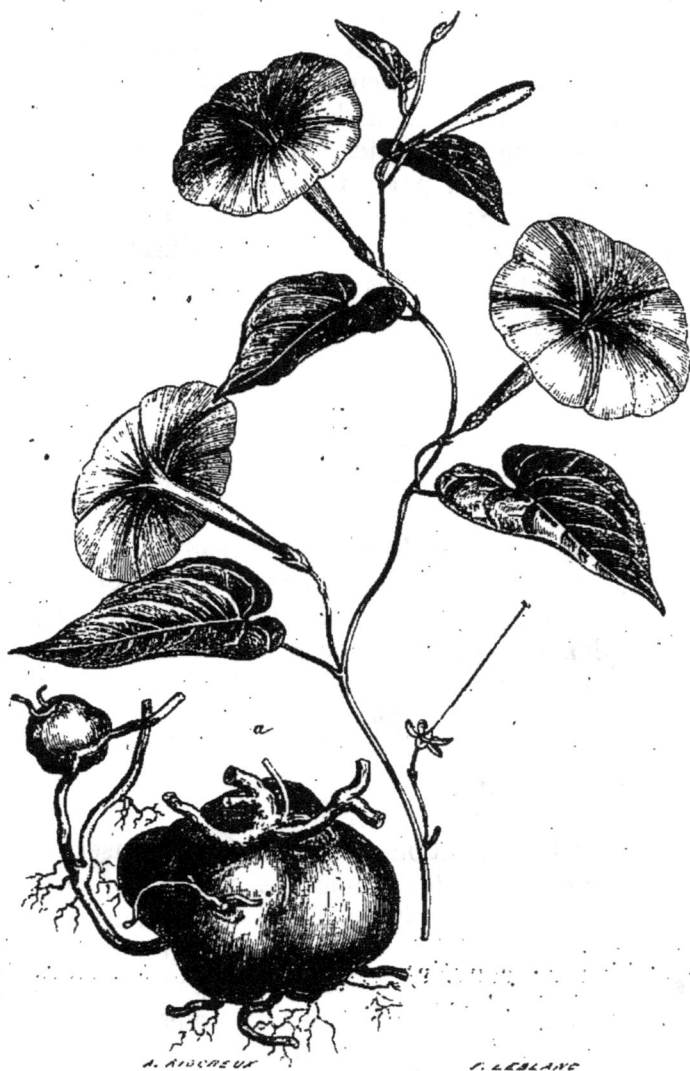

FIG. 156. — Jalap officinal.

Bail., *Ipomœa purga* Wend., *Exogonium purga* Benth. Tolonpalt des Mexicains. CONVOLVULACÉES.

Description (fig. 156). — Racine tubéreuse, arrondie, napiforme, noirâtre à l'extérieur, jaunâtre à l'intérieur, munie de quelques radicules à la partie inférieure, remplie d'un suc lactescent et réineux à l'intérieur. On trouve quelquefois plusieurs tubercules accolés. Tige ordinairement unique, quelquefois 2-3, herbacée, rameuse, lisse, volubile. Feuilles cordiformes, entières, lisses, acuminées, d'un vert clair. Pédoncules axillaires, uniflores ou biflores, portant 2 bractées opposées, écailleuses, placées vers le tiers supérieur. Calice à cinq divisions, plus court que la corolle, persistant. Corolle d'un rose clair, à tube très-long, limbe légèrement recourbé sur les bords, à 5 lobes peu marqués et légèrement bilobés, à insertion hypogynique. Étamines 5, inégales, saillantes, insérées au tube de la corolle; anthères sagittées; filets filiformes. Style simple, filiforme, terminal; stigmate petit, capité, à 2 lobes hémisphériques, horizontaux, tuberculeux à la surface; ovaire petit, conique, biloculaire, porté sur un disque hypogynique; ovules 2, dans chaque loge. Fruit (*capsule*) globuleux, à 2 loges, monospermes par avortement, quelquefois monoloculaire et monosperme. Graines irrégulièrement sphériques, d'un brun noirâtre, légèrement rugueuses. ♃.

Habitat. — Il croît dans les forêts du Mexique, dans les environs de Xalappa, où on le trouve en abondance; il s'élève dans l'Amérique du Nord jusqu'à une latitude assez élevée.

Culture. — Les essais d'acclimatation tentés en Europe semblent indiquer que cette racine pourrait peut-être se cultiver avec avantage hors du Mexique. Ce serait là un résultat avantageux, car la production actuelle du jalap dans le nouveau continent est peu abondante, incertaine, et les racines que l'on en exporte sont souvent de mauvaise qualité et mélangées de racines étrangères.

Partie usitée. — La racine.

Récolte, dessiccation. — Les racines une fois arrachées sont nettoyées, coupées en tranches ou en quartiers suivant leur volume, quelquefois même simplement incisées, si elles ne sont pas trop grosses, puis séchées à l'ombre. Leur forme est variable, elles sont arrondies, ovoïdes, pyriformes, en tranches ou en quartiers (fig. 157). Leur poids excède rarement 500 gram.; elles sont ordinairement lourdes, compactes, d'une odeur forte et nauséabonde, d'une saveur âcre et strangulante; leur cassure est brunâtre, lisse, onduleuse, d'un aspect brillant avec un grand nombre de points résineux, visibles soit à la loupe, soit à l'œil nu. Leur couleur extérieure est ordinairement d'un gris brunâtre ou noirâtre. Cette racine est quelquefois piquée par un insecte du genre bostriche qui s'y creuse des galeries aux dépens de la partie résineuse. Ces morceaux de jalap, qu'on appelle *jalap piqué*, sont réservés pour la préparation de la résine, car ils seraient trop actifs, si on les employait sous forme de poudre. Le jalap est importé, par la Vera-Cruz, en balles de grosse toile d'agave du poids de 75 à 150 kilogram.

Composition chimique. — La racine de jalap contient : *fécule, albumine, extrait gommeux, sucre incristallisable, ligneux, sels, résine.* Cette dernière, qui forme environ les 7 centièmes du poids total, est brune, âcre, non amère, soluble dans les acides acétique et nitrique, l'alcool ; insoluble dans les huiles fixes et volatiles, l'ammoniaque ; acquérant par la chaleur ou le frottement une odeur faible caractéristique, et donnant une poudre claire. L'éther la partage en deux autres résines, la *jalapine,* $C^{68}H^{56}O^{32}$, et la *convolvuline,* $C^{62}H^{50}O^{30}$.

Formes pharmaceutiques, doses. — 1° *Poudre,* purgatif, 1 à 3 gram. dans du pain azyme, du sirop ou de la confiture. 2° Infusiont

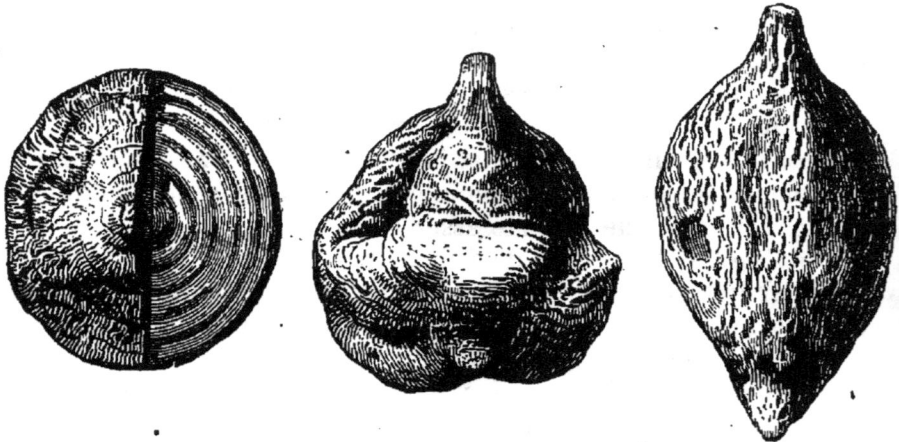

Fig. 157. — Jalap du commerce.

pp. 5 : 1000. 3° Extrait aqueux, 25 cent. à 1 gram. 4° Teinture, 15 à 30 gram. La résine s'administre à la dose de 2 à 8 décigram., en bols, émulsions, biscuits, ou associée au savon médicinal. Le jalap fait partie de l'élixir antiglaireux de Guillé, de l'eau-de-vie allemande, de la médecine Leroy.

Action physiologique. — Le jalap pulvérisé excite la toux et l'éternument. Localement il agit comme irritant. Ingéré à petite dose, il purge sans produire de coliques, ni de phénomènes généraux remarquables ; mais à dose élevée, il peut déterminer de violentes coliques, des vomissements, des inflammations de la muqueuse gastro-intestinale. Son action paraît se porter surtout sur l'intestin grêle ; elle est souvent inégale, incertaine, et dépend beaucoup de la qualité de la racine. Il a pourtant l'avantage de ne pas exciter la fièvre et de ne pas produire la constipation.

Usages. — C'est un drastique assez usité, que son absence de mauvais goût fait employer dans la médecine des enfants. Comme ses effets sont assez variables, on a proposé de lui substituer la résine, dont l'action est toujours identique. On a administré le jalap, soit seul, soit associé à d'autres substances, dans la constipation, l'aménorrhée, les affections cérébrales et cardiaques; pour ramener un flux hémorrhoïdal habituel. On s'en sert également comme vermifuge. Il est contre-indiqué quand il existe des maladies inflammatoires du tube digestif, dans tous les états congestifs du rectum ou des membres inférieurs, et toutes les fois qu'il y a tendance aux métrorrhagies.

Il existe deux autres variétés de jalap: l'une appelée JALAP MALE OU LÉGER, JALAP FUSIFORME, fournies par le *Convolvulus orizabensis*, Pel; l'autre que l'on distingue sous le nom de JALAP A ODEUR DE ROSE: La résine du premier paraît moins active que celle du jalap officinal; le deuxième est inusité. On connaît sous le nom de *faux jalaps* les racines du *Mirabilis jalapa* L. et celles d'un smilax voisin de celui que fournit la squine.

JUJUBIER OFFICINAL. *Zizyphus vulgaris* Lam., *Rhamnus zizyphus* L. RHAMNÉES.

Description (fig. 158). — Arbre de 5-6 mètres de hauteur. Tige dressée, très-rameuse, tortueuse, revêtue d'une écorce brune un peu gercée, rameaux flexueux, d'abord verts, puis rougeâtres cendrés. Feuilles alternes; brièvement pétiolées, ovales, obtuses, crénelées, glabres, luisantes, marquées de trois nervures longitudinales, munies à leur base de 2 stipules subulées, très-aiguës, persistantes, se changeant en aiguillons inégaux. Fleurs (juin-août) petites, jaunes, réunies par 3-6 sur un pédoncule commun très-court, axillaire; pédicelles égalant le calice, bractéoles petites, lancéolées, ciliées. Calice étalé à 5 divisions ovales, aiguës. Corolle à 5 pétales très-petits, spatulés, roulés en dedans. Étamines 5, op-

FIG. 158. — Jujubier.

posées aux pétales, insérées sur un disque qui tapisse le fond du calice; environne l'ovaire et lui adhère. Ovaire ovoïde, déprimé, biloculaire, surmonté de 2 styles, se terminant chacun par un stigmate

16.

capitulé. Fruit (*drupe*) ovoïde, rougeâtre à la maturité, lisse, de la grosseur d'une olive, pendant, à chair verdâtre, contenant un noyau osseux à 2 loges monospermes. ♄ .

Habitat. — Originaire de la Syrie, il est aujourd'hui naturalisé dans toute la région méditerranéenne.

Culture. — Le jujubier ne demande aucune culture spéciale. Dans le Midi, on le propage de semences; dans le Nord, à l'aide des jeunes pieds qui sortent autour du tronc et que l'on déracine. Dans le sud de la France, on le cultive en plein vent; dans le nord, il faut le planter dans une exposition abritée, contre un mur, au midi, et le couvrir pendant l'hiver. Ses fruits mûrissent même dans les provinces centrales.

Partie usitée. — Le fruit, appelé *jujube*.

Récolte, dessiccation. — On les récolte à la maturité, on les fait sécher au soleil, sur des claies ou des nattes, et on les enferme dans des caisses sans les comprimer. Par la dessiccation, ils se rident, leur chair devient spongieuse, jaune, mucilagineuse. Les meilleurs sont ceux qui sont les plus pesants et qui ont conservé leur pulpe. On doit les rejeter quand la pulpe est tout à fait sèche.

Composition chimique. — Les jujubes contiennent : *principe muqueux, sucre,* un *acide végétal* qui est probablement l'acide malique.

Formes pharmaceutiques, doses. — On emploie les jujubes en tisane, par décoction, dans de l'eau ou du lait, pp. 30 à 60 : 1000. On prépare avec leur décoction, la gomme et le sucre, une pâte connue sous le nom de *pâte de jujube;* mais, contrairement aux prescriptions du Codex, les jujubes sont le plus souvent absentes de cette préparation et souvent remplacées par de l'opium. Unies aux figues et aux raisins secs, elles constituent les fruits béchiques ou pectoraux.

Usages. — Les fruits du jujubier ont une odeur faible, cependant un peu piquante et agréable, quand on les ouvre; leur saveur est sucrée et mucilagineuse. Ils sont réputés pectoraux, adoucissants, béchiques, diurétiques même et employés à calmer la toux, les catarrhes pulmonaires et vésicaux, les irritations intestinales. Le bois du jujubier fournit un extrait possédant les propriétés du cachou. Les fruits frais ont une chair ferme, aigrelette, vineuse, assez agréable; on les mange en cet état dans le Midi.

JUSQUIAME NOIRE. *Hyoscyamus niger* L. Jusquiame commune, Hanebanne, Potelée, Careillade. SOLANACÉES. (Ὗς, porc, et κυαμος, fève, fruit servant à la nourriture des porcs.)

Description (fig. 159). — Plante de 3-8 décimètres, d'un vert sombre, livide, velue, visqueuse, d'odeur vireuse. Racine pivotante,

longue, peu épaisse, blanchâtre en dedans. Tige dressée, cylindrique, recourbée en arc, rameuse à sa partie supérieure. Feuilles
molles, velues, aiguës, profondément sinueuses, quelquefois pinnatifides et à lobes triangulaires, lancéolés, inégaux. Les radicales en
rosette et pétiolées, les caulinaires alternes, sessiles et amplexi-
caulés. Fleurs (mai-juin) d'un jaune sale et veinées de lignes pourpres, presque ses-
siles, en épi unilaté-
ral feuillé, d'abord
court et roulé en
crosse, puis allongé,
naissant à l'aisselle
de feuilles florales
rapprochées et dispo-
sées sur 2 rangs. Ca-
lice subcampanifor-
me, un peu tomenteux,
persistant, accres-
cent, à 5 dents acu-
minées et écartées
Corolle infundibu-
liforme, régulière,
à tube cylindrique
étroit, un peu plissé;
limbe oblique, à 5
divisions inégales et
obtuses. Étamines 5,
déclinées; filets un
peu velus; anthères

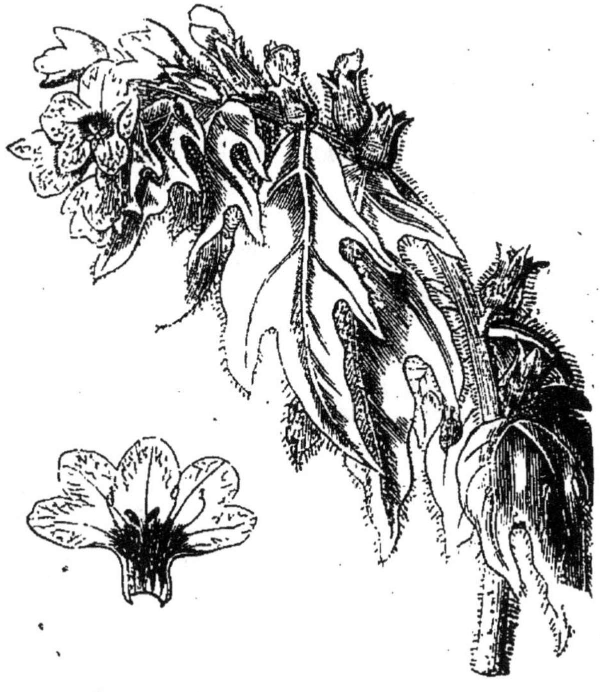

FIG. 159. — Jusquiame noire.

oblongues, violettes. Ovaire supère, petit, presque globuleux, glabre.
Style 1, long, violacé; stigmate capitulé. Fruit (capsule) ovale,
obtus, renflé à sa base, creusé d'un sillon sur chaque côté, s'ouvrant longitudinalement vers son sommet, en forme d'opercule,
biloculaire. Graines nombreuses presque réniformes, réticulées,
ponctuées, grisâtres. ① ou ②.

Habitat. — Elle est fréquente sur le bord des chemins, les lieux
incultes, les décombres.

Culture. — La jusquiame est si commune, qu'on ne la cultive
pas pour les besoins de la médecine; on pourrait, si on le désirait,
la multiplier par ses graines. Tous les terrains et toutes les expositions lui conviennent.

Partie usitée. — Les feuilles. L'activité de la jusquiame est très-
variable; elle dépend, d'après Schroff, de l'âge de la plante et de la

partie employée; ainsi la plante de deux ans possède une action plus énergique que celle d'un an, la racine l'emporte sur la tige et les feuilles; l'extrait alcoolique et l'extrait éthéré des semences sont les préparations les plus actives; la plante sauvage est plus active que celle cultivée; celle du Midi est plus énergique que celle du Nord.

Récolte, dessiccation. — On récolte les feuilles un peu avant la floraison; la dessiccation doit se faire à l'étuve, à cause de l'épaisseur du limbe et de son enduit duveteux.

Composition chimique. — La jusquiame contient : *huile fixe, substance grasse analogue à la cérine, matière extractive, sucre, gomme, albumine, amidon, ligneux, sels de chaux, de magnésie, de potasse,* et un *alcaloïde végétal, l'hyoscyamine.* Cet alcaloïde est contenu dans toutes les parties de la plante et surtout dans les graines, il a pour formule $C^{15}H^{17}AzO$ (Kletzniski). C'est une substance solide, blanche, cristallisant en prismes aciculaires, inodores, de saveur âcre et désagréable, pouvant se volatiliser partiellement sans décomposition, peu soluble dans l'eau, très-soluble dans l'alcool et l'éther, précipitant en brun par l'iode et en blanc par le tannin. Il est très-difficile de l'obtenir pure, et elle affecte de plus souvent l'apparence d'une masse brune et visqueuse, d'odeur vireuse et étourdissante; sous cette dernière forme elle ne possède pas toujours la même intensité d'action. Les sels d'hyoscyamine sont pour la plupart cristallisables, inaltérables à l'air, inodores, de saveur âcre et nauséabonde, fort vénéneux. Il n'est point nécessaire, pour l'usage médical, d'engager l'hyoscyamine dans une combinaison saline, vu sa solubilité dans l'eau.

Formes pharmaceutiques, doses. — 1° Poudre de feuilles, 10 centigram. à 1 gram. 2° Infusion ou décoction (usage interne) pp. 2 à 4 : 500. 3° Extrait aqueux, 1 à 5 décigram. et plus, par fractions. 4° Extrait alcoolique, 10 à 30 centigram. 5° Teinture, 1 à 4 gram. 6° Alcoolature, 1 à 4 gram. 7° Sirop, 10 à 50 gram. On prépare une huile et un emplâtre de jusquiame. On utilise également les feuilles sèches ou fraîches en cataplasmes, lotions, injections fomentations, pp. 50 : 1000; elles entrent dans la pommade populéum, le baume tranquille; l'extrait fait partie des pilules de Méglin si fréquemment employées contre les névralgies et surtout le tic douloureux de la face. On prescrit l'hyoscyamine à la dose de 1 à 3 milligram. par jour, soit en dissolution dans l'eau alcoolisée soit triturée avec de la poudre de sucre; on en fait quelquefois des injections hypodermiques.

Action physiologique. — La jusquiame et l'hyoscyamine administrées à dose physiologique possèdent la propriété d'augmenter le

nombre des pulsations et la tension artérielle, tandis qu'à dose
élevée elles produisent des effets inverses. Sous leur influence, on
voit le mouvement respiratoire s'accélérer, la chaleur animale s'élever légèrement, puis s'affaiblir si la dose est forte. On constate en
plus une mydriase constante, parfois précédée de rétrécissement,
si la quantité administrée est considérable; l'érythème et la rougeur
scarlatiniforme de la face, des lourdeurs de tête, une tendance au
sommeil, la sécheresse de
la bouche, du gosier, des
voies respiratoires; de la
dysphagie, de l'enroue-
ment. Les fibres lisses intestinales sont excitées, et
de là nausées, coliques,
purgations; ces fibres se
paralysent sous l'influence
des hautes doses. Enfin, si
la dose est par trop con-
sidérable, il survient des
vertiges, des troubles de
la vision et de l'olfaction,
des hallucinations, un délire furieux, des convul-
sions, de la paralysie musculaire, le coma et la mort.

Usages. — La jusquia-
me est calmante, analgé-
sique, antispasmodique.
Son efficacité ne saurait être
mise en doute dans certai-

Fig. 160. — Jusquiame blanche.

nes névralgies, telles que le tic douloureux de la face, la sciatique. On
s'en sert, dans ces cas, soit à l'intérieur, soit en applications topiques, soit sous forme d'injections hypodermiques d'hyoscyamine.
L'action calmante hypnotique est utilisée dans les cas où les opiacés
sont nuisibles, par exemple chez les enfants et les sujets atteints
de congestion cérébrale. Elle paraît exercer une action favorable
sur le tremblement sénile et la paralysie agitante, dont elle dimi-
nuerait notablement les mouvements automatiques. On a recommandé les vapeurs de sa décoction, la fumée de ses feuilles brûlées
à la manière du tabac, contre l'odontalgie. Sa propriété de diminuer
la sensibilité la fait prescrire dans l'arthrite et le rhumatisme articulaire aigu, les phlegmasies douloureuses de la peau et du sein;
son action sur la sensibilité réflexe, dans la toux nerveuse, la coque-

luche, l'épilepsie. Elle excite les fibres lisses de l'intestin, des vaisseaux, de l'utérus; de là son emploi dans la constipation, l'incontinence d'urine, les flux hémorrhoïdaux, la réduction des hernies étranglées et des paraphymosis, les spasmes du col de la vessie, du sphincter anal. Son efficacité dans les hémorrhagies, telles que l'hémoptysie, la métrorrhagie, est plus contestable. En se basant sur sa propriété de dessécher les muqueuses aériennes, on l'a administrée pour combattre les sueurs nocturnes des phthisiques, les sécrétions bronchiques exagérées, les bronchorrhées; il est certain que si elle ne modifie pas les sueurs, elle diminue notablement l'expectoration, mais on doit éviter de la donner dans ces maladies à trop fortes doses, parce qu'alors elle provoquerait l'expectoration au lieu de la tarir. L'hyoscyamine peut s'employer comme mydriatique dans les mêmes cas que l'atropine; elle serait même préférable dans certains cas, car son instillation est moins douloureuse que celle de l'atropine.

On peut substituer à la jusquiame noire deux autres espèces qui croissent en France, et possèdent les mêmes propriétés; ce sont : 1º la J. blanche (*Hyoscyamus albus* L.); 2º la J. dorée (*H. aureus* L.). La première (fig. 160) se reconnaît à ses fleurs jaunes, sans taches, à ses feuilles obtuses et sinuées. La seconde se fait remarquer par ses feuilles aiguës et dentées et les taches violettes de la corolle,

K

KRAMERIE TRIANDRE. *Krameria triandra* R. et Pav. Kramer à 3 étamines (*K. canescens*), Wild. Ratanhia, R. du Pérou. POLYGALÉES.

Description (fig. 161). — Arbuste à racines longues, rameuses, rampantes, horizontales. Tige ligneuse, droite, cylindrique, à écorce mince, présentant de nombreuses ramifications inférieurement nues et noirâtres, blanchâtres au sommet. Feuilles alternes, presque sessiles, très-rapprochées à la partie supérieure des jeunes rameaux, ovales, allongées, terminées par une pointe piquante, finement pubescentes, d'aspect blanchâtre et ayant un éclat soyeux. Fleurs (surtout en août) rouges, solitaires, courtement pédonculées, placées à l'aisselle des fleurs supérieures et formant une grappe terminale; pédoncule portant aux deux tiers de sa hauteur une paire de folioles opposées à peu près de la consistance des feuilles. Calice à 4 divisions profondes, ovales, allongées, aiguës, soyeuses au dehors, d'un jaune d'or au dedans. Corolle à 4 pétales rouges, irréguliers et inégaux, les 2 inférieurs charnus, concaves, arrondis, les 2 supérieurs à onglet long, terminés par une lame spatulée arrondie. Étamines 3, dont 2 latérales grandes; anthères coniques à 2 loges, la déhiscence s'effectue par un double pore terminal. Ovaire 1, supère, ovoïde, velu, monoloculaire, biovulé ou monovulé par avortement. Style épais, court, obtus, rouge; stigmate glabre, unique, à peine marqué. Fruit (*capsule*) globuleux, pisiforme, armé de pointes crochues d'un rouge obscur. La surface est en outre garnie de poils soyeux. Outre leur pointe crochue, les piquants portent de très-petits aiguillons dirigés de haut en bas. Graine unique. ♄.

Habitat. — Le kramerie triandre croît au Pérou à mi-coteau sur la pente occidentale des Cordillères, en Bolivie dans les terrains arides.

Partie usitée. — La racine. Le nom de *ratanhia* sous lequel elle est connue est celui qu'elle portait au Pérou à l'arrivée des Espagnols et signifie *plante traçant sous terre.* Elle se com-

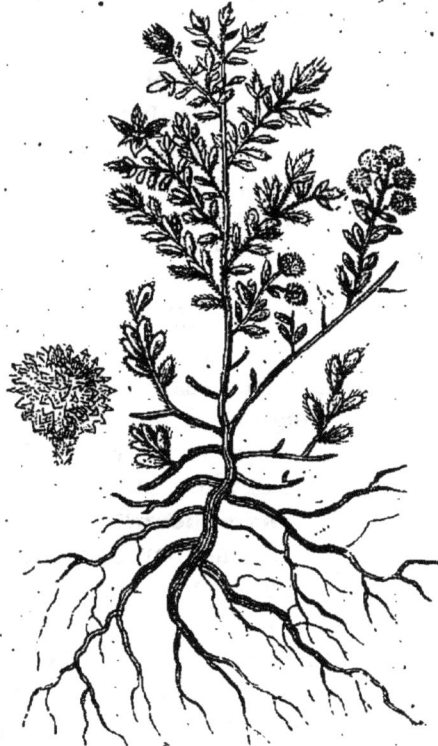

Fig. 161. — Kramerie triandre.

pose d'une souche ligneuse d'où partent des ramifications cylindriques, de la grosseur d'une plume à celle du doigt, formées de deux parties, l'une corticale d'un rouge brun, un peu fibreuse, inodore, très-astringente, mais non amère; l'autre, centrale, ligneuse, très-dure, d'un jaune rougeâtre pâle, d'une saveur plus faible. Comme l'écorce est la partie la plus active, il convient de choisir les racines de ratanhia petites ou de grosseur moyenne, car alors elles contiennent proportionnellement plus d'écorce. Ce ratanhia est le ratanhia officinal (*R. du Pérou, R. Payta*); mais depuis 1854 il s'est introduit dans le commerce plusieurs espèces nouvelles qui tendent à faire disparaître la première. Ce sont : 1° les *R. de la Nouvelle-Grenade,* ou *R. de Savanille;* 2° le *R. des Antilles;* 3° le *R. du Texas,* ce dernier que nous citerons seulement, car son importance est nulle.

Le *R. Savanille* est fourni par le *K. ixina* V. B., *K. granatensis*
Tria. et Pl., *K. tomentosa* S^t.-H. Cette racine est courte, tortueuse,
grisâtre, à cassure nette ; l'écorce est friable, adhérente au bois ; sa
saveur est astringente, sans amertume. Le R. des Antilles a des racines longues, droites, cylindriques, tantôt noirâtres et marquées
de nombreuses fentes transversales et revêtues d'une écorce très-
friable, tantôt de couleur fauve, à stries longitudinales, à écorce
plus résistante. La première forme proviendrait du *K. ixina*, la
seconde du *K. spartioïdes* Tria et Pl. L'écorce de la tige des rata-
nhias pourrait être substituée à la racine.

Récolte. — On procède à la récolte, en inondant préalablement
le terrain où croissent ces arbres : il est alors plus facile de séparer
du sol les racines qui s'étendent au loin.

Composition chimique. — La racine de ratanhia contient : *Tan-*
nin, principe extractif rouge peu soluble, gomme, fécule, matière
mucilagineuse, matière sucrée, quelques sels, acide mal déterminé
(A. kramérique ?). Le tannin de ratanhia est en écailles, luisantes,
légèrement verdâtres, se dédoublant sous l'influence des acides en
extractif rouge et en glucose. Cette transformation se produit aussi
par l'action de la chaleur, et le rouge ainsi formé prend une teinte
noirâtre en s'oxydant au contact de l'air.

Formes pharmaceutiques, doses. — 1° Poudre, 5 décigram. à
4 gram. 2° Tisane par décoction ou infusion, pp. 10 à 30 : 1000.
3° Extrait, 2 à 4 gram. en potions et en pilules. 4° Sirop, 20 gram.
contiennent 5 décigram. d'extrait. 5° Teinture, de 5 à 20 gram. On
trouve dans le commerce l'extrait tout préparé, originaire du pays
où croît le ratanhia ; il est sec, cassant, à cassure vitreuse, presque
noire, très-astringent et donnant une poudre couleur de sang. Cet
extrait présente une certaine analogie avec le kino. Les incompatibles
du ratanhia sont les mêmes que ceux des autres substances tannantes.

Action physiologique. — C'est un amer astringent qui produit
d'une manière très-intense les effets de cette classe d'agents. Son
action tannante, astringente, est pourtant moindre que celle de l'é-
corce de chêne.

Usages. — Le ratanhia, usité d'abord comme dentifrice, a été
ensuite employé en collutoires, en gargarismes dans les gingivites
simples ou scorbutiques, les stomatites mercurielles. Il est journellement employé dans la diarrhée, la dysenterie, les hémorrhagies
des muqueuses, mais il est contraire dans les hémorrhagies avec
congestion. On le prescrit en injections dans les catarrhes chroniques du vagin et de l'urèthre. Il a été prescrit avec succès dans
le traitement : de la fissure à l'anus, des fissures du mamelon, de
la kératite scrofuleuse ; en lotions d'extrait dans le varicocèle.

L

LAITUE CULTIVÉE. *Lactuca sativa* L. Synanthérées - Chicoracées. (De *lac, lactis*, à cause du suc laiteux que contient cette plante.)

Description. — Dans son jeune âge, elle se présente sous la forme d'une large touffe de feuilles, arrondies, concaves, ondulées, bosselées, très-succulentes, serrées les unes contre les autres, et formant une tête arrondie; c'est la *laitue pommée*. Dans cet état, la laitue est mangée en salade; mais lorsqu'on la laisse croître, elle se transforme en une plante (*laitue montée*) pouvant acquérir 6-12 décimètres et dont voici la description. Racine pivotante, presque fusiforme, peu rameuse, gris noirâtre à l'extérieur, d'un gris presque blanc à l'intérieur. Tige dressée, pleine, cylindrique, simple inférieurement, chargée en haut de rameaux ascendants, paniculés, hérissés de petites épines. Feuilles alternes ou éparses, semi-amplexicaules, auriculées à leur base, grandes, ovales, allongées, dentées, molles, vastes, souvent aiguillonnées sur la côte dorsale, tantôt entières, tantôt plus ou moins roncinées et pinnatifides, de plus en plus petites. Fleurs jaunes; capitules pédicellés très-nombreux, disposés en grappes à l'extrémité des rameaux et formant un large corymbe pyramidal, muni d'un grand nombre de feuilles et de bractées, suborbiculaires, amplexicaules. Involucre, un peu conique, renflé à sa partie inférieure, formé d'écailles imbriquées, inégales, ovales, allongées, presque obtuses, d'un vert glauque, blanchâtres et scarieuses sur les bords. Réceptacle plane, glabre, ponctué, portant environ 12 à 15 demi-fleurons, reçus dans de petites fossettes peu marquées. Calice propre adhérent avec l'ovaire infère. Corolle composée de demi-fleurons hermaphrodites, à languettes linéaires, tronquées et denticulées au sommet. Étamines 5; filets courts et libres; anthères soudées et réunies entre elles. Ovaire infère, uniloculaire, uniovulé. Style sortant du faisceau des étamines, court et portant à son sommet 2 stigmates filiformes, roulés en dessous. Fruit (*achaine*) d'un brun grisâtre, oblong, étroitement marginé et un peu hérissé au sommet, couronné par une aigrette stipitée blanchâtre. ④.

Habitat. — On ne connaît pas son origine; elle est cultivée et subspontanée autour des habitations.

Culture. — Par la culture, elle présente de nombreuses variétés qui sont les L. *capitata* (L. pommée ou officinale), L. *romana* (ou chicón), L. *laciniata* (L. épinard), L. *palmata* (L. chicorée), L. *crispa* (L. frisée ou crépue).

Partie usitée. — La plante montée en tige, et le suc épaissi qu'elle donne à cette époque, connu sous le nom de *lactucarium* ou opium de laitue. Si l'on pratique des incisions transversales sur les tiges de la laitue montée, on divise les vaisseaux lactifères de l'écorce, et ceux-ci laissent alors écouler un suc laiteux, blanc, se colorant à mesure qu'il s'épaissit au contact de l'air, c'est la *thridace* (François) ou lactucarium des Anglais. Il se présente, dans le commerce français, sous forme de pains orbiculaires aplatis de 3 à 6 centim. de diamètre et du poids de 10 à 30 gram. Il possède une saveur nauséabonde, un peu hircine, une saveur amère, une couleur brune-terne et se recouvre au bout de quelque temps d'une efflorescence de mannite; il est peu soluble dans l'eau, à laquelle il communique pourtant son amertume, soluble en partie dans l'alcool faible. La laitue vireuse (*L. virosa* L.) et la laitue gigantesque (*L. altissima* Bieb.) fournissent également du lactucarium; c'est cette dernière espèce qui donne le lactucarium d'Aubergier. La difficulté que l'on éprouve à obtenir ce lactucarium en assez grande quantité, par la méthode des incisions, fait qu'on lui substitue souvent le suc préparé avec les parties corticales de la tige que l'on a soumises à l'expression et évaporées au bain-marie. C'est à cette préparation qu'il convient de réserver le nom de *thridace*. Elle constitue d'ailleurs un médicament inerte avec lequel on prépare pourtant un sirop.

Composition chimique. — Le lactucarium contient : *principe amer* (lactucine), *mannite, asparagine, albumine, résine, cire, acide indéterminé, quelques sels.* La lactucine est incristallisable, neutre, soluble dans l'eau et l'alcool, insoluble dans l'éther, réduisant le réactif cupro-potassique. On a également signalé dans le lactucarium une huile essentielle qui communique à ce produit son odeur vireuse.

Formes pharmaceutiques, doses. — Le lactucarium s'emploie sous les formes suivantes : 1° extrait alcoolique, 2 à 3 décigram.; 2° sirop, 30 à 60 gram., il est presque inerte; 3° sirop de lactucarium opiacé, 30 à 60 gram. ; 4° l'eau distillée de laitue est narcotique, surtout chez les enfants, dose 120 gram., comme véhicule des potions calmantes ou narcotiques. L'huile des graines est réputée antiaphrodisiaque. Ces graines faisaient partie des *quatre semences froides mineures*. Les feuilles de laitue associées au cerfeuil et à la poirée entrent dans la composition du bouillon aux herbes.

Action physiologique. — La laitue a passé pendant longtemps pour avoir la faculté de ramener le sommeil, d'émousser les désirs vénériens, d'exercer une action anodine, c'est-à-dire légèrement anesthésique. Le lactucarium est surtout hypnotique; ses effets se manifestent principalement chez les femmes, les enfants, les individus prédisposés au sommeil ou que les préparations d'opium impressionnent fortement. Il agit indirectement, en calmant l'éréthisme nerveux qui entretient l'insomnie, et possède l'avantage de ne pas déterminer les douleurs de tête, les bourdonnements d'oreille, l'injection de la face, le malaise, l'élévation et la dureté du pouls, la constipation, phénomènes que l'on constate souvent sous l'influence de l'usage prolongé de l'opium.

Usages. — Le lactucarium est employé pour combattre l'insomnie dont s'accompagne la convalescence des longues maladies, les palpitations du cœur, sans altérations anatomiques, les névralgies intestinales. Dans les bronchites légères, la grippe, il calme les accidents nerveux. On l'a également conseillé dans les rhumatismes, l'hypochondrie, la spermatorrhée, le priapisme symptomatique de la blennorrhagie, et pour diminuer l'irritation de la conjonctive.

La laitue vireuse (*L. virosa* L.), malgré son nom spécifique, n'est point toxique; la composition de son suc se rapproche de celle du suc de la laitue cultivée; elle paraît avoir des propriétés analogues. Il en est de même de la laitue sauvage ou scariole (*L. scariola* L., *L. sylvestris* Lam.).

LAMIER BLANC. *Lamium album* L. Ortie blanche, O. morte. LABIÉES-STACHYDÉES. (Λαιμός, gueule béante, par allusion à la gorge de la corolle.)

Description. — Plante de 2-4 décimètres, légèrement velue. Racine rampante, fibreuse. Tige dressée, verte, d'odeur aromatique peu agréable, présentant une faible amertume, simple, carrée, creuse intérieurement. Feuilles opposées, pétiolées, cordiformes, acuminées, profondément dentées, à nervures saillantes à la face inférieure. Fleurs (avril-mai) blanches, grandes, sessiles, verticillées au nombre de 15-16 à l'aisselle des feuilles supérieures. Calice tubuleux offrant 10 stries longitudinales, tacheté de noir à la base, à 5 dents aiguës, étalées. Limbe à 5 dents écartées, linéaires, très-aiguës. Corolle à tube recourbé et redressé, à 2 lèvres, la supérieure entière, en forme de voûte, l'inférieure à 3 lobes, 2 latéraux larges, arrondis, peu saillants, avec une petite languette étroite, celui du milieu plus large, échancré à son sommet. Étamines 4, didynames, exsertes, cachées sous la lèvre supérieure. Anthères à 2 loges noirâtres, couvertes de poils blancs, très-écartés à leur partie inférieure, se touchant seulement par leur sommet. Ovaire profondément quadriparti. Style de la longueur des étamines. Stigmate bifide. Le fruit est formé par quatre achaines triangulaires, tronqués au sommet. 4.

Habitat. — Il croît dans les haies, les lieux incultes et humides, au milieu de l'ortie commune, avec laquelle il présente une certaine ressemblance par ses feuilles.

Culture. — Il vient dans tous les terrains, on le sème au printemps.

Partie usitée. — La fleur.

Récolte. — On y procède vers le mois de mai. Ces fleurs, préalablement mondées, sont désignées, dans le commerce de l'herboristerie, sous le nom de fleurs d'ortie.

Formes pharmaceutiques, doses. — 1° Infusion, 10 : 1000. 2° Suc, 60 à 120 gram.

Usages. — Bien que cette plante figure dans le Codex de 1866, elle ne présente aucune propriété médicinale bien accusée. Pour les uns, elle est légèrement tonique; d'autres lui reconnaissent une action astringente. La tisane est un remède populaire contre la leucorrhée. On la prescrit aussi quelquefois dans les hémorrhagies, les scrofules.

LAMINAIRE DIGITÉE. *Laminaria digitata* Lamx., *Palmaria digitata* Linck., *Fucus digitatus* L. Baudrier de Neptune. ALGUES-FUCACÉES.

Description. — Racines fibreuses, circonscrivant une cavité conique centrale. Stipe court, presque cylindrique, ferme, élastique, de consistance presque cornée, mais pouvant se couper assez aisément quand il est à l'état frais. Fronde aplatie, large de 1 à 3 décimètres, longue de 1 à 3 mètres, d'un vert olive chez la jeune plante, devenant plus tard foncée et tachée de brun, épaisse, opaque, luisante, simple dans le jeune âge, cordiforme, très-entière, se divisant plus tard par le haut en lanières inégales entre elles, et devenant palmée. Par la dessiccation, la fronde se ride et devient olivâtre. Spores amphigènes, dressées, agrégées en sores plus ou moins étendus, présentant les caractères de l'animalité (zoospores).

Habitat. — Cette plante est commune sur les côtes de la France et de l'Angleterre, dans toutes les mers de l'Europe et de l'Amérique du Nord.

Composition chimique. — Elle présente, après sa dessiccation, des efflorescences blanches formées par de petites houppes cristallines d'un éclat nacré et soyeux qui rappellent l'asbeste et qui sont formées par une mannite particulière, la *physcite*. La laminaire renferme de l'iode.

Usages. — Quand on dépouille cette plante de son enveloppe extérieure, elle se dessèche rapidement à la température ordinaire, diminue considérablement de volume, prend une texture homogène très-compacte, ce qui permet de la tailler, de la tourner en cylindres susceptibles de recevoir le poli. C'est la forme qu'elle affecte dans le commerce. Ces cylindres ont la grosseur d'une plume d'oie, ils sont longs de 20 à 25 centimètres, fermes, élastiques, tenaces, noirs extérieurement, ressemblant à une gousse de vanille, très-fragiles, à cassure nette, pouvant se tailler comme du bois et se réduire en fragments de la grosseur d'une épingle. La laminaire digitée, en s'hydratant, éprouve une dilatation telle, que son volume, en quatre heures, peut devenir quadruple et sextuple de ce qu'il était primitivement. Cette dilatation se produit d'une façon lente, progressive, uniforme, sur tous les points du cylindre, et elle a l'avantage de ne pas s'accompagner de fétidité, inconvénient que présente l'éponge préparée lorsqu'on s'en sert comme tente.

Cette propriété rend la laminaire précieuse; en chirurgie on s'en est servi pour dilater le col de l'utérus, les canaux lacrymaux, la trompe d'Eustache; pour élargir un trajet fistuleux, au fond duquel se trouve un séquestre ou un projectile à extraire; pour combattre les rétrécissements de l'urèthre. Dans ce dernier cas, elle n'est pas sans danger. Avant d'employer les cylindres, il faut avoir soin de les racler pour les dépouiller de leur couche extérieure noire, puis les faire macérer dans l'eau tiède pendant quelques minutes. On ne doit pas les enduire de corps gras, car alors ils refuseraient de se gonfler. On peut s'en servir soit entiers, soit divisés, soit encore accolés par 3-4 suivant l'indication. Ils ont le défaut, quand ils se sont gonflés, de faire piston et de se retirer difficilement, et leur sortie amène quelquefois une vive douleur. On remédie à cet inconvénient en glissant le long de l'agent dilatateur, au moment de le retirer, une sonde cannelée qui permet l'introduction de l'air.

LAURIER CAMPHRIER. *Laurus camphora* L., *Cinnamomum camphora* Nees, *Camphora officinarum* Bauh. Camphrier du Japon. LAURINÉES.

Description (fig. 162). — Arbre toujours vert, assez élevé, port ressemblant à celui du tilleul. Racine pivotante, ligneuse, ramifiée. Tronc droit, cylindrique, à écorce inégale, raboteuse, à bois blanc, rameux, devenant rougeâtre en se séchant, d'une odeur aromatique agréable, divisé supérieurement en branches très-rameuses, ramuscules souvent rougeâtres. Feuilles alternes, ovales, lancéolées, acuminées, un peu ondulées sur les bords, à 3 nervures longitudinales, pétiolées, coriaces, vertes et luisantes en dessus, glauques en dessous, persistantes, exhalant, quand on les froisse, une vive odeur de camphre. Fleurs petites (juin-juillet) disposées en grappes de cyme peu ramifiée, quelquefois non rameuse, composée de 15-18 fleurs mâles, femelles ou hermaphrodites. Périanthe simple, petit, blanchâtre, à 6 divisions profondes, obtuses. Étamines 9, fertiles, insérées à la base du calice, sur 2 rangs, 3 intérieures extrorses, 6 intérieures introrses; filets munis à la base de 2 appendices latéraux; anthères à 4 valves. Ovaire libre, uniloculaire; style allongé; stigmate simple, discoïde. Fruit (*baie*) pisiforme, d'un pourpre noirâtre, entouré à sa base par le réceptacle persistant et durci, d'une odeur de camphre très-pénétrante. Graine charnue, oléagineuse.

Habitat. — On le rencontre dans les montagnes les plus orientales de l'Inde, en Chine et au Japon. Il fleurit, mais ne fructifie pas en France, bien qu'il puisse acquérir une certaine élévation.

Culture.—En Europe, on le multiplie par marcottes que l'on couche en automne. Il faut souvent plus d'un an avant que la branche ait poussé des racines. Il vaudrait mieux employer des graines venues de l'Inde ou du Japon dans des vases pleins de terre. Il vient très-bien en pleine terre, pourvu que l'on choisisse un sol chaud et sec, abrité du vent et d'un soleil trop ardent. On doit l'arroser abondamment en été.

Fig. 162. — Laurier camphrier.

Partie usitée. — L'huile volatile solide que l'on obtient en distillant le bois avec de l'eau, qu'on connaît sous le nom de *camphre*, et dont la composition est représentée par $C^{20}H^{16}O^2$. Il existe de plus, dans le camphrier, une essence liquide (*huile de camphre*) qui ne diffère de l'essence solide que par un équivalent d'oxygène en moins.

CAMPHRE. — Le camphre arrive brut de la Chine et du Japon; pour le purifier on le mélange avec un peu de chaux et on le sublime, soit dans des matras à fond plat, soit dans des alambics particuliers;

l'opération doit être conduite avec ménagement, et le camphre se condense alors dans la partie froide de l'appareil. Tel qu'on le trouve dans le commerce, il est en pains de 1 à 2 kilogram., concaves d'un côté, convexes de l'autre ; c'est un corps blanc, léger, demi-transparent, d'apparence grasse, onctueux au toucher, un peu flexible, facile à rayer, mais ne pouvant être pulvérisé que par l'intermédiaire de l'alcool ou de l'éther. Il peut cristalliser en aiguilles ou en tables hexagonales. Sa densité est de 0,98. Son odeur est vive et pénétrante, sa saveur fraîche, âcre, amère, aromatique. Il est très-volatil, surtout par les temps chauds ; il fond à 175° et bout à 204° ; il brûle au contact des corps enflammés avec une flamme blanche et brillante, s'accompagnant d'une fumée épaisse. L'eau n'en dissout que $\frac{1}{1000}$ en acquérant l'odeur et la saveur de cette substance. L'alcool, l'éther, les huiles fixes et essentielles, le chloroforme, l'acide acétique, le dissolvent en assez grande proportion.

Formes pharmaceutiques, doses. — Parmi les nombreuses préparations de camphre usitées en médecine, nous citerons : 1° la poudre, 50 centigram. à 1 gram. ; 2° les cigarettes de Raspail (aspiration de camphre à travers un tuyau de plume) ; 3° l'eau camphrée, pp. 1 : 125 ; 4° l'eau éthérée camphrée (camphre 1, éther sulfurique 3, eau distillée 60) ; 5° l'eau-de-vie camphrée (camphre 1, eau-de-vie 39) ; 6° l'alcool camphré ou esprit de camphre (camphre 1, alcool à 90°,9) ; 7° le vinaigre camphré (camphre en poudre 1, vinaigre blanc fort 40) ; 8° l'éther camphré (camphre 1, éther ; sulfurique 4) ; 9° la pommade camphrée (camphre 1, axonge 4) ; 10° l'huile camphrée (camphre 1, huile d'olive 7). On l'emploie encore : 11° sous forme de lavement, 25 centigram. à 1 gram. suspendus par un jaune d'œuf, dans 200 gram. d'eau de guimauve ; 12° d'eau sédative (ammoniaque liquide 6, sel marin 6, alcool camphré 1, eau distillée 100). Il entre dans la composition du vinaigre des quatre voleurs, du baume opodeldoch, etc. On connaît un autre camphre dont la composition chimique serait un peu différente, celui de Bornéo, qui provient de l'île de ce nom et de Sumatra. Il est fourni par le *Dryobalanops camphora* Colebr. (DIPTÉROCARPÉES). Il n'arrive pas, en Europe, autant à cause de son prix élevé que de la réputation dont il jouit dans l'archipel Indien.

Action physiologique. — Par son contact, il détermine une réfrigération manifeste de la peau, des muqueuses buccale, pharyngienne et gastrique ; à cette action astrictive et réfrigérante succède une action irritante qui est en rapport avec le degré de sensibilité de la partie. A l'intérieur, il est toxique et d'autant plus que l'animal occupe un degré moins avancé dans l'échelle des êtres ; il peut, à hautes doses, devenir toxique pour l'homme. Introduit dans l'économie, soit sous forme de vapeur et par le poumon, soit en nature par la bouche ou le rectum, il détermine une action anesthésique, avec ralentissement de la circulation pouvant aller jusqu'à la syncope. En même temps, et si la dose est suffisante, on constate une action anesthésique, une excitation fébrile avec pouls rapide et très-fort, des nausées, des vomissements, des vertiges, de la pâleur, du délire; à dose toxique, l'éclampsie, l'insensibilité et la mort. Il exerce sur les organes génito-urinaires une action sédative qui tient soit à ses propriétés anesthésiques générales, soit à une action locale. Comme toutes les huiles essentielles, c'est un agent antiseptique. Il s'élimine promptement par les voies respiratoires.

Usages. — Les propriétés anesthésiques locales du camphre expliquent son efficacité contre les douleurs névralgiques, le rhumatisme, la goutte, la migraine, l'odontalgie, et son emploi banal sous forme de teinture ou d'huile contre les douleurs externes, les contusions. L'action sédative sur les organes génito-urinaires est mise à contribution dans les uréthrites avec strangurie, dans la dysurie provenant du spasme du col vésical, dans l'érotomanie, la nymphomanie, la cystite cantharidienne. On l'emploie, dans l'érysipèle, probablement à cause de son action réfrigérante; dans le traitement local des gangrènes, de la pourriture d'hôpital, du charbon, de la pustule maligne, du sphacèle ergotique, de l'érysipèle gangréneux, ainsi que dans certaines maladies dites putrides, telles que la variole noire hémorrhagique, la fièvre typhoïde, le typhus, la peste, à cause de ses propriétés antiseptiques. L'action parasiticide est utilisée dans la gale, l'herpès tonsurant, le favus, la mentagre. On l'a vanté dans les affections nerveuses, telles que l'épilepsie, l'éclampsie, l'hystérie, la chorée. Raspail, se basant sur les propriétés antiseptiques et parasiticides du camphre, a voulu en faire un remède à tous les maux; il est inutile de réfuter une pareille théorie, qui malheureusement a trouvé de nombreux adeptes dans le public, probablement en vertu de l'aphorisme : *Credo quia absurdum.*

LAURIER CANNELLIER. *Laurus cinnamomum* L., *Cinnamomum zeylanicum* Brey., *C. zeylanicum optimum* Thw. Cannellier de Ceylan. LAURACÉES.

Description (fig. 163). — Arbre toujours vert, de 5 à 7 mètres de haut, dont toutes les parties et notamment l'écorce exhalent une odeur de cannelle. La tige, dont le diamètre atteint 30 à 45 centimètres, est recouverte par un épiderme d'abord verdâtre, puis grisâtre; l'écorce a d'abord la même teinte que l'épiderme, mais avec le temps elle devient fauve ou jaune rougeâtre; les branches sont opposées, cylindriques ou légèrement tétragones, glabres. Les feuilles, presque opposées, pétiolées, ovales, oblongues, lancéolées, coriaces, entières, glabres, lisses et luisantes en dessus, légèrement glauques en dessous, présentent, outre la nervure médiane, 2-4 nervures secondaires incurvées. Fleurs (février-mars) régulières, her-

FIG. 163. — Laurier cannellier.

maphrodites, petites, d'un blanc jaunâtre, duveteuses, disposées en grappes ramifiées de cymes bipares. Réceptacle en forme de coupe. Périanthe persistant, à 6 sépales alternes sur deux rangs. Étamines 12 formant 4 verticilles, chacun de 3 étamines, les deux extérieurs à anthères introrses, le troisième à anthères extrorses, à filets présentant à leurs bases deux glandes latérales stipitées. Ces

17.

anthères sont quadriloculaires et s'ouvrent par un panneau, les étamines de la quatrième rangée sont réduites à l'état de languettes stériles. Ovaire unique, uniloculaire. Style simple; stigmate renflé en tête. Fruit (*baie*) d'un brun bleuâtre semblable à un gland de chêne, accompagné par le calice et le réceptacle persistants, à pulpe verdâtre et onctueuse, à amande huileuse. ♄.

Habitat. — Il croît à Ceylan et dans l'Inde, d'où il a été transporté au Japon, à Bourbon, à Maurice, à la Guyane, au Brésil.

Culture. — On cultive le laurier cannellier en vergers ou en bouquets; les plantations se font sans ordre, on sème les graines en août, elles germent dès le vingtième jour. L'accroissement de cet arbre est rapide, si le sol est riche en humus, mais alors l'écorce est peu épaisse ; les sols sablonneux sont préférables.

Partie usitée. — L'écorce mondée connue sous le nom d'écorce de cannelle de Ceylan.

Récolte. — Ce n'est qu'au bout de cinq ans que l'on recueille l'écorce, quelquefois même on est obligé d'attendre huit et même douze ans. La durée de l'exploitation est de trente ans. On fait deux récoltes par an, la première d'avril en août, qui est la meilleure, la seconde de novembre en janvier. On choisit les branches âgées d'au moins trois ans, on racle l'épiderme, on fend longitudinalement l'écorce avec un instrument tranchant, on enlève alors des lanières qu'on roule en tubes, en insérant les plus petites dans les plus grandes, et on fait sécher au soleil.

La CANNELLE DE CEYLAN se présente (fig. 164) sous la forme d'écorces minces, papyracées, roulées en tuyaux gros comme le doigt, longs comme le bras, emboîtés les uns dans les autres, à surface lisse, de couleur jaune rougeâtre ou fauve, de saveur agréable, aromatique, chaude comme esquilleuse. C'est la cannelle officinale; elle arrive en Europe en ballots ou fardes de 25 à 30 kilogrammes. L'écorce qui provient du tronc (*cannelle mate*) est plus épaisse, presque plate, d'une odeur et d'une saveur faibles ; elle doit être bannie de l'usage médical. La CANNELLE DU MALABAR ou DE JAVA est un peu plus grande que celle de Ceylan, plus rouge; ses tubes sont plus gros et souvent munis de leur épiderme. La CANNELLE DE CAYENNE se présente en bâtons un peu plus longs, plus volumineux, d'une teinte plus pâle, d'un goût et d'une odeur plus faibles. On donne le nom de CASSIA LIGNEA aux cannelles de qualité inférieure.

D'autres plantes peuvent fournir des écorces ayant plus ou moins d'analogie d'aspect et de saveur avec l'écorce de Ceylan. Nous citerons : 1° la CANNELLE DE CHINE (fig. 164) fournie par le *Cinnamomum aromaticum* Bl. Ses bâtons ressemblent à ceux de la cannelle de Ceylan, mais ils ne sont point ajustés les uns dans les autres, l'écorce est beaucoup plus épaisse; sa couleur est plus foncée, son odeur moins agréable ; sa saveur, chaude et piquante,

présente un goût de punaise ; sa cassure est nette. Elle arrive en caisses assez semblables à celles du thé. Elle est moins estimée que celle de Ceylan. 2° La CANNELLE BLANCHE, produite par le *Cannella alba* Murr. CANNELLACÉES. Inusitée. 3° La CANNELLE GIROFLÉE des Moluques, ou ÉCORCE DE CULILAWAN, du *Cinnamomum Culilawan* Blum. LAURINÉES. 4° La CANNELLE GIROFLÉE DU BRÉSIL, du *Dicipellium caryophyllatum* L. LAURINÉES.

Composition chimique. — La cannelle de Ceylan renferme : *principe gommeux, amidon, matière colorante, acides tannique et cinnamique, huile volatile.* Cette essence est liquide, d'un jaune clair, brunissant avec le temps, d'une odeur suave pesant spécifiquement 1,02 à 1,05, très-soluble dans l'alcool, cristallisant instantanément par son mélange avec l'acide nitri-

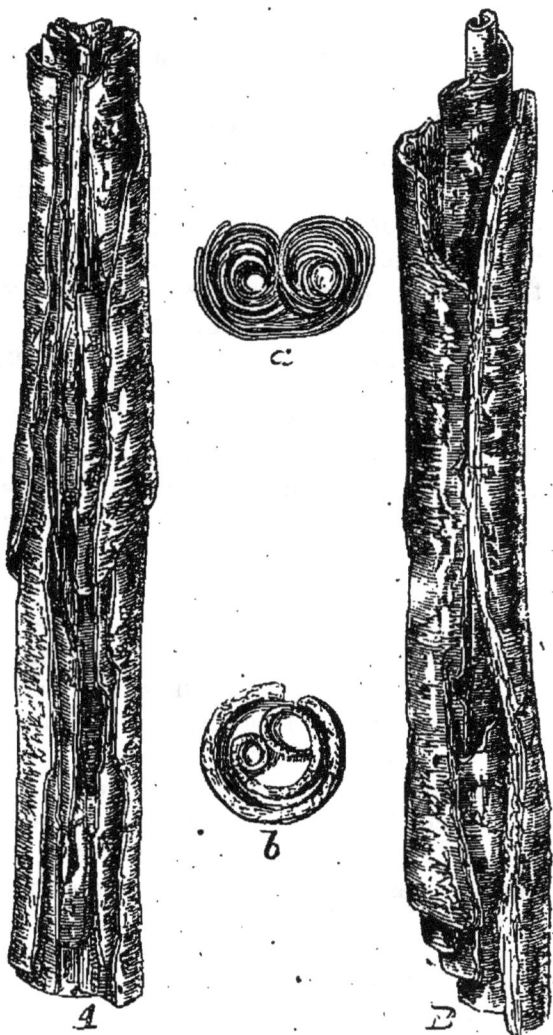

FIG. 164. — Écorces de cannelle de grandeur naturelle. — A, cannelle de Ceylan; *a*, coupe transversale.— B, cannelle de Chine; *b*, coupe transversale.

que. On l'extrait soit de la cannelle de Ceylan, soit de celle de Chine. La deuxième qualité provient de la fleur de cannellier de Ceylan.

Formes pharmaceutiques, doses. — 1° Poudre, 6 à 20 décigram. 2° Eau distillée, 20 à 30 gram. 3° Eau de cannelle alcoolisée,

20 à 100 gram. 4° Alcoolat de cannelle, 4 à 25 gram. 5° Teinture, 4 à 30 gram. 6° Infusion, pp. 4 à 10 : 1000. 7° Sirop, 16 à 32 gram. 8° Vin, 40 à 100 gram. 9° Essence, 2 à 3 gouttes. Elle entre dans la préparation de la thériaque, du diascordium, du laudanum de Sydenham, de l'eau de mélisse composée, du sirop antiscorbutique. INCOMPATIBLES : sels métalliques, alcaloïdes.

Action physiologique. — La cannelle doit ses effets physiologiques à l'huile essentielle et au tannin. Le premier de ces corps est un excitant; l'action astringente du tannin est bien connue. La cannelle est donc un tonique stimulant. Elle excite la contractilité de la tunique musculaire de l'appareil digestif, augmente la sécrétion du suc gastrique et favorise ainsi la digestion. En même temps elle accroît la force et le nombre des pulsations. Sous l'influence de l'excitation du cœur et de l'estomac, il se manifeste, surtout si la dose est un peu élevée, une excitation générale des systèmes nerveux et musculaire, une augmentation dans la calorification. Cet effet s'accompagne parfois de constipation. On lui attribue aussi la propriété de stimuler la peau et l'utérus; ce serait encore un aphrodisiaque capable d'exciter l'organe génital.

Usages. — Les propriétés que nous venons de signaler trouvent leur application dans les maladies atoniques de l'estomac et de l'intestin; dans les dyspepsies flatulentes, les coliques venteuses, où la cannelle agit comme carminatif, dans la diarrhée de forme non inflammatoire, dans la période adynamique des fièvres graves, du typhus. Rarement on l'administre seule, on l'associe aux amers pour en corriger le goût, aux purgatifs pour en modérer les coliques. Elle posséderait, dit-on, une vertu spécifique qui lui permet de triompher de l'inertie de l'utérus et d'en réveiller les contractions, elle arrêterait également les métrorrhagies et surtout celle par atonie de l'organe. A l'extérieur, on emploie la poudre pour modifier les plaies atoniques; la teinture et l'essence sont usitées en frictions, en liniments, dans le rhumatisme chronique, dans certains cas de débilité partielle. La cannelle entre encore dans la confection de plusieurs opiats et élixirs dentifrices, dans l'eau de Botot. Enfin on l'utilise comme condiment.

LAURIER-CERISE. *Cerasuslauro-cerasus* Lois., *Prunus lauro-cerasus* Lin. Laurier-amande, Laurier à lait, Laurine. ROSACÉES-AMYGDALÉES.

Description (fig. 165). — Arbrisseau toujours vert de 5 à 8 mèt. de hauteur. Tronc rameux, assez lisse, noirâtre à l'extérieur; bois dur et rougeâtre, surtout quand il a subi l'action de l'air. Branches étalées, d'un brun cendré. Feuilles alternes, presque sessiles, ovales, lancéolées, pointues, denticulées sur les bords, épaisses, coriaces, luisantes en dessus, glabres des deux côtés, offrant inférieurement sur le dos et le long de l'axe de 2 à 4 glandes. Les fleurs sont d'un blanc sale, d'une odeur analogue à celle des amandes amères, pédicellées, disposées en longues grappes axillaires. Calice infère, urcéolé, à 5 divisions profondes. Corolle à 5 pétales insérés sur le calice ; étamines nombreuses présentant la même insertion. Ovaire supère, arrondi, contenant 2 ovules attachés dans la partie supérieure de la cavité. Style 1, plus long que la corolle ; stigmate simple. Fruit (*drupe*) ovale pointu, pourvu d'un sillon longitudinal peu prononcé qui le divise en deux parties, glabre, peu charnu, noirâtre à la maturité, noyau presque globuleux, très-lisse. ♄.

Habitat. — Cet arbre, originaire des bords de la mer Noire, a été transporté en Europe et réussit assez bien dans les provinces méridionales.

Fig. 165. — Laurier-cerise.

Culture. — On le multiplie de graines, de marcottes et de boutures. Il vient à peu près partout, mais surtout dans une terre franche, légère et fraîche.

Partie usitée. — Les feuilles.

Composition chimique. — Les feuilles distillées avec de l'eau donnent de l'acide cyanhydrique et une essence, $C^{14}H^6O^2$, entièrement analogue à l'hydrure de benzoïle ou essence d'amandes amères, et de la glycose. Ces corps résultent de la réaction de la synaptase sur l'amygdaline ; ces deux principes sont, en effet, contenus dans le parenchyme. Par la dessiccation ces feuilles perdent une partie de leurs

propriétés; néanmoins elles renferment encore une certaine proportion d'amygdaline, pouvant subir, sous l'influence de la synaptase, les transformations que nous venons d'indiquer.

Formes pharmaceutiques, doses. — 1° Poudre des feuilles, 20 à 30 centigram. 2° Infusion, une feuille fraîche dans 200 gram. d'eau bouillante. 3° Eau distillée, 15 à 20 gram. dans une potion. 4° Cérat. L'huile essentielle est fortement toxique et presque inusitée, 3 à 4 gouttes en vingt-quatre heures. De toutes les préparations de laurier-cerise, la plus importante est l'eau distillée; elle doit être soigneusement débarrassée de l'huile essentielle qui la surnage et ne contenir que 50 milligram. d'acide cyanhydrique par 100 gram. de liquide.

Action physiologique. — A dose médicamenteuse, le laurier-cerise détermine des lourdeurs de tête, des vertiges, un état de torpeur des facultés intellectuelles, de la faiblesse musculaire; à dose plus considérable, il donne naissance à des effets sédatifs encore plus marqués, à des troubles digestifs; enfin à dose excessive, il produit des troubles cérébraux, de la gêne respiratoire, la résolution musculaire ou des mouvements convulsifs, et des phénomènes asphyxiques précédant le refroidissement et la mort.

Usages. — C'est un antispasmodique, un anesthésique qui calme le spasme nerveux ou musculaire; de là dérive son emploi dans les crampes d'estomac, les vomissements incoercibles, la toux nerveuse, l'angine de poitrine, l'asthme, la coqueluche, la bronchite, la pneumonie, les palpitations du cœur. A l'extérieur, c'est un topique calmant, qui, sous forme de cérat, de cataplasme, peut servir à panser les brûlures, les plaies anciennes et douloureuses, les cancers ulcérés, et à apaiser la douleur. On se sert des feuilles de laurier-cerise pour donner un goût agréable au lait, aux crèmes; il ne faut point oublier que, dans ce cas, on emploie un poison pouvant faire naître un danger sérieux du moment que l'on fait intervenir plus de deux feuilles pour aromatiser un litre de lait.

LAVANDE OFFICINALE. *Lavandula vera* DC. *L. vulgaris* Lam., *L. latifolia* Wild. Lavande femelle, L. à larges feuilles. LABIÉES-OCYMOÏDÉES. (De *lavare*, laver, parce que cette plante était usitée, chez les anciens, pour parfumer les bains.)

Description. — Sous-arbrisseau de 3-4 décimètres de hauteur. Tige ligneuse inférieurement, émettant des rameaux allongés, grêles, finement pubescents, blanchâtres, quadrangulaires, portant des feuilles à la base, des fleurs au sommet, nus au milieu. Feuilles opposées, sessiles, étroites, linéaires, oblongues, lancéolées, aiguës, atténuées à la base, entières, blanchâtres. Fleurs (juin-juillet) bleues, petites, sessiles, disposées à la partie supérieure des rameaux en petits glomérules formant des espèces d'épis interrompus. Chaque

glomérule, composé d'environ six fleurs, présente à sa base deux bractées étroites, foliacées, linéaires, roulées par les bords, tomenteuses.
On trouve, à la base de chaque fleur, 1-2 bractéoles. Calice bleuâtre,
strié, à quatre dents à peine marquées, la cinquième surmontée en
dedans d'un petit appendice arrondi, rétréci à sa base, s'élevant entre
l'axe et le dos de la corolle. Corolle tubuleuse, bilabiée, pubescente
en dehors; lèvre supérieure obcordiforme, échancrée, à deux lobes
arrondis, lèvre inférieure à trois lobes plus petits et obtus. Étamines
4, incluses, les inférieures plus longues. Ovaire quadrilobé; style
très-court, à peu près de la longueur du calice, terminé par un stigmate divisé en deux lobes allongés, obtus, rapprochés l'un de l'autre.
Fruit entouré du calice persistant, formé de deux petits achaines
lisses, oblongs, de couleur brune. ♄ .

Habitat. — Croît spontanément dans la Provence, le Languedoc,
le Roussillon, la Corse, la Suisse, l'Italie, l'Espagne.

Culture. — On la cultive dans les jardins; elle demande un sol
bien exposé au soleil. On la reproduit de boutures qu'on laisse pendant un an sur couches. On les tond de temps en temps, puis on les
repique en pleine terre, en les séparant par des intervalles de 1 mètre
environ.

Partie usitée. — Les sommités fleuries.

Récolte, dessiccation. — On récolte la lavande avant l'épanouissement des fleurs; elle est alors dans toute son activité; on coupe les
sommités fleuries et on les dispose en paquets et en guirlandes que
l'on fait sécher au grenier ou au séchoir. Celle que l'on recueille
dans les terrains secs, pierreux, arides, est plus active; ses propriétés
persistent malgré la dessiccation.

Composition chimique. — Les sommités fleuries contiennent :
résine, tannin, principe amer, ligneux, huile essentielle. Cette essence,
fluide, jaune, âcre, aromatique, d'odeur persistante, d'une pesanteur
spécifique de 0,875, est soluble en toute proportion dans l'alcool à
85°; elle est formée en grande partie d'un hydrocarbure liquide,
$C^{20}H^{16}$, et abandonne un camphre analogue, par sa composition chimique, au camphre des laurinées.

Formes pharmaceutiques, doses. — 1° Infusion, pp. 4 à 8 :
1000, et pour l'usage externe 15 à 30 : 1000. 2° Eau distillée, 30 à
100 gram., en potion. Elle est également employée pour la toilette,
comme cosmétique. 3° Teinture alcoolique, 1 à 4 gram., en potion.
4° Essence, 5 à 10 gouttes, en potion. On en prépare des cataplasmes,
des sachets résolutifs, des bains, un alcoolat (eau-de-vie de lavande)
et un vinaigre usités comme cosmétiques. Elle entre dans la préparation du baume nerval, du baume tranquille, du vinaigre antiseptique, de l'eau de Cologne.

Usages. — La lavande est stimulante, antispasmodique, tonique. Son action est assez énergique pour que ses préparations soient toxiques, lorsqu'on les administre à l'intérieur à doses élevées. D'ailleurs, elle est rarement usitée à l'intérieur, probablement à cause de son odeur pénétrante, de sa saveur prononcée. Elle peut agir sur les débilités, les atonies des nerfs et surtout des nerfs encéphalo-rachidiens ; c'est surtout dans les paralysies des mouvements volontaires et des organes des sens que son action est utilisée : aussi la teinture est-elle employée en gargarisme contre la paralysie de la langue, le bégayement, et en friction avec l'ammoniaque sur la région sourcilière, dans l'amaurose. On la prescrit : dans la céphalalgie, le vertige, car par son odeur forte et aromatique elle peut stimuler rapidement le cerveau ; dans certaines dyspepsies flatulentes, car elle tonifie l'estomac et facilite l'évacuation des gaz. Comme tonique amer, elle peut remplir plusieurs indications ; c'est ainsi qu'on la prescrit dans les affections scrofuleuses et chlorotiques, dans la leucorrhée, la gonorrhée, la bronchorrhée. Son action antispasmodique la fait employer dans l'hystérie, les spasmes, les vapeurs. A l'extérieur, elle trouve plusieurs applications ; la poudre est usitée comme sternutatoire ; l'essence en applications topiques contre la teigne, en frictions et mélangée avec l'huile de millepertuis et de camomille dans les rhumatismes, la paralysie. L'eau-de-vie de lavande est un bon vulnéraire ; l'eau distillée alcoolisée a été prescrite pour opérer la résolution de l'acné et de la couperose. Enfin l'essence a été indiquée pour chasser les poux ; elle entre avec les essences de thym et de romarin dans la composition de bains aromatiques très-puissants (Pennès). L'économie domestique utilise l'odeur forte, pénétrante, de cette plante pour placer les vêtements à l'abri de l'attaque des mites, des teignes et autres parasites.

La LAVANDE SPIC (*Lavandula spica* DC. Aspic, Lavande mâle) possède à un degré plus prononcé peut-être les propriétés de la lavande officinale et reçoit les mêmes applications. La LAVANDE STŒCHAS (*L. stœchas* L.) est un bon antispasmodique ; on l'emploie quelquefois en infusions théiformes, à la dose de 4 à 8 grammes, dans l'asthme humide, les catarrhes pulmonaires.

LICHEN D'ISLANDE. *Cetraria islandica* Ach., *Physcia islandica* DC. *Lichen islandicus* L. Cetraire d'Islande. LICHÉNACÉES.

Description (fig. 167). — Plante foliacée, d'une consistance sèche, comme cartilagineuse, formée d'expansions (*thalles, thallus* ou *frondes*) d'une couleur fauve ou d'un brun verdâtre ou gris roussâtre, plus pâles en dessous, divisées en ramifications linéaires, laciniées, comme pinnatifides, à lobes généralement bifurqués et bordés de petits cils, se réunissant en gouttières vers le bas. Ces frondes se rassemblent en touffes diffuses un peu droites ou ascendantes. Les organes de la reproduction consistent en *apothécies*, se présentant sous forme d'écussons d'un brun rouge, situés obliquement vers le bord des lobes de la fronde, et en *spermogonies*, disposées à l'extrémité des cils qui bordent les frondes.

Habitat. — Le lichen, comme l'indique son nom spécifique, croît très-abondamment en Islande, mais on le trouve aussi dans toute l'Europe, en France dans les Vosges, les Alpes, les Pyrénées, les montagnes de l'Auvergne. Il croît sur les rochers, la terre, les arbres.

Partie usitée. — Toute la plante. Elle est sèche, coriace, sans odeur prononcée, de saveur amère, persistante; par son contact avec l'eau froide, elle se gonfle, devient membraneuse et rend le liquide amer et légèrement mucilagineux. Soumise à l'ébullition dans l'eau, elle se dissout en grande partie; le décocté se prend en gelée par le refroidissement.

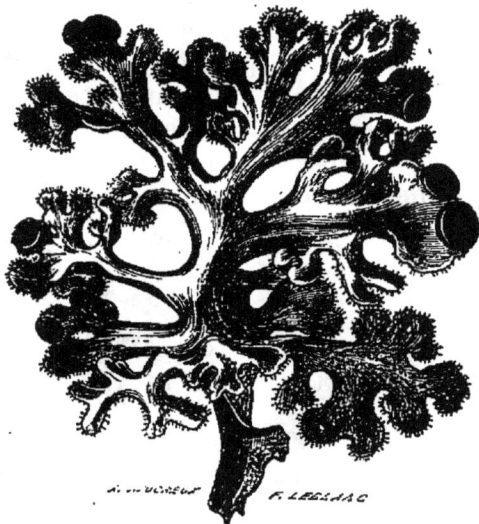

Fig. 166. — Lichen d'Islande.

Composition chimique. — Le lichen d'Islande contient : *lichénine, acide cétrarique, matière sucrée incristallisable, gomme, corps gras* (acide lichenstéarique?)., *chlorophylle particulière* (tallochore), *matière colorante extractive, squelette cellulo-amylacé, tartrate et lichénate (?) de potasse, phosphate et lichénate (?) de chaux, inuline (?), acide gallique.* La lichénine ou amidon du lichen, $C^{10}H^{10}O^{10}$, est blanche ou légèrement colorée en brun par un peu de matière extractive, insipide, d'une légère odeur de lichen, se gonflant beaucoup dans l'eau froide, très-soluble dans l'eau bouillante. 1 partie suffit pour donner à 23 parties d'eau une consistance de gelée; elle est insoluble dans l'alcool et l'éther. La matière amère (A. cétrarique, cétrarin), $C^{36}H^{16}O^{16}$, est solide, incolore, inodore, cristallisable, d'une saveur très-amère, peu soluble dans l'eau et l'éther, très-peu soluble dans l'alcool. Elle se dissout avec facilité dans les carbonates alcalins et forme des cétrarates, en expulsant l'acide carbonique.

Formes pharmaceutiques, doses. — Avant de faire entrer le lichen dans les préparations pharmaceutiques, on le débarrasse de son principe amer, par une ébullition dans l'eau seule ou additionnée de carbonate de soude 3 ou 4 %, à moins d'indications contraires. On connaît les préparations suivantes : 1° tisane, par ébullition, 10 à 60 : 1000; 2° sirop, 20 à 100 gr.; 3° chocolat, *ad libitum;* 4° gelée de lichen, 50 à 100; 5° gelée de lichen au quinquina, 50 à 150 gr. ; 6° saccharure; 7° tablettes, n° 5 à 20.

Action physiologique. — Le lichen est un médicament dont les propriétés varient avec la nature de la préparation. Est-il employé non dépouillé de cétrarin, c'est un tonique amer; lui a-t-on enlevé ce principe, il est purement émollient et analeptique, car il n'agit plus que par ses principes amylacés.

Usages. — Le lichen non privé du principe amer peut être employé dans certains cas où les amers purs sont indiqués; il agit alors comme tonique, stomachique, fébrifuge; mais comme il est en même

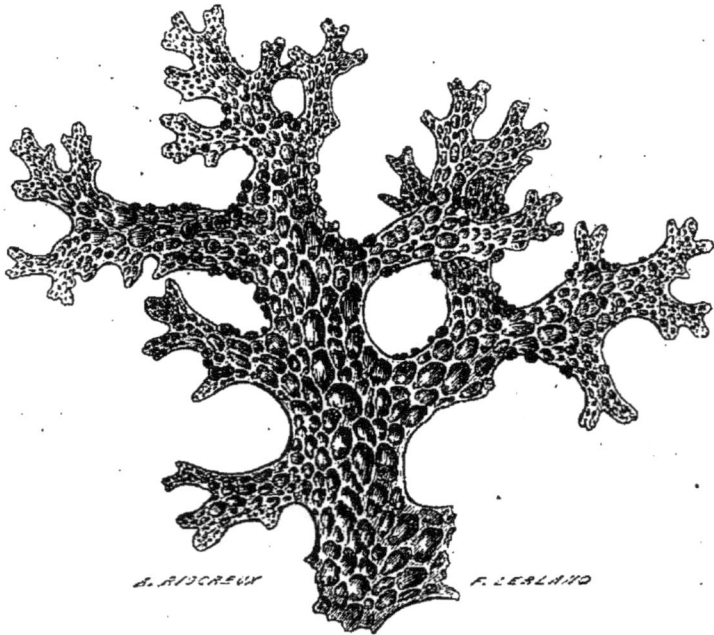

FIG. 167. — Lichen pulmonaire.

temps purgatif, on ne peut prolonger son action sans inconvénient. Débarrassé du cétrarin, il est employé dans les bronchites; il agit dans ce cas en calmant la toux, l'irritation, en diminuant le picotement qui siége à l'orifice supérieur du larynx. Comme analeptique, il est utile dans les diarrhées chroniques, dans celles des phthisiques et dés enfants à l'époque du sevrage.

Le LICHEN PULMONAIRE (*L. pulmonarius* L., *Lobaria pulmonaria* Hoffm., *Sticta pulmonacea* Ach. Pulmonaire du chêne) (fig. 167) croît sur le tronc des vieux arbres, où il forme des expansions membraneuses, roussâtres, lobées, marquées en dessus de concavités foncées et velues qui rappellent plus ou moins l'aspect d'un poumon tuberculeux. Il est commun en France; sa saveur est plus amère que celle du lichen d'Islande; mais, débarrassé du principe amer, il jouit des mêmes propriétés. Il est à peu près inusité aujourd'hui.

LIERRE TERRESTRE. — Voy. *Gléchome hédéracé*.

LIN CULTIVÉ. *Linum usitatissimum* L. LINÉES.

Description (fig. 168). — Plante de 3-7 décimètres. Racine grêle, presque simple, munie de quelques fibres latérales, émettant une seule tige, dressée, effilée, grêle, cylindrique, glabre, simple inférieurement, un peu ramifiée à sa partie supérieure. Feuilles éparses, sessiles, linéaires, lancéolées, aiguës, entières, d'un vert glauque avec 3 nervures longitudinales peu visibles sur la face inférieure; les supérieures sont souvent très-étroites, subulées. Fleurs (juillet-août) d'un bleu pâle, en corymbe rameux terminal. Calice, à 5 sépales, ovales, lancéolés, aigus, membraneux sur les bords, à 3 nervures. Corolle au moins trois fois plus longue que le calice, subcampaniforme, très-caduque, à 5 pétales, obovales, arrondis, très-obtus et entiers, rétrécis à leur base. Étamines 5, monadelphes à la base, présentant entre elles une petite pointe qui est une étamine avortée. Anthère introrse, biloculaire, longitudinalement déhiscente. En dehors de l'androcée, on trouve

FIG. 168. — Lin cultivé.

5 glandes alternatipétales. Ovaire libre et supère, lisse, luisant, atténué au sommet, à 10 loges uniovulées. Styles à cinq branches grêles, surmontées d'un stigmate obtus. Fruit (*capsule*) globuleux, à déhiscence septicide, environné par le calice, à 10 valves dont les bords rentrants forment les cloisons; chaque loge renferme une seule graine brune, ovale, oblongue, comprimée, lisse et luisante. ①.

Habitat. — Il croît naturellement dans les champs, à l'état subspontané. On le cultive en grand dans plusieurs provinces de la France; il présente plusieurs variétés : le *lin chaud* ou *tétard*, le *froid* ou *grand lin*, le *moyen*, l'*humble*.

Culture. — La culture et la récolte du lin sont du domaine de la grande culture.

Partie usitée. — La graine.

Composition chimique. — La graine de lin contient : *mucilage, matière extractive mêlée de quelques sels, sucre, amidon, cire, résine molle, matière colorante jaune, albumine végétale, huile grasse, sels*. Le mucilage est formé de deux principes différents, l'un principalement composé d'arabine et de sels que l'on peut extraire par l'eau froide ; l'autre, qu'on enlève en faisant succéder à l'eau froide l'action de l'eau bouillante, paraît surtout constitué par la bassorine et se gonfle considérablement au contact de l'eau. Tout le mucilage réside dans l'épisperme. L'huile grasse est contenue dans l'embryon, qui à lui seul constitue l'amande. Elle est d'un jaune clair, d'une odeur et d'une saveur particulières ; c'est la plus dense des huiles de graines. Elle se congèle à — 27° ; elle est très-siccative, et l'on augmente cette propriété en la faisant bouillir avec $\frac{1}{10}$ à $\frac{1}{20}$ de litharge.

Formes pharmaceutiques, doses. — 1° Mucilage de lin : avec graine de lin, 1 partie ; eau, 5 parties ; on fait digérer pendant six heures, et l'on passe. 2° Tisane de lin, pp. 10 : 100, par infusion. 3° Lotion et lavement par décoction, pp. 10 : 1000. 4° Farine de lin ; on l'obtient par contusion au mortier de fer ou par broiement dans un moulin spécial. Elle doit être préparée récemment afin d'éviter la rancidité de l'huile. 5° Cataplasmes avec farine de lin 4, eau bouillante 13.

Usages. — Les graines de lin ont une saveur douceâtre, et sont malsaines comme aliments. Leur action, légèrement diurétique et adoucissante, les fait prescrire sous forme de tisane dans les affections gastro-intestinales de nature inflammatoire et dans certaines maladies des voies urinaires (néphrite, cystite, blennorrhagie). Le lavement préparé avec la décoction est un procédé commode pour introduire dans le rectum certaines substances peu solubles. Les bains, les lotions avec la décoction constituent un adoucissant que l'on utilise souvent dans certaines affections cutanées (eczéma, dartres).

L'huile de lin est difficilement attaquable par les sucs digestifs ; elle purge en déterminant une indigestion. On administre les graines soit entières, soit légèrement écrasées comme relâchantes. Réduites en *poudre* ou en *farine*, elles sont la base des cataplasmes émollients, si usités comme agents émollients et antiphlogistiques. Lorsque la farine est ancienne et est devenue rance, elle cause une petite éruption cutanée à la région où l'on a placé le cataplasme. On confectionne avec l'huile de lin les instruments de chirurgie dits en gomme élastique, tels que bougies, sondes, canules, pessaires ; pour cela on accumule successivement à la surface d'un moule en toile des couches d'huile de lin qu'on laisse se sécher et se consolider à l'air. Le lin fournit une de nos plus importantes matières textiles, et la toile de lin blanchie et usée est utilisée sous forme de charpie, de compresses, de bandes.

Le lin cathartique (*Linum catharticum* L.) possède une saveur amère et nauséeuse ; ses feuilles étaient jadis usitées comme purgatives.

LIQUIDAMBAR D'ORIENT. *Liquidambar orientale* Mill., *L. imberbe* L. BALSAMIFLUÉES.

Description (fig. 169). — Arbre assez gros, tronc droit, nu inférieurement, pyramidal, à rameaux cylindriques, lisses, rougeâtres. Feuilles alternes, pétiolées, palmées, à 5 lobes, un peu obtus, découpés, lobés et dentelés, glabres des deux côtés, même sur les nervures postérieures. Fleurs disposées en grappes terminales. un peu plus courtes que les feuilles. *Mâles*, ramassées en une boule munie à sa base d'un involucre, de 4 folioles membraneuses, inégales, caduques, dépourvues de calice et de corolle, formées seulement par de nombreuses étamines dont les filets courts sont ramassés en un paquet un peu dense et supportent des anthères didymes, biloculaires à quatre sillons. *Femelles*, situées au-dessous des mâles,

FIG. 169. — Liquidambar.

présentant la même disposition en boule, avec un involucre à la base, Le réceptacle sphérique est creusé d'alvéoles nombreuses, il donne attache à des fleurs formées par un calice écailleux, campanulé ; anguleux, accrescent. Ovaire oblong, biloculaire, multiovulé ; styles 2 subulés ; stigmates pubescents, recourbés, adnés d'un côté, dans la longueur de chaque style. Le fruit consiste en capsules nombreuses, ovales, ponctuées, biloculaires, bivalves, enfoncées dans les alvéoles du réceptacle et formant une boule hérissée de toute part, par les pointes saillantes de chaque capsule. Graines oblongues, lisses, ailées.

Habitat. — Il croît en Asie Mineure, en Arabie, en Éthiopie.

Culture. — En France, il vient aisément en pleine terre et se multiplie facilement par marcottes.

Partie usitée. — Le baume connu sous le nom de *styrax liquide*. Pour l'obtenir, on enlève l'écorce de l'arbre, on la pile, on la fait bouillir dans de l'eau de mer, et l'on recueille le produit qui vient nager à la surface, on le purifie en le fondant une deuxième fois dans la même eau, et le filtrant. Le styrax ainsi obtenu est une substance molle, tenace, glutineuse, grisâtre, opaque, d'une odeur forte, persistante, fatigante, de saveur âcre, durcissant à l'air et se recouvrant à la longue d'une efflorescence d'acide cinnamique, imparfaitement soluble dans l'alcool froid, qui en sépare une matière cristallisée, solidifiable par la chaux ou la magnésie. On doit le choisir exempt d'impuretés, ce que l'on constate en le traitant par l'alcool bouillant, qui le dissout complétement.

Composition chimique. — Le styrax liquide est composé d'*huile volatile*, *résine neutre cristallisée* (styracine), *résine molle*, *matière verte*, *acides benzoïque et cinnamique*. L'huile volatile, ou *styrol*, $C^{16}H^8$, est un hydrocarbure liquide, incolore, très-fluide, très-réfringent, de saveur brûlante, rappelant la benzine par son odeur, d'une densité de 0,924 et bouillant à 146°. Il est très-soluble dans l'alcool et l'éther, dissout le soufre et le phosphore. La styracine, $C^{36}H^{16}O^4$, est en aiguilles incolores, inodores, fondant à 44°, insoluble dans l'eau, soluble dans l'éther et l'alcool, se dédoublant en acide cinnamique et en alcool cinnamique sous l'influence d'une solution alcoolique chaude de potasse caustique ; l'acide nitrique la transforme en acide benzoïque et en essence d'amandes amères.

Formes pharmaceutiques, doses. — Pilules, 5 décigram. à 2 et 4 gram. par jour. Il entre dans la composition de l'emplâtre et de l'onguent styrax, dans l'emplâtre mercuriel de Vigo.

Action physiologique. — Ses effets sont les mêmes que ceux des autres balsamiques, c'est-à-dire qu'après avoir été absorbé il exerce une influence spéciale sur les organes d'élimination. C'est ainsi que sous son influence la diurèse s'accroît, ainsi que la quantité d'acide hippurique contenue dans l'urine, tandis que les sécrétions des muqueuses bronchiques sont modifiées ou diminuées.

Usages. — On lui attribue les mêmes propriétés qu'au baume de copahu, et l'on a proposé son emploi dans les mêmes circonstances. Il est aussi employé dans les affections catarrhales des voies respiratoires. A l'extérieur, on s'en sert en applications topiques pour modifier, déterger les ulcères sanieux.

LISERON SCAMMONÉE. *Convolvulus scammonia* L. CONVOL-VULACÉES.

Description (fig. 170). — Plante herbacée, volubile, de 1-2 mètres. Racine grosse, pivotante, épaisse, charnue, lactescente. Tiges grêles, cylindriques, grimpan-tes, feuilles alternes, pé-tiolées, triangulaires, hastées, aiguës, entières, glabres. Fleurs 3-6 por-tées sur des pédoncules axillaires plus longs qu'elles, pédicelles mu-nis de 2 petites bractées subulées. Calice à 5 sé-pales, glabres, obtus, échancrés au sommet. Corolle grande, campa-nulée, d'un blanc teinté de pourpre, limbe à 5 lo-bes. Étamines 5 incluses. Stigmate divisé en 2 lobes allongés et cylindriques. Fruit (*capsule*) à 2 loges polyspermes. ♃.

FIG. 170. — Liseron scammonée.

Habitat. — Croît dans plusieurs parties de l'Orient, en Grèce, en Syrie.

Partie usitée. — La gomme-résine extraite de la racine. Pour obtenir cette gomme-résine, on fait à la racine des incisions par où s'échappe un suc laiteux que l'on reçoit dans des coquilles de moules, où on le laisse sécher : c'est la *scammonée en coquilles*, la plus pure de toutes et qui ne sort guère du pays dont elle est originaire. D'autres fois on coupe le sommet de la racine, on l'entaille en forme de coupe et on laisse le suc s'amasser et se dessécher dans cette cavité. D'après quelques voyageurs, la scammonée proviendrait du suc exprimé de la plante et convenablement évaporé. Quoi qu'il en soit, il est certain aujourd'hui que toute la gomme-résine du com-merce provient du *Convolvulus scammonia*; la différence du sol, les procédés d'extraction, les fraudes, suffisent pour expliquer les variétés que présentent les scammonées commerciales. On appelle SCAMMONÉE D'ALEP l'espèce la plus légère, la plus pure, et l'on donne le nom de SCAMMONÉE DE SMYRNE aux sortes plus lourdes et plus communes.

La scammonée d'Alep est en morceaux irréguliers plus ou moins volumineux et caverneux, légers, friables, grisâtres à l'extérieur, à cassure nette, luisante, noire ou d'un brun rougeâtre, brûlant avec flamme au contact d'une bougie allumée, donnant par le frottement une odeur faible, spéciale, possédant une saveur de beurre cuit ou de brioche, devenant âcre ensuite. Elle blanchit aisément au contact de l'eau ou de la salive; sa poudre est d'un blanc grisâtre; elle s'émulsionne facilement avec l'eau, le lait, l'émulsion d'amandes. C'est l'espèce adoptée par le Codex de 1866.

Composition chimique. — La scammonée d'Alep contient : *résine gomme, sable, ligneux, amidon, eau.* C'est la résine qui constitue la partie active; elle est inodore, à peu près insipide, soluble dans l'alcool et l'éther, formant avec l'ammoniaque une dissolution d'un beau vert ; c'est un glycoside qui présente la plus grande analogie avec la jalapine. D'après le Codex de [1866, la scammonée de bonne qualité contient de 75 à 80 $^0/_0$ de résine.

Formes pharmaceutiques, doses. — 1º Poudre, 3 décigram. 1 gram. dans du pain azyme, de la confiture ou du lait. 2º Teinture 2 à 8 gram. en potion. 3º Résine, 4 à 6 décigram. C'est la meilleure préparation de scammonée, celle qu'on doit préférer, car sa composition est constante. On prépare avec la scammonée et sa résine des biscuits purgatifs pour les enfants. On donnait autrefois le nom de *diagrède* à la scammonée cuite dans un coing, afin d'en corriger l'âcreté. Elle entre dans la poudre cornachine, l'eau-de-vie allemande

Action physiologique. — C'est un purgatif énergique, drastique même, mais donnant malheureusement des résultats très-inégaux autant à cause de sa composition variable que des idiosyncrasies diverses auxquelles elle s'adresse. Un fait singulier, c'est qu'elle purge moins à dose élevée qu'à doses plus faibles. Les alcalis n'augmentent pas son effet. Elle produit moins souvent des coliques que le jalap, mais elle cause souvent des chaleurs à l'estomac et à l'anus.

Usages. — Par son insipidité et son activité sous un petit volume la scammonée est précieuse dans la médecine des enfants; elle est alors surtout usitée pour combattre la constipation opiniâtre et les affections vermineuses. Comme purgatif hydragogue, elle trouve plusieurs applications dans les hydropisies, les affections cérébrales thoraciques, pulmonaires, cardiaques.

La scammonée de Montpellier, ou S. en galettes, est fournie par le *Cynanchum monspeliacum* L. ASCLÉPIADACÉES. Elle est inusitée.

LOBÉLIE ENFLÉE. *Lobelia inflata.* L. Indian tabaco ; Asthma weed (*herbe à l'asthme*), Emetic weed (*herbe émétique*). CAMPANULACÉES.

Description. — Plante gorgée d'un suc lactescent âcre, tant simple et ayant de 2 à 4 décimètres de hauteur, tantôt ramifiée et atteignant alors près de 1 mètre. Racines fibreuses; tige dressée, anguleuse, velue. Feuilles alternes, simples, dentées, serrées; les inférieures oblongues, obtuses, courtement pétiolées, les moyennes ovales, aiguës et sessiles. Fleurs bleues, teintées de pourpre (juillet), petites, pédicellées, réunies en grappes et naissant à l'aisselle de bractées acuminées plus larges que les pédicelles. Réceptacle glabre, ovoïde. Calice adhérent, tube glabre et ovoïde, limbe à 5 divisions subulées, linéaires. Corolle irrégulière tubuleuse; limbe à 5 divisions, bilabié; tube cylindrique, infundibuliforme, étroit. Étamines 5, syngenèses; anthères pourprées, biloculaires, introrses; filets blancs aplatis à la base. Ovaire semi-infère à 2 loges. Style filiforme, arqué, terminé par un stigmate bilobé, caché par les anthères. Fruit (*capsule*) ovoïde, renflé, comprimé, couronné par le calice et portant 10 angles saillants. Graines nombreuses, petites, brunes. ④.

Habitat. — Elle est commune dans les champs, sur le bord des routes, dans toute l'Amérique du Nord, depuis le Canada, jusqu'à la Caroline et au Mississipi.

Parties usitées. — Les parties les plus actives sont les semences et les racines; néanmoins les feuilles sont presque exclusivement employées en France.

Récolte. — La plante est recueillie en août et septembre. On la rencontre dans le commerce, sous forme de petites bottes rectangulaires, fortement comprimées, du poids de 250 à 500 gram. Elle est d'un vert jaunâtre, d'une odeur un peu nauséeuse et irritante, d'un goût âcre et brûlant, semblable à celui du tabac.

Composition chimique. — La lobélie enflée contient : *principe odorant volatil, lobéline, acide lobélique, gomme, résine, chlorophylle, huile fixe, ligneux, sels de chaux, de potasse, et de l'oxyde de fer.* La lobéline est un alcaloïde qui se présente sous la forme d'un liquide huileux, visqueux, un peu jaunâtre, incristallisable, à réaction alcaline, plus léger que l'eau, d'odeur piquante, rappelant celle du tabac, volatil, mais non sans altération. Elle est peu soluble dans l'eau et dans l'alcool, un peu moins soluble dans l'éther. La chaleur la décompose. Elle forme avec les acides azotique, oxalique, sulfurique, chlorhydrique, des sels qui sont précipités par le tannin. Elle est toxique; à la dose de 1 à 5 centigram., elle dilate la pupille et exerce une action hyposthénisante. On ne l'a point encore employée en médecine.

Formes pharmaceutiques, doses. — 1° Poudre, 5 à 30 centigr. comme expectorant, 5 décigram. à 2 gram. comme émétique. 2° Infusion, 25 à 50 centigram. en potion, 1 à 2 gram. en tisane. 3° Teinture, 1 à 2 gram. 4° Teinture éthérée, mêmes doses.

Action physiologique. — Parmi les phénomènes qui se manifestent sous l'influence de la lobélie enflée employée sous forme de teinture, les uns sont spéciaux, les autres accessoires. Parmi les premiers on note : 1° la dysphagie; 2° la contraction thoracique et laryngée, la gêne de la respiration; 3° l'irrégularité des mouvements du cœur et du pouls, la diminution du nombre des pulsations; 4° l'engourdissement cérébral, la céphalalgie, la tendance au sommeil, la dilatation des pupilles. Parmi les seconds se rangent : 1° la fatigue musculaire; 2° les troubles des fonctions digestives, telles que nausées, inappétence, coliques, diarrhées; ces symptômes ne se montrent pas toujours (Barrallier); son action présente une certaine analogie avec celle du tabac.

Usages. — La lobélie enflée est surtout employée contre l'asthme, seule ou associée à d'autres médicaments, et par extension on l'a conseillée dans la dyspnée qui accompagne la phthisie pulmonaire, le catarrhe pulmonaire chronique, la fin de certaines pneumonies et bronchites capillaires, le croup, la coqueluche, l'angine striduleuse, pour pallier les essoufflements des anémiques et des chlorotiques. Elle paraît avoir donné quelques bons résultats dans le tétanos. On a proposé l'emploi de l'infusion, en injections, contre la rigidité du col utérin pendant le travail de l'accouchement. En Allemagne et en Angleterre, on s'est servi de l'infusion de lobélie en fomentations dans le traitement des plaies douloureuses.

La lobélie syphilitique a été préconisée comme antisyphilitique sous forme de décoction. Elle est inusitée.

LYCOPODE EN MASSUE. *Lycopodium clavatum* L. Lycopode officinal. LYCOPODIACÉES.

Description (fig. 174). — Plante d'un vert clair de 6 à 8 décimètres. Tige allongée, rampante, très-rameuse, maintenue contre le sol au moyen de nombreuses racines adventives filiformes, cachée par des feuilles placées sur deux rangs, les supérieures alternant avec les inférieures, serrées, lancéolées, aiguës, terminées par une soie, un peu arquées, légèrement dentées sur les bords. D'entre les ramifications s'élèvent des pédoncules grêles, dressés, portant des feuilles peu nombreuses, écartées les unes des autres, irrégulièrement verticillées, terminées par 2-3 épis simples, cylindriques, quelquefois placés à la même hauteur ou légèrement espacés. Chaque épi en massue se compose d'un axe central qui est la continuation de la tige, de petites écailles triangulaires, rétrécies à la base, courbées en dehors, frangées au bord, se terminant par une très-longue pointe. A l'aisselle de chacune de ces écailles se trouve une capsule réniforme (*microsporange*) sessile, à 2 valves, contenant des microspores qui s'échappent à l'automne. ♃.

Le lycopode fructifie en juillet et en août.

Habitat. — On le trouve dans les landes montagneuses et les bruyères humides de certaines montagnes, telles que la chaîne des

FIG. 171. — Lycopode en massue.

Vosges, les Alpes, les Pyrénées. On le rencontre aux environs de Paris. On le multiplie par boutures ou divisions des rameaux.

Partie usitée. — Les microspores, que l'on désigne sous le nom de *lycopode*, de *poudre de lycopode*, de soufre végétal. Le lycopode se présente sous la forme d'une poussière d'un jaune tendre, très-fine, très-légère, inodore, insipide, extrêmement inflammable, insoluble dans l'eau, l'alcool et l'éther, qui chacun lui enlèvent une partie de ses principes constituants. Lorsqu'on le mouille avec de l'alcool étendu et qu'on l'examine au microscope, on voit que ses granules ont la forme de tétraèdres à bases convexes (fig. 172); on les a comparés à des sphéroïdes dont une portion de la surface serait surmontée de 3 facettes qui par leur réunion donneraient une espèce de pyramide sphérique à 3 côtés. Leur surface présente des élévations réticulées séparées par des dépressions. Les caractères microscopiques permettent de distinguer aisément toutes les falsifications auxquelles on soumet cette substance.

Récolte. — On récolte le lycopode principalement en Suisse et

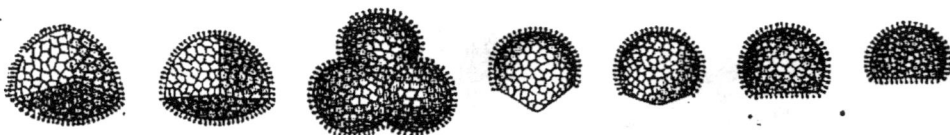

FIG. 172. — Lycopode.

en Allemagne; on recueille les épis fructifiés avant leur maturité, c'est-à-dire avant que les microsporanges se soient ouverts.

Composition chimique. — La poudre de lycopode contient : *fécule, sucre, cire, pollénine.* La pollénine est une matière azotée.

Usages. — La poudre de lycopode est une substance tout à fait inerte. On l'emploie en médecine comme poudre absorbante; on en couvre les téguments excoriés chez les enfants ou les personnes obèses; on en saupoudre la peau dans quelques affections cutanées, telles que l'érysipèle, l'eczéma, l'intertrigo, les ulcérations herpétiques. En pharmacie, elle sert à rouler les pilules et les bols et à empêcher ces préparations d'adhérer les unes aux autres. Les spores du *L. selago* L., et des *L. annotinum* L. et *L. complanatum* DC. lui sont souvent substitués. La plante entière était autrefois employée en décoction contre la plique polonaise; elle est inusitée aujourd'hui. En Russie on s'en sert pour combattre les accidents de l'hydrophobie.

M

MANIHOT COMESTIBLE. *Manihot utilissima* Pohl., *Jatropha manihot* L. Manioc amer. EUPHORBIACÉES.

Description (fig. 173). — Plante de 2-3 mètres, monoïque. Racine charnue, tubéreuse, blanche, atteignant jusqu'à 1 mètre de long. Tige dressée, cylindrique, noueuse, glabre, glauque, farineuse, souvent teintée de rouge. Feuilles alternes, longuement pétiolées, profondément palmées, à 3-7 lobes ovales, lancéolés, très-aigus, un peu onduleux sur les bords, d'un vert foncé supérieurement, glauques et blanchâtres inférieurement, accompagnées de 2 stipules latérales, lancéolées, subulées, caduques. Fleurs formant à l'aisselle des

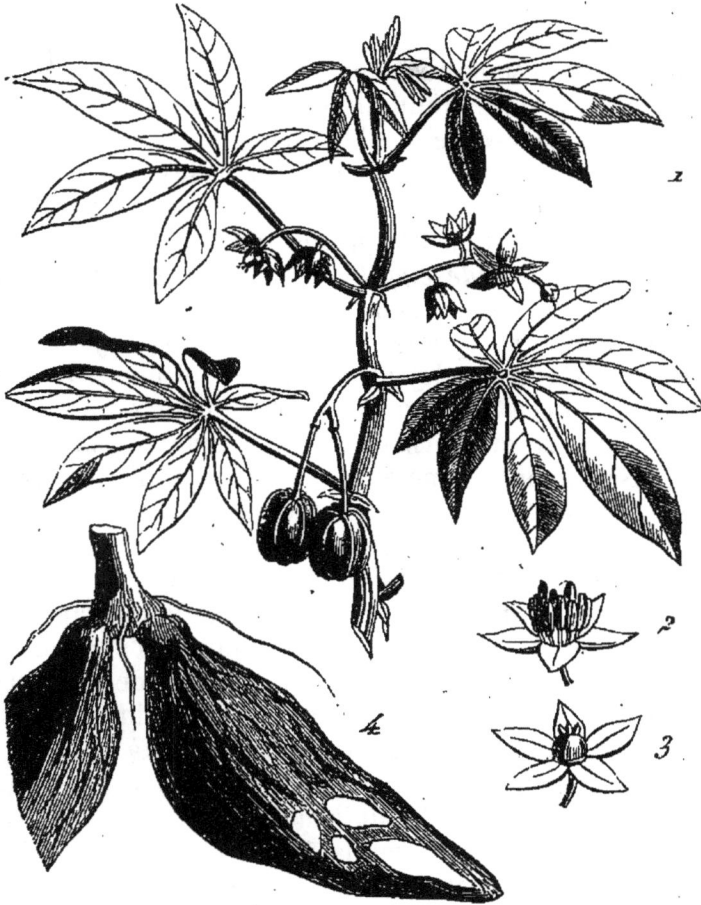

Fig. 173. — Manihot comestible : — 1, rameau florifère et fructifère; — 2, fleur mâle; — fleur femelle; — 4, racine.

grappes composées de fleurs apétales, régulières, mâles et femelles. *Mâles*, calice subcampanulé, quinquéfide, d'un jaune rougeâtre, velu intérieurement. Étamines 10, insérées sur deux rangs, 5 plus courtes et 5 plus longues; anthères biloculaires, introrses longitudinalement déhiscentes. Le centre de la fleur présente un disque charnu, circulaire, à 5 lobes. *Femelles*, calice comme dans les mâles, mais quinquépartite. Ovaire à 3 loges uniovulées, entouré d'un disque hypogyne, glanduleux, et de 10 staminodes, surmonté d'un style court et trapu se terminant en une masse stigmatique trilobée. Fruit (*capsule*)

18.

presque sphérique, obscurément trigone, relevé longitudinalement de 6 angles, saillants, glabres, à 3 coques, renfermant chacune une graine caronculée, d'un gris blanchâtre avec taches foncées, analogue à celle des ricins.

Habitat. — Croit naturellement dans toutes les régions chaudes de l'Amérique.

Culture. — Il est cultivé depuis le détroit de Magellan jusque dans les Florides; on le multiplie de boutures, de tronçons.

Composition chimique. — La racine de manioc est presque entièrement formée de fécule contenue dans les cellules, et d'un suc blanc laiteux renfermé dans les vaisseaux propres. Ce suc, d'une âcreté extrême, constitue, lorsqu'il est récent, un poison dangereux; il contient : *fécule, acide cyanhydrique, sucre, sel à base de magnésie et acide organique, principe amer, matière grasse cristallisable, osmazome, phosphate de chaux, fibre ligneuse.* C'est par l'acide cyanhydrique que le suc récent empoisonne; il est probable aussi qu'une matière âcre, volatile, de la nature de celle que l'on rencontre dans les euphorbiacées, vient ajouter son action à celle de l'acide. Néanmoins, comme ces principes actifs sont très-volatils, qu'ils se détruisent par la fermentation, on peut les chasser de la racine, qui devient alors alimentaire.

Partie usitée. — La fécule. Pour l'extraire, on monde la racine de son écorce, on la réduit en pulpe à l'aide d'une râpe, puis on la soumet à l'action de la presse. Le résultat de l'expression (*farine de manioc*) consiste en un mélange d'amidon, de fibre végétale et de matière extractive, dont on peut faire du pain en l'additionnant de farine de blé; mais le plus souvent on fait subir à la matière des manipulations particulières qui lui ont valu les noms de *couaque*, de *cassave*, de *moussache* et de *tapioka*.

1° Le couaque s'obtient avec la pulpe exprimée, séchée sur des claies exposées à la chaleur, puis criblée et légèrement torréfiée dans des chaudières de fer où on lui fait subir un commencement de torréfaction. Cette matière se gonfle considérablement quand on la chauffe avec de l'eau ou du bouillon; on en prépare des potages très-substantiels. 2° La cassave est obtenue avec la pulpe exprimée, étendue sur une plaque de fer chauffée; l'amidon et le mucilage, sous l'influence de la chaleur, prennent une consistance solide. 3° La moussache (*cipipa* ou *arrow-root du Brésil*) est formée par la fécule pure. On lave cette fécule et on la sèche. La moussache est formée de grains très-petits d'un volume très-égal, d'un diamètre de 1/35ᵉ de millimètre, et présentant un point noir quand on les examine au microscope (fig. 174). 4° Le tapioka est préparé avec de la moussache humide que l'on a fait cuire incomplétement sur des plaques chaudes. Sous l'influence de la chaleur, une partie des granules se fond et s'agglomère en grumeaux irréguliers durs et un peu élastiques, composés de grains soudés dans lesquels on ne reconnaît plus la forme caractéristique des grains de fécule. Cette irrégularité permet de le distinguer du tapioka factice fabriqué avec de la fécule de pomme de terre, qui est en fragments presque réguliers, d'une structure homogène, et non granulé.

Ces produits féculents sont d'ailleurs fournis, dans l'Amérique tropicale, par deux autres plantes : 1° le *Manihot aypi* Pohl., *Juca dulce* du Brésil, dont là racine ne renferme pas de suc dangereux; 2° le *Maniho Janipha*. Poh.

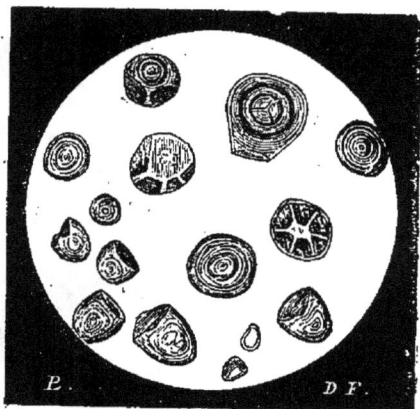

Fig. 417. — Fécule de manioc.

Usages. — En Europe, les usages du manihot sont exclusivement alimentaires; le tapioka est employé en France à préparer des potages d'une saveur agréable, d'une digestion facile, qui conviennent aux estomacs faibles ou fatigués. En Amérique, la râpure de la racine fraîche et non exprimée est employée en applications locales sur les ulcères douloureux ou de mauvaise nature; on s'en sert également en cataplasmes pour calmer la douleur qui suit l'avulsion de la chique ou *pulex penetrans.*

MANNE. — Voy. *Frêne à manne.*

MATÉ. — Voy. *Houx maté :*

MAUVE SAUVAGE. *Malva sylvestris* L.. *M. vulgaris* Ten., *M. hirsuta.* Grande mauve, Mauve sauvage MALVACÉES.

Description (fig. 175.) — Plante de 3-6 décimètres couverte de poils simples, longs, étalés, insérés sur des tubercules. Racine pivotante, presque simple, charnue, blanche. Il s'en élève plusieurs tiges cylindriques, dressées, rameuses. Feuilles alternes, très-longuement pétiolées et comme articulées, réniformes, arrondies à 5-7 lobes peu profonds, obtus; on trouve à leur base 2 stipules sessiles, ovales, aiguës, presque entières, ciliées. Fleurs (juin-août) d'une couleur rose rayée de rouge plus foncé, portées par des pédoncules grêles, dressés, inégaux, plus courts que le pétiole, réunies en cymes, par 3-5, à l'aisselle des feuilles. Calice double, calicule à 3 folioles oblongues, calice propre gamosépale, campanulé, à 5 lobes triangulaires. Corolle à 5 pétales cunéiformes, fortement échancrés,

trois fois plus longs que le calice, unis avec la substance du tube
anthérifère. Étamines nombreuses, à filets soudés en tube, qui entoure le gynécée et qui dans sa portion supérieure se divise en un

FIG. 175. — Mauve sauvage.

grand nombre de languettes, dont chacune supporte une anthère,
réniforme, uniloculaire, extrorse. Style court se terminant par une
dizaine de stigmates dont l'ensemble forme un pinceau. Ovaire supère, pluriloculaire; chaque loge contient un seul ovule. Fruit déprimé, accompagné du calice persistant, composé de nombreux
achaines monospermes, réunis en cercle autour d'un prolongement
de l'axe, glabres, jaunes à la maturité, réticulés; graines réniformes. ②.

Habitat. — Elle est commune le long des haies, dans les bois.

Culture. — On la cultive rarement pour l'usage médicinal. On la sème au printemps ou dès que la graine est mûre. Elle est très-rustique et vient partout, mais surtout dans une terre douce, chaude et substantielle.

Parties usitées. — Les feuilles et les fleurs.

Récolte, dessiccation, conservation. — On peut récolter les fleurs pendant tout l'été; par la dessiccation elles deviennent d'un bleu pâle. Cette couleur se détruit promptement à la lumière et à 'humidité; aussi doit-on les conserver à l'abri des rayons solaires et dans un endroit sec. On recueille les feuilles au mois de juin et de juillet.

Composition chimique. — La mauve renferme une grande quantité de mucilage visqueux, doux, réparti en abondance dans toute la plante.

Formes pharmaceutiques, doses. — A. Feuilles. 1° Infusion, pp. 10 : 1000. 2° Décoction, 15 à 30 : 1000. Cette décoction est employée en lavements, fomentations, lotions, injections. On fait des cataplasmes avec les feuilles cuites; elles entrent dans la composition des *espèces émollientes.* — B. Fleurs : Infusion, pp. 10 : 1000. Elles font partie des *quatre fleurs pectorales.*

Usages. — Les feuilles et les fleurs de la mauve sont émollientes, adoucissantes, béchiques. Leurs usages sont les mêmes que ceux de la guimauve. Les racines sont également émollientes, mais elles sont moins mucilagineuses que celles de la guimauve. La mauve était cultivée jadis comme plante potagère, et l'on mangeait ses feuilles en guise d'épinards. On lui substitue quelquefois : 1° la MAUVE A FEUILLES RONDES (*M. rotundifolia* L.), qui jouit absolument des mêmes propriétés, mais qui est moins usitée parce qu'elle est plus petite dans toutes ses parties : sa fleur est d'un rose lilas pâle, deux fois plus longue que le calice, ses carpelles non réticulés; ses feuilles sont arrondies, à lobes peu marqués; 2° la MAUVE GLABRE (*M. glabra* Lamk), dont les fleurs un peu plus grandes prennent par la dessiccation une belle couleur bleue qu'elles conservent beaucoup mieux que celles de la mauve sauvage.

MÉLALEUQUE CAJÉPUT. *Melaleuca minor* Smith, *M. Cajaputi* Roxb. Mélaleuque nain. *Caja kilæ.* MYRTACÉES-LEPTOSPERMÉES. Le nom de caja-puti veut dire arbre blanc et fait allusion à la blancheur de l'écorce.

Description (fig. 176.) — Arbuste noir à la base, recouvert plus haut d'une écorce blanchâtre, ayant le port de l'olivier, à rameaux bruns, d'où le nom de *melaleuca* (arbre noir et blanc). Feuilles alternes, presque sessiles, elliptiques, ovales, lancéolées, légèrement falciformes, présentant de 3 à 5 nervures glanduleuses, fermes, glabres, persistantes. Fleurs blanches, petites, en épis lâches, naissant à l'aisselle de bractées caduques. Calice gamosépale à 5 divisions, adhérent à l'ovaire persistant. Corolle à 5 pétales, très-petits, concaves, blancs. Étamines nombreuses, longues, soudées en 5 faisceaux opposés aux sépales. Anthères petites. Ovoïdes, jaunes, ovaire infère, triloculaire, entouré d'un disque charnu; style droit, filiforme, de la longueur des étamines; stigmate simple. Fruit (*capsule*) globuleux à 3 loges polyspermes et à 3 valves. Graines nombreuses, petites, oblongues, pointues du côté interne, tronquées à l'extérieur.

Habitat. — La mélaleuque croît aux Moluques, surtout à Bouru et à Amboine.

Fig. 176. — Mélaleuque cajeput.

Culture. — On la cultive, dans ces pays, sur les coteaux élevés et découverts. Dans nos climats, elle demande la chaleur de l'orangerie ou de la serre tempérée; on la multiplie soit de graines, soit de boutures que l'on élève dans la terre de bruyère.

Partie usitée. — L'essence fournie par la distillation des feuilles fraîches. Cette essence, $C^{20}H^{18}O^2$, est liquide, très-fluide, transparente, d'une belle couleur verte. Cette couleur lui est propre et appartient à plusieurs essences de myrtacées; mais comme elle s'affaiblit avec le temps, on la lui communique dans le commerce d'une façon permanente par de l'oxyde de cuivre. La quantité de cuivre qu'elle contient d'ailleurs est assez minime et n'influe en rien sur ses propriétés médicales. Son odeur, forte, pénétrante, agréable, tient à la fois du camphre, de la menthe poivrée et de la rose, ou mieux de la térébenthine et du camphre. Son poids spécifique varie entre 0,916 et 0,919; elle est entièrement soluble dans l'alcool et brûle sans résidu. On l'obtient en faisant fermenter les feuilles pendant 1 ou 2 jours et les distillant avec de l'eau dans des alambics en cuivre, après les avoir contusées; quelquefois la distillation a lieu sans fermentation préalable. L'essence, rectifiée par une deuxième fermentation, arrive en Europe dans des bouteilles de verre scellées du cachet de la Compagnie des Indes.

Plusieurs autres mélaleuques peuvent d'ailleurs fournir cette huile; telles sont la M. à bois blanc (*M. leucadendron* L.), la M. à feuilles de millepertuis (*M. hypericifolia* Sm.), la M. à trois nervures (*M. trinervia* Sm.), la M. brillante (*M. splendens* Lea.).

Formes pharmaceutiques, doses. — On l'administre à la dose de 20, 40 et même 50 gouttes, soit en potion dans un liquide alcoolique ou dans une émulsion, ou bien broyée avec du sucre (*oléosaccharure*). A l'extérieur, on l'emploie pure ou mélangée avec de l'alcool ou de l'huile.

Action physiologique — L'essence de cajeput est un stimulant diffusible, d'une grande énergie. Ingérée, elle produit une sensation de chaleur générale, active la circulation, et détermine des sueurs abondantes.

Usages. — On peut l'employer toutes les fois qu'il est utile de pousser à la peau, de provoquer les sécrétions, d'exciter les fibres musculaires; aussi l'a-t-on conseillée dans les hydropisies, la paralysie, la goutte atonique, le rhumatisme chronique. On utilise: ses propriétés antispasmodiques dans l'hystérie, la chorée; son action stimulante dans les fièvres exanthématiques à éruption difficile, les fièvres pernicieuses algides, le choléra. Dans cette dernière maladie, elle n'a pas répondu à l'espoir que l'on avait conçu. A l'extérieur, elle peut servir à combattre les douleurs névralgiques et rhumatismales, la carie dentaire.

MÉLÈZE D'EUROPE. *Larix europœa* DC. L., *decidua* Mill., *Pinus larix* L. CONIFÈRES-ABIÉTINÉES.

Description. — Grand arbre, dont le tronc droit, cylindrique, peut atteindre 20 à 25 mètres de hauteur, à bois rouge presque incorruptible, compacté; à rameaux horizontaux et même inclinés vers la terre, dont l'ensemble forme une cime pyramidale. Feuilles d'un vert gai, étroites, linéaires, pointues, devenant obtuses avec l'âge, molles, sortant par faisceaux de bourgeons écailleux et globuleux, devenant alternes par l'allongement du bourgeon en rameau. Elles tombent en hiver, ce qui distingue le mélèze de tous les autres conifères européens. Fleurs (juin) disposées en chatons. *Mâles*, de 1 centimètre de long, d'un jaune clair, globuleux, simples, environnés à leur base d'écailles imbriquées, ciliées sur les bords, formés d'un grand nombre d'étamines présentant deux anthères uniloculaires et que l'on peut considérer comme autant de fleurs mâles. *Femelles*, longs de 1 à 2 centimètres, ovoïdes, entourés de jeunes feuilles, composés d'écailles imbriquées, d'un rouge pourpre, offrant une longue pointe. Ovules 2. Fruit (*cône*) de 3 centimètres de long, ovoïde, allongé, formé d'écailles assez lâches, minces, arrondies, avec une petite pointe à l'extrémité. Graine obovée, munie d'une aile demi-lancéolée, arrondie au sommet, ayant deux fois sa longueur. ♃.

Habitat. — Il croît dans les Alpes suisses et françaises jusqu'à 1600 mètres au-dessus du niveau de la mer. On le trouve aussi dans les Apennins, en Allemagne, en Russie, en Sibérie.

Partie usitée. — L'exsudation oléo-résineuse connue sous le nom de *térébenthine suisse, T. fine, T. de Briançon.* Elle découle naturellement en petite quantité par les fissures de l'écorce ; mais pour l'obtenir en abondance on pratique au tronc des trous avec une tarière, et à l'aide d'un canal en bois on reçoit le liquide dans une auge. Le liquide ainsi obtenu est ensuite passé au tamis, pour séparer les corps étrangers. Chaque pied peut donner, en moyenne, 3 ou 4 kilogrammes de produit et cela pendant quarante ou soixante ans. Cette térébenthine est liquide, assez limpide, d'une odeur forte, peu agréable, d'une saveur âcre, amère et très-chaude. Sa propriété siccative est presque nulle ; elle ne se solidifie pas sensiblement par l'action de $\frac{1}{10}$ de magnésie, mais se dissout complétement dans 5 parties d'alcool. On la récolte surtout dans les Alpes, aux environs de Briançon, de mai en septembre.

Composition chimique. — Elle renferme : *deux huiles volatiles, acides pinnique et sylvique, résine indifférente, extractif amer, acide succinique.* Par la distillation avec l'eau, elle donne 18 % d'essence.

Usages. — Les propriétés médicinales sont les mêmes que celles de la térébenthine du pin (voyez *Pin maritime*). On s'en sert dans les mêmes cas, et surtout à l'intérieur. C'est elle que le Codex de 1866 paraît avoir adoptée comme térébenthine officinale. Son mode principal d'administration est sous forme de térébenthine cuite. La manne de Briançon est une exsudation blanchâtre et sucrée qui se forme surtout pendant les temps chauds et secs sur les feuilles et les jeunes rameaux du mélèze. Cette substance est purgative, mais elle est inusitée, car elle est rare. Les vieux mélèzes nourrissent le polypore officinal ou agaric blanc (voyez page 115).

MÉLILOT OFFICINAL. *Melilotus officinalis* Lam., *Trifolium melilotus* Lin. LÉGUMINEUSES-PAPILIONACÉES.

Description (fig. 177). — Plante de 3-17 décimètres de hauteur. Racine longue, épaisse, pivotante. Tige, une ou plusieurs, dressée, rameuse, glabre, un peu anguleuse. Feuilles alternes, pétiolées, composées de 3 folioles; la foliole terminale pédicellée et éloignée des deux autres; les folioles inférieures sont obovées, dentées; la supérieure, oblongue et dentée. La base du pétiole présente deux stipules soudées avec ses parties latérales.

Fleurs (juillet-septembre) jaunes, rarement blanches, odorantes, petites, disposées en grappes unilatérales, axillaires, plus longues que les feuillés; chaque fleur pendante, presque sessile, est accompagnée d'une petite bractée linéaire. Calice à 5 divisions inégales. Corolle papilionacée; pétales libres, caducs; étendard plus long que les ailes, qui sont elles-mêmes plus longues que la carène, cette dernière obtuse. Etamines 10, diadelphes, non soudées aux pétales; filets simples, non dilatés au sommet. Ovaire stipité, droit, style glabre; stigmate terminal, déclive Fruit (*gousse*) petit, glabre, ovoïde, obtus, réticulé, rugueux sur les faces, embrassé à sa base par le calice persistant indéhiscent. Graines 1-2 ovoïdes. ②.

FIG. 177 — Mélilot officinal.

Habitat. — Très-commun dans les prés, les haies, les bois.

Culture. — Il croît en grande abondance dans les champs, et on n'a pas besoin de le cultiver.

Partie usitée. — Les sommités fleuries. Leur odeur est faible quand elles sont fraîches, mais par la dessiccation elles contractent une odeur forte, agréable, qui ressemble beaucoup à celle de la fève tonka.

Récolte, dessiccation. — On les récolte au commencement l'été, quand la floraison n'est pas encore avancée. On les fait sécher enveloppées dans des cornets de papier; elles doivent conserver couleur jaune.

Composition chimique. — Elles renferment une matière particulière neutre, la *coumarine*, $C^{18}H^6O^4$. Cette substance est blanche, cristallisant en prismes, d'odeur aromatique, de saveur âcre, puis agréable, peu soluble dans l'eau froide, très-soluble dans l'eau bouillante, l'alcool et l'éther.

Formes pharmaceutiques, doses. — 1° Infusion ou décoction, pp. 15 à 30 : 1000. 2° Eau distillée. 3° Huile de mélilot. On peut lui substituer le mélilot des champs (*Melilotus arvensis* Willd.).

Usages. — L'action de cette plante paraît assez peu marquée. Elle passe pourtant pour sédative, antispasmodique, carminative, résolutive. On l'administre en lavement contre les coliques venteuses. Ses usages sont surtout externes; on emploie quelquefois le mélilot cuit sur les tumeurs inflammatoires, l'infusion en lotions dans la conjonctive, l'érythème cutané.

MÉLISSE OFFICINALE. *Melissa officinalis* L. Citronnelle. LABIÉES-MÉLISSÉES.

Description (fig. 178). — Plante de 3-8 décimètres, tantôt munie de poils épais, tantôt très-velue. Racines grêles, cylindriques, dures, un peu rameuses, presque obliques et fibreuses. Tiges dressées, tétragones, très-rameuses; rameaux étalés. Feuilles opposées, courtement pétiolées, ovales, cordiformes, dentées, ridées en réseau, d'un vert gai. Fleurs (juin-août) jaunes avant l'anthèse, puis blanches, quelquefois maculées de rose, brièvement pédonculées, toutes tournées du même côté, disposées en cymes axillaires de 6-12, plus courtes que les feuilles florales. Calice tubuleux, campanulé à 2 lèvres; la supérieure aplatie, à 3 dents aiguës, l'inférieure bifide. Corolle-bilabiëe, tube grêle, cylindrique, recourbé, un peu plus long que le calice, lèvre supérieure dressée, voûtée, bifide, l'inférieure à 3 lobes, le médian et inférieur, grand, entier, échancré en cœur à son sommet; les deux latéraux petits, ovales et obtus. Étamines 4 didynames, rapprochées en arc sous la lèvre supérieure; anthères à connectif étroit et à lobes divergents. Style 1; stigmate bifide. Le fruit consiste en 4 achaines nus, ovales, bruns, situés au fond du calice. ♃.

Habitat. — Elle est assez commune dans les provinces méridionales de la France, elle croît autour des habitations et dans les lieux incultes.

Culture. — On la sème, au printemps, dans une terre bien préparée. On la multiplie aussi au printemps, ou mieux à l'automne par la séparation de ses pieds. Tous les sols lui conviennent, mais surtout les terrains légers et exposés au midi.

Partie usitée. — Les feuilles. Leur odeur est douce, agréable comparable à celle du citron; leur saveur analogue, légèrement chaude et amère.

Récolte, dessiccation. — On sépare les racines et on sèche rapidement le reste de la plante. On doit la cueillir en mai, avant la floraison. L'odeur disparaît par la dessiccation, mais la saveur citronnée persiste. Il faut rejeter celle dont les feuilles se brisent au moindre froissement, dont la couleur est noire ou jaune, et surtout celle qui n'a plus de saveur.

Composition chimique. — La mélisse contient un principe amer soluble en partie dans l'eau et en partie dans l'alcool, et une huile essentielle, d'un jaune ambré, parfois légèrement verdâtre ou bien encore incolore, si elle a été rectifiée. Son odeur, suave, franche, rappelle celle de la plante.

Formes pharmaceutiques, doses. — 1º Infusion, pp. 10 : 1000. 2º Hydrolat, 60 à 90 gram. 3º Alcoolat simple, 4 à 8 gram. et plus. 4º Alcoolat de mélisse composé (*eau de mélisse des Carmes*), dose 1-2-3 cuillerées à café dans un peu d'eau sucrée ; on s'en sert aussi à l'extérieur. La mélisse entre dans l'alcoolat vulnéraire du Codex.

Action physiologique. — Dans cette labiée, le principe aromatique l'emporte sur le principe amer ; c'est un excitant diffusible faible ; la légère stimulation qu'elle occasionne aboutit à un effet calmant et sédatif, qui est encore plus marqué dans l'essence.

Usages. — C'est un antispasmodique léger qui ne peut être d'une bien grande efficacité dans les névroses graves, mais qui peut rendre des services dans les états spasmodiques passagers ; son usage

FIG. 178. — Mélisse officinale.

dans les défaillances, les syncopes, les vertiges, est populaire. Comme toutes les plantes aromatiques, elle est stomachique, carminative. Elle est aussi usitée comme vulnéraire.

MENTHE POIVRÉE. *Mentha piperata* Smith. LABIÉES-MEN-THOÏDÉES.

Description (fig. 179). — Plante de 3-6 décimètres, légèrement velue. Racine fibreuse, rampante, d'un gris blanchâtre. Tige dressée, quadrangulaire, rougeâtre, rameuse, à rameaux dressés et opposés, émettant des stolons rampants et radicants. Feuilles opposées, décussées, courtement pétiolées, étalées, ovales, lancéolées, aiguës, dentées en scie, un peu pubescentes, criblées de lacunes transparentes. Fleurs (août-septembre) violacées, nombreuses, courtement pédonculées, réunies en verticilles séparés les uns des autres et formant, à l'extrémité des tiges, des épis obtus, courts, ovoïdes, très-serrés, interrompus à la base et munis de bractées linéaires, ciliées sur les bords. Calice gamosépale, persistant, tubuleux, ponctué, glanduleux, à 5 dents presque égales, subulées, ciliées, marquées de 10 stries saillantes. Corolle gamopétale, infundibuliforme; tube de la longueur du calice, cylindrique, évasé supérieurement; limbe à 4 *lobes*, dont le supérieur, un peu plus large, est quelquefois échancré. Étamines 4, légèrement exsertes, didynames, purpurines. Ovaire à 4 loges; style filiforme, droit, saillant hors de la corolle, terminé par un stigmate bifide. Fruit formé de 4 achaines. ♃.

A. PIOCREUX   F. LEBLANC

FIG. 179. — Menthe poivrée.

Habitat. — Elle est originaire d'Angleterre.

Culture. — Elle est surtout cultivée dans ce pays. On peut la reproduire de graines, mais il vaut mieux avoir recours aux drageons qui reprennent constamment. On plante les pieds en lignes serrées en réservant entre elles un passage pour le cultivateur. Il convient de défoncer la terre et de changer de sol tous les cinq ans. La récolte de la première année est généralement la plus abondante.

Partie usitée. — Les sommités fleuries. Elles ont une odeur particulière, fraîche, pénétrante, une saveur poivrée, légèrement camphrée, chaude d'abord, laissant ensuite dans la bouche une sensation de froid.

Récolte, dessiccation. — On récolte la plante au moment où elle est en pleine floraison ; on en sépare la racine et on la dessèche complétement. La dessiccation né lui fait perdre en rien son odeur et sa saveur piquante. On doit rejeter celles dont les épis ne sont plus rouges, et celles dont les feuilles sont d'une odeur et d'une saveur faibles.

Composition chimique. — La menthe poivrée contient : *principe amer, matière résineuse, tannin, huile essentielle.* Cette essence existe en quantité variant entre 2 et 3 pour 100, et il faut de 450 à 600 kilogr. de plantes fraîches pour en obtenir 1 kilogramme. Elle est liquide, d'odeur d'autant plus suave que la plante a été cultivée dans un pays plus septentrional ; sa saveur âcre devient fraîche et agréable quand elle est affaiblie ; sa densité est de 0,912. Refroidie à 0°, elle laisse cristalliser un camphre particulier, le *menthol*, $C^{20}H^{20}O^2$.

Formes pharmaceutiques, doses. — 1° Infusé, pp. 10 : 1000. 2° Hydrolat, 20 à 100 grammes. 3° Sirop, 30 grammes. 4° Essence, 6 à 12 gouttes en potion. 5° Alcoolat, 1 à 4 grammes et jusqu'à 20 grammes. 6° Esprit de menthe (solution d'essence dans l'alcool), 2 à 8 grammes. 7° Essence de menthe anglaise (solution alcoolique d'essence plus concentrée), 2 à 5 grammes. 8° Tablettes, pastilles. A l'extérieur, on emploie la menthe fraîche en cataplasmes excitants sur les tumeurs indolentes, les engorgements laiteux, les ulcères atoniques, ichoreux. Elle entre dans les espèces aromatiques et l'alcoolat vulnéraire du Codex.

Action physiologique. — La menthe poivrée réunit au plus haut degré les propriétés toniques, stimulantes et antispasmodiques des labiées aromatiques. Nous avons indiqué la sensation particulière de fraîcheur qu'elle produit sur la muqueuse buccale ; cette sensation peut s'accompagner d'anesthésie momentanée. Ingérée, elle stimule l'estomac, active la digestion, détermine l'évacuation des gaz. Cette stimulation devenant générale amène une accélération dans le pouls, une élévation dans la calorification sous son influence, et par suite de son action sur les divers émonctoires, dont elle resserre les capillaires, on voit se tarir ou diminuer la sécrétion lactée et par contre augmenter la production d'urine et de sueur.

Usages. — Ce sont ces effets bien constatés qui ont valu à la menthe sa réputation de stomachique, de carminative, de cordiale, de stimulante. C'est un remède souvent prescrit avec succès dans l'atonie des voies digestives, les flatuosités, la tympanite de cause nerveuse. Elle est utile, dans les catarrhes des muqueuses, soit parce qu'elle facilite l'expectoration, soit parce qu'elle entrave la formation des matières à expectorer. Elle est également prescrite dans les palpitations, les tremblements et les vomissements nerveux, les coliques utérines, la dysménorrhée. On l'administre aux enfants tourmentés par les vers et aux nourrices pour faire passer le lait. Plusieurs autres menthes, telles que la menthe pouliot (*Mentha pulegium* L.), la menthe verte (*Mentha viridis* L.), la menthe crépue (*Mentha crispa* L.), ont des propriétés identiques.

MÉNYANTHE TRÈFLE D'EAU. *Menyanthes trifoliata* L. Trèfle des marais, T. aquatique, T. de castor. GENTIANACÉES.

Description (fig. 180). — Rhizome horizontal, court, gros comme

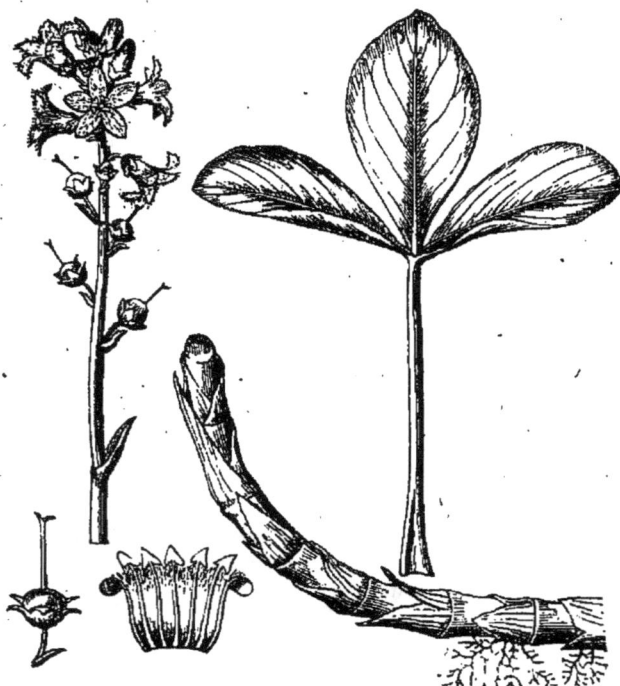

FIG. 180. — Ményanthe trèfle d'eau.

le doigt, articulé, couvert par les gaînes des anciennes feuilles, donnant naissance à de nombreuses fibres radicales, blanchâtres. De son extrémité antérieure se détachent quelques feuilles alternes, pétiolées, trifoliées ; pétiole long, arrondi, élargi à la base en une longue gaîne membraneuse qui enveloppe la tige ; folioles d'un beau vert, ovales, elliptiques, penninerves et obtusément crénelées. Fleurs (avril-mai) blanches, légèrement lavées de rose, courtement péd cellées, disposées en grappe au sommet d'un très-long pédoncule axillaire, régulières, hermaphrodites, placées à l'aisselle d'une petite écaille lancéolée, aiguë, plus courte que le pédoncule. Calice gamosépale, campanulé, à cinq divisions ovales, profondes. Corolle gamopétale, campaniforme, à cinq lobes lancéolés, aigus, étalés, couverts à leur face supérieure de longs cils blancs et crépus. Étamines 5, filet court; anthère oblongue, lancéolée, biloculaire, introrse, brunâtre. Ovaire globuleux, monoloculaire, semi-infère, entouré d'un disque glanduleux et poilu. Style à extrémité bilobée, garnie de papilles stigmatiques. Fruit (capsule) de la grosseur d'un pois, accompagné du calice persistant, monoloculaire, s'ouvrant à la maturité en deux valves. Graines nombreuses, petites, ovales, comprimées, lisses, jaunes et luisantes. ♃.

Habitat. — Le ményanthe croît dans les endroits marécageux de l'Europe, de l'Asie centrale et de l'Amérique boréale. On le trouve dans les environs de Paris.

Culture. — Sa culture est difficile et ne peut se faire dans les jardins, à moins d'avoir à sa disposition un terrain marécageux. On le propage soit de graines semées au printemps, soit d'éclats de pieds faits à l'automne ou au printemps.

Partie usitée. — Les feuilles fraîches ou sèches.

Récolte. — On les recueille à la fin de l'été pour les conserver. Il est facile de les sécher, et elles conservent, sous cet état, leur forme, leur couleur et leur amertume, tout en devenant minces et légères. Quand la dessiccation a été bien faite, elles ont une légère teinte jaune, ne présentent pas de taches et restent assez flexibles pour ne pas se briser par la pression.

Composition chimique. — Le ményanthe trèfle d'eau contient : *fécule, principe extractif amer, gomme, albumine, matière albuminoïde non coagulable par la chaleur, inuline* (?). C'est la matière extractive amère qui est le principe actif. On en a retiré aussi une substance amère, la *ményanthine*, qui se présente en longues aiguilles blanches, d'un éclat satiné. Cette plante ne renferme pas de tannin et peut, par suite, être associée aux sels de fer.

Formes pharmaceutiques, doses. — 1° Décoction, pp. 15 à 30 : 1000. 2° Vin, 50 à 100 gr. 3° Sirop, 30 à 100 gr. 4° Teinture, 2 à 4 gr. 5° Extrait alcoolique, 1 à 4 gr. en pilules. 6° Poudre, 1 à 4 gr. A l'extérieur, on emploie la décoction en lotions et les feuilles en cataplasmes. Elle entre dans l'*eau générale* et le sirop antiscorbutique du Codex.

Action physiologique. — C'est un amer non astringent, se rapprochant de la gentiane et de la centaurée. A dose élevée, il peut causer des nausées, des vomissements, des coliques, des évacuations alvines.

Usages. — Son amertume le fait considérer comme tonique, stomachique, fébrifuge; on l'emploie également comme antiscorbutique en l'associant aux plantes crucifères; on l'a préconisé dans la scrofule, le rachitisme, le scorbut, les affections cutanées anciennes; on l'a employé pour combattre les fièvres intermittentes légères; il peut rendre des services comme emménagogue, lorsque la suppression des règles est occasionnée par l'atonie du tube digestif.

MERCURIALE ANNUELLE. *Mercurialis annua* L. Foirole, Foirode, Vignoble, Vignette. EUPHORBIACÉES.

Description (fig. 181 et 182). — Plante dioïque de 2-3 décimètres, glabre. Racine blanche et fibreuse. Tige herbacée, lisse, dressée; obscurément tétragone, assez rameuse et souvent dès la base, épaissie à ses nœuds; rameaux opposés, étalés, dressés, anguleux. Feuilles opposées, pétiolées, d'un vert pâle, lisses, ovales-lancéolées, aiguës, dentées en scie. Fleurs (mai-octobre) d'un jaune verdâtre. *Mâles*, fleurs très-petites, disposées en groupes sessiles qui forment des épis allongés, interrompus, portés par des pédoncules filiformes, axillaires, plus longs que les feuilles. Calice étalé, à 3-4 divisions profondes, ovales, aiguës, soudées à la base. Étamines 10-20, dressées, à filets flexueux portant des anthères bilobées. *Femelles*, un peu plus grandes, solitaires ou géminées à l'aisselle des feuilles, presque sessiles. Calice à 3-4 et même 5 divisions profondes, obtuses. Ovaire arrondi, didyme, hérissé de petites pointes, à 2 loges monovulées. Stigmate presque sessile, partagé profondément en 2 branches, très-divergentes et très-papilleuses. Fruit (*capsule*) à 2 coques monospermes hérissées de pointes vertes terminées par un

FIG. 181. — Mercuriale mâle.

long poil blanc. Graines solitaires, globuleuses, souvent réticulées ou rugueuses.

Habitat. — Elle est commune dans les jardins, les champs culti-vés, autour des ha-bitations.

Culture, — Elle croît en grande abondance dans tous les terrains, et on ne la cultive pas.

Partie usitée.— La plante entière. Son odeur est fai-ble, peu agréable pourtant ; sa saveur herbacée, fade, aqueuse.

Récolte. — On n'emploie que la plante fraîche, car par la dessiccation elle perd presque toute sa saveur, son odeur et probable-ment ses propriétés. Recueillie avant la floraison, elle est moins laxative que quand son dévelop-pement est complet. Il faut rejeter la plante qui est mon-tée en graine ou qui commence à jaunir.

FIG. 182. — Mercuriale femelle.

Composition chimique. — Cette plante contient : *principe amer, gomme, albumine, matière grasse incolore, un peu d'huile volatile, pectine, quelques sels.* Le principe amer est jaunâtre, sa saveur très-prononcée, c'est un purgatif peu énergique. On y a également si-gnalé la présence d'un alcaloïde liquide très-vénéneux, la *mercu-rialine.*

Formes pharmaceutiques, doses. — On ne l'emploie guère qu'en lavements sous forme de mellite, 15 à 60 gr. ; et en cataplasmes émollients. Elle entre dans le miel mercurial composé ou sirop de longue vie. Il ne faut pas substituer à cette plante la mercuriale bis-annuelle (*M. perennis* L.), qui est beaucoup plus active.

Usages. — C'est un purgatif populaire; néanmoins les feuilles débarrassées de leur principe actif par l'ébullition dans l'eau sont mangées, en Allemagne, à la manière des épinards. Elle est aussi diurétique; de là son emploi dans les hydropisies. Les feuilles bouillies servent à préparer des cataplasmes émollients.

MORELLE DOUCE-AMÈRE. *Solanum dulcamara* L. Morelle grimpante, Vigne de Judée, Vigne grimpante. SOLANACÉES. Elle doit son nom à la saveur à la fois amère et sucrée des sucs qu'elle contient.

Description (fig. 183). — Plante de 1 à 2 mètres. Racines fibreuses. Tige ligneuse, sarmenteuse, divisée dès le bas, se soutenant sur les plantes voisines, à écorce grisâtre; rameaux flexueux, verts, pubescents. Feuilles alternes, pétiolées, ovales, acuminées, entières, plus ou moins cordiformes à la base, d'un vert foncé, pubescentes sur les deux faces, quelquefois tomenteuses; les supérieures souvent à trois segments, le moyen très-ample, ovale, acuminé, les latéraux plus petits. Fleurs (juin-août)

FIG. 183. — Morelle douce-amère.

violettes, hermaphrodites, petites, régulières, extra-axillaires, disposées en cymes divariquées, longuement pédonculées. Calice gamosépale, petit, à 5 lobes courts, triangulaires. Corolle gamopétale, rotacée, staminifère, hypogyne, à 5 divisions ovales, lancéolées, présentant à la base deux taches glanduleuses, vertes, bordées de blanc. Étamines 5; filets courts; anthères bilobées. Ovaire à 2 loges polyspermes. Style et stigmate indivis. Fruit (*baie*) ovoïde, rouge à la maturité, pendant, entouré à sa base par le calice persistant, biloculaire. Graines réniformes. ♄.

Habitat. — Commune dans les bois, les haies.

Culture. — Elle croît naturellement en assez grande quantité pour qu'il ne soit pas nécessaire de la cultiver. Si on désirait le faire, on la multiplierait par les graines, les marcottes ou les éclats de racine ; mais la plante venue spontanément est préférable pour l'usage médical.

Partie usitée. — La tige. Elle présente, quand elle est récente, une odeur désagréable qui disparaît presque entièrement par la dessiccation.

Récolte, dessiccation. — On donne la préférence à celle qui a été récoltée dans le Midi, ou dans les endroits secs et élevés. Il faut les choisir de l'année, pleines de moelle, recueillies au printemps ou à la fin de l'automne. On les coupe par morceaux de 2 à 5 centimètres que l'on fend suivant leur longueur et que l'on fait ensuite sécher à l'étuve ; par la dessiccation, elles deviennent jaunâtres ou grisâtres, la moelle prend une teinte jaunâtre.

Composition chimique. — Elle contient : *solanine, extrait amer-doux* (picroglycion), *extrait gommeux, gluten, cire verte, résine contenant de l'acide benzoïque, sels.* Le picroglycion paraît n'être qu'un mélange de solanine et de matière sucrée. La solanine, $C^{86}H^{74}AzO^{32}$, est un alcaloïde très-faible, incolore, inodore, cristallisant en aiguilles soyeuses, d'une saveur amère, nauséeuse, peu soluble dans l'eau, l'éther, l'alcool froid, assez soluble dans l'alcool bouillant. C'est un stupéfiant énergique qui paralyse les membres inférieurs et détermine de violentes convulsions. Elle ne dilate pas la pupille ; l'extrait de douce-amère est pourtant mydriatique, ce qui semble indiquer que la solanine ne représente pas l'action de la plante dont on l'extrait.

Formes pharmaceutiques, doses. — 1° Infusion, pp. 20 : 1000. 2° Extrait aqueux, 50 centigram. à 2 gram. 3° Sirop, 20 à 100 gram. 4° Poudre, 50 cent. à 2 gram.

Action physiologique. — A haute dose, la douce-amère produit un sentiment de sécheresse dans le pharynx, des nausées, des vomissements, de l'anxiété, des picotements à la peau, surtout aux organes génito-urinaires, des évacuations alvines, une diaphorèse et une diurèse abondantes ; des crampes, des mouvements convulsifs des paupières, des lèvres, des mains ; des vertiges ; l'insomnie. Ces effets ne sont point constants. On ne connaît pas d'exemple de mort par cette plante. Les baies ne sont pas délétères.

Usages. — On la considère comme dépurative. A ce titre, on l'a recommandée dans le catarrhe pulmonaire chronique, les douleurs rhumatismales et goutteuses, les syphilides, l'herpès, l'eczéma. Mais il est probable que si elle a donné de bons résultats dans ces affections, ce n'est qu'autant qu'on l'a administrée à haute dose : la quantité de solanine qu'elle renferme en effet est si minime, et la dose de la plante, que l'on emploie le plus ordinairement sous forme de tisane, est si faible, qu'il y a lieu d'attribuer seulement à l'eau, soit chaude, soit froide, de cette boisson, les effets diaphorétiques et diurétiques qu'on lui a reconnus.

MORELLE NOIRE. *Solanum nigrum* L. SOLANACÉES.

Description (fig. 184). — Plante de 2-5 décimètres, pubescente. Racine fibreuse, blanchâtre. Tige herbacée, simple et dressée ou plus souvent rameuse dès la base et diffuse, anguleuse; rameaux étalés, pourvus de lignes saillantes, dentelées cà et là, quelquefois très-prononcées. Feuilles éparses, pétiolées, souvent géminées, ovales, acuminées, presque trapézoïdales, inégalement lobées, quelquefois entières, molles au toucher et d'un vert foncé. Fleurs (juin-septembre) blanches, petites, disposées dans l'aisselle des feuilles en corymbe de 5-6, brièvement pédonculées; pédicelles pubescents, à la fin, réfléchis et épaissis au sommet. Calice persistant à 5 divisions droites, ovales, aiguës. Co-

FIG. 184. — Morelle noire.

rolle petite, pubescente, une fois plus longue que le calice, étalée, à 5 segments aigus, souvent rabattus au dehors. Étamines 5, courtes, à anthères jaunes, conniventes, laissant sortir, au milieu d'elles, le stigmate obtus d'un style filiforme. Fruit (*baie*) rond, vert d'abord, puis noir, de la grosseur d'une groseille, luisant, d'une saveur amère et nauséeuse, contenant au milieu de la pulpe des semences arrondies. ①. On en connaît plusieurs variétés.

Habitat. — Elle est commune dans toute la France, dans les lieux abrités, les décombres.

Culture. — Elle est trop répandue pour qu'il soit nécessaire de la cultiver. On peut la reproduire en semant ses graines au mois d'avril.

Partie usitée. — La plante entière. Elle exhale une odeur fétide, surtout dans la variété villeuse ; sa saveur est fade et herbacée. Ses propriétés médicinales disparaissent d'ailleurs par la cuisson, puisque ses feuilles sont mangées à Bourbon et aux Antilles sous le nom de *brèdes*.

Récolte, dessiccation. — On la récolte à l'automne quand les fruits sont mûrs, et on la fait sécher à l'étuve ; ses propriétés sont alors plus prononcées que quand elle est fraîche.

Composition chimique. — Les baies contiennent de la solanine unie à l'acide malique (voy. *Morelle douce-amère*).

Formes pharmaceutiques, doses. — 1° Poudre, 5 à 10 centigram. et plus. 2° Suc exprimé, 30 à 50 gram. 3° Infusion, pp. 50 : 1000, en injections vaginales. 4° Pulpe de feuilles en cataplasmes. Elle entre dans le baume tranquille, l'onguent populéum.

Action physiologique. — Pour quelques observateurs, la morelle ne rappelle que faiblement les propriétés narcotiques des solanées ; elle serait même inerte. Pour d'autres, au contraire, ses propriétés toxiques seraient incontestables. Cette divergence dans les appréciations tient peut-être à l'âge de la plante, le principe actif ou solanine n'existant en assez grande quantité dans la morelle que quand la fructification est incomplète.

Usages. — La morelle est presque aujourd'hui abandonnée ; la décoction est pourtant quelquefois employée pour laver les parties enflammées, tuméfiées, irritées, douloureuses. On a prescrit les feuilles en cataplasmes sur les dartres vives et rongeantes, les ulcères douloureux, les tumeurs inflammatoires, les clous, les phlegmons, les panaris, les brûlures. Le suc en frictions, autour des yeux, produit une légère dilatation de la pupille, moins prononcée pourtant que celle qui se manifeste sous l'influence de la belladone.

MORELLE TUBÉREUSE. *Solanum tuberosum* L. Pomme de terre, Parmentière. SOLANACÉES.

Description (fig. 185). — Plante de 4-6 décimètres. Racine rampante, dont les rameaux portent des tubercules volumineux, de forme et de grosseur variable. Tige herbacée, dressée, anguleuse, rameuse, pubescente. Feuilles alternes, pétiolées, décurrentes sur la tige, pennatiséquées, à segments ovales, acuminés, obliques ou cordiformes à la base, pétiolulés et entremêlés de segments plus petits et sessiles. Fleurs (juin-septembre) grandes, blanches ou violettes, en corymbes longuement pédonculés et opposés aux feuilles, dans la partie supérieure des tiges. Calice subcampanulé à 5 lobes, linéaires, lancéolés. Corolle pubescente, rotacée, à tube court, à 5 lobes triangulaires. Étamines 5 ; filets très-courts ; anthères réunies en cônes tronqués et s'ouvrant par deux pores terminaux. Ovaire libre conoïde, marqué de deux sillons opposés, à deux loges pluriovulées. Style cylindrique glabre ; stigmate bilobé et glanduleux. Fruit (*baie*) de la grosseur d'une cerise, d'un vert jaunâtre ou violacé, pendant. ♃.

Habitat. — Elle est originaire de l'Amérique du Sud.

Culture. — Elle végète dans presque tous les terrains et elle a

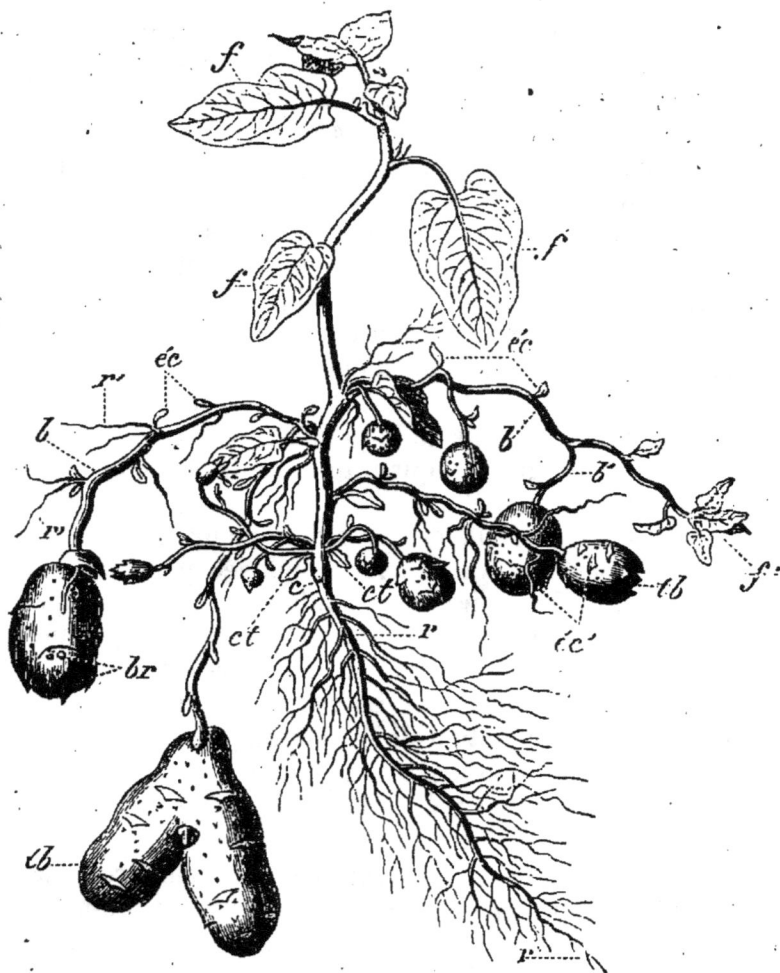

Fig. 185. — Morelle tubéreuse.

l'avantage de pouvoir venir à bien dans des contrées que leur température rend complétement impropres à la culture des céréales. On peut la reproduire de graines, mais on préfère employer les tubercules qu'on met en terre au printemps, entiers ou coupés en plusieurs morceaux. La récolte a lieu en septembre et en octobre.

Partie usitée. — Les tubercules ou pommes de terre. On en connaît un grand nombre de variétés, parmi lesquelles on peut citer :

la *pomme de terre naine*, la *hâtive*, la *truffe d'août*, la *hollandaise jaune*, la *patraque blanche*, la *patraque jaune*, la *decroizille*.

Conservation. — On peut les conserver à la cave pendant tout l'hiver, mais malheureusement elles germent dès que le printemps arrive. On a proposé, pour les conserver, de les priver de leur pellicule, de les plonger pendant quelques minutes dans l'eau bouillante et de les faire sécher à l'étuve. Elles deviennent ainsi dures, cassantes, cornées, inaltérables à l'air, pourvu qu'on les enferme dans un endroit sec.

Composition chimique. — Le tubercule contient : *amidon, parenchyme, albumine* et *matières azotées. analogues, asparagine, sucre, résine, matières grasses, citrate de chaux, sels minéraux, huile essentielle.* Il ne renferme pas de solanine, mais on a signalé la présence de cet alcâloïde dans les jeunes pousses de la pomme de terre germée, les feuilles, les tiges, les fruits. C'est probablement à la solanine (voyez *Morelle douce-amère*) qu'il faut attribuer les effets narcotiques que l'on observe en administrant, à la dose de 10 à 20 centigram., l'extrait obtenu des parties herbacées de la plante et des bourgeons des tubercules.

On obtient la fécule en râpant les tubercules, divisant la pulpe dans l'eau et jetant le tout sur un tamis, qui retient le parenchyme et laisse couler la fécule et l'eau. Par le repos, la fécule se sépare, on la lave à plusieurs reprises et on la fait sécher. Elle se présente

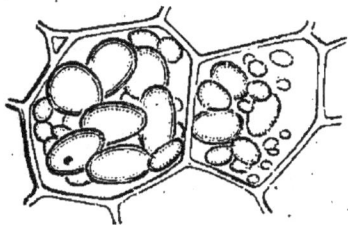

FIG. 186. — Deux cellules contenant des grains d'amidon, prises dans un tubercule de pomme de terre.

FIG. 187. — Un grain d'amidon de pomme de terre.

sous la forme d'une poudre blanche éclatante, d'aspect cristallin, sans saveur ni odeur. Ses granules sont plus volumineux que ceux du blé, et peuvent atteindre jusqu'à 185 millièmes de millimètre. Au microscope, on reconnaît qu'ils sont (fig. 186 et 187) ovoïdes, étranglés, gibbeux, obscurément triangulaires, présentant à la surface un point particulier, le *hileh*, autour duquel se voient des lignes courbes qui l'enveloppent concentriquement avec une apparence de régularité. Quand on fait cette observation à l'aide de la lumière polarisée et qu'on interpose un prisme analysateur entre l'objet et l'œil, on observe une croix noire, dont le centre se confond avec le hile. Elle est insoluble dans l'eau, mais par une forte trituration on parvient à la dissoudre en partie; l'empois qu'elle forme avec l'eau bouillante est moins consistant que celui de l'amidon.

Usages. — La pomme de terre est, après les céréales, la plante la plus utile à l'homme; son introduction dans l'alimentation a mis les sociétés modernes à l'abri des grandes famines qui, dans les siècles précédents, ont si souvent décimé les populations. Ses tubercules peuvent être employés directement comme aliments, ou bien on peut se servir de leur fécule, soit à l'état de pâte, de bouillie, soit mélangée à un peu de farine de froment et sous forme de pain. Sous l'influence des acides dilués et de la chaleur, la fécule se transforme d'abord en dextrine, puis en sucre; enfin ce sucre lui-même, sous l'influence des ferments, donne un alcool, *l'eau-de-vie de pomme de terre*, que la présence d'une huile essentielle (*essence de pomme de terre, alcool amylique*) rend insalubre quand on n'a pas rectifié convenablement le produit. La fécule peut servir à préparer des cataplasmes adoucissants, à saupoudrer les excoriations de la peau chez les enfants et les personnes très-grasses. La pomme de terre crue a été proposée comme prophylactique et comme moyen curatif du scorbut dans les voyages de long cours. On emploie la pulpe comme topique réfrigérant pour les brûlures du premier et du deuxième degré, pour cicatriser les ulcères scorbutiques.

MOUSSE DE CORSE. — Voy. *Sphérocoque mousse de Corse.*

MOUTARDE NOIRE. *Brassica nigra* Koch., *Sinapis nigra* L. CRUCIFÈRES.

Description (fig. 188). — Plante de 1-10 décimètres plus ou moins hérissée dans le bas. Racine un peu épaisse, blanchâtre, presque droite, munie d'un chevelu abondant. Tige dressée, cylindrique, glauque, à rameaux très-étalés. Feuilles alternes, pétiolées, vertes, glabres, un peu épaisses; les inférieures lyrées, à segments dentés, très-grand, le terminal obtus, plus ou moins lobé; les supérieures lancéolées, incisées, dentées ou entières. Fleurs (juin-août) jaunes, petites, pédonculées, disposées en longues grappes à la partie supérieure des divisions de la tige. Calice à 4 pétales, étalés, caducs, plus longs que le pédoncule. Corolle cruciforme, à pétales dressés. Étamines 6, tétradynames. Réceptacle muni de 4 glandes placées entre les étamines. Style terminé par un stigmate pointu. Ovaire cylindrique. Fruit (*silique*) serré contre la tige, grêle, tétragonal, un peu toruleux et terminé par une pointe courte, biloculaire; à 2 valves, présentant une nervure médiane carénée, séparées par une cloison longitudinale. Graines unisériées très-petites, globuleuses, avec un ombilic terminal, à surface chagrinée, d'un rouge brun, quelquefois recouverte d'un enduit blanchâtre. ④.

Habitat. — Elle est commune dans les diverses parties de l'Europe, on la rencontre dans les lieux pierreux, les décombres, les champs un peu humides.

Culture. — Elle est cultivée en Flandre, en Picardie, en Alsace. On la reproduit par la graine, qu'on sème à la volée en mars et avril. Elle est très-rustique et réussit très-bien dans des terrains légèrement fumés et préparés par deux labours; les soins entre les semailles et la récolte consistent à sarcler.

Partie usitée. — La graine.

Récolte. — On la récolte en septembre, dès que la plante jaunit. On arrache les pieds qui ont pris cette teinte, on les met en grenier et on les bat ensuite avec des baguettes pour ne pas écraser les graines. La graine d'Alsace est la plus grosse et la plus estimée; celle de la Picardie est la plus petite. On doit choisir ces graines piquantes, chaudes, amères, pesantes, noires.

FIG. 188. — Moutarde noire.

Composition chimique. — Les graines de moutarde noire contiennent : *huile fixe douce, albumine végétale, myrosine, myronate de potasse, sucre, matière gommeuse, matière colorante, acide libre, sinapisine, matière verte, quelques sels.* Aucune de ces matières n'est âcre par elle-même; mais, vient-on à délayer la poudre de graine dans l'eau froide ou tiède et soumet-on le tout à la distillation, on obtient une huile essentielle très-âcre. Cette essence, $C^8H^5AzS^2 = C^2AzS^2,C^6H^5$, est le résultat d'une réaction qui s'établit, en présence de l'eau, entre le myronate de potasse et la myrosine. Cette dernière substance agit à la manière d'un ferment et dédouble le myronate de potasse, qui contient les éléments de la glycose, du sulfate acide de potasse et de l'essence de moutarde. Cette essence est incolore ou légèrement citrine; son odeur, âcre, irritante, excite fortement le larmoiement. Sa densité à + 15° est de 1,010; elle est peu soluble dans l'eau, soluble dans l'alcool et l'éther. Elle ne se forme pas dans l'eau bouillante et cesse même de se produire à 60°; les acides minéraux, les acides végétaux en dissolution concentrée, l'alcool, le sel marin, le carbonate de potasse, les sels de mercure et de cuivre s'opposent à sa formation.

Formes pharmaceutiques, doses. — 1° Poudre (*farine de moutarde*); on doit la préparer avec des graines bien séchées à l'étuve, pour éviter la production et le dégagement de l'huile volatile, car cette préparation perdrait alors toute son activité. 2° Sinapismes : ce sont des cataplasmes que l'on obtient en mélangeant la farine avec de l'eau tiède. 3° Moutarde en feuilles (*sinapismes Rigollot*) avec poudre de moutarde entièrement privée de principes gras par l'action du sulfure de carbone ou de l'huile de pétrole et fixée par une dissolution de 4 à 5 pour 100 de caoutchouc dans un mélange de sulfure de carbone et d'essence de pétrole. 4° Pédiluves sinapisés avec farine de moutarde 50 à 200 grammes et eau tiède Q. S. On n'ajoute 'eau chaude que quand l'huile essentielle est produite. 5° Bains et fomentations sinapisés. 6° Révulsif de moutarde avec essence 1 partie, alcool à 60° ou huile d'amande douce 10, 12, 15 parties; on l'applique pendant deux ou trois minutes avec un morceau de liége ou de flanelle. L'huile fixe douce n'a aucune action médicinale; on en débarrasse parfois la farine pour la rendre plus active.

Action physiologique. — La moutarde appliquée sur la peau, sous forme de sinapisme, produit rapidement une sensation de picotement, de cuisson, une vive rougeur. Si le contact se prolonge pendant quelque temps, des excoriations, des phlyctènes apparaissent. Enfin, si, le sujet ayant perdu connaissance, l'application du topique était inconsidérément continuée pendant plusieurs heures, on constaterait la mortification du derme et des tissus sous-jacents. Ces effets doivent être attribués à l'essence de moutarde, qui impressionne non moins fortement les sens de la vue, de l'odorat et du goût. Elle occasionne, en effet, la rougeur des yeux, provoque les larmes, détermine dans les narines une sensation de piqûre douloureuse. Ingérée, elle exerce sur la langue, la bouche, les narines, un picotement plus ou moins vif; en arrivant dans l'estomac, son action irritante s'accuse par un sentiment de chaleur, une augmentation dans les forces digestives. En s'éliminant, elle active les sécrétions cutanées et rénales.

Usages. — A l'intérieur, elle est tonique, stimulante, antiscorbutique, purgative selon la dose, mais elle est peu usitée, et c'est plutôt un condiment qu'un médicament; elle constitue un des excitants les plus énergiques de la digestion. A l'extérieur, et sous forme de sinapisme, c'est le révulsif le plus habituel. Les indications de l'emploi des sinapismes sont très-nombreuses. On les applique : 1° sur les points pleurodyniques (affections rhumatismales douloureuses des muscles de la poitrine) et sur les parties quelconques qui sont le siége de douleurs de même nature ; 2° aux jambes, aux cuisses, dans les cas de congestion vers la tête ; dans la dernière période des maladies pour ranimer les malades ; lorsqu'il est nécessaire de provoquer une éruption qui tarde trop à se faire, ou d'arracher un malade à l'engourdissement comateux des fièvres typhoïdes graves, de la fièvre cérébrale, de l'empoisonnement par les narcotiques ; 3° on les promène sur la surface du corps pour réchauffer les malades atteints du choléra, pour soulager les asthmatiques dans leurs accès de suffocation, etc. Les varices, les infiltrations séreuses, les irritations dartreuses de la surface cutanée sont des contre-indications à l'emploi des sinapismes (Bossu).

MOUTARDE BLANCHE. *Sinapis alba* L. CRUCIFÈRES.

Description (fig. 189). — Plante de 2-5 décimètres, plus ou moins hérissée. Tige dressée, sillonnée, rameuse. Feuilles pétiolées, lyrées, pinnatifides à 5-7-9 segments oblongs sinués, dentés. Fleurs (juin-juillet) jaunes, en grappes simples, axillaires et terminales. Calice à 4 sépales, très-étalés, glabres, égalant le pédoncule. Ovaire tétragone, atténué en style, surmonté d'un renflement discoïde, stigmatifère. Siliques portées par un pédoncule étalé, renflées à la base, hérissées, tétragones, bosselées, terminées par un long prolongement aplati latéralement, munies, sur le dos des valves, de trois nervures saillantes et anastomosées, partagées en deux par une mince cloison qui porte les graines. Celles-ci, d'un jaune clair, elliptiques, arrondies, sont plus grosses que celles de la moutarde noire. ④.

FIG. 189. — Moutarde blanche.

Habitat. — Elle est commune dans les moissons.

Culture. — En Europe, on peut cultiver la moutarde blanche sous toutes les latitudes ; elle craint les premières gelées ; elle réussit surtout dans les terrains argilo- et silico-calcaires. On sème les graines pendant l'été.

Partie usitée. — Les graines.

Récolte. — On arrache les tiges dès qu'elles sont devenues jaunes, on les place dans une grange, on les bat un mois environ après la récolte, pour en séparer les graines.

Composition. — Les graines de moutarde blanche présentent une certaine analogie de composition avec celles de la moutarde noire. Broyées avec de l'eau, elles ne fournissent pas pourtant d'huile essentielle, mais elles développent un *principe âcre,* liquide, onctueux, de couleur rougeâtre, inodore, d'une saveur mordicante qui rappelle celle du raifort. Elles contiennent aussi environ 30 pour 100 d'*huile grasse,* beaucoup de *mucilage* et une matière cristallisable, jaunâtre, peu soluble dans l'eau et l'éther, la *sinapisine* ou sulfosinapisine, à laquelle revient peut-être un rôle dans les effets thérapeutiques de la moutarde blanche.

Usages. — C'est un remède populaire, que certains industriels ont vanté comme une panacée universelle; elle est usitée dans quelques affections du tube digestif et surtout pour combattre la constipation. Le mode d'administration consiste à faire ingérer tous les jours une ou plusieurs cuillerées de ces graines. Leur usage longtemps continué n'est pas sans danger, car il peut provoquer l'irritation, l'inflammation du canal digestif, autant par les effets du principe âcre que par l'action mécanique et l'accumulation de ces petits corps solides, qui ne sont jamais digérés et que l'on retrouve toujours en nature dans les selles.

MUSCADIER AROMATIQUE. *Myristica fragrans* Houtt., *M. moschata* Thunb., *M. officinalis* L. F. et Gært., *M. aromatica* Lam. MYRISTICACÉES.

Description (fig. 190). — Arbre d'environ 10 mètres de haut, à écorce rougeâtre, très-touffu et ressemblant à un oranger, à rameaux grêles et alternes, dont toutes les parties sont aromatiques; couvert de fleurs et de fruits toute l'année. Feuilles alternes, pétiolées, simples, entières, ovales, lancéolées, acuminées à 8-9 nervures latérales, coriaces, d'un vert foncé en dessus, blanchâtre en dessous; sans stipules. Fleurs régulières, dioïques. *Mâles,* disposées en fausses grappes de 3-5 fleurs axillaires ou supra-axillaires, pédonculées. Chaque pédicelle est accompagné à sa base d'une bractée caduque et porte à une hauteur variable, mais ordinairement tout près de la fleur, une autre bractée caduque. Périanthe gamosépale, campanulé, urcéolé, charnu, à 3 divisions ovales, aiguës, pubescentes, inséré sur un petit réceptacle convexe qui se prolonge, dans l'intérieur du périanthe, en une colonne renflée à sa base, portant supérieurement une vingtaine de loges d'anthères, verticales, linéaires, longitudinalement déhiscentes. *Femelles,* formant des espèces de cymes; périanthe semblable à celui des mâles; ovaire ovoïde, libre, uniloculaire, uniovulé; styles 2, très-courts, terminés chacun par un stigmate petit et capitulé. Fruit (*baie*) piriforme, de la grosseur d'une petite pêche, s'ouvrant en 2 valves épaisses et charnues, contenant une graine grosse, ovoïde, solide, entourée d'un arille charnu, de couleur rouge, plus ou moins lacinié, remontant plus ou moins entre la graine et le péricarpe, et connu sous le nom de *macis*. L'épisperme qui recouvre l'amande est épais et solide. ♄.

Habitat. — Il croît naturellement aux Moluques.

Culture. — On le cultive aussi depuis longtemps à Cayenne, aux

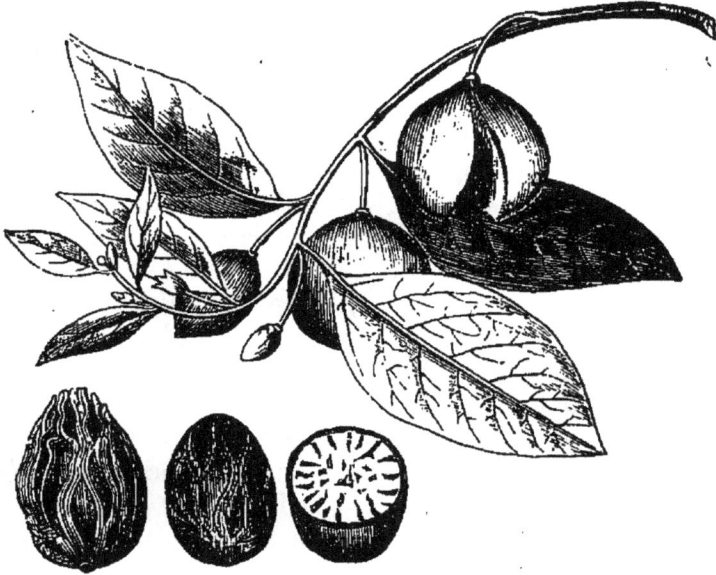

Fig. 190. — Muscadier aromatique.

Antilles, à Maurice, à Bourbon, à Madagascar, Java, Singapore. On le reproduit avec la graine dépouillée de son épisperme, pour la faire germer plus vite. On est dans l'usage de greffer dès la deuxième année tous les semis avec des branches femelles, un seul pied mâle pouvant, dans une plantation, suffire à 100 pieds femelles. Dans nos climats on le cultive en serre chaude.

Partie usitée. — La graine et son arille. La partie connue dans le commerce sous le nom de *noix muscade* est la graine moins l'arille et l'épisperme, c'est-à-dire l'embryon qui est logé vers l'une de ses extrémités. Elle est de la grosseur d'une petite noix, globuleuse ou ovoïde, ridée et sillonnée, d'un gris rougeâtre sur les parties saillantes, d'un blanc grisâtre dans les sillons, grise et veinée de rouge à l'intérieur, d'une odeur forte, aromatique et agréable, d'une saveur huileuse, chaude, âcre, cassante, mais assez tendre pour être coupée au couteau.

Récolte. — Quand les fruits sont parvenus à la maturité complète, on les fend et on enlève la graine recouverte de son macis. Celui-ci est détaché et séché au soleil pendant deux ou trois jours, puis trempé dans l'eau salée, afin de lui conserver une certaine souplesse qui l'empêche de se réduire en morceaux. Les graines sont ensuite séchées et débarrassées de leur tégument, que l'on rejette comme inutile, plongées dans de l'eau de chaux, pour les mettre à l'abri de la piqûre des insectes, puis définitivement séchées. Les muscades de Cayenne sont plus petites et toujours renfermées dans une coque d'un brun foncé un peu brillante. On doit les choisir grosses, pesantes, non piquées. Le macis forme une espèce de sac ouvert par un bout, fragile, d'aspect corné; il doit être choisi de couleur jaune-orangée, épais, et cependant souple et onctueux, d'odeur forte très-agréable, d'une saveur âcre et aromatique.

Composition chimique. — La muscade contient : *myristine, huile grasse butyreuse jaune, huile volatile, matières féculentes et gommeuses.* L'huile volatile bien rectifiée est liquide, très-fluide, incolore, de saveur âcre et brûlante. Sa densité est de 0,853; elle est peu soluble dans l'eau et complétement insoluble dans l'alcool absolu. La myristine est une matière grasse incolore qui se dédouble, par la saponification, en acide myristique ou séricique et en glycérine. Le macis contient deux huiles fixes, dont l'une est rouge, l'autre jaune, une essence incolore, très-fluide, très-suave. C'est à l'huile volatile que la muscade et le macis doivent leurs propriétés.

Formes pharmaceutiques. — 1° Poudre, 2 à 6 décigr. et même jusqu'à 4 gr. 2° Huile essentielle, 2 à 10 gouttes. 3° Teinture, 8 gr. 4° Beurre de muscade (*huile de macis, baume de muscade*). On l'obtient par expression à chaud, c'est un mélange de myristine, d'huile grasse butyreuse et d'essence; dans le commerce, elle est en pains carrés prismatiques, du poids de 250 gr., onctueux au toucher, d'une odeur forte de muscade, jaunes et marbrés de rouge, enveloppés dans une feuille de palmier. La muscade fait partie des élixirs diaphœnix et de Garus, de l'eau de mélisse des Carmes, de la thériaque, de l'esprit carminatif de Sylvius, du baume de Fioraventi, du baume nerval, du vinaigre des quatre voleurs.

Action physiologique. — La muscade présente la plus grande analogie d'action avec les autres substances contenant des huiles essentielles. C'est d'abord une excitation gastrique que l'on observe, excitation qui ne tarde pas à se généraliser; et si la dose est un peu trop forte, on constate des phénomènes de narcotisme qui ont un certain rapport avec ceux que déterminent les substances anesthésiques.

Usages. — La muscade et le macis sont surtout usités comme condiments; ils relèvent la saveur des mets fades, favorisent la digestion des substances peu nutritives et indigestes. C'est un médicament rarement employé seul : on l'utilise en l'associant à d'autres aromatiques dans certains états maladifs où il importe de tonifier, de stimuler les organes digestifs, tels que la diarrhée chronique, l'anémie, la cachexie paludéenne, la consomption, le marasme. Comme masticatoire, on l'a préconisée contre la paralysie de la langue; le beurre de muscade a été indiqué, en frictions, contre la gale, le rhumatisme chronique, la paralysie.

On nomme *muscade verte, M. mâle ou sauvage*, les petites muscades dont le macis n'atteint pas le sommet de la graine. Elles paraissent produites par le *Myristica tomensa* Thun.

MYRRHE. — Voy. *Baumier porte-myrrhe.*

N

NERPRUN CATHARTIQUE. *Rhamnus catharticus* L. Nerprun, Bourguépine, Nerprun purgatif. RHAMNÉES.

Description (fig. 191). — Arbre de 2-3 mètres. Tige dressée, rameuse, à écorce lisse, d'un brun grisâtre. Rameaux opposés, très-étalés, grisâtres, souvent terminés en pointe épineuse à leur sommet. Feuilles pétiolées, opposées sur les jeunes rameaux, fasciculées sur les anciens, ovales, aiguës, dentées, glabres, d'un vert clair, munies de chaque côté de la nervure médiane de 2-3 nervures convergentes, stipules subulées beaucoup plus courtes que le pétiole. Fleurs (mai-juin) petites, d'un jaune verdâtre, dioïques ou polygames, rapprochées plusieurs ensemble à la base des jeunes rameaux. Calice urcéolé, persistant, tubuleux à sa base, partagé à son limbe en 4 lanières, étalées, lancéolées, aiguës. Pétales 4, dressés, très-petits, linéaires. Dans les fleurs mâles, on trouve 4 étamines opposées aux pétales et un pistil rudimentaire. Les fleurs femelles ont un ovaire globuleux déprimé à 4 loges monospermes; le style quadrifide au sommet se termine par 4 stigmates obtus. Fruit (*baie*) sphérique, luisant, vert, puis noir, contenant 3-4 graines ovoïdes, trigones, marquées du côté extérieur d'un sillon plus large à la base. ♄.

Habitat. — Le nerprun est fréquent dans les bois, les haies, les taillis humides de presque toute la France.

Culture. — Sa culture est facile, car il est très-rustique, ne craint pas le froid et prospère dans tous les terrains et à toutes les expo-

sitions. On le reproduit le plus souvent de marcottes, mais on peu
également le multiplier par les graines, que l'on sème en plate-band
de bonne terre, aussitôt après la maturité. Elles ne lèvent que l'anné
suivante ; on repique les jeunes plants à l'automne.

Partie usitée. — Les fruits. Ils ont une odeur désagréable, u
peu nauséabonde, une saveur amère âcre. Leur suc, d'abord de cou
leur safranée, passe au rouge verdâtre, puis au rouge violet très
foncé, quand la maturité est complète.

Récolte. — On les récolte pendant le mois de septembre et d'oc
tobre, quand ils sont en plein
maturité. On choisit les plus gros
les plus luisants et les plus ri
ches en suc. On ne les fait pa
sécher, car ils perdent leur pro
priété par la dessiccation.

Fig. 191. — Nerprun cathartique.

Composition chimique. — L
suc des fruits contient : *rham
négine, acide acétique, muc
lage, sucre, matière azotée*. L
rhamnégine, $C^{48}H^{32}O^{28}$, se pré
sente sous forme d'aiguille
très-fines, d'un jaune pâle, trè
solubles dans l'eau et l'alcoo
peu solubles dans la benzine,
sulfure de carbone. C'est un gl
coside qui, au contact de l'aci
sulfurique étendu et bouillan
donne de la glycose et de
rhamnétine, $C^{24}H^{10}O^{10}$. L
rhamnine est également un pr
duit qui résulte de l'action de l'acide sulfurique sur la rhamnégine
dont la formation précède celle de la rhamnétine. Le principe purga
serait la *cathartine*, substance cristalline, jaunâtre, amère, solub
dans l'eau et l'alcool faible, déterminant la purgation à la dose
40 à 50 centigram. Il y aurait en plus, dans le nerprun, un aut
agent purgatif, car il est certain que si vingt-cinq à trente fruits
nerprun produisent un effet purgatif, il faut administrer 30 gramm
de suc pour obtenir le même résultat.

Formes pharmaceutiques, doses. — 1° Sirop, 20 à 60 gram.
c'est à peu près la seule préparation usitée; sa saveur est fort dé
agréable. 2° Suc, 15 à 30 gram. 3° Décoction, 4 à 12 gram. po
250 gram. d'eau.

Action physiologique. — Les baies de nerprun constituent u purgatif fort énergique qui a le défaut d'occasionner des coliques assez vives, quand on l'administre en nature. On prévient cet inconvénient en donnant immédiatement après une tisane mucilagineuse et adoucissante.

Usages. — On n'emploie ce médicament que pour obtenir une purgation énergique, dans les paralysies et les hydropisies, les dartres chroniques. L'écorce moyenne du tronc est, dit-on, vomitive. La couleur usitée sous le nom de *vert de vessie* se prépare avec les baies de nerprun, de la chaux ou de l'alumine.

NICOTIANE TABAC. *Nicotiana tabacum* L., *N. havanensis*

FIG. 192. — Nicotiane tabac.

Log. Nicotiane ordinaire, Tabac, Petun, Herbe à la reine, dédiée à J. Nicot, introducteur du tabac en France. SOLANACÉES.

Description (fig. 192). — Plante de 2 mètres et plus, glutineuse, couverte sur toutes ses parties de poils visqueux, très-courts, d'odeur vireuse, désagréable. Tige cylindrique, droite, rameuse au sommet. Feuilles alternes, sessiles, amplexicaules, grandes, ovales, oblongues, lancéolées, entières, molles, d'un beau vert. Fleurs grandes, roses, munies de bractées, disposées en une sorte de panicule aux extrémités des rameaux. Calice tubuleux, ventru, à 5 divisions linéaires, aiguës. Corolle gamopétale infundibuliforme ; tube cylindrique, deux fois plus long que le calice ; limbe partagé en 5 divisions aiguës, étalées. Étamines 5, incluses ; anthères ovoïdes, obtuses, bifides inférieurement. Ovaire ovoïde, tronqué à la base, appliqué sur un disque hypogyne jaunâtre, à 2 loges multiovulées ; style simple ; stigmate en tête. Fruit (*capsule*) ovoïde, à sillons externes, biloculaire, entouré par le calice persistant, à déhiscence septicide, renfermant des graines noires très-petites et très-nombreuses. ①.

Habitat. — Originaire de l'Amérique tropicale.

Culture. — Le tabac, bien qu'originaire des contrées chaudes du globe, prospère dans les contrées tempérées et froides. On le reproduit de graines semées sur couches ; les jeunes plants, que l'on a soin de protéger contre la gelée, sont repiqués à la belle saison, dans un terrain ameubli par plusieurs labours et bien fumé. La plante se développe rapidement.

Partie usitée. — Les feuilles.

Récolte. — Elle se fait en France dans les mois d'août et de septembre. Les feuilles qui sont employées en médecine ont subi dans les manufactures de tabac des manipulations particulières, une fermentation spéciale, qui en change la nature.

Composition chimique. — Le tabac contient : *nicotine, nicotianine, principes colorants extractifs, gomme, chlorophylle, albumine végétale, gluten, amidon, acide malique, citrates et malates de potasse et de chaux*. La nicotine, $C^{20}H^{14}Az^2$, est un alcaloïde liquide, incolore, transparent, oléagineux, d'odeur âcre et vireuse, rappelant celle du tabac ; sa saveur est caustique et détermine une sorte d'engourdissement du pharynx ; la lumière l'altère et la colore rapidement en brun ; elle bout vers 250° et se dissout dans l'eau, l'alcool, l'éther, les huiles fixes et certaines huiles volatiles. C'est une base puissante dont les solutions prennent une coloration purpurine sous l'influence de la teinture d'iode. Elle paraît exister dans la plante à l'état de malate ou de citrate. Sa proportion oscille entre 2 et 8 pour 100. Le tabac du Lot est celui qui en contient le plus, celui de la Havane n'en renferme que 2 pour 100.

Quand le tabac a été préparé dans les manufactures de l'État, la nicotine y existe en proportion moins forte, parce qu'une partie, la moitié, les deux tiers même, se détruisent pendant la fermentation des feuilles. La nicotianine est une huile volatile concrète, ayant l'aspect du camphre, insoluble dans l'alcool et l'éther. Elle ne semble avoir aucune influence sur les propriétés de la plante. La fumée de tabac contient : *une huile et une résine empyreumatiques, de la paraffine, des acides carbonique, acétique, butyrique, de l'oxyde de carbone, de l'hydrogène carboné, de la nicotine, de la nicotianine.*

Formes pharmaceutiques, doses. — 1° En substance, dose, 25 à 30 centigram. comme émétique. C'est là une pratique dangereuse. 2° Infusion, pour lavement, 2 à 4 : 500. 3° A l'intérieur, 2 gram. en infusion. La fumée a été conseillée comme antispasmodique chez les personnes non blasées. On prescrit également les fumigations excitantes de tabac dans le rectum chez les noyés. La plus grande prudence doit présider à l'administration du tabac, puisque nous avons vu que la proportion de nicotine peut varier du simple au quadruple.

Action physiologique. — Mâchées, les feuilles de tabac ont un goût amer et piquant et provoquent fortement la sécrétion de la salive. Ingéré, le tabac produit des nausées, une sensation de malaise, et si la dose est petite et souvent répétée, il détermine une action diurétique, quelquefois laxative. A dose élevée, les nausées se manifestent également, mais elles ne tardent pas à être suivies de vomissements, de purgations, avec anxiété, tremblement des membres, affaiblissement de la vue, tendance aux syncopes. Le pouls est petit et fréquent, la sensibilité s'émousse, la peau se refroidit et se couvre d'une sueur froide ; des convulsions peuvent apparaître. Sous forme de tabac à priser, il produit sur la muqueuse nasale un vif picotement suivi d'éternuments plus ou moins fréquents et d'un écoulement de mucus nasal. Sous forme de fumée, il provoque, chez les novices, une sécrétion exagérée de la salive et les phénomènes qui caractérisent son ingestion ; l'indisposition est plus ou moins grave, souvent elle se borne à une purgation et à des vomissements. L'usage émousse la susceptibilité de l'organisme, et le fumeur trouve dans les vapeurs du tabac des sensations agréables, difficiles à définir, qui, malheureusement, à la longue, ne sont pas sans danger, car l'abus du tabac exerce une puissante dépression sur les systèmes nerveux et circulatoire. Le tabac appliqué sur des surfaces excoriées a pu produire des résultats mortels, et l'on a constaté des accidents semblables à la suite des lavements de tabac. Les effets du tabac sont dus presque entièrement à la nicotine, poison qui par sa violence n'a d'équivalent que l'acide cyanhydrique, l'aconitine, l'atropine, et qui détermine la mort en produisant le rétrécissement et la déplétion du système artériel, et la contraction tonique persistante des muscles. Elle n'a encore reçu aucune application sérieuse en thérapeutique. Les toniques, les stimulants et surtout les alcooliques, le café, le thé, sont les meilleurs antidotes à opposer à l'action du tabac.

Usages. — Malgré le rôle que joue le tabac dans les sociétés modernes, il n'a trouvé que peu d'applications en médecine. La poudre sert comme sternutatoire. A l'intérieur, on met quelquefois à contribution ses effets dépressifs sur le système nerveux, la fibre musculaire, la contracture qu'elle produit sur les fibres lisses de l'intestin, dans certaines constipations, dans l'iléus ou volvulus, la hernie étranglée, les convulsions toniques, le tétanos ; mais c'est là un remède dangereux qui ne doit être administré qu'avec une extrême prudence, alors que, les autres médicaments ayant échoué, et la vie étant en danger, le médecin ne croit pas devoir rester spectateur désarmé de la maladie. C'est en déterminant les contractions intestinales que la pipe détermine des selles chez les personnes habituellement constipées, et c'est en excitant la sécrétion salivaire et sympathiquement la sécrétion gastrique que le tabac active la digestion. A l'extérieur, c'est un remède populaire pour détruire l'acarus de la gale, le pou pubis ; on s'en sert aussi dans quelques maladies de la peau, la teigne par exemple. On a également indiqué le tabac en applications topiques sur les articulations douloureuses, dans la goutte, le rhumatisme.

La nicotiane rustique (*N. rustica* L.) possède les mêmes propriétés.

NOIX VOMIQUE. — Voy. *Vomiquier noix vomique.*

NOYER ORDINAIRE. *Juglans regia* L. JUGLANDÉES.

Description (fig. 193). — Arbre pouvant atteindre jusqu'à 20 mètres de hauteur et 3-4 mètres de circonférence, à écorce blanchâtre et fendue, à rameaux étalés et formant une longue tête arrondie. Feuilles alternes, articulées, composées de 7-9 folioles presque sessiles, ovales, entières, acuminées au sommet, presque égales, sinuées sur les bords, coriaces et d'un vert sombre. Fleurs paraissant avant les feuilles (mai) unisexuées, monoïques. *Mâles*, en chatons terminaux ou latéraux, pendants à la partie supérieure des branches de l'année précédente, cylindriques, longs de 7-10 centimètres. Périgone à 5-6 lobes membraneux et inégaux, muni en dehors et près du sommet d'une bractée écailleuse. Étamines 14-36, insérées vers la partie moyenne du périgone ; filets libres et très-courts ; anthères biloculaires.. *Femelles* rassemblées au nombre de 2 à 3 à l'extrémité des jeunes pousses, entourées de quelques folioles étroites, subulées. Périgone globuleux à sa base et soudé avec l'ovaire infère, limbe double, l'extérieur très-grand et denticulé, l'intérieur plus long, à 4 divisions inégales, aiguës. Ovaire

globuleux, renfermant un seul ovule dressé, se terminant par 2 stigmates obtus, divergents, épais, courts et glanduleux sur leur face

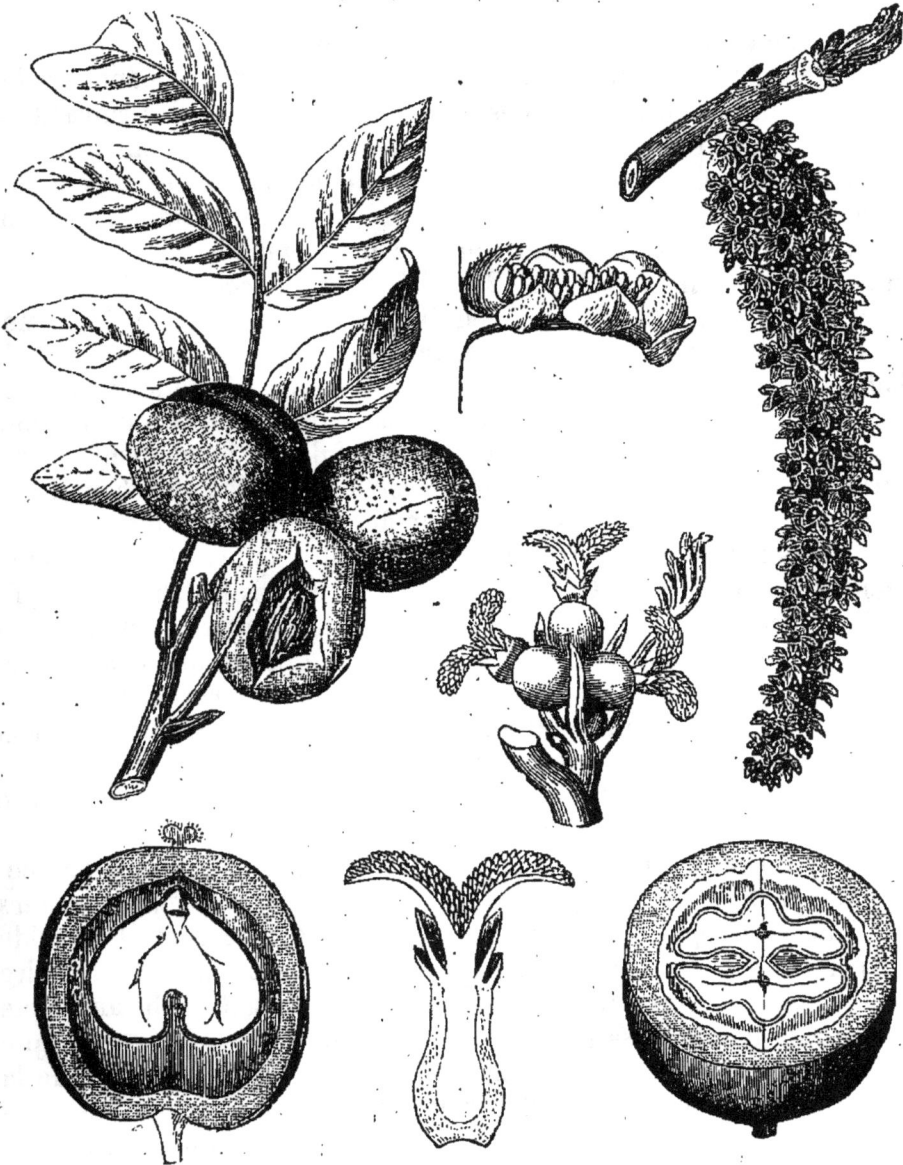

Fig. 193. — Noyer ordinaire.

interne. Fruit (août-septembre) globuleux, glabre, marqué d'un
sillon longitudinal, formé d'un sarcocarpe succulent (*brou*) vert,
noircissant et devenant presque déliquescent à la maturité; d'un en
docarpe ligneux, ridé, sillonné, s'ouvrant en deux valves, et d'une

graine inégalement bosselée, toruleuse, quadrilobée au sommet et à
la base, à tégument d'abord blanchâtre, puis d'un jaune plus ou
moins foncé. La graine accompagnée de l'endocarpe ligneux porte le
nom de *noix*.

Parties usitées. — Les feuilles; le brou, les noix.

1° FEUILLES. — Elles sont très-odorantes, surtout quand on les
froisse dans les doigts; réunies en grande quantité, elles causent de
la céphalalgie et du malaise; leur saveur est un peu amère, résineuse et piquante. On les récolte pendant toute la belle saison. Par
la dessiccation elles perdent 53 pour 100 de leur poids et deviennent très-fragiles et d'un jaune brun. On les emploie sous les formes
suivantes : 1° Infusion, pp. 20 : 1000. 2° Décoction, 50 : 1000.
3° Extrait, 40 à 80 centigram. en pilules. 4° Sirop, 30 à 45 gram.
5° Pommade avec l'extrait. 6° Collyre avec addition d'extrait de belladone. 7° Vin. Regardées autrefois comme un spécifique contre l'ictère, elles sont aujourd'hui usitées dans le traitement de la scrofule
(engorgements scrofuleux, ophthalmie scrofuleuse, gonflement et carie
scrofuleuse des os) sous forme de décoction; on s'en sert pour laver
et panser les ulcères, pour pratiquer des injections détersives dans
les trajets fistuleux. Le décocté est souvent employé dans le traitement des leucorrhées. On a préconisé les feuilles fraîches en applications locales contre la pustule maligne. Les fleurs mâles faisaient
partie d'une préparation aujourd'hui inusitée et connue sous le nom
d'*eau des trois noix;* on l'obtenait en distillant à trois époques différentes la même eau : 1° sur des fleurs mâles ; 2° sur des noix
imparfaitement mûres, ou *cerneaux;* 3° sur des noix mûres.

2° BROU. — Son odeur est forte et aromatique, sa saveur amère
et piquante. On le récolte au mois de juillet; par la dessiccation il
devient mince, recoquillé et prend une saveur douceâtre et sucrée.
Il contient : *amidon, chlorophylle, matière âcre et amère, acides
malique, tannique, citrique, sels.* La matière amère est très-avide
d'oxygène et contracte sous l'influence de ce gaz une couleur noire
et une complète insolubilité dans l'eau. C'est à cette substance que
le brou de noix doit sa propriété de teindre d'une manière presque
indélébile les doigts et les tissus. Le brou de noix est la base de la
tisane antivénérienne de Pollini usitée dans le traitement des accidents syphilitiques rebelles et de certaines affections dartreuses. On
l'a vanté contre la fièvre intermittente et la pustule maligne. L'extrait
est conseillé, à la dose de quelques centigrammes, comme stomachique et anthelminthique; le suc est employé avec succès contre les
verrues et la teigne. Le ratafia de brou de noix est un bon stomachique.

3° NOIX. — Les noix sont comestibles et se mangent, soit impar-

faitement mûres, soit mûres et fraîches, soit sèches. Elles peuvent
servir à faire une émulsion agréable ; elles passent pour vermifuges.
On en extrait par expression à froid, et à l'aide de moulins particuliers, une huile grasse, qui lorsqu'elle est fraîche peut remplacer
l'huile d'olive. Cette huile est verdâtre ou jaune roussâtre, d'odeur
faible, s'épaississant à — 15° et se solidifiant à — 27°, rancissant
aisément, et plus siccative que l'huile de lin. Quand on l'a extraite
à chaud, elle devient purgative et peut s'employer en lavements, à
la dose de 20 à 30 gram. La deuxième écorce du bois passe pour
vésicante et purgative.

O

OLIVIER D'EUROPE. *Olea europœa* L. OLÉACÉES.

Description (fig. 194). — Arbre pouvant acquérir 12 à 15 mètres
de hauteur et 3 à 4 mètres de circonférence, d'aspect peu régulier.
Dans le midi de la France cet arbre s'élève au plus à 3 ou 4 mètres
de hauteur ; le tronc se divise en nombreux rameaux opposés,
irréguliers, tortueux. Écorce crevassée et grise sur les vieux pieds,
lisse et grisâtre sur les jeunes, bois très-dur, compacte, jaune, marqué de veines brunes. Feuilles opposées, courtement pétiolées,
ovales, aiguës, entières, coriaces, blanchâtres en dessous, vertes en
dessus, persistantes. Fleurs (mai) petites, blanchâtres, disposées en
petites grappes axillaires à la partie supérieure des rameaux. Calice
en coupe, à quatre dents, plus large que long. Corolle campanulée,
courte, plus large que le calice, à 4 lobes, ovales, aigus. Étamines 2,
exsertes, insérées à la base de l'ovaire. Celui-ci unique, globuleux, à
2 loges biovulées ; style terminé par un stigmate bilobé. Le fruit
(août-septembre), appelé *olive*, est une drupe ovoïde, allongée, plus
ou moins charnue, d'un vert foncé devenant d'un violet foncé à la maturité, à noyau osseux, uniloculaire et monosperme par avortement,
graine à albumen presque charnue. ♄.

Habitat. — L'olivier est originaire de l'Asie, d'où il s'est répandu
dans toute la région méditerranéenne. Il offre de nombreuses variétés.

Culture. — On le multiplie de graines, de rejetons et de boutures. Il n'est d'ailleurs pas difficile sur le choix des terrains et prospère dans les sols fertiles comme sur les plus ingrats, dans les terrains calcaires comme dans ceux qui sont sablonneux. Il n'aime point

les lieux inondés, craint le froid et vient mal au-dessus de 45° de
latitude.

Partie usitée. — L'huile extraite du.fruit. Toutes les parties de
l'olive contiennent de l'huile. Celle de l'épicarpe paraît contenir un
principe résineux, celle du sarcocarpe est plus abondante, celle du
noyau osseux (endocarpe) renferme un peu de mucilage, enfin celle
de la graine est légèrement âcre.
Toutes ces huiles se mêlent dans l'extraction.

Récolte. — Les olives sont récoltées
à la main ou abattues à coups de gaule ;
on les laisse alors amoncelées pendant
quelque temps dans un local spécial,
puis on les écrase au moyen d'un
moulin particulier. On appelle *huile
vierge*, *huile d'Aix*, celle qu'on obtient en soumettant à une pression
modérée les olives écrasées ; *l'huile
ordinaire* provient d'une pression plus
énergique ; *l'huile fermentée* a été préparée en soumettant les olives à la fermentation, avant de les exprimer : la
fermentation ramollissant le parenchyme, on recueille plus d'huile, mais
elle est d'un goût peu agréable et
inusitée en France ; enfin, *l'huile d'en-
fer* résulte de l'action de l'eau bouillante sur les tourteaux des opérations
précédentes ; elle est encore plus désagréable que la dernière et ne sert que
pour l'éclairage et la fabrication des savons.

FIG. 194. — Olivier d'Europe.

L'huile d'olive est fluide, d'un jaune verdâtre, de saveur douce et
agréable, d'une odeur faible et particulière. Sa densité est de 0,9109
à 25°, elle se congèle à une température de + 5° à + 8° et devient
alors grenue et comme butyreuse. Elle n'est pas siccative à l'air,
rancit difficilement, est presque insoluble dans l'alcool. Elle se compose de 28 pour 100 de margarine et de 72 pour 100 d'oléine ; on y
rencontre aussi une matière colorante jaune, une substance aromatique et quelques traces de matières azotées neutres.

Action physiologique, usages. — Comme les autres substances
grasses, c'est un aliment respiratoire. Ingérée à la dose de 15 à 60 gr.,
elle agit comme laxatif, sans produire de coliques ; on la prescrit
également sous forme de lavements ; se elle paso pur anthelminthique

On l'administre souvent comme contre-poison ; elle agit alors pour ainsi dire mécaniquement en s'opposant à l'absorption, et cela autant par la couche protectrice qu'elle forme sur la muqueuse stomacale, que par l'enduit qu'elle dépose à la surface de la matière active. On ne doit d'ailleurs la faire ingérer que lorsque l'action des vomitifs a été complétemeut épuisée, et il faut s'en abstenir toutes les fois qu'elle peut dissoudre la matière toxique (cantharide, phosphore). Elle entre dans la composition d'un grand nombre de pommades, onguents, cérats, emplâtres et huiles médicinales. Les chirurgiens s'en servent pour faciliter l'introduction et le glissement de certains instruments. Dans les provinces méridionales, elle remplace le beurre comme assaisonnement.

La chair de l'olive verte est dure et amère. Aussi ces fruits ne deviennent-ils alimentaires qu'après avoir subi une macération dans une lessive caustique ; on les place ensuite pour les conserver dans une saumure aromatique. L'écorce et les feuilles ont une saveur aromatique qu'elles doivent à un principe particulier, l'*olivine* ou l'*olivite*. On a préconisé ces feuilles comme astringentes, fébrifuges ; elles le cèdent de beaucoup à certains amers indigènes, tels que la gentiane, l'écorce de chêne, la petite centaurée. La gomme-résine qui s'écoule du tronc renferme de l'acide benzoïque ; elle est inusitée aujourd'hui.

OPIUM. — Voy. *Pavot somnifère.*

ORANGER ORDINAIRE. *Citrus aurantium* L. Citronnier oranger. RUTACÉES-AURANTIACÉES (Baillon).

Description (fig. 196). — Arbre de grandeur variable suivant les pays, s'élevant dans le Midi jusqu'à 8-12 mètres. Tronc lisse, cylindrique, souvent ramifié dès la base ; écorce d'un brun verdâtre ; bois compacte, blanc, légèrement odorant. Rameaux étalés, feuilles alternes, articulées sur un pétiole ailé sur les bords et comme obcordé, unifoliolées, ovales, un peu acuminées, entières, glabres, luisantes, un peu épaisses, coriaces, criblées de petites veinules remplies d'une huile volatile d'odeur agréable. Fleurs (surtout en juillet et août) blanches, exhalant un parfum suave, disposées en bouquets pauciflores à l'extrémité des rameaux. Calice très-court, plan, à 5 dents larges et aiguës. Corolle presque campanulée, à 5 pétales elliptiques, allongés, obtus, sessiles, un peu épais, légèrement charnus, parsemés de glandes transparentes. Étamines 20 environ, insérées autour de l'ovaire sur un disque hypogyne, plus courtes que la corolle, dressées, rapprochées les unes des autres ; filets blancs se soudant souvent par 2-3 ; anthères cordiformes. Ovaire ovoïde, presque globuleux, à 8-9-10 loges ; style cylindrique, très-gros, terminé par un stigmate épais, globuleux, un peu concave au sommet. Le fruit (*hespéridie*) porte le nom d'*orange*, il est globuleux, quelquefois un peu déprimé, recouvert d'une double écorce ; l'extérieure ou épicarpe (*zeste*) est lisse ou rugueuse, d'un rouge pâle, attachée à une partie cellulaire blanche, spongieuse, qui est le mésocarpe. La chair ou sarcocarpe, qui forme la presque totalité du fruit, est à 8-10 loges, remplies de vésicules oblongues, parallèles, gorgées d'un suc jaunâtre sucré, doux, légèrement acide, fort agréable. Les graines sont blanches, oblongues, arrondies. ♃.

Habitat. — Il est originaire de la Chine, des îles de la mer des Indes et de l'océan Pacifique; il est cultivé aujourd'hui dans tout le littoral méditerranéen.

Culture. — On ne le cultive en pleine terre que dans les départements du Midi ; partout ailleurs on le fait venir en caisses que l'on rentre l'hiver dans l'orangerie ; cette culture est d'ailleurs du domaine exclusif de l'agriculture ou de l'horticulture. On connaît plusieurs variétés d'oranges et d'orangers qui sont : l'*orange de Malte* (O. rouge, O. grenade), l'*orange des Baléares ou du Portugal*, les *O. crépue, à fruit cornu, à fruit bosselé, à fruit comprimé, strié, de Gênes, à feuilles d'yeuse, à fruit nain, à fruit changeant;* les *O. nobles, de la Chine ou mandarines*, la *portugaise*, la *pomme d'Adam des Parisiens*.

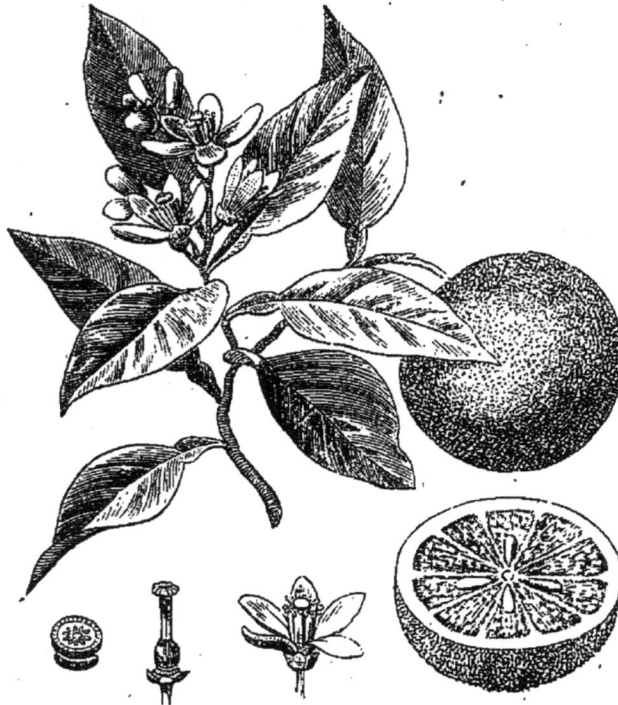

Fig. 195. — Oranger ordinaire.

Parties usitées. — Les feuilles, les fleurs, les fruits, l'essence.

FEUILLES. — Les feuilles sont employées en infusion théiforme, pp. 10 : 1000, comme diaphorétique et antispasmodique léger, dans la céphalalgie, les palpitations, la toux convulsive, l'hystérie, ou sous forme de poudre, comme stomachique, à la dose de 40 centigr. On doit les choisir fortes, régulières, d'un beau vert foncé, les sécher promptement et avec précaution et rejeter celles qui sont jaunes ou tachées ; les conserver dans un lieu sec et à l'abri de la lumière. Leur odeur est aromatique, leur saveur chaude et amère. On peut les employer fraîches ; on leur préfère, en général, celles du bigaradier (*Citrus vulgaris* Risso), qui sont plus amères et plus aromatiques.

FLEURS (*naphæ*). — On doit rejeter les calices et n'employer que les pétales, que l'on dessèche à l'étuve et qu'on enferme ensuite dans des flacons bien bouchés ; ils deviennent roux par la dessiccation. Elles renferment : *huile volatile, extractif amer, gomme, acide acétique, acétate de chaux*. On connaît les formes pharmaceutiques suivantes : 1° infusion théiforme, pp. 2 : 1000 ; 2° sirop, 30 grammes ; 3° hydrolat (*eau de naphe*), 30 à 90 grammes. L'hydrolat entre dans les potions calmantes et antispasmodiques ; c'est un calmant du système nerveux, un stupéfiant même, à hautes doses, qui est assez usité dans les maux de tête, les maux d'estomac. Celui qui est préparé avec les feuilles du bigaradier est plus suave. — Par la distillation des fleurs on obtient une certaine quantité d'huile volatile qui nage à la surface de l'eau. Cette essence, très-suave, très-agréable, de saveur amère et aromatique, d'une densité de 0,858, porte le nom de *néroli;* elle entre dans la composition de l'eau de Cologne. Le *néroli de Paris* s'obtient avec les feuilles du bigaradier ; c'est le plus estimé.

FRUIT. — L'écorce contient une matière amère encore peu connue et une substance cristalline (*hespéridine*) qui paraît être de nature résineuse. Le suc des fruits renferme : *acides citrique, malique, mucilage, albumine, sucre, citrate de chaux, eau*. Ce suc, dilué dans l'eau, sert à préparer l'*orangeade*, boisson moins acide que la limonade et journellement employée pour étancher la soif des malades. On donne aussi le suc en nature dans le même but ; on en prépare un sirop. On prescrit les tranches d'orange dans les maladies fébriles et inflammatoires pour calmer la soif et tromper l'appétit des malades. Les graines sont très-amères et inusitées ; elles renferment un principe amer cristallisé, la *limonine*. L'écorce desséchée a une saveur amère, piquante et aromatique, moins développée pourtant que dans celle du bigaradier, qu'on lui préfère. L'écorce verte de ce dernier est connue sous le nom de *curaçao*. On fait avec cette écorce un sirop que l'on emploie à la dose de 30 à 60 gram., comme stomachique, tonique, stimulant diffusible, correctif des médicaments désagréables ou repoussants. Elle est la base de la liqueur connue sous le nom de *curaçao des îles* ou *de Hollande*. Les jeunes oranges amères tombées de l'arbre avant la maturité, et qu'on appelle *orangettes* ou *petits grains*, sont moins aromatiques et plus amères ; elles deviennent très-dures par la dessiccation et servent à faire des pois à cautères dits d'orange. Une petite variété de bigaradier que l'on confit au sucre ou à l'eau-de-vie porte le nom de *chinois*.

L'huile essentielle qu'on retire de l'écorce d'orange douce est connue sous le nom d'*essence de Portugal;* sa densité est de 0,835; elle bout à 180°; elle est très-fluide, très-légère, d'un blanc jaunâtre, d'une saveur amère, d'une odeur analogue à celle du néroli, mais pourtant différente. L'essence d'orangette est désignée sous le nom d'*essence de petits grains.*

ORCHIS MALE. *Orchis mascula* L. ORCHIDÉES.

Description (fig. 196). — Plante de 2-5 centimètres de hauteur. Racine formée par des fibres grêles cylindriques simples, qui surmontent deux tubercules ovoïdes, allongés, blancs, charnus, fétides. Tige cylindrique, glabre, simple, munie dans la moitié inférieure de feuilles planes, oblongues, lancéolées, pointues, luisantes, glabres, souvent marquées de taches brunâtres. Fleurs (mai-juin) assez grandes, purpurines, rarement blanches, formant un épi terminal de 12 à 15 fleurs, ovoïde et situé à l'aisselle de bractées membraneuses, colorées, à une seule nervure. Périanthe à 6 divisions, les trois externes à peu près égales, aiguës, réfléchies, deux internes réunies en voûte et plus longues que les trois précédentes, enfin la sixième (*labelle*) en lèvre pendante, large, crénelée, à 3 lobes dentés, dont le moyen est le plus long et bilobé, prolongée à l'autre extrémité en un éperon presque droit, horizontal ou ascendant. Ovaire infère tordu en spirale. Du milieu de la fleur s'élève une colonne (*gynostème*) formée par la soudure des organes mâles et du style. Stigmate convexe, placé devant le style. Pollen distinct, en 2 paquets oblongs. Fruit (*capsule*) allongé, monoloculaire, trivalve, s'ouvrant par 3 fentes longitudinales. Semences petites nombreuses. ♃.

Habitat. — Les bois et les prairies montagneuses.

Culture. — On ne le cultive pas dans les jardins, car il y réussit rarement, même en le plantant en mottes assez grosses pour ne point altérer ses bulbes.

Partie usitée. — Les tubercules.

SALEP. — On donne ce nom aux tubercules desséchés de l'Orchis mâle et de plusieurs autres orchidées, telles que l'*Orchis morio* L., les *Orchis militaris* et *fusca* Jacq., *maculata* L., *latifolia* L., les *Ophrys arachnites* Lam., *apifera* Huds., *antropophora* L. Le salep de France est surtout fourni par l'*Orchis mascula*, celui d'Orient (Anatolie, Turquie, Perse), par l'*O. morio.* L'époque la plus favorable pour la récolte de ces orchidées est le moment où la végétation extérieure de l'année cesse; le tubercule ancien (fig. 197) est alors presque entièrement épuisé et flétri, et le nouveau est gras, ferme, succulent; c'est celui que l'on recueille. On sépare les radicelles, on lave les tubercules et on en forme des chapelets que l'on fait bouillir à grande eau jusqu'à ce qu'on s'aperçoive que quelques tubercules commencent à se réduire en une pâte mucilagineuse. On les retire alors de l'eau et on les fait sécher au soleil ou à l'étuve. La décoction a modifié les matières amylacées que contiennent ces tubercules, leur a fait perdre leur odeur et les a rendues diaphanes. Ils se présentent alors sous la forme de petits corps ovoïdes, d'un gris jaunâtre, demi-transparents, durs, cornés, inodores ou, d'une odeur très-faible, ayant une grande analogie avec celle du mélilot, et dont la saveur légèrement salée ressemble à celle de la gomme adragante. Il donne la consistance de la gelée à 60 fois son poids d'eau.

Composition chimique. — Le tubercule de l'orchis est constitué par de grandes cellules arrondies, entourées par un tissu rempli de granules d'amidon, mais n'en contenant pas dans leur intérieur. Ces cellules sont insolubles dans l'eau, mais s'y gonflent considérablement ; elles constituent la majeure partie du salep, dans lequel on trouve encore : *un peu de matière mucilagineuse soluble, une substance azotée, du chlorure de sodium et du phosphate de chaux.*

Formes pharmaceutiques, doses. — 1° Tisane par décoction, pp. 5 : 500. 2° Gelée. 3° Chocolat.

Usage. — C'est une substance nutritive, d'une digestion facile. On prépare en l'associant au lait, au bouillon, des potages très-convenables pour les convalescents. La tisane est mucilagineuse et convient dans la convalescence de la

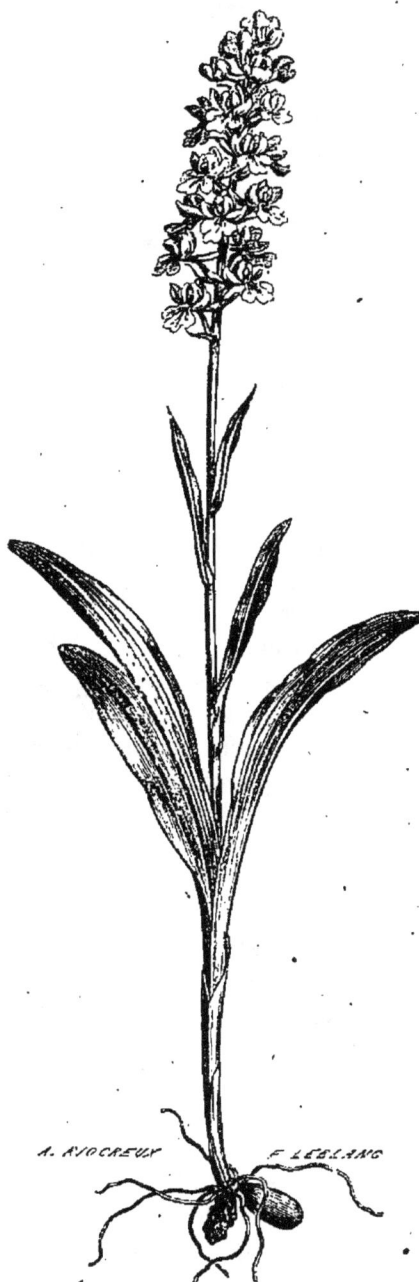

FIG. 196. — Orchis mâle.

diarrhée, de la dysenterie, dans la toux sèche et inflammatoire. Dans l'Orient, le salep passe pour aphrodisiaque, mais cette propriété

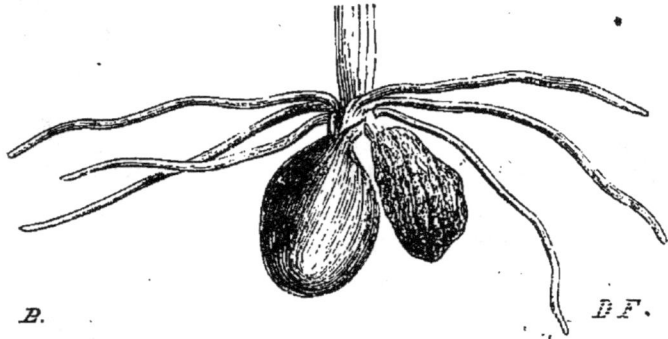

B.   *D F.*

FIG. 197. — Tubercule de l'orchis mâle.

paraît due aux matières excitantes (cannelle, vanille, gingembre) qu'on lui associe.

ORGE CULTIVÉE. *Hordeum vulgare* L. GRAMINÉES.

Description. — Plante de 5 à 7 décimètres. Racines fibreuses. Tige (*chaume*) cylindrique, glabre, glauque, fistuleuse, noueuse. Feuilles alternes, placées à chaque nœud de la tige, engainantes, planes, lancéolées, très-aiguës, un peu rudes au toucher, glabres. Fleurs (mai-juin) formant à l'extrémité de la tige un épi dense, serré, comprimé, presque tétragone, dressé ou penché, à fleurs sessiles, hermaphrodites, imbriquées sur 6 rangs, dont 2 plus proéminents. Chaque fleur présente une glume à 2 valves linéaires, lancéolées, glauques, se terminant par une soie très-fine. Glumelle à 2 valves; l'extérieure embrassant l'intérieure dans presque tout son contour, elliptique, quinquénerviée, terminée par une longue arête dans les épillets médians, mutique dans les épillets latéraux; l'intérieure bidentée, bicarénée, à carène ciliée. Glumellules 2, semi-ovales, entières, charnues, ciliées. Étamines 3; anthères linéaires. Stigmate 2, sessiles, plumeux, écartés, insérés un peu au-dessous du sommet, étalés. Fruit (*caryopse*) adhérent aux balles, ovoïde, convexe sur le dos, marqué d'un sillon longitudinal, comme tronqué au sommet et terminé par un appendice pubescent. ①.

Habitat. — Elle est originaire de la Sicile suivant les uns, de la Mésopotamie ou de la Russie suivant les autres, et présente plusieurs variétés telles que l'orge à 6 rangs (*H. hexastichum* L.), l'O. distique (*H. distichum* L.), l'O. éventail (*H. zoecriton* L.), l'O. trifurquée (*H. trifurcatum* Ser.).

Culture. — Elle demande une température chaude et une terre légèrement humide. On sème en automne ou au printemps.

Partie usitée. — Le fruit.

Composition chimique. — Les fruits de l'orge contiennent : *amidon, sucre, gomme, gluten, albumine, matières grasses, ligneux, cellulose, substances minérales.* Le gluten de l'orge ou *glutine* ne peut se séparer de l'amidon, et.diffère en cela de celui du froment. L'*hordéine*, dont on a signalé la présence dans l'orge, n'est qu'un mélange de son très-divisé, d'amidon et de gluten. La farine de l'orge est ordinairement jaunâtre, grossière, un peu rude au toucher.

Usages. — L'orge fait la base de l'alimentation dans les contrées où le blé languit ou cesse de croître. Sa farine contient moins de gluten, de matières grasses et sucrées que le froment, elle est donc moins nourrissante ; le pain qu'elle donne est indigeste, sec, dur, cassant, mat, d'une couleur brune violacée, d'un goût et d'une saveur peu agréables. La farine d'orge délayée dans l'eau était déjà employée comme délayante et tempérante du temps d'Hippocrate ; aujourd'hui on réserve cet usage à l'*orge mondé* ou *perlé* (1), sous forme de tisane par décoction, pp. 20 : 1000. On obtient l'orge mondé ou perlé en soumettant le grain à l'action de deux meules horizontales, plus ou moins espacées, n'ayant pas d'entailles, l'une tournante, l'autre dormante. Quand l'intervalle est assez grand, les grains roulés entre les deux surfaces se débarrassent seulement des écailles florales qui les recouvrent (*O. mondé*); si l'on rapproche les meules, les grains se dépouillent de leur tégument propre et s'arrondissent plus ou moins par le frottement. La décoction d'orge est encore prescrite en gargarismes détersifs, lotions. Le gruau d'orge, ou *orge gruée*, est de l'orge grossièrement écrasée au moulin et ensuite tamisée pour séparer le son. On le prescrit quelquefois comme médicament rafraîchissant.

L'orge sert également à préparer une boisson fermentée, la *bière* ou *cervoise*, à laquelle le houblon donne son amertume et son arome. Pour préparer la bière, on commence par faire germer le grain, sous l'influence d'un ferment particulier, la *diastase*, qui se produit au moment de la germination, il se développe du sucre aux dépens de la fécule. Cette orge germée et séchée est connue des brasseurs sous le nom de *malt*, et ils nomment *drèche* le malt épuisé par l'eau. Le malt et la drèche ont été préconisés comme antiscorbutiques. On a vanté les préparations de malt contre les catarrhes et les bronchites chroniques compliquées de dyspepsie.

ORIGAN VULGAIRE. *Origanum vulgare* L. O. commun. Grand origan, Marjolaine d'Angleterre, M. bâtarde ou sauvage. LABIÉES-THYMÉES.

(1) Dans ces deux cas, le mot *orge* est masculin.

Description. — Plante de 3-6 décimètres, d'odeur aromatique agréable, de saveur piquante et aromatique. Racine brunâtre, un peu ligneuse, oblique, émettant des jets stériles ascendants. Tige dressée, rameuse, un peu étalée, presque carrée, rougeâtre, pubescente. Feuilles opposées, pétiolées, ovales, entières, un peu pointues, arrondies à la base, d'un vert un peu foncé, velues en dessous et surtout aux bords. Fleurs (juillet-août) purpurines, quelquefois blanchâtres, en épis ovoïdes ou allongés, agrégés au sommet de la tige et des rameaux et formant par leur réunion une panicule étroite trichotome; elles sont accompagnées à leur base d'une bractée ovale, aiguë, un peu plus longue que le calice, violacée ou plus rarement verte. Calice très-court, cylindrique, à 5 dents égales. Corolle labiée, à tube long, grêle, cylindrique, deux fois plus long que le calice, à lèvre supérieure plane, fendue, tandis que l'inférieure est à 3 lobes obtus, le médian plus grand. Étamines 4, didynames, exsertes; style 1; stigmate bifide, à branches inégales. Fruit consistant en quatre achaines presque ronds, placés au fond du calice persistant, fermé par des poils pendant la maturité. ♃.

Habitat. — Elle est commune dans toute la France, dans les lieux incultes, les bois, les haies.

Culture. — L'origan n'est pas cultivé d'ordinaire pour les besoins de la médecine. Celui qui croît spontanément suffit à la consommation. Il demande, si on veut le cultiver, une terre chaude et légère; on le multiplie par semis ou par éclats des pieds.

Partie usitée. — Les sommités fleuries.

Récolte. — On le recueille pendant tout l'été. Par la dessiccation il ne perd pas ses propriétés. On lui substitue souvent la marjolaine.

Composition chimique. — Il contient : *matière extractive gommo-résineuse, camphre, huile volatile, âcre, aromatique.*

Formes pharmaceutiques, doses. — 1° Infusion, pp. 8 à 15 : 1000. 2° Poudre, 2 à 4 gram. On s'en sert à l'extérieur en cataplasmes, en lotions, en fomentations résolutives. Il entre dans l'eau vulnéraire, le sirop d'armoise, la poudre sternutatoire.

Usages. — L'origan possède les mêmes propriétés que les autres labiées aromatiques; c'est un stimulant stomachique, un expectorant que l'on prescrit quelquefois dans l'atonie de l'estomac, la chlorose, les affections catarrhales, l'asthme, et aussi comme diaphorétique, emménagogue, antispasmodique. Dans la campagne, on combat le rhumatisme chronique, le torticolis, en appliquant sur la partie atteinte de l'origan frais haché et chauffé à sec dans une poêle à frire. L'huile essentielle est employée au moyen d'un petit tampon de coton cardé pour calmer les douleurs des dents cariées.

ORTIE BLANCHE. — Voy *Lamier blanc.*

P

PARIÉTAIRE OFFICINALE. *Parietaria officinalis* L. Casse-pierre, Perce-muraille. URTICÉES.

Description (fig. 198). — Plante de 3-8 décimètres, chargée de poils crochus, de saveur herbacée, un peu salée. Racine fibreuse. Tiges nombreuses dressées, un peu rougeâtres, charnues, tendres, simples ou ramifiées dès la base. Feuilles alternes, pétiolées, ovales, acuminées, entières, triplinerves, parsemées de cystolithes punctiformes, d'un vert foncé. Stipules très-petites ou nulles. Fleurs (juillet-octobre) petites, vertes, sessiles, polygames, axillaires, formant à droite et à gauche d'un petit rameau axillaire une cyme composée ordinairement de 5 fleurs. La fleur centrale est femelle, celles de la péri-

FIG. 198. — Pariétaire officinale.

phérie sont mâles ou hermaphrodites, placées deux de chaque côté. Ces fleurs sont réunies dans un involucre commun formé par une bractée accompagnée de deux bractéoles latérales. Dans les fleurs hermaphrodites, on trouve : un calice gamosépale, tubuleux, mince, à 4 lobes aigus, velu au fond, 4 étamines formées chacune d'un filet très-élastique, dont la forme est assez variable, et d'une anthère biloculaire, un ovaire uniloculaire, uniovulé, surmonté d'un style grêle, articulé à sa base et caduc, terminé par un stigmate en forme de pinceau. Dans les fleurs femelles, le calice est renflé, marqué de côtes longitudinales, à 4 dents, persistant, entourant l'ovaire. Dans les fleurs mâles, le calice est plus court, à folioles à peu près libres, étalées, poilues en dedans ; les étamines sont au nombre de 4, l'ovaire rudimentaire. Le fruit est un achaine droit, ovoïde, un peu comprimé, lisse, luisant. ♃.

Habitat. — Très-commune dans toute la France, elle croît dans les fentes et au pied des vieux murs, sur les décombres.

Culture. — Elle est si abondante, qu'on ne la cultive jamais pour l'usage médical ; on pourrait la propager de graines ou d'éclats de pieds.

Partie usitée. — Toute la plante.

Récolte, dessiccation. — On l'emploie le plus souvent fraîche. Sa dessiccation demande certaines précautions, à cause de la quantité de suc qu'elle renferme ; on doit l'effectuer très-rapidement en ayant soin de la séparer préalablement en petits paquets. Celle du bas des murailles est considérée comme plus émolliente ; celle qui a poussé dans les fentes des murs est réputée plus riche en principes actifs.

Composition chimique. — Elle renferme une certaine quantité de mucilage et emprunte aux vieux murs, sur lesquels on la trouve d'ordinaire, un peu de nitrate de potasse ; elle contiendrait aussi du soufre, d'après Planche.

Formes pharmaceutiques, doses. — 1° Infusion, pp. 10 : 1000. 2° Suc exprimé, 90 à 120 gram. 3° Eau distillée. On prépare aussi avec cette plante des cataplasmes adoucissants. Elle fait partie des *herbes émollientes*.

Usages. — Ses propriétés sont presque nulles ; la proportion de nitrate de potasse qu'elle contient est en effet trop peu considérable pour pouvoir entrer sérieusement en ligne de compte. Néanmoins, elle passe pour adoucissante, rafraîchissante, diurétique, et comme telle on la prescrit quelquefois dans les maladies où les antiphlogistiques sont indiqués ; pour augmenter le cours des urines dans les hydropisies et enfin dans les maladies des voies urinaires, telles que la strangurie, la dysurie, la cystite, la néphrite, la gravelle.

PATIENCE SAUVAGE. *Rumex acutus* L., *Lapathum sylvestre* Lamk. Patience à feuilles aiguës, Lampée. POLYGONÉES.

Description. — Plante de 5-10 décimèt., ayant le port d'une grande oseille. Racine fusiforme, ou branchue, longue de 3 décimèt. et plus, grosse comme le pouce, portant quelques fibres épaisses, brunâtre en dehors, jaunâtre à l'intérieur. Tige cylindrique, glabre, sillonnée, très-rameuse presque dès la base, à rameaux grêles, étalés. Feuilles très-peu dentées, glabres et d'un vert un peu foncé, les inférieures alternes, pétiolées, allongées, aiguës, en cœur ou obliquement arrondies à la base, les supérieures petites, presque sessiles, ovales, allongées, lancéolées, ordinairement réfléchies. Fleurs (juillet-septembre) verdâtres, petites, hermaphrodites, pendantes, formant des grappes paniculées. Périanthe à 6 folioles, 3 extérieures plus petites, réfléchies, 3 intérieures plus grandes, persistantes, ovales, tuberculeuses à la base. Étamines 6. Ovaire triangulaire surmonté de 3 styles, stigmate lacinié. Fruit (*achaine*) triangulaire recouvert par les folioles intérieures du périgone. ♃.

Habitat. — Elle croît dans toute la France, dans les bois, les pâturages, les haies, les fossés.

Partie usitée. — La racine. Elle a une odeur particulière peu agréable, une saveur âpre et amère. On la trouve, dans le commerce, coupée en tronçons et souvent mélangée de racines d'autres rumex, tels que les *R. patientia* L., *R. obtusifolius* DC., *R. crispus* L., *R. divaricatus* L., *R. pulcher* L. Il est facile de se la procurer, c'est ce qui a engagé les auteurs du Codex de 1866 à substituer cette plante au *R. patientia*, plante de montagne, plus rare que les autres.

Récolte, dessiccation, conservation. — Il vaut mieux employer cette racine fraîche que sèche, ce qui est facile, la plante étant vivace. Quand on veut la conserver, on la récolte à l'automne, âgée d'au moins deux ans, on sépare les fibres, on la coupe en rouelles, ou on la fend et on la fait sécher au soleil ou à l'étuve. Elle noircit quand la dessiccation a été mal conduite et qu'elle est placée à l'humidité.

Composition chimique. — La racine de patience contient : *principe résineux, rumicine, soufre, matière extractive chargée de tannin, substances amylacées, principes albuminoïdes, sels divers.* La rumicine offre une grande ressemblance avec le rhubarbarin, substance peu définie que l'on rencontre dans la rhubarbe; elle est encore mal connue.

Formes pharmaceutiques, doses. — 1° Tisane par infusion, pp. 20 : 1000. 2° Extrait aqueux, 2 à 5 gram. 3° Pulpe préparée avec la racine fraîche.

Usages. — La racine de patience est un peu astringente; à forte dose, elle devient laxative. Elle est tonique, et à ce titre on la prescrit sans trop d'avantages dans l'ictère, l'atonie des voies digestives, les fièvres intermittentes, la cachexie paludéenne. Comme dépurative, on l'a vantée dans le traitement des maladies cutanées telles que l'eczéma, la teigne, la lèpre. La pulpe a été indiquée, en applications, sur les ulcères de mauvaise nature. Les gens de la campagne se servent de cette pulpe mélangée à la fleur de soufre et à l'axonge pour guérir la gale.

PAULLINIE. *Paullinia sorbilis* Mart., *Uaranazeiro* Coutin. SA-PINDACÉES.

Description. — Arbrisseau flexible, sarmenteux, grimpant, pouvant atteindre 12 mètres en s'accrochant aux arbres voisins. Rameaux donnant aisément naissance à des racines quand on les courbe sur la terre. Feuilles alternes, imparipennées, munies de vrilles. Fleurs (juillet) verdâtres peu apparentes, disposées en grappes à l'extrémité de pédoncules axillaires, solitaires, volubiles. Calice à 4 pétales imbriqués latéralement, persistants. Corolle à 4 pétales claviformes, munis en dedans et à leur base d'un appendice glanduleux. Étamines 8, insérées sur un disque hypogyne glanduleux. Filets inégaux; anthères oblongues, biloculaires. Ovaire à 3 loges uniovulées. Style simple à la base, trifide au sommet, se terminant par 3 stigmates. Fruit (*capsule*) pyriforme, membraneux, muni de 3 ailes, à 3 loges, contenant chacune une graine ovoïde, à embryon volumineux.

Habitat. — Croît naturellement dans la partie de la province de l'Amazone comprise entre le Tapayo et les rivières Mamuru, Andira et Manès, qui se jettent dans le canal Tupinambaranas.

Partie usitée. — Les graines, ou mieux l'extrait qu'on en retire et que l'on appelle MARANA ou *guarana*, du nom de la peuplade, les Indiens Guaranis, qui préparait jadis cette substance et s'en servait comme médicament et comme comestible.

Pour obtenir le guarana, on sépare les graines et on les fait sécher au soleil afin de pouvoir briser, entre les doigts, la pellicule qui les recouvre; ces grains sont alors broyés sur une pierre chauffée, comme on le pratique, pour le cacao, dans la fabrication du chocolat. On ajoute à la pâte de l'eau, du cacao, du manioc, puis on fait des cylindres présentant la forme et la longueur d'un saucisson. Ces cylindres sont recouverts d'une feuille de cocotier et desséchés au soleil ou sous un feu de cheminée. Les procédés d'extraction actuellement suivis dans la province des Amazones diffèrent peu de celui qu'employaient les Indiens.

Tel qu'il se rencontre dans le commerce européen, le guarana est, en cylindres, du poids de 100 à 200 grammes; d'un brun foncé analogue à celui du chocolat, sa cassure est rouge; il présente de petites cavités provenant du retrait de la matière; on y trouve quelques graines disséminées, encore enveloppées de leur tégument mince et brillant, qu'on y a jetées au moment de rouler la pâte en cylindres. Il présente une odeur particulière, une saveur amère, as-

triñgente ; il est dur, cassant, difficile à pulvériser, se ramollissant
et se gonflant beaucoup dans l'eau.

Composition chimique. — Le guarana contient : *gomme, amidon, matière résineuse d'un brun rougeâtre, trois huiles volatiles distinctes dont une concrète, une huile grasse colorée en vert par la chlorophylle, tannin colorant en vert les sels de fer guaranine.*
Il est aujourd'hui démontré que la guaranine n'est autre chose que
du tannate de caféine.

Formes pharmaceutiques, doses. — 1° Poudre, 5 décigrammes
à 1 ou 4 grammes. 2° Teinture alcoolique, 10 à 20 grammes. 3° Extrait, 4 à 5 décigrammes. 4° Sirop, 45 à 60 grammes. 5° Chocolat.
6° Pommade. Le guarana est peu usité sous ces dernières formes.

Action physiologique. — L'action physiologique du guarana tient
à deux causes : 1° à la présence du tannin, ce qui permet de le considérer comme astringent ; 2° à la caféine, dont les propriétés expliquent quelques-uns des effets obtenus par l'administration de ce
produit américain.

Usages. — Au Brésil, on utilise les propriétés astringentes du
guarana dans les diarrhées, la dysenterie, et l'on en retire des résultats assez avantageux. On l'emploie aussi avec succès dans les
blennorrhagies, les blennorrhées, les hémorrhagies. Son amertume
le fait prescrire dans la dyspepsie atonique, la débilité générale.
C'est surtout contre la migraine que l'on a vanté ce produit, un peu
à tort peut-être. En effet, la migraine n'étant point une affection
toujours identique avec elle-même, le guarana ne peut réussir ici
que dans les cas où la caféine a donné de bons résultats ; malheureusement aussi, son action s'use bien vite, et, comme beaucoup
d'autres substances, elle devient tout à fait inefficace au bout de
quelque temps.

PAVOT-COQUELICOT. *Papaver rhœas* L., *P. erraticum* T. Coquelicot-pavot, Pavot des champs, Pavot rouge, Ponceau. PAPAVÉRACÉES.

Description (fig. 199). — Plante rude, hérissée de poils roides,
finement denticulés. Racine grêle, pivotante, presque sessile, fibreuse.
Tige de 3-6 décimètres, dressée, rameuse. Feuilles alternes, ordinairement pennatipartites, à lobes oblongs, lancéolés, aigus, incisés,
dentés, rudes, à dents terminées par une soie. Fleurs (juin-juillet)
rouges, grandes, portées par de longs pédoncules terminaux dressés, munis de poils étalés ou appliqués. Calice caduc (fig. 200) à 2
sépales, couverts de longs poils étalés, concaves, tombant au moment de l'épanouissement. Corolle (fig. 201) à 4 pétales décussés,
larges, suborbiculaires, plissés, entiers ou irrégulièrement crénelés
sur les bords, tachés de noir vers l'onglet ou concolores. Étamines

21.

nombreuses à anthères biloculaires, oblongues, noirâtres; filets écar-
lates, filiformes. Ovaire supère (fig. 202) simple, glabre; style nul;
stigmates 8-10 sur un disque régulièrement lobé, à lobes se recouvrant par leurs bords.

Fruit (*capsule*) subglo-
buleux ou obové; ar-
rondi à la base, gla-
bre, s'ouvrant par des
trous, à une seule loge
dans laquelle s'avan-
cent, sous forme de
cloisons, de nombreux
trophospermes lamel-
leux, chargés de se-
mences réniformes très-
nombreuses. ①.

Habitat.—Les mois-
sons, les champs culti-
vés, les remblais des
chemins de fer.

Partie usitée. —
Les pétales. Ils ont
une odeur forte et désa-
gréable; leur saveur est
vireuse et amère.

**Récolte, dessicca-
tion, conservation.**—
On les récolte pendant
tout l'été. On les des-
sèche rapidement et
avec précaution dans
un grenier bien chauffé
ou à l'étuve, après les
avoir étendus sur du

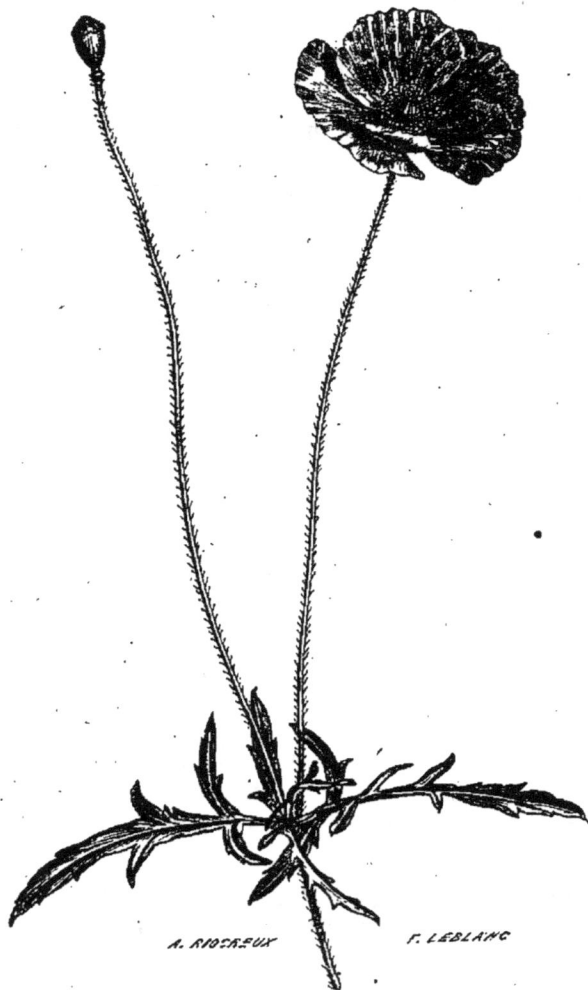

A. RIOCREUX   F. LEBLANC

FIG. 199. — Pavot-coquelicot.

papier, en évitant de les froisser, et en les remuant pourtant de
temps en temps, pour empêcher l'agglomération. Si l'opération est
bien conduite, ils ne noircissent pas. On les crible alors pour séparer les étamines et les œufs d'insectes. On doit les enfermer encore
chauds dans des sacs où on les tasse fortement. Il faut les conserver
dans un lieu bien sec.

Composition chimique. — Les pétales de coquelicot contiennent :
*albumine, gomme, amidon, résine, rhœadinine, acides rhœadinique
et erratique.* La rhœadinine est de nature alcaloïdique; les acides

rhœadinique et erratique sont combinés à la chaux ; ce sont ces acides
qu donneraient aux pétales leur couleur rouge.

Formes pharmaceutiques, doses. — 1° Infusion, 5 : 1000.
2° Teinture, 1 à 2 grammes. 3° Sirop, 10 à 30 grammes. Avec la fleur

FIG. 200.   FIG. 201.   FIG. 202.

de mauve, de pied-de-chat et de pas-d'âne, ils font partie des espèces
béchiques.

Usages — Les pétales de coquelicot sont légèrement calmants et
diaphorétiques. On les emploie dans les catarrhes pulmonaires, la
coqueluche, les angines, les fièvres éruptives. On leur attribue des
effets légèrement narcotiques qui seraient dus à des traces de morphine.

PAVOT SOMNIFÈRE. *Papaver somniferum* L. Pavot à opium.
PAPAVÉRACÉES.

Description (fig. 203). — Plante de 10 à 12 décimètres et plus,
glabre, très-glauque, d'odeur vireuse, de saveur amère, désagréable.
Racine grêle, fusiforme, blanche à l'intérieur, brune extérieurement,
munie de quelques fibres. Tige forte, grosse, cylindrique, dressée,
simple inférieurement, peu rameuse à sa partie supérieure. Feuilles
alternes, sessiles, larges, semi-amplexicaules, largement ondulées,
incisées et dentées sur les bords, acuminées au sommet, subcordiformes à la base. Fleurs (juin-juillet) grandes, terminales, solitaires,
inclinées sur la tige avant leur épanouissement, dressées, âpres, variant comme couleur depuis le blanc jusqu'au violet, en passant par
le rouge. Calice à 2 sépales très-caducs, ovales, concaves, presque
blancs à l'intérieur. Sépales 4, chiffonnés avant l'épanouissement,
caducs, entiers, ayant une macule noire à la base, se doublant aisément par la culture. Étamines, plus de 100, hypogynes, incluses ;
filets minces, subulés ; anthères allongées elliptiques, comprimées, insérées par la base. Ovaire libre, stipité, monoloculaire ; stigmates
10-12 rayonnant sur un disque lobé. Fruit (*capsule*) arrondi, globuleux,

indéhiscent, devenant d'un gris jaunâtre à la maturité, présentant un renflement à la base et au sommet, uniloculaire, offrant à l'intérieur des trophospermes pariétaux, qui divisent la cavité sous forme de cloisons incomplètes. Graines blanches, bleu de ciel, jaunes ou noires, très-petites, réniformes, réticulées, très-nombreuses. ④.

Habitat. — Le pavot somnifère est probablement originaire de l'Orient ; il croît spontanément dans l'Europe méridionale.

Culture. — On connaît deux variétés de pavot somnifère, le pavot blanc (*P. officinal*), et le pavot noir (*P. pourpre*). Ce dernier se distingue par les pores qu'il présente au sommet de la capsule au moment de la maturité, pores par où il laisse échapper les graines. La culture est très-facile ; dans les jardins on le sème en planche et il se reproduit ensuite de lui-même. Dans les champs, on sème à la volée, et il prospère, pourvu que la terre soit légère et qu'on ait

FIG. 203. — Pavot somnifère.

eu soin de l'éclaircir et de le débarrasser, par quelques sarclages, des plantes étrangères.

Parties usitées. — Les capsules, les graines, les feuilles, les fleurs, l'opium.

CAPSULES OU TÊTES DE PAVOT. — Elles sont tantôt allongées (fig. 204), tantôt déprimées (fig. 205), comme dans une variété cultivée dans les environs de Paris ; toujours indéhiscentes, glabres, blanchâtres, très-légères, spongieuses quand elles sont sèches, sonnantes, sans odeur, d'une saveur légèrement amère ; leur surface interne est blanche. On les récolte en automne. On préfère pour l'usage médical celles du pavot blanc, parce qu'elles sont plus grosses. Elles contiennent de la morphine dont la quantité varie avec le pays, l'époque que l'on a choisie pour la récolte. Recueillies à leur maturité complète, elles sont plus actives que celles récoltées à l'état vert, car elles renferment le double de substances alcaloïdiques actives (Büchner). Les formes pharmaceutiques sont : 1° infusé pour tisane, pp. 10 : 1000; 2° décocté, pp. 20 : 1000 en lotions, fomentations, lavements; 3° extrait alcoolique, 1 à 4 décigrammes. On emploie les capsules pour calmer la douleur et procurer le sommeil. On les prescrit dans les coliques, les irritations d'intestin, la diarrhée, le vomissement nerveux, la toux; on les donne en lavements, dans la dysenterie, les coliques; en injections vaginales dans les coliques utérines, le cancer de la matrice, en lotions sur les parties enflammées. Il est toujours nécessaire d'apporter une grande prudence dans le maniement de ce médicament, surtout chez les enfants. Le sirop diacode ou de pavot blanc était ainsi nommé parce que jadis on le préparait avec les têtes de pavot; on le donnait à la dose de 20 à 60 grammes par jour, et il contenait, pour chaque dix grammes, 10 centigrammes d'extrait de pavot. Le sirop diacode du Codex de 1866 est préparé avec l'extrait d'opium, chaque 20 grammes contenant 1 centigramme d'extrait d'opium.

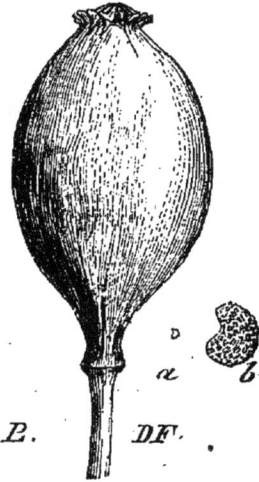

FIG. 204. — Pavot blanc : *a*, graine de grandeur naturelle; *b*, la même grossie.

GRAINES. — Elles n'ont rien de narcotique, et l'on peut en extraire de l'huile; c'est surtout le pavot à graines noires (*Papaver nigrum* Lob.) (fig. 206) qui est employé à cet usage. Cette huile est d'un jaune clair, d'une saveur très-douce; elle est siccative, brûle mal et en émettant beaucoup de fumée; elle se congèle à —10° et se dissout dans 25 parties

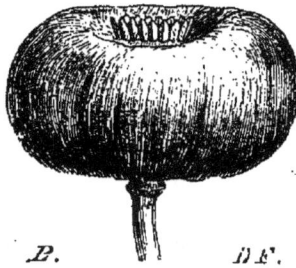

FIG. 205. — Pavot blanc déprimé.

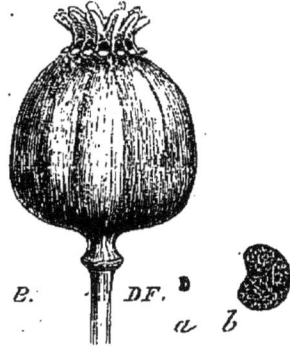

FIG. 206. — Pavot noir : *a*, graine de grandeur naturelle; *b*, la même grossie.

d'alcool absolu froid et 6 parties d'alcool bouillant; sa densité est de 0,9249. Dans le commerce on la connaît sous le nom d'*huile blanche* ou d'*huile d'œillette*. Elle est comestible; en médecine, on la prescrit en lavements, à la dose de 60 à 120 gram., dans la constipation. Dans quelques pays, on mange les graines.

FEUILLES. — Elles sont narcotiques et font partie de l'onguent populéum et du baume tranquille.

FLEURS. — Les fleurs sont calmantes, narcotiques ; on en prépa
rait jadis une eau distillée et une teinture.

OPIUM. — On donne le nom d'*opium* au suc épaissi de la capsule
du pavot somnifère. Cette substance médicamenteuse est extraite de
deux manières différentes. On incise les capsules avant leur maturité ; ces incisions doivent être superficielles et entamer seulement
le péricarpe jusqu'à une profondeur de 1 à 2 millimètres, sans pé-
nétrer dans la cavité. Les incisions transversales, qui divisent les
vaisseaux, sont préférables aux incisions longitudinales. Par ces inci
sions découle un suc laiteux qui se concrète, au bout de quelques
heures, en opium. Après dix ou douze heures, on ramasse cette matière avec un instrument particulier, et l'on répète l'opération pendant cinq ou six jours. On obtient ainsi l'*opium en larmes* ; on forme
avec ces larmes des pelotes ou petits pains en les humectant, puis
les pétrissant. Un deuxième procédé consiste à extraire le suc des
capsules déjà épuisées par l'incision, en faisant intervenir l'expression. On conçoit aisément que cette dernière opération donne un
opium de qualité très-inférieure. Aussi les Orientaux déguisent-ils
d'ordinaire cette infériorité en mélangeant les deux produits.

L'opium est d'odeur forte, vireuse, sa saveur est amère, nauséeuse
et très-désagréable. Il est soluble dans l'eau, en laissant pour résidu quelques impuretés ; il se ramollit par la chaleur, brûle et s'enflamme lorsqu'on le projette sur des charbons ardents. On en distingue trois sortes principales connues sous les noms d'*opium de
Smyrne, de Constantinople, d'Égypte ou d'Alexandrie.*

L'opium de Smyrne est la meilleure espèce d'opium, la plus pure,
la plus riche en morphine. Il se présente sous la forme de pains plus
ou moins volumineux, souvent déformés par leur pression réciproque,
recouverts de fruits triangulaires de rumex, qui quelquefois aussi se
montrent dans l'intérieur, parce que plusieurs pains se sont soudés ;
sa couleur est d'un brun pâle, se fonçant avec le temps ; sa cassure
terne, inégale ; son odeur forte et vireuse ; sa saveur est amère, âcre
et nauséabonde. Il paraît avoir été préparé par l'incision des capsules
et l'agglutination des larmes. Il contient de 12 à 14 pour 100 de
morphine. La quantité de morphine varie d'ailleurs avec l'état de
mollesse, de dureté, de siccité de la substance.

L'opium de Constantinople est tantôt en gros pains coniques, un
peu aplatis sur les côtés, du poids de 250 à 350 grammes, tantôt en
pains plus petits, larges comme la paume de la main, du poids de
150 à 200 grammes, recouverts d'une feuille de pavot. Sa couleur
est noire, assez intense ; sa cassure est nette et résineuse. On en

trouve une troisième variété dont les pains ne pèsent que 80 à 90 gr. Il contient 7 à 8 pour 100 de morphine et paraît avoir été préparé en ajoutant le suc exprimé des capsules à celui qu'elles donnent après leur incision.

L'opium d'Égypte ou d'Alexandrie est en petits pains orbiculaires aplatis, très-nets, conservant quelques vestiges des feuilles qui les ont enveloppés. Sa teinte est d'un brun foncé, son odeur faible. Il est très-homogène et un peu poisseux aux doigts. Il contient de 3 à 6 pour 100 de morphine et à peu près autant de narcotine.

L'opium de l'Inde n'existe pas dans le commerce européen; on en connaît trois sortes, celui de Patna, de Malwa et de Bénarès; quelques-uns de ces produits renferment jusqu'à 10 pour 100 de morphine. L'opium de Perse ou de Trébizonde est sous forme de cylindres de la grosseur du doigt, entourés de papier, et contient 5 à 12 pour 100 de morphine.

Il faut joindre à cette nomenclature l'opium indigène. Belon est le premier qui ait conseillé d'extraire de l'opium des pavots cultivés dans nos climats. Des tentatives de ce genre ont été faites à diverses reprises par Loiseleur, Deslongchamps, B. Roux, Aubergier, Hardy, mais sans grands résultats pratiques. Les essais tentés par Aubergier sur la variété de pavot dite *pourpre* lui ont permis de récolter un opium qu'il a appelé *affium*. Dans tous les cas, la récolte de l'opium dans nos pays entraîne des frais considérables, et il est probable, comme le fait avec raison remarquer Soubeiran, que cette exploitation ne prendra quelque importance que quand elle aura été adoptée par les petits cultivateurs.

Composition chimique. — L'opium renferme : *morphine, codéine, narcotine, thébaïne ou paramorphine, porphyroxine, papavérine, pseudomorphine, méconine, opianine, narcéine, acides méconique, thébolactique, sulfurique, bassorine, caoutchouc, gomme ou mucilage, albumine, principe vireux volatil, débris végétaux.* Il n'est pas d'ailleurs démontré que tous ces corps préexistent réellement dans l'opium, et plusieurs peut-être résultent-ils des transformations qu'entraîne l'emploi des moyens analytiques. Des analyses récentes ont même permis d'y signaler la présence des corps suivants : *méconidine, laudanine, codamine, lanthopine, cryptopine, protopine, hydrocotarnine, cotarnine, apomorphine, chlorocodide* (Hesse). Du reste, en admettant que ces deux derniers corps existent, leur présence n'apporte rien aux qualités de l'opium, vu les quantités infinitésimales qu'en contient cette substance aux doses thérapeutiques. Les plus importants parmi les composants de l'opium sont les alcaloïdes et surtout la morphine, la codéine, la narcotine, la narcéine, la thébaïne; ces corps y existent fort probablement à l'état de sulfates, de méconates, de thébolactates; une partie de la narcotine s'y trouve en liberté.

MORPHINE ($C^{34}H^{19}AzO^6 + 2HO$). — Elle cristallise en prismes droits rhomboïdaux incolores; elle est d'une saveur amère persistante, lente à se développer; peu soluble dans l'eau, plus soluble dans l'alcool absolu et surtout dans l'alcool à 80°, presque insoluble dans l'éther, le chloroforme, les huiles grasses et certaines huiles essentielles, soluble dans la potasse, la soude et l'ammoniaque, déterminant au contact de l'acide iodique et de l'amidon une coloration bleue par suite de la réduction de l'acide, colorant en bleu les solutions de chlorure et de sulfate ferrique. L'acide nitrique, à son contact, produit une couleur rouge de sang. La morphine et ses sels sont soporifiques; au réveil, les animaux sont plongés dans l'abrutissement. C'est de tous les alcaloïdes de l'opium le plus soporifique et le plus toxique pour l'homme. 10 centigrammes de chlorhydrate de morphine complétement absorbés peuvent produire la mort. Elle possède à un haut degré la propriété d'empêcher les courants exosmotiques de l'intestin, les sécrétions intestinales; de là dérive l'emploi de la morphine et de l'opium pour arrêter la diarrhée. C'est un analgésique que l'on utilise journellement soit sous forme d'injections hypodermiques, soit à l'intérieur. Elle a l'inconvénient de faire disparaître l'appétit et d'occasionner des nausées et des vomissements.

CODÉINE ($C^{36}H^{21}AzO^6 + 2HO$). — Elle est cristallisable, de saveur amère légèrement acerbe, non volatile, très-soluble dans l'alcool et l'éther, insoluble dans les hydrates alcalins. Elle est dangereuse pour l'homme à doses peu élevées; elle n'empêche pas les courants exosmotiques, et rien ne milite en faveur de son emploi, car elle est très-peu analgésique et très-peu soporifique.

NARCÉINE ($C^{46}H^{29}AzO^{18}$). — Cristallisable, d'un éclat soyeux, amère, inodore, peu soluble dans l'eau froide, assez soluble dans l'eau bouillante et dans l'alcool surtout à chaud, presque insoluble dans l'éther, donnant avec l'acide sulfurique un liquide rouge qui verdit par l'application d'une température modérée. C'est la plus soporifique des bases de l'opium pour les animaux; elle l'est moins que la morphine pour l'homme; elle est analgésique, anexosmotique; c'est un diminutif de la morphine qui a l'avantage de ne produire ni nausées ni vomissements et qui fait même disparaître ces accidents.

NARCOTINE ($C^{44}H^{23}AzO^4$). — En cristaux blancs, inodores, insoluble dans l'eau froide, à peine soluble dans l'eau bouillante, soluble dans l'alcool et l'éther bouillants, ainsi que dans le chloroforme. L'acide nitrique la colore en rouge comme la morphine. Elle est peu toxique, peu convulsivante, elle n'empêche pas les courants exosmòtiques intestinaux; elle n'est ni analgésique ni soporifique comme semblerait l'indiquer son nom.

THÉBAÏNE ou PARAMORPHINE ($C^{38}H^{21}AzO^6$). — Cristallisable, incolore, de saveur styptique âcre, presque insoluble dans l'eau et les hydrates alcalins, très-soluble dans l'alcool et l'éther. C'est de tous les composés de l'opium l'agent le plus convulsivant et le plus toxique pour les animaux; elle n'est ni anexosmotique ni soporifique, mais analgésique.

PAPAVÉRINE ($C^{40}H^{21}AzO^8$). — Cristallisable, insoluble dans l'eau, excessivement soluble dans l'alcool, prenant sous l'influence de l'acide sulfurique concentré une coloration bleue caractéristique; elle n'est ni anexosmotique ni soporifique.

OPIANINE ($C^{66}H^{36}Az^2O^4$). — Cristallisable, inodore, insoluble dans l'eau, soluble dans l'alcool, se colorant en rouge sous l'influence d'un mélange à parties égales d'acide sulfurique et d'acide nitrique, elle paraît être stupéfiante et soporifique.

La porphyroxine et la pseudomorphine sont encore peu connues. La présence de ces deux bases dans l'opium n'est d'ailleurs pas constante. La méconine, $C^{20}H^{10}O^8$, est un principe neutre très-amer, qui ne paraît contribuer en rien aux propriétés de l'opium et passe même pour inerte. L'acide méconique, $C^{14}H^4O^{14} + 6HO$, est également inactif; il possède, soit libre, soit à l'état salin, la propriété de produire dans les dissolutions ferriques une coloration rouge de sang très-intense.

Le principe odorant et volatil qui donne à l'opium son odeur caractéristique n'a pas été étudié au point de vue chimique, mais il est aujourd'hui démontré que la partie volatile et vireuse de l'opium ne contribue en rien à l'activité de cette substance.

Voici comment, d'après Rabuteau, on peut grouper les alcaloïdes de l'opium au point de vue de leurs propriétés médicinales :

ORDRE SOPORIFIQUE.		ORDRE CONVULSIVANT.	
CHEZ LES ANIMAUX.	CHEZ L'HOMME.	CHEZ LES ANIMAUX.	
Narcéine.	Morphine.	Thébaïne.	Codéine.
Morphine.	Narcéine.	Papavérine.	Morphine.
Codéine.	Codéine.	Narcotine.	
Les autres ne sont pas soporifiques.	Les autres ne sont pas soporifiques.	La narcéine n'est pas convulsivante	
(Cl. Bernard.)	(Rabuteau.)	(Cl. Bernard.)	

ORDRE TOXIQUE.		ORDRE ANALGÉSIQUE.	ORDRE ANEXOSMOTIQUE.
CHEZ LES ANIMAUX.	CHEZ L'HOMME.	CHEZ L'HOMME.	CHEZ L'HOMME
Thébaïne.	Morphine.	Morphine.	ET LES ANIMAUX.
Codéine.	Codéine.	Narcéine.	Morphine.
Papavérine.	Thébaïne.	Thébaïne.	Narcéine
Narcéine.	Papavérine.	Papavérine.	Les autres n'empê-
Morphine.	Narcéine.	Codéine.	chent pas les cou-
Narcotine.	Narcotine.	La narcotine ne pa-	rants exosmotiques
		raît pas analgésique.	dans l'intestin.
(Cl. Bernard.)	(Rabuteau.)	(Rabuteau.)	

Formes pharmaceutiques, doses. — L'opium officinal doit contenir 10 pour 100 de morphine; il est rarement employé sous cette forme, si ce n'est en poudre et à la dose de 1 à 2 grammes pour saupoudrer les cataplasmes narcotiques dont il est la base. Parmi les préparations officinales les plus importantes, nous citerons : 1° l'extrait aqueux (*extrait gommeux, extrait thébaïque*) : il contient un poids de morphine sensiblement double de celui de l'opium qui a servi à l'obtenir; dose, 1 à 5 centigrammes; on l'administre le plus ordinairement sous forme pilulaire; il est la base de tous les médicaments opiacés, sauf le laudanum; 2° sirop d'opium : 20 grammes contiennent 4 centigrammes d'extrait d'opium; 3° teinture, 5 à 20 gouttes; 4° cérat opiacé; 5° vin d'opium; 6° vin d'opium composé ou laudanum liquide de Sydenham : 20 gouttes représentent à peu près 5 centigrammes d'extrait gommeux; il est d'un usage vulgaire, en potions, lavements; 7° laudanum de Rousseau : 12 gouttes correspondent à 20 gouttes de laudanum de Sydenham. Il entre encore dans plusieurs préparations officinales telles que la poudre de Dower, la masse de cynoglosse, la thériaque, le diascordium. Parmi les alcaloïdes, la morphine s'administre à l'état de chlorhydrate, à l'intérieur ou en injections hypodermiques, aux doses de 1 à 3 centigr. par jour. Quant aux autres alcaloïdes, il faut quadrupler ou quintupler ces doses pour la codéine, la thébaïne; les quintupler ou les décupler pour la narcéine et la papavérine.

Action physiologique de l'opium. — C'est une substance complexe dont l'action doit participer des principes que nous y avons signalés; mais comme parmi ces substances la morphine est la plus active, il en résulte que les effets de l'opium doivent se rapprocher de ceux de la morphine, bien que mitigés, modifiés légèrement par les actions propres aux autres alcaloïdes. Ainsi l'opium est moins anexosmotique et moins nauséeux que la morphine.

Appliqué sur la conjonctive, une muqueuse ou sur la peau excoriée, il détermine de l'irritation, de l'inflammation, puis au bout de quelque temps une diminution ou l'abolition même de la sensibilité et de la motricité dans cette région. A l'intérieur, et à faible dose (1 à 2 centigrammes), il produit une légère excitation circulatoire, un accroissement dans les forces musculaires; si l'on porte la dose à 5-10 centigrammes, les symptômes d'irritation sont plus prononcés, mais ces effets ne sont que passagers, et bientôt on voit leur succéder la dépression circulatoire, la diminution des forces et de la sensibilité, la paresse pour le mouvement, la sécheresse de la gorge, le resserrement, la contraction des pupilles; des douleurs et des pesanteurs de tête, des démangeaisons, des nausées et quelquefois des vomissements et enfin une tendance invincible au sommeil, qui est peu réparateur et accompagné de rêves agréables ou terribles. Les phénomènes de collapsus, de coma, se manifestent presque d'emblée, lorsque l'opium est administré à dose toxique, et dans ce cas on observe parfois des convulsions; la mort survient par congestion cérébrale. Le traitement de l'empoisonnement consiste à provoquer l'expulsion du poison, à administrer le tannin, l'iodure ioduré de potassium, à déterminer de nouveau des vomissements, à combattre le narcotisme par le café, l'eau vinaigrée ou le citron, les frictions, l'électricité. L'économie s'habitue peu à peu à des doses d'opium considérables, comme le prouve l'usage abusif qu'on en fait dans l'Orient, et les effets thérapeutiques produits par cette substance vont nécessairement en diminuant. On doit toujours administrer l'opium à un certain intervalle des repas, car il trouble la digestion; il importe aussi de ne jamais oublier que les enfants en bas âge sont extrêmement sensibles à l'action de ce médicament, et qu'on ne doit le prescrire qu'à doses très-faibles, la vingtième partie au plus de la dose d'un adulte.

Usages. — Les usages de l'opium dérivent des propriétés analgésiques, soporifiques, anexosmotiques, résolutives, modératrices, des systèmes nerveux et musculaire que nous venons de signaler. On aura donc recours aux opiacés : 1° pour calmer la douleur dans les maladies où ce symptôme, étant sinon le plus grave, du moins le plus insupportable pour le malade et le plus attristant pour le médecin, doit être activement combattu; dans ces cas, calmer la souffrance, c'est guérir en partie. Ceci posé, il suffit d'énumérer les cas qui réclament impérieusement l'administration des opiacés, soit à l'intérieur, soit sous forme d'injections hypodermiques, soit encore en applications locales par la méthode endermique : ce sont les cancers, les rhumatismes, les névralgies sciatique et intercostale, la goutte, la gangrène, la carie dentaire, la péritonite, les coliques hépatiques, néphrétiques, les ophthalmies profondes. 2° Comme soporifiques, les opiacés trouvent d'utiles applications dans l'hypochondrie, la folie. La narcéine doit être ici employée de préférence, car c'est elle qui procure le sommeil le plus calme et le plus réparateur. 3° Comme anexosmotiques, les préparations d'opium sont usitées pour arrêter le flux cholérique, pour tarir la diarrhée des phthisiques ; la sécrétion urinaire dans la polyurie, le diabète. 4° Comme modérateurs du système nerveux et du système musculaire, les opiacés sont recommandés pour déterminer la résolution nerveuse : dans la chorée, l'hystérie, le délire des blessés, le delirium tremens, le tétanos, la toux ; la résolution musculaire dans la grossesse, pour empêcher les contractions de l'utérus et éviter ainsi un accouchement prématuré. Enfin, l'opium est journellement utilisé comme correctif de certains médicaments, tels que l'émétique, les mercuriaux, dont il facilite la tolérance.

PENSÉE SAUVAGE. *Viola tricolor*, α, Lin., *V. arvensis* Murr.,

Fig. 207. — Pensée sauvage.

Viola tricolor arvensis DC. Violette tricolore, Herbe de la Trinité. VIOLARIÉES.

Description (fig. 207). — Plante glabre ou velue, d'un vert jaune pâle, de 15 à 25 centimètres. Racine fibreuse d'odeur herbacée peu agréable, de saveur amère et mucilagineuse. Tige rameuse, surtout à la base, diffuse, plus ou moins redressée, anguleuse, triangulaire, tendre, fistuleuse, lisse ; feuilles alternes, à pétiole triangulaire un peu canaliculé supérieurement, ovales, obtuses, crénelées sur les bords; les inférieures, presque cordées à la base et accompagnées de 2 stipules opposées, foliacées, sont pinnatipartites à lobes latéraux linéaires, lancéolés; le terminal plus grand, oblong, entier ou divisé. Fleurs (avril-octobre) de couleur jaunâtre, rarement tachées de violet, solitaires et inclinées sur de longs pédoncules axillaires plus longs que les feuilles. Calice glabre, à 5 folioles oblongues, aiguës, prolongées au-dessous de leur point d'attache en un petit appendice obtus et denticulé. Corolle dépassant à peine le calice, à 5 pétales irréguliers, l'inférieur prolongé en un éperon court et obtus. Étamines 5, presque sessiles, légèrement soudées par leurs parties latérales, les deux correspondantes au pétale inférieur présentant sur le milieu de leur dos un appendice recourbé qui s'enfonce dans l'éperon de ce pétale. Ovaire globuleux, sessile, glabre, uniloculaire. Style coudé à sa base, épaissi au sommet; stigmate capitulé, oblique, globuleux, excavé assez profondément à sa partie inférieure. Fruit (*capsule*) ovoïde, oblong, trigone, glabre, s'ouvrant par 3 valves. Graines nombreuses, petites, ovoïdes, blanches. ④.

Habitat. — Se trouve en grande abondance dans les champs cultivés, les terres à blé, les jardins.

Culture. — Celle qui croît spontanément suffit pour les besoins de la médecine; mais on peut la reproduire par boutures, marcottes, et surtout par semis faits en août, ou bien en laissant grainer sur place et en repiquant à l'automne.

Partie usitée. — La plante fleurie, ou les fleurs séparées.

Récolte, dessiccation. — Il faut autant que possible ne pas se servir de la plante sèche. La dessiccation doit être faite à l'étuve et poussée assez rapidement, sinon, la végétation continuant, la plante fructifierait. On doit rejeter celle qui est trop jaune ou dont les fleurs ont fait place aux fruits. On ne se sert point, en France, de la variété cultivée (*V. tricolor hortensis*), aisément reconnaissable à ses larges pétales, dont les supérieurs sont violets, les latéraux et l'inférieur jaunes plus ou moins tachés de violet.

Composition chimique. — La pensée sauvage contient : *matière amère extractive, résine, albumine végétale, gomme, violine.* La violine est un principe immédiat, qui est sinon identique, du moins analogue avec l'émétine de l'ipéca.

Formes pharmaceutiques, doses. — 1° Infusion ou décoction, pp. 10 : 1000. 2° Extrait, 5 à 15 gram. 3° Sirop, 15 à 60 gram. 4° Suc de la plante fraîche, 60 à 120 gram.

Usages. — Elle est réputée antiscrofuleuse et antiherpétique. On l'emploie dans les croûtes de lait ou gourmes des enfants, la teigne, l'eczéma, l'impétigo, les affections rhumatismales. On l'associe souvent au séné. Sous son influence, l'urine acquiert une odeur fétide, qui rappelle celle du chat. La racine est faiblement émétique, il faut l'administrer à la dose de 2 gram. pour obtenir quelques effets.

PERVENCHE MINEURE. *Vinca minor* L. Pervenche couchée.
APOCYNÉES.

Description. — Racine rampante, fibreuse, blanchâtre. Tiges, les unes de 10-15 centimètres, fleuries, dressées; les autres de 2-3 décimètres, glabres, couchées, radicantes à la fin. Feuilles opposées, courtement pétiolées, ovales, lancéolées, très-entières, coriaces, luisantes, glabres, persistantes. Fleurs (mars-juin) d'un bleu clair, solitaires, portées sur des pédoncules axillaires plus longs que les feuilles. Calice gamosépale, à 5 divisions étroites, lancéolées, subulées, égales. Corolle régulière, hypocratériforme, à cinq lobes tronqués obliquement, gorge pentagonale, sans écailles, munie de 5 plis, opposés aux lobes. Étamines 5, incluses, rapprochées; filets élargis au sommet en écailles membraneuses; anthères à 2 loges séparées par le sommet du filet qui se prolonge au-dessus d'elles. Style 1; allongé, élargi vers sa partie supérieure, où il présente un disque aplati, surmonté d'un stigmate poilu. Le fruit est un double follicule renfermant des graines nombreuses oblongues, cylindroïdes, tronquées aux deux bouts. ♃.

Habitat. — Elle croît en abondance dans les lieux couverts et ombragés.

Culture. — On peut aisément la multiplier par ses nombreux rejetons, en terre franche et légère.

Partie usitée. — Les feuilles. Elles sont inodores et possèdent une saveur amère qui n'a rien de désagréable. Celles de la grande pervenche (*V. major* L.) lui sont souvent substituées.

Récolte. — On peut les recueillir pendant toute l'année; il est préférable pourtant de choisir le moment qui précède la floraison; par la dessiccation elles ne changent pas de forme.

Composition chimique. — La saveur amère et astringente de ces feuilles, l'emploi qu'on en fait dans certains pays pour le tannage des cuirs, permettent de supposer qu'elles contiennent une certaine quantité de tannin.

Formes pharmaceutiques, doses. — Infusion ou décoction, pp. 8 à 15 : 1000.

Usages. — Dans la médecine populaire, on emploie les feuilles de pervenche seules ou unies à la racine de canne de Provence pour tarir le lait chez les nourrices. Elles sont légèrement astringentes et prescrites quelquefois dans le crachement de sang, et contre les flueurs blanches; on les administre : en gargarismes dans l'angine, l'amygdalite, en lotions dans le pansement des plaies et des ecchymoses, en applications topiques contre les engorgements laiteux.

PETIT HOUX. — Voy. *Fragon épineux.*

PHELLANDRIE AQUATIQUE. *Phellandrium aquaticum* L.,
OEnanthe phellandrium Lam. Phellandre, Fenouil d'eau, Ciguë
aquatique. OMBELLIFÈRES-SÉSÉLINÉES. (Φεναξ, qui tue en traître, et ἀνήρ,
homme; allusion aux propriétés vénéneuses de la plante.)

Description (fig. 208). — Plante de 5-15 décimètres, verte,
glabre. Racine pivotante fusiforme, munie d'un chevelu abondant,
blanchâtre. Tige droite, cylindrique, sillonnée, fistuleuse, noueuse,
émettant des nœuds inférieurs
des fibres radicales, poussant
quelquefois des stolons, très-
rameuse, à rameaux très-étalés. Feuilles pennatiséquées, à
segments divariqués, lancéolés,
pennatifides, glabres, d'un vert
foncé; les feuilles inférieures
sont quelquefois submergées, et
les segments ne sont plus alors
que des lanières étroites. Fleurs
(juillet-août) blanches, très-
petites, disposées en ombelles
brièvement pédonculées, oppositifoliées, à 7-10 rayons grêles
et striés. Involucre nul. Involucelle à 7 folioles, courtes, pointues, étalées. Chaque fleur est
pédicellée et formée d'un calice,
adhérent, à 5 dents, accrescent.
Corolle à 5 pétales irréguliers,
cordiformes, infléchis. Étamines
5, saillantes. Anthères arrondies.

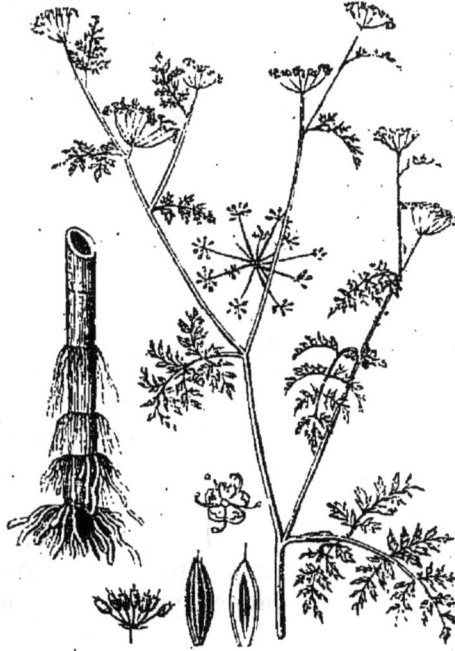

FIG. 208. — Phellandrie aquatique.

Ovaire infère, à 2 loges uniovulées, surmonté de 2 styles divergents.
Fruit (*diachaine*) ovoïde, ailé, marqué sur chaque face de 3 côtes obtuses couronné par les dents du calice, un peu luisant, rougeâtre. ♃

Habitat. — Elle est très-fréquente en Europe; on la trouve dans
les lieux humides, les ruisseaux, les marais, les étangs, les fossés.

Culture. — La phellandrie est naturellement assez abondante
pour qu'il ne soit pas nécessaire de la cultiver pour les besoins de
la médecine. On la multiplie d'ailleurs aisément soit par les graines,
soit par les éclats de pieds; elle demande un sol humide.

Partie usitée. — Les fruits. Leur odeur est forte et devient plus
intense par la pulvérisation; leur saveur est aromatique.

Récolte, conservation. — On les cueille à la maturité et même avant, car la maturation s'opère pendant la dessiccation. Il faut les conserver dans des vases bien fermés, placés dans un endroit bien sec.

Composition chimique. — Les propriétés de la phellandrie paraissent devoir être attribuées à un liquide oléagineux, plus léger que l'eau, d'odeur nauséabonde, soluble dans l'alcool, l'éther, les huiles fixes et volatiles. C'est la *phellandrine* (Hutet). C'est une substance toxique très-active.

Formes pharmaceutiques, doses. — 1° Infusion, 4 à 10 gram. : 1000. 2° Poudre, 2 à 4 gram. par vingt-quatre heures par prises de 2-3 décigram. dans du pain azyme ou à l'état d'électuaire. 3° Sirop, 30 gram. représentent 1 partie de phellandrium. La phellandrine s'administre à la dose de 1 milligr. à 1 centigram. sous forme de granules ou de sirop. On a proposé une pommade de phellandrine comme calmante et sédative.

Action physiologique. — La phellandrie exerce sur l'homme une action sédative et stupéfiante. Si la dose est trop forte, elle produit des vertiges, des spasmes, de l'anxiété. On la regarde comme apéritive, diurétique, atténuante, lithontriptique, antiscorbutique et fébrifuge ; la plupart de ces propriétés, sauf la dernière peut-être, sont controversées. La plante verte est dangereuse pour les bestiaux et mortelle pour les chevaux.

Usages. — C'est principalement dans les affections des organes respiratoires, les bronchites chroniques, l'asthme, et surtout la phthisie pulmonaire que la phellandrie est usitée, et Sandras a voulu en faire un spécifique de cette maladie. Il est certain qu'elle calme la toux, facilite l'expectoration, supprime la diarrhée, procure le sommeil et augmente l'appétit ; sous son influence, les hémoptysies et les pleurodynies sont moins fréquentes.

PHYSOSTIGMA VÉNÉNEUX. *Physostigma venenosum* Balf. LÉGUMINEUSES-PAPILIONACÉES.

Description. — Grande liane herbacée pouvant atteindre 15 à 16 mètres de long, sous-frutescente à la base, large de 2 pouces, cylindrique, rugueuse, grisâtre, dont la racine assez longue, munie de nombreuses fibrilles, offre souvent de petits tubercules blancs et succulents. Feuilles alternes, composées, pennées, trifoliolées ; les folioles sont pétiolulées, articulées, la médiane ovale, aiguë, régulière, avec deux stipelles insérées assez loin du limbe, les latérales insymétriques à la base, munies chacune d'une stipelle. Pétiole général un peu renflé à la base, noueux, portant deux stipules courtes. Fleurs hermaphrodites irrégulières d'un rouge pourpre, sillonnées de veines d'un jaune pâle, en grappes axillaires, pendantes, pédicelles accompagnés de bractées caduques irrégulières. Récep-

tacle cupuliforme portant intérieurement un disque glanduleux, formant
un étui autour de la base de l'ovaire. Calice en forme de sac, à 5
dents courtes, un peu inégales. Corolle papilionacée, étendard ovale-
orbiculaire, à base épaissie et présentant deux auricules latérales.
Ailes insymétriques, obovales, libres; carène obovale se terminant en
un bec allongé, tordu en spirale. Étamines 10, périgynes, diadelphes
(9 et 1). Anthères biloculaires, introrses, déhiscentes par 2 fentes
longitudinales. Ovaire stipité. Style très-long, logé dans la carène,
dont il suit la direction, se dilatant au sommet en petite tête stigmatifère, papilleuse et poilue inférieurement; munie supérieurement
d'une espèce d'appendice, inéga-
lement triangulaire, figurant une
sorte de crête falciforme. Le nom
de *Physostigma* (φυσάειν, enfler,
et στίγμα, stigmate) fait allusion à
cette particularité. Fruit, gousse
volumineuse, allongée, légèrement
falciforme, déhiscente, à valves
assez épaisses, convexes, pointues
aux deux bouts. Graines (fig. 209)
2-3 oblongues, convexes, glabres,
de 2 à 2,5 centimèt. de long sur

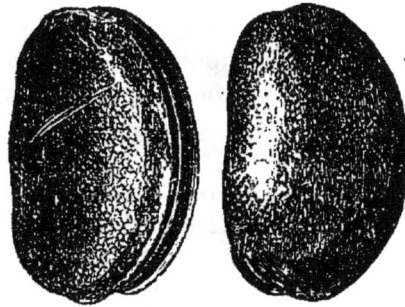

FIG. 209. — Fèves de Calabar.

1 à 1,5 de large, portant un hile latéralement qui forme une rai-
nure longue, étroite et entourant plus de la moitié de la graine. Épisperme dur, coriace, rugueux, d'un brun chocolat, qui tourne au rouge
sur le bord du hile. Amande formée de deux gros cotylédons
durs et friables qui en se desséchant laissent entre eux un espace
lenticulaire, ovoïde.

Habitat. — Il est originaire de l'Afrique tropicale, on le rencontre
à l'ouest des sources du Niger, au Vieux-Calabar, au Gabon, dans
la Guinée. Il vient spontanément près des cours d'eau, et aime les
terrains marécageux.

Partie usitée. — Les graines. Elles constituent les *fèves
d'épreuve du Calabar*, ou *Éséré*, employées par les nègres pour
déterminer, à l'aide de leur action toxique, l'innocence ou la culpa-
bilité des accusés. C'est la seule partie de la plante qui soit vénéneuse; les enveloppes le sont moins que l'amande.

Composition chimique. — L'amande contient : *amidon, cellulose,
huile grasse, matières inertes*, et environ un millième d'un principe
actif qui, primitivement désigné sous le nom de *calabarine* ou de
physostigmine à l'état impur, a été nommé *ésérine* (A. Vée) à l'état
cristallisé. L'ésérine, incolore, quand elle est pure, présente le plus
ordinairement une teinte rosée; elle cristallise en lames minces

rhombiques, fond à 69°, est soluble dans l'éther, le chloroforme, l'alcool, légèrement dans l'eau; sa solution aqueuse est alcaline aux réactifs colorés; ses sels sous l'influence des alcalis prennent au contact de l'air une couleur rouge marquée.

Formes pharmaceutiques, doses. — 1° Poudre, 40 centigram. en plusieurs fois dans les vingt-quatre heures. 2° Extrait alcoolique, 5 à 15 centigram. Cet extrait, peu soluble dans l'eau, est plus soluble dans la glycérine; son mode d'administration le plus usité est le *papier calabarisé*, qui consiste en *papier Berzelius* imprégné d'une solution glycérinée d'extrait; chaque centimètre contient 2 milligrammes d'extrait, on le divise par centimètres carrés et par dixièmes de centimètre carré que l'on applique sur la conjonctive, pour contracter la pupille. On emploie également, dans le même but, l'extrait en collyre aqueux ou à la glycérine ou sous forme de petites tablettes gélatineuses. 3° Ésérine, à l'état de sulfate ou de chlorhydrate en solution au 1/1000, une ou deux gouttes en instillation dans l'œil.

Action physiologique. — Administrée à dose suffisamment élevée, la fève de Calabar détermine les accidents suivants : soif intense, constriction de la gorge, salivation abondante, pouls rare et faible, peau froide couverte d'une sueur visqueuse, hypersécrétion des larmes et de l'urine, abolition graduelle des mouvements volontaires, prostration des forces, résolution musculaire, alternant avec des contractures des membres et du tronc, affaiblissement des extrémités inférieures pouvant aller jusqu'à la paralysie, respiration laborieuse, pupille parfois contractée, irrégularité et ralentissement des mouvements du cœur, asphyxie, mort. S'il se produit des dévoiements ou des vomissements, la vie est sauve. Mais de tous les phénomènes physiologiques produits par la fève du Calabar, le plus remarquable est l'action sur la pupille, lorsque ses solutions sont appliquées sur la conjonctive. En effet, après un temps qui varie entre cinq et quinze minutes, suivant la nature et la quantité de la préparation employée, il se produit un resserrement de l'iris tel que l'ouverture de la pupille finit par devenir imperceptible ; le maximum d'effet a lieu au bout de trente à quarante minutes ; l'action peut se prolonger jusqu'à deux et même cinq jours. En même temps, la faculté d'accommodation se trouve augmentée, et la sensibilité rétinienne diminuée. On explique cette constriction de la pupille soit par l'excitation du moteur oculaire commun, soit par la paralysie du grand sympathique et le relâchement du muscle ciliaire. Le tannin serait le contre-poison de l'ésérine.

Usages. — La fève de Calabar est employée surtout comme anti mydriatique pour neutraliser les effets de la mydriase artificielle provoquée par l'atropine, pour faciliter l'examen ophthalmoscopique;

dans la mydriase spontanée rhumatismale ou paralytique; dans les plaies de la portion périphérique de la cornée; pour remédier l'abolition ou à la paresse d'accommodation; on a conseillé son usage alternatif avec celui de l'atropine pour détruire les adhérences que l'iris peut avoir contractées avec le cristallin ou la cornée. Elle a donné d'assez bons résultats dans le tétanos traumatique ou spontané, mais elle n'a paru que peu efficace dans la chorée, la paralysie agitante, le delirium tremens; elle est antagoniste de la strychnine et a été employée pour combattre l'empoisonnement par cet alcaloïde, mais elle ne paralyse qu'incomplétement ses effets tétaniques.

PIED-DE-CHAT. — Voy. *Gnaphalier dioïque.*

PIN MARITIME. — *Pinus maritima* Lamk, *P. Pinaster* Ait Pin de Bordeaux, P. des Landes, P. sauvage, Pinceau, Grand pin. Conifères-Abiétinées.

Description. — Arbre de 20 à 40 mètres, à cime pyramidale, tronc un peu mou, résineux, médiocrement durable; branches étalées disposées par verticilles réguliers, recouvertes, quand elles sont jeunes, d'une écorce lisse, d'un gris rougeâtre. Feuilles sortant par deux d'une même gaîne, presque imbriquées sur les rameaux, linéaires, longues de douze à quinze centimètres, subulées, aiguës, presque piquantes, roides, d'un vert foncé, persistantes. Fleurs monoïques (mai) groupées en chatons et portées sur des rameaux distincts. *Chatons mâles*, ovales, écailleux, formant une grappe compacte à la base des jeunes pousses de l'année; chaque fleur composée d'une étamine à filet court, à anthère biloculaire s'ouvrant par deux fentes longitudinales et placée sur un connectif bractéiforme qui la dépasse. *Chatons femelles* terminaux, résultant de la réunion d'écailles imbriquées; écartées avant la floraison, munies chacune d'un ovaire renversé terminé inférieurement par deux courts prolongements stylaires. Fruits (*cône*) réfléchis, solitaires ou verticillés (3-6), presque sessiles, en forme de toupie, longs de 13 à 16 centimèt., brunâtres à la maturité, à écailles renflées au sommet, terminées par une sorte de pointe ou de crochet, étroitement imbriquées avant la maturité, puis s'écartant pour la dissémination. Graines elliptiques, luisantes, noirâtres, portant une aile oblongue, élargie dans le milieu, arrondie au sommet, quatre à cinq fois plus longue que la graine. Amande d'odeur térébinthacée désagréable.

Habitat. — Croît dans la Provence, le Languedoc, le Maine, la Sologne, la Bretagne, la Corse, les Landes et tout l'ouest de la France, surtout entre Bordeaux et Bayonne. Il réussit dans les terres siliceuses, même dans les sables secs et mouvants, mais ne résiste pas aux froids des hivers exceptionnels.

Parties usitées. — La séve, l'oléo-résine, l'essence, le galipot, la colophane, la poix-résine, la poix noire, le goudron.

1° SÉVE. — Ce liquide s'obtient en forçant de l'eau à traverser les troncs de pin, sous l'influence d'une forte pression. On prépare cette séve en grande quantité à Arcachon, où l'on injecte ces arbres par la méthode de Boucherie, afin d'assurer leur conservation. C'est un liquide lactescent, un peu plus lourd que l'eau, de saveur balsamique, fraîche, térébenthinée, persistante, qui rappelle celle du pin. En petite quantité, elle augmente l'appétit, facilite la digestion. Elle est quelquefois laxative. On la donne à la dose d'un à deux verres par jour et l'on peut aller jusqu'à six verres. Elle calme la toux et les douleurs, facilite l'expectoration dans la phthisie commençante, dans la bronchite et les catarrhes.

2° OLÉO-RÉSINE. (*térébenthine de Bordeaux*). — Lorsque les pins ont trente ou quarante ans, et de février en octobre, on fait une entaille au pied de l'arbre avec une hache dont le biseau est très-ouvert ; tous les huit jours, on pratique une nouvelle plaie au-dessus de l'ancienne, on saigne successivement l'arbre sur quatre faces. Cette exploitation peut durer dix ans sur un même sujet. Le liquide qui découle est reçu soit dans des vases spéciaux, soit dans une cavité pratiquée au pied de l'arbre, c'est la *térébenthine brute* ou *gemme*. On la purifie tantôt en la faisant fondre dans une chaudière et la passant à travers un filtre de paille (*térébenthine à la chaudière*), tantôt en la plaçant au soleil dans une grande caisse dont le fond est percé de trous (*térébenthine au soleil*); c'est cette dernière qui est la plus estimée. La térébenthine de Bordeaux est en consistance grenue, se séparant en deux couches, l'une supérieure liquide, transparente, plus ou moins colorée; l'autre consistante, opaque. Son odeur est forte, désagréable, sa saveur âcre et amère; elle est très-siccative à l'air, aisément solidifiable par la magnésie et entièrement soluble dans l'alcool; elle contient le quart de son poids d'huile volatile.

Administrée à l'intérieur, elle manifeste surtout son action sur les muqueuses des organes génito-urinaires et respiratoires, dont elle diminue ou tarit les sécrétions catarrhales; elle est particulièrement utile dans les flux muqueux ou purulents des voies urogénitales et de 'arbre aérien, ainsi que dans le catarrhe chronique de l'intestin. On l'administre, à la dose de 1 à 4 gram. par jour, en prises de 20 à 50 centigram. sous forme de capsules, d'émulsion, de pilules, ou bien à l'état de térébenthine cuite ou solidifiée par la magnésie. A l'extérieur on l'applique comme topique détersif et digestif sur les ulcères sanieux et indolents.

3° ESSENCE DE TÉRÉBENTHINE. — On l'obtient en distillant l'oléo-résine dans de grands alambics de cuivre munis de serpentins. Puri-fiée par une deuxième distillation, cette essence, $C^{20}H^{19}$, est très-fluide, incolore, d'une odeur forte et particulière, très-inflammable, insoluble dans l'eau, peu soluble dans l'alcool, très-soluble dans l'éther, les huiles grasses et volatiles; elle se transforme sous l'in-fluence de l'acide chlorhydrique en un produit cristallin qui est le camphre artificiel.

L'essence de térébenthine déposée sur les téguments produit de la cuisson, de la rubéfaction et même de la vésication. Ingérée à la dose de 1 à 4 gram. elle détermine un sentiment de chaleur au pharynx et à l'estomac et au ventre, avec pesanteur épigastrique, renvois désagréables, coliques plus ou moins violentes, céphalalgie, fréquence du pouls, diaphorèse, augmentation de la sécrétion uri-naire, sorte d'ivresse. Elle s'élimine par les voies rénales, respira-toires et cutanées. L'urine contracte sous son influence une odeur de violette. A haute dose (30 à 60 gram.), ou bien elle est absorbée, et alors on constate des symptômes graves, le délire, la syncope, des douleurs aux lombes et à l'hypogastre; du côté des organes génito-urinaires, les accidents caractéristiques de la cystite aiguë; du côté du poumon, des crachats sanguinolents; du côté de la peau, des taches érythémateuses, des papules et même des pustules; ou bien il survient des vomissements, de vives coliques avec déjections; l'essence est expulsée et les symptômes disparaissent rapidement.

Elle peut être utilisée pour combattre les flux muqueux ou muco-purulents, mais on lui préfère, dans ce cas, l'oléo-résine. Elle exerce sur les vaisseaux une action constrictive qui l'a fait rechercher comme hémostatique; c'est un bon médicament dans l'hématurie rénale ou vésicale. L'excitation cutanée et le mouvement fébrile qu'elle pro-voque sont favorables à la cessation des rhumatismes chroniques, des névralgies sciatiques, intercostales, viscérales, faciales. On l'a con-seillée dans l'hystérie, l'épilepsie, la chorée, le tétanos, la fièvre puerpérale; on l'a vantée comme tænifuge, vermifuge, parasiticide, carminative; elle fait partie du remède de Durande ou éther téré-benthiné, usité contre la colique hépatique et les calculs biliaires. Elle possède un pouvoir antidotique par rapport aux émanations phosphorées : aussi dans certaines fabriques d'allumettes chimiques fait-on dégager constamment dans les ateliers des vapeurs de té-rébenthine pour neutraliser l'action délétère des vapeurs de phos-phore; à l'extérieur, elle est prescrite en collyre dans les ophthal-mies chroniques; en frictions, fomentations, contre le rhumatisme froid, les névralgies; en applications topiques sur les brûlures, les ulcères atoniques, la gangrène. C'est un rubéfiant, un vésicant, dont on peut se servir pour obtenir la révulsion. On l'administre à

22.

la dose de 5 décigrammes à 4 grammes comme anticatarrhale et hémostatique, de 4 à 8 grammes comme antinévralgique, de 30 à 60 grammes comme tænifuge; on la donne soit dans du lait, soit en suspension dans une infusion aromatique. La forme de perle, de capsule, est avantageuse.

4° GALIPOT ou BARRAS. — C'est le produit de l'évaporation spontanée de la térébenthine sur le tronc des arbres pendant l'arrière-saison. On le purifie en le faisant fondre dans une chaudière et le filtrant à travers un lit de paille. Il est en croûtes à demi opaques, solides, sèches, d'un blanc jaunâtre, d'une odeur de térébenthine et d'une saveur amère. L'alcool le dissout entièrement. La médecine ne l'emploie pas isolément. Distillé dans un alambic avec de l'eau, il donne une essence de qualité inférieure connue sous le nom d'*huile de rase*.

5° COLOPHANE ou ARCANSON (*Colophone, brai sec*). — On en connaît deux espèces : 1° la colophane du galipot, que l'on obtient en faisant cuire dans une chaudière découverte le galipot; 2° la colophane de térébenthine, résidu de la distillation à feu nu de la térébenthine; elle est solide, d'un brun plus ou moins foncé, vitreuse, transparente en lames minces, inodore, sèche, cassante, très-friable, soluble dans l'alcool, l'éther, les huiles grasses et volatiles. Elle n'est probablement que de l'acide abiétique anhydre, $C^{88}H^{64}O^{10}$. On se sert de sa poudre pour arrêter le sang qui s'écoule de la piqûre des sangsues; on l'a proposée mélangée à la fécule dans l'intertrigo des enfants et des personnes grasses.

6° POIX-RÉSINE ou RÉSINE JAUNE. — Si, au lieu de soutirer le résidu de la distillation de l'essence de térébenthine, on le brasse fortement avec de l'eau, il perd sa transparence et prend une couleur jaune pâle; le produit ainsi obtenu est la poix-résine : elle est en masse jaune, opaque et fragile, encore un peu odorante et à cassure vitreuse. Elle est inusitée à l'intérieur et n'est employée, comme topique, qu'incorporée dans certaines préparations qu'elle rend agglutinatives ou stimulantes, telles sont : l'emplâtre épispastique, de Vigo, de gomme ammoniaque.

7° POIX NOIRE. — On la prépare en brûlant les filtres de paille qui ont servi à la purification de la térébenthine et du galipot, ainsi que les éclats de tronc qui proviennent des entailles faites aux arbres. La matière fondue qui s'en sépare est conduite dans une cuve à moitié pleine d'eau, où elle se sépare en deux parties, l'une liquide (*huile de poix*), l'autre demi-solide qu'on fait bouillir dans une chaudière jusqu'à ce qu'elle devienne cassante, par un refroidissement brusque. C'est un corps noir, lisse, d'odeur empyreumatique, cassant à froid, mais se ramollissant très-facilement par la chaleur des mains et y adhérant très-fortement. Il sert à préparer des emplâtres utiles dans les rhumatismes chroniques, le lumbago, le point de côté.

8° GOUDRON. — Lorsque les pins par suite de l'âge sont devenus impropres à fournir de l'oléo-résine, on les abat, on divise leur tronc et l'on procède à la combustion des éclats et des bûchettes qui en proviennent, dans une fosse particulière. C'est une distillation *per descensum*. Les produits ainsi obtenus sont recueillis dans une deuxième fosse communiquant avec la première, et après l'opération on trouve dans le réservoir une matière de consistance plastique, c'est le goudron. Une huile particulière, improprement désignée sous le nom d'huile de cade, le surnage. Ce goudron est une masse visqueuse, demi-fluide, d'un brun noirâtre, d'odeur forte et tenace, soluble dans l'alcool, l'éther, les huiles fixes et volatiles. L'eau à son contact se colore et se charge de plusieurs produits. Il est solidifié par $\frac{1}{16}$ de magnésie. Ses préparations les plus usitées sont : l'eau de goudron, le sirop, la pommade, le glycérolé. Son action a la plus grande analogie avec celle de la térébenthine, on l'administre dans les mêmes cas, mais il a cet avantage que la période inflammatoire n'est pas une contre-indication à son emploi. L'eau de goudron par tasse, pure ou coupée avec du lait, est très-efficace dans les flux muqueux et muco-purulents de la muqueuse trachéo-bronchique, dans les catarrhes vésicaux, la blennorrhée. Elle est employée, en injection, dans les trajets fistuleux, dans le conduit auditif, dans le cas d'otorrhée. Sous forme de fumigation, on a recommandé le goudron dans les affections des bronches, des poumons, du larynx, la phthisie pulmonaire, et sous forme de pommade dans certaines maladies de la peau, telles que le prurigo, le lichen, le psoriasis, l'eczéma, la gale.

PISTACHIER FRANC. *Pistacia vera* L. TÉRÉBINTHACÉES-ANACARDIÉES.

Description (fig. 210). — Arbre dioïque dont la tige droite, brune, peut acquérir jusqu'à 10 mètres dans les pays chauds, tandis qu'il est réduit à l'état d'arbrisseau dans ceux qui sont tempérés. Feuilles alternes, sans stipules, composées de 2-3 paires de folioles ovales, obtuses, coriaces, glabres, avec une impaire, d'un vert tendre. Fleurs (juin-juillet) petites; *mâles*, en grappes rameuses, munies d'une écaille à chaque ramification, fleur légèrement pédicellée. Calice petit à 5 divisions. Corolle nulle. Étamines 5, exsertes, à filets très-courts; anthères grosses, biloculaires, s'ouvrant longitudinalement. Ovaire rudimentaire. *Femelles* en épis ordinairement simples et triflores. Calice petit à 3-4-5 divisions appliquées sur l'ovaire. Celui-ci presque sessile, uniloculaire; style à peine marqué; stigmates 3, papilleux, recourbés. Fruit (*drupe*) à chair très-mince, presque sec, ovoïde, un peu renflé d'un côté vers la base, de la grosseur d'une olive moyenne, jaunâtre, marqué de points blancs vers l'époque de la maturité, teinté de rouge; noyau osseux, monosperme, s'ouvrant à la maturité en 2 valves. L'amande, connue sous le nom de *pistache*, dépourvue d'endosperme, est formée de deux cotylédons charnus et d'un beau vert gai, entourés d'une pellicule rougeâtre. ♄.

Habitat. — Originaire de l'Orient, il est naturalisé et cultivé dans toutes les parties méridionales de l'Europe.

Culture. — On le multiplie de marcottes et par la greffe, mais il vient mieux de semis qu'on pratique sur couche chaude couverte

FIG. 210. — Pistachier franc.

d'un châssis. On tient le jeune plant en pot pendant l'hiver, et on l'enferme dans l'orangerie dans les climats froids. Il réussit pourtant en pleine terre dans les environs de Paris, si l'on a soin de le disposer en espalier, le long des murs et à l'exposition du midi, et si, à cause de sa diœcie, on place les pieds mâles à côté des femelles, ou encore si l'on féconde artificiellement ceux-ci. Il demande un terrain sec et plus particulièrement les coteaux exposés au soleil.

Partie usitée. — Les graines. Leur saveur est agréable, légèrement térébenthinée; elles sont très-nourrissantes.

Composition chimique. — Les pistaches contiennent : *huile fixe, fécule, matière colorante verte.* L'huile est douce, verte, et rancit avec une grande facilité.

Usage. — L'émulsion de pistache est verte et s'administre dans les mêmes circonstances que celles d'amande douce. Les pistaches sont surtout employées pour faire des dragées, des glaces.

PLOSSLÉE PAPYRACÉE. *Plosslea papyracea, Amyris papyrifera* Del., *Boswelia floribunda* Royle, *Plosslea floribunda* Endl., *Boswelia papyrifera* A. Roch. TÉRÉBINTHACÉES-BURSÉRACÉES.

Description. — Arbre de 6 à 7 mètres, recouvert d'une écorce qui se détache en feuillets minces ressemblant à du papier. Feuilles naissant après les fleurs, rapprochées à l'extrémité des rameaux, imparipennées, à 4-5 paires de folioles, presque opposées, à peine pétiolées, ovales, oblongues, aiguës, dentées, tomenteuses, principalement en dessous. Fleurs (décembre) en panicules terminales, hermaphrodites. Fruit arrivant à la maturité en avril, en forme de massue, trigone, coriace, à 3 loges et à 3 valves. Graines solitaires dans chaque loge, obscurément trigones, à bords un peu ailés.

Habitat. — L'Abyssinie et l'Éthiopie.

Partie usitée. — La gomme-résine connue sous le nom d'*oliban* ou *encens*. Cette substance se présente sous la forme de larmes d'un jaune pâle, demi-opaques, arrondies, inégales, d'un petit volume, se distinguant du mastic par leur défaut de transparence. Sa cassure est terne, cireuse; il se ramollit sous la dent; sa saveur est balsamique, un peu âcre; son odeur résineuse, aromatique. Il est souvent mélangé de larmes plus grosses, rouges, moins dures, plus sapides et plus odorantes, qu'on nomme *marrons*, de débris d'écorce et de cristaux de carbonate de chaux ajoutés par fraude. Jeté sur les charbons ardents, il fond difficilement, brûle avec une flamme blanche, en répandant des fumées blanchâtres, d'une odeur aromatique particulière. On en connaît deux sortes commerciales : 1° l'encens d'Afrique, qui arrive de la mer Rouge par Marseille en ballots de médiocre volume; 2° l'encens de l'Inde, qui est aussi recueilli en Afrique, mais qui ne parvient en Europe qu'après avoir passé par Calcutta. Il est en caisses d'un poids considérable; ses larmes sont généralement plus volumineuses, plus pures, plus aromatiques que celles de l'encens d'Afrique; il est par suite plus estimé.

Plusieurs espèces du genre *Boswelia*, et entre autres le *Boswelia sacra* Flück, qui croît en Arabie, fournissent aussi de l'encens au commerce européen. Quant à l'encens de l'Inde proprement dit, il n'arrive pas, ou du moins très-rarement, en Europe; il est produit par le *Boswelia serrata* Stackh.

Composition chimique. — L'encens contient : *résine soluble dans l'alcool, gomme soluble dans l'eau, résidu insoluble dans l'eau et l'alcool, et une huile essentielle.*

Formes pharmaceutiques, doses. — Poudre, 5 décigram. à

2 gram., émulsionnés avec un jaune d'œuf, pour l'usage interne•

Usages. — C'est un stimulant, un modificateur spécial des membranes muqueuses, qui peut être utilisé dans les catarrhes chroniques; mais plusieurs substances, telles que les oléo-résines de copahu et de térébenthine, le tolu, etc., remplissent les mêmes indications à plus de frais et plus sûrement. C'est un tonique, un stomachique, qui facilite la digestion. Autrefois il était usité comme vulnéraire, détersif, mais aujourd'hui son importance en médecine est devenue fort secondaire; il fait pourtant encore partie de quelques préparations, telles que l'emplâtre de céroëne, l'emplâtre de Vigo, la thériaque, les pilules de cynoglosse. On l'emploie en fumigations excitantes dans le rhumatisme, en poudre dans les dents cariées pour calmer la douleur. On le dit efficace contre les piqûres charbonneuses; pour cela on l'applique sous forme de pâte en humectant sa poudre avec de la salive. Il y a longtemps que l'on a renoncé à ses fumigations pour assainir l'air dans les salles des hôpitaux; il masque, en effet, plus ou moins complétement les mauvaises odeurs, mais il est impuissant à les détruire.

POIVRIER CUBÈBE. *Piper cubeba* L. fils, *Cubeba officinalis* Miq., *Piper caudatum* Houtt. Poivre à queue. PIPÉRACÉES.

Description (fig. 211). — Arbrisseau peu élevé, grimpant, dioïque. Tiges flexueuses, articulées, glabres; rameaux courts. Feuilles alternes, très-rapprochées, glabres, entières, coriaces, penninervées, les inférieures ovales, brièvement acuminées, les supérieures oblongues, plus petites, arrondies à la base. Les feuilles des pieds femelles présentent en général plus de nervures que celles des pieds mâles. Fleurs sessiles, disposées en chatons solitaires, oppositifoliés, placés isolément à l'aisselle de bractées oblongues et sessiles. Corolle et calices nuls. *Mâles.* Étamines 2, latérales; filet articulé; anthères globuleuses, biloculaires. *Femelles.* Ovaire sessile, ové, surmonté de 3 ou 5 stigmates triangulaires, recurvés, couverts de poils roides. Le fruit est une baie globuleuse, comprimée à la base et rétrécie en une sorte de pédicelle plus long qu'elle, d'où son nom vulgaire de poivre à queue. ♃.

Habitat. — Le poivrier cubèbe est originaire de Java, mais il est cultivé aux Indes, à Maurice, en Amérique.

Partie usitée. — Le fruit desséché, connu dans le commerce sous le nom de *cubèbe.* Il est globuleux, d'un brun noirâtre, sa surface est comme polyédrique, il se rétrécit par sa partie centrale et inférieure en un prolongement qui simule un pédoncule. Sous la partie corticale ridée qui représente l'enveloppe charnue du fruit frais, on trouve une coque ligneuse, dure, sphérique, incomplétement remplie par une graine blanchâtre, huileuse, à épisperme brun. L'odeur de ce fruit est aromatique, sa saveur à la fois âcre, aromatique et amère. Ses propriétés paraissent résider dans la graine. On lui substitue quelquefois les baies du *Cubeba canina* Miq. Celles-ci sont noires, rugueuses, surmontées d'une pointe. Le cubèbe est de mauvaise qualité quand il renferme beaucoup de grains blanchâtres, déformés, vides, légers, presque insipides, qui sont des grains avortés. On trouve quelquefois dans le commerce du cubèbe que l'on a fait servir à l'extraction de l'huile essentielle, en ayant soin de ne pas le diviser et de le sécher ensuite. Dans ce cas, il est noir, presque inodore et insipide; on doit le rejeter.

Composition chimique. — Il contient : *huile volatile, cubébin, résine balsamique molle et âcre, principes extractifs.* L'huile volatile et la résine sont les principes actifs. L'huile volatile, $C^{15}H^{24}$, est incolore ou légèrement citrine; sa saveur est chaude, aromatique, amère; sa pesanteur spécifique est de 0,929; elle bout entre 250° et 260°, mais elle s'altère en partie par la distillation. La résine est âcre et non définie. Le cubébin, $C^{33}H^{34}O^{10}$, est un corps neutre ayant le caractère des résines cristallisables; il est considéré comme à peu près inerte.

FIG. 211. — Poivrier cubèbe.

Formes pharmaceutiques, doses. — 1° Poudre, 10 à 15 gram. et plus. 2° Infusion pour injection, pp. 30 : 500. 3° Lavement, 18 à 30 gram.; on délaye la poudre dans une décoction mucilagineuse. 4° Extrait oléo-résineux, 1 à 3 gram. Cet extrait, en dissolution dans l'alcool, constitue l'essence concentrée de cubèbe. On administre encore le cubèbe sous forme de capsules gélatineuses ou associé au copahu en électuaire.

Action physiologique. — Il est mieux toléré et moins nauséabond

que le copahu, il communique moins d'odeur à l'urine. A la dose de
10 à 15 gram., il détermine une légère sensation de chaleur à l'estomac, active la digestion, augmente l'appétit ; il produit quelquefois,
mais rarement, des coliques et des selles plus fréquentes que d'habitude, plus souvent la constipation. L'exanthème qui se manifeste
sous son influence est rare et sans gravité. A haute dose, il occasionne de la soif, de la chaleur à l'épigastre, de la céphalalgie, plus
rarement des troubles dans les fonctions cérébrales se traduisant
par des mouvements convulsifs et une paralysie partielle.

Usages. — C'est, comme le copahu, un agent précieux dans le
traitement de la blennorrhagie ; mais il a sur celui-ci l'avantage de
ne pas troubler les fonctions digestives ; on peut le prescrire à toutes
les périodes de la maladie, et son action sera d'autant plus efficace
qu'on l'aura administré plus près du début et alors même que les
symptômes étaient aigus. Comme il n'agit que sur le parcours de
l'urine, son influence est nulle sur la blennorrhagie vaginale. On l'a
préconisé dans l'incontinence d'urine par l'atonie du col de la vessie
ou par la présence de vers dans l'intestin.

POLYGALA DE VIRGINIE. *Polygala senega* L. POLYGALÉES.

Description (fig. 212). — Plante de 20 à 30 centimèt. Racine
tortueuse, rameuse, calleuse, blanche en dedans, grisâtre en dehors,
donnant chaque année naissance à plusieurs tiges simples, herbacées,
un peu couchées à la base, puis dressées, pubescentes. Feuilles alternes, sessiles, assez grandes, ovales, lancéolées, aiguës, entières,
glabres et d'un vert clair. Fleurs blanchâtres, tâchetées de rouge,
petites, médiocrement pédonculées et formant une grappe terminale
lâche à l'extrémité des rameaux. Calice à 5 divisions, dont les 2 latérales plus grandes, obtuses, veinées. Corolle irrégulière à 5 pétales
soudés par leur base et disposés en 2 lèvres, l'inférieur concave,
analogue à la carène des papilionacées et contenant les organes
sexuels. Étamines 8, diadelphes. Ovaire, libre, supère, biloculaire ;
style simple ; stigmate bifide. Fruit (*capsule*) petit, comprimé, échancré en cœur au sommet, biloculaire, bivalve. Graines noires, ovoïdes,
allongées, pointues. ♃.

Habitat. — Il croît spontanément dans les lieux sablonneux de
plusieurs parties de l'Amérique septentrionale (Caroline, Virginie).

Partie usitée. — La racine. Dans le commerce elle est très-irré-
gulièrement contournée, un peu rameuse, avec une côte saillante
unilatérale ; elle varie depuis la grosseur d'une plume jusqu'à celle
du petit doigt. L'écorce est épaisse, d'un jaune sale, comme résineuse ; l'axe ligneux du *meditullium* est blanc. Son odeur est faible
et nauséeuse, sa poussière irritante ; sa saveur, d'abord douceâtre et
mucilagineuse, devient âcre, amère, excitant la toux et la salivation.

Composition chimique. — La racine de polygala contient : *acides polygalique, virginéique, pectique, tannique, matière colorante jaune, substance amère, gomme, albumine, cérine, huile fixe, quelques sels.* L'acide polygalique $C^{22}H^{18}O^{11}$ (*séneguine* de Gehlen), constitue le principe actif du po-lygala ; il est blanc, pulvérulent, inodore, de saveur faible d'abord, puis âcre et piquante, sa poudre excite l'éternument, il détermine dans le pharynx un sentiment d'as-triction pénible. Il est peu soluble dans l'eau froide, mais facilement soluble dans l'eau tiède, l'alcool ; insoluble dans l'éther, les huiles fixes et volatiles. Sa dissolution aqueuse mousse par l'agitation comme la saponine et la salsepa-rine, avec lesquelles ce corps a de l'analogie. A la dose de 3 à 4 déci-gram., il est toxique pour les ani-maux de petite taille ; à dose plus faible, il détermine des vomisse-ments. Il exerce une action stimu-lante spéciale sur les membranes muqueuses et amène une abon-dante sécrétion de mucus. La ma-tière colorante du polygala est d'un brun jaunâtre, inodore, amère. L'huile fixe est d'un brun rougeâtre,

Fig. 212. — Polygala de Virginie.

très-épaisse, d'odeur et de saveur désagréables ; elle contient, tout formé, une petite quantité d'un acide gras volatil, l'acide virgi-néique.

Formes pharmaceutiques, doses. — 1° Tisane par infusion, pp. 10 : 100. 2° Poudre, 5 décigram. à 2 gram. 3° Extrait, 4 gram. 4° Vin, une cuillerée d'heure en heure. 5° Sirop, 20 à 60 gr. Plu-sieurs polygalas possédant des propriétés plus faibles, tels que le P. amer (*P. amara* L.), le P. vulgaire (*P. vulgaris* L.), le P. d'Autriche (*P. austriaca* Crantz), peuvent lui servir de succédanés.

Action physiologique. — Nous avons déjà signalé l'âcreté de cette racine et son action irritante sur les premières voies ; introduite dans l'estomac, elle détermine une sensation de brûlure, des nausées, des vomissements. Sous son influence, la température de la peau s'élève, la sueur s'accroît, l'expectoration et la diurèse augmentent ;

des vomissements se manifestent accompagnés de coliques et de selles
liquides. Avec de fortes doses, ces symptômes deviennent plus violents. En résumé, on observe des effets éméto-carthartiques et contro-
stimulants.

Usages. — C'est surtout dans la bronchite subaiguë et chronique
que la racine de polygala a donné les meilleurs résultats; elle rend
les crachats plus fluides et plus abondants. On a également recommandé ce médicament : comme émétique, purgatif, sudorifique, dans
le rhumatisme, l'hydropisie, l'asthme, le croup; comme emménagogue. En Amérique, on a conseillé la racine récente contre la morsure des serpents; ce traitement serait dû à une tribu indienne, appelée Sénéka ou Sénéga, qui aurait donné son nom à la plante.

POLYGONE BISTORTE. *Polygonum bistorta* L. Renouée bistorte, Grande bistorte, Couleuvrée, Serpentaire rouge. POLYGONÉES.
Le nom de *bistorte* dérive de *bis*, deux fois, et *tortus*, tordu, à cause
de la forme de la racine.

Description (fig. 213). — Plante de 2 à 3 décimèt. Rhizome cylindrique, un peu aplati, terminé en pointe au sommet, à peu près de
la grosseur du doigt, replié deux ou trois fois sur lui-même et torse,
d'un brun foncé extérieurement, rose intérieurement, marqué de
replis simulant des articulations et présentant de nombreuses racines
fibreuses et déliées. Rameaux aériens droits, simples, grêles, glabres,
striés, fistuleux, noueux. Feuilles alternes, vertes, lisses, luisantes
en dessus, blanchâtres en dessous, à bords rudes et ondulés, les
inférieures grandes, lancéolées, tronquées à la base, décurrentes sur
un long pétiole ; les supérieures lancéolées, acuminées, sessiles, presque cordiformes et embrassantes à la base. Ochréas allongés, roussâtres, terminés par une languette lancéolée. Fleurs rosées (mai-
juillet), petites, portées par des pédicelles courts et grêles, et formant
un épi terminal cylindrique, serré ; elles sont accompagnées à la
base de plusieurs bractées étroites, luisantes, pointues. Calice coloré à 5 dents obtuses, égales. Corolle nulle. Étamines 8, exsertes,
blanches. Ovaire trigone, surmonté d'un style à trois branches,
terminées par un léger renflement stigmatifère. Fruit (*achaine*)
ovoïde, trigone, pointu, à angles saillants et tranchants, glabre,
lisse, luisant, environné par le calice persistant, contenant une seule
graine dressée. ♃.

Habitat. — C'est une plante des prairies humides et tourbeuses
des hautes montagnes; elle descend dans les plaines jusque dans la
région des vignes.

Partie usitée. — Le rhizome, improprement appelé racine.

Culture. — On la trouve en assez grande quantité croissant spontanément, mais on la cultive aussi dans les jardins. Elle s'accom-

mode de toutes les terres, pourvu qu'on ait soin de la placer à l'ombre ; on la reproduit de graines ou d'éclats des pieds.

Récolte, dessiccation. — On récolte la racine en décembre et on la fait sécher au jour après l'avoir lavée et débarrassée de son chevelu.

Composition chimique. — Cette racine, d'une saveur acerbe styptique, contient : *acides tanniqu, egallique, oxalique, fécule.*

Formes pharmaceutiques, doses. — 1º Infusion, pp. 30 à 60 : 1000. La macération est même préférable, car on ne dissout pas l'amidon, qui se sépare par le refroidissement si l'on a employé la chaleur. 2º Extrait, 1 à 5 gram. 3º Poudre, 4 à 12 gram. 4º Suc pur ou mêlé à du vin blanc. Elle entre dans les espèces astringentes du Codex et le diascordium. La décoction de bistorte est très-rouge ; elle précipite les sels de fer et la gélatine.

Usages. — C'est un de nos meilleurs astringents indigènes pouvant remplacer le ratanhia dans la plupart de ses applications ; aussi utilise-t-on ses propriétés : sous forme de gargarismes dans le scorbut, les aphthes, les maux de gorge, la stomatite ; pour tonifier les gencives et la muqueuse buccale ; en injections dans la leucorrhée ; en lavements dans les fissures à l'anus, en lavements ou en poudre dans la diarrhée, la dysenterie ; en lotions et sous forme de poudre pour favoriser la cicatrisation des plaies. Cullen s'en servait comme fébrifuge en l'unissant à la gentiane. On peut extraire l'amidon de sa racine et s'en servir comme aliment.

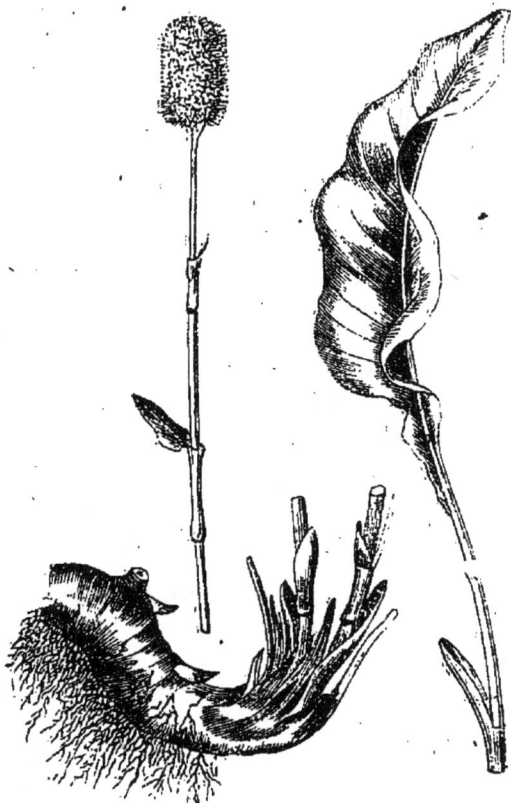

FIG. 213. — Polygone bistorte.

POLYPODE COMMUN. *Polypodium vulgare* L. Polypore du chêne. FILICACÉES.

Description. — Rhizome horizontal, un peu moins gros que le petit doigt, charnu, blanchâtre à l'intérieur, couvert d'écailles nombreuses, roussâtres et membraneuses, muni inférieurement de fibres noirâtres. Feuilles (*frondes*) de 2-5 décimètres, ovales, lancéolées, longuement pétiolées, pennatipartites, à segments alternes, un peu confluents à la base,· entiers, lancéolés-obtus, quelquefois aigus, dentés et crénelés particulièrement vers le sommet, décroissant du bas vers le haut de la fronde. Les nervures secondaires des segments sont bi-trifurquées, à ramifications épaissies et transparentes au sommet, n'atteignant pas le bout de la fronde. Sores assez arrondis, sans indusie, disposés à la face inférieure des frondes sur deux rangs parallèles à la nervure moyenne des segments, naissant à l'extrémité de la ramification la plus courte des nervures latérales et formés par un grand nombre de sporanges pédicellées. ♃.

Habitat. — Croît sur les vieux murs, dans les fossés, au pied des arbres et sur les toits.

Culture. — On le multiplie par les éclats de rhizome. Il demande un sol léger, sablonneux, une exposition à l'ombre.

Partie usitée. — Le rhizome.

Récolte. — On peut le recueillir pendant toute l'année. Après l'avoir privé de ses racines, et lavé, on le fait sécher. Il se présente alors en fragments gros comme un tuyau de plume. Il est cassant, aplati, brun ou jaunâtre à l'extérieur, vert à l'intérieur, d'une saveur douceâtre et sucrée, nauséeuse, un peu âcre. Son odeur est désagréable ; tuberculeux sur la partie qui donnait attache aux feuilles, il présente sur la partie opposée quelques épines provenant de fibres radicales. On doit le choisir récent, car il perd ses propriétés en vieillissant, bien nourri, gros, se brisant aisément.

Composition chimique. — Le rhizome du polypode contient : *corps ayant l'apparence de la glu, sucre, composé analogue à la sarcocolle, matière astringente, gomme, amidon, albumine, saponine, sels calcaires.* Le corps glutineux est moitié résineux, moitié huileux ; il rancit aisément et communique à la racine ancienne une saveur désagréable.

Formes pharmaceutiques, doses. — Décoction, 30 à 60 : 1000. On monde la plante de ses filaments avant de s'en servir. Celle qui croît sur le chêne n'a pas d'ailleurs plus d'efficacité que celle venue ailleurs.

Usages. — Le polypode commun est légèrement purgatif, faiblement expectorant. On l'a employé autrefois comme fondant, vermifuge, dans la goutte, l'asthme, le catarrhe pulmonaire. Il convient comme purgatif chez les enfants, qui le prennent sans répugnance, à cause de sa saveur sucrée ; néanmoins, il est à peu près abandonné de nos jours.

POLYPORES. — Trois polypores sont employés en médecine : le P. amadouvier, le P. ongulé, le P. du mélèze. CHAMPIGNONS-HYMÉ-NOMYCÈTES. Les deux premiers sont confondus sous le nom d'*agaric du chêne*.

1° POLYPORE AMADOUVIER (*Polyporus igniarius* Fries, *Boletus igniarius* L.). — Il est sans pédicule, s'attachant par le côté aux troncs des saules, des frênes, des cerisiers, des pommiers ; sa forme est celle d'un sabot de cheval ; il est lisse, légèrement convexe en dessus et présentant des zones brunes ou rougeâtres. Sa surface inférieure est parsemée de pores nombreux, d'un brun cannelle ; sa substance est assez dure ; les insectes ne l'attaquent pas.

2° POLYPORE ONGULÉ (*Polyporus fomentarius* Fries, *Boletus ungulatus* Bul.). — Il n'a pas non plus de pied (fig. 214), et vit attaché par un de ses côtés sur les chênes et les hêtres Son chapeau semi-circulaire, convexe en dessus, presque plat en dessous, à surface supérieure grisâtre, marquée de sillons concentriques, à surface inférieure munie de pores rougeâtres, peut acquérir 3 et même 5 décimètres de diamètre. Sa substance, assez tendre, est aisément attaquée par les insectes.

Aucun d'eux ne paraît avoir été analysé chimiquement. Ils

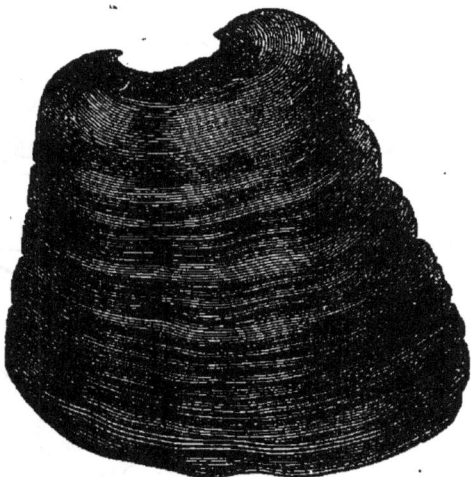

FIG. 214. — Polypore ongulé.

contiennent probablement un principe astringent, car on les emploie dans la teinture en noir.

Ces deux champignons servent à préparer l'*amadou*. Pour cela, on enlève d'abord la partie corticale et la couche tubuleuse de pores, puis on coupe le parenchyme par tranches. On fait macérer ces dernières dans de l'eau de lessive, ou bien on les laisse fermenter au milieu d'une certaine quantité de plantes vertes. On les aplatit en les battant sur un billot et en les étirant, on les lave ensuite et on les fait sécher.

AMADOU. — L'amadou ainsi préparé est employé en chirurgie. On doit le choisir épais, souple, moelleux. Il sert pour arrêter les faibles jets de sang, les hémorrhagies capillaires, celles qui résultent de la piqûre des sangsues ; dans l'épistaxis, on l'emploie découpé en lanière et roulé en spirales à la façon d'une allumette de papier. On l'introduit alors, en lui imprimant un mouvement de rotation, dans la narine qui est le siége de l'écoulement sanguin. Il agit en favorisant la formation du caillot. On l'applique aussi en couches épaisses sur les parties du corps qu'on veut comprimer énergiquement. Comme il est très-absorbant et très-doux, il peut fonctionner comme une éponge fine, soit pour entretenir l'humidité sur les surfaces, soit pour dilater certaines cavités. Une rondelle d'amadou percée au centre permet de préserver les cors enflammés de la pression de la chaussure. Il est naturellement combustible; quand on veut augmenter cette propriété, on trempe les tranches dans une dissolution de nitre. Il peut alors servir à faire des moxas.

3° POLYPORE DU MÉLÈZE (*Polyporus laricis* Duby, *L. officinalis,* Fries, *Boletus laricis* Jacq.

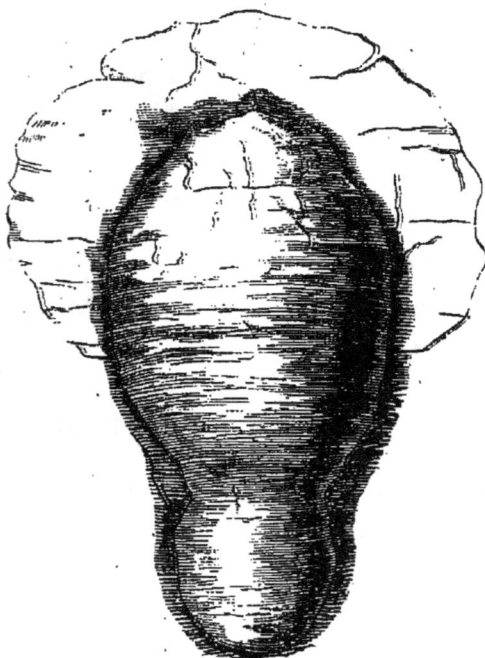

FIG. 215. — Polypore du mélèze.

Agaric blanc, Agaric ou Bolet du mélèze (fig. 215). — C'est un champignon sans tige, qui se présente sous la forme d'une masse épaisse comme le poing et plus, irrégulière, conique, convexe au-dessus, d'un blanc jaunâtre. La chair, blanche, légère, spongieuse, est recouverte d'une couche plus ou moins épaisse, rude, ligneuse, âpre au toucher et marquée de sillons concentriques. Il croît sur le tronc des mélèzes; on le trouve dans les forêts de la Carinthie, de la Circassie et du Dauphiné; ce dernier est le moins estimé de tous. Lorsqu'il commence à se fendre, ou le détache, on enlève la couche extérieure, on l'expose au soleil, pendant quelques semaines, pour le dessécher et le blanchir, puis on le bat avec un maillet pour rendre le tissu plus compacte. Il renferme : *résine, acide agaricique, fungine, extrait amer.* La résine paraît être la substance active.

On le trouve, dans les pharmacies, sous la forme de masses irrégulières de grosseur variable, légères, sèches, comme pulvérulentes et d'un blanc jaunâtre. Sa saveur, douceâtre d'abord, devient amère et très-âcre, il est inodore, mais irrite vivement la gorge quand on en respire la poussière. C'est un drastique qui produit de violentes coliques, des nausées, des vomissements et que l'on a à peu près abandonné; on l'a vanté pour combattre les sueurs nocturnes des phthisiques. On l'administre sous forme de poudre, 25 à 75 centigrammes, et sous forme d'extrait alcoolique, 5 à 20 centigrammes.

POMME DE TERRE. — Voy. *Morelle tubéreuse.*

PYRÈTHRE. — Voy. *Camomille pyrèthre.*

Q

QUASSIER AMER. *Quassia amara* L., *Quassia de Surinam.* Bois amer de Surinam. RUTACÉES-SIMAROUBÉES. (Du nom du nègre Quassi, qui a fait connaître cette plante.)

Description (fig. 216). — Arbrisseau de 2 à 3 mètres de hauteur, dont toutes les parties sont très-amères; rameaux naissant irrégulièrement; écorce cendrée. Feuilles alternes, pétiolées, composées, pennées avec impaire, à 3-5 folioles, sessiles, oblongues, pointues aux deux extrémités, glabres et entières, à nervures rougeâtres et saillantes. Pétiole commun, rougeâtre, ailé, membraneux comme dans les citronniers. Fleurs rouges, inodores, hermaphrodites, régulières, en grappes allongées, presque unilatérales, écartées, à pédicelle court, articulé, portant deux bractéoles latérales et naissant à la base d'une petite bractée, spatulée, recourbée. Calice très-petit, à 5 divisions ovales, profondes. Corolle à 5 pétales, alternes avec les sépales, plus longs que le calice, linéaires, légèrement canaliculés, dressés, formant une sorte de tube allongé. Étamines 10, disposées en 2 verticilles; filets filiformes fort longs, offrant à leur base une écaille poilue; anthères ovoïdes, oblongues, biloculaires, introrses. Ovaire supporté par un disque hypogyne qui donne également attache à la corolle et aux étamines; cet ovaire est globuleux, à 5 côtes, à 5 loges uniovulées; style simple, filiforme; stigmate globuleux capitulé à 5 dents rapprochées. Le fruit consiste en 5 drupes distinctes, noires, ovoïdes, portées par le disque devenu un réceptacle rougeâtre; chaque drupe renferme une noix monoloculaire, monosperme, contenant une graine sans endosperme. ♄.

Habitat. — Il croît spontanément à Surinam. On le cultive dans plusieurs parties de la Guyane.

Partie usitée. — La racine, connue sous le nom de *bois de quas-*

sia. On la rencontre dans le commerce sous forme de bâtons cylindriques de 3-5 centimètres de diamètre. L'écorce, très-mince, est unie, blanchâtre, tachetée de gris, peu adhérente; le bois est jaunâtre, léger, d'une texture assez fine. Il est inodore, doué d'une amertume forte et franche, plus prononcée dans l'écorce que dans le bois. La racine de quassia du commerce est souvent mélangée avec celle du *Quassia excelsa* Swartz (*Bittera febrifuga* Bellangé), qui est moins amère et moins estimée. Dans les officines, on trouve le bois de quassia en copeaux minces.

Fig. 216. — Quassier amer.

Composition chimique. — La racine du quassier amer contient : *huile volatile, quassine, extrait gommeux, pectine, fibre ligneuse, sels.* La quassine (*quassite* ou *bittérine*), $C^{20}H^{12}O^6(?)$, est une substance cristallisant en prismes blancs, opaques, inodore, incolore, très-amère, inaltérable à l'air, fusible à chaud, soluble dans l'eau et l'éther, très-soluble dans l'alcool, précipitable par le tannin.

Formes pharmaceutiques, doses. — 1° Tisane par infusion ou macération, pp. 5 : 1000. 2° Poudre, 3 décigrammes à 2 grammes. 3° Extrait, 1 à 5 décigrammes. 4° Teinture, 5 à 15 grammes en potion. 5° Lavement, 15 à 30 grammes de décoction. 6° Vin, 20 à 100 grammes. Le bois du *Quassia excelsa* étant en morceaux plus volumineux, on a pu en fabriquer des gobelets qui communiquent à l'eau qu'on y laisse séjourner pendant quelques minutes, la saveur amère du quassia; mais, outre que les vases ainsi construits doivent s'appauvrir de plus en plus de matière active, ils ont encore l'inconvénient de prendre rapidement une odeur de moisissure.

Action physiologique. — C'est un amer franc, dépourvu de toute astringence, qui a l'avantage, même à haute dose, de ne point accélérer la circulation ni d'augmenter la caloricité. Son action tonique vis-à-vis des tissus et du canal digestif, quoique très-réelle, ne s'accompagne point de la constipation, des nausées, des évacuations alvines qu'entraîne l'emploi de certains toniques. Il est toxique pour les animaux inférieurs, et c'est à cette propriété qu'il doit d'entrer dans la confection des papiers *tue-mouches*. L'extrait, employé à hautes doses, chez l'homme, peut occasionner des vertiges et des vomissements.

Usages. — On l'a administré dans toutes les circonstances où l'emploi des toniques est indiqué, et particulièrement dans la dyspepsie atonique, la débilité générale, dans certains cas de goutte, dans les catarrhes chroniques et les écoulements muqueux dérivant de l'atonie des organes, tels que dans les diarrhées non inflammatoires, les blennorrhées, la leucorrhée, les fièvres intermittentes; il donne également de bons résultats dans le vomissement purement spasmodique. On l'a aussi vanté comme fébrifuge. Il est toxique pour les ascarides lombricoïdes et les oxyures: aussi est-il employé sous forme de lavement pour détruire ces entozoaires.

QUINQUINA. *Cinchona* L. (De *kina-kina*, mot péruvien qui signifie *écorce des écorces*.)

Caractères du genre. — On donne ce nom à un grand nombre de plantes appartenant à la famille des rubiacées. Ce sont des arbres ou des arbrisseaux toujours verts, à tronc et rameaux arrondis, à branches le plus souvent subtétragones, montrant les cicatrices des feuilles et des stipules tombées. Feuilles opposées, pétiolées, très-entières, parcourues par des nervures décroissantes, glabres ou velues, pourvues de stipules interpétiolaires le plus souvent libres et très-caduques. Fleurs disposées par 4 ou par 6, en cymes paniculées, blanches, rosées ou pourprées, très-odorantes, présentant une bractée. Calice à tube turbiné, adhérent à l'ovaire, pubescent, limbe persistant à 5 dents. Corolle hypocratériforme à tube arrondi ou légèrement pentagonal; limbe à 5 lobes lancéolés, garnis, sur leurs bords, de poils laineux, blanchâtres. Étamines 5, alternes, glabres; anthères biloculaires, introrses. Le développement des filets est toujours en raison inverse de celui du style; il en résulte que si les anthères sont incluses, les stigmates sont exserts, et réciproquement. Ovaire infère, à 2 loges multiovulées; style

simple, glabre; stigmate bifide. Fruit (*capsule*) ovoïde, oblong ou
bien linéaire ou lancéolé, couronné par le calice persistant, à côtes
légères ou peu prononcées, glabre ou pubescent, biloculaire, polysperme, *se séparant de la base au sommet en 2 loges, dont chacune
s'ouvre par une suture longitudinale sur sa face interne*, à pédicelle
se fendant en long. Les graines sont nombreuses, imbriquées en montant, comprimées, à noyau central oblong, bordé d'une aile membraneuse inégalement denticulée. Embryon petit, droit, axillaire; endosperme charnu.

Classification des quinquinas. — Pendant longtemps les quinquinas ne furent connus en Europe que par leur écorce; aussi les
classait-on d'après l'aspect de cette partie de la plante, et de là leur
division en *quinquinas gris, quinquinas jaunes, quinquinas rouges,
quinquinas blancs*. Voici la description que Guibourt a donnée de ces
caractères :

« Les quinquinas gris (à épiderme gris) consistent, en général,
en des écorces roulées, médiocrement fibreuses, plus astringentes
qu'amères, donnant une poudre d'un fauve grisâtre, plus ou moins
pâle, contenant surtout de la cinchonine et peu ou pas de quinine
Les quinquinas jaunes peuvent offrir un volume plus considérable,
sont d'une texture très-fibreuse et d'une amertume beaucoup plus
forte et plus dégagée d'astringence. Ils donnent une poudre jaune
ou orangée et peuvent contenir une assez grande quantité de sels
à base de chaux et de quinine pour précipiter instantanément la dissolution de sulfate de soude. Les quinquinas rouges tiennent le milieu pour la texture entre les gris et les jaunes; ils sont à la fois
très-amers et très-astringents, leur poudre est d'un rouge plus ou
moins vif, ils contiennent à la fois de la quinine et de la cinchonine.
Les quinquinas blancs se distinguent par un épiderme naturellement
blanc, uni, non fendillé, adhérent aux couches corticales. Ils contiennent soit un peu de cinchonine, soit un autre alcaloïde plus ou moins
analogue. Ils sont peu fébrifuges et ne peuvent compter au nombre
des quinquinas médicinaux. » (*Histoire des drogues simples*, 4ᵉ édition, t. III.)

Ce mode de classification, essentiellement artificiel, est encore
généralement adopté dans les traités de matière médicale. Il a
pourtant un inconvénient majeur, car, ainsi que le fait remarquer
le Codex de 1866, ces appellations ont été appliquées à des écorces
de nature et d'efficacité bien différentes. Ainsi, on a confondu sous
le nom de *quinquina gris* les jeunes écorces de sept ou huit *Cinchona*, parce qu'à cet âge elles sont toutes plus ou moins grises à
l'extérieur. On a donné le nom de *quinquina jaune* aux écorces
grosses et moyennes des *Cinchona calisaya, micrantha, condami-*

néa et *cordifolia*, et enfin le nom de *quinquina rouge* a été appliqué aux écorces des *Cinchona succirubra, nitida, scrobiculata, magnifolia* ou *oblongifolia*, dont la dernière est complétement dépourvue d'alcaloïdes et qu'on a par suite rangée avec raison au nombre des faux quinquinas. Il est donc indispensable de mieux préciser les écorces qui peuvent être utilement employées en médecine. Les trois sortes de quinquina admis par la pharmacopée légale de 1866 sont le *quinquina gris Huanuco* ou *quinquina gris-brun de Lima*, le *quinquina calisaya*, le *quinquina rouge non verruqueux* et le *quinquina rouge verruqueux*. Ce sont ces espèces que nous allons décrire.

1° QUINQUINA GRIS HUANUCO (*Q. gris-brun de Lima, grey bark* des Anglais). — Il est fourni, d'après le Codex, par le *Cinchona micrantha* R. et Pav., qui est un arbre (fig. 217) de 6 à 10 mètres de hauteur, à tronc droit, à rameaux touffus, à feuilles largement ovales, obovales ou arrondies, plus ou moins atténuées à la base, glabres en dessus, pubescentes en dessous, ayant des touffes de poils à l'aisselle des nervures secondaires. Ses fleurs, relativement petites, sont disposées en grandes panicules thyrsoïdes. La corolle est blanche, les anthères incluses; les filets égalent les anthères. Ses capsules sont lancéolées ou oblongues-lancéolées, glabres, unies. Il

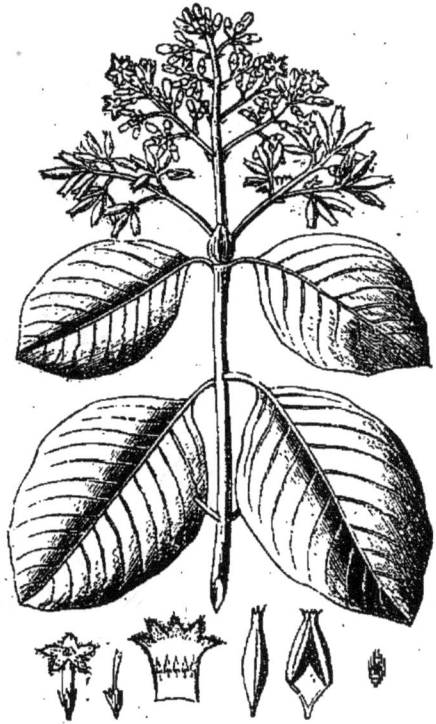

FIG. 217. — Quinquina gris Huanuco.

habite le Pérou, dans les districts de Huanuco et de Carabaya, près de la Bolivie. D'après M. G. Planchon, il proviendrait du *C. nitida* R. et Pav., du *C. peruviana* How., et du *C. micrantha*. Ce quinquina a la forme de tubes régulièrement cylindriques de 5 à 20 millimètres de diamètre. Les petits tubes sont recouverts d'un épiderme finement fendillé, d'un gris un peu bleuâtre et bien adhérent au liber, qui est compacte, rougeâtre et comme formé de couches agglutinées. Les grosses écorces sont extérieurement d'un gris blanchâtre, ont les fissures plus prononcées et présentent en outre de distance en distance des fentes transversales plus marquées. Le liber est généralement peu épais, d'apparence ligneuse et d'un jaune fauve, un peu orangé, qui se ternit avec le temps. Le Q. Huanuco contient de 0,012 à 0,036 de cinchonine (en moyenne 0,027). C'est l'espèce de quinquina gris qu'il faut préférer pour l'usage médical.

2° QUINQUINA CALISAYA (quinquina jaune royal). — Il est fourni par le *cinchona calisaya* (fig. 218). C'est un arbre élevé, à tronc

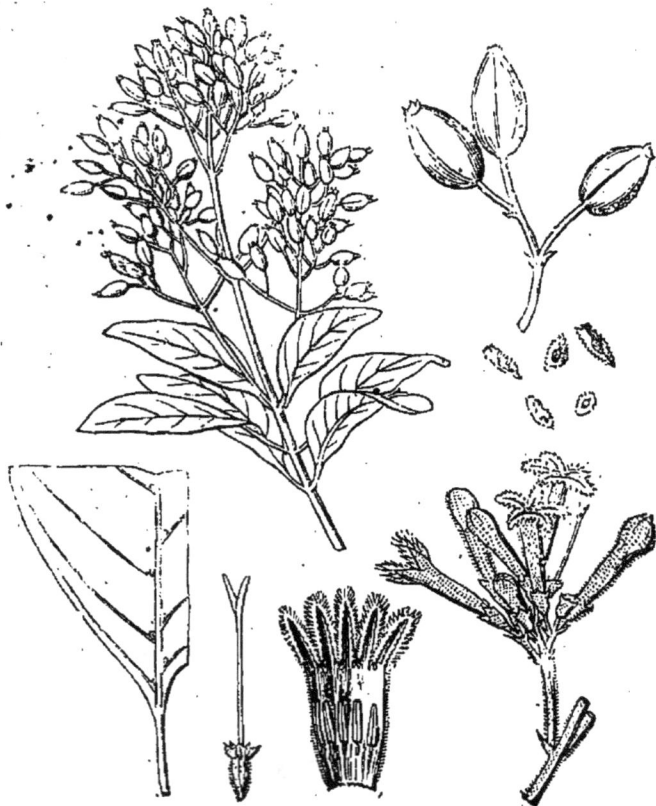

FIG. 218. — Quinquina calisaya.

droit ou incurvé, de la grosseur du corps humain, dont les rameaux sont opposés, chargés de feuilles opposées, pétiolées, munies de stipules ovales, lancéolées ou oblongues, obtuses au sommet, atténuées à la base, glabres, lisses, brillantes à la face supérieure, pubescentes à la face inférieure, scrobiculées à l'aisselle des nervures. Fleurs en panicules de cymes, bractées lancéolées, dents du calice triangulaires; filaments des étamines beaucoup plus courts que la moitié de l'anthère. Fruit (*capsule*) ovale, ayant à peine la longueur de la fleur, relativement court. Graines elliptiques-lancéolées, à bords fortement frangés, denticulés. Il croît sur les pentes des montagnes et dans les prairies qui descendent vers les vallées chaudes de la Bolivie et du Pérou, depuis 1500 jusqu'à 1800 mètres environ d'altitude au-dessus du niveau de la mer. Son aire de végétation s'étend de 13° à 30° de latitude sud et de 68° à 70° de longitude occidentale. Il se rencontre principalement dans les provinces boliviennes de Yungas, Inquisivi, Larecaja, Caupolican, et dans le district péruvien de Carabaya. Il y fleurit au mois d'avril et de mai.

« Ce quinquina constitue deux sortes commerciales distinctes : 1° il est *pourvu de son périderme* et roulé sur lui-même en forme de tuyaux ; il provient des branches ou des rameaux de l'arbre ; 2° il est mondé ou privé de son périderme et provient surtout du tronc et des gros rameaux ; il a la forme d'écorces plates plus ou moins épaisses. La première sorte est devenue rare, et cependant sa richesse en alcaloïdes en fait un des meilleurs fébrifuges que l'on puisse employer. Elle se distingue du quinquina Huanuco par son périderme, qui est plus profondément crevassé et facile à séparer du liber, sur lequel il laisse de légers sillons répondant à ses propres fentes transversales. Le liber est aussi plus fibreux, plus amer et moins astringent. Le calisaya mondé est uniformément fibreux et composé de fibres courtes, très-aiguës, qui s'introduisent facilement sous la peau ; il faut le prendre épais de 3 à 5 millimètres, compacte, pesant, d'une couleur fauve, uniforme, et d'une forte amertume. 1000 parties de ce quinquina fournissent 30 à 32 parties de sulfate de quinine (et 6 à 8 gram. de sulfate de cinchonine) ; il faut rejeter les écorces très-minces, légères et grossièrement fibreuses, qui contiennent beaucoup moins d'alcaloïde. » (*Codex.*)

3° QUINQUINA ROUGE. — Ce nom a été donné au Pérou à un grand nombre d'écorces, dont deux seulement sont officinales.

a. Quinquina rouge non verruqueux. — L'origine botanique en est incertaine : les uns l'attribuent au *Cinchona micrantha* que nous venons de décrire, d'autres au *C. nitida* R. et Pav. Ce dernier est un arbre de 10 à 12 mètres, à tronc droit, à feuilles obovales, lancéolées, atténuées à la base, glabres, brillantes, sans scrobicules, à stipules oblongues et obovales, obtuses, décidues, rarement connées à la base. Le calice est à limbe subcampanulé, à dents triangulaires ; la corolle rose, à tube cylindrique, à poils blancs ; les étamines exsertes, présentant des filets de la longueur des anthères ou un peu plus courts. La capsule est étroitement lancéolée et deux fois plus longue que large. Il croît sur les hautes montagnes, vers 10° de latitude australe, principalement à Huanuco, Casapi, Cuchero, etc.

L'écorce présente tous les caractères extérieurs du quinquina Huanuco ; quand sa couleur est peu foncée, on le nomme *Q. rouge pâle*, mais quelquefois la couleur est d'un rouge intense. On le rencontre en écorces roulées de 1-2 cent. de diamètre, ou en morceaux cintrés, en partie privés de leur périderme.

b. *Quinquina rouge verruqueux.* — Il est fourni par le *Cinchona*

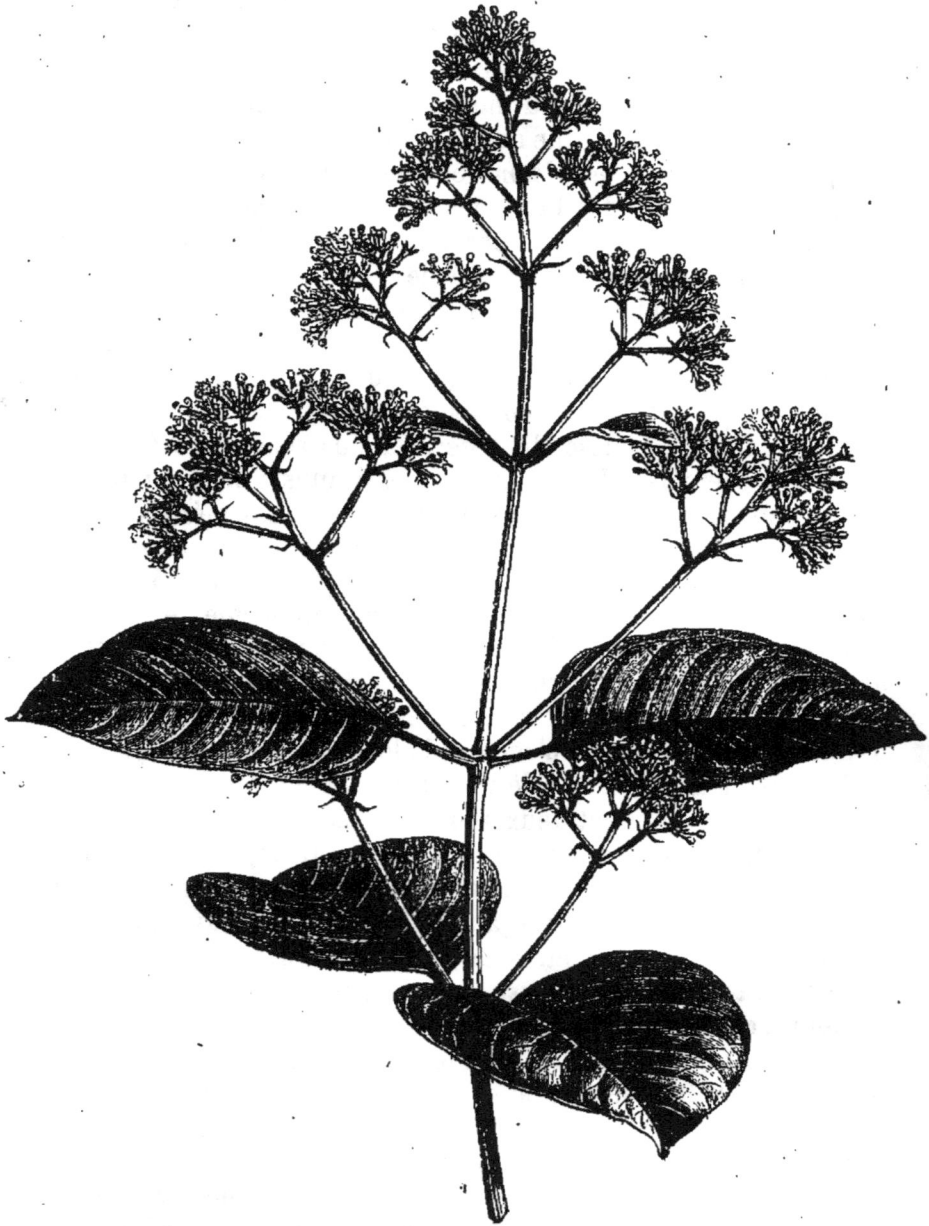

Fig. 219. — Quinquina rouge.

succirubra Pav. (fig. 219). C'est un arbre dont les feuilles, grandes, largement ovales, brièvement acuminées, pubescentes en dessous, surtout sur les nervures, sont fortes et rouges. Il habite Huaranda dans la province de Quito.

Dans le commerce, il est en écorces roulées ou cintrées, ou en éclats de grande dimension, en partie privés de leur périderme. Celui-ci est remarquable par son épaisseur et par la nature rouge, pulvérulente, dont il est principalement formé. On le reconnaît aux verrues dures et ligneuses placées à la surface du liber, et qui paraissent quelquefois à l'extérieur du périderme. Ces deux quinquinas rouges verruqueux et non verruqueux peuvent donner par kilogram. 20 à 25 gram. de sulfate de quinine et 10 à 12 gram. de cinchonine.

On pourrait encore employer en médecine : 1° Le QUINQUINA PITAYO, Del. et Bouch. (*Q. Pitayo de la Colombie* ou *d'Antioquia* Guib., *Quinquina brun* et *Q. rouge de Carthagène* Guib., *Quinquina almaguer* Ramp.), fourni par le *Cinchona pitayensis* Wedd. (*C. lanceolata*, Benth., *C. trianæ* Karst.). Cet arbre est caractérisé par ses feuilles épaisses, glabres, lancéolées, acuminées, atténuées à la base par les dents du calice, qui sont linéaires, par sa capsule ovoïde, allongée ; il croît à la Nouvelle-Grenade dans la province de Cauca. Son écorce, que l'on place dans le quinquina jaune, est rude ou brune, lourde, ordinairement petite ; les fibres du liber sont isolées, nombreuses ; l'enveloppe herbacée renferme çà et là des cellules à cristaux aiguillés.

2° Le quinquina orangé de Mutis, qui fait partie des quinquinas jaunes, et qui est produit par le *Cinchona lancifolia* Mut. Ce cinchona est un grand arbre à feuilles lancéolées, aiguës, atténuées à la base, souvent scrobiculées, dont les capsules sont lancéolées, et qui croît à la Nouvelle-Grenade, à une hauteur de 2500 à 3000 mètres au-dessus du niveau de la mer, entre 2° et 8° de latitude nord.

On peut encore citer parmi les quinquinas fournissant des écorces commerciales, deux variétés du *C. condaminea* Wedd. ; la première est le *C. Uritusinga* How. (fig. 220), qui fournissait le Q. jaune de Loxa dans les premiers temps de l'exploitation de cette précieuse écorce, et le *C. Chahuarguera* R. et Pav. (fig. 221), qui produit l'écorce désignée par Pereira sous le nom de *rusty crown bark*. C'est cette écorce qui aurait été employée dans la fameuse cure de la comtesse El-Cinchon et qui mériterait d'entrer dans la pratique médicale, s'il n'était pas si difficile de la différencier du *Q. pseudo-Loxa*, avec laquelle elle est souvent mélangée.

Faux quinquinas. — On comprend sous ce nom certaines écorces non fournies par le genre *Cinchona*, qui ne contiennent ni quinine ni cinchonine, et qui ont des propriétés fébrifuges nulles ou très-équivoques

Distribution géographique des quinquinas. — Voici, d'après
M. G. Planchon, quelle est la distribution géographique des quinquinas : « On ne trouve ces arbres à l'état spontané que dans les
parties des Andes qui s'étendent depuis le Vénézuéla et la Nouvelle-
Grenade, par 10° de latitude nord, jusque dans la Bolivie ou le haut

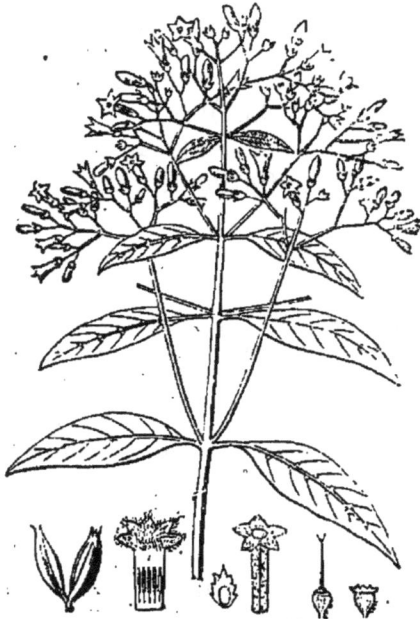

FIG. 220. — Quinquina Uritusinga.

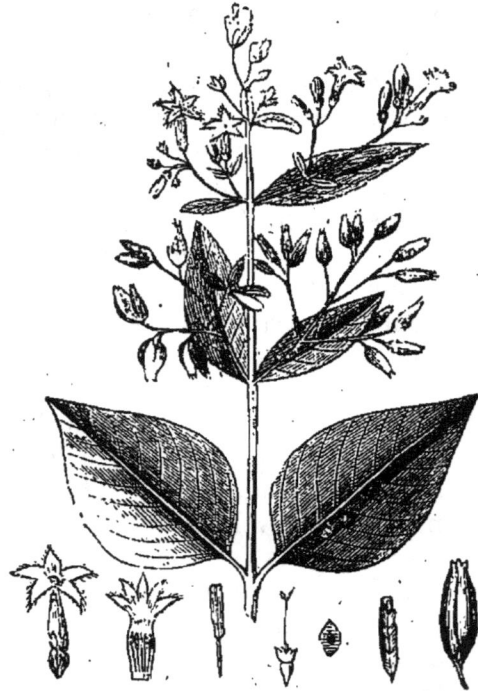

FIG. 221. — Quinquina Chahuarguera.

Pérou, vers 19° de latitude australe. Ils forment sur ces hauteurs
une vaste courbe dont la concavité, tournée vers le Brésil, sert de
point de départ aux différents affluents de l'Amazone. Cette courbe
n'est point continue, elle est quatre fois interrompue à des distances
inégales, de manière à former quatre bandes, dont les deux premières à
partir du nord ne dépassent guère les limites de la Nouvelle-Grenade
et s'étendent l'une au nord de Santa-Fé de Bogota, vers le Vénézuéla,
l'autre du côté de Popayan et de Pitayo, vers la république de l'Équateur. La troisième bande occupe presque toute la longueur de cette
république et comprend la localité de Loxa; enfin la quatrième s'étend
dans le Pérou jusqu'à la Bolivie et fournit les quinquinas de Huanuco,
de Cuzco et les calisayas. » La zone des quinquinas est aussi parfaitement définie dans le sens vertical. Ces arbres craignent et les chaleurs des plaines et les froids rigoureux des hautes régions. On les
trouve entre 1200 et 3270 mètres de hauteur, mais ce sont là les

limites extrêmes, et le plus ordinairement on les rencontre dans les vallées situées entre 1600 et 2400 mètres de hauteur.

Récolte. — En Amérique, on abat les quinquinas avant de procéder à la décortication. L'écorce du tronc et des grosses branches est alors débarrassée de son périderme, à l'aide d'un massage, puis profondément creusée, à l'aide d'un couteau bien tranchant, jusqu'aux couches ligneuses, de manière à circonscrire de longues lames rectangulaires. Ces lames sont enlevées avec le dos d'un couteau qui pénètre jusqu'à la zone génératrice. On exécute la même opération sur les petites branches, mais sans les dépouiller de leur épiderme. La décortication est suivie d'un séchage au soleil ; les grosses écorces doivent rester planes, et, pour cela, elles sont alternativement exposées au soleil et empilées les unes sur les autres, en carrés croisés que l'on charge d'un corps pesant. Les écorces minces sont abandonnées au soleil, où elles prennent la forme de cylindres ou de tuyaux. Une fois sèches, elles sont emballées dans des caisses ou enveloppées d'une peau de bœuf sauvage encore fraîche, qui, en se desséchant, les serre très-étroitement. Ces espèces de ballots ou surons pèsent de 50 à 75 kilogrammes. Par ce que nous venons de dire, il est facile de voir que le mode barbare d'exploitation usité en Amérique tend à épuiser rapidement les localités les plus riches et à priver l'homme de cette précieuse écorce. C'est pour prévenir ce danger que plusieurs nations européennes ont introduit les quinquinas dans leurs colonies. Ces arbres sont depuis plusieurs années cultivés avec succès à Java, dans les Indes orientales, sur les côtes du Malabar, à Ceylan. Les écorces asiatiques ont déjà paru sur les marchés de Londres et de Paris et ne le cèdent en rien aux écorces américaines. Quelques résultats heureux ont été obtenus à l'île de la Réunion, et les essais tentés en Algérie, au jardin de Hammah, permettent de fonder quelques espérances sur sa culture dans cette colonie.

Composition chimique. — Les écorces de quinquina renferment les substances suivantes : *quinine, quinidine, quinicine, cinchonine, cinchonidine, cinchonicine, aricine, quinamine, rouge cinchonique soluble, mélange astringent formé par les acides quinique, quinovique, quinotannique, rouge cinchonique proprement dit, matière colorante jaune, corps gras, résineux, gommeux, amidon, sels, cellulose* et *ligneux.* Les alcaloïdes et les substances astringentes sont les principes qui communiquent aux écorces leur activité. La quinine, $C^{40}H^{24}Az^2O^4$, est un alcaloïde qui se présente en masse blanche, amorphe, poreuse, ou en masse résineuse, suivant son mode de préparation ; elle est peu soluble dans l'eau, soluble dans l'alcool bouillant, moins soluble dans le chloroforme et l'éther ; elle forme avec la plupart des acides des sels cristallisables dont les solutions possèdent la propriété de prendre une couleur d'un beau vert émeraude lorsqu'on y verse de l'eau chlorée, puis un léger excès d'ammoniaque. Le plus usité de ces sels est le sulfate neutre ; mais, comme il faut 740 parties d'eau froide pour le dissoudre, on le transforme le plus ordinairement, au moment de l'administrer, en sulfate acide plus soluble, par l'addition de quelques gouttes d'acide ou d'alcool sulfurique. Le tannin et l'iodure ioduré de potassium précipitent la quinine de ses dissolutions salines.

La cinchonine, $C^{40}H^{24}Az^2O^2$, est incolore, brillante, en prismes quadrilatères terminés par des faces obliques ou en aiguilles prismatiques ; insoluble dans l'eau froide et l'éther, elle se dissout dans l'alcool et le chloroforme. Chauffée fortement dans un tube de verre, elle se décompose incomplétement et se sublime en partie. Elle ne se colore pas en vert sous l'influence du chlore et de l'ammoniaque La quinine et ses sels sont le fébrifuge par excellence ; la cinchonine paraît douée des mêmes propriétés, mais à un degré moindre, les doses doivent être deux fois plus fortes que celles de la quinine. La quinidine et la cinchonidine sont presque aussi actives que la quinine, et l'on peut classer au point de vue de l'énergie d'action les alcaloïdes du quinquina dans l'ordre suivant : quinine, quinidine, cinchonidine, cinchonine.

Structure des écorces. Siége des alcaloïdes. — D'après M. Weddell, une écorce de quinquina coupée dans le sens horizontal et vue au microscope montre les zones suivantes (fig. 222) :

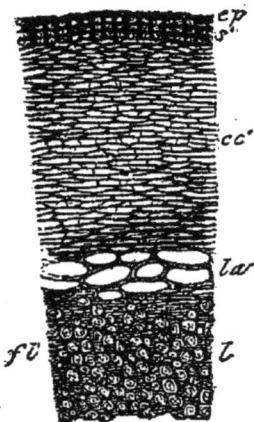

Fig. 222. — Coupe d'une écorce de quinquina.

1° L'enveloppe épidermique, ep, souvent détruite ou recouverte de lichens ;

2° La tunique subéreuse, s', ou cercle résineux ;

3° L'enveloppe cellulaire, ec', ou enveloppe herbacée formée de cellules oblongues comprimées de dehors en dedans, les extérieures contiennent de la chlorophylle, les autres se remplissent de matières résineuses ou de grains de fécule ;

4° Une ou deux séries de lacunes, la, analogues aux laticifères et d'autant plus rares que l'écorce est plus âgée ;

5° Le liber ou zone libérienne, l, formée de fibres ou de cellules fibreuses. Le nombre des fibres corticales augmente avec l'âge.

Par les progrès de la végétation il se produit dans la zone subéreuse des cellules tabulaires qui isolent les plaques extérieures de la

partie interne et vivante de l'écorce et amènent leur mortification et
par suite leur chute. M. Weddell a donné le nom de *périderme* à ces
portions qui tombent facilement dans les vieilles écorces, c'est l'épiderme de beaucoup d'auteurs.

En prenant pour base les éléments qui constituent chacune des
zones que nous venons d'énumérer, éléments qui varient avec l'espèce qu'on étudie, on a pu arriver à classer et à différencier les
écorces officinales.

Dans quelle partie de l'écorce rencontre-t-on les alcaloïdes? D'après
les uns, c'est le tissu cellulaire de la zone herbacée et celui qui
environne les fibres du liber qui sont surtout le siége des alcaloïdes.
La quinine se trouverait dans le tissu cellulaire de la zone du liber,
et la cinchonine dans celle de la zone herbacée (Weddell, Karsten,
Wigand), tandis que, d'après d'autres observateurs (Howard, Flückiger, Carles), il faudrait chercher le siége des alcaloïdes dans le parenchyme cellulaire et particulièrement dans les couches extérieures
les moins riches ou même tout à fait pauvres en parties libériennes.

Formes pharmaceutiques, doses. — 1º Poudre, 5 décigram. à
20 gram. dans du pain azyme ou sous forme d'opiat avec du sucre.
2º Macération, pp. 20 : 1000, comme astringent. 3º Décoction, 30 à
60 : 1000, comme fébrifuge. 4º Décoction acidulée, pp. 20 : 1000
d'eau additionnée de 2 gram. d'acide sulfurique alcoolisé. 5º Extrait
mou et aqueux de quinquina gris, 1 décigr. à 4 gram. 6º Extrait sec
de Lagaraye, 5 décigram. à 4 gram. 7º Teinture, 2 à 15 gram.
8º Teinture composée ou vin d'Huxham, 5 à 30 gram. 9º Vin de
quinquina du Codex, 50 à 150 gram. 10º Vin de quinquina composé,
20 à 100 gram. 11º Extrait alcoolique, 3 décigram. à 4 gram.
12º Résine (extrait résineux), 3 décigram. à 4 gram. 13º Quinium de
Labarraque, ou extrait alcoolique de quinquina à la chaux dosé; il
contient en poids 1/3 d'alcaloïdes composés de 4 parties de quinine
et 1 partie de cinchonine. 14º Sirop de quinquina, 30 à 60 gram.
par jour. On prépare aussi des tablettes, un électuaire, un cérat,
une poudre dentifrice.

Les diverses écorces de quinquina ne contenant pas dans les
mêmes proportions les substances que nous avons signalées en
étudiant la composition de ce médicament, il s'ensuit que suivant
son espèce le quinquina pourra remplir des indications spéciales.
En général, les quinquinas gris sont astringents, et contiennent
beaucoup de principe tannant et de cinchonine, peu de quinine.
C'est à ces quinquinas qu'il faut faire appel quand on veut obtenir
une action tonique. Les quinquinas jaunes sont plus amers, moins
astringents, riches en quinine, pauvres en cinchonine; par suite c'est
au quinquina jaune qu'il faut s'adresser quand on veut obtenir les

effets antipériodiques au plus haut degré et sous le moindre volume
de médicament. Les quinquinas rouges sont intermédiaires aux deux
autres, ils sont tout à la fois astringents et amers, ils renferment des
doses moyennes de quinine et de cinchonine ; ce sont eux que l'on fait
intervenir quand on recherche à la fois l'action tonique et l'action
fébrifuge.

Action physiologique. — Localement le quinquina agit comme
tonique astringent ; appliqué sur les plaies, il active la formation des
bourgeons charnus et les modifie si elles présentent un mauvais caractère. A l'intérieur et à dose tonique (10 à 50 centigr. de sulfate
de quinine, 2 gram. de poudre) le quinquina augmente l'appétit,
facilite la digestion, rend l'assimilation plus complète et produit de
la constipation ; par l'usage répété du médicament, la constipation
se transforme en une fausse diarrhée. Sous son influence, la
tension artérielle augmente sans qu'il y ait amélioration bien
notable du pouls, le visage se colore. A dose fébrifuge (75 centigram. à 1 gram. de sulfate de quinine, 8 à 10 gram. de poudre)
on observe quelquefois des troubles digestifs, tels que pesanteur et
douleur à l'estomac, plus rarement la gastralgie, des digestions labo-
rieuses, quelquefois des nausées, des vomissements, de la constipation opiniâtre ou de la diarrhée. En même temps se manifestent des
phénomènes nerveux, tels que troubles de l'ouïe, éblouissements,
incertitude de la vision, dilatation de la pupille, pesanteur de tête,
vertiges, titubation, incertitude dans la marche (*ivresse quinique*).
La circulation se ralentit, le pouls devient petit, faible et mou, la
calorification diminue, le volume de la rate, d'après quelques observateurs, devient moindre ; les sécrétions et surtout la diurèse augmentent, quelquefois il se produit un peu de cystite et d'hématurie,
ce qui n'a rien d'extraordinaire, car ici l'appareil rénal est le principal organe d'élimination. L'action diaphorétique est moins appréciable que l'action diurétique. Quand, au lieu du quinquina, on fait
appel au sulfate de quinine et qu'on l'administre en quantité considérable, 1 à 3 gram. par jour, à dose fractionnée, alors les troubles
digestifs augmentent en fréquence et en intensité : des vomissements,
de la diarrhée, une douleur plus forte à l'estomac, surviennent, la
diurèse se prononce davantage, et quelquefois au contraire on voit
survenir de la dysurie par suite de la surexcitation du rein. La circulation se ralentit encore, la calorification s'abaisse, les forces diminuent, le sang se modifie dans sa composition, sa fibrine augmente,
tandis que les globules, les sels et l'albumine subissent une légère
diminution. Le caillot devient ferme et résistant d'après quelques-
uns, diffluent d'après les autres. Les phénomènes nerveux acquièrent leur maximum d'intensité, les troubles de l'ouïe vont jusqu'à la

surdité, ceux de la vision jusqu'à l'amaurose, ceux de la locomotion jusqu'à l'ivresse complète; quelquefois apparaissent des convulsions, du délire, le plus souvent un collapsus profond. Dans ce cas, qui constitue un véritable empoisonnement, on doit avoir recours aux évacuants d'abord, puis au tannin, à l'iodure ioduré de potassium, qui sont les antidotes chimiques, à l'opium, à l'alcool, qui sont les antidotes physiologiques, aux affusions froides, pour combattre le délire et le tétanos.

Usages. — C'est d'abord comme fébrifuge que le quinquina fut employé. L'espace nous manque pour rappeler la légende de son introduction dans la thérapeutique. C'est vers 1650 que la comtesse El-Cinchon, femme du vice-roi du Pérou, ayant été guérie d'une fièvre intermittente opiniâtre, par l'emploi de l'écorce du Pérou, propagea ce précieux médicament en Europe. Il fut introduit en France en 1679 par Talbot. Toutes les préparations de quinquina ont été administrées dans les fièvres intermittentes; l'avantage est resté acquis aux alcaloïdes et à leurs sels, dont nous avons fait connaître l'ordre d'activité. Reste à préciser l'époque à laquelle on doit administrer le médicament. Trois méthodes ont été proposées : 1° méthode italienne ou de Torti, on donne le médicament immédiatement avant l'accès; 2° méthode anglaise ou de Sydenham, on administre le quinquina aussitôt après la fin de l'accès et par fraction dans l'intervalle des accès; 3° méthode française ou de Bretonneau, on donne le quinquina en une seule dose, ou à des intervalles très-rapprochés et le plus loin possible de l'accès à venir. Dans le même ordre de faits, nous indiquerons l'emploi du quinquina et surtout du sulfate de quinine : 1° dans les fièvres pernicieuses, ici il n'y a plus de règle pour l'administration, le seul précepte est d'agir le plus vite possible; 2° dans les fièvres intermittentes symptomatiques; 3° les fièvres larvées. Les heureux résultats obtenus par le quinquina dans la fièvre, maladie périodique, ont engagé à le prescrire contre les névralgies intermittentes; il est également indiqué contre les névralgies continues, mais il réussit moins bien que dans le premier cas. On a également proposé le quinquina sous forme de sulfate de quinine dans la chorée, l'épilepsie, l'aliénation mentale, le tétanos, l'éclampsie infantile, le hoquet rebelle, l'asthme nerveux, la coqueluche, la colique nerveuse endémique des pays chauds. On a indiqué le sulfate de quinine, à hautes doses, comme antiphlogistique, sédatif vasculaire, contro-stimulant dans le rhumatisme articulaire aigu, dans la fièvre puerpérale, dans la pyohémie, la septicémie. Le quinquina et le sulfate de quinine sont utilisés dans la goutte atonique, dans certaines formes de fièvre typhoïde.

Le quinquina est un tonique, un fortifiant des voies digestives usité dans les dyspepsies atoniques; c'est un tonique précieux indiqué dans toutes les débilités générales, telles que l'adynamie des maladies aiguës, l'anémie des convalescents, celle par privations, fatigues, excès vénériens, flux mensuels et hémorrhoïdaux abondants, la chlorose, les cachexies paludéenne, scrofuleuse, tuberculeuse chronique atonique, cancéreuse, mercurielle, saturnine.

A l'extérieur, la poudre et la décoction concentrée de quinquina trouvent de nombreuses applications dans les cas d'ulcères atoniques, sordides; de plaies compliquées de pourriture d'hôpital. Sous forme de lotions, d'injections, de gargarismes, on le prescrit dans les angines gangréneuses, dans les écoulements muqueux ou dépendant de l'atonie des membranes, dans les chutes du rectum, du vagin.

R

RAIFORT. — Voy. *Cochléaria de Bretagne.*
RAISIN. — Voy. *Vigne.*
RATANHIA. — Voy. *Kramerie triandre.*
RÉGLISSE OFFICINALE. *Glycyrrhiza glabra* L., *Liquiritia officinalis* Mænch. Réglisse glabre. LÉGUMINEUSES-PAPILIONACÉES. (Γλυκύς, doux, et ῥίζα, racine.)
Description (fig. 223). — Plante de 3-10 décimètres. Rhizome émettant des jets souterrains, épais, cylindriques, très-allongés. Tige presque ligneuse, dressée, cylindrique, peu rameuse, verdâtre, un peu luisante et glabre. Feuilles pétiolées, imparipennées à 4-7 paires de folioles, oblongues ou elliptiques, obtuses, d'un vert gai, glabres, glutineuses en dessous, sans stipules. Fleurs (juin-juillet) petites, violettes ou purpurines, brièvement pédicellées, disposées en grappes axillaires, pédonculées, de moitié plus courtes que la feuille florale. Calice vert, tubuleux, bossu à la base, bilabié, la lèvre supérieure bifide, l'inférieure tronquée; ces divisions sont linéaires, lancéolées, aiguës, un peu inégales. Corolle papilionacée; étendard relevé par le bord, dépassant les ailes, qui sont étroites et arquées; carène de 2 pétales aigus. Étamines 10, divisées en 2 faisceaux, un supérieur portant 9 divisions et autant d'anthères arrondies, globuleuses; l'autre, inférieur, ne présente qu'un seul filet épais, assez gros, et une seule anthère. Ovaire légèrement stipité à sa base, inéquilatéral, monoloculaire, pluriovulé. Style aussi long que les étamines; stigmate obtus. Fruit (*gousse*) de 2-3 centim. de long, comprimé, bosselé,

pointu, glabre, contenant 3-4 graines brunes, lenticulaires, réniformes. ♃.

Habitat. — Croît naturellement dans le midi de l'Europe, la Sicile, l'Espagne et quelques
départements méridionaux.
On la cultive aux environs
de Paris.

Culture. — La plante
étant très-rustique, il est
facile de la cultiver. Il
faut pourtant choisir un
sol doux, léger, chaud,
substantiel, profond pour
que les racines puissent
s'étendre convenablement.
On en opère la multipli-
cation, le plus souvent,
en plantant au printemps
les drageons ou pieds en-
racinés. Elle végète mal
dans les terres trop fortes.

Partie usitée. — La
racine, qu'on appelle aussi
bois de réglisse.

Récolte, dessiccation.
— C'est au bout de trois
ans que les racines ont acquis la grosseur et la qualité voulues dans le com-

Fig. 223. — Réglisse officinale.

merce; on les arrache alors, en creusant des tranchées et fouillant le
terrain par-dessous. Cette opération se pratique par un temps sec. Les
racines sont soigneusement nettoyées et séchées au soleil ou au grenier. On les trouve dans le commerce en morceaux longs de 50 à
60 centimètres, de la grosseur du doigt, liés en bottes ou en ballots.
Leur surface extérieure est ridée, d'un brun grisâtre; à l'intérieur
ils sont fibreux; leur saveur est sucrée mêlée d'une certaine âcreté.
Il faut les choisir d'un beau jaune à l'intérieur et rejeter ceux qui
présentent une teinte rousse, ce qui est un signe d'altération.

Composition chimique. — La racine de réglisse contient : *glycyrrhizine, fécule, huile, asparagine, résine, albumine, sels.* La glycyrrhizine, $C^{48}H^{36}O^{18}$, ou sucre de réglisse, est en petites plaques
jaunes, transparentes, sa saveur est douce et sucrée. L'eau et l'alcool
la dissolvent en se colorant en jaune. Elle ne fermente pas, et l'acide

azotique ne la transforme pas en acide oxalique. Ce serait un gly
coside capable de se dédoubler sous l'influence des acides étendu
en glycose et en glycyrrhétine. L'âcreté que présente la racine es
due à un mélange d'huile et de résine, peu soluble dans l'eau froid
ou tiède, mais pouvant être entraîné en assez grande quantité si l
chaleur est longtemps soutenue.

Formes pharmaceutiques, doses. — On la ratisse préalable
ment pour lui enlever l'écorce, qui lui donne de l'amertume. 1° Pou
dre; très-usitée pour préparer et rouler les pilules. 2° Tisane pa
macération ou infusion, pp. 10 : 1000. 3° Extrait (*suc* ou *jus de r*
glisse, sucre noir). On trouve cet extrait, dans le commerce, sou
forme de bâtons de 12 à 15 centim. de long, épais de 1,5 à 2 cent
toujours aplatis à une extrémité pour l'empreinte du cachet. Il e
presque toujours falsifié par une forte proportion de dextrine ou d
fécule et se prépare par décoction et évaporation dans des bassin
de cuivre.

Action physiologique. — C'est plutôt un aliment, un condimen
qu'un médicament. Il a l'avantage de ne point provoquer le dégo
des malades autant que le sucre, et d'apaiser la soif.

Usages. — La racine de réglisse sert à édulcorer les tisanes; o
ne doit l'ajouter aux tisanes par décoction qu'après les avoir retiré
du feu. La poudre est employée pour donner de la consistance a
pilules. L'extrait est usité tel quel ou sous forme de pâtes, de t
blettes, de losanges, aromatisés de différentes manières, contre
rhume, la grippe, l'angine; il agit en entretenant constamme
l'humidité de la bouche. La boisson populaire connue sous le no
de *coco* n'est qu'une macération de réglisse dans de l'eau additionn
d'un peu de coriandre, d'anis ou de citron. La glycyrrhizine, poss
dant la propriété de masquer plus ou moins complétement l'ame
tume de quelques substances telles que le sulfate de quinine, la c
loquinte, l'aloès, le quassia, pourrait être utilisée pour faciliter l'a
ministration de ces médicaments.

SUCCÉDANÉS. — La souche privée d'écorce de la réglisse hispi
(*G. echinata* L.) est connue sous le nom de *réglisse de Russie.* (
donne le nom de *réglisse de Hongrie, de Grèce*, aux racines
G. glandulifera W. et Kit.; celui de *réglisse d'Amérique, liane*
réglisse, à la racine de l'abrus des chapelets (*Abrus precatorius* L
de l'Indoustan et des Antilles; de *réglisse de montagne, réglisse a*
Alpes, au *trèfle des Alpes* (*Trifolium alpinum* L.); de *réglisse sa*
vage à celle de l'*Astragalus glycyphyllos* L. Toutes ces racin
peuvent dans une certaine limite remplacer celle de la réglisse o
cinale.

RHUBARBE OFFICINALE. *Rheum officinale* Bail. POLYGONÉ

Description (fig. 224). — Plante de très-grande dimension, dépassant la taille d'un homme, qui, quand elle a pris tout son déve-

FIG. 224. — Rhubarbe officinale.

loppement, n'a presque plus de racines, car celles-ci se détruisent graduellement, et le pied ne puise sa nourriture dans le sol que par de petites racines adventives. Tige et rameaux cylindro-coniques, hauts de 20 à 30 centimètres, de la grosseur du bras ou de la jambe. Écorce charnue, spongieuse. Les feuilles en tombant laissent adhérente après la tige et les rameaux la base brune et desséchée des pétioles, ainsi que les débris des ochréa; c'est l'ensemble de ces vestiges qui constitue ce qu'on appelle improprement l'écorce. Feuilles pétiolées; pétiole pouvant atteindre jusqu'à près d'un mètre de long; limbe pouvant arriver à la même dimension dans tous les sens, mais généralement plus large que long; elles sont palmati-nervées, les 2 nervures latérales sont dépourvues en dehors, dans une certaine étendue de leur base, de tout parenchyme, mais au-dessous de ce point la base du parenchyme forme une sorte d'auri-cule arrondie qui rend le limbe fortement cordé à la base. Ce limbe est orbiculaire, profondément quinquélobé et incisé, d'un vert pâle, glabre en dessus, tout chargé en dessous d'un duvet blanc qui n'altère pas la teinte verte. Les bourgeons qui naissent à l'aisselle des feuilles laissent échapper de leur base un ensemble d'éléments cel-luleux, fibreux et vasculaires, qui, se dirigeant à travers l'écorce dans la masse parenchymateuse de la tige, font que la section plus ou moins oblique de cette tige présente des tâches étoilées. Inflo-rescences hautes de 2 mètres environ, ramifiées, chargées de nom-breuses fleurs blanches, à réceptacle très-concave, élevé. Calice gamo-sépale à 6 divisions. Étamines 9, périgyniques. Ovaire profondément inséré dans le point le plus déprimé du réceptacle, les bords de cette cavité sont garnis de glandes très-développées, inégales, d'un beau vert au sommet. Fruit (achaine) à 3 angles membraneux.

Habitat. — Elle est originaire du Thibet et croît vers 40° de lati-tude; elle n'est connue que depuis 1867.

Culture. — Elle paraît pouvoir se reproduire aisément par les bourgeons nés des feuilles que l'on détache dans une saison conve-nable; elle a résisté à un hiver dont la température est descendue à 20°.

Partie usitée. — Le produit connu en médecine sous le nom de *rhubarbe* et que l'on a pendant fort longtemps considéré comme étant la racine du *Rheum palmatum* L. M. Baillon a démontré, en 1872, que cette substance n'était ni une racine, ni un rhizome, mais qu'elle provenait de la tige aérienne et des rameaux du *Rheum offi-cinale*.

Deux espèces de rhubarbe se rencontrent dans le commerce euro-péen, celle de Moscovie et celle de Chine.

La Rhubarbe de Moscovie est devenue très-rare et ne se trouve plus que dans les droguiers. Elle est en morceaux plans-convexes (fig. 225) dont la forme est l'ovale allongé; ils sont profondément mondés et ordinairement percés d'un trou; leur surface, d'un jaune d'ocre, est recouverte d'une poudre très-fine, provenant du frottement occasionné par le voyage. Leur texture est compacte, et ils sont marbrés à l'intérieur de veines rouges et blanches souvent disposées en étoile. L'odeur de cette rhubarbe est prononcée, sa saveur amère

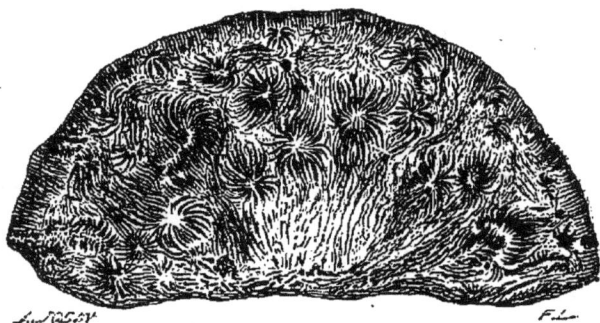

Fig. 225. — Rhubarbe de Moscovie.

est astringente, elle croque sous la dent et donne à la salive une couleur jaune safranée. Sa poudre est d'un jaune pur.

La RHUBARBE DE CHINE est à peu près la seule que l'on rencontre aujourd'hui dans le commerce; elle est en morceaux arrondis, ordinairement percés d'un trou qui contient les débris de la corde qui a servi à les suspendre pour les sécher, ou bien en morceaux cylindriques ou ovoïdes, et plus souvent encore allongés, plans-convexes (fig. 226). Sa surface est d'un jaune sale, sa texture est compacte,

Fig. 226. — Coupe transversale de la rhubarbe de Chine.

sa cassure faite à la hache est à gros grains, veinée, présentant des rayons d'un jaune clair qui se dirigent du centre à la circonférence en décrivant des lignes très-flexueuses qui souvent semblent anastomosées et figurent à l'endroit de ces prétendues anastomoses des sortes d'étoiles a très-irrégulières. Sa saveur est amère, son odeur spéciale forte, aromatique, elle croque sous la dent et colore la salive en jaune orangé. Sa poudre tient le milieu entre le fauve et l'orangé. La variété connue sous le nom de *rhubarbe plate* est plus spongieuse que les autres.

Le rhapontic (*Rheum rhaponticum* L.) fournit une rhubarbe qui est connue, dans le commerce européen, sous le nom de *rhubarbe indigène, de France, d'Allemagne, anglaise*. Elle est reconnaissable à sa teinte pâle, aux rayons (fig. 227) qui se dirigent en ligne droite du centre vers la circonférence.

Composition chimique. — La rhubarbe contient : *amer de rhubarbe, matière colorante jaune, tannin soluble, principe tannique insoluble, matière extraite par la potasse, acide oxalique, fibre, rhaponticine, amidon, principe sucré, pectine, sels*. L'amer de rhubarbe (*rhabarbarin, rhumine*) est un mélange de différentes matières. La matière colorante, ou *érythrorétine*, est une poudre jaune, peu soluble dans l'eau, soluble dans l'alcool, de saveur peu prononcée ; elle est purgative. Outre cette matière colorante jaune, il en existerait deux autres : l'acide *chrysophanique* et la *phéorétine ;* le premier a pour formule $C^{20}H^8O^6$; il est insipide, inodore, soluble dans l'alcool, presque insoluble dans l'eau ; c'est un purgatif plus énergique que l'érythrorétine. La deuxième est une substance résineuse, possédant la saveur propre à la rhubarbe et une action purgative. La phéorétine et l'érythrorétine ne sont peut-être que de l'acide chrysophanique impur.

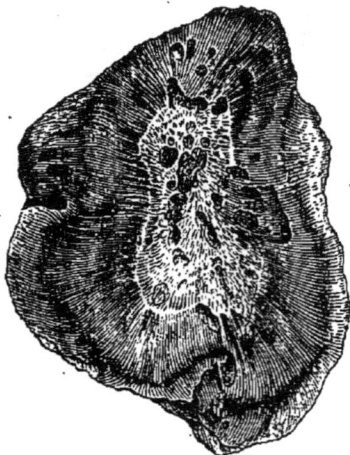

FIG. 227. — Coupe transversale d'une rhubarbe indigène.

Formes pharmaceutiques, doses. — 1° Poudre, 3 à 5 décigr., comme tonique, 2 à 4 gram. comme purgatif. 2° Hydrolé, pp. 8 : 500. 3° Extrait aqueux, 15 à 30 centigram., comme stomachique, 1 à 2 gram. comme purgatif. 4° Sirop de rhubarbe composé, appelé encore sirop de chicorée composé, 10 à 40 gram. 5° Teinture, 2 à 15 gram. 6° Vin, 5 à 40 gram., comme purgatif. Par la torréfaction, elle perd ses propriétés purgatives et devient plus tonique.

Action physiologique. — A la dose de 2 à 3 décigram., administrés en deux ou trois fois dans la journée, la rhubarbe augmente l'appétit, diminue et régularise les sécrétions intestinales. A doses plus élevées, 1 à 4 gram., elle détermine des effets purgatifs assez doux, à moins que l'on ne fasse usage de la rhubarbe indigène, auquel cas on constate la production de nausées, de coliques, de vomissements. Sous son influence, l'urine devient soit jaune, soit jaune-rouge, soit rouge ; la sueur, celle du creux axillaire surtout, prend cette coloration. Le lait des nourrices peut devenir purgatif sous son influence.

Usages. — La rhubarbe est un médicament précieux, fréquemment employé pour combattre les mauvaises digestions et les constipations dues à un état atonique de l'intestin ; elle est administrée avec succès pour arrêter la diarrhée bilieuse, et toutes les fois qu'il y a indication d'évacuer des matières intestinales entretenant la diarrhée par leur présence.

RICIN ORDINAIRE. *Ricinus communis* L., *Palma - christi.*
EUPHORBIACÉES.

Description (fig. 228). — Racine pivotante simple ou divisée, à ramifications peu nombreuses, fibreuses. Tige de 1 à 2 mètres, dressée, grosse, fistuleuse, lisse, glauque, un peu violette ou rougeâtre, présentant des articulations, simple inférieurement, un peu rameuse au sommet. Feuilles alternes, longuement pétiolées, simples, larges, palmées et peltées ; à 7-9 digitations, larges, dentées en scie, pointues, d'un rouge verdâtre, accompagnées à la base de 2 stipules réunies en un sac membraneux, caduc, opposé à la feuille, presque amplexicaule, ovale, membraneux. Fleurs (juillet-août) monoïques, réunies en grappe rameuse, pyramidale, extra-axillaire, munies de bractées petites et membraneuses, supportées par des pédoncules articulés vers le milieu de la longueur, les femelles placées dans la moitié supérieure, les mâles inférieurement. *Mâles,* calice petit à 5 divisions concaves-convexes pointues au sommet, réfléchies, d'un vert glauque. Corolle nulle. Étamines nombreuses, se ramifiant en un grand nombre de filets grêles terminés chacun par une anthère biloculaire, jaunâtre. *Femelles,* calice à 5 divisions étroites, larges à la base, acuminées au sommet, concaves-convexes, quelquefois soudées par les bords, d'un vert moins foncé. Ovaire libre, globuleux, présentant à la base les divisions du calice, à 3 côtes, hérissé de piquants, à 3 loges uniovulées. Style court, assez épais, terminé par 3 stigmates bifides, plumeux, allongés, linéaires, glanduleux, rougeâtres. Fruit formé par 3 coques épineuses se séparant à la maturité, contenant chacune une graine ovale, de la grosseur d'un petit haricot. ①.

Habitat. — Il croît naturellement dans l'Inde, en Afrique, en Amérique. Dans les pays chauds, c'est un arbre ayant l'aspect d'un platane et dont le tronc ligneux s'élève à 10 et 15 mètres. Dans nos pays, il est herbacé et annuel, mais déjà dans le midi de la France il peut vivre plusieurs années, quand les hivers ne sont pas trop ri-

goureux et qu'il est bien exposé. On ne saurait voir dans cette différence de taille un caractère propre à deux espèces différentes; en
effet la graine du ricin arborescent d'Afrique donne un végétal her-

FIG. 228. — Ricin ordinaire.

bacé dans nos climats, de même que le ricin herbacé peut devenir un
arbre dans nos serres.

Culture. — Le ricin a besoin d'une exposition chaude et d'une
terre légère et substantielle. On sème la graine au printemps s
couches chaudes, pour repiquer sur place.

Partie usitée. — Les graines (*catapuces, graines du Mexique o*
de castor) et l'huile qu'on en extrait. Les graines sont ovales, convexes et arrondies du côté extérieur, aplaties et présentant un angl
longitudinal légèrement saillant du côté intérieur; leur surface es

lisse, luisante, grisâtre et marquée de brun, elles sont surmontées d'une caroncule charnue assez volumineuse, elles ont une certaine ressemblance avec un arachnide parasite des chiens, la *tique* ou *ricin*. Leur enveloppe la plus extérieure est mince et cassante ; en dessous se trouve une seconde tunique mince blanchâtre qui entoure l'amande ; celle-ci blanche, présente deux lobes entre lesquels se remarque un petit embryon.

On trouve dans le commerce deux sortes de ricins, ceux d'Amé-

Fig. 229. — Ricin d'Amérique.   Fig. 230. — Ricin de France.

rique et ceux de France. Les premiers (fig. 229), plus gros, plus volumineux, plus foncés en couleur, ont 14 millimètres de long. Les seconds (fig. 230) n'ont que 9 à 12 millimètres. Les ricins du Sénégal participent des deux autres espèces ; ils ont en effet la marbrure foncée des ricins d'Amérique et la taille des ricins de France.

Récolte. — La graine est récoltée en automne.

Composition chimique. — L'épisperme contient : *résine insipide, extractif, gomme brune, ligneux.* Les amandes renferment : *huile grasse, gomme, caséine* ou *albumine, ligneux, amidon, ricinine, principe volatil âcre* (acide ricinoléique ?), *substance âcre fixe de nature résineuse.* Cette dernière substance réside soit dans l'embryon, soit dans l'amande, soit peut-être dans la tunique interne de l'épisperme. L'huile grasse (*huile de ricin*) est d'un jaune pâle, visqueuse, d'odeur et de saveur très-faibles, mais désagréables, soluble dans l'alcool à 90° et l'éther. Sa densité est de 0,926 à + 15° ; elle est siccative. Par la saponification, on peut en séparer trois acides, les acides ricinique, margaritique et ricinoléique ou élaïodique. C'est l'huile de castor des Anglais. La ricinine est un alcaloïde cristallisable qui n'est ni toxique, ni purgatif.

Formes pharmaceutiques, doses. — Huile, dose 20 à 30 gram. dans une infusion de café noir, une infusion aromatique, une émulsion faite avec un jaune d'œuf ou de la gomme adragante, du bouillon de bœuf dégraissé et très-chaud. On la donne aux enfants en bas âge à la dose de 8 à 10 gram. On la prescrit aussi en lavement à la dose de 30 à 50 gram.

Action physiologique. — L'huile de ricin récemment exprimée à froid n'est pas purgative. En Chine, on la consomme même comme produit alimentaire. Dans ce cas, elle ne manifeste d'effets purgatifs qu'à haute dose; elle purge alors par indigestion. Mais il n'en est pas de même quand l'huile est vieille, rance, ou quand elle a été obtenue par expression à chaud; elle contient alors des principes âcres, et à la dose de 15 à 20 gram. elle produit assez rapidement des tranchées et des selles diarrhéiques; quelquefois l'effet purgatif n'a pas lieu, car son goût nauséeux l'a fait expulser par les vomissements. Quant aux graines, elles sont très-actives, une seule administrée sous forme d'émulsion peut produire des vomissements et des purgations, quatre ou cinq peuvent occasionner des accidents drastiques redoutables. Il importe, dans la pratique médicale, d'avoir toujours ces données présentes. On devra donc ne pas employer les semences et ne prescrire l'huile rance qu'à doses moindres que l'huile récente.

Usages. — C'est un purgatif doux, exempt de toute action irritante sur le canal digestif; particulièrement utile lorsqu'il faut provoquer des évacuations alvines sans déterminer l'irritation de l'intestin. On la prescrit par suite dans les constipations, la hernie étranglée, la péritonite, la métrite, les constipations opiniâtres; pour évacuer les vers intestinaux après l'administration d'un anthelminthique. Elle sert à donner au collodion chirurgical une élasticité particulière qui l'empêche de se rompre sous l'influence de la traction que lui communiquent les parties que l'on a recouvertes de ce corps. Les feuilles du ricin ne sont qu'émollientes; appliquées sur les seins, elles passent pour avoir une action emménagogue, et on prétend qu'elles peuvent activer et provoquer le travail de la lactation.

RIZ CULTIVÉ. *Oriza sativa* L. GRAMINÉES.

Description. — Plante de 7-16 décimètres, racines touffues, fibreuses, capillaires. Tige (*chaume*) droite, dressée, cylindrique, assez molle, glabre, présentant 3 ou 4 nœuds, d'un beau vert clair et uni. Feuilles linéaires planes, lancéolées, aiguës, glabres, denticulées et très-rudes sur les bords, fermes. Gaîne fendue. Ligule membraneuse, dressée contre le chaume, mince, glabre, bipartite. A la base de la feuille, au point où les bords se confondent avec la gaîne, on trouve de chaque côté un petit appendice falciforme offrant à son bord intérieur une rangée de cils longs et soyeux. Fleurs blanchâtres, disposées en une panicule terminale, à divisions anguleuses, presque droites ou légèrement convergentes. Épillets courtement pédicellés et uniflores. Glume à 2 valves, petites, convexes, carénées, lisses. Glumelle à 2 valves, trois ou quatre fois plus longues que celles de la glume, l'externe en carène, marquée de côtes longitudinales et terminée à son sommet par une arête courte et droite, la valve interne plus allongée, moins saillante; glumellules 2, glabres.

Étamines 6, à filets grêles. Ovaire simple, ovoïde; style 2, courts, terminés par des stigmates plumeux. Fruit (*caryopse*) blanc, comprimé, coriace, glabre ou pubescent, sillonné, serré dans les balles de la glumelle. ①.

Habitat. — Le riz est originaire de l'Inde et de la Chine; il s'est répandu plus tard en Égypte, en Italie, en Espagne, en Amérique.

Culture. — On ne peut pratiquer la culture de cette plante que dans des terrains inondés, ou rizières, qui, si les eaux ne sont pas courantes et convenablement emménagées, exercent une influence funeste sur la santé des gens qui habitent ces contrées. De nos jours il n'est cultivé en France que dans le département de l'Aude. On l'obtient par semis. Une variété connue sous le nom de *riz sec*, par opposition au riz aquatique, peut être cultivée en terre sèche.

Partie usitée. — Les fruits. On les trouve dans le commerce privés de leurs enveloppes et même débarrassés de leur tégument propre. Celui que l'on consomme en France provient de la Caroline ou du Piémont. Le premier est blanc, transparent, anguleux, allongé, inodore, d'une saveur fraîche et farineuse; le second est jaunâtre, opaque, arrondi légèrement, odorant, un peu âcre.

Récolte. — L'époque de la récolte varie avec les pays; après l'avoir égrené et séché, on le soumet à une décortication ou blanchiment qui a pour but d'enlever la double pellicule qui l'enveloppe et le rendre blanc. Cette opération s'exécute à l'aide de pileries ou de meules mécaniques; elle est suivie d'un criblage et d'un perlage ou glaçage qui rend le grain plus transparent et plus blanc.

Composition chimique. — Le riz contient : *matières azotées, amidon, dextrine, matières grasses, ligneux, substances minérales.* L'amidon y existe en quantité énorme (74 pour 100); le gluten, au contraire, s'y trouve en petite quantité, ce qui rend cette céréale difficilement panifiable. De tous les aliments farineux, c'est le plus pauvre en principes azotés, en matières grasses et en sels minéraux.

Formes pharmaceutiques, doses. — Tisane par décoction, pp. 20 : 1000. Poudre de riz. Cataplasme de poudre.

Usages. — La tisane de riz est un remède populaire contre la diarrhée, qui convient surtout dans la diarrhée bilieuse ou symptomatique d'une entérite. Il calme l'irritation intestinale, mais n'est point un *échauffant* ou *resserrant* comme le croit le vulgaire. La poudre de riz est employée soit en cataplasmes émollients qui ont l'avantage d'aigrir moins rapidement que ceux de farine de lin, soit sèche comme absorbant dans les érythèmes, l'intertrigo, les inflammations cutanées. Il est presque inutile de rappeler les usages alimentaires du riz, c'est la céréale des pays chauds; dans l'Inde, en

Amérique, en Afrique, il sert à préparer plusieurs boissons spiritueuses dont la principale est l'arack.

ROMARIN OFFICINAL. *Rosmarinus officinalis* L. LABIÉES-MONANDRÉES.

Description (fig. 231). — Plante de 6-10 décimètres, d'odeur forte et agréable, d'une saveur chaude, amère, aromatique et piquante. Racine ligneuse, fibreuse. Tige ligneuse, dressée, à nombreux rameaux, anguleux, tomenteux dans leur jeunesse. Feuilles opposées, alternativement en croix, sessiles, étroites, un peu pointues, nombreuses, rapprochées, coriaces, persistantes, vertes et chagrinées en dessus, blanchâtres et cotonneuses en dessous, roulées en dessous par les bords. Fleurs (mars-mai) d'un bleu très-pâle, rarement blanches, disposées au sommet de la tige et des rameaux en petits épis, bractées petites, blanches, tomenteuses, lancéolées, caduques. Calice campanulé, nu à la gorge, blanchâtre, pulvérulent, bilabié, la lèvre supérieure entière, ovale, concave, la lèvre inférieure à 2 lobes rapprochés, lancéolés. Corolle bilabiée, une fois plus longue que le calice, lèvre supérieure bifide, à divisions obtuses et redressées latéralement, lèvre inférieure à 3 lobes profonds, les 2 latéraux ovales, obtus, roulés en dehors, le moyen plus grand, plus large, arrondi, obtus, échancré en cœur à la base, concave. Étamines 2, exsertes; filet inséré sur la gorge de la corolle, subulé, muni à la base d'une petite dent; anthères

FIG. 231. — Romarin officinal.

très-comprimées latéralement, appliquées immédiatement l'une contre l'autre, uniloculaires. Ovaire profondément quadrilobé; style plus long que les étamines, subulé; stigmate simple à peine distinct du sommet du style. Fruit consistant en 4 achaines, bruns, obovés, au fond du calice persistant. ♄.

Habitat. — Il croit dans les contrées méridionales de l'Europe, sur les collines arides de la Provence et du Languedoc.

Culture. — On le multiplie aisément par l'éclat des pieds, par marcotte, bouture, ou bien en le semant sur couche, en mars et avril, et repiquant le plant en mai-juin. Il demande une terre légère et chaude ou maigre et sèche. Il craint le froid et a besoin d'être abrité par un mur ou une haie.

Partie usitée. — Les sommités fleuries.

Récolte. — On les recueille au printemps

Composition chimique. — Il contient une *matière amère résineuse*, du *tannin*, une *grande quantité d'huile essentielle incolore, d'odeur forte assez désagréable, de saveur camphrée.* C'est cette huile qui communique aux miels de Narbonne leur arome particulier.

Formes pharmaceutiques, doses. — 1° Infusion théiforme, pp. 5-10-60 : 1000. 2° Alcoolat, 4 à 15 grammes en potion. 3° Huile essentielle, 5 à 25 centigrammes à l'intérieur. Mélangée à l'huile d'olive en frictions, on la fait aussi entrer dans certains bains excitants. Elle fait partie de l'eau de la reine de Hongrie, du baume tranquille, du baume opodeldoch, du vinaigre des quatre voleurs.

Usages. — Le romarin est un stimulant, un stomachique, un emménagogue qui possède toutes les propriétés des autres labiées. On peut l'employer dans l'atonie de l'estomac, les dyspepsies non inflammatoires, la chlorose, la scrofulose, les affections nerveuses ou hystériques, les fièvres typhoïdes adynamiques, les fièvres continues graves avec ataxie. On l'a également préconisé dans la paralysie, l'asthme, les catarrhes chroniques. La décoction de feuilles est usitée en lotion contre les plaies gangréneuses, en bains aromatiques dans les rhumatismes articulaires, en bains fortifiants chez les enfants, en fomentations sur les tumeurs froides, les parties paralysées

RONCE SAUVAGE. *Rubus fruticosus* L. Ronce commune, R. arbrisseau. ROSACÉES-DRYADÉES.

Description. — Arbrisseau de 4 à 5 mètres de long. Tiges ligneuses, sarmenteuses, rameuses, anguleuses, couchées, munies d'aiguillons forts, vulnérants, souvent recourbés. Feuilles alternes, pétiolées à 3-5-7 folioles, grandes, ovales, aiguës, dentées en scie, glabres et vertes en dessus, un peu cotonneuses en dessous, munies de quelques aiguillons sur la nervure médiane et sur le pétiole, pourvues de 2 stipules latérales, pétiolaires. Fleurs (juillet-septembre) grandes, blanches ou roses, en grappes nombreuses terminant les rameaux et quelquefois la tige, à pédoncules grêles, allongés, dressés presque sans aiguillons. Calice gamosépale, sans calicule, étalé, à 5 divisions ovales, pointues, vertes avec une bordure blanche, tomenteuses, persistant à la maturité du fruit. Corolle à 5 pétales très-ouverts, ovales, entiers, étalés en rose, insérés ainsi que les étamines à la base des divisions du calice. Étamines très-nombreuses. Anthères arrondies blanches. Carpelles en nombre indéfini, formés d'un ovaire uniloculaire surmonté d'un style inséré près du sommet de l'angle interne de l'ovaire et dont le stigmate est simple. Le fruit (fig. 232), que l'on nomme *mûre de haie*, M. *sauvage* ou *de renard*, est petit, arrondi, formé de petites baies noirâtres, luisantes et sucrées à la maturité, insérées sur la surface conique d'un réceptacle commun. ♄.

Habitat. — Très-commune dans les bois, les haies, les buissons.

Culture. — Elle croît avec une telle abondance et souvent d'une manière si incommode, qu'on ne la cultive pas.

Partie usitée. — Les feuilles.

Récolte, dessiccation. — On peut les recueillir pendant toute la belle saison, mais il vaut mieux le faire avant la floraison. On coupe les extrémités les plus feuillées sur une longueur de 15 à 30 centim., et on les suspend en paquets. En vieillissant les feuilles deviennent très-fragiles et abandonnent les tiges quand on les remue.

Composition chimique. — Elles renferment une grande quantité d'*albumine végétale* et du *tannin*, car leur infusion noircit par le sulfate de fer.

FIG. 232. — Mûre de ronce.

Formes pharmaceutiques, doses. — 1º Infusion pour tisane, pp. 10 : 1000. 2º Décoction, 20 : 1000. Les fruits servent à faire un faux sirop de mûre. La ronce bleue ou petite ronce (*R. cœsius* L.) peut la remplacer.

Usages. — Les feuilles de ronce sont réputées astringentes, toniques, détersives. Leur décoction unie au miel rosat est un remède populaire dans l'angine inflammatoire, la stomatite et la gingivite légères. Ses propriétés astringentes peuvent être utilisées dans la ·diarrhée chronique, la dysenterie, les flueurs blanches, l'hémoptysie, et à l'extérieur sous forme de lotions toniques.

ROSIER FRANÇAIS. *Rosa gallica* L. Rosier gallique, R. de Provins. ROSACÉES-ROSÉES.

Description. — Petit arbuste de 1 mètre environ. Racines longuement rampantes, fibreuses, ligneuses. Tiges nombreuses, dressées. rameuses, cylindriques, vertes ou un peu rougeâtres, présentant de nombreux aiguillons rougeâtres, recourbés et caducs, les uns sétacés et souvent glanduleux, les autres plus grands comprimés à la base, un peu courbés en faux. Feuilles alternes, pétiolées, composées de 5-7 folioles, sessiles, ovales, cordiformes, aiguës, dentées en scie, à surface crépue, glabres et d'un vert assez foncé en dessus, un peu pubescentes en dessous. Stipules étroites, adhérentes avec les pétioles, ciliées latéralement. Fleurs (juin) purpurines ayant de 6 à 8 centim. de diamètre, solitaires ou réunies au nombre de 2 ou 3 à l'extrémité des rameaux. Pédoncules grêles, cylindriques, assez longs et glanduleux, à limbe présentant 5 divisions plus courtes que les pétales et un peu divisées latéralement. Corolle à 5 pétales arrondis, échancrés en cœur, chez les individus à l'état sauvage, se dédoublant avec une grande facilité chez les individus cultivés, d'un jaune clair à l'onglet. Étamines nombreuses, à filets courts. Styles distincts, plus courts que les étamines; stigmates obtus; ovaire ovale ou un peu arrondi. Fruit globuleux ou ovoïde, rouge, glabre.

Habitat. — Il croît spontanément dans le Midi et il est cultivé dans toutes les provinces de la France.

Culture. — La multiplication se fait à l'aide de boutures, de marcottes ou par les éclats de pieds, que l'on place dans une terre légère, un peu fraîche, convenablement amendée avec du terreau, en faisant également choix d'une exposition chaude, mais ombragée.

Partie usitée. — Les pétales.

Récolte, dessiccation. — On les récolte en juin, alors que la fleur est encore en bouton, car dans cet état ils paraissent plus actifs qu'après l'épanouissement. On en sépare le calice, les étamines et les pistils, on les effeuille, on les fait sécher dans une étuve, au four, ou bien sur une claie dans un grenier bien aéré. Dès que la dessiccation est terminée, on les crible afin de séparer les étamines et les œufs d'insecte qui pourraient s'y trouver mélangés, et on les enferme encore chauds dans des boîtes de bois qu'on a soin de placer dans un lieu sec. On les crible de temps en temps; en vieillissant ils perdent leur couleur et leur odeur. On doit rejeter ceux qui sont peu rouges, peu amers et peu odorants. Quand ils sont bien secs, ils présentent une couleur pourpre foncé et veloutée, une odeur faible, très-agréable, une saveur très-astringente; il convient de mener la dessiccation rapidement.

Composition chimique. — Les pétales de rose rouge contiennent : *huile essentielle, acides gallique et tannique, matière colorante, matière grasse, sels.* D'après Filhol, ils ne renfermeraient pas du tannin, mais du quercitrin.

Formes pharmaceutiques, doses. — 1° Poudre, 2 à 8 gram. 2° Conserve de roses, 2 à 8 gram. par jour. 3° Tisane par infusion, pp. 10 : 1000. 4° Infusion pour l'usage externe, 15 à 60 : 1000. 5° Sirop, 30 à 60, peu usité. 6° Miel rosat, 30 à 200. 7° Vin et vinaigre rosats.

Usages. — Les pétales de roses sont légèrement styptiques, amers et toniques. Ils sont employés sous forme d'injections vaginales ou uréthrales, dans la leucorrhée, la blennorrhée ; en lavements dans la diarrhée, en collyre dans l'ophthalmie, en gargarismes dans les laryngites légères, en lotions sur les ulcères atoniques et blafards ; en tisane dans la dysenterie chronique, la diarrhée, l'hémoptysie, la phthisie pulmonaire. La conserve de roses est un léger astringent fréquemment prescrit dans les diarrhées séreuses, l'atonie digestive, et qui sert souvent d'excipient à d'autres remèdes.

Les pétales du rosier à cent feuilles (*Rosa centifolia* L.) et du rosier de tous les mois ou des quatre saisons (*Rose de Puteaux*), qui n'est qu'une variété de la rose de Damas (*Rosa damascena* Mil.), sont connus sous le nom de *roses pâles*, par opposition aux roses de Provins, ou roses rouges. On prépare avec elles une eau distillée, d'odeur forte et suave, qui est un léger astringent entrant souvent dans la composition des collyres, un sirop et un extrait légèrement purgatifs. On retire des fleurs du *R. centifolia* et du *R. moschata* Ait. une essence très-estimée dans le Levant. Cette huile volatile est jaune, épaisse, se prenant par le froid en une masse butyreuse qui fond à 28° ou 30°. L'alcool chaud la dissout entièrement, mais l'alcool froid la sépare en deux portions, l'une soluble et liquide, l'autre insoluble et solide. Quand on respire les vapeurs de cette essence en petite quantité, leur odeur est agréable ; mais si on les aspire en masse, elles produisent de la céphalalgie et des évanouissements.

La rose sauvage (*Rosa canina* L., Églantier, R. de chien) doit son nom à ce que sa racine passait jadis pour un remède efficace contre la rage. On prépare avec les fruits, nommés *cynorrhodons*, une conserve astringente.

ROTANG SANG-DRAGON. *Calamus draco* Willd., *Dæmonorops draco* Mart. PALMIERS.

Description. — Tige cylindrique, articulée, à entre-nœuds ayant 15 à 16 centimètres de long, d'un jaune plus ou moins foncé, armée d'aiguillons droits et appliqués. Feuilles pétiolées, ailées ; folioles alternes, linéaires, aiguës, munies de quelques poils rares, rétrécies à la base. Pétioles garnis d'aiguillons droits, ouverts et aigus. Fleurs disposées en spadices axillaires, grêles, rameux, à écailles imbriquées, alternes, distiques, contenues dans une spathe coriace, bivalve. Périanthe à 6 divisions alternes sur 2 rangs, les extérieures courtes, écailleuses, les intérieures plus grandes. Étamines 6. Ovaire à trois loges, uniovulées, surmonté d'un style et de trois stigmates. Fruits de la grosseur d'une noisette, ovoïdes, à pointe obtuse, recouverts d'un péricarpe écailleux. Graine ovoïde, lisse, à albumen corné. ♄.

Habitat. — Il croît dans la partie sud de l'île de Bornéo, la partie est de Sumatra, dans les îles de la Sonde.

Partie usitée. — Le sang-dragon. Cette résine se trouve à la partie extérieure du fruit. En agitant vivement ces fruits dans un sac de grosse toile, la résine se détache et passe à travers les mailles du tissu. On la fond alors à une douce chaleur et on en forme de petites masses ovoïdes ou arrondies de la grosseur d'une prune qu'on enveloppe dans une feuille sèche d'un autre palmier, le *Licuala spinosa* Thunb. C'est le *sang-dragon en olives* ou *en globules*, le *sang-dragon en roseau.* Ces petites masses sont souvent réunies en chapelet. Quelquefois on façonne cette résine en cylindre et l'on a le *sang-dragon en baguettes.* Sous cette forme il constitue la qualité supérieure. En soumettant les fruits à l'action de l'eau chaude ou de sa vapeur, il en sort une plus grande quantité de résine que l'on rassemble en pains et que l'on recouvre de feuilles. Suivant que les pains sont plus ou moins volumineux, ils constituent le *sang-dragon en masses* ou *en galettes,* c'est la qualité inférieure On retire encore cette résine des *Calamus petræus, rudentum* et *verus* Lour.

C'est une matière dure, sèche, friable, opaque ou peu transparente, à cassure d'un brun foncé, d'une couleur rouge assez prononcée ; sa poudre est rouge-vermillon, inodore, insipide, prenant, quand elle est chauffée, une odeur de styrax, presque entièrement soluble, dans l'alcool, qu'il colore en rouge, ainsi que dans les huiles grasses et volatiles, l'éther ; il est inflammable et brûle en donnant une odeur balsamique assez agréable.

Composition chimique. — Le sang-dragon renferme : *draconine, matière grasse, acide benzoïque, oxalate et phosphate de chaux.* La draconine est une résine rouge, amorphe et acide ; la quantité d'acide benzoïque que renferme le sang-dragon est d'ailleurs peu considérable.

Formes pharmaceutiques, doses. — 1 à 5 gram. en poudre ou en pilules. On en prépare une teinture.

Usages. — Le sang-dragon participe des résines et des baumes. On le considère comme styptique, astringent, et on l'a conseillé dans les hémorrhagies, la blennorrhagie, la diarrhée séreuse, les flueurs blanches. On utilise ses propriétés astringentes pour fortifier les gencives ; il était prescrit jadis pour déterger les ulcères sanieux. Aujourd'hui il est presque inusité.

SUCCÉDANÉS. — Il existe deux autres espèces de sang-dragon, la première est fournie par le *Dracæna draco* L., ASPARAGINÉES. C'est une résine qui découle du tronc au moment des chaleurs, elle est en fragments secs, durs, d'un brun rouge, à cassure brillante. La seconde provient du *Pterocarpus draco,* LÉGUMINEUSES. Cette résine, qui sort de l'arbre, soit naturellement, soit par des incisions, est en morceaux cylindriques, irréguliers, comprimés, pouvant avoir 30 centim. de long sur 3 de diamètre. On ne trouve plus ces résines dans le commerce.

RUE ODORANTE. — *Ruta graveolens* L. Rue officinale, R. fétide, R. des jardins. RUTACÉES.

Description (fig. 233). — Plante de 4 à 6 décimètres contenant une huile essentielle, parsemée de glandes transparentes, répandant une odeur forte et désagréable. Souche ligneuse émettant des tiges nombreuses, ramifiées dès la base ; branches inférieures presque ligneuses, persistantes, les supérieures herbacées, cylindriques, glauques. Feuilles alternes, pétiolées, triangulaires dans leur pourtour, bi- et tripen-natiséquées, à segments cunéiformes, un peu épais, charnus et glauques. Fleurs (juin-juillet) jaunes, pédonculées, munies chacune d'une bractée petite et lancéolée. Les inflorescences sont des grappes disposées en cyme; fréquemment la fleur du milieu de l'inflorescence est pentamère, les autres tétramères. Calice étalé, petit, à 4-5 divisions lancéolées, aiguës, persistantes. Corolle à 4 pétales onguiculés, concaves supérieurement, plus ou moins découpés sur les bords. Étamines 8-10 attachées à la base d'un disque hypogyne, jaunâtre, offrant sur son pourtour 8-10 glandes nectarifères; filets subulés; anthères biloculaires ovoïdes, arrondies, jaunâtres. Ovaire glanduleux à la base, fendu jusqu'à son milieu en 4-5 parties, à 4-5 loges pluriovulées; style central, plus court que les étamines; stigmate simple très-petit. Fruit capsulaire à 4-5 lobes saillants et rugueux s'ouvrant à la partie supérieure et interne en autant de valves; graines brunes, réniformes, rugueuses. ♃ ou ②.

Fig. 233. — Rue odorante.

Habitat. — Elle croît dans les lieux arides des provinces du midi de la France.

Culture. — On la propage de graines ou d'éclats de pied, elle demande un terrain sec et pierreux et une bonne exposition.

Partie usitée. — La plante au temps de la floraison.

Récolte, dessiccation. — On doit la récolter avant l'épanouissement des fleurs. La dessiccation est difficile, mais ne diminue en rien ses propriétés. La rue sauvage est plus active que celle que l'on cultive dans les jardins.

Composition chimique. — La rue contient : *huile volatile, chlorophylle, albumine végétale, extractif, gomme, matière albuminoïde, amidon, inuline.* L'huile volatile ou hydrure de rutile, $C^{20}H^{20}O^2$, est d'un jaune verdâtre, un peu épaisse; son odeur est forte, désagréable, sa saveur amère; sa densité est de 0,887. Elle est plus soluble dans l'eau que les autres huiles essentielles ; elle bout à 220° et cristallise par le froid. On peut la considérer comme le principe actif ; la plante est pourtant plus âcre que l'huile essentielle, ce qui tient à une substance non encore isolée.

Formes pharmaceutiques, doses. — 1° Poudre, 1 à 4 gram. pour déterger les ulcères de mauvaise nature. 2° Tisane par infusion, 5 : 1000. 3° Infusion pour l'usage externe, pp. 20 : 1000. 4° Essence, en potion, 1 à 10 gouttes. 5° Extrait, rarement employé, 5 décigram. à 2 gram.

Action physiologique. — La rue possède une saveur âcre, un peu amère, aromatique, très-chaude. Les feuilles, appliquées sur la peau, peuvent, à la longue, en déterminer la rubéfaction et la vésication. A l'intérieur et à dose peu élevée, elle détermine l'inflammation et le gonflement de la langue, la sécheresse de la gorge, des douleurs épigastriques, des vomissements, des coliques, la dépression et la lenteur du pouls, le refroidissement de la peau, des mouvements convulsifs, la contraction de la pupille, des étourdissements, des rêvasseries, de la somnolence, en un mot une série de symptômes qui tiennent à la fois de ceux propres aux irritants et de ceux qui caractérisent les narcotico-âcres. C'est surtout l'estomac et le duodénum que l'inflammation affecte.

Dans l'état de grossesse, la rue possède vis-à-vis de l'utérus une action spéciale ; elle congestionne cet organe, stimule les fibres musculaires, en provoque la contraction, détermine une hémorrhagie grave, parfois l'avortement et la mort. Ajoutons que l'avortement est rare, et que l'administration de cette substance pratiquée dans un but criminel, peut entraîner la mort sans qu'il y ait de délivrance.

Usages. — L'action congestive de la rue sur l'utérus fait qu'elle est utilisée comme emménagogue dans l'aménorrhée chlorotique ou par atonie. On s'en sert pour ramener l'écoulement des lochies, alors qu'elles sont brusquement supprimées chez les nouvelles accouchées. Elle paraît être très-efficace contre la métrorrhagie. On a mis à contribution ses qualités stimulantes dans les coliques flatulentes. Le décocté de rue a été préconisé, en lavements, contre les ascarides vermiculaires et en injection contre l'ozène. La poudre et la décoction tuent les poux, et l'huile dans laquelle on a fait digérer de la rue a été employée, avec succès, dans le traitement de la gale. En applications topiques, elle peut servir à combattre les engorgements froids, les contusions. Elle entrait dans la composition du fameux antidote de Mithridate ; elle est bien déchue de cette réputation d'alexitère, qui n'avait d'autre appui que l'ignorance et la crédulité. C'est, dans tous les cas, une plante fort active qu'on ne doit administrer qu'avec prudence.

S

SABINE. — Voy. *Genévrier sabine.*

SAFRAN CULTIVÉ. *Crocus sativus.* L., *Crocus*, *officinalis.*
Safran d'automne. IRIDÉES. (Κρόκος, de κρόκη, filament, par allusion aux stigmates.)

Description (fig. 234). — Bulbe solide, globuleux, gros comme le pouce, arrondi, déprimé, blanc intérieurement, charnu, recouvert extérieurement de débris de pellicules sèches, fibreuses, d'un brun rougeâtre et muni inférieurement de racines fibreuses, jaunâtres, allongées ; 3-4 bulbes sont souvent superposés. Feuilles réunies dans une gaîne membraneuse qui part du bulbe, dressées, étroites, linéaires, pointues, vertes et lisses supérieurement, blanches inférieurement, canaliculées sur leur face interne, où elles présentent une ligne blanche. Fleurs (septembre-octobre) apparaissant avant les feuilles, violettes, teintées de rose ou de pourpre, 1-3, portées par une hampe très-courte, mince, enveloppées par une spathe. Calice pétaloïde, monosépale, régulier, longuement tubulé, divisé en 6 segments profonds, ovales, lancéolés, plus courts que le tube. Étamines 3, insérées sur le tube du calice ; filets minces, dressés ; anthères sagittées. Ovaire infère à 3 loges uniovulées ; style simple inférieurement, divisé supérieurement en 3 longs stigmates (fig. 235), d'un rouge fort vif, pendants hors du tube de la fleur, creusés en cornet, élargis à leur partie supérieure en forme de crête tronquée avec quelques crénelures au sommet. Fruit (*capsule*) ovale, trigone, triloculaire, s'ouvrant en 3 valves septifères. Graines arrondies. ♃.

Habitat. — Il paraît être originaire de l'Asie, mais depuis longtemps il est cultivé en Espagne, dans le Gâtinais (Loiret), dans les environ d'Orange et de Carpentras (Vaucluse).

Culture. — Il préfère les terres légères un peu sablonneuses et calcaires. On y plante les bulbes du 1er au 15 juillet, après avoir préparé le sol par des labours, l'avoir convenablement fumé et amendé. La floraison a lieu dès la première année ; une semblable plantation peut durer neuf ans, mais on relève quelquefois les bulbes au bout de trois ans pour les replanter dans un autre champ et laisser reposer la terre.

Parties usitées. — Les styles et les stigmates.

Récolte, dessiccation, conservation. — La floraison dure environ vingt-cinq jours et donne en moyenne trois fleurs par oignon.

Dès qu'on a cueilli les fleurs, on en sépare les styles et les stigmates, qu'on se hâte de faire sécher dans des tamis de crin modérément chauffés par de la braise; ils perdent dans cette opération les quatre cinquièmes de leur poids. Comme le safran se décolore et perd ses

FIG. 234. — Safran cultivé.

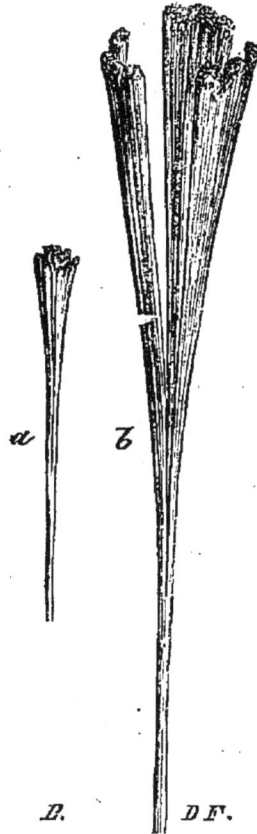

FIG. 235. — Stigmates de safran :
a, grandeur naturelle; b, grossis.

propriétés sous l'influence de la lumière, il faut le conserver dans des vases opaques et hermétiquement fermés; il faut 7000 à 8000 fleurs pour obtenir 500 grammes de safran frais, ce qui représente 35 000 à 40 000 fleurs pour 500 grammes de safran sec; aussi cette substance est-elle toujours d'un prix très-élevé. Le safran du commerce se présente sous la forme de filaments longs, souples, déliés, d'un rouge orangé foncé, sans mélange de pétales ni d'étamines jaunes; les styles blanchâtres caractérisent le safran d'Angoulème, le moins estimé de tous. Son odeur doit être forte, vive, pénétrante, agréable, ne rappelant pas le fermenté. Il doit colorer fortement la salive en jaune.

Composition chimique.—Le safran contient : *huile volatile, matière colorante particulière, substance gommeuse, albumine végétale.* L'huile volatile paraît être le principe actif. La matière colorante (*safranine, polychroïte, crocine*) est une poudre d'un jaune orangé, soluble dans l'eau, qu'elle colore en jaune, très-soluble dans l'alcool et dans l'éther, prenant une teinte bleue, puis violette, sous l'influence de l'acide sulfurique concentré, une couleur verte par l'action de l'acide azotique, brune par celle de l'acide chlorhydrique. Elle appartient au groupe des glycosides et se dédouble, sous l'influence des acides étendus et bouillants, en crocétine et en glycose.

Formes pharmaceutiques, doses. — 1° Poudre, 1 décigram. à 2 gram. 2° Infusion, pp. 4 : 1000. 3° Teinture, 5 à 10 gram. 4° Extrait, 1 décigr. à 1 gram. 5° Sirop, 20 à 60 gram. Il entre dans la thériaque, le laudanum de Sydenham, l'élixir de Garus, le sirop de Delabarre, le caustique safrané de Velpeau ou de Rust.

Action physiologique. — A petites doses, le safran excite les fonctions digestives. A la dose de 10-15 centigram., il accélère le pouls, augmente la transpiration cutanée, la diurèse, produit du malaise, de la chaleur à l'estomac, des nausées, des coliques, excite l'apparition des règles. Sous son influence, les selles, les urines, la sueur, les crachats, se colorent en jaune. Respiré en masse, il occasionne quelquefois des céphalalgies, des vertiges, un état de stupeur, une sorte d'ivresse pouvant être suivie de mort.

Usages. — Il passe, avec raison, pour stimulant, sédatif, antispasmodique, un peu narcotique et surtout emménagogue. C'est cette dernière propriété qui est la plus marquée chez lui, et c'est un remède populaire pour exciter la menstruation ou pour soulager les douleurs lombaires qui l'accompagnent. Il fait partie de plusieurs sirops employés en frictions sur les gencives pour calmer les douleurs de la dentition. Comme antispasmodique et sédatif, on l'a indiqué dans la gastralgie, l'hystérie, les spasmes, l'asthme, la coqueluche. On l'emploie comme condiment dans une partie du Levant, en Italie, en Espagne, en Provence.

SAGAPENUM. — Voy. *Férule sagapenum.*

SAGOUIER FARINEUX. *Sagus Rumphii* Willd., *S. genuina* Labil. PALMIERS.

Description (fig. 236). — Arbre pouvant s'élever à une hauteur de 10 mètres et acquérir un diamètre tel qu'un homme ne puisse l'embrasser. Tronc chargé vers les pétioles d'une bourre noire, ou crin, lisse, d'un tissu peu consistant. Feuilles longues de plus de 6 mètres, pennées, armées de longues épines caduques et formant un grand bouquet terminal. Fleurs monoïques, disposées en chatons distiques, qui, réunis en très-grand nombre, forment des régimes grêles, à rameaux écartés pouvant atteindre jusqu'à 4 mètres de long et enveloppés d'une grande spathe épineuse. *Mâles,* présentant un périanthe de 6 divisions, disposées sur 2 rangs; 6-12 étaminés à filets dilatés par la base. *Femelles,* périanthe semblable à celui des

FIG. 236. — Sagouier farineux.

fleurs mâles; 6 étamines stériles, à filets courts, dilatés et soudés inférieurement en urcéole, à 6 dents, que terminent autant d'anthères. Ovaire ovoïde, triloculaire, surmonté de 3 stigmates aigus. Le fruit est arrondi, du volume d'une pomme d'api, couvert de larges écailles imbriquées, renversées, généralement monospermes par avortement. ♄.

Habitat. — Croît aux Moluques, surtout aux îles orientales, à Amboine, Sumatra, dans les lieux marécageux.

Partie usitée. — La fécule extraite de la tige, ou *sagou*. Ce produit est également fourni par le *Sagus farinifera* Gœrtn, le *Phœnix farinifera* Roxb, les *Areca oleracea* L. et *A. humilis* W.

Récolte. — On reconnaît que le moment de la récolte est arrivé lorsque les feuilles se recouvrent d'une poussière blanchâtre, ou bien quand, en extrayant un peu de moelle avec une tarière, cette moelle délayée dans l'eau tiède laisse précipiter de l'amidon. On fend alors l'arbre dans sa longueur et l'on extrait le tissu cellulaire, tendre, spongieux, qui sépare les faisceaux fibro-vasculaires du stipe. Après avoir écrasé cette espèce de moelle, on la délaye dans l'eau, qui entraîne la fécule. Le liquide trouble versé sur un tamis est ensuite convenablement décanté après repos et donne du sagou. On peut en extraire 300 ou 400 kilogrammes d'un seul arbre. Ainsi obtenu, il est sous forme pulvérulente, on le granule avant de le transporter en Europe; le procédé qu'emploient les indigènes est encore mal connu. Il est en grains de volume et de couleur variables, durs, élastiques, inodores, de saveur fade et douceâtre.

Guibourt distingue trois variétés commerciales de sagou :

1° Le sagou ancien ou sagou premier ; 2° le sagou rosé des Moluques ; 3° le sagou perlé ou sagou tapioka. — Le sagou ancien présente des globules gris, blancs, ou rosés, arrondis, généralement sphériques, tous isolés, très-durs, élastiques, se gonflant beaucoup dans l'eau. Les grains de fécule qui le composent, vus au microscope (fig. 237), sont ovoïdes ou ellipsoïdes, souvent rétrécis en forme de col à une de leurs extrémités, coupés par un plan perpendiculaire à l'axe ou par 2-3 plans obliques; le hile est dilaté; il est insoluble dans l'eau froide, et, sous l'influence de l'action prolongée de l'eau bouillante, il laisse de nombreux téguments insolubles. — Le sagou rosé des Moluques est en globules très-petits, moins réguliers, quelquefois soudés ensemble et doublant de volume au contact de l'eau froide ; les granules ont la même forme que les précédents, ils résistent moins à la coction dans

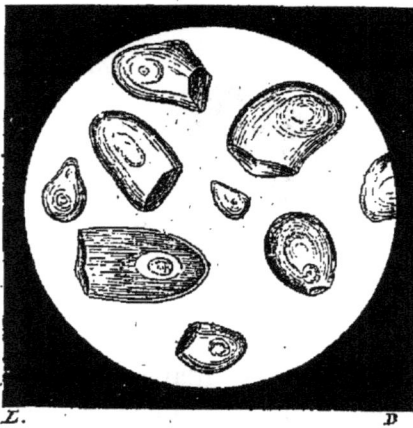

Fig. 237. — Fécule de sagou.

l'eau. — Le sagou tapioka est en petites masses irrégulières d'apparence tuberculeuse; il se gonfle beaucoup dans l'eau et se prend en une masse blanche, pâteuse, opaque ; il est en partie soluble dans l'eau. Il paraît avoir subi l'action du feu, alors qu'il était en pâte humide.

Usages. — C'est une substance plutôt alimentaire que médicale, son usage convient aux convalescents, aux valétudinaires. On en prépare une gelée, un chocolat et des potages au lait ou au bouillon gras. Le sagou tapioka est la variété que l'on préfère.

SALSEPAREILLE.— Voy. *Smilace médicinale.*

SAPIN COMMUN, *Abies pectinata* DC., *Pinus abies* Duroi, *P. picea* Lin. Sapin, S. en peigne, S. blanc, S. argenté, Avet. CONI-FÈRES-ABIÉTINÉES.

Description. — Arbre pyramidal de 30 à 40 mètres de hauteur, dont le tronc, couvert d'une écorce d'abord blanchâtre et entièrement unie, puis grisâtre et crevassée, est nu jusqu'au tiers ou aux deux tiers de son élévation, et se termine par des branches horizontales, nombreuses, étagées par verticilles, et opposées en croix, avec des rameaux horizontaux. Feuilles solitaires, mais rapprochées, disposées sur 2 rangées latérales, linéaires, étroites, plates, roides, obtuses ou échancrées au sommet, vertes et sillonnées supérieurement, marquées en dessous de 2 lignes blanches. Fleurs monoïques (mai) en chatons. *Mâles* jaunâtres, axillaires plus courts que les feuilles, disposés en grand nombre à l'extrémité des rameaux, portant chacun adhérentes à la face inférieure deux loges d'anthères, s'ouvrant longitudinalement. *Femelles* presque cylindriques, rougeâtres, disposées par 2-3 sur la dernière ou avant-dernière ramification, portant à leur base deux ovules suspendus, à col oblique regardant au dehors et denticulés au sommet. Cônes dressés, sessiles, cylindracés, obtus; écailles minces, étroitement imbriquées, de forme trapézoïde, présentant sur le dos une bractée persistante, terminée par une pointe aiguë qui paraît en dehors du cône. L'axe du cône persiste après que les écailles sont tombées. Graines 2, obovées, cunéiformes, irrégulières, pourvues d'une aile large, membraneuse, persistante, tronquée obliquement au sommet. ♄.

Habitat. — Il croît sur les chaînes de montagnes de l'Europe moyenne et méridionale, des Pyrénées jusqu'au Caucase, et surtout dans les Alpes, les Vosges.

Culture. — On le reproduit à l'aide des graines que l'on a retirées des cônes au mois de septembre ou d'octobre et qu'on a semées immédiatement en terre de bruyère. Le jeune plant est maintenu en terre légère pendant trois ou quatre ans et à une exposition un peu ombragée. C'est à cette époque qu'on peut le mettre en terre. Il se plaît dans les lieux pierreux, froids et découverts.

Parties usitées. — Les jeunes pousses, connues en pharmacie sous le nom de *bourgeons de sapin.* Le tronc fournit la *térébenthine de Strasbourg, d'Alsace,* de l'essence de térébenthine, de la colophane, de la poix noire.

BOURGEONS (fig. 238). — Ils sont coniques, pointus, couverts d'écailles étroites, subulées supérieurement, aiguës, lisses, rougeâtres, bordées de longs cils membraneux, blancs, agglutinées, gorgées de résine, dont une partie exsude à l'extérieur. Leur odeur est aromatique et rappelle celle de la térébenthine, leur saveur résineuse, térébenthinée, peu agréable. On les recueille en février et on les mélange avec ceux du sapin élevé et avec ceux de quelques autres pins. Ce mélange n'a pas grand inconvénient. On en prépare une tisane par infusion, pp. 20 : 1000. Ils sont antiscorbutiques, diurétiques et usités dans les affections catarrhales des bronches et de la vessie; on a préconisé leur infusion en injection dans la leucorrhée, en applications topiques sur les ulcères scrofuleux, atoniques ou gangréneux. Ils entrent dans la *bière sapinette* ou *B. antiscorbutique.*

TÉRÉBENTHINE DU SAPIN (*T. au citron, d'Alsace, de Strasbourg, de Venise, Bigeon*). — C'est un suc résineux qui, suintant à travers l'écorce, vient former au printemps et à l'automne des utricules à la surface de l'arbre; on perce ces utricules, on recueille le liquide, et on le soumet à la filtration. C'est un produit peu coloré, très-fluide, d'odeur suave analogue à celle du citron, d'une saveur un peu âcre et amère, très-siccatif à l'air, se solidifiant aisément par $\frac{1}{16}$ de magnésie calcinée, imparfaitement soluble dans l'alcool, contenant : *huile volatile, résine insoluble dans l'alcool, abiétine ou résine cristallisable, acide abiétique, acide succinique.* L'essence est très-fluide, jaune, transparente, d'odeur de citron très-agréable. La résine ou colophane qui provient de la distillation de cette térébenthine est jaune, transparente, d'odeur très-suave. La térébenthine du sapin, à cause de son prix élevé, est réservée pour les usages internes; les propriétés médicales sont les mêmes que celles de la térébenthine de Bordeaux.

Le SAPIN ÉLEVÉ (*A. excelsa* DC., *Pinus abies* L., Sapin commun, S. de Norwége, Faux sapin, Pesse) fournit une térébenthine qui sort du tronc par incision; elle est demi-fluide, puis se dessèche à l'air. Fondue avec de l'eau dans une chaudière, elle donne une poix solide, opaque et cassante à froid; c'est la POIX DE BOURGOGNE (*poix blanche, poix jaune*). Cette matière est d'un jaune fauve, tenace aux doigts, d'une saveur parfumée et non amère, d'une odeur qui rappelle celle de la térébenthine du sapin et du castoréum. Elle est incomplétement soluble dans l'alcool. On remplace souvent, dans le commerce, cette poix de Bourgogne par un produit obtenu en fondant du galipot ou de la poix-résine avec de la térébenthine

FIG. 238. — Bourgeons de sapin.

de Bordeaux ou de l'essence de térébenthine et brassant avec de l'eau. C'est la poix blanche factice, reconnaissable à son odeur de térébenthine, sa saveur amère, son entière solubilité dans l'alcool. Elle est surtout employée à l'extérieur ; fondue avec 3 parties de cire, elle forme une masse emplastique (*emplâtre de poix de Bourgogne* du Codex), que l'on applique sur la peau sous forme d'écusson. Ces écussons déterminent, après quelques jours d'application, des démangeaisons, une éruption acnéiforme ou furonculeuse ; ils agissent également en protégeant la région qu'ils recouvrent contre les refroidissements, l'impression de l'air. On s'en sert pour exciter la suppuration des furoncles ; comme rubéfiant et révulsif, dans les douleurs rhumatismales, le lumbago, la toux chronique ou quinteuse. On les saupoudre quelquefois d'émétique pour augmenter leur action révulsive.

SAPONAIRE OFFICINALE. *Saponaria officinalis* L. Savonnière, Herbe à foulon. SILÉNÉES.

Description (fig. 239). — Plante de 4-6 décimètres. Rhizome à divisions longues, rampantes, émettant des stolons. Tige dressée, ferme, cylindrique, noueuse, rameuse au sommet. Feuilles opposées, sessiles ; les inférieures légèrement pétiolées, lancéolées, aiguës, entières, à 3 nervures longitudinales, d'un vert un peu jaunâtre. Fleurs (juillet-août) grandes, odorantes, d'un rose pâle, rarement blanches, brièvement pédonculées, disposées au sommet des rameaux, en petites grappes serrées, formant une panicule pyramidale, compacte. Calice gamosépale, tubuleux d'abord, puis renflé au milieu, pubescent, à 5 dents inégales, aiguës. Corolle à 5 pétales à onglets droits, plus longs que le calice ; gorge munie de 2 petites écailles planes ; limbe étalé, échancré. Étamines 10, saillantes, filets soudés avec la partie inférieure de l'ovaire ; anthères d'un jaune rougeâtre. Ovaire ovoïde, allongé, lisse, glabre, uniloculaire, multiovulé, trophosperme central ; style 2, articulés, portant à leur face interne un stigmate très-petit. Fruit (*capsule*) uniloculaire, oblong, s'ouvrant par le sommet. Graines sessiles, réniformes, tuberculeuses, rougeâtres. ♃.

Habitat. — La saponaire croît spontanément dans les fossés, les haies, les bords des champs.

Culture. — Elle est très-rustique et se multiplie aisément à l'aide de ses jets traçants.

Parties usitées. — Les feuilles et les racines. Les feuilles ont une saveur un peu amère et salée. Les racines sont longues, menues, noueuses, leur couleur est jaunâtre en dedans, d'un gris brunâtre en dehors. L'écorce, recouverte d'un épiderme ridé dans le sens longitudinal, est mince, d'une saveur d'abord mucilagineuse, puis nauséeuse, prenant ensuite à la gorge. Le bois, poreux, spongieux, est d'une saveur douceâtre. Les unes et les autres, mais les racines sur-tout, communiquent à l'eau la propriété de mousser par l'agitation et de dégraisser les étoffes en émulsionnant les corps gras.

Récolte. — On cueille les feuilles avant la floraison. On les dis-pose en guirlande et on les porte au séchoir. Elles per-dent leur couleur verte en se desséchant. On arrache les racines à l'automne; on les lave, on les coupe en pe-tits morceaux et on les fait sécher sur des claies dans une étuve.

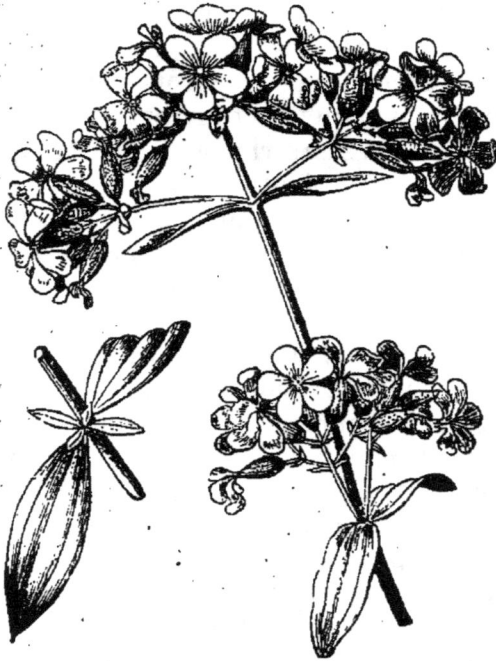

FIG. 230. — Saponaire officinale.

Composition chimique. — Les feuilles, les tiges et les racines contiennent de la *saponine*, $C^{26}H^{23}O^{16}$. C'est une substance neutre, inco-lore, pulvérulente, de saveur d'abord nulle, puis deve-nant âcre au bout d'un in-stant, provoquant fortement l'éternument; elle est solu-ble dans l'alcool, très-soluble dans l'eau, à qui elle donne la propriété des mousser par l'agitation. C'est un glyco-side se dédoublant, sous l'influence des acides, en glycose et en sapogénine, identique avec l'amer quinique. Elle émulsionne les résines, les huiles, le camphre. La racine renferme en plus : *résine brune et molle, principes extractifs et gommeux, de l'albumine, une matière cristalline.*

Formes pharmaceutiques, doses. — 1° Infusion, feuilles, pp. 10 : 1000, racines, pp. 20 : 1000. 2° Extrait, 1 à 2 gram. 3° Suc, 30 à 60. 4° Sirop, 20 à 60 gram.

Usages. — Elle est considérée comme un léger tonique et on l'a conseillée dans l'atonie digestive, la chlorose. On lui a attribué aussi une action désobstruante, ce qui fait qu'on l'a recommandée dans l'ictère, les obstructions du foie et de la rate à la suite des fièvres intermittentes. Enfin les modernes eux-mêmes, la tenant pour sudo-rifique, dépurative, l'ont prescrite dans le rhumatisme chronique, la goutte, la syphilis constitutionnelle, les dermatoses. Malgré tous ce éloges, les vertus de la saponaire paraissent aujourd'hui au moins douteuses, et plusieurs estiment que si cette plante a donné quelquefois de bons résultats, c'est qu'elle n'intervenait dans le traitement que d'une manière secondaire. Les cataplasmes de feuilles ont été prescrits pour combattre les engorgements lymphatiques et œdémateux ; on se sert des feuilles comme de celles du lierre pour panser les cautères.

La saponaire d'Orient (*Gypsophila Rokejeka* Del., *G. strutium* L., Caryophyllacées) a des racines cylindriques, jaunes, de la grosseur du bras, blanchâtres intérieurement, d'une saveur mucilagineuse fade d'abord, puis âcre. Elle est plus riche en saponine que la précédente. La saponine se rencontre encore dans plusieurs autres plantes, et entre autres dans l'écorce de *Quillaya saponaria* Mol., Rosacées, connue dans le commerce sous le nom d'*écorce de Panama*.

SASSAFRAS OFFICINAL. *Sassafras officinal* Nees., *Laurus*

Fig. 240. — Sassafras officinal.

sassafras L., *Persea sassafras* Spreng., *Cornus mas odorata*. Laurinées.

Description (fig. 240). — Grand arbre qui peut acquérir 10 à 12 mètres de hauteur. Racines traçantes s'étendant au loin et fournissant un grand nombre de jets. Tige odorante, légère, d'un blanc tirant sur le roux ; rameaux glabres, cylindriques, recouverts d'une écorce lisse et verdâtre. Feuilles alternes, pétiolées, grandes, vertes, en dessus, blanches en dessous, pubescentes, caduques, polymorphes, tantôt entières, ovales, atténuées vers la base, mixtinerviées, d'autres fois bi-trilobés, presque cordiformes, à 2-3 nervures longitudinales. Fleurs petites, dioïques, jaunâtres, accompagnées de bractées écailleuses qui les enveloppent complétement dans le jeune âge, disposées en épis lâches. *Mâles.* Calice à 6 divisions profondes, pubescentes en dehors, étalées, oblongues, obtuses, rétrécies à leur base ; fond du calice garni de poils. Étamines 9, dressées, à peu près de la longueur du calice ; 6 opposées aux divisions du calice, fertiles, à filet subulé, poilu à la base, 3 intérieures un peu plus grandes, ayant à leur base deux appendices globuleux stipités ; anthères comme quadrilatères. Pistil rudimentaire. *Femelles*, calice comme dans les mâles, 6 étamines avortées, très-courtes. Ovaire ovoïde ; style canaliculé d'un côté ; stigmate légèrement concave et glanduleux. Fruit *(drupe)* de la grosseur d'un pois, ovoïde, violet, presque nu, accompagné à sa base, du périanthe rougeâtre persistant et du réceptacle surmontant un pédicelle dilaté en massue. ♄.

Habitat. — Il est originaire de la Virginie, de la Caroline, de la Floride et du Brésil. On peut le cultiver en pleine terre sous le climat de Paris. Il demande une terre légère, un peu humide, se plaît à l'ombre.

Partie usitée. — La racine, connue en pharmacie sous le nom de *bois de sassafras.* On la trouve dans le commerce en bûches irrégulières de la grosseur de la cuisse ou du bras. Son tissu est poreux et léger, d'une couleur jaunâtre ou fauve, d'une odeur fortement aromatique ; son écorce est épaisse, rugueuse, légère, grise à la surface, d'un brun ferrugineux à l'intérieur, possédant aussi une odeur très-forte, une saveur piquante très-aromatique. Pour les usages pharmaceutiques, on réduit le bois en copeaux, on emploie quelquefois l'écorce.

Composition chimique. — La racine de sassafras contient : *huile volatile, matière analogue au camphre, résine balsamique, matière sébacée, cire, sassafride (?), acide tannique, matière colorante, gomme, albumine, amidon.* L'essence fluide, jaunâtre, est fort peu soluble dans l'alcool. Elle serait formée d'un hydrocarbure, le *safrène* ($C^{20}H^{16}$), d'un corps oxygéné *(safrol)* et d'un peu d'une huile volatile paraissant être un phénol. La sassafride est une substance analogue au tannin par ses propriétés.

Formes pharmaceutiques, doses. — 1° Tisane de sassafras, pp. 10 : 1000, par infusion. 2° Sirop, 20 à 60 gram. 3° Poudre, 2 à 4 gram. 4° Huile essentielle, 8 à 10 gouttes. Il fait partie des quatre bois sudorifiques.

Usages. — C'est un sudorifique analogue à la salsepareille ou au gayac (voy. ces mots).

SAUGE OFFICINALE. *Salvia officinalis* L. LABIÉES-MONANDRÉES. (De *salvus*, sauvé, par allusion aux propriétés.)

Description (fig. 241). — Plante de 3-6 décimètres, à odeur forte et agréable, de saveur chaude piquante et amère. Racine ligneuse, brunâtre. Tige sous-frutescente à la base, quadrangulaire, très-rameuse, à rameaux dressés. Feuilles opposées, d'un vert blanchâtre, finement réticulées, rugueuses, plus ou moins pubescentes, finement crénelées; les inférieures pétiolées, oblongues, lancéolées, quelquefois auriculées à la base, les supérieures sessiles, acuminées, aiguës. Fleurs (juin-juillet) violettes, plus rarement blanches, brièvement pédicellées, disposées par 6-8 en glomérules axillaires, munies chacune d'une bractée ovale, cordiforme, aiguë, concave, caduque. Calice campanulé, strié à 5 dents très-aiguës formant 2 lèvres, la supérieure à 3 dents, l'inférieure à 2. Corolle tubulée, bilabiée, à lèvre supérieure presque droite, comprimée latéralement, échancrée à l'extrémité; lèvre inférieure à 3 lobes, le moyen plus large et plus échancré, les deux latéraux courts et réfléchis; gorge garnie d'une rangée de poils. Étamines 2, incluses; filets courts, filiformes; connectif transversal terminé à chacune de ses extrémités

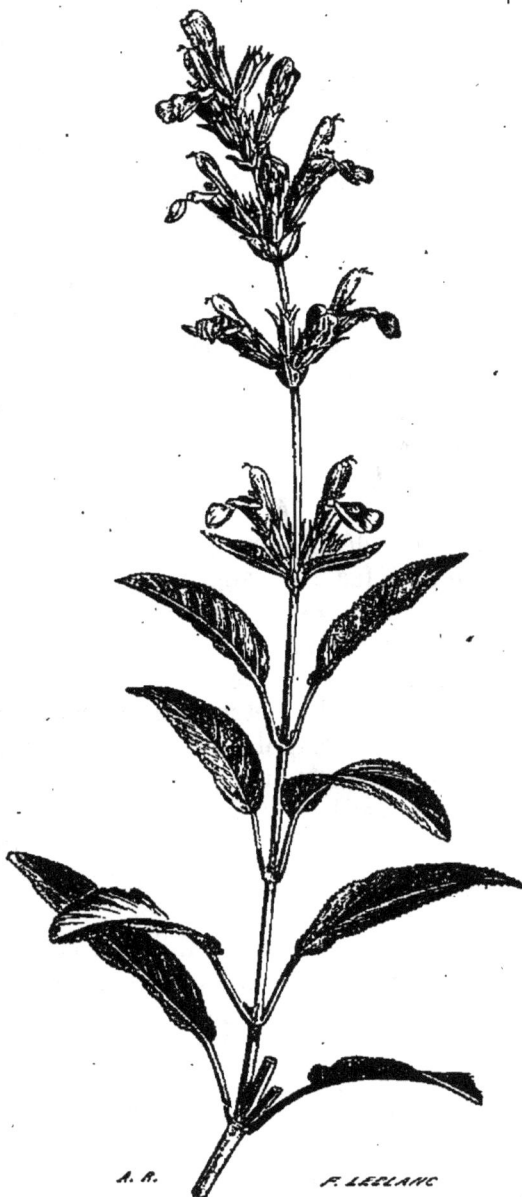

FIG. 241. — Sauge officinale.

par une anthère fertile. Style dépassant très-longuement la lèvre supérieure de la corolle; stigmate bifide. Fruit formé par quatre achaines trigones, entourés par le calice. ♄.'

Habitat. — Les collines stériles de la région des oliviers. On en connaît deux variétés, la grande et la petite ou sauge de Provence; celle-ci ne diffère de la première que par ses dimensions moindres et ses feuilles plus petites.

Culture. — Elle vient bien dans tous les terrains, elle préfère pourtant les sols légers, une exposition un peu chaude. On la multiplie soit en semant la graine, soit en séparant les pieds au printemps. On doit la renouveler tous les deux ou trois ans.

Partie usitée. — La plante cueillie vers l'époque de la floraison; la plante venue spontanément est préférable à celle que l'on cultive dans les jardins; celle des pays méridionaux l'emporte, comme énergie, sur celle des pays froids.

Elle ne perd rien par la dessiccation, qui est d'ailleurs très-facile à opérer.

Composition chimique. — La sauge renferme : *acide gallique, extractif, huile essentielle.* Celui-ci est de couleur ambrée, présentant quelquefois une légère odeur de térébenthine. Sa densité = 0,920. Elle laisse déposer un peu de stéaroptène. On doit éviter d'associer les sels de fer à la sauge.

Formes pharmaceutiques, doses. — 1° Infusion théiforme, 5 : 1000, usage interne, et 15 à 60 : 1000 pour lotions, fomentations.

Action physiologique. — D'après Trousseau, la sauge sous forme d'infusion froide détermine d'abondantes sueurs avec bouffées de chaleur insupportables, le pouls augmente de fréquence et de tension, le travail intellectuel devient difficile par suite de l'agitation que l'on éprouve, la soif est vive, la bouche sèche, la constipation extraordinaire, l'appétit devient plus marqué, et l'on constate en même temps l'insomnie. Tous ces phénomènes réunis témoignent hautement en faveur de l'action stimulante de la sauge.

Usages. — Malgré l'oubli dont cette plante est à peu près frappée aujourd'hui, il n'en est pas moins vrai qu'elle peut rendre d'importants services dans l'atonie des voies digestives, la dyspepsie, les vomissements spasmodiques. Jadis on la considérait comme alexipharmaque, et il est certain qu'elle est loin d'être sans efficacité dans les maladies dites putrides, dans les fièvres typhoïdes ataxiques et dans la forme adynamique de cette affection. Ses vertus amères, astringentes et aromatiques l'ont fait recommander dans la diarrhée colliquative des phthisiques, celle des enfants à la mamelle. Comme elle excite les fonctions de la peau et provoque la sueur, elle peut être utilisée dans les affections provenant du refroidissement de la périphérie, et pourtant, par une contradiction plus apparente que réelle, il est impossible de nier ses bons effets pour arrêter les sueurs profuses, débilitantes, celles des phthisiques, des convalescents de fièvres. Dans le premier cas, elle provoque un mouvement sur l'enveloppe cutanée, elle régularise la circulation ; dans le second, par son action tonique, elle combat le défaut de vitalité, et la faiblesse générale qui détermine les sueurs. Dans ce dernier cas, son action est fugace, et les sueurs reparaissent quand on cesse d'administrer le médicament. On l'a également proposée pour combattre les écoulements abondants de lait qui affligent certaines nourrices après le sevrage. A l'extérieur et sous forme d'infusion, de vin miellé, c'est un cicatrisant précieux. Sous son influence, les ulcères atoniques des jambes, les ulcères scrofuleux des joues, se cicatrisent rapidement. La décoction vineuse est un bon topique contre les aphthes des en-fants, des femmes enceintes, les gingivites ulcéreuses et scorbutiques. On doit s'abs-tenir de l'employer chez les sujets sanguins et toutes les fois que la maladie est inflam-matoire. On a recommandé les bains de sauge dans la paralysie des membres, le ra-chitis, et les sachets de cette plante pour dissiper les engorgements œdémateux, les tumeurs atoniques.

SCAMMONÉE, Voy. *Liseron scammonée*.

SCABIEUSE OFFICINALE. *Scabiosa succisa* L. (De *scabies*, maladie de peau, par allusion aux propriétés.) Mors du diable. DIPSACÉES.

Description (fig. 242). Plante de 3-6 dé-cimètres. Racine noirâtre cylindrique, courte et comme tronquée par le bas, en-tourée de fibres descendantes. Tige droite, roide, cylindrique, plus ou moins pubescente vers le haut. Feuilles opposées, les infé-rieures pétiolées, oblongues, très-entières, ordinairement glabres, quelquefois très-poilues et plus arrondies ; les supérieures lancéolées, souvent dentées. Fleurs (août-septembre) violettes ou roses, rarement blanches, disposées en capitules hémisphé-riques, devenant globuleux à la maturité,

FIG. 242. — Scabieuse officinale.

portées sur des pédoncules longs, simples, uniflores. Involucre à fo-lioles lancéolées, plus courtes que les fleurs, disposées sur 2-3 rangs.

Réceptacle chargé de paillettes ciliées, lancéolées, acuminées, filiformes à la base. Calice double; l'extérieur ou involucre propre formant une sorte de tube tétraédrique parcouru par 8 côtes saillantes, à limbe court, divisé en 4 dents herbacées et dressées, l'intérieur à limbe très-petit, couronné par 5 dents sétacées. Corolle gamopétale, tubuleuse, infundibuliforme, limbe 4-fide. Étamines 4, insérées sur la corolle et alternes avec ses divisions; filets libres; anthères biloculaires, introrses. Ovaire adhérent uniloculaire, uniovulé; style simple; stigmate simple. Fruit sec, oblong, à 8 sillons, couronné par le tube du calice renfermé dans l'involucre propre et contenant une graine pendante. ♃.

Habitat. — Elle est très-commune dans les terrains humides, argileux ou tourbeux, les bois.

Formes pharmaceutiques, doses. — 1° Tisane par infusion, pp. 20 : 1000. 2° Extrait. 3° Sirop.

Usages. — Elle est un peu amère, astringente; on la dit également dépurative et sudorifique. Elle a été indiquée dans les leucorrhées et en applications topiques sur les ulcères atoniques. On l'a recommandée dans les maladies de la peau, mais son action est si faible, que l'on peut douter de son efficacité.

SCHŒNOCAULE OFFICINAL. *Sabadilla officinalis* Brand., *Schœnocaulum officinale* A. Gr., *Asagrœa officinalis* Lindl. Cévadille, Sabadille, Varaire officinal. COLCHICACÉES (Mélanthacées).

Description (fig. 243). — Plante bulbeuse de près de 2 mètres. Feuilles étroites, linéaires, aiguës, entières, un peu roides, vertes, rappelant celles des graminées; fleurs blanches presque sessiles, dressées contre l'axe, munies chacune d'une bractée, disposées en grappe spiciforme pouvant atteindre 5 décimètres; elles sont polygames, hermaphrodites à la partie inférieure, mâles à la partie supérieure. Périgone verdâtre, à 6 divisions presque libres, linéaires, obtuses, un peu élargies et glanduleuses à la base, placées sur 2 rangs et dressées. Étamines 6, trois extérieures exsertes, trois intérieures incluses, alternativement plus courtes; anthères réniformes, presque uniloculaires, peltées après la fécondation. Pistil formé par 3 carpelles, réunis en bas, libres en haut. Ovaires oblongs, lancéolés; style court; stigmate peu apparent. Fruit composé de 3 petites capsules, minces, sèches, d'un gris rougeâtre, réunies par leur base et entourées par les pièces du périgone persistant et les étamines. Les capsules longues de 1 centim., larges de $\frac{1}{2}$ centim., s'ouvrent à la maturité par la suture ventrale. Graines recourbées en forme de faucilles, noirâtres, ridées.

Ne pas confondre avec le *Veratrum sabadilla* Retz, dont les fruits sont plus arrondis et plus foncés.

Parties usitées. — La racine, les fleurs et surtout les feuilles.

Habitat. — Elle croît dans les prairies de la partie orientale des Andes du Mexique; on la cultive, au Mexique, dans certaines villes du littoral.

Partie usitée. — Le fruit avec ses graines.

Composition chimique. — La cévadille renferme : *matière grasse composée d'oléine, de stéarine et d'acide cévadique, acide vératrique, cire, gallate acide de vératrine, sabadilline, sabatrine, matière colorante jaune, gomme, ligneux, sels, silice.* La plus importante parmi ces substances est la vératrine (voy. *Ellébore blanc*).

Formes pharmaceutiques, doses. — 1° Poudre; on pulvérise les semences en dernier lieu et on mélange les produits; dangereuse à préparer : dose, 10 à 50 centigram. 2° Teinture en frictions; 3° Extrait, 1 centigram. en pilules, en répétant plusieurs fois la dose dans les vingt-quatre heures. 4° Lavement, 4 à 8 gram. : 350; on fait bouillir jusqu'à réduction à 210 gram. et on additionne de 350 gram. de lait.

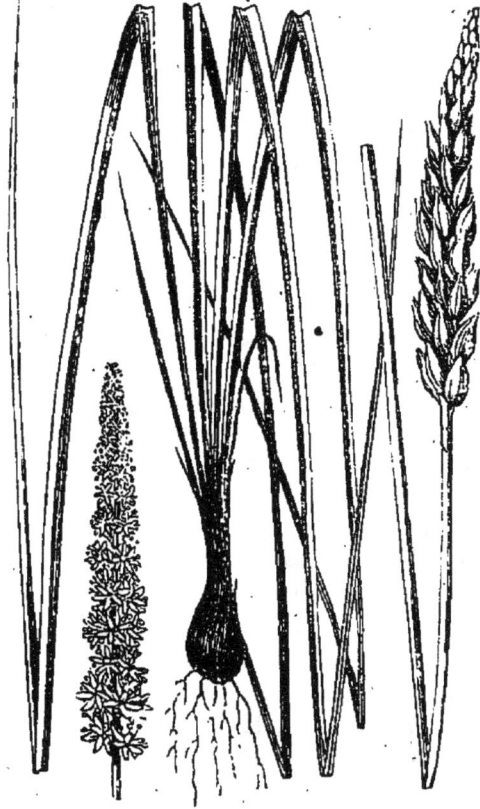

FIG. 243. — Schœnocaule officinal.

Action physiologique. —
C'est un poison âcre et irritant. La poudre, déposée sur les plaies, y détermine une action cathérétique. Sur la peau couverte de son épiderme, elle produit de la rougeur et un picotement. Si elle est absorbée, par cette voie, en certaine quantité, elle peut produire des accidents toxiques. Ingérée, elle irrite fortement la bouche, le pharynx, l'estomac, provoque des vomissements, des superpurgations, le délire, les convulsions et la mort. Sous son influence, et après quelques jours d'usage, il se manifeste une sensation de chaleur et de fourmillement à la peau et parfois une éruption.

Usages. — On l'a indiquée contre l'apoplexie et les paralysies qui en sont la suite, contre l'éclampsie, la rage; sous forme de pommade on l'a conseillée contre les névralgies faciales. La teinture a été indiquée en frictions dans le rhumatisme, soit pour calmer la douleur, soit pour amener la résolution ; on s'en sert aussi sur la région précordiale dans les palpitations nerveuses. Les lavements de cévadille sont prescrits contre les ascarides lombricoïdes et le tænia. C'est, dans tous les cas, un remède dangereux auquel on substitue aujourd'hui son alcaloïde, la vératrine, qui est d'un maniement plus commode. Sous le nom de *poudre des capucins*, on emploie la cévadille combinée à la staphysaigre et au persil pour détruire les poux de la tête ; cette préparation doit être maniée avec prudence, et il faut s'abstenir d'employer la poudre de cévadille pure, si l'on veut éviter des accidents redoutables ; la cévadille sert surtout à préparer la vératrine ; elle entre dans certaines poudres destinées à détruire les punaises.

SCILLE MARITIME. *Scilla maritima* L., *Urginea scilla* Steinh. Scille officinale, Grande scille, Squille. LILIACÉES.

Description (fig. 244). — Plante bulbeuse qui avec sa hampe peut atteindre 10 à 13 décimètres de hauteur. Bulbe très-gros, quelquefois de la grosseur de la tête d'un enfant, composé d'un axe ou plateau supportant plusieurs tuniques épaisses, charnues, emboîtées, blanches ou rougeâtres, suivant les variétés, recouvert extérieurement de tuniques minces, sèches, scarieuses, roussâtres, présentant inférieurement de nombreuses racines épaisses, fibreuses. Feuilles paraissant au printemps, radicales, humifuses, longues de près de 3 décimètres, entières, oblongues, ovales, lancéolées, un peu obtuses au sommet, ondulées sur les bords, légèrement charnues, d'un vert assez foncé. Elles se fanent pour faire place aux fleurs. Celles-ci se montrent en juillet-août, elles sont portées par une hampe de 6-12 centimètres, cylindrique, grosse comme le doigt, simple, droite, nue, luisante, d'un gris de plomb, portant sur sa moitié supérieure des fleurs nombreuses, pédicellées, munies à leur base d'une bractée membraneuse et comme articulée, réunies en grappe dense, un peu conique. Ces fleurs sont blanches, monopérianthées ; le calice est à 6 découpures profondes, elliptiques, acuminées, étalées. Étamines 6, égalant le calice ; filets aplatis, comprimés ; anthères arrondies. Ovaire supère, arrondi, à 3 côtes saillantes, à plusieurs loges pluriovulées ; style unique, grêle, stigmate très-petit, obscurément trilobé. Fruit (*capsule*) presque ovale, triangulaire, à 3 loges s'ouvrant en 3 valves septifères. Graines arrondies, noirâtres, recouvertes d'un tégument crustacé. ♃.

Habitat. — Elle croît en abondance dans les plaines sablonneuses qui avoisinent les bords de la Méditerranée. On la trouve en Barbarie, en Syrie, en Sicile, en Espagne, en Provence. Elle remonte le long de l'Océan jusqu'en Bretagne et en Normandie, mais elle y est moins abondante.

Culture. — Elle ne demande aucun soin particulier. Elle fleurit même hors de terre et jusque sur les planches où l'on conserve son oignon. On la trouve en assez grande quantité à l'état spontané pour qu'il soit inutile de la cultiver. On la reproduit soit à l'aide de caïeux, soit à l'aide de graines; il faut la placer dans une terre sablonneuse ou dans de la terre de bruyère à l'exposition du midi.

Partie usitée. — Le bulbe. On le tire de la Sicile, de l'Italie, de l'Espagne, de Barbarie et du Levant. On en trouve dans le commerce deux variétés: la première, dont les squames ou écailles sont rouges, est connue sous le nom de *scille mâle* ou *d'Espagne*, c'est la plus commune; la deuxième a les écailles blanches, on la nomme *scille femelle* ou *d'Italie*.

Récolte, dessiccation, conservation. — On recueille le bulbe en automne. Les squames sont d'autant plus charnues qu'elles sont plus intérieures; on rejette les plus externes, qui sont généralement sèches et presque inertes, ainsi que celles du centre, car elles sont blanches, mucilagineuses, et leur suc n'est pas suffisamment élaboré. On n'emploie que les moyennes, qui sont remplies d'un suc visqueux, inodore, très-âcre, corrosif même. On détache ces squames, on les coupe en tranches minces, on les fait sécher au soleil ou à l'étuve après les avoir déposées sur une claie. L'opération doit être menée rapidement. Les squames sèches sont renfermées dans des boîtes et placées dans un endroit humide pour les empêcher de moisir.

Composition chimique. — La scille contient : *scillitine, tannin*.

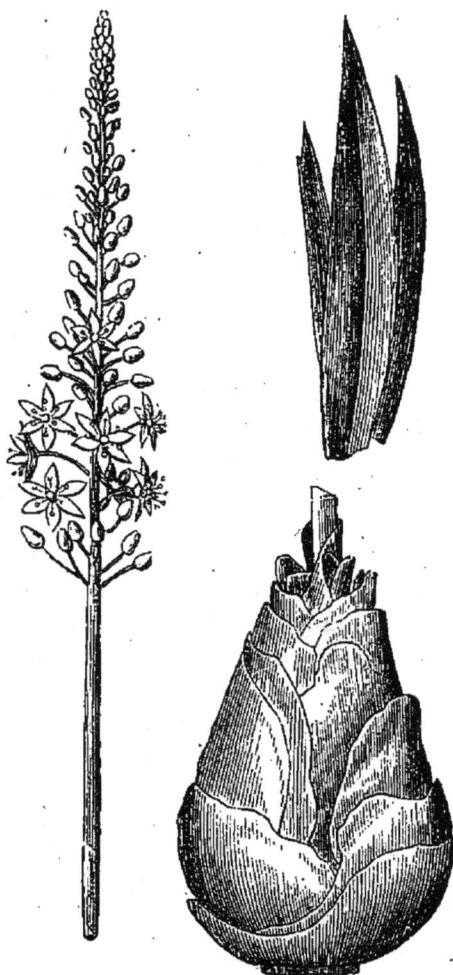

Fig. 244. — Scille maritime.

matière colorante jaune, matière colorante rouge, mucilage, sucre interverti, sels, traces d'iode. La scillitine est incristallisable, neutre, amère, puis douceâtre, hygrométrique, insoluble dans l'eau, soluble dans l'alcool et l'éther ; l'acide sulfurique la dissout avec une coloration rouge vif, le tannin la précipite. Elle renferme de l'azote, et constitue le principe actif de la plante. On n'a point isolé de principe volatil particulier pouvant rendre compte de l'action corrosive de la scille sur la peau ; ce phénomène paraît dû aux raphides ou réunion de petits cristaux acérés de carbonate et d'oxalate de chaux qui, en pénétrant l'épiderme, inoculent la scillitine (Marais). On a signalé dans la scille la présence d'une substance vénéneuse particulière, la *skuléine.*

Formes pharmaceutiques, doses. — 1° Poudre, 1 à 5 décigram. 2° Miel scillitique, 60 gram. 3° Teinture, 20 à 30 gouttes. 4° Extrait, 5 à 10 centigram. 5° Vin par cuillerées à café. 6° Vinaigre scillitique, en frictions. 7° Oxymel scillitique, 15-30-60 gram. par jour. Elle entre dans le vin amer scillitique de la Charité.

Action physiologique. — A l'intérieur et à dose modérée, la scille détermine des nausées, des vomissements, mais rarement de la diarrhée, un ralentissement notable de la circulation avec augmentation de la tension artérielle. En même temps, le pouls s'abaisse, l'excrétion urinaire devient très-abondante, les sécrétions bronchiques et gastro-intestinales s'accroissent notablement. L'action diurétique est en raison inverse de l'action éméto-cathartique. Les effets ne s'accumulent point comme avec la digitale, et toutes ces manifestations disparaissent quand on cesse d'administrer le remède. A dose élevée, c'est un poison narcotico-âcre ; sous son influence on voit apparaître des vomissements, des selles avec coliques, la strangurie, l'hématurie, puis surviennent des sueurs visqueuses, le refroidissement, des mouvements convulsifs. La mort arrive précédée de torpeur, de coma ; la scillitine est toxique à la dose de 5 centigram. ; c'est un violent éméto-cathartique qui produit en outre le narcotisme et la mort par paralysie du cœur.

Usages. — La scille est le meilleur des diurétiques ; elle est employée dans l'anasarque, l'ascite, l'hydrothorax, dans les hydropisies en un mot, pourvu qu'il n'existe aucune prédisposition aux phlegmasies, aux hémorrhagies. Son action expectorante la fait conseiller dans les bronchites, les catarrhes chroniques, à la fin des pneumonies, dans l'asthme humide. Rarement on fait appel à son action émétique. A l'intérieur, on utilise la teinture en frictions, en fomentations sur les parties affectées d'infiltrations cellulaires ou sur les téguments recouvrant les cavités splanchniques atteintes d'hydropisie. On a également conseillé sa décoction à l'extérieur, lorsque l'état des voies digestives s'oppose à l'administration interne de cette substance. On place alors sur le ventre des compresses]imbibées de cette décoction concentrée et on les recouvre de taffetas ciré. La poudre de scille est un poison pour les chats, les rats, les souris.

SCOLOPENDRE OFFICINALE. *Scolopendrium officinale* Smith, *Asplenium scolopendrium* Lin. Langue de cerf, Scolopendre. FILICACÉES-POLYPODÉES.

Description (fig. 245). — Rhizome grêle, irrégulier, fibreux, rameux, cespiteux, rougeâtre, muni supérieurement des débris des frondes desséchées et inférieurement de fibres radicales. Feuilles (*frondes*) radicales, en touffes supportées par un pétiole plus court que le limbe, velu, noirâtre, chargé de poils écailleux, ayant 2-4 décimèt., oblongues, lancéolées, le plus souvent entières, quelque fois érodées, aiguës au sommet, un peu rétrécies au-dessus de la base, inégalement cordiformes, fermes, glabres, d'un vert intense; la face supérieure est lisse et luisante, la nervure médiane saillante. Fructification apparaissant en août. Sores linéaires, parallèles entre eux et obliques par rapport à la nervure médiane, situés entre deux nervures secondaires sur la face inférieure de la fronde. On a comparé cette disposition à celle des pattes de la scolopendre. Chaque sore est formé d'un indusium membraneux. Les deux indusiums, d'abord connivents, se replient latéralement et simulent un indusium bivalve. Sporanges très-petits contenant des spores très-fines. ♃.

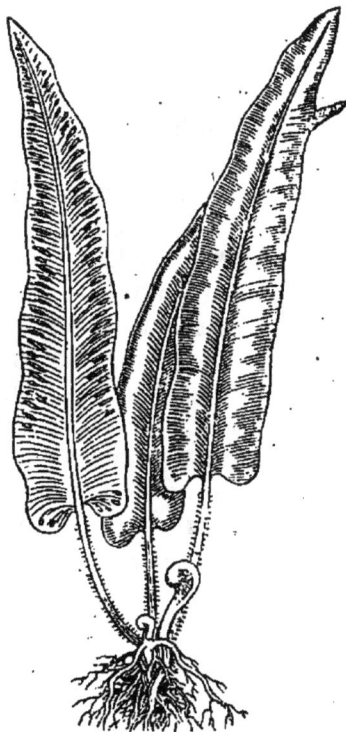

FIG. 245. — Scolopendre officinale.

Habitat. — Le bord des fontaines, les parois des puits, les grottes, les lieux ombragés.

Culture. — On ne la cultive que dans les jardins botaniques, en ayant soin de la placer entre des pierres au milieu de la terre de bruyère. On la propage par des éclats de pieds séparés au printemps.

Partie usitée. — Les frondes. Elles ont une odeur assez agréable; leur saveur est douce.

Récolte, dessiccation. — Quand on emploie la plante fraîche,

on peut la récolter toute l'année; si on veut la dessécher, il est préférable d'attendre l'automne. Il suffit pour dessécher les frondes de
les suspendre pendant quelques jours, elles prennent alors une couleur jaunâtre, mais ne perdent pas leurs propriétés.

Composition chimique. — La composition de la scolopendre est
peu connue; la coloration noire qu'elle prend au contact des sels
de fer indique qu'elle renferme du tannin. Elle contient également
du mucilage et une matière odorante qui se manifeste par la dessiccation.

Formes pharmaceutiques. — Infusion ou décoction légère, 10
à 20 feuilles par ½ litre d'eau ou de lait. On peut sans inconvénient
lui substituer le capillaire. Elle entre dans le sirop de chicorée
composé et quelques vieilles préparations, telles que les électuaires
lénitif et catholicum.

Usages. — Elle n'a aucun effet physiologique appréciable. On lui
a pourtant attribué des propriétés pectorales, astringentes, diurétiques, désobstruantes, et on l'a préconisée dans les rhumes, la diarrhée, les hémorrhagies. Elle est presque oubliée aujourd'hui.

SCORDIUM. — Voy. *Germandrée aquatique.*

SEIGLE ERGOTÉ. — Voy. *Ergot de seigle.*

SÉMEN-CONTRA. — Voy. *Armoise vermifuge*

SÉNÉ D'ÉGYPTE. — Voy. *Casse à feuilles aiguës.*

SERPENTAIRE DE VIRGINIE. — Voy. *Aristoloche serpentaire.*

SIMAROUBA DE CAYENNE. *Simaruba officinalis* DC., *Quassia
simaruba* L. fils, *S. amara* Hayn, *S. guyanensis* A. Rich. RUTACÉES-
SIMAROUBÉES.

Description (fig. 246). — Arbre présentant l'aspect d'un frêne.
Racines grosses s'étendant au loin, à fleur de terre et souvent décou-
vertes. Tronc pouvant atteindre 20 et 25 mètres de hauteur et 6-8
décimèt. de diamètre. Écorce assez épaisse, fibreuse et poreuse
blanche intérieurement, recouverte d'un épiderme mince, noir
tacheté de blanc et de gris. Bois blanchâtre, ligneux, léger. Feuilles
alternes, pétiolées, ailées, sans impaires, formées de 2-9 rangs de
folioles alternes, presque sessiles, épaisses, coriaces, glabres, oblongues, arrondies, très-obtuses, échancrées ou terminées par une pointe
conique, sans nervures latérales apparentes. Pétiole et rachis arrondis. Fleurs blanchâtres, petites, monoïques, brièvement pédicellées
disposées en grandes panicules ramifiées. Calice courtement campanulé, pubescent, à 5 divisions inégales, dressées. Corolle à 5 pétales plus grands que le calice, sessiles, dressés, elliptiques, terminé
par une petite pointe. *Mâles,* 10 étamines incluses, accompagnées à
la base d'une écaille velue; anthères introrses, médifixes; disque
charnu, tronqué, aplati supérieurement. *Femelles,* 10 étamines avor-

tées. Ovaire arrondi à 5 coques fixées au milieu du disque; style épais, à 5 sillons; stigmate à 5 divisions étoilées. Fruit formé de 5 capsules uniloculaires, ayant la forme et le volume d'une olive, contenant chacune une graine ovale. ♄.

Habitat. — Les lieux humides et sablonneux de la Guyane, de la Jamaïque et de Saint-Domingue.

Partie usitée. — L'écorce de la racine. Elle est en plaques d'un mètre et plus de long, roulées sur elles-mêmes, larges de 3-6 centimètres. Leur couleur est d'un jaune blanchâtre, leur texture fibreuse; elles sont faciles à déchirer dans le sens de la longueur, mais se pulvérisent difficilement. Elles sont inodores, de saveur très-amère, franche, sans stypticité.

Composition chimique. — Cette écorce renferme : *matière résineuse, huile volatile, quassine, acides malique et gallique, sels minéraux, ulmine.*

Formés pharmaceutiques, doses. — 1° Tisane par infusion, pp. 10 : 1000. 2° Poudre, 1 à 5 gram. 3° Extrait, 20 à 25 centigram. Inusité.

Action physiologique. — C'est un amer pur; même à faible dose il détermine parfois au début quelques nausées qui disparaissent par l'usage. A dose élevée, il produit des vertiges et des vomissements. Cette action est peut-être due à l'huile volatile qu'il contient. Il provoque également la transpiration cutanée et la sécrétion urinaire.

Usages. — On l'a préconisé comme fébrifuge et on l'a em-

Fig. 246. — Simarouba.

ployé, soit dans les fièvres d'accès, soit dans les fièvres continues graves; on l'a également indiqué comme antidysentérique et antidiarrhéique; il présente à ce dernier point de vue une certaine analogie avec l'ipéca, dont il possède l'action émétique. On l'a aussi vanté dans la scrofule, l'hydropisie, la chlorose, mais il est peu usité de nos jours.

SIPHONIE ÉLASTIQUE. *Siphonia guyanensis* Jus., *Hevea guyanensis* Aubl., *Jatropha elastica* L. fils, *Siphonia elastica*, Pers.,

S. cahuchu Rich. Caoutchouc de la Guyane, du Para, Hévé, Médicinier élastique. EUPHORBIACEES.

Description. — Arbre pouvant s'élever jusqu'à 20 mètres de hauteur. Tronc dont le diamètre atteint jusqu'à 8 décimèt. de diamètre, recouvert d'une écorce épaisse, d'un gris rougeâtre, bois blanc, peu compacte; branches nombreuses au sommet. Feuilles éparses, composées chacune de trois folioles, ovales, cunéiformes, longues de 8 à 12 centimèt. sur 5 de diamètre, arrondies en haut ou bien se terminant par une pointe fort courte, très-entières, coriaces, épaisses, glabres des deux côtés, vertes en dessus, plus pâles en dessous, portées par un long pétiole commun, cylindrique et canaliculé. Fleurs, en cymes, terminales, petites, unisexuées, monoïques sur la même grappe, les mâles plus abondantes que les femelles. *Mâles*, calice gamosépale, urcéolé, quinquéfide. Étamines 5, saillantes, réunies par les filets en une petite colonne portant des anthères ovales, biloculaires, échancrées supérieurement, pointues à la base. *Femelles*, à la partie supérieure de l'inflorescence. Calice monophylle, turbiné, caduc, à 5 dents pointues, un peu réfléchies. Ovaire supère, globuleux, conique, surmonté par 3 stigmates sessiles, un peu épais, aplatis, bilobés. Fruit (*capsule*) ligneux, très-gros, à 3 lobes arrondis, triloculaire, à loges bivalves dont chacune renferme 1-3 graines ovoïdes, roussâtres, bariolées de noir. ♄ .

Habitat. — La Guyane, le Brésil, le centre Amérique.

Composition chimique. — Le suc de cet arbre contient : *eau, acide (?), caoutchouc pur, substance colorante azotée amère, matière soluble dans l'eau et l'alcool, matière albumineuse, cire.*

Partie usitée. — Le caoutchouc, principe immédiat hydrocarburé, extrait du suc laiteux de l'arbre. La siphonie élastique est le végétal qui donne le plus de caoutchouc et la plus belle qualité; mais il n'a pas seul ce privilége. Tous les *siphonia* sont dans ce cas; nous citerons, dans la famille des ARTOCARPÉES, le *Castilloa elastica* Cerv., le *Cecropia peltata* Lin., les *Ficus elastica* Roxb., *F. indica* Lam., *F. religiosa* L., *F. radula* Willd, *F. elliptica* Kunth, *F. prinoïdes* Willd; dans les APOCYNÉES, le *Vahea gummifera* Poir., l'*Urceola elastica* Roxb., l'*Hacornia speciosa* Gom.; dans les LOBÉLIACÉES, la lobélie caoutchouc.

Récolte. — Pour recueillir le caoutchouc, on fait à l'aide d'un pic une plaie à la partie inférieure du tronc, et l'on reçoit le suc dans une petite coupe d'argile. Dans une certaine limite, plus on retire de suc de l'arbre, plus il en produit; mais on a l'habitude de laisser reposer la plante depuis la floraison jusqu'à la maturité des fruits. Le liquide est d'abord blanchâtre et gommeux, ce n'est qu'en se desséchant qu'il acquiert une coloration foncée; la quantité de caoutchouc que l'on obtient par l'épaississement du suc représente les 0,3 du poids initial. Cet épaississement s'effectue de plusieurs manières ; tantôt on se sert d'une masse d'argile en forme de bouteille, de gourde, d'oiseau, plantée à l'extrémité d'un bâton, et on la trempe dans le suc. On sèche cette couche à un feu léger, on trempe la masse de nouveau, on chauffe une deuxième fois, jusqu'à ce qu'elle ait acquis une épaisseur convenable. On brise alors le moule, ou bien on le délaye dans l'eau et on vide l'argile par l'ouverture que l'on obtient en détachant le bâton ; d'autres fois on verse le suc dans des cadres munis d'une toile métallique et placés sur une couche de sable ; d'autres fois on l'étend sur des planches que l'on fait sécher au soleil ; dans ces deux cas, il est en lames. On l'obtient également en masses informes en coagulant le suc par l'addition d'un peu de rhum.

Le caoutchouc pur (C^8H^7) est solide, blanc, translucide, d'une densité de 0,925 ; il est souple, élastique à 25° ou 35°, pouvant se souder sur lui-même, lorsqu'on met en contact sous une certaine pression deux surfaces récemment coupées. Au-dessous de + 10°, il se durcit, perd une grande partie de son élasticité et de ses propriétés adhésives, qu'il ne reprend qu'à 30° ou 40° (caoutchouc gelé). Il est soluble dans la benzine, l'éther, l'essence de térébenthine bien exempte d'eau, le chloroforme, le naphte, l'essence de lavande, le sulfure de carbone, insoluble dans l'alcool ; son meilleur dissolvant est un mélange de 5 parties d'alcool absolu et de 100 parties de sulfure de carbone. Il fond au feu en devenant noir et épais ; une fois fondu, il ne reprend plus sa dureté première, et reste poisseux et collant aux doigts ; il brûle avec une flamme fuligineuse. Il se combine avec le soufre (*caoutchouc vulcanisé*) et acquiert une souplesse et une élasticité sur lesquelles les variations de température sont sans action. Il n'est plus alors susceptible de se dissoudre dans ses dissolvants ordinaires. Le caoutchouc durci est un mélange de gomme de l'Inde dite de Java et de soufre.

Usages. — On l'a préconisé, en solution dans l'essence de térébenthine rectifiée, la benzine ou les huiles de pétrole légères d'Amérique, contre la phthisie, pour combattre la diarrhée et les sueurs nocturnes, ou bien sous forme de pilules, mais il n'a donné aucun résultat avantageux. On a proposé, pour arrêter l'hémorrhagie produite par la piqûre des sangsues, de recouvrir la partie mordue d'un petit fragment de caoutchouc en lame dont on a légèrement fondu à la flamme d'une bougie la face qui doit être mise en contact avec la peau ; on a indiqué le caoutchouc ramolli pour recouvrir les engelures et le lait de caoutchouc dont on a retardé la coagulation par l'ammoniaque, ou la solution de caoutchouc dans le chloroforme, en enduit sur les brûlures, l'érysipèle, diverses affections cutanées.

Le caoutchouc a reçu de nombreuses applications reposant sur son imperméabilité et son élasticité. On s'est servi de son imperméabilité pour confectionner des alèzes pouvant remplacer la toile cirée ; des urinaux pour les personnes atteintes d'incontinence d'urine ; des bonnets pour la réfrigération de la tête, soit par l'eau, soit par la glace, des poches pour bains locaux continus. L'élasticité du caoutchouc a permis de lui donner les affectations suivantes : ceintures, suspensoirs du sein, genouillères, bas élastiques et tous les bandages devant exercer une compression peu énergique, vessies destinées à dilater certaines cavités naturelles, ou y arrêter certaines hémorrhagies, à relever, à redresser un organe déplacé ; la vessie, introduite dans la cavité, y est gonflée à l'aide d'une poire en caoutchouc remplie d'air ; pelottes de bandages herniaires ; clysoirs ; tubes et poires pour la pulvérisation des liquides ; bouts de sein, sondes uréthrales, et œsophagiennes, bougies, tubes à drainage chirurgical, extension et contre-extension continues dans les fractures ; lacs pour la réunion des plaies, coussins et matelas remplis d'air ou d'eau pour les fractures. Enfin, sous forme de caoutchouc durci, il a reçu de nombreuses applications dans la prothèse buccale, telles que confection des dentiers, obturateurs destinés à fermer les perforations de la voûte palatine, mâchoires.

SMILACE MÉDICINALE. *Smilax medica* Schlecht. et Cham. (De σμίλη, ciseau, à cause des aiguillons qui arment la plupart des tiges de ce genre.) SMILACÉES.

Description (fig. 247). — Plante sarmenteuse, présentant un rhizome ligneux, peu volumineux, formé d'une série de nœuds et d'entre-nœuds, pourvu d'un grand nombre de racines flexibles, grosses comme une plume d'oie. Tige glabre, légèrement anguleuse et striée, portant au niveau des articulations des aiguillons plats et à base large, un peu recourbés. Feuilles pétiolées, alternes, acuminées, lisses, à 5-7 nervures translucides, les inférieures cordées, hastées, presque trilobées, les terminales ovales, oblongues, cordiformes à la base ; pétiole glabre, tantôt inerme, tantôt aiguillonné, muni latéralement de deux vrilles filiformes, roulées en spirale. Fleurs 8-12 en ombelles simples, axillaires ; pédoncule commun, glabre, aplati, strié, renflé au sommet, où il présente de petites bractées. Fruit bacciforme, lisse, rouge, de la grosseur d'une petite cerise contenant 1-3 graines de couleur marron. ♄.

Habitat. — Elle croît sur les pentes orientales du plateau du Mexique, dans les forêts qui avoisinent les villages de Papantla, Tuspan, Naulla, Misantha.

Partie usitée. —La racine, connue en pharmacie sous le nom de *racine de salsepareille*. Ce nom dérive de deux mots espagnols, *sarza*, ronce, et *parilla*, diminutif de *parra*, treille, par allusion à la forme sarmenteuse et aux aiguillons de la plante. Quant au *S. sar-*

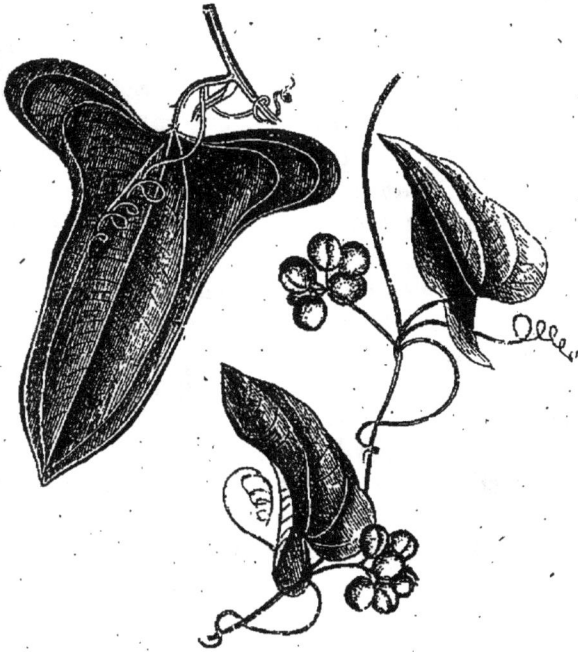

Fig. 247. — Smilace médicinale.

saparilla L., qu'on a longtemps considéré comme l'origine d'une sorte de salsepareille ; c'est une espèce douteuse de Virginie qui ne donne pas plus de produits commerciaux que notre *Smilax aspera* L. Au contraire, il faudrait attribuer une partie des salsepareilles du commerce aux *S. syphilitica* Kunth, et au *S. officinalis* Kunth.

SALSEPAREILLE. — Les principales formes que l'on trouve dans le commerce sont les suivantes : 1º *Salsepareille de la Vera-Cruz*, improprement appelée *S. de Honduras*. — Guibourt et M. G. Planchon l'attribuent au *S. medica*. Elle arrive par Vera-Cruz et Tampico en bottes de près d'un mètre de long, formées par des racines grosses comme une plume d'oie qui ont un mètre et même 2 mètres de long, repliées sur elles-mêmes et garnies de leur souche. Ces bottes sont réunies elles-mêmes en balles cordées du poids de 75 à 100 kilogrammes. Leur surface est grisâtre, souvent noirâtre à cause de la terre qui y adhère, et présente des cannelures longitudinales.

Elles sont formées d'un corps ligneux, blanc, cylindrique, presque insipide, et d'une partie corticale d'une saveur mucilagineuse s'accompagnant d'amertume et d'àcreté. C'est la salsepareille officinale et
celle dont on fait le plus souvent usage en France.

2° *Salsepareille rouge de la Jamaïque.* — Elle est en tout semblable à la précédente, sauf sa couleur rouge terne, sa netteté, son
odeur et sa saveur plus manifeste. Cette espèce est fort bonne, fort
estimée ; mais elle est rare dans le commerce. Elle ne croît pas à la
Jamaïque, d'où elle provient seulement par voie de transit et où elle
est expédiée des différents points du golfe de Honduras.

3° *Salsepareille caraque ou de Honduras.* — Elle est attribuée
par Guibourt au *S. officinalis* et *syphilitica*. Elle arrive en bottes du
poids de 1000 à 1500 grammes formées par des racines de 65 centimètres de long, garnies de leur souche et de leur chevelu, repliées
sur elles-mêmes et ligaturées par plusieurs tours de ses plus longues
racines ; elle est cylindrique, striée longitudinalement ; sa surface et
son écorce sont rougeâtres, et le corps ligneux blanc. Elle est peu active, malgré sa belle apparence.

4° *Salsepareille du Brésil.* — Elle vient de Bahia, de Para, de Ma-
ranham au Brésil, par la voie de Lisbonne. On la reçoit en Europe
dépourvue de souches et sous forme de bottes allongées, serrées par
une liane disposée en spirale. Ces racines sont rouges, striées longitudinalement. C'est une mauvaise espèce, très-amylacée, qu'il faut
attribuer soit au *S. papyracea* Duch., soit au *S. pseudosyphilitica*
Kunth., soit encore au *S. cordato-ovata* Rich.

La structure anatomique de chacune de ces racines est parfaitement fixe et peut servir à la déterminer. On considère la partie corticale comme étant plus active que la partie centrale ligneuse et l'on
place au premier rang, au point de vue de l'activité, les espèces dont
la saveur est la plus forte et la plus nauséeuse.

Composition chimique. — La racine de salsepareille contient :
*huile volatile, salseparine, résine âcre amère, matière huileuse,
matière extractive, amidon, albumine.* L'huile volatile n'existe
qu'en petite quantité. La salseparine (*parigline, smilacine, acide
parillinique*), $C^8H^{15}O^3$, est solide, inodore, incolore, en aiguilles,
neutre aux réactifs colorés, sa saveur est âcre, un peu amère, lente
à se développer. Elle est peu soluble dans l'eau froide, plus soluble
dans l'eau bouillante ; comme la saponine, elle communique à ce liquide la propriété de mousser par l'agitation ; elle est soluble dans
l'alcool surtout à chaud, insoluble dans l'éther. L'acide sulfurique
développe une coloration rouge dans ses solutions aqueuses.

Formes pharmaceutiques, doses. — 1° Poudre, 1 décigramme
à 10 grammes, inusitée. 2° Infusion ou décoction, pp. 50 : 1000.

3° Extrait alcoolique, 50 centigrammes à 1 gramme. 4° Sirop, 20 à 100 grammes. 5° Teinture alcoolique et vin, inusités en France. La salsepareille fait partie, avec le gayac, le sassafras, la squine, des espèces sudorifiques; elle entre dans la tisane de Feltz, la décoction de Zittmann, le sirop de Cuisinier et les *bochets*, vieux remèdes de l'Hôtel-Dieu de Lyon usités comme dépuratifs.

Action physiologique. — La salseparine active la sécrétion urinaire, produit des nausées, une légère diminution du pouls. Elle passe dans l'urine, qui sous son influence peut devenir mousseuse par l'agitation et se colorer par l'acide sulfurique concentré; mais elle n'augmente pas la diurèse, pas plus que la diaphorèse. La matière âcre détermine des vomissements considérables, une exagération de la sécrétion salivaire, une diminution notable du pouls. C'est à ces substances qu'il faut probablement attribuer les effets que la salsepareille possède à haute dose, de produire des nausées, des vomissements, la prostration des forces, l'engourdissement, la répugnance pour le mouvement, le dégoût pour les aliments. A petite dose, au contraire, la salsepareille, non-seulement ne trouble pas l'estomac, mais elle augmente souvent l'appétit, favorise la digestion et la nutrition; mais on peut se demander si elle augmente la sueur, ou bien si, à ce point de vue, elle est inerte comme la smilacine; les uns nient toute action sur la peau et le rein, les autres admettent ces propriétés, d'autres enfin restent dans le doute. Peut-être faut-il rapporter une partie des effets de cette plante à l'huile volatile.

Usages. — Quoi qu'il en soit, la salsepareille, longtemps considérée comme l'antisyphilitique par excellence, est aujourd'hui tombée dans un certain discrédit. Plusieurs praticiens nient complétement son efficacité, ou ne lui attribuent qu'une part très-secondaire dans la curation. Si elle provoque les sueurs, ce ne serait qu'à condition d'être administrée chaude, et l'eau jouerait ici le principal rôle; pour d'autres pourtant, elle aurait une action altérante spécifique et guérirait la syphilis à la condition d'être employée beaucoup et longtemps. On a également vanté la salsepareille dans toutes les maladies où il est nécessaire de produire la diaphorèse, telles sont le rhumatisme, la goutte, les exanthèmes, les affections du système glandulaire, les obstructions viscérales. On prétend qu'en la faisant fumer en guise de tabac elle soulage des accès d'asthme.

SMILACÉ DE CHINE. *Smilax china* L. Salsepareille squine, Squine. SMILACÉES.

Description. — Racines tuberculeuses, noueuses, fort grosses, d'un brun rougeâtre en dehors, blanchâtres et teintées de rouge en dedans. Tiges longues, arrondies, ou à peine glabres, rameuses, armées, surtout à la base, d'aiguillonsforts et courts. Feuilles alternes,. pétiolées, inermes, coriaces, ovales, échancrées en cœur à leur base,. obtuses, acuminées à leur sommet, polymorphes, les inférieures. très-grandes, les supérieures beaucoup plus petites, munies de deux vrilles à la base du pétiole. Fleurs axillaires assez nombreuses, d'un, vert jaunâtre, disposées en petites ombelles, axillaires, pédonculées. Calice à 6 découpures profondes, un peu réfléchies. Étamines 6. Ovaire. ovale; supère, style 3- fide, terminé par 3 stigmates allongés. Fruits (*baie*) très-petits, arrondis, rouges, de la grosseur d'une petite prune, renfermant chacun une graine. ♃.

Habitat. — Le Japon, la Cochinchine et la province de Chansi au nord-est de la Chine.

Partie usitée. — Les souches tubéreuses dépouillées de leurs racines et de leurs tiges aériennes. Ces sortes de tubercules sont, d'après Vandercolme, importés de Singapore et de Calcutta en Angleterre, où ils arrivent dans des paniers. Ils offrent des nodosités très-irrégulières, ils sont longs de 7 à 20 centimètres, épais de 2,5 à. 5, un peu aplatis; leur poids varie de 120 à 280 gram. Ils sont recouverts d'une écorce grise et ridée, ou rougeâtre, assez unie et souvent luisante, qui présente quelques solutions de continuité produites par l'ablation des racines adventives et des tiges aériennes. On rencontre souvent sur les bords ou au fond des anfractuosités que présente la souche quelques débris d'écailles. Elle est tantôt spongieuse, légère, d'un blanc rosé, facile à couper et à pulvériser, d'autres fois très-pesante, très-dure, d'une couleur brunâtre surtout au centre, et gorgée d'un suc gommo-extractif. Sa saveur est peu sensible et farineuse.

Composition chimique. — La squine contient : *cire, résine balsamique, smilacine, sucre, matière colorante résineuse, matière colorante gommeuse rouge, tannin, amidon, gluten, ligneux, sels.*

Formes pharmaceutiques, doses. — 1° Tisane, pp. 20 : 1000. 2° Sirop inusité. Elle fait partie des quatre bois sudorifiques.

Usages. — La squine doit son introduction dans la matière médicale à l'usage qu'en fit Charles-Quint à l'insu de ses médecins pour se guérir de la goutte. Elle a longtemps passé pour un sudorifique puissant. Elle est usitée comme dépurative dans les mêmes cas que la salsepareille, c'est-à-dire dans la syphilis constitutionnelle, le rhumatisme, la goutte, les dartres anciennes.

SPHÉROCOQUE MOUSSE DE CORSE. *Sphærococcus helminthocorton* Agardh., *Fucus helminthocorton* Turn., *Gigartina helminthocorton* Lamx. Gigartine vermifuge. ALGUES-FUCACÉES.

Description (fig. 248). — Elle est composée d'un grand nombre de fibres grêles, cylindriques, de couleur jaune pâle, gris rougeâtre ou violacé, blanches en dedans, fixées inférieurement au gravier sur lesquelles elles végètent, et qui représentent autant de tiges. Chacune de ces tiges est ramifiée plusieurs fois par dichotomie. Ces ramifications, s'enchevêtrant les unes dans les autres, se tiennent ac-

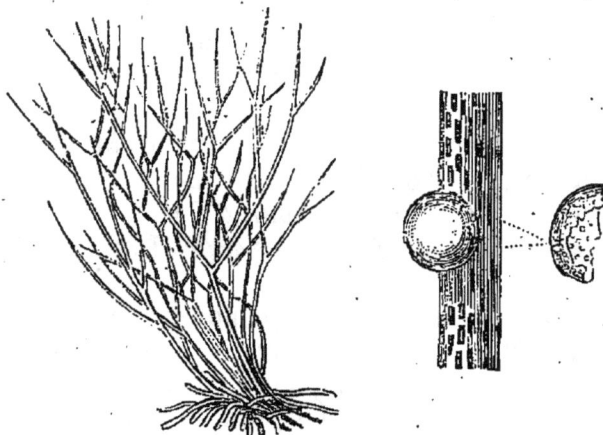

FIG. 248. — Sphérocoque mousse   Corse.

crochées à l'aide de petits crampons. Les fructifications sont des tubercules hémisphériques, sessiles, situés sur les côtes des rameaux. La plante est dure, sèche, cartilagineuse, quand elle est conservée dans un lieu sec; elle devient souple et humide quand elle est exposée à l'humidité. Son odeur est forte, nauséeuse, désagréable. Sa saveur salée, nauséabonde.

Habitat. — Cette algue croît sur les côtes de la Sardaigne, de la Sicile et de l'île de Corse.

Partie usitée. — Toute la plante. Telle qu'on la trouve dans le commerce, elle est loin de constituer un médicament homogène, puisque entre le sable et les coquilles qu'elle renferme on y a trouvé jusqu'à 28 algues différentes agglomérées. La mousse de Corse forme ordinairement le tiers du mélange. Avant de la livrer au commerce, on la monde des substances terreuses dont elle est mélangée.

Composition chimique. — Elle contient : *matière cellulosique gélatiniforme, sulfate de chaux, sel marin, carbonates de chaux de fer*, *de magnésie, phosphate de chaux, iode*. La matière gélatinoïde est mal définie ; on ne connaît point le principe actif; il est néanmoins soluble dans l'eau, car la décoction participe des propriétés médicales de la substance qui l'a fournie.

Formes pharmaceutiques, doses. — 1° Poudre, 1 à 2 gram. 2° Infusion, 30 : 1000. 3° Sirop, 20 à 60 gram. 4° Gelée, 20 à 60 gram. On l'associe dans la poudre vermifuge composée, au semen-contra et à la rhubarbe.

Usages. — La mousse de Corse est surtout usitée comme anthelminthique, elle est très-efficace contre l'ascaride lombricoïde. Elle convient surtout chez les enfants, par suite de son peu d'amertume et de son innocuité sur les organes digestifs. On lui attribue également des propriétés diurétiques et diaphorétiques, l'iode qu'elle contient permet de lui supposer une certaine efficacité comme fondant dans les engorgements glanduleux.

SQUINE. — Voy. *Smilace squine.*

STAPHYSAIGRE. — Voy. *Dauphinelle staphysaigre.*

STRAMOINE. — Voy. *Datura stramoine.*

STYRAX. — Voy. *Liquidambar d'Orient.*

SUREAU COMMUN. *Sambucus nigra* L. Sureau noir, Haut-bois, Sulion, Suin. CAPRIFOLIACÉES.

Description. — Arbre de moyenne grandeur. Tige pouvant atteindre 3-4 mètres de hauteur sur 20-25 centimètres de diamètre ; écorce grise, fendillée, verruqueuse, bois blanc à moelle blanche très-développée surtout dans les jeunes branches ; rameaux opposés. Feuilles opposées, pétiolées, imparipennées, à 5-7 folioles opposées,

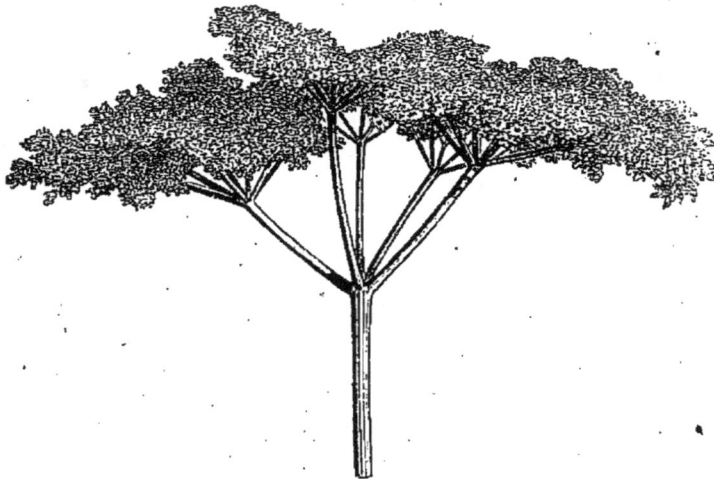

Fig. 249. — Sureau.

presque sessiles, ovales, acuminées, inégalement dentées en scie, d'un vert foncé et répandant une odeur désagréable quand on les froisse. Fleurs (fig. 249) (juin) d'un blanc jaunâtre, très-odorantes, disposées en cyme très-touffue, d'abord dressée, puis penchée, plane, pédonculée. Calice petit, glabre, à 5 dents étalées ; limbe turbiné adhérent avec l'ovaire infère. Corolle gamopétale, régulière rotacée, étalée, à 5 lobes profonds, ovales, arrondis. Étamines 5, insérées à la base de la corolle et alternes avec ses divisions; filets courts; anthères cordiformes. Ovaire ovoïde, adhérent avec le calice, à 3 loges monospermes; style nul; stigmates 3, sessiles. Fruit (septembre) consistant en une baie globuleuse, luisante, noire, rarement verte ou blanche, couronnée par les dents du calice et contenant trois petits noyaux. ♄.

Habitat. — Il est commun en Europe et croît dans les haies, les bois.

Culture. — Tous les terrains et toutes les expositions lui conviennent, il préfère pourtant les sols frais, doux, et un demi-ombrage. On le multiplie le plus ordinairement à l'aide de boutures que l'on fait à l'automne et que l'on place à l'ombre.

Parties usitées. — Les fleurs, les baies, l'écorce de la tige et celle de la racine.

Récolte, dessiccation, conservation. — Les fleurs sont recueillies vers la fin de juin quand elles sont entièrement développées. On doit les dessécher très-rapidement, elles sont alors d'un gris jaunâtre; il faut s'abstenir de soumettre à la dessiccation celles qui sont mouillées par la pluie ou la rosée, car alors elles noircissent et perdent leur odeur agréable. On doit les conserver dans un lieu très-sec. Dans le commerce, on les rencontre soit isolées, soit portées par leur pédoncule. L'écorce des jeunes branches se récolte à l'automne, après la chute des feuilles, quand l'épiderme qui est d'abord vert est devenu grisâtre et tuberculeux; on racle cet épiderme avec un instrument tranchant; on enlève par lambeaux l'écorce qui est placée au-dessous, et on la fait sécher. Elle est alors sous la forme de lanières étroites, d'un blanc verdâtre; son odeur est faible, sa saveur douceâtre et astringente.

Composition chimique. — Les fleurs contiennent une huile volatile solide. Les baies renferment : *acides malique, citrique, sucre, gomme, matière colorante rouge.* Cette matière colorante bleuit par les alcalis et la teinte passe au vert si la proportion d'alcali est trop forte. On ne connaît point la nature du principe purgatif qu'elles contiennent. Leur suc devient violet par l'action des acides et rouge vif sous l'influence des alcalis. L'écorce contient des *acides valérianique* et *tannique*, du *sucre*, de la *gomme*, une *matière extractive*, de la *pectine*, des *sels.*

Formes pharmaceutiques. — Fleurs : 1° Infusion, pp. 4 : 1000. 2° Infusion pour l'usage externe, pp. 10 à 15 : 1000. 3° Hydrolat en collyres. 4° Suc de l'écorce, 15 à 60 gram. 5° Décoction de l'écorce, pp. 20 à 30 : 500.

Usages. — Les fleurs fraîches sont légèrement éméto-cathar-

tiques, mais en séchant elles perdent leurs propriétés laxatives.
C'est après les avoir desséchées qu'on les emploie en infusion, comme
diaphorétiques, au début des rhumes, des angines; pour rappeler
la transpiration cutanée, une éruption brusquement disparue, telle
que celle de la rougeole, de la scarlatine; pour combattre les premiers frissons d'un accès fébrile. On prescrit également l'infusion en
fomentations résolutives contre les inflammations superficielles de la
peau, les furoncles, l'érysipèle..Les baies sous forme de rob sont
administrées comme purgatif et sudorifique. La décoction ou le suc
frais de la seconde enveloppe ont été recommandés dans les hydropisies, les accumulations séreuses. Il se manifeste parfois sous leur
influence des purgations violentes et des vomissements qui ne sont
pas une indication pour cesser leur usage. La racine a été également indiquée comme hydragogue. Les feuilles sont très-usitées
dans la campagne comme purgatif et leur usage externe paraît avantageux dans les hémorrhoïdes et les brûlures. La moelle de sureau
imprégnée de nitrate de potasse sert à confectionner des moxas. Le
bois de la racine sert à faire des stéthoscopes, des plessimètres.

T

TABAC. Voy. *Nicotiane tabac.*

TAMARINIER DE L'INDE. *Tamarindus indica,* L. LÉGUMI-
NEUSES-CÆSALPINIÉES.

Description (fig. 250). — Arbre très-élevé. Ecorce épaisse, brune,
gercée; rameaux très-étendus. Feuilles alternes, pétiolées, accompagnées de 2 stipules latérales, caduques, paripinnées avec impaire,
composées de 10-15 paires de folioles opposées, presque sessiles, petites, elliptiques, obtuses, très-entières, glabres, inéquilatérales à la
base. Fleurs assez grandes, d'un jaune verdâtre, irrégulières, disposées au nombre de 6-8 en grappes, situées au sommet des rameaux; chacune de ces fleurs naît à l'aisselle d'une bractée caduque
et est accompagnée de deux grandes bractéoles latérales lancéolées.
Réceptacle creusé d'une longue cavité tubuleuse. Calice turbiné à sa
base, divisé supérieurement en 4 lobes un peu inégaux, caducs; corolle à 3 pétales (le postérieur et deux latéraux) redressés, ondulés
sur les bords, un peu plus longs que le calice. Etamines 9, parmi
lesquelles il n'y a de fertiles que les trois qui sont opposées aux sépales antérieurs; filet libre, subulé; anthère biloculaire, introrse,

déhiscente longitudinalement. Les 6 étamines stériles s'unissent aux
étamines fertiles, par la partie inférieure du filet, en un long tube

FIG. 250. — Tamarinier de l'Inde.

a qué. Ovaire stipité allongé, étroit, falciforme, un peu velu, multiovulé; style arqué; stigmate légèrement renflé. Fruit (*gousse*) épais,
ong de 10-12 centimètres, un peu recourbé, d'une couleur brun
rougeâtre, présentant des étranglements de distance en distance

Epicarpe épais, crustacé, fragile. Mésocarpe épais, pulpeux, rougeâtre, gorgé d'un suc acide, parcouru par trois filaments ligneux, ramifiés. Endocarpe parcheminé, coriace, et divisé en plusieurs logettes dans chacune desquelles est placée une graine rousse, luisante, irrégulièrement cuboïde.

Habitat. — Il est originaire de l'Afrique ou de l'Asie tropicale, d'où il s'est répandu dans toutes les régions chaudes du globe. On ne le cultive, en Europe, que dans les jardins botaniques, en serre chaude.

Partie usitée. — La pulpe des fruits. Pour l'obtenir on ouvre les fruits, on en tire la pulpe que l'on place dans des barils et l'on verse dessus un sirop bouillant qui pénètre jusqu'au fond. On la trouve dans le commerce sous la forme d'une pâte noirâtre, consistante, brune ou rouge, d'odeur vineuse, de saveur acide et sucrée, que l'on connaît sous le nom de *tamarin*. Cette pulpe contient quelquefois du cuivre qui provient des bassines où on l'a concentrée pour mieux assurer sa conservation. On doit rejeter le tamarin dans ce cas, et il est facile de se convaincre de la présence du cuivre en plongeant dans la masse une lame de fer décapée qui se recouvre alors au bout d'un certain temps d'un enduit rouge de cuivre. Le tamarin nous vient d'Asie, d'Afrique et d'Amérique, ce dernier est préféré ; celui du Brésil est rougeâtre, sucré et agréable au goût.

Composition chimique. — La pulpe de tamarin renferme : *acides citrique, malique, tartrique, tartrate acide de potasse, glycose, pectine, lévulose, matières féculentes.* Le tartrate acide de potasse et les acides lui donnent probablement l'action laxative qu'on lui connaît ; mais il paraîtrait contenir en plus un principe purgatif particulier.

Formes pharmaceutiques, doses. — 1° La pulpe, qui n'est autre chose que le tamarin du commerce dont on a séparé les graines et les fibres ligneuses, dose 5 à 30 gram. 2° La conserve, 15 à 60 gr. 3° Tisane obtenue par l'infusion de la pulpe brute, pp. 30 : 1000. Cette pulpe entre dans la préparation de quelques médicaments à peu près oubliés, tels que le catholicon, le lénitif. Il faut éviter de l'associer aux sels de potasse.

Action physiologique. — Le tamarin contient deux ordres de principes bien distincts ; les uns, tels que la gomme, le sucre, la pectine, sont des aliments respiratoires ; les autres tels que bitartrate de potasse, les acides libres, sont des agents purgatifs.

Usages. — Ils sont alimentaires et médicaux. Les propriétés alimentaires sont utilisées, dans les voyages au milieu du désert, pour combattre la soif ; les nègres en mêlent la pulpe au riz ; dans l'Inde on en fabrique une sorte de bière. La tisane de tamarin froide est une boisson fraîche, agréable, qui est employée comme tempérante dans les maladies inflammatoires et fébriles, telles que les fièvres putrides, bilieuses, dans l'embarras gastrique, la dysenterie. On l'associe souvent aux autres purgatifs. Le sérum tamariné n'est autre chose que du petit-lait additionné de tamarin.

TANAISIE VULGAIRE. *Tanacetum vulgare*, L. Barbotine, Herbe aux vers. SYNANTHÉRÉES-SENÉCIONIDÉES.

Description (fig. 251). — Plante de 8-12 décimètres, presque glabre, très-odorante, de saveur amère, aromatique, nauséeuse. Racine courte, oblique, rameuse. Tiges nombreuses, ramassées en touffe, dressées, fermes, cylindriques, striées, rameuses. Feuilles alternes, les inférieures pétiolées, les moyennes et les supérieures sessiles, demi-embrassantes et auriculées, ovales-oblongues dans leur pourtour, à rachis denté, pennatisequées, les segments oblongs, allongés, pinnatipartites; ponctuées, vertes. Fleurs (juin-août) jaunes, en capitules nombreux, assez longuement pédonculés et disposés en corymbe composé, dressé et terminal. Réceptacle convexe et nu, glabre. Involucre hémis-

FIG. 251. — Tanaisie vulgaire.

phérique, presque plane, à folioles imbriquées, inégales, obtuses, scarieuses et lacérées au sommet. Toutes les fleurs sont flosculeuses, le calice est membraneux, denté, les fleurons du disque hermaphrodites et à 5 lobes, ceux de la circonférence femelles et à 3 lobes. Etamines 5, syngénèses. Ovaire 1 infère, uniovulé; style 1; stigmates 2. Fruit (*achaine*) allongé, obconique, lisse à 5 côtes, surmonté d'une couronne membraneuse, courte, obscurément dentée. ♃.

Habitat. — Elle est très-commune dans toute la France. On la rencontre dans les lieux incultes, les bords des routes, les berges des rivières.

Culture. — On la propage très-aisément à l'aide d'éclats de pieds que l'on met en terre à la fin de l'hiver, ou bien à l'aide de graines semées en place au printemps. Elle a besoin d'une terre franche, fraîche, sablonneuse et d'une exposition chaude.

Partie usitée. — Les sommités fleuries.

Récolte, dessiccation. — Une fois la plante arrivée à la floraison, on coupe les inflorescences, on en forme des paquets et des guirlandes que l'on suspend au grenier ou dans l'étuve pour les faire sécher. En se desséchant elles conservent bien leurs formes, les fleurs restent jaunes; l'odeur de la plante diminue pourtant, mais la saveur persiste.

Composition chimique. — La tanaisie contient : *huile volatile, huile grasse, résine amère, cire ou stéarine, chlorophylle, gomme, principe colorant jaune, extractif amer, acides gallique, tannique et tanacétique.* L'huile volatile de tanaisie est jaune, son odeur est celle de la plante, sa saveur chaude et amère; elle est toxique et à la dose de 15 grammes elle peut entraîner la mort, en déterminant de violentes convulsions cloniques, des troubles respiratoires, l'affaiblissement progressif des mouvements du cœur.

Formes pharmaceutiques, doses. — 1° Infusion, pp. 5 : 1000. 2° poudre, 2 à 4 grammes. 3° Suc, 30 à 40 grammes. 4° Lavement, pp. 5 à 10 : 1000 d'eau; huile essentielle, 1 à 2 gouttes. Elle fait partie des espèces anthelminthiques du Codex.

Action physiologique. — C'est un tonique aromatique et amer, propriétés qu'il doit à son essence, à sa résine et au tannin, et qui malgré son activité incontestable n'est pas toxique, même en grande quantité.

Usages. — Elle est tonique, excitante, vermifuge, emménagogue; on l'a recommandée dans les fièvres intermittentes, la chlorose, l'aménorrhée, la leucorrhée, l'hystérie, l'atonie du tube digestif. Elle n'est pourtant presque plus usitée que dans les affections vermineuses, et l'on emploie dans ce cas la plante en infusion ou en cataplasmes sur le ventre pour expulser les lombrics. La teinture a été indiquée contre les douleurs rhumatismales, le suc de la plante contre les gerçures des mains. Les cataplasmes de tanaisie ont été employés : comme résolutifs, contre les entorses, les contusions, les engorgements lymphatiques; comme détersifs et antiseptiques, contre les ulcères atoniques, sordides, gangréneux. On prétend que répandue dans les objets de literie, elle fait fuir les puces et les punaises. Dans le nord de l'Europe la tanaisie sert de condiment et on la fait entrer dans la composition de la bière en remplacement du houblon.

TAPIOKA. Voy. *Manihot comestible.*

THAPSIE TURBITH. *Thapsia garganica*, L. *Bou nefa* des Arabes. Thapsia du Gargano. OMBELLIFÈRES-THAPSIÉES.

Description. — Plante glabre pouvant atteindre la hauteur d'un homme. Racine grosse, charnue, tuberculeuse, souvent bi ou trifu-

quée, de 5-6 centimètres de diamètre et de 6 décimètres de long,
blanche et laiteuse à l'intérieur, surtout dans la partie corticale. Le
suc se résinifie et se colore promptement sous l'influence de l'air et
de la chaleur. Feuilles pétiolées, polymorphes. Les inférieures quelquefois simples et étroites, ou bien à limbe pennilobé ; lobes larges
et lancéolés. Vers le milieu de la tige, elles acquièrent un mètre de
long et plus, leur pétiole est dilaté inférieurement en une gaine
concave, le limbe est bi ou tripennatiséqué, à divisions linéaires
étroites, allongées, aiguës, à bords entiers, souvent épaissis, un peu
révolutés ou réfléchis, décurrents ou confluents à la base, d'un beau
vert, pâles en dessous, lisses en dessus. A la partie supérieure de
la tige, la feuille n'est plus représentée que par de larges gaines
membraneuses, blanchâtres, glabres, entières, roulées en cornet à
la base. Fleurs d'un jaune pâle, disposées en une grande ombelle
terminale, ramifiée, composée, sans involucre, ni involucelles, les
rayons sont glabres, un peu renflés vers la base et le sommet, les
pédicelles articulés avec la base de l'ovaire. Calice à 5 sépales soudés avec l'ovaire et peu visibles. Corolle à 5 pétales allongés, assez
épais, incurvés. Etamines 5 ; filet incurvé ; anthère ovoïde, introrse,
un peu aplatie. Ovaire infère, obconique, comprimé, marqué d'un
sillon profond répondant à la cloison qui le sépare en deux loges,
surmonté d'un disque épigyne bilobé, terminé par les 2 divisions du
style. Fruit obovale, allongé. Chaque méricarpe oblong, comprimé,
strié, entouré de 2 ailes membraneuses, larges, jaunâtres, échancrées
à leur extrémité ; les stries souvent un peu membraneuses. Graine
oblongue, comprimée, à albumen dur, très-abondant. ♃

Habitat. — On rencontre cette plante en Espagne, en Algérie, en
Grèce, dans les îles de la Méditerranée, en Italie au promontoire de
Gargano ou mont Saint-Ange, dans la Pouille, l'Asie occidentale.

Culture. — Elle demande un terrain léger, humide, riche en humus. Elle se plaît dans les environs des marécages, les marais en
voie de dessiccation, le bord des ruisseaux.

Partie usitée. — L'écorce de la racine. Elle se rencontre dans
le commerce, soit en fragments brisés de petite dimension, soit en
lanières assez longues et roulées sur elle-mêmes ; son épiderme
est rugueux et se détache aisément par plaques ; elle est brune foncée à l'extérieur, lisse et blanchâtre à l'intérieur ; sa cassure est
fibreuse, sa poussière très-irritante pour le visage et les mains.

Composition chimique. — L'écorce de thapsia contient un principe âcre qui paraît être une matière résineuse, unie à une petite
quantité d'huile essentielle et qui est soluble dans l'alcool, le sulfure
de carbone.

Formes pharmaceutiques, doses. — La résine extraite par

l'action de l'alcool bouillant. Elle est employée sous forme de spa-, radrap que l'on obtient en l'adjoignant aux substances qui entrent ordinairement dans la confection des emplâtres (cire jaune, colophane, poix, térébenthine, etc.), soit en déposant un enduit de teinture concentrée de thapsia sur du sparadrap diachylum, du taffetas ciré, de la percaline, du papier.

Action physiologique. — Sous forme de sparadrap adhésif, la résine de thapsia détermine par son contact avec la peau une rubéfaction énergique, suivie d'une éruption de vésicules, translucides d'abord, puis opaques, se desséchant ensuite et se desquamant sans ulcérations cutanées. Cette éruption présente la plus grande analogie avec celle que produit l'huile de croton. Souvent les vésicules sont confluentes, il y a soulèvement de l'épiderme.

Usages. — Les usages externes de la résine de thapsia sont les mêmes que ceux du croton-tiglium. C'est un des agents les plus énergiques de la médication révulsive. L'écorce, à la dose de 70 centigrammes, est un purgatif usité chez les Arabes ; l'extrait alcoolique est purgatif à la dose de 4 ou 5 centigrammes. Il est dangereux d'employer des quantités plus fortes.

THÉ DE LA CHINE. *Thea sinensis.* TERNSTRÆMIACÉES. (*Tscha* ou *théh* des Chinois, *tsja* des Japonais.)

Description (fig. 252). — Arbre de 1 à 2 mètres de hauteur. Feuilles alternes, courtement pétiolées, sans stipules, ovales, allongées, pointues, finement dentées, glabres, d'un vert foncé, légèrement concaves, munies de cellules cylindroïdes, irrégulières, qui traversent le parenchyme, et de glandes spéciales, nombreuses, disséminées, contenant une huile essentielle. Fleurs axillaires, solitaires, blanches, hermaphrodites, régulières, pédonculées, disposées par 3-4 à l'aisselle des feuilles supérieures. Calice très-court, persistant, à 5 sépales imbriqués, ovales, arrondis, obtus, un peu soudés par la base, les extérieurs plus petits. Corolle à 5 pétales, alternes avec les sépales, quelquefois 6-8, cohérents par la base, étalés, arrondis, un peu inégaux, très-concaves, souvent échancrés au sommet. Etamines très-nombreuses, plurisériées, incluses, adhérentes à la base de la corolle et unies entre elles dans leur portion inférieure ; filets subulés, grêles, blancs ; anthères arrondies, introrses, biloculaires. Ovaire globuleux, supère, comme trilobé, hérissé de poils rudes, triloculaire, chaque loge quadri-ovulée. Style simple creux, divisé supérieurement en 3 branches tubuleuses pourvues chacune d'un stigmate à peine distinct. Le fruit longtemps vert et charnu devient une capsule loculicide à 3 loges arrondies, s'ouvrant chacune par une fente supérieure. Graines solitaires, 2 dans chaque loge, rondes, anguleuses, à une face. ♄ .

Habitat. — Cet arbre, originaire des parties continentales ou in-
sulaires de l'extrême Orient de l'Asie, a été transporté dans les
monts Nilgherries, au Malabar, aux États-Unis, au Brésil. La plupart des botanistes s'accordent à regarder comme de simples formes

FIG. 252. — Thé de la Chine.

ou variétés du *T. sinensis*, les *T. viridis*, *Bohea*, *cochinchinensis*,
cantoniensis, *stricta*, *assamica* (Baillon).

Culture — En Chine, on cultive le thé sur le bord des champs,
sans se préoccuper de la qualité de la terre, ou bien on en forme des
quinconces sur le penchant des coteaux. On le multiplie à l'aide

27.

des graines et l'on engraisse le sol par du fumier à mesure que l'arbrisseau s'élève.

Partie usitée. — La feuille.

Récolte, dessiccation, conservation. — La récolte se fait trois fois par an, en avril, juin et juillet, mais on ne procède à cette opération que quand les arbres ont trois ans et on cesse de les exploiter quand ils sont âgés de huit ou dix ans, car à cette époque ils produisent moins de feuilles. On recèpe alors les pieds à la base, et l'année suivante il sort de la tige une quantité de rejetons et de jeunes branches qui donnent une ample récolte. On peut distinguer les différentes sortes de thé répandu dans le commerce en deux classes, les thés verts et les thés noirs. Les premiers proviennent des feuilles que l'on a séchées sur des plaques de fer chaudes où elles se crispent et prennent une forme particulière, ils sont souvent colorés avec une poudre faite avec du plâtre et de l'indigo; les deuxièmes sont obtenus avec des feuilles qui, avant d'être soumises au feu, ont subi une sorte de fermentation. Cette opération est suivie d'un travail de pétrissage, de roulage à la main qui diminue considérablement le volume des feuilles. Le produit est ensuite séché, vanné, trié, choisi et placé dans des boîtes à l'abri de l'air et de la lumière. On connaît un grand nombre de thés verts et de thés noirs. Parmi les thés verts nous citerons les thés *songlo, hayswen-skin, hayssen* ou *hyson, perlé* ou *impérial, poudre à canon, chulan;* parmi les thés noirs, les thés *bouy, congou, campouï, souchon* ou *saotchon, le pekao, le thé en boule.* Ces diverses sortes commerciales doivent leurs caractères physiques et leurs propriétés aux divers modes de préparation que l'on fait subir à la feuille. Il est probable aussi que l'âge auquel on cueille cette feuille n'est pas sans influence sur la qualité du thé. Le *thé hayswen* est formé de grandes feuilles de 2-3 centimèt. roulées en long et dont plusieurs sont brisées; il est d'un vert sombre, un peu noirâtre et brunâtre, d'une saveur astringente. Le *thé chulan* ressemble entièrement au thé hayswen, sauf l'odeur. Il est, en effet, aromatisé par des fleurs de l'olivier odorant, du camelli sansaque et du jasmin sambac. Le *thé perlé* est composé de jeunes feuilles plissées en long, puis en large, sa couleur est d'un brun cendré, son odeur agréable. Le *thé poudre à canon* est formé de feuilles coupées avant d'être roulées. Le *thé pekao* est brun, composé de jeunes feuilles duvetées. Les feuilles du *T. souchon* sont plus âgées, non duvetées, lâchement roulées dans la longueur. Ajoutons que les espèces commerciales connues sous les appellations que nous venons d'indiquer, souvent n'ont pas la caractéristique que nous avons signalée.

Composition chimique. — Le thé contient : *essence, chlorophylle,* *cire, résine, gomme, tannin, théine* ou *caféine, extractif, matière colorante particulière, albumine.* Nous avons déjà étudié la caféine (Voy. *Café*). La proportion de cet alcaloïde est un peu plus forte dans le thé noir que dans le thé vert, elle ne dépasse guère le $1/_2$ pour 100 dans les deux espèces; pourtant dans le thé hayssen elle peut s'élever à 2,3 et même 5,4. La quantité d'azote que les thés contiennent sous différentes formes oscille entre 5 et 6, 5 pour 100. L'huile essentielle est jaunâtre, épaisse, à odeur très-forte, étourdissante. Le thé vert en contient 7,9 gram. par kilogram. et le thé noir 6 gram. C'est à elle qu'il faut attribuer la saveur du thé; on a également signalé dans ces feuilles un principe azoté analogue au caséum du lait.

Formes pharmaceutiques, doses, — Infusion, pp. 4 à 12 : 500. *Incompatibles* : les sels de chaux, de fer, la gélatine, les vases non étamés.

Action physiologique. — Elle est analogue à celle du café. Il accélère la circulation, augmente l'activité cérébrale. Dans certaines conditions, il diminue le pouls et favorise la diurèse. Ses propriétés stimulantes sont dues à l'huile essentielle, c'est ce qui explique pourquoi l'infusion de thé vert détermine les effets cérébraux les plus marqués et cause souvent de l'insomnie aux personnes qui n'ont pas l'habitude de cette boisson. C'est également à l'essence qu'on doit attribuer les effets diaphorétiques de l'infusion de thé, effets qui se doublent de ceux de l'eau chaude, véhicule habituel de cette boisson. On doit également rapporter à l'huile essentielle l'excitation que l'on constate vis-à-vis des voies digestives sous l'influence de ce remède. L'essence agit ici à la façon des huiles essentielles contenues dans les condiments usités de nos jours. L'abus du thé peut d'ailleurs déterminer des dyspepsies. Quant à la quantité d'azote que renferme l'infusion, elle est trop faible pour qu'on puisse considérer ce liquide comme une boisson alimentaire, malgré le goût que manifestent pour elle les habitants des régions froides du globe; mais il a quelque influence comme aliment antidéperditeur et ralentissant la désassimilation; par son usage, la quantité d'urée diminue d'après quelques physiologistes. Quant à la théine, elle ne se comporte pas tout à fait comme la caféine, son action paraît moitié moindre, et d'ailleurs elle détermine des mouvements convulsifs des membres que ne produit pas la caféine.

Usages. — Son principal usage est celui qu'on en fait journellement pour combattre l'indigestion, mais on peut dire que son action stimulante peut être utilisée pour combattre la stupeur, le coma, que l'on observe dans l'empoisonnement par l'opium, la digitale, les solanées vireuses, l'ivresse alcoolique. Son tannin intervient aussi

dans la plupart de ces cas. Si l'on tient compte de ses effets diurétiques, on pourra l'employer toutes les fois qu'il y a lieu de pousser
aux urines, c'est-à-dire dans la goutte, la gravelle, l'hydropisie ;
l'on pourra faire intervenir son action diaphorétique dans les cas où
il convient de provoquer d'abondantes sueurs.

THYM VULGAIRE. *Thymus vulgaris*, L. Thym, Tin. Farigoule,
Pote. LABIÉES-ORIGANÉES. (Θύμος, de θύω, parfumer.)

Description. — Plante de 1-2 décimètres, très-odorante, de saveur chaude, amère et aromatique, formant un petit sous-arbrisseau,
touffu, grisâtre. Racines ligneuses, rameuses, tortueuses, dures.
Tiges épaisses, ligneuses à la base, herbacées au sommet, dressées,
très-rameuses ; rameaux dressés, blancs, velus. Feuilles opposées,
sessiles, disposées en faisceaux sur des espèces de nœuds que porte
la tige, petites, linéaires, lancéolées, obtuses, roulées en dessous
par les bords, à nervures latérales, visibles, d'un vert cendré, ponctuées en dessus, un peu pubescentes en dessous. Fleurs (juin-juillet)
roses ou blanches, réunies par 3, à l'aisselle des feuilles supérieures
et formant une sorte d'épi au sommet des ramifications de la tige.
Calice tubuleux, strié, à 5 dents, bilabié, 3 dents à la lèvre supérieure, 2 à l'inférieure, bossu en avant et inférieurement ; gorge
munie de poils qui en ferment l'entrée. Corolle gamopétale, un peu
plus longue que le calice, bilabiée, à lèvre supérieure dressée, plane,
légèrement échancrée, lèvre inférieure à 3 lobes presque égaux.
Étamines 4, didynames, incluses, droites, divergentes. Anthères à
2 loges, distinctes au sommet. Ovaire quadrilobé, surmonté d'un
style saillant, stigmate bifide. Fruit formé par 4 achaines, ovoïdes,
arrondis ♃.

Habitat. — Il est commun sur les collines sèches du midi de la
France.

Culture. — On le cultive fréquemment en bordure dans les jardins maraichers. On le propage par éclats de pieds que l'on sépare
au printemps, il faut les renouveler tous les trois ou quatre ans. Il
demande une terre chaude, légère, l'exposition du midi.

Partie usitée. — La plante entière.

Récolte, dessiccation. — On la récolte au moment de la floraison, on la dispose en paquets et en guirlandes que l'on porte au séchoir. Le thym perd peu de ses propriétés par la dessiccation.

Composition chimique. — Il contient un *principe amer et astringent formé d'une matière extractive et de tannin, huile essentielle.* Cette essence est souvent brunâtre, mais on l'obtient limpide
et incolore par une rectification convenable. Elle est âcre, aromatique,
d'une pesanteur spécifique de 0,90, et formée de deux substances,
le *thymène* liquide et le *thymol*, $C^{20}H^{14}O^2$, solide.

Formes pharmaceutiques, doses. — 1° Infusion, pp. 5 à 15 : 1000 (usage interne). 2° Infusion ou décoction, pp. 30 à 100 : 1000 d'eau ou de vin (usage externe). 3° Huile essentielle, 1 à 5 gouttes. 4° Huile essentielle, 5 décigrammes à 2 grammes dans un grand bain tiède. Il entre dans les espèces aromatiques; l'essence fait partie du baume opodeldoch.

Usages. — C'est un amer astringent, un tonique et un stimulant diffusible, que l'on emploie dans l'atonie du tube digestif, les flatuosités, les catarrhes chroniques, la leucorrhée, l'aménorrhée. Les fumigations de thym ont été indiquées contre le lumbago; on a préconisé l'infusion en lotions contre la gale, pour panser les ulcères atoniques et résoudre les engorgements indolents. Les bains de thym ont été conseillés dans le traitement du lymphatisme, dans les rhumatismes chroniques, la goutte atonique. Le thym a d'ailleurs comme condiment bien plus d'applications que comme médicament. L'essence est usitée comme odontalgique, on l'applique sur de petits tampons de coton à l'aide desquels on cautérise la pulpe nerveuse des dents cariées. Le thymol ou acide thymique a été préconisé comme antiputride pouvant remplacer le phénol ou acide phénique, dont il n'a pas l'odeur désagréable; il a été employé avantageusement pour panser les plaies ou à la suite des amputations.

TILLEUL D'EUROPE. *Tilia europœa*, L.; *T. microphylla*, Vent., *T. sylvestris*, Desf. Tilleul à petites feuilles, T. sauvage, T. à feuilles d'orme., Tillot. TILIACÉES.

Description. — Grand arbre de 15 à 20 mètres, à racines fortes et ligneuses, à écorce épaisse, rugueuse, fendillée inférieurement, lisse supérieurement; branches et rameaux rougeâtres. Feuilles (fig. 253) alternes, pétiolées, petites, cordiformes, arrondies, dentées en scie, glauques inférieurement, velues à l'aisselle des nervures principales. Fleurs (juillet) petites, d'un blanc sale, un peu jaunâtre, hermaphrodites, régulières, disposées en cymes, accolées par leur base à une bractée, dont elles semblent naître, mais qui n'est qu'une bractée latérale jointe à l'axe et développée avec lui. Réceptacle convexe. Calice caduc, à 5 sépales, ovales, aigus, concaves, jaunâtres. Corolle à 5 pétales concaves, à onglets courts et larges. Étamines nombreuses, distinctes, insérées ainsi que la corolle sur un disque hypogyne, à sommet divisé en deux branches courtes, divergentes, supportant chacune une des 2 loges de l'anthère extrorse. Ovaire supère, libre, stipité, globuleux, à 5 loges biovulées; style simple, terminé par 5 petits lobes stigmatifères. Fruit, (*Capsule*), globuleux, pisiforme, indéhiscent à 5 loges contenant chacune 1 ou 2 graines à embryon, placé au centre d'un endosperme charnu. ♄.

Le tilleul de Hollande ou à grandes feuilles. (*T. platyphylla*,

Scop ; *T. grandiflora*, Ehrh ; *T. pauciflora*, Hayn) n'est qu'une variété qui se distingue par ses feuilles, plus grandes, plus molles, pubescentes sur toute la face inférieure, ses fleurs plus grandes, son fruit pisiforme relevé de 5 côtes saillantes.

Habitat. — Il est commun dans les forêts de presque toute la France.

Culture. — On propage le tilleul soit par graines, soit par bouture. Les sols légers, sablonneux et humides, lui conviennent particulièrement.

Partie usitée. — Les fleurs. Leur saveur est douce et mucilagineuse, leur odeur agréable.

Récolte, dessiccation, conservation. — On les récolte en juillet, quand elles sont épanouies, en choisissant pour faire cette opération un temps sec ; on les sèche au soleil, elles perdent une partie de leur odeur par la dessiccation, mais restent jaunes. Quand

Fig. 253. — Tilleul d'Europe.

la dessiccation a été mal faite, elles deviennent rouges ; le plus souvent, dans le commerce, on les trouve accompagnées de leurs bractées mères ; celles qui sont privées de ces appendices sont préférables. On doit les conserver dans un lieu sec, à l'abri de la lumière.

Composition chimique. — Les fleurs de tilleul contiennent : *huile volatile odorante, tannin, glucose, gomme, chlorophylle.*

Formes pharmaceutiques, doses. — 1° Infusion, pp. 10 : 1000. 2° Eau distillée, comme excipient dans les potions, 60 à 120 gramm. 3° Infusion pour bain, pp. 500 : 10000. L'eau distillée saturée d'essence produit une légère ivresse. Les fleurs pourvues de leurs bractées donnent une boisson moins agréable et moins active que les fleurs seules.

Usages. — L'infusion de tilleul est un remède populaire que l'on considère avec raison comme antispasmodique, calmant, légèrement diaphorétique. On l'emploie dans les affections nerveuses, telles que l'hystérie, la cardialgie, le spasme, la migraine, l'hypochondrie, les vomissements nerveux, son action diaphorétique est mise en usage dans le refroidissement, la première période des fièvres intermittentes. Il peut jusqu'à un certain point remplacer le thé dans les indigestions; on a proposé l'emploi des bains prolongés avec l'infusion de tilleul dans certains désordres nerveux tels que l'hystérie; cette médication a donné de bons résultats contre les spasmes, pour faire tomber l'excitation passagère provenant de l'usage de certaines eaux minérales. Le bois donne un charbon très-léger que l'on a recommandé contre les gastralgies, les dyspepsies.

TORMENTILLE DROITE. *Tormentilla erecta,* L. *Potentilla tormentilla,* D. C. Tormentille potentille. Blodrot. Rosacées-Dryadées.

Description. — Plante de 2-4 décimètres dont toutes les parties présentent une saveur astringente prononcée. Racine rampante, épaisse, un peu allongée, tuberculeuse, inégale, rugueuse, brunâtre, peu garnie de chevelu. Tiges nombreuses, grêles, diffuses, étalées, ascendantes, rameuses, très-feuillées. Feuilles alternes, les radicales pétiolées, les caulinaires sessiles, formées de 3-5 folioles digitées, ovales-lancéolées, dentées, vertes sur les deux faces, velues, munies de stipules 3-5 fides imitant 2 folioles sessiles. Fleurs (juin, juillet) jaunes, petites, pédonculées, axillaires, solitaires, disposées en cimes terminales feuillées. Calice à quatre folioles, rarement 3-5. Calicule ayant le même nombre de folioles, mais plus petites. Corolle à 4, rarement à 5 pétales, ovales, dépassant à peine le calice. Étamines nombreuses insérées sur un réceptacle sec; style et stigmate simple. Fruit composé de nombreux achaines lisses, insérés sur le réceptacle convexe, persistant. ♃.

Habitat. — La tormentille est très-répandue en Europe; elle croît dans les bois, les pâturages, sous les bruyères, dans les Alpes et les Pyrénées.

Culture. — On la multiplie à l'aide de drageons qu'on a soin de placer dans une terre bien préparée et à demi ombragée.

Partie usitée. — La racine. On la trouve dans le commerce en morceaux irréguliers de la grosseur du doigt, ou en tubercules réunis, bruns en dehors, rougeâtres en dedans, durs, compactes, pesants, présentant de petites dépressions d'où partent les radicelles. Elle présente une certaine ressemblance avec la racine de bistorte; elle est pourtant plus droite, moins rouge.

Récolte, dessiccation. — On la recueille pendant la belle saison; on enlève les tiges et les radicelles et l'on fait sécher à l'étuve ou au soleil.

Composition chimique. — La racine de tormentille contient : *tannin, gomme, myricine, cérine, matière rouge, extractif, extrait gommeux, traces d'huile volatile, ligneux.* Le tannin est la substance active; il y existe en quantité considérable, 17 pour 100.

Formes pharmaceutiques, doses. — 1° Infusion, pp. 20 : 1000. 2° Poudre, 2 à 4 gram. On l'administre aussi en lotions, lavements, injections. Elle entre dans la composition de la thériaque et du diascordium et fait partie avec la racine de bistorte et l'écorce de grenade des espèces astringentes du Codex.

Usages. — C'est un de nos plus puissants astringents indigènes, qui ne le cède en rien au ratanhia. On peut l'employer dans la diarrhée, la dysenterie, les hémorrhagies passives. On l'a même vanté comme fébrifuge. Sous forme de gargarismes, on s'en sert pour combattre le ramollissement des gencives, les ulcérations de la bouche et de la gorge ; les lotions de tormentille ont été indiquées pour favoriser la cicatrisation des ulcères blafards et atoniques. On la prescrit : en injection dans la leucorrhée et la blennorrhée, en compresses sur les contusions et les ecchymoses. La poudre incorporée dans un jaune d'œuf a été proposée contre le panaris ; on étend cet enduit sur la partie malade et l'on recouvre le tout d'un cataplasme pour empêcher la dessiccation.

TUSSILAGE COMMUN. *Tussilago farfara*, L. Pas d'âne, Béchion., Taconnet. SYNANTHÉRÉES-EUPATORIÉÉS.

Description (fig. 254). — Racine rampante, charnue, rameuse, grêle, brunâtre, de la grosseur du petit doigt. Feuilles toutes radicales, longuement pétiolées, grandes, cordiformes, arrondies, anguleuses et dentées sur les bords, cotonneuses, blanches en dessous, vert clair en dessus. On a comparé leur forme à celle de l'empreinte du pied de l'âne, c'est de là que vient l'appellation de pas d'âne donnée à la plante. Tiges florifères ou hampes apparaissant avant les feuilles, hautes de 1 à 2 décimètres, cylindriques, cotonneuses, portant des écailles rouges, sessiles, apprimées. Fleurs (mars-avril) jaunes, en capitules solitaires à l'extrémité des tiges, réceptacle nu, presque plan. Involucre à folioles lancéolées, étroites,

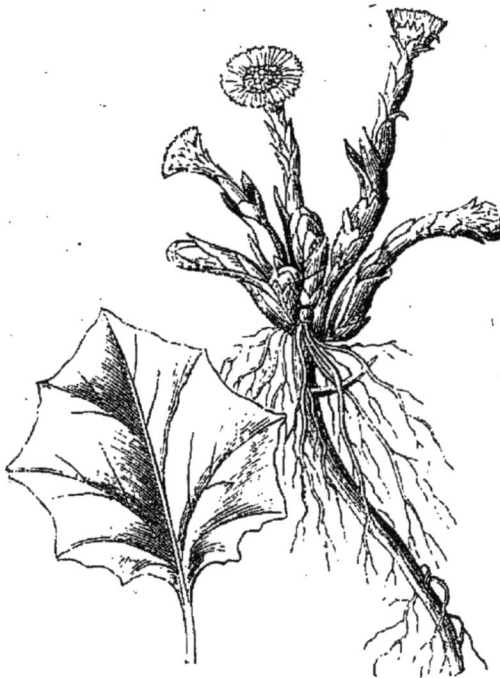
FIG. 254. — Tussilage commun.

obtuses, scarieuses, violettes sur les bords, disposées sur un ou deux rangs, muni à sa base d'écailles lâches plus petites. Calice en aigrette. Corolle, fleurons tubuleux, à 5 dents et mâles au centre ; demifleurons femelles à la circonférence, disposés sur plusieurs rangs. Étamines 5 ; anthères soudées. Ovaire infère, uniovulé ; style simple ; stigmate bifide. Fruits (achaines) bruns, oblongs, cylindriques, un peu striés, surmontés d'une aigrette à soies capillaires, très-longues, disposées sur un ou plusieurs rangs. ♃.

Habitat. — Le tussilage est commun dans toute la France, dans les lieux humides, argileux.

Culture. — Elle n'a lieu que dans les jardins botaniques, on obtient la plante à l'aide des graines ; elle se ressème d'elle-même.

Partie usitée. — Les fleurs. Leur odeur est agréable, leur saveur douce et aromatique.

Récolte, dessiccation. — On les cueille au printemps, on coupe les capitules et on les fait sécher à l'étuve. Ils doivent conserver leur belle couleur jaune après la dessiccation. Cette opération doit d'ailleurs être faite avec soin, car si l'humidité n'est point complétement chassée, ils s'altèrent promptement.

Formes pharmaceutiques, doses. — 1° Infusion, pp. 10 : 1000. 2° Sirop, 30 à 60 gram. Les fleurs font partie, avec celles de la mauve, de la guimauve et du pied de chat, des fleurs pectorales (espèces pectorales, quatre fleurs), elles entrent dans la composition du sirop d'erysimum et de grande-consoude.

Usages. — Les fleurs de tussilage sont béchiques, stimulantes et surtout employées contre la toux, d'où le nom de la plante (tussis, toux, et agere, chasser). Elles facilitent l'expectoration dans les rhumes, les catarrhes bronchiques, et leur usage dans ce genre d'affection est immémorial. On a indiqué la tisane de tussilage dans les scrofules, les résultats qu'elle peut donner ici sont au moins douteux. On a également vanté cette plante contre l'engorgement des glandes, les éruptions cutanées, la teigne, dans les affections de poitrine se liant à un état scrofuleux. A l'extérieur, les feuilles et les fleurs sont souvent employées en cataplasmes maturatifs. Les feuilles sèches se fument comme celles du tabac, pour combattre la toux et l'asthme. Leur suc a été proposé pour calmer la toux.

V

VALÉRIANE OFFICINALE. *Valeriana officinalis*, L. Valériane sauvage. VALÉRIANÉES.

Description (fig. 255). — Plante de 10-15 décimètres, velue à la base. Racine tronquée, pourvue d'un grand nombre de fibres épaisses, blanchâtres, allongée, odorante. Tige droite, fistuleuse, simple inférieurement, à 2-3 branches dichotomes dans sa partie supérieure.

FIG. 255. — Valériane officinale.

Feuilles opposées, les inférieures pétiolées, les supérieures sessiles, toutes pennatiséquées, à 7-8 segments un peu pubescents, incisés, dentés, ou entiers, à nervure saillante. Fleurs (juillet-août) d'un blanc rosé, odorantes, hermaphrodites, en corymbes trichotomes, amples, étalés; chaque trifurcation présente à sa base deux bractées lancéolées, linéaires, acuminées, scarieuses, ciliées aux bords. Chaque fleur est de plus enveloppée d'une bractéole trifide. Calice adhérent, ovoïde, allongé, strié, à limbe roulé en dedans pendant la floraison, muni de divisions sétiformes, plusieurs se déroulant en aigrette à la maturité. Corolle tubuleuse, infundibuliforme, limbe évasé à 5 lobes obtus, inégaux; tube bossu à la base. Étamines 3 incluses. Ovaire infère, uniloculaire, uniovulé; style filiforme, grêle, exsert; stigmate bifide. Fruit (achaine) strié, ovoïde, allongé, couronné par une aigrette plumeuse. ⚥.

Habitat. — Elle est très-répandue en Europe, et croît dans les bois humides, le bord des eaux, des fossés et des ruisseaux de presque toute la France. Elle paraît manquer dans la région des oliviers.

Culture. — La valériane venue spontanément suffit aux besoins de la médecine. La culture en affaiblit les propriétés, aussi ne la cultive-t-on que dans les jardins botaniques et on la multiplie soit à l'aide de graines semées au printemps, soit à l'aide d'éclats de pieds que l'on sépare et que l'on met en terre au printemps ou à l'automne.

Partie usitée. — La racine.

Récolte, dessiccation, conservation. — On recueille les racines au printemps quand la plante a trois ans au moins, et avant l'apparition des tiges. On les dessèche rapidement à l'air ou à l'étuve; on doit les conserver au sec et les renouveler chaque année. La dessic-

cation développe l'odeur spéciale de la plante que l'on a comparée
à celle de l'urine de chat. Cette odeur, assez désagréable à l'homme,
plaît beaucoup aux chats. La saveur de cette racine est âcre et amère.
On en trouve dans le commerce deux variétés; l'une, la variété *sylvestris*, qui ayant végété dans une terre sèche, sablonneuse, est blanche, cylindrique, d'apparence cornée, elle paraît être plus efficace
que l'autre variété (*palustris*), qui, venue dans les terrains marécageux, a des radicelles d'un gris foncé, plus ridées, plus déliées

Composition chimique. — La racine de valériane contient :
*acide valérianique, huile volatile, matière insoluble dans l'alcool,
gomme, résine, amidon, ligneux.* L'acide valérianique ou valérique,
$C^{10}H^9O^3,HO$, est identique avec les acides amylique, viburnique et
phocénique; c'est un liquide incolore et fluide, d'une densité de
0,955. Sa saveur est âcre, piquante, son odeur rappelle légèrement
celle de la plante; il est très-soluble dans l'alcool et l'éther. un peu
soluble dans l'eau, il bout à 175°. L'essence récemment obtenue est
verte, limpide, neutre, d'une odeur qui n'a rien de désagréable, elle
s'acidifie peu à peu au contact de l'air. Elle contient plusieurs
produits, l'un le *valérol*, $C^{12}H^{10}O^2$ (?), est une huile volatile oxygénée se transformant graduellement en acide valérianique avec le
contact de l'air; l'autre, le *Bornéenne*, $C^{20}H^{16}$, est un hydrocarbure
d'une odeur camphrée et isomérique de l'essence de térébenthine.
Le troisième (*Bornéol*) est un camphre identique avec le camphre
de Bornéo. L'acide valérianique et les valérianates ne représentent
qu'une partie des principes actifs de la plante, et c'est l'essence qui
contribue le plus à donner à la valériane ses propriétés thérapeutiques. La résine est noire, très-âcre, d'une odeur de cuir; c'est un
des principes actifs de la plante.

Formes pharmaceutiques, doses. — Toutes les préparations
de valériane participent de l'odeur forte de la plante et sont fort
désagréables à prendre. On connaît : 1° la Poudre, 1 à 10 grammes;
2° la Tisane par infusion ou macération, pp. 10 : 1000; 3° la Teinture éthérée, 2 grammes; 4° la Teinture alcoolique, 5 à 15 grammes;
5° l'Extrait, 2 à 4 grammes [en pilules; 6° l'Huile essentielle, 6 à
10 gouttes; 7° la Teinture de valériane ammoniacale, 20 à 30 gouttes.

Action physiologique. — A petites doses, la valériane ne produit pas d'action notable. A dose élevée, elle détermine un peu de
céphalalgie, de l'incertitude dans la myotilité, un peu de susceptibilité de l'ouïe et de la vue; si la dose devient plus considérable, on
constate l'accélération du pouls, de la chaleur à la peau, de la diurèse, la céphalalgie devient plus forte, les troubles nerveux et musculaires augmentent, des phénomènes nerveux, des mouvements
spasmodiques, tous les phénomènes de l'excitation en un mot se

manifestent. C'est un stimulant qui agit, soit directement, soit par
la voie du système ganglionnaire, sur le système nerveux cérébro-spi-
nal. L'huile essentielle produit de la paresse intellectuelle, de l'assoupissement, un sommeil profond, l'abaissement, puis l'élévation
du pouls, la diurèse. Administrée chez l'homme malade à la dose de
5 décigrammes à 1 gramme, elle modifie d'une manière prompte
et rapide les éléments stupeur, somnolence, coma de cause dynamique, qui compliquent les fièvres graves (A. Barrallier). En se basant sur l'effet produit sur les chats par les émanations de la valériane, quelques médecins pensent qu'il y aurait lieu d'essayer sur
l'homme les effets des inhalations d'essence.

Usages. — La valériane a été vantée contre l'épilepsie; il est
certain qu'elle est sans influence dans cette redoutable affection,
mais elle est avantageuse pour guérir les convulsions épileptiformes,
l'éclampsie des femmes en couche et des enfants; l'hystérie et les
états nerveux spasmodiques dérivant de cette affection, les paralysies
circonscrites des sens, les aphonies, les céphalées intenses qui succèdent aux attaques d'hystérie, les étouffements, les palpitations, le
sentiment de strangulation, les bouffées de chaleur au visage, les
crispations, les hoquets, les flatuosités, les brûlements d'entrailles,
les tympanites, en un mot les phénomènes que l'on désigne vague-
ment sous le nom de *spasmes*, de *vapeurs*, de *maux de nerf*. Son
efficacité dans la chorée et dans les désordres nerveux qui surviennent, soit après les grandes pertes sanguines, soit à la fin des fièvres
adynamiques, est certifiée par plusieurs auteurs. On l'a également indiquée dans les fièvres intermittentes, les affections vermineuses,
l'amaurose, la polydipsie, l'asthme essentiel.

VANILLIER OFFICINAL. *Vanilla aromatica*, Swartz; *Epiden-
drum vanilla*, L. ORCHIDÉES.

Description (fig. 256). — Sous-arbrisseau sarmenteux pouvant
s'élever à des hauteurs considérables en grimpant et en s'accrochant
au tronc de arbres. Tiges cylindriques, noueuses, vertes. Feuilles
alternes, sessiles, oblongues, ovales, aiguës, entières, épaisses, charnues, coriaces, légèrement ondulées sur les bords. Fleurs d'un blanc
verdâtre, odorantes, grandes, en grappes terminales, formées de 5-6
fleurs. Périanthe articulé sur l'ovaire, à 6 divisions dont 3 extérieures égales, régulières, oblongues, deux intérieures semblables
aux premières, libres à la base, la troisième (*labelle*) obovale, roulée
en cornet, un peu sinueuse sur les bords, soudée par sa partie inférieure au *gynostème* ou support de l'anthère. Celle-ci terminale,
operculée à 2 loges, contenant chacune une masse de grains de pollen aggluciné. Le fruit (fig. 257), improprement nommé *gousse*, est
une capsule, lisse, glabre, verte d'abord, puis d'un brun rougeâtre

foncé, charnue, siliquiforme, à 3 valves, uniloculaire, contenant des semences nombreuses, noires, globuleuses, entourées d'un suc brun, épais et balsamique.

Habitat. — La vanille croît spontanément dans les régions maritimes du Mexique, de la Colombie et de la Guyane. Cette espèce pa-

FIG. 256. — Vanillier officinal.

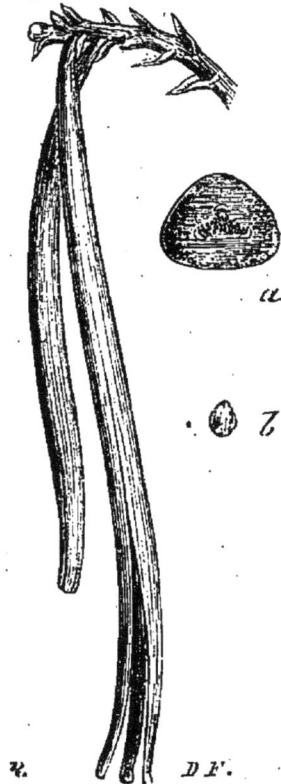

FIG. 257. — Capsule de vanille. — *a*, coupe transversale; *b*, graine.

raît être la même que la *Vanilla planifolia* (And.) qui d'Amérique a été importé aux Indes et dans nos serres, où elle fructifie.

Partie usitée. — Les fruits.

Récolte, dessiccation. — On les cueille avant leur parfaite maturité pour éviter qu'en s'ouvrant ils laissent échapper le suc qu'ils renferment. On les fait sécher lentement à l'ombre et on les enduit d'une légère couche d'huile de coco, d'acajou ou de ricin, pour les conserver souples et en éloigner les insectes. Par la dessiccation, ils se rident, brunissent et développent alors une odeur suave. On les réunit en bottes de 50 ou 100, que l'on expédie, en Europe, dans des boîtes de fer-blanc. On peut encore préparer les fruits mûrs en les plongeant pendant quelques minutes dans l'eau bouillante, les laissant égoutter et sécher à l'ombre jusqu'à ce qu'ils soient devenus mous, gras, noirâtres et d'odeur agréable; on les roule ensuite dans du papier huilé. Au Mexique, on prépare les fruits du vanillier en les soumettant à une espèce de fermentation qu'on arrête au moment favorable. Les principaux lieux d'exportation sont : l'île Bourbon, le Mexique, les Antilles, les Indes orientales.

Dans le commerce, on distingue trois sortes de vanille. 1° La vanille *lec* ou *légitime*, la plus belle de toutes, est un peu molle, d'un brun rougeâtre foncé, d'une odeur forte et suave; quand on la conserve dans un lieu sec et dans un vase imparfaitement clos, elle se couvre de petits cristaux blancs et brillants de *vanilline;* on dit alors que la vanille est *givrée.* 2° La vanille *simarona* ou *bâtarde,* qui est plus courte, plus grêle, moins grasse, plus rouge, moins aromatique et qui ne se givre pas. 3° Le *vanillon,* appelé par les Espagnols *vanille pompona* et par les Mexicains *bova,* c'est-à-dire *bouffie;* les gousses sont noires, molles, visqueuses, presque toujours ouvertes, leur odeur est forte, moins agréable que celle des précédentes; elles présentent un goût de fermenté; elle serait fournie par le *V. Pompona,* Schi. Quant aux vanilles *lec* et *simarona,* on attribue la première au *V. sativa,* Schi.; et la deuxième au *V. sylvestris,* Schi.; mais ces deux espèces ne paraissent pas différer des *V. planifolia* et *aromatica.*

Composition chimique. —La vanille contient : *huile grasse,résine, tannin* et *dérivés tanniques, glucose, lévulose, substance amyloïde, acide vanillique, cellulose.* L'huile grasse possède une saveur et une odeur désagréables. La résine est molle. Le principe aromatique est l'acide vanillique, $C^{16}H^8O^6$ (Carles). C'est une substance d'odeur faible, s'exaltant par la chaleur, de saveur légèrement acide, cristallisant en prismes déliés, soluble dans l'alcool, l'éther, le chloroforme, le sulfure de carbone, les huiles fixes ou volatiles, peu soluble dans l'eau, fondant entre 80° et 81° et se volatilisant sans décomposition sur la lame de platine. C'est cette substance longtemps confondue avec l'acide benzoïque, puis avec la coumarine, qui constitue la couche blanche ou *givre* que l'on remarque à la surface de certaines vanilles.

Formes pharmaceutiques, doses. — 1° Poudre, 5 décigrammes mêlés à la poudre de sucre. 2° Teinture ou essence, 8 gram. dans une potion. 3° Tablettes. 4° Sirop. La vanille empêche les corps gras de rancir.

Usages. — C'est un stimulant aromatique. Les anciens la considéraient comme nervine, céphalique, exhilarante, capable d'augmenter la puissance génésique. On l'a recommandée dans les fièvres nerveuses où la valériane est indiquée, au début des fièvres adynamiques avec symptômes d'hystérie, dans les fièvres adynamiques s'accompagnant d'évacuations colliquatives, dans les fièvres qui épuisent les forces des individus vieux et faibles, mais aujourd'hui elle n'est plus usitée que pour aromatiser le chocolat, les crèmes, les liqueurs.

VÉRONIQUE OFFICINALE. *Veronica officinalis.* Véronique mâle, Thé d'Europe. SCROPHULARIACÉES.

Description (fig. 258). — Plante de 1-3 décimèt. d'un vert sombre,

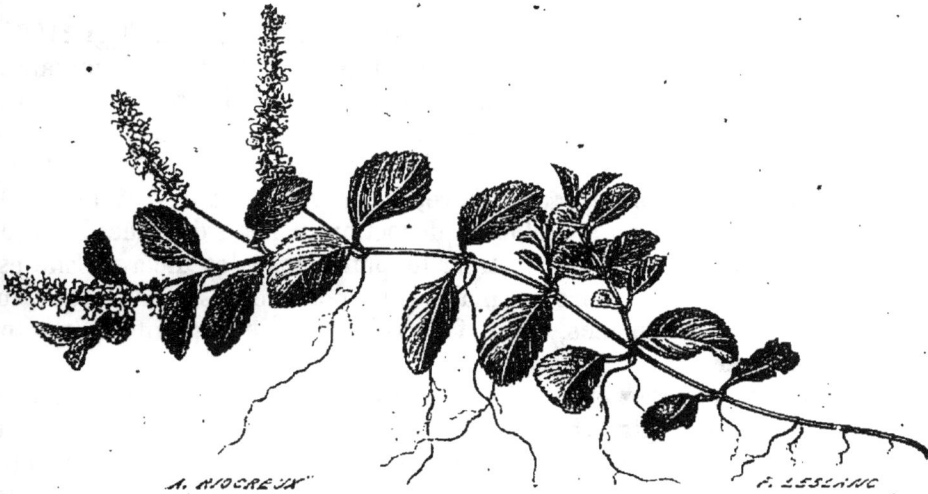

FIG. 258. — Véronique officinale.

velue sur toutes ses parties, à poils blancs et articulés. Racine fibreuse. Tiges couchées, diffuses, radicantes à la base, redressées au sommet, cylindriques, raides, rameuses. Feuilles opposées courtement pétiolées, ovales-elliptiques, un peu aiguës, dentées, ridées. Fleurs (juin-juillet) d'un bleu pâle ou d'un blanc rosé, presque sessiles, en grappes axillaires, serrées, munies de bractées subulées, présentant des pédoncules épais et raides, et des pédicelles dressés. Calice à 4 divisions presque égales, très-courtes, lancéolées. Corolle petite, rotacée à 4 divisions, la supérieure plus large, arrondie, l'inférieure plus petite. Étamines 2, saillantes, divergentes. Ovaire à 2 loges pluriovulées; style simple; stigmate bilobé. Fruit (*capsule*) assez petit, recouvert par le calice, pubescent, cilié, glanduleux, triangulaire, à 2 loges polyspermes. Graines presque planes à la face interne. ♃.

Habitat. — Elle est très-commune en Europe, et croît sur les coteaux ombragés, les pâturages, au bord des chemins.

Culture. — On la reproduit à l'aide des graines que l'on sème dans une terre légère, ou par éclats de pieds que l'on sépare à l'automne.

Partie usitée. — Les sommités fleuries. Elles sont inodores; leur saveur est amère, chaude, styptique.

Récolte, dessiccation. — On les recueille pendant la floraison. Après les avoir mondées des feuilles desséchées rouges ou noires, on les dispose en guirlande au séchoir ou au soleil.

Composition chimique. — Elles contiennent une matière extractive et très-peu de tannin.

Formes pharmaceutiques, doses. — Infusion, 15 à 30 gr :1000.

Usages. — Elle est amère, aromatique, excitante et stimulante, elle augmente la sécrétion urinaire et facilite l'expectoration. On l'emploie surtout dans les affections de poitrine, telles que les catarrhes pulmonaires chroniques, la phthisie, les bronchites. On l'a également préconisée dans l'ictère, la gravelle, les fièvres intermittentes. On employait autrefois la décoction et l'eau distillée de véronique contre la gale, les dartres, le pansement des ulcères. Elle est peu usitée de nos jours et, malgré les nombreuses qualités que lu attribuaient les anciens, il ne faut voir dans cette plante qu'un tonique léger.

VIGNE CULTIVÉE. *Vitis vinifera*, L. AMPELIDÉES (VITACÉES).

Description (fig. 259). — Arbrisseau sarmenteux, de grandeu variable. Tige noueuse, tortueuse, recouverte d'une écorce grisâtr ou rougeâtre, crevassée, peu adhérente, se détachant par filaments Rameaux (*sarments*) alternes, noueux, flexibles, à écorce lisse brun-rougeâtre et fibreuse, munis de vrilles par lesquelles ils s'attachent aux corps voisins. Feuilles alternes, longuement pétiolées planes, échancrées en cœur à la base, palmées, à 5 lobes sinués e dentés, d'un vert foncé en dessus, tomenteuses-blanchâtres en dessous. Vrilles herbacées, opposées aux feuilles, rameuses, tordues e spirales dans divers sens. Fleurs (mai-juin) très-petites, verdâtres en grappes composées, serrées, d'abord dressées, puis pendantes opposées aux feuilles. Calice très-petit, étalé, cupuliforme, à 5 dent Corolle à 5 pétales libres inférieurement, formant au sommet un sorte de coiffe qui se détache d'une seule pièce. Étamines 5, opposée aux pétales; filets grêles, subulés; anthères cordiformes. Ovai libre, ovoïde, acuminé, à 2 loges biovulées, inséré sur un disqu annulaire; style court; stigmate en tête, presque sessile, un peu b lobé. Fruit (*baie*) ovoïde ou globuleux, de couleur et de grosse variables, renfermant un petit nombre de graines. ♃.

Habitat. — La vigne, originaire de l'Asie, a été successiveme introduite dans la Grèce, l'Italie, le midi de la France et de là da toutes les parties tempérées du globe.

Parties usitées. — Les feuilles, la séve, les fruits.

1° Les *feuilles* de vigne sont récoltées pendant la belle saison. Dans la médecine populaire, on les emploie quelquefois comme astringentes, dans la diarrhée chronique, les hémorrhagies passives, la menorrhagie, les épistaxis. Elle ont une saveur légèrement as-

FIG. 259. — Vigne cultivée.

tringente et acide qu'elles doivent au tannin et au bitartrate de potasse qu'elles contiennent.

2° Lorsqu'on taille la vigne, il s'en écoule une *séve* incolore, limpide, transparente, inodore, insipide, que l'on nomme *pleurs de la vigne*. Cette matière contient de l'*acide acétique*, de l'*acétate de chaux*, une *matière végéto-animale*. Jadis on la prescrivait contre les affections cutanées, le peuple l'emploie encore contre l'ophthalmie. L'*extrait de vigne* se prépare avec les bourgeons de la vigne ; il est inusité aujourd'hui.

3° Le *fruit* ou *raisin* porte avant la maturité le nom de *verjus*. Sa saveur est alors acide, astringente. Il renferme de la *pectine*, de la *pectose, un peu ou pas d'acide pectique*. On s'en sert comme acidule et diurétique et l'on a indiqué un sirop de verjus pour combattre l'obésité.

L'étude du raisin mûr est du ressort de la bromatologie. Le raisin est rafraîchissant, laxatif; *la cure aux raisins* qui consiste à se nourrir pendant deux ou trois semaines de raisins mangés sur pieds est employée avec succès dans un grand nombre d'affections chroniques, et entre autres dans les obstructions viscérales, l'hydropisie, le scorbut. Quand les raisins ont été desséchés soit au four, soit au soleil, après avoir été plongés dans une solution alcaline chaude, on s'en sert en médecine comme émollients et béchiques. On en connaît plusieurs espèces que l'on peut diviser ainsi : *1° gros raisins secs*, ou *raisins de caisse*, que l'on distingue : en *R. de Smyrne* ou *de Damas* quand ils sont gros comme de petites prunes, allongés, comprimés, ridés, d'un jaune brunâtre, et en *R. de France, de Marseille* ou *de Provence*, d'*Espagne* ou de *Malaga*, lorsqu'ils sont plus petits et plus foncés. *2° Raisins de Corinthe;* ceux-ci sont noirs, gros comme des lentilles, sans pepins apparents et très-ridés (Dorvault). Ils font partie des quatre fruits pectoraux, on les emploie en décoction dans les catarrhes bronchiques et pulmonaires.

Le jus de raisin porte le nom de moût. Il renferme : *Eau, sucre, pectine, acide pectique, matière albumineuse azotée, tannin, bitartrate de potasse, tartrate de chaux, acides tartrique, malique, citrique, libres ou combinés.* Il est adoucissant et laxatif. Le jus de raisin évaporé en consistance de sirop épais constitue le *sirop de raisin;* quand l'évaporation est poussée plus loin, on obtient une matière de consistance de miel, c'est le *rob de raisin.*

VIN. — En faisant fermenter le jus de raisin au contact des pellicules (*épicarpes*), des graines et des rafles, on obtient le vin que l'on peut distinguer en vins de liqueur ou vins sucrés, en vins mousseux ou de Champagne, en vins blancs et en vins rouges. Tous les vins renferment les mêmes substances, savoir : *Eau, alcool, acide tannique, acétique, propionique, tartrique, malique, citrique, succinique, sucre, matières azotées, aldéhyde, matière colorante jaune* (vins blancs), *matière colorante bleue* (cyanine), *glycérine, des matières odorantes* variables pour chaque espèce et constituant le bouquet du vin, de *l'éther œnanthique,* et *des sels tels que le bitartrate de potasse, le tartrate de chaux, le sulfate de potasse, le chlorure de potassium, le tartrate de fer, de la magnésie, de la soude.* Les vins de liqueur renferment encore une certaine proportion de sucre; ils sont généralement riches en alcool, tels sont le *Constance,* le *Malaga,* le *Rancio,* le *Frontignan,* le *Grenache,* le *Lacryma-Christi,* le *Tokai,* l'*Alicante,* le *Malvoisie,* le *Madère,* le *Xérès.* Les vins mousseux sont obtenus en mettant en bouteille le moût qui a déjà subi un commencement de fermentation et en ficelant les bouchons. Presque tous ces vins sont additionnés de sucre candi pour augmenter leur richesse en alcool et en acide carbonique. La fabrication demande de grands soins.

Les vins blancs contiennent peu de tannin et pas de cyanine; quand ils sont de qualité médiocre, ils renferment une matière albuminoïde (*Glaïadine*) qui leur communique la propriété de subir une fermentation spéciale dite visqueuse; *ils tournent alors au gras*. On prépare indifféremment les vins blancs avec des raisins blancs ou rouges, mais dans ce dernier cas on ne laisse pas fermenter le moût sur les pellicules. Les vins rouges sont riches en tannin, leur coloration est due surtout à la cyanine, matière bleue qui rougit au contact des acides. Les vins fournis par les raisins du midi, qui sont plus sucrés, renferment une plus grande quantité d'alcool que les vins des localités plus septentrionales. En général, un vin naturel renferme 8 à 15 pour 100 d'alcool anhydre et 2 à 2,2 de matières desséchées à 105°.

Le vin à petites doses est excitant, il devient narcotique à doses plus élevées; les vins blancs sont stimulants et diurétiques, les vins rouges sont toniques et astringents, et les vins de liqueur toniques et stimulants. On prescrit le vin dans la convalescence des maladies, la glycosurie, les fièvres intermittentes, la fièvre typhoïde, les scrofules, la phthisie, l'incontinence d'urine chez les enfants, le scorbut. Les injections de vin sont recommandées dans la blennorrhagie chronique, on pratique aussi ces injections dans les cavités séreuses pour les oblitérer. Leurs effets sont ceux de l'alcool, mais mitigés; outre cette action ils en possèdent une qui tient à la nature de leurs autres principes et qui les rend astringents, laxatifs, tempérants, nutritifs, suivant qu'ils renferment plus ou moins de tannin, de bitartrate de potasse et de sucre. Le vin sert d'excipient à une nombreuse série de préparations connues sous le nom d'*œnolés* ou de *vins médicinaux*.

ALCOOL. — Soumis à la distillation le vin donne l'alcool, $C^4H^6O^2$. Celui-ci n'est jamais employé en médecine à l'état anhydre. Il renferme toujours une certaine quantité d'eau. Les alcools à 90°, 80°, 60°, c'est-à-dire contenant, pour 100 volumes, 10, 20, 40 volumes d'eau, sont ceux qu'indique le Codex. Les *eaux-de-vie* marquent 50 à 65° à l'alcoomètre de Gay-Lussac. Les plus usitées sont : 1° les *cognacs* comprenant les *fines champagnes*, les *aigrefeuilles*, les *saintonges;* 2° les *armagnacs* divisés en *haut* et *bas armagnacs* et *ténesse;* 3° les *montpelliers*.

L'alcool est un dissolvant précieux servant à préparer les médicaments connus sous le nom d'alcoolés, d'alcoolats, d'alcoolatures. En nature, il est administré dans la pneumonie s'accompagnant d'adynamie (*potion de Todd*), la variole, la scarlatine, l'érysipèle, les vomissements de la grossesse, la métrorrhagie, le choléra, les fièvres intermittentes. A l'extérieur, il est employé seul ou additionné de camphre dans le pansement des plaies, il s'oppose alors à l'infection purulente ; en frictions résolutives sur les membres ; en injections dans les cavités séreuses.

VINAIGRE. — Sous l'influence des matières azotées particulières qu'il contient, le vin voit son alcool se transformer, au contact de l'air, en acide acétique, et il devient alors du vinaigre rouge ou blanc suivant sa couleur primitive. Le vinaigre est un liquide de saveur plus ou moins acide, sans âcreté, qui est agréable quand il est étendu d'eau ; son odeur est forte, persistante. Il est plus pesant que l'eau et formé d'*acide acétique*, d'*un peu d'alcool*, d'*un principe colorant*, d'*une matière végéto-animale*, de *bitartrate* de *potasse*, de *tartrate de chaux*, de *chlorure de sodium* et de *sulfate de chaux*. Le vinaigre de vin étendu d'eau (*oxycrat*) est employé comme rafraîchissant, tempérant dans les maladies inflammatoires, les fièvres muqueuses et adynamiques. Sa principale application est celle qu'il a reçue pour dissoudre certaines substances médicamenteuses. Il forme alors les *oxéolés* ou *vinaigres médicinaux*, dont les principaux sont le vinaigre de scille, de colchique, camphré, des quatre voleurs. On préfère en médecine le vinaigre rouge au vinaigre blanc.

La vigne fournit encore à la médecine l'acide tartrique, la crème de tartre ou bitartrate de potasse, le carbonate de potasse ou *cendres gravelées*, résultant de la combustion des sarments et de l'incinération de la lie du vin.

VIOLETTE ODORANTE. *Viola odorata* L. Violette de Mars, V. cultivée. VIOLARIÉES.

Description (fig. 260). — Racine rampante, noueuse, rameuse, blanchâtre, munie de nombreuses radicelles fibreuses, produisant des jets traçants très-allongés. Tige nulle. Feuilles radicales ou naissant sur les stolons, croissant par touffes, accompagnées de stipules ovales ou acuminées, entières, ciliées. Pétiole très-long, canaliculé en dessus ; limbe ovale, arrondi, cordiforme ou réniforme, aigu, crénelé, pubescent, d'un vert foncé. Fleurs (mars-avril) violettes ou d'un bleu pourpre, rarement blanches, très-odorantes, se doublant par la culture, solitaires à l'extrémité de pédoncules axillaires ou radicaux. Calice à 5 sépales dont la base se prolonge au-dessous de l'insertion en une lame membraneuse. Corolle irrégulière à 5 pétales inégaux, les deux supérieurs redressés, les deux latéraux symétriques recouvrant les deux supérieurs, l'inférieur prolongé à la base en éperon court et obtus. Étamines 5 incluses, alternatipétales ; filets courts, élargis, libres; anthères biloculaires, introrses, formant une espèce de dôme, terminées au sommet par un appendice membraneux, jaune foncé; les deux inférieures ont leur connectif prolongé à la base en un appendice charnu logé dans la cavité de l'éperon. Ovaire à 1 loge multiovulée; style simple, recourbé en S; stigmate en bec aigu. Fruit (*capsule*) globuleux, velu, uniloculaire, polysperme. Graines turbinées et blanchâtres. ♃.

Habitat. — Elle est très-répandue en Europe, et croît dans les bois, les buissons, les haies, les lieux ombragés.

Culture. — On la cultive aisément, elle demande seulement une terre légère et fraîche à l'abri des ardeurs du soleil. Elle se multiplie soit par les graines, soit par les éclats des pieds, soit par la séparation des jets que l'on pratique en automne.

Partie usitée. — La fleur.

Récolte, dessiccation, conservation. — On recueille les fleurs le matin, par un temps sec et lorsque le soleil a fait disparaître l'humidité de la nuit; les fleurs sauvages doivent être préférées aux fleurs cultivées. Le plus ordinairement on les sèche entières, quelquefois pourtant on en sépare le calice et l'onglet. La dessiccation doit être faite rapidement et avec grand soin, à l'étuve; il est bon de les enfermer quand

Fig. 260.] — Violette odorante.

elles sont encore chaudes dans des flacons bien secs et que l'on ferme hermétiquement. On doit les conserver à l'abri de la lumière et de l'humidité.

Composition chimique. — Les fleurs de violette contiennent : *huile essentielle, deux acides l'un rouge, l'autre blanc, du sucre, de la cire, de la chaux, du fer, une matière colorante rougissant par les acides les plus faibles et verdissant par les alcalis.*

Formes pharmaceutiques, doses. — 1° Infusion, pp. 10 : 1000. 2° Sirop, 30 à 50 gram. 3° Conserve, 15 à 30 gram. Succédanés : la violette odorante est souvent remplacée par la violette de chien (*V. canina,* L.), la violette à long éperon (*V. calcarata,* L.), la violette tricolore (*V. tricolor,* L.).

Usages. — Les fleurs de violette constituent un remède populaire journellement employé comme béchique, émollient, diaphorétique.

28.

Elles sont usitées dans le traitement de toutes les maladies inflammatoires et notamment des fièvres éruptives. La racine est vomitive, elle contient une matière blanche, âcre, nauséeuse, c'est l'émétine indigène ou *violine*. Cette racine est regardée comme le meilleur succédané de l'ipéca.

VOMIQUIER AMER. *Strychnos Ignatii*, Berg., *Ignatia amara*, Lin. f. Fève de Saint-Ignace, Noix igasur. LOGANIACÉES.

Description. — Plante grimpante qui s'élève en serpentant au sommet des plus grands arbres. Tronc ligneux de la grosseur du bras, rameaux longs, cylindriques, très-glabres, comme sarmenteux. Feuilles opposées, presque sessiles, ovales, acuminées, entières, planes et très-glabres, pourvues de 5 nervures longitudinales. Fleurs blanches, d'odeur de jasmin, formant de petites grappes courtes axillaires, au nombre de 3-5 sur chaque rameau. Calice campanulé, à 5 divisions obtuses. Corolle infundibuliforme, tube filiforme; limbe plane; à 5 divisions. Étamines 5. Fruit de la grosseur d'une poire de bon chrétien, ovoïde, à écorce glabre, ligneuse, blanchâtre. Graines 20-25, éparses dans la pulpe, ayant le volume d'un gland de chêne, convexes d'un côté, anguleuses ou à 3-4 fossettes de l'autre, parfois recouvertes d'une efflorescence grisâtre, adhérente. Test d'un brun pâle, mince, membraneux, strié, glabre. Albumen corné dur d'une teinte noirâtre, creusé d'une cavité aplatie contenant l'embryon. ♄.

Habitat. — Les îles Philippines, la Cochinchine.

Partie usitée. — Les graines désignées sous le nom de *fèves de Saint-Ignace*. Ce nom leur a été donné par les jésuites, qui les premiers la firent connaître, en l'honneur du fondateur de leur ordre. Elles sont inodores et d'une saveur très-amère.

Composition chimique. — Elles contiennent : *lactate de strychnine, cire, huile concrète, matière colorante jaune, gomme, amidon, bassorine, fibre végétale*. Elles renferment trois fois autant de strychnine que les noix vomiques, aussi sont-elles plus toxiques que ces dernières. D'après quelques chimistes, elles contiendraient une petite quantité de brucine qui ferait complétement défaut au dire d'autres expérimentateurs.

Usages. — L'action physiologique de la fève de Saint-Ignace est absolument la même que celle de la noix vomique. Dans l'Inde on la considère comme vermifuge; on l'emploie quelquefois contre les fièvres intermittentes; elle entre dans les *gouttes amères* de Baumé que l'on prescrit dans certaines dyspepsies et gastralgies. Elle sert surtout à préparer la strychnine.

VOMIQUIER NOIX VOMIQUE. *Strychnos nux vomica*, L. LOGANIACÉES.

Description (fig. 261). — Grand arbre fort branchu. Racines dures, ligneuses, pivotantes, recouvertes d'une écorce douée d'une grande amertume. Tronc droit, élancé, ligneux, s'élevant à une hauteur considérable et acquérant 3-4 mètres de circonférence ; écorce gris noirâtre ou gris cendré ; rameaux touffus, cylindriques, glabres, d'un vert terne, se terminant par une pointe aiguë, sans épines ni vrilles. Feuilles opposées, courtement pétiolées, ovales, arrondies, entières, obtuses ou terminées par une pointe moussé, d'un vert sombre, glabres sur les 2 faces, à 5 nervures saillantes en dessous. Fleurs blanches, petites, d'une odeur faible non désagréable formant à l'extrémité des rameaux de petits corymbes accompagnés de très-petites bractées, velues, subulées. Calice gamosépale, régulier, à 5 dents aiguës. Corolle

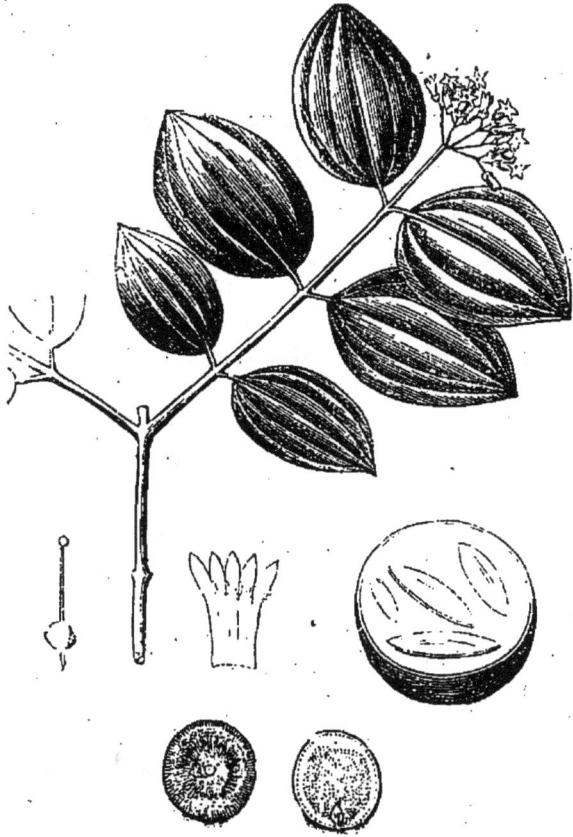

Fig. 261. — Vomiquier noix vomique.

gamopétale plus longue que le calice, à tube ventru supérieurement, limbe à 5 lobes aigus, étalés et même réfléchis. Étamines 5, saillantes, exsertes. Ovaire supère à 2 loges; style filiforme; stigmate en tête. Fruit (*baie*) charnu, globuleux, arrondi, glabre, d'abord vert, puis jaune-rougeâtre et devenant alors de la grosseur d'une grosse orange, à enveloppe crustacée, lisse, assez fragile, rougeâtre. Il est uniloculaire par avortement d'une loge; sa cavité est remplie d'une pulpe blanche, visqueuse, très-amère, contenant 15 graines disposées régulièrement autour de l'axe. Celles-ci, orbiculaires, aplaties, en forme de bouton de 15 à 18 millimètres de diamètre, à bords arrondis, sont marquées d'un ombilic saillant sur un des côtés et d'un enfoncement sur le côté opposé; leur surface est veloutée comme soyeuse et d'un brun tirant sur le gris. ♄.

Habitat. — Le vomiquier croît dans les lieux arides et sablonneux dans l'Inde, au Coromandel, au Malabar, en Cochinchine, à Ceylan.

Partie usitée. — Les graines. Leur odeur est nulle, leur saveur très-amère; leur consistance cornée les rend difficiles à pulvériser.

Composition chimique. — Elles renferment : *lactates de strychnine et de brucine, gallaté de brucine, igasurine, huile concrète, cire, matière colorante jaune, amidon, bassorine, fibre végétale, sels.* La strychnine, $C^{42}H^{22}Az^2O^4$, est un alcaloïde incolore, cristallisant en octaèdres ou en prismes quadrilatères terminés par une pyramide; sa saveur est très-amère; elle n'est ni fusible, ni volatile, peu soluble dans l'eau et l'alcool absolu, presque insoluble dans l'éther pur; très-soluble dans l'alcool à 90°, le chloroforme, certaines huiles volatiles. L'acide nitrique ne la colore point en rouge, quand elle ne renferme pas de brucine. Si on la triture avec une trace de bioxyde de plomb ou de bichromate de potasse, et si l'on vient à toucher le mélange avec une goutte d'acide sulfurique légèrement nitreux, elle prend une magnifique coloration bleue qui passe rapidement au violet, puis au rouge et enfin au jaune-serin. C'est un violent poison.

La brucine, $C^{46}H^{26}Az O^8 + 8HO$, cristallise en prismes obliques rhomboïdaux, mais se présente souvent sous forme d'écailles nacrées, d'une saveur très-amère, accompagnée d'une âcreté persistante. Elle se dissout dans 850 parties d'eau froide et 500 parties d'eau bouillante; elle est soluble dans l'alcool, insoluble dans l'éther et les huiles grasses, peu soluble dans la plupart des huiles volatiles; elle fond un peu au-dessus de 100° et se prend par le refroidissement en une masse cireuse. Elle se dissout dans l'acide nitrique concentré en prenant une teinte rouge qui passe peu à peu au jaune. L'acide sulfurique concentré la colore d'abord en rose, puis en jaune et en jaune verdâtre. C'est un poison énergique, mais il paraît être soit douze fois, soit vingt-quatre fois moins actif que la strychnine.

Il existe, d'après Schützenberger, neuf alcaloïdes confondus sous le nom d'igasurine. Ils sont incolores, cristallisables, d'une saveur amère et très-persistante, beaucoup plus solubles dans l'eau que la strychnine et la brucine, très-solubles dans l'alcool et le chloroforme, fort peu solubles dans l'éther. Ils rougissent par l'acide nitrique plus fortement que la brucine. Ces bases représentent de la brucine, moins du carbone, plus de l'oxygène ou de l'eau, et on peut les considérer comme les produits des transformations successives qui se manifestent dans la plante, sous l'influence des forces oxydantes végétatives. Leur action, plus faible que celle de la strychnine, est plus intense que celle de la brucine.

Formes pharmaceutiques, doses. — 1º Poudre, 3 à 6 décigram. par jour, rarement employée. 2º Teinture, 5 décigram. à 2 gram. 3º Extrait alcoolique, 2 à 20 centigram. en pilules et au delà à dose croissante. On emploie aussi la teinture en friction. La noix vomique fait partie de la poudre de Hufeland.

Action physiologique. — La noix vomique est un poison non-seulement pour les animaux supérieurs, mais encore pour les plantes; l'homme est très-fortement impressionné par cette substance, qui rappelle d'ailleurs, par ses effets, l'action de son principal alcaloïde, la strychnine. Voici, du reste, les phénomènes que l'on constate en administrant la noix vomique à doses croissantes. A faible dose, cette graine agit comme un amer, un tonique diurétique; si la dose augmente, il se produit une surexcitation nerveuse, de légères secousses convulsives, rapides; enfin, à haute dose, il survient le tétanos, l'asphyxie et la mort par défaut d'hématose. C'est un excitateur du pouvoir réflexe. Les contre-poisons sont le tannin et les végétaux qui en renferment, l'émétique. L'antidote physiologique par excellence serait le *hachisch*.

Usages. — A faible dose, la noix vomique est employée dans certaines dyspepsies provenant d'une atonie du tube digestif; elle agit alors comme un amer. A dose plus élevée, elle sert surtout à combattre les paralysies des systèmes nerveux, sensitif et moteur. On l'emploie : dans la paralysie consécutive à une hémorrhagie cérébrale, lorsque l'épanchement est en voie de résorption, les paralysies symptomatiques d'une commotion de la moelle, alors que les symptômes primitifs ont disparu et qu'il ne reste que de la paralysie, l'impuissance génésique, la spermatorrhée, l'incontinence ou la rétention d'urine due à une paralysie ou à une paresse du sphincter de la vessie, l'amaurose de cause saturnine, la chorée, la névralgie faciale. On s'en est servi, avec avantage, dans certains cas de fièvres intermittentes rebelles au sulfate de quinine. L'écorce de vomiquier est désignée sous le nom de *fausse angusture* pour la distinguer de l'angusture vraie produite par la cusparie fébrifuge (Voy. ce mot). Elle est très-amère, on l'emploie dans l'Inde comme fébrifuge; elle est inusitée en Europe.

FIN DU DICTIONNAIRE.

LES PLANTES MÉDICINALES

ÉTUDIÉES AU POINT DE VUE BOTANIQUE, PHARMACEUTIQUE ET MÉDICAL

Cette étude des plantes médicinales, qui est le complément du *Dictionnaire*, comprend les généralités que le lecteur doit connaître avant d'aborder l'étude spéciale de chaque plante.

Notre travail comprendra :

1° Des *Considérations préliminaires ;*

2° L'*Élection ou choix des plantes médicinales* (caractères botaniques, physiques et chimiques de ces plantes et clef dichotomique) ;

3° La *récolte*, que nous avons envisagée soit au point de vue général de la culture, du climat, du terrain, de l'âge, de l'état atmosphérique, de la saison, etc., soit au point de vue spécial des racines, tubercules, rhizomes, turions, bulbes, bourgeons, tiges, bois, écorce, feuilles, fleurs, plantes entières, fruits, etc.

4° *La conservation ;*

5° *Les formes pharmaceutiques, physiologiques et thérapeutiques ;*

6° *Les propriétés ;*

7° *Le mémorial thérapeutique.*

I. Considérations préliminaires.

1° **Composition et nutrition des plantes.** — Chacun sait que lorsqu'on brûle une plante, on obtient comme résidu de la combustion une certaine quantité de cendres formées par les substances minérales et consistant en sels de chaux, de magnésie, de potasse, de soude, en silice et en oxyde de fer qui ont échappé à la destruction. Ces matériaux entrent à peine pour un vingtième dans le poids de la plante et souvent ce chiffre est moins élevé ; les autres parties constituantes ont disparu par l'action de la chaleur, car elles sont formées de principes, soit naturellement gazeux (l'hydrogène, l'oxygène, l'azote), soit capables, comme le carbone, de revêtir la forme gazeuse en entrant dans certaines combinaisons chimiques. Ces principes que l'on rencontre non-seulement dans les divers organes de la plante, mais encore dans les substances produites par l'acte végétatif (fécules, sucres, gommes, huiles, essences, corps gras), ont été nommés pour cette raison des *éléments organiques.*

L'origine des substances diverses que présente l'organisation végétale a été parfaitement mise en lumière par la science moderne ; c'est à la graine, à l'air ou au sol que la plante a emprunté les matériaux nécessaires à leur élaboration. C'est dans le sol que les racines puisent les principes minéraux solubles, et c'est la séve qui les distribue dans l'organisme. Les éléments organiques ont pour origine l'eau HO, l'acide carbonique CO^2 et l'ammoniaque AzH^3. La plante, admirable appareil de réduction (Dumas), absorbe les corps complexes que je viens d'énumérer, les décompose en leurs éléments et s'assimile tout, ou une partie de ces éléments.

L'atmosphère et le sol sont donc les réservoirs de ces principes nutritifs. L'atmosphère fournit l'eau sous forme de pluie, de neige, de rosée, elle fournit de l'oxygène, de l'acide carbonique, de l'ammoniaque, parfois de l'acide nitrique à la suite des pluies d'orage, parfois aussi des poussières salines contenant du sel marin, des sulfates de potasse, de chaux, de magnésie. L'azote atmosphérique n'étant pas assimilable, n'intervient pas dans la nutrition, c'est par suite dans l'ammoniaque qu'il faut chercher l'origine principale de l'azote des plantes. Il convient d'ajouter que l'acide nitrique des nitrates que le sol renferme ou qui y sont déposés comme engrais, en subissant une décomposition sous l'influence des matières organiques en voie de désagrégation, peut se transformer en eau et en ammoniaque et par suite ajouter un certain apport d'azote à la nutrition.

Le carbone n'a qu'une origine, l'acide carbonique. Ce sont les feuilles et les parties vertes des végétaux qui ont pour mission de décomposer cet acide en oxygène et en carbone, cette réduction s'opère par l'intermédiaire des parties vertes et sous l'influence de la lumière solaire. Le carbone est assimilé, l'oxygène est en partie assimilé, en partie rejeté dans l'atmosphère. Cet effet cesse dans l'obscurité. L'atmosphère n'est point d'ailleurs la seule source où le végétal puise du carbone, les racines vont en chercher dans les matières organiques en décomposition dans le sol. L'oxygène provient soit de l'eau, soit de l'acide carbonique. L'hydrogène est fourni par l'eau, l'ammoniaque et les matières organiques.

2° **Des principes immédiats et de leur formation.** — Les principes immédiats sont les résultats de cette absorption et des réductions qui la suivent. Ces principes auxquels les plantes doivent leurs propriétés médicales sont très-nombreux et on les a divisés en trois classes suivant leur composition.

A. Dans la première classe, on range les composés ternaires formés de carbone, d'oxygène et d'hydrogène, ces deux derniers dans la proportion voulue pour former de l'eau, si bien qu'on peut les représenter par du carbone et de l'eau, de là le nom d'*hydrates de carbone* qu'on leur donne quelquefois ; ils ont pour formule $C^{12}H^{10}O^{10}$ Ils comprennent la cellulose, l'amidon, les fécules, les gommes, les mucilages, l'inuline, la lichénine. On range également dans cette classe les divers sucres, tels que le sucre de canne ou *saccharose* $C^{12}H^{11}O^{11}$, le sucre de fruit incristallisable ou *lévulose* $C^{12}H^{12}O^{12}$, le sucre de raisin ou *glycose* $C^{12}H^{14}O^{14}$, le *sucre interverti*, qui n'est qu'un mélange de glycose et de lévulose, provenant de la réaction que les acides végétaux et les ferments particuliers contenus dans les fruits exercent sur le sucre de canne.

B. La deuxième classe contient des acides végétaux dans lesquels l'oxygène est en excès sur les proportions de l'eau. Ce sont les acides oxalique, tartrique, citrique, tannique, gallique, méconique, pectique, malique, ce dernier est le plus répandu dans l'organisation végétale. La pectine, que l'on trouve dans les fruits arrivés à un état de maturation avancée, fait également partie de cette catégorie.

C. Dans une troisième classe nous rencontrons des principes chez lesquels l'hydrogène est en excès sur les proportions qui constituent l'eau, seulement ici tantôt le principe est azoté, tantôt il ne l'est pas. Parmi les principes non azotés de cette catégorie, nous trouvons :

1° Des substances neutres (amygdaline, bryonine, colocynthine, convolvuline, crocine, daphnine, digitaline, esculine, gaïacine, glycyrrhizine, jalapine, salicine, santonine, saponine, etc.), appartenant à la catégorie des glycosides, c'est-à-dire des corps susceptibles de se dédoubler en glycose et en un ou plusieurs principes nouveaux sous l'influence des ferments et par l'action de certains réactifs.

2° Des substances colorantes (catéchine, acide cachoutannique, aloétine, etc.).

3° Une matière ligneuse constituant le squelette végétal, donnant à la plante sa rigidité et composée surtout de lignose, de lignone, de lignin et de lignéréose.

4° Des matières grasses, de la cire, du caoutchouc.

5° Des huiles essentielles, les unes liquides, les autres solides à la température ordinaire, le camphre par exemple.

6° Des résines, des baumes.

7° Des acides, tels que les acides benzoïque, caïncique, colombique ipécacuanhique.

Dans une deuxième série azotée, nous trouvons : 1° des substances plastiques, telles que l'albumine, la légumine ou caséine végétale, la fibrine. Leur composition peut être représentée par du carbone et de l'ammoniaque unis aux éléments de l'eau ; 2° des bases végétales, atropine, brucine, cinchonine, codéine, delphine, émétine, morphine, narcotine, narcéine, quinine, solanine, strychnine.

II. Élection ou choix des plantes. — Caractères botaniques. physiques et chimiques distinctifs de ces plantes.

Est-il possible de reconnaître à des signes certains si une plante possède des propriétés thérapeutiques? On comprend combien il serait important au point de vue de la pratique médicale de donner une solution rigoureuse à cette question. Malheureusement, si l'on essaye de se servir des signes indiqués par les auteurs, on arrive à de simples présomptions, jamais à des certitudes. Nous allons passer ces signes en revue.

3. Signature des plantes. — Les anciens n'éprouvaient aucun embarras pour attribuer aux plantes certaines propriétés; ils pensaient en effet que la forme, la couleur du végétal indiquaient clairement son emploi. C'est ce qu'ils appelaient la signature de la plante (de *signum*, signe). Ainsi les racines à suc rouge, la garance, le ratanhia, à cause de leur couleur, devront être prescrites dans les hémorrhagies; les plantes à suc jaune, l'aloès, la rhubarbe, guériront les maladies du foie, les semences dures et pierreuses du grémil seront efficaces contre la gravelle, les saxifrages venus sur les rochers seront lithontriptiques. La forme, d'après eux, était un caractère non moins sur, le cabaret ou oreille d'homme sera utile dans les maladies de l'oreille, la vipérine contre la morsure du serpent, la pulmonaire dans les affections du poumon. Le temps a fait justice de ces opinions erronées et souvent dangereuses, qu'acceptait sans peine la robuste confiance de nos aieux.

4. Famille de la plante et propriétés médicinales des principales familles végétales. — Depuis longtemps on a remarqué et de Candolle a coordonné ces observations, que souvent les végétaux d'une même famille naturelle présentaient une grande conformité dans leurs qualités alimentaires, médicales ou toxiques. Ce sont ces analogies bien constatées qui ont permis à certains navigateurs de tirer bon parti des végétaux qu'ils voyaient, pour la première fois, dans des pays inexplorés. Cependant cette identité de propriété n'est point rigoureusement absolue, et l'on rencontre souvent des exceptions dont l'importance n'échappera à personne quand on saura que certaines familles, celle des Solanées par exemple, peuvent fournir les aliments les plus sains et les poisons les plus redoutables, puisque nous voyons la pomme de terre, l'aubergine, la tomate placées à côté de la belladone, de la jusquiame, du datura, etc.

Ces réserves faites, voici les principales propriétés médicinales des familles de plantes décrites dans l'ouvrage.

ALGÜES .... — Vermifuges, alimentaires, servant à la préparation de l'iode.

AMENTACEÉS......... — Écorces astringentes, fruits alimentaires.

AMOMACÉES .... — Racines féculentes, quelquefois aromatiques et excitantes.

AMPELIDÉES (Vitacées). — Rafraîchissantes, béchiques.

APOCYNÉES.......... — Acres et irritantes.

ARISTOLOCHIÉES.... — Amères, aromatiques, quelquefois un peu âcres et aromatiques.

AROÏDÉES .... — Féculentes et souvent âcres et purgatives, devenant alimentaires quand on les a débarrassées de leur suc caustique.

ASCLÉPIADACÉES .. — Racines âcres, stimulantes, quelquefois émétiques et sudorifiques, écorce purgative, suc laiteux âcre et amer.

AURANTIACÉES...... — Stimulantes, rafraîchissantes.

BALSAMIFLUÉES... — Toniques.

BERBERIDÉES ..... — Écorce astringente; baies acides et rafraîchissantes.

BORRAGINÉES..... — Mucilagineuses, légèrement diaphorétiques, quelquefois astringentes et même un peu narcotiques.

CAMPANULACÉES LOBÉLIACÉES. — Amères, souvent âcres, émétiques.

CANNABINÉES..... — Feuilles narcotiques.

CAPRIFOLIACÉES... — Feuilles astringentes, fruits laxatifs, écorces purgatives, fleurs mucilagineuses, diaphorétiques.

CARYOPHYLLACÉES. — Légèrement aromatiques ou faiblement toniques.

CHAMPIGNONS..... — Vénéneux, alimentaires.

CHÉNOPODIACÉES... — Douces, mucilagineuses, sucrées, quelques-unes âcres et odorantes.

CLUSIACÉES (Guttifères). — Contiennent un suc laiteux plus ou moins âcre et purgatif, âcres et irritantes.

COLCHICACÉES (Mélanthacées). — Diurétiques, purgatives.

CONIFÈRES .... — Feuilles et écorces astringentes. — Amandes souvent alimentaires, produits résineux, stimulants, vermifuges.

CONVOLVULACÉES.. — Les racines contiennent un suc laiteux âcre et fortement purgatif.

CORIARIÉES...... — Astringentes.

CRUCIFÈRES. ..... — Stimulantes, antiscorbutiques, alimentaires, graines oléagineuses.

CUCURBITACÉES ... — Les fruits souvent alimentaires et laxatifs. quelquefois émétiques et purgatifs, les racines quelquefois purgatives, drastiques, graines mucilagineuses, oléagineuses.

DAPHNOÏDÉES (Daphnacées). — Acres, corrosives.

DIPSACÉES .... — Astringentes, amères.

ERICINÉES .... — Acerbes, astringentes, diurétiques.

EUPHORBIACÉES ... — Acres, caustiques, vénéneuses, purgatives.

FILICACÉES (Fougères). — Rhizomes astringents, fébrifuges, feuilles aromatiques, astringentes, béchiques.

FUMARIACÉES..... — Toniques.

GENTIANACÉES.... — Amères, toniques, fébrifuges.

GRAMINÉES....... — Alimentaires, adoucissantes, quelquefois diurétiques, diaphorétiques.

ILICINÉES .... — Aromatiques, stimulantes.

IRIDÉES.......... — Bulbes féculents et en même temps émétiques et purgatifs; stigmates du safran excitants, emménagogues.

JUGLANDÉES...... — Écorce astringente, feuilles stimulantes, astringentes, résolutives, fruits alimentaires.

LABIÉES .... — Aromatiques, stimulantes diffusibles ou bien simplement toniques, emménagogues, sudorifiques, antispasmodiques.

LAURINÉES (Lauracées). — Aromatiques, excitantes, sédatives.

LÉGUMINEUSES.... — Alimentaires, purgatives, astringentes, toniques, excitantes.

LICHENACÉES ..... — Alimentaires, amères, toniques.

LILIACÉES....... — Alimentaires, diurétiques, purgatives.

LINACÉES .... — Graines oléagineuses, adoucissantes, émollientes, quelquefois purgatives.

LOGANIACÉES..... — Amères, fébrifuges, tétaniques.

LYCOPODIACÉES ... — Spores absorbantes.

MALVACÉES ...... — Feuilles et fleurs adoucissantes, émollientes, quelquefois purgatives.

MÉNISPERMACÉES.. — Racines amères, toniques et astringentes, graines souvent narcotiques.

MORÉES .... — Diurétiques (pariétaire). Les fruits rafraîchissants (mûres).

MYRISTICACÉES ... — Aromatiques, stimulantes.

MYRTACÉES ...... — Toniques ou stimulantes, suivant que la matière astringente ou l'huile volatile prédominent.

OLÉACÉES.. ..... — Feuilles et écorces amères et astringentes, toniques, fébrifuges, fruits donnant de l'huile, séve donnant de la manne.

OMBELLIFÈRES.... — Toniques, excitantes, aromatiques, diffusibles, quelquefois alimentaires, quelquefois toxiques.

ORCHIDÉES....... — Tubercules féculents, alimentaires, fruits stimulants.

PALMIERS........ — Alimentaires, adoucissants, pectoraux, astringents.

PAPAVERACÉES ... — Calmantes, narcotiques, stupéfiantes, quelquefois caustiques et rubéfiantes, graines oléagineuses..

PIPÉRACÉES...... — Excitantes, sialagogues.

POLYGALÉES...... — Évacuantes, altérantes, émétiques, expectorantes. Les racines du genre krameria très-astringentes.

POLYGONÉES...... — Astringentes, toniques, fruits quelquefois alimentaires.

RENONCULACÉES... — Vénéneuses, âcres, purgatives, épispastiques, graines âcres et amères.

RHAMNÉES........ — Feuilles et écorces amères, astringentes, toniques, baies purgatives, quelquefois douces, sucrées, mucilagineuses.

ROSACÉES........ — Astringentes, toniques, vermifuges.

RUBIACÉES........ — Racines âcres, émétiques, purgatives ou diurétiques, écorces presque toujours amères, astringentes, toniques et fébrifuges.

RUTACÉES........ — Amères, excitantes, toniques, fébrifuges.

SAPINDACÉES..... — Vénéneuses, âcres, narcotiques, le *paullinia* tonique et astringent par exception.

SAPOTACÉES...... — Souvent lactescentes, suc tenace, un peu âcre et amer.

SCROFULARIÉES.... — Peu d'unité dans l'action médicale, les unes amères, purgatives, les autres soit aromatiques, soit émollientes. La *digitale* diurétique, tonique du cœur.

SIMAROUBÉES..... — Amères, toniques.

SMILACÉES (Asparaginées). — Alimentaires, apéritives, diurétiques, émétiques.

SOLANACÉES...... — Généralement vénéneuses, quelques fruits et tubercules alimentaires.

STYRACACÉES..... — Balsamiques, stimulantes.

SYNANTHÉRÉES (Composées). — Amères, toniques, stimulantes, emménagogues, fébrifuges, sudorifiques, diurétiques, antispasmodiques, sialagogues, sternutatoires, quelquefois narcotiques.

TÉRÉBINTHACÉES... — Stimulantes, astringentes.

TERNSTROEMIACÉES. — Stimulantes.

TILIACÉES........ — Bractées et fleurs antispasmodiques, calmantes et légèrement sudorifiques, feuilles mucilagineuses, émollientes.

URTICÉES......... — Diurétiques, toniques. Les figues adoucissantes, laxatives.

VALÉRIANÉES..... — Racines amères, toniques, stimulantes, fébrifuges, antispasmodiques, sudorifiques, vermifuges.

VIOLARIÉES...... — Adoucissantes, calmantes, racines émétiques.

ZYGOPHYLLÉES.... — Bois sudorifique.

5. Formes des plantes. — La forme de la plante étant de tous les caractères physiques celui qui frappe le plus nos sens, il n'y a rien d'extraordinaire que l'on ait essayé de faire intervenir ce caractère pour juger *à priori* des propriétés médicinales d'un végétal. De Candolle a même formulé à ce sujet le précepte suivant : 1° Les mêmes parties ou les sucs correspondants des plantes du *même genre* jouissent de propriétés semblables; 2° les mêmes parties ou les sucs correspondants des plantes de la même *famille naturelle* jouissent de propriétés analogues. » Il suit de là que plus les plantes ont d'analogie de forme, plus la similitude des propriétés est grande; de sorte que si l'on connaît bien les propriétés de l'une d'elles, on en déduira celles de toutes les plantes du groupe. On peut opposer à cette règle de nombreuses exceptions; quoi de plus dissemblable par exemple au point de vue physiologique que l'action des feuilles de la ciguë et celle des feuilles du cerfeuil, malgré la ressemblance de ces organes. Néanmoins on peut admettre que cette règle est vraie en général et c'est sur elle qu'on s'appuie dans la recherche des succédanés.

6. **Saveur des plantes.** — Le goût comme la vue peuvent nous aider à reconnaître les propriétés médicinales des plantes. En effet, une plante insipide est généralement inerte, bien qu'ici encore les exceptions soient nombreuses, puisque la ciguë, un grand nombre de champignons délétères, sont insipides. Par contre, si une plante est sapide, elle jouira d'une activité ordinairement en rapport avec la sapidité qu'elle présente.

7. **Odeur des plantes.** — Les indications fournies par l'odeur n'ont pas une grande valeur puisque des plantes très-énergiques sont complétement inodores. On peut dire pourtant que l'absence complète d'odeur, jointe à l'insipidité, dénote un manque complet d'activité. D'ailleurs l'odeur des plantes n'apparaît souvent point immédiatement et alors il faut froisser, déchirer l'organe, pour en développer l'arôme. La dessiccation qui fait perdre leur odeur à beaucoup de plantes (violettes, roses), l'exalte au contraire chez plusieurs autres (rhizome d'iris, fleurs de mélilot).

8. **Couleur des plantes.** — L'importance de ce caractère est minime; on peut pourtant le faire servir à établir quelques présomptions. La *couleur blanche* paraît être l'indice d'une faible activité, sauf toutefois pour les crucifères dont les espèces à fleurs blanches sont des antiscorbutiques plus énergiques que celles à fleurs jaunes ou autrement colorées. La *couleur verte* indique l'*acerbité* dans les fruits (verjus, nerprum) et dans les parties vertes non soumises à l'étiolement. La *couleur rouge clair* annonce l'*acidité* dans les fruits, le *rouge foncé* l'*astringence* (roses de Provins, racines de fraisier), le *jaune* indique souvent les *toniques amers* (aunée, arnica, racines de gentiane et de rhubarbe). La *couleur noire ou brune* est souvent le signe d'une *action délétère* (belladone, cabaret), on doit même se méfier de toute plante qui présente la couleur noire sur une partie quelconque de sa surface (aconit, ciguë).

9. **Composition immédiate.** — Si les caractères physiques que nous venons de passer en revue, ne peuvent fournir des indications précises sur les propriétés des plantes médicinales, il en est tout autrement de l'analyse chimique immédiate. En effet non-seulement la chimie sépare les principes immédiats, mais encore fait connaître leur proportion dans la plante; dès lors, si l'on tient compte des

effets que ces corps produisent sur l'organisme, il sera possible de prévoir, avec suffisamment d'exactitude, l'action définitive de la plante qu'on étudie. Si le mucilage, la gomme, la fécule, le sucre abondent, on peut considérer le végétal comme relâchant, adoucissant, émollient. La tannin et l'acide gallique communiquent aux plantes l'astringence et une action tonique; les huiles volatiles les rendent stimulantes ; c'est par les acides végétaux que les fruits sont rafraîchissants, tempérants. Les plantes douées de propriétés énergiques doivent cet effet à la présence d'une ou de plusieurs bases énergiques, la quinine, la morphine, la strychnine, la vératrine, etc.

10. **Procédé dichotomique et tableau dichotomique des familles indigènes dont les plantes figurent dans ce livre.** — Dans une herborisation, si au lieu de rechercher quelles sont celles des plantes trouvées qui possèdent des propriétés médicinales on se proposait seulement de reconnaître pour les récolter, les plantes décrites dans ce livre, on y arriverait par l'emploi d'une méthode artificielle connue sous le nom de *méthode analytique ou de clef analytique.* Son principe est d'opposer toujours l'un à l'autre deux caractères entre lesquels il soit facile de se prononcer, et d'enchaîner successivement une série de ces oppositions, dont la dernière comprend la plante dont on recherche le nom. Ces clefs peuvent présenter plusieurs formes; une des plus habituelles consiste à réunir des phrases deux par deux, quelquefois par trois, rarement par quatre à l'aide d'accolades. Chaque accolade porte des numéros qui conduisent de l'une à l'autre. C'est cette forme que nous avons adoptée dans le tableau suivant ; voici de quelle manière il faut procéder dans les recherches que l'on entreprend avec son secours.

Supposons que l'on veuille déterminer la mauve sauvage (*Malva sylvestris*) qui croît spontanément en France, on consultera la table dichotomique, page 512 et l'on trouvera d'abord l'accolade 1.

1 {
Plantes phanérogames, c'est-à-dire dans lesquelles on distingue à l'œil nu des étamines et des pistils. 2
Plantes cryptogames, c'est-à-dire dans lesquelles on ne peut distinguer ni étamines ni pistils. 56
}
La fleur observée ayant des étamines et un pistil, on passe à l'accolade 2.

2 {
Organes sexuels entourés d'une enveloppe florale. 3
Organes sexuels nus. Arbre de haute taille à feuilles pennées............ OLÉACÉES (genre *fraxinus*).
}
La fleur portant une enveloppe florale, on passe à l'accolade 3.

3 {
Plantes hermaphrodites monoïques ou polyga-
mes. 4
Plantes dioïques. 49
}

La mauve étant hermaphrodite, il y a lieu de
consulter l'accolade 4.

4 {
Enveloppe florale colorée ou herbacée........ 5
— réduite à l'état d'écaille..... 47
}

Ici l'enveloppe florale étant colorée, on choisit
l'accolade 5.

5 {
Corolle papilionacée. 10 étamines rarement li-
bres, fruit sec................... LÉGUMINEUSES-PAPILIONACÉES.
Corolle non papilionacée................. 6
}

La corolle n'étant pas papilionacée, on va à
l'accolade 6.

6 {
Fleurs insérées sur un réceptacle en capitule
entouré d'un involucre à plusieurs folioles.. SYNANTHÉRÉES.
Fleurs ni renfermées dans un réceptacle, ni
disposées en capitule involucré. 8
}

Comme on ne rencontre point ici de capitules,
et que les fleurs ne sont pas renfermées dans
un réceptacle, on opte pour l'accolade 8.

8 {
2 enveloppes florales. 9
1 seule enveloppe florale (sur 2 rangs), les 3
externes simulant quelquefois un calice..... 36
}

La mauve présentant un calice et une corolle,
on passe à l'accolade 9.

9 {
Corolle polypétale. 10
Corolle monopétale. 23
}

La corolle étant polypétale, il y a lieu de consulter l'accolade 10.

10 {
Pétales indépendants du calice insérés avec les
étamines sur le réceptacle................ 11
Pétales insérés avec les étamines sur le calice.. 18
}

Les pétales étant indépendants du calice, on
passe à l'accolade 11.

11 {
Étamines nombreuses soudées en un tube que
recouvre l'ovaire, pétales quelquefois réunis
par les filets staminaux.................. MALVACÉES.
Étamines nombreuses, soudées en faisceau.... 12
Étamines nombreuses libres, fruit sec........ 13
10 étamines au plus, libres. 14
}

Les étamines étant soudées en un tube, la plante que l'on étudie
est une MALVACÉE.

On cherchera alors à la table alphabétique le mot *Malvacées*, on
saura ainsi quelles sont les plantes de la famille qui ont été décrites
dans ce livre et on verra quelle est la description qui se rapporte à
la plante étudiée.

Il est évident que l'on aurait pu faire pour les genres et les espèces une clef dichotomique analogue à celle des familles, mais ceci n'était guère compatible avec la forme de ce livre, et de plus nous aurait entraîné hors des bornes que nous nous étions fixées. Il sera facile de suppléer à cette insuffisance en consultant une *Flore française*, celle de Gillet et Magne par exemple, à laquelle nous avons emprunté les éléments principaux de la clef dichotomique des familles.

Voici maintenant le Tableau dichotomique des familles indigènes dont les plantes figurent dans ce livre.

1	Plantes phanérogames, c'est-à-dire dans lesquelles on distingue à l'œil nu des étamines et des pistils..........................	2
	Plantes cryptogames, c'est-à-dire dans lesquelles on ne peut distinguer ni étamines ni pistils.................................	56
2	Organes sexuels entourés d'une enveloppe florale.................................	3
	Organes sexuels nus. Arbre de haute taille à feuilles pennées................ OLÉACÉES (genre *Fraxinus*).	
3	Plantes hermaphrodites, monoïques ou polygames.........................	4
	Plantes dioïques...........................	49
4	Enveloppe florale colorée ou herbacée........	5
	— réduite à l'état d'écaille.....	46
5	Corolle papilionacée. 10 étamines rarement libres, fruit sec............... LÉGUMINEUSES-PAPILIONACÉES.	
	Corolle non-papilionacée...................	6
6	Fleurs insérées sur un réceptacle, en capitule entouré d'un involucre à plusieurs folioles..	7
	Fleurs ni renfermées dans un réceptacle, ni disposées en capitule involucré............	8
7	Toutes les fleurs en capitules, anthères adhérentes.................................. SYNANTHÉRÉES.	
	Toutes les fleurs en capitules, anthères libres, ovaire adhérent, fruit sec entouré par l'involucelle, feuilles opposées................. DIPSACÉES.	
8	2 enveloppes florales......................	9
	1 seule enveloppe florale (sur 2 rangs), les 3 externes simulant quelquefois un calice....	36
9	Corolle polypétale.........................	10
	— monopétale.........................	23
10	Pétales indépendants du calice, insérés avec les étamines sur le réceptacle.............	11
	Pétales insérés avec les étamines sur le calice.	18

11 {
Étamines nombreuses soudées en un tube qui
  recouvre l'ovaire, pétales quelquefois réunis
  par les filets staminaux.................... MALVACÉES.
Étamines nombreuses soudées en faisceau..... 12
Étamines nombreuses libres, fruit sec........ 13
10 étamines au plus, libres. 14
}

12 {
Fruit, petit, sec, indéhiscent............... TILIACÉES.
Fruit gros, charnu....................... RUTACÉES-AURANTIACÉES.
}

13 {
2 sépales caducs, 4 sépales, fruit capsulaire
  ou siliquiforme........................ PAPAVÉRACÉES.
3 sépales au moins, fruit en follicule........ RENONCULACÉES.
}

14 {
Calice tubuleux, arbrisseau à fruits bacciformes,
  pétales adhérents par le sommet en calotte. AMPÉLIDÉES.
Calice à divisions libres ou légèrement soudées
  à la base 15
}

15 {
Fruit indéhiscent, ou s'ouvrant en 2 valves.... 16
Fruit consistant en une capsule déhiscente.... 17
Fruit composé de 3-5 coques ou carpelles..... RUTACÉES.
Fruit bacciforme........................ BERBÉRIDACÉES.
}

16 {
4 sépales, 6 étamines tétradynames........... CRUCIFÈRES.
2 sépales, fleur irrégulière, étamines en 2
  groupes................................ FUMARIACÉES.
}

17 {
5 étamines à anthères convergentes surmontées
  d'un appendice membraneux, fleurs irrégulières.................................. VIOLARIÉES.
Étamines 8 ou 10, dressées, non appendiculées,
  fleurs régulières....................... LINACÉES.
}

18 {
Étamines nombreuses, en nombre indéterminé. 19
Étamines en nombre égal ou double de celui
  des pétales............................ 21
}

19 {
1 style................................. 20
Plusieurs styles......................... ROSACÉES.
}

20 {
Calice caduc, fruit charnu à noyau........ ROSACÉES-AMYGDALÉES.
Calice persistant, fruit rougeâtre et gros, fleurs
  rouges................................ MYRTACÉES-GRANATÉES.
}

21 {
Fruit charnu ou drupacé.................. 22
Fruit sec composé de deux akènes.......... OMBELLIFÈRES.
}

22 {
Arbres ou arbrisseaux résineux ou laiteux,
  feuilles alternes, sans stipules............ TÉRÉBINTHACÉES.
Arbres ou arbrisseaux non résineux, étamines
  opposées aux pétales.................... RHAMNACÉES.
}

23 {
5 étamines soudées en tube s'insérant sur le
  calice........................ CAMPANULACÉES-LOBÉLIACÉES.
Étamines libres insérées sur le réceptacle, arbrisseaux à fruit charnu, ovaire libre. ERICINÉES-ARBUTACÉES.
Étamines libres ou soudées insérées sur la co-
  rolle................................. 24
}

39 { Arbres, arbustes ou arbrisseaux.............. 40
   { Plantes herbacées.......................... 41

40 { Fleurs monoïques, mâles en chaton, femelles solitaires ou agglomérées, feuilles composées. JUGLANDÉES.
   { Fleurs unisexuelles ou hermaphrodites, jamais
   en chatons, baie noire, périgone à 4 divisions,
   8-12 étamines, feuilles simples........... LAURACÉES.

41 { Fruit enveloppé par le périgone, persistant,
   feuilles simples............................ 42
   { Fruit non enveloppé par le périgone; plantes à
   fleurs hermaphrodites.................... EUPHORBIACÉES.

42 { 1 stigmate presque sessile, périgone herbacé à
   4 divisions, 4 étamines................... URTICÉES.
   { 2, 3, 4 styles, ou 2 3 stigmates.............. 43

43 { 3-5 étamines, feuilles ordinairement alternes,
   à stipules engaînantes................... POLYGONACÉES.
   { 3-5 étamines, feuilles ordinairement alternes,
   sans stipules engaînantes, périgone devenant charnu ou ligneux, fleurs petites, verdâtres................................... CHÉNOPODACÉES.

44 { Périgone coloré pétaloïde.................. 45
   { Périgone scarieux, à 6 divisions; plantes croissant dans les lieux humides.............. AROÏDÉES.

45 { 1 2 étamines insérées sur le pistil, périgone irrégulier.................................. ORCHIDÉES.
   { 3 étamines libres, 3 styles ou 3 stigmates..... IRIDACÉES.
   { 6 étamines libres, 3 capsules ou 1 capsule à 3
   loges.................................... 46

46 { Capsules à 3 loges, à 3 valves repliées en dedans et formant les cloisons.............. COLCHICACÉES.
   { Capsules à 3 loges, à 3 valves portant les cloisons, ovaire libre....................... LILIACÉES.

47 { Plantes herbacées, au moins 2 écailles opposées pour chaque fleur, gaîne fendue....... GRAMINÉES.
   { Plantes ligneuses.......................... 48

48 { Écailles femelles devenant charnues, arbres à feuilles courtes, appliquées sur les rameaux. CONIFÈRES (*juniperus*).
   { Écailles femelles ligneuses sur un support li-
   gneux, feuilles filiformes persistantes.. CONIFÈRES (*pinus, abies*).

49 { Enveloppe florale formée par une seule écaille,
   plante herbacée à feuilles opposées.. URTICÉES-CANNABINÉES
   (*pieds femelles*).
   { Enveloppe florale tubuleuse ou verticillée autour des organes sexuels................. 50

50 { 1 seule enveloppe florale herbacée.......... 51
   { 2 enveloppes florales ou 1 seule pétaloïde...... 54

51 { Feuilles alternes, stipules engaînantes, fruit entouré par le périgone................. POLYGONACÉES (*rumex*).
   { Feuilles opposées.......................... 52

III. Récolte des plantes.

1° DE LA RÉCOLTE EN GÉNÉRAL.

On ne doit récolter les plantes médicinales que lorsqu'elles renferment le maximum de propriétés curatives, c'est-à-dire de principes immédiats. Il convient donc de passer en revue les circonstances qui influent sur la production et la proportion de ces principes immédiats.

11. Influence de la culture.—. Les changements qu'elle produit sont incontestables. On sait que par elle, on rend inermes les plantes qui sont munies d'épines à l'état sauvage, qu'on transforme en plantes bisannuelles les plantes annuelles en les abritant du froid. C'est par elle que nous voyons le sucre remplacer les acides malique et tannique des fruits des Drupacées et des Rosacées si acerbes à l'état sauvage, que l'on atténue la saveur forte et désagréable des Chicoracées. Néanmoins quelquefois, au point de vue médical, la culture est plutôt nuisible qu'utile, c'est ainsi que la digitale cultivée est moins active que celle venue spontanément; l'odeur de certaines Labiées sauvages est plus prononcée que chez les mêmes plantes quand on les cultive. Par contre, les Crucifères, la violette, beaucoup d'Ombellifères aromatiques, les Malvacées gagnent en activité quand on les cultive.

12. **Influence du climat.** — On ne saurait la mettre en doute. Le ricin herbacé et annuel à Paris devient bisannuel ou vivace dans le midi de l'Europe, tandis qu'en Amérique, c'est un arbre du port de nos platanes. Le chanvre d'Europe, plus vigoureux que celui d'Asie donne un hachisch qui ne possède pas les propriétés enivrantes du produit indien. Les arbres qui produisent les baumes de copahu et de Tolu n'en laissent point exsuder dans nos climats. Les frênes de nos forêts ne produisent point la manne comme en Sicile. Le tabac de l'Irlande contient à peine la moitié de la nicotine que l'on rencontre dans le tabac de Virginie. Les propriétés ténifuges de l'écorce de racine de grenadier de Portugal surpassent beaucoup celles que possèdent les écorces de France. Les Labiées du Midi sont bien plus riches en essence que celles du Nord; la menthe poivrée fait exception. L'aconit des montagnes est plus actif que celui des plaines. En général, les plantes des climats chauds sont plus riches en principes actifs que celles des climats froids : il faut donc en général récolter chaque végétal dans sa patrie.

13. **Influence du terrain.** — Elle est reconnue depuis longtemps; en effet, les terrains marins, marécageux ou terrestres présentent une flore spéciale. Chacun de ces terrains, suivant la nature des éléments qui le constitue, se couvre d'une végétation particulière. C'est ainsi que les chardons, le coquelicot, la ronce, les Labiées, la scabieuse, croissent spontanément dans les sols calcaires; la saponaire, le tussilage, la laitue vireuse, poussent bien dans les terrains argilo-calcaires; la germandrée, le rosier sauvage dans les terrains crayeux; le chiendent, le pin maritime, le chêne, les fougères, prospèrent dans les terrains siliceux; le chêne-liège dans les terrains schisteux. Suivant d'ailleurs que ces terrains sont secs ou humides, ils modifieront les propriétés des végétaux que l'on y rencontre. Les Ombellifères aromatiques perdent leur odeur dans les terrains humides et paraissent pouvoir devenir vénéneuses. La valériane venue

dans un terrain bas et marécageux est presque inerte (Haller). Les Solanées, les Crucifères, sont plus actives aux environs des habitations, parce qu'elles rencontrent en cés lieux une plus grande quantité d'ammoniaque. La bourrache, la pariétaire se plaisent dans les sols nitrés ; la belladone, la jusquiame, le datura, dans les terrains légers ; la mercuriale, la fumeterre, dans les terres meubles et amendées. Les arbres venus dans les terrains secs et pierreux sont plus denses, plus riches en matières tannantes et colorantes que les individus de même essence provenant d'un sol gras et humide. La digitale possède, dit-on, son maximum d'efficacité quand elle provient d'un terrain granitique et exposé au midi. Les bulbes viennent mieux dans une terre sèche, les racines sèches dans un sol poreux. En général, on doit récolter les plantes là où elles croissent naturellement avec vigueur ; on les choisira dans les endroits élevés, dans une belle exposition au Levant ou au Midi.

14. **Influence de l'âge.** — L'âge exerce une grande influence sur les propriétés des végétaux : les jeunes plantes ne renferment guère que de l'eau et des principes muqueux, et à part quelques plantes mucilagineuses, il n'en est aucune qu'on puisse récolter avec avantage à cette époque, et encore la racine de guimauve trop jeune est-elle moins émolliente que celle arrivée à un âge un peu plus avancé. Il ne faudrait point pourtant pousser le précepte à l'extrême, car les vieilles écorces, les vieilles racines, sont à peu près inertes. En général, c'est à l'époque qui précède la fructification que la plante est la plus active ; dès que la graine, ce but dernier de la vie végétative, est formée, le végétal annuel ou bisannuel est épuisé.

De nombreuses modifications se sont opérées dans l'intérieur de la plante entre le moment de la naissance et celui de la maturation des graines, modifications qui en altèrent singulièrement les propriétés. En voici quelques exemples : en Suède on mange impunément les jeunes pousses de l'aconit, le principe amer de la chicorée n'existe pas dans les plantes jeunes ; l'écorce de garou jeune est vésicante, vieille, elle est presque inerte ; les baies de genévrier contiennent, suivant l'âge, de l'essence, puis un mélange d'essence et de résine ; et enfin de la résine seulement. La plupart des fruits, d'abord acerbes et astringents, deviennent sucrés en mûrissant. On pourrait multiplier ces exemples.

15. **Influence de l'état de santé.** — La maladie produisant l'altération des organes et par suite des principes immédiats, il faut choisir les végétaux sains, vigoureux, et rejeter ceux qui sont rabougris et mal venus.

16. **Influence de l'état de l'atmosphère.** — Les plantes récoltées par un temps sec et chaud se conservent beaucoup mieux que celles

recueillies par un temps humide et froid. On choisira donc pour faire la récolte un temps sec ; si la terre est couverte de rosée, on attendra que celle-ci se soit dissipée. Les plantes recueillies dans ces conditions sèchent plus promptement, elles sont moins susceptibles de se pourrir pendant la dessiccation, et elles sont plus actives si on les emploie fraîches. C'est surtout aux feuilles et aux plantes entières que s'applique ce précepte.

17. **Influence de la saison. Époque de la récolte. Calendrier pharmaceutique végétal.** — En général on ne doit récolter les plantes ou les parties de plantes que lorsqu'elles ont acquis le maximum de propriétés curatives. L'expérience a fait connaître quel était le moment de l'année où cet état se manifestait ; c'est ce que Van Helmont appelait *le temps balsamique*. Il est d'ailleurs évident que ce temps doit suivre les phases de la végétation, puisque les diverses parties des plantes, tiges, feuilles, fleurs, fruits, ne se développent que successivement. Pour les plantes bisannuelles ou vivaces, la considération du temps balsamique est subordonnée à celle de l'âge.

Le tableau suivant fait connaître l'époque de la récolte des plantes décrites dans ce livre et qui croissent en France ; il faut en le consultant ne point oublier que cette époque peut varier d'environ quinze jours suivant la latitude et l'altitude.

JANVIER.

Aconit (racines).
Polypore amadouvier.
Polypore commun.

FÉVRIER.

Anémone pulsatille.
Sapin (bourgeons).
Violette (fleurs).

MARS.

Anémone pulsatille.
Chêne rouvre (écorce).
Sapin (bourgeons).
Tussilage (fleurs).
Vigne (sève).
Violettes (fleurs).

AVRIL.

Gléchome hédéracé (pl. fleurie).
Jusquiame (feuilles)
Lamier blanc (feuilles).
Violettes (fleurs).

MAI.

Asperges (turions).
Berberis (feuilles).
Bourrache (feuilles).
Chanvre (feuilles).
Cochléaria (feuilles).
Colchique (semences).
Fraises.
Gléchome hédéracé (pl. fleurie).
Gnaphale dioïque (fleurs).
Grenade (fleurs).
Jusquiame (feuilles).
Lamier blanc (fleurs).
Mélisse (feuilles).

JUIN.

1° FEUILLES.

Aconit.
Armoise.
Arnique.
Berberis.
Bourrache.
Chicorée.
Ciguë.
Cochléaria.
Digitale.
Guimauve.
Laurier-cerise.
Mauve.
Oranger.
Saponaire.
Scabieuse.

2° FLEURS ET SOMMITÉS FLEURIES.

Camomille.
Chanvre.
Lavande.
Roses.
Rue.
Sureau.
Véronique.

3° PLANTE ENTIÈRE FLEURIE.

Chardon bénit
Fumeterre.

Germandrée aquatique.
— petit-chêne.
Laitue.
Pariétaire.
Sauge.

4° DIVERS.

Angélique (tige).
Colchique (semences).
Fraises.
Froment (fruit).

JUILLET.

1° FEUILLES.

Absinthe.
Belladone.
Ciguë.
Cochléaria.
Datura.
Genévrier savinier.
Mauve.

2° FLEURS ET SOMMITÉS FLEURIES.

Armoise vermifuge.
Arnique
Bouillon blanc.
Camomille.
Chanvre.
Dictame.
Erythrée petite centaurée.
Grenade.
Guimauve.
Lavande.
Mélilot.
Oranger.
Scabieuse.
Tilleul.
Véronique.

3° PLANTE ENTIÈRE.

Germandrée aquatique.
Rue.
Sauge.
Thym.

4° FRUITS ET SEMENCES.

Avoine.
Froment.
Houblon (cônes).
Lycopode (microspores).
Noix.
Orge.
Pavot.

5° DIVERS.

Angélique (tige).
Cochléaria de Bretagne (racine).
Colchique (bulbe).
Orchis (tubercule).

AOÛT.

1° FEUILLES.

Absinthe.
Belladone.
Datura.
Lobélie enflée.
Tabac.

2° FLEURS ET SOMMITÉS FLEURIES.

Ambroisie du Mexique.
Armoise vermifuge.
Bouillon blanc.
Bourrache.
Colchique.
Dictame.
Erythrée petite centaurée.
Germandrée aquatique.
Menthe.
Oranger.

3° FRUITS ET SEMENCES.

Ache.
Angélique.
Anis étoilé.
Anis vert.
Ciguë.
Coquéret.
Cumin.
Lycopode (microspores).
Pavot.
Phellandrie aquatique.

4° DIVERS.

Colchique (bulbe).
Noix (brou de).
Verjus.

SEPTEMBRE.

1° RACINES.

Angélique.
Camomille pyrèthre.
Chicorée.
Patience.
Réglisse.

2° RHIZOMES

Canne de Provence.

Fragon piquant.
Froment rampant.

3° FEUILLES.

Belladone.
Lobélie enflée.
Ményanthe trèfle d'eau.
Tabac.

4° FEUILLES ET SOMMITÉS FLEURIES.

Colchique.
Menthe.

5° FRUITS ET SEMENCES.

Ache.
Anis.
Berberis.
Chanvre.
Ciguë.
Coings
Coqueret.
Coriandre.
Cumin.
Datura.
Figues.
Grenades.
Jujubes.
Moutarde.
Nerprun.
Noix.
Phellandrie aquatique.
Pistaches.
Raisins.
Sureau.

6° DIVERS.

Pomme de terre.
Safran (stigmates).
Verjus.

OCTOBRE.

1° FRUITS ET SEMENCES.

Amandier.
Aneth.
Angélique.
Bardane.
Belladone.
Berberis.
Chicorée.
Coings.
Courge.
Datura.
Dauphinelle staphisaigre.
Figues.

Genièvre.
Grenades.
Jujubes.
Lin.
Nerprun.
Raisins.

2° DIVERS.

Belladone (racine).
Pomme de terre (tuber-
cules).
Safran (stigmates).
Saponaire (racines).

NOVEMBRE.

Citrons.
Colchique (bulbes).
Oranges.
Scille (bulbes).

DÉCEMBRE.

Bistorte (racine).

2° DE LA RÉCOLTE EN PARTICULIER. — DES PARTIES QUE L'ON DOIT RÉCOLTER. — LOCALISATION DES PRINCIPES IMMÉDIATS.

L'expérience nous a appris quelles sont les parties des végétaux les plus propres aux usages de la médecine. Ce sont en général les plus sapides et les plus odorantes, nous excepterons pourtant les végétaux émollients qui sont inodores et insipides. Si donc on veut expérimenter une plante nouvelle, c'est le goût et l'odorat qui doivent servir spécialement de guide. A ces données fournies par les sens, on joindra celles fournies par l'analogie. On sait que chez les Labiées le calice est la partie la plus odorante; que dans les Amomées c'est la racine; que dans les Laurinées, toute la plante possède une odeur forte; on sait aussi que dans les Malvacées il faut rechercher les principes émollients dans la racine, que dans les Graminées on trouve les matières féculentes dans les fruits.

Les principes immédiats paraissent souvent se localiser dans un organe spécial. C'est ainsi que l'on rencontre les principes acides dans les fruits charnus; l'amidon dans les graines, les racines et les tiges des Monocotylédonées, dans les racines, les fruits, les tubercules des Dicotylédonées; les matières huileuses dans les graines; les substances astringentes dans les feuilles et les écorces. Il faut au moment de la récolte tenir compte du principe que l'on veut utiliser et rechercher parmi les organes d'une plante donnée celui qui le renferme en plus grande quantité.

En effet, un même végétal présente souvent des propriétés diverses; ainsi le fruit du chêne est nourrissant et l'écorce de cet arbre est astringente. Les fleurs de l'oranger sont calmantes, les feuilles toniques, les fruits rafraîchissants, les graines stimulantes; les fleurs du sureau ne possèdent pas les propriétés purgatives de ses baies. Enfin, il arrive quelquefois qu'un seul organe peut être utilisé en médecine : les fleurs, par exemple, dans le tilleul, le rosier; ou bien la proportion des principes immédiats d'un organe l'emporte tellement, les principes aromatiques dans la racine chez les Amomées, par exemple, que cette partie doit être exclusivement choisie. D'ailleurs, pour certaines espèces, cette localisation du principe immédiat est souvent plus complète qu'on pourrait le supposer : la partie inférieure de la tige de la canne mellifère renferme plus de sucre que le sommet ; les alcaloïdes occupent dans l'écorce de quinquina une zone spéciale. Cette localisation existe peut-être au même degré dans toutes les plantes, et l'on comprend combien il serait avantageux pour la thérapeutique que la chimie vînt faire connaître le point exact d'un organe présentant le maximum d'activité. Malheureusement cette étude est à peine ébauchée.

18. **Récolte des racines, des tubercules et des rhizomes.** — Les racines doivent être récoltées au printemps, quand les feuilles commencent à poindre, à l'automne, après la chute totale des feuilles et celle de la tige dans les plantes bisannuelles. Il est facile de comprendre pourquoi on choisit ce moment. Au printemps, en effet, la végétation se réveille, la racine élabore de nouveaux sucs devant servir au développement des feuilles. Il ne faut donc pas attendre que ce développement soit complet, car les sucs auraient alors abandonné l'organe qui leur a donné naissance. En automne, les sucs de la tige n'étant plus nécessaires au développement des graines, redescendent dans les racines, qui prennent ainsi de l'accroissement jusqu'au moment où le froid vient interrompre la végétation.

A laquelle de ces deux époques de l'année faut-il donner la préférence ? A ne consulter que l'apparence des racines on se prononcerait volontiers en faveur du printemps, car à cette époque ces organes sont plus gonflés, plus succulents ; mais cet aspect est trompeur, la succulence ne provient que d'un excès d'eau de végétation qui rend la dessiccation difficile ; de plus les racines recueillies à cette époque se conservent moins bien, et sont plus sujettes à être piquées par les vers. L'automne est donc préférable. Dans tous les cas, on devra toujours prendre en considération la durée de la plante. Si le végétal est annuel, il est évident qu'il ne faut point attendre l'automne, car l'individu a parcouru toutes les phases de son développement et va mourir ; d'ailleurs, on recueille rarement les racines des plantes annuelles, car elles sont en général inertes. On procédera à la récolte des plantes bisannuelles à la fin de la première année et à une époque de l'hiver aussi avancée que possible. Les racines d'angélique récoltées dans ces conditions sont aromatiques, tandis que celles qui ont été arrachées en juin et dont la tige a servi à préparer la conserve d'angélique ou bien celle des plantes qui ont fourni les graines à l'automne de la deuxième année sont à peu près privées d'essence.

Les racines des plantes vivaces, telles que l'asperge, l'aunée, la réglisse, la valériane, ne seront arrachées qu'après quelques années de végétation, on les trouve alors remplies de suc coloré et propres à l'usage médical. Du reste, il est certain que si l'on ne doit utiliser que l'écorce (thapsia, cynoglosse), il est impossible de les récolter plus tôt, puisque c'est seulement alors que ces parties ont acquis suffisamment d'épaisseur.

Quant aux racines des sous-arbrisseaux et des arbres, on les récolte le plus tard possible, sans toutefois attendre qu'elles aient perdu leurs propriétés médicales, et lorsqu'elles sont encore succulentes, flexibles et peu ligneuses.

Les racines une fois arrachées doivent être complétement séparées de la terre qui les salit. A cet effet on les lave en les agitant avec la main ou avec une pelle de bois en ayant soin de ne pas entamer l'épiderme. On enlève ensuite les radicelles, les collets, les parties altérées, on les fend ou on les coupe en tranches. Enfin, on les enfile dans des cordes et on les soumet à la dessiccation. Quelques personnes préfèrent sécher les racines sans les laver et faire tomber la terre en les secouant dans un sac en toile.

La récolte des tubercules (pomme de terre, orchis mâle) se fait de la même manière que celle des racines. Celle des rhizomes (canne de Provence, fougère mâle, fragon, bistorte) s'opère dans les mêmes conditions : elle est rendue plus facile par la direction ordinairement horizontale que prennent les rhizomes et leur peu de profondeur dans le sol.

19. **Récolte des turions, des bulbes et des bourgeons.** — Les turions des végétaux herbacés sont les bourgeons des nouvelles tiges qui apparaissent sur le collet de la racine. On les coupe peu après leur apparition au-dessus du sol, lorsque les fibres ligneuses ne sont pas encore développés (asperges). L'époque de la récolte des bulbes est l'automne (bulbes de colchique et de scille).

Les bourgeons (sapin, peuplier) doivent être recueillis au printemps, lorsqu'ils commencent à se développer, on les sèche facilement à l'étuve ou au séchoir.

20. **Récolte des tiges, des bois et des écorces.** — La tige de douce-amère est presque la seule tige indigène usitée. On la récolte en automne après la chute des feuilles et on choisit les pousses de l'année; on la fend d'un bout à l'autre, on la coupe en petits morceaux et on la fait sécher. La tige fraîche d'angélique est recueillie en juin et juillet.

Les bois doivent être récoltés en hiver, car à cette époque ils sont plus denses, plus riches en matières extractives, d'une dessiccation plus facile. On a proposé d'écorcer les arbres dont on veut récolter les bois. Cette pratique, qui aurait pour effet d'enrichir le bois en empêchant la séve de descendre par les vaisseaux de l'écorce, serait sans doute avantageuse, mais elle n'est pas employée. D'ailleurs à part le bois de genévrier, tous les bois employés en médecine sont exotiques. Ils doivent provenir d'arbres jeunes, puisque le tissu ligneux, qui est inerte, augmente avec l'âge.

Les écorces seront prises sur des individus ou sur des parties d'individus ni trop jeunes ni trop vieux; dans le premier cas, les principes immédiats ne sont pas encore formés, dans le second ils sont remplacés par du ligneux, des sels, etc. Le moment le plus favorable pour la récolte est soit le printemps, soit l'automne. La récolte du printemps est la plus facile, car en ce moment la plante étant en séve la décortication est aisée; il suffit de faire deux incisions circulaires à une certaine distance l'une de l'autre et de les réunir par une ou plusieurs incisions longitudinales, pour détacher 'écorce qu'on divise en lanières; c'est ainsi qu'on procède à la récolte des écorces de chêne, de garou, de sureau, de racines de grenadier, de cynoglosse. L'écorce des branches ne doit être détachée qu'autant que ces branches ont une certaine grosseur et appartiennent à des arbres arrivés à leur entier développement. L'écorce du sureau est appelée deuxième écorce, parce qu'on l'a privée de son épiderme en la râclant avec un couteau.

21. Récolte des feuilles. — On doit les récolter au moment où les organes floraux commencent à poindre. Plus tôt elles sont trop aqueuses, plus tard les principes immédiats les ont abandonnées au profit des fleurs. Cette règle n'est pas sans exception, car la petite centaurée est plus amère, la mercuriale plus purgative pendant la floraison et la fécondation qu'avant cette époque. Lorsque les feuilles, comme dans les Labiées, contiennent le même principe que les fleurs et que ce principe augmente par la végétation, il faut attendre la floraison. On a observé que dans cette famille le principe aromatique allant en augmentant de la base au sommet de la plante, les parties foliacées supérieures diffèrent peu de la fleur, on les récolte ordinairement ensemble, c'est ce qu'on appelle *sommités fleuries*.

On fera la récolte des feuilles par un temps sec, deux ou trois heures après le lever du soleil, on rejettera celles qui sont rongées par les vers, salies par la terre, ou bien encore celles qui sont sèches et étiolées.

22. Récolte des fleurs. — On y procède, en général, au moment où la fécondation va s'opérer, ce qui arrive lorsque l'épanouissement commence. Plus tard, les sucs cessent de se porter sur les enveloppes florales qui dépérissent rapidement. Ce précepte souffre pourtant plusieurs exceptions. C'est ainsi qu'il faut cueillir à l'état de bouton la fleur des Synanthérées (armoise, arnique, camomille, tussilage) dont le développement continue encore à se faire après la cueillette et pendant la dessiccation, car ses fleurs trouvent matière à développement dans les sucs dont sont gorgés leurs réceptacles charnus. On récolte encore en bouton la rose de Provins, parce que les principes colorants et astringents y sont plus développés en ce moment. Les fleurs de bourrache, de camomille, de guimauve, de mauve, présentant des propriétés identiques dans toutes leurs parties, on les récolte entières. Au contraire, on séparera les calices des fleurs de coquelicot, de violette, de roses de Provins, qui nonseulement altéreraient la couleur des infusés, mais encore pourraient par leur astringence contrarier l'effet des pétales. C'est à cause de son astringence que l'on préfère le calice à la corolle du grenadier. Dans la fleur du safran, on ne prend que les stigmates, car c'est la seule partie qui renferme les principes colorants et aromatiques. J'ai déjà indiqué pourquoi les fleurs des Labiées sont cueillies accompagnées des feuilles qui les avoisinent (*sommités fleuries*), il y a ici identité dans l'action des deux organes. Le même précepte est applicable à l'ambroise du Mexique, à la tanaisie, à la véronique. Les fleurs en cymes, en corymbes, en ombelles, sont récoltées avec leur support commun.

Si les fleurs doivent être séchées, on n'en fera la récolte que lorsque la rosée a disparu; lorsqu'au contraire on doit les soumettre à la distillation (*hydrolats, essences*) on n'attendra pas que les rayons du soleil aient dissipé en grande partie leurs principes aromatiques.

23. Récolte des plantes entières. — Elle rentre en général dans les deux cas précédents, soit qu'on emploie la plante avant la floraison (fumeterre, laitue, pariétaire), soit qu'on se serve de la plante fleurie (chardon bénit, gléchome hédéracé, germandrée aquatique, rue odorante, sauge, thym). On récolte la morelle noire quand les fruits sont mûrs.

24. Récolte des fruits. — L'époque la plus favorable à cette récolte varie suivant que les fruits sont charnus ou secs.

A. FRUITS CHARNUS. — On les cueille à l'époque de leur complet développement, tantôt avant, tantôt après leur maturité. On récolte avant leur maturité le verjus ainsi que les groseilles, les mûres, dont le suc devient tellement visqueux plus tard qu'on ne peut l'extraire; les coings, parce que la proportion de leurs principes astringents est moindre quand ils sont très-mûrs; les fruits que l'on veut conserver frais, oranges, citrons, dont la maturation s'achève dans le fruitier. On récolte quand leur maturité est complète les fruits qu'on veut employer immédiatement, berberis, concombre sauvage, fraises, nerprun, sureau. Les jujubes doivent être flétries et les figues pendantes.

B. Fruits secs. — Les fruits déhiscents doivent être récoltés quand la graine et le péricarpe ont acquis tout leur développement, mais avant leur dessiccation naturelle. A la fin de leur vie, il se manifeste dans les péricarpes des changements de couleur qui annoncent des changements chimiques dans le tissu. Les fruits de séné (*follicules*) sont souvent moins actifs que les feuilles, tandis qu'ils les égalent s'ils ont été cueillis au moment voulu (Matthiole). On en pourrait dire autant des capsules de pavot; il faudrait les récolter dès que la capsule commence à jaunir, pour que leur action fût toujours égale et certaine.

Les fruits indéhiscents doivent être récoltés à des époques qui varient avec les usages auxquels on les destine. Si le péricarpe est la partie essentielle du fruit, on le récoltera avant la dessiccation naturelle : exemple, les fruits secs des Ombellifères, dont le péricarpe renferme l'essence et la résine qui constituent les principes actifs de l'organe. Si, au contraire, on recherche les propriétés qui appartiennent à la graine, on attendra une complète maturité, afin que les différentes parties aient acquis tout leur développement (fruits des Graminées, noix, amandes).

25. Récolte des graines. — On récoltera les graines des fruits charnus à l'époque de la maturité des péricarpes (courge, coing), sans se préoccuper si ces graines sont arrivées ou non à leur complète maturité, parce que le péricarpe ne tardant pas à fermenter, les graines pourraient être altérées. Au contraire, les graines des fruits secs (ricin, datura, moutarde) étant à l'abri de ces accidents, on n'effectuera leur récolte que quand elles seront parvenues à complète maturité. Il importe de ne point oublier que les fruits déhiscents, laissant échapper leurs graines à l'époque de la maturité, la récolte doit devancer le moment où cette déhiscence s'opère. Les graines que recouvre une coque ligneuse (noix, amandes) sont cueillies avec cette enveloppe, qui les garantit de l'action de l'air et des attaques des insectes. Les fruits des Graminées, des Crucifères, des Légumineuses, des Ombellifères, trop petits pour être récoltés isolément, le seront avec leur tige, dont on les détache après dessiccation, soit à la main, soit par le battage.

26. Récolte des principes immédiats. — Elle doit se faire à l'époque où les végétaux les contiennent en plus grande quantité. La manne, par exemple, s'obtient *en larmes*, pendant les mois de juillet et d'août, en *sorte* en septembre, à l'état de *manne grasse* en octobre et en novembre. La térébenthine de Strasbourg est récoltée au printemps et en automne, en Suisse et dans les Vosges, celle de

Bordeaux s'exploite dans les Landes de février en octobre. Les huiles fixes sont extraites des semences complétement mûres; l'opium est récolté sur les capsules vertes du pavot; le lactucarium sur les tiges montées et prêtes à fleurir de la laitue cultivée.

IV. Conservation des plantes.

Les végétaux exotiques et les produits qui en dérivent nous sont apportés dans un état qui leur permet de se conserver pendant longtemps. Il suffit de les garantir de la poussière, de la lumière et de l'humidité.

Les plantes indigènes qu'on ne peut se procurer fraîches ou qui ne sont pas employées dans cet état doivent, pour se conserver, être amenées à un état de siccité convenable. Il convient de faire remarquer que quelques plantes ne peuvent subir la dessiccation sans perdre leurs propriétés médicales, telles sont les feuilles des Crucifères, la racine de raifort, la mercuriale; les feuilles d'aconit desséchées sont bien moins actives. D'autres plantes, après dessiccation, présentent une efficacité plus grande sous le même poids, ce qui peut tenir souvent à la diminution de la proportion d'eau, et quelquefois aux modifications qui se produisent dans la nature des principes actifs.

27. Conservation des plantes à l'état frais. — Lorsqu'on peut conserver une plante fraîche, il est bon de le faire. Un procédé qui réussit bien est celui qui consiste à les enterrer dans un sable fin très-sec. C'est ainsi qu'on conserve la racine de raifort après avoir coupé le collet, afin que les feuilles ne puissent pas se développer; c'est ainsi qu'opèrent les herboristes de Paris, pour assurer la conservation des rhizomes d'iris et des racines de réglisse et de grenadier. Les progrès de la culture maraîchère permettent de se procurer du cresson pendant toute l'année; mais on peut prolonger l'époque de la récolte des feuilles fraîches en coupant les fleurs au fur et à mesure qu'elles paraissent; de cette manière les sucs nourriciers ne sont pas détournés au profit des organes floraux, ils affluent dans les feuilles et s'y perfectionnent.

28. Dessiccation des plantes. — La dessiccation est d'autant plus parfaite qu'elle est plus rapide et qu'elle s'effectue à une température plus basse. Les deux moyens qu'on doit combiner pour atteindre ce but sont : 1° une élévation convenable de température; 2° le renouvellement de l'air. Guibourt condamne avec raison le procédé qu'emploient les herboristes et qui consiste à suspendre devant la maison des guirlandes de plantes qui restent ainsi exposées pendant longtemps aux intempéries de l'air et à la poussière, ainsi que l'usage du four du boulanger où les plantes se cuisent et s'altèrent. On peut pourtant avoir recours au séchage à l'air libre lorsque le climat le comporte.

Séchoir. — Le plus convenable est un grenier aéré, placé de préférence sous les combles parce que le soleil l'échauffe, exposé au midi, présentant des ouvertures nombreuses pour le renouvellement de l'air. Celles-ci doivent être fermées avec des persiennes qui ne s'opposent pas au courant d'air, mais qui garantissent les plantes du rayonnement direct du soleil susceptible de les altérer et de les décolorer. Des volets extérieurs permettent de clore entièrement la pièce en cas de pluie. On peut faire du feu dans le séchoir, mais alors on se rapproche des conditions de l'étuve. Les plantes seront placées sur des claies, où on les étalera en couches peu épaisses et on les retournera souvent. On peut aussi suspendre les plantes en guirlandes, en les disposant par paquets espacés, peu serrés et peu volumineux, paquets que l'on désigne sous le nom de *bouquets*, en terme technique.

Étuve. — Elle présente plusieurs avantages sur le séchoir, car on est libre d'y élever la température autant qu'on le désire, l'air s'y renouvelle bien, et on peut opérer quelque temps qu'il fasse, de jour comme de nuit. Seulement le prix de revient est un peu plus élevé. Je ne décrirai point les divers systèmes d'étuves. Les plantes y sont placées sur des claies en couche mince et retournées souvent. Il est indispensable de ne les exposer d'abord qu'à une température de 20° à 25° qu'on élèvera plus tard à 35° ou 40°. Employer cette dernière température dès le commencement ou la dépasser plus tard, c'est s'exposer à voir les plantes cuire dans leur eau de végétation.

L'un et l'autre de ces modes de dessiccation présentent des avantages et des inconvénients suivant la nature de la plante qu'il s'agit de dessécher. Les végétaux aromatiques doivent être desséchés au grenier et à la plus basse température possible, parce que l'essence se volatilise facilement. L'étuve sera préférée pour les plantes charnues, telles que la bourrache, les racines succulentes, les bulbes. On devra également avoir recours à l'étuve pour certaines plantes qui, se desséchant trop lentement au séchoir, s'altèrent et fermentent, telles sont par exemple la scolopendre, qui y devient jaunâtre ; la mélisse, la benoîte, la véronique qui y perdent leurs propriétés thérapeutiques.

Séchage à l'air libre. — Il peut être exécuté sans inconvénient dans le midi de la France, depuis le mois de juin jusqu'à la fin de septembre et souvent jusqu'à la mi-octobre. A cette époque l'air est ordinairement très-sec, la température élevée ; la pluie très-rare. Ce mode de séchage pratiqué avec les précautions convenables donne de bons résultats; les figues, les jujubes, les raisins, ne sont pas séchés autrement. On peut le mettre en usage pour toutes les plantes ou les parties de plantes moyennement aqueuses (fumeterre, trèfle d'eau, mercuriale, chardon bénit, écorces de chêne et de garou). Les plantes ou les parties de plantes qui ne renferment presque pas d'eau, mais qui sont riches en principes volatils (thym, romarin, stigmates de safran, ombelles de fenouil, d'anis, etc.), seront séchées à l'air libre ou à l'ombre. On laisse sécher sur pied les plantes dont on récolte les fruits lorsque ceux-ci sont indéhiscents (Graminées, Crucifères, etc.).

Examinons maintenant les précautions particulières qu'exige la dessiccation de chaque partie des plantes.

Les racines, les rhizomes, les tubercules, sont d'abord débarrassés de la terre comme nous l'avons dit, on retranche le collet et les radicelles. On coupe les racines charnues par tranches minces (bryone) ou bien on les fend en deux ou en quatre (ache, angélique), on les étale sur des claies, ou bien on en fait des chapelets en les traversant par une ficelle et on les place à l'étuve ou au séchoir. Les racines peu succulentes sont coupées en tronçons courts qu'on étale sur des claies (bardane patience); celles qui sont minces, sont disposées en paquets (valériane, chiendent). Lorsque le cœur ou méditullium est inerte (cynoglosse) on fend la racine et on l'enlève. On prive de son épiderme la racine de guimauve; à cet effet, lorsqu'elle est sèche, on la roule dans un tonneau muni de rapes.

Les bulbes sont desséchés soit à l'étuve, soit au soleil (colchique, scille).

Les tiges, les bois, les écorces, ne contenant que fort peu d'eau, se dessèchent avec la plus grande facilité en les exposant à l'action de l'air dans un grenier.

La dessiccation des *plantes entières herbacées* et des *feuilles* ne présente rien de particulier; on étale les feuilles grandes et moyennes sur des claies en couches minces, on réunit celles qui sont plus petites en paquets peu volumineux et on les place dans le séchoir ou à l'étuve. Dans ce dernier cas on élève, après quelque temps, la température à 40° ou 45°. Une dessiccation moins prompte pourrait ne pas empêcher la fermentation. Les plantes aromatiques ne seront exposées qu'à une chaleur de 30°. On reconnaît que les plantes sont sèches lorsqu'elles sont devenues cassantes.

Les sommités fleuries sont disposées sur des claies et recouvertes de papier, ou bien on en fait des bouquets qu'on met dans des cornets de papier, afin de les préserver de l'action décolorante de la

lumière. On dispose ainsi les sommités de petite centaurée, de mélilot, d'origan, etc.

La dessiccation *des fleurs* est plus difficile, car il s'agit de conserver leur odeur et leur couleur. On sépare d'abord le calice s'il y
a lieu (roses rouges, violettes, coquelicot) et on les dispose sur des
toiles tendues ou dans des tamis au-dessus d'une feuille de papier
gris; on les couvre avec une autre feuille de ce papier et on les
dessèche promptement en accélérant d'autant plus cette opération
que les pétales sont plus aqueux et plus altérables. Quelques fleurs
exigent des précautions particulières; c'est ainsi qu'il faut isoler le
plus possible les pétales de coquelicot, parce qu'ils laissent exsuder
en séchant une matière gommeuse qui les fait adhérer ensemble,
ce qui les rend très-altérables. Si les pétales de violettes sont destinés aux usages chimiques, on les lave d'abord à l'eau tiède pour
séparer une matière verte et on les essuie en les pressant légèrement
dans un linge. Les fleurs des Synanthérées (camomille, tussilage, etc.)
qui ont la forme globuleuse doivent rester plus longtemps à l'étuve
que ne le ferait supposer l'état de dessiccation de leurs pétales, parce
que le réceptacle conserve longtemps une eau de végétation qui deviendrait une cause rapide de détérioration.

Les fruits charnus ou pulpeux peuvent être séchés au soleil
(dans le midi de la France), au séchoir, à l'étuve, ou au four à une
chaleur assez modérée pour ne pas cuire leur chair. Dans ces derniers cas, on les retire de temps à autre pour les exposer au soleil,
notamment quand ils contiennent beaucoup de sucre, parce que celui-
ci, entraîné à la surface, ne tarde pas à former une pellicule qui empêche l'humidité intérieure de se faire jour. Cette pellicule s'hu-
mecte rapidement, lorsqu'on expose ces fruits à l'air, par suite du
courant aqueux qui s'établit entre les couches sèches extérieures et
les couches humides intérieures, et en répétant l'opération on arrive
à une dessiccation convenable.

Les graines bien mûres se conservent sans dessiccation (Graminées).
On place à l'ombre et à l'air celles qui sont aromatiques (Ombellifères). Les graines émulsives sont placées au séchoir en couches
minces sur des claies ou sur le sol.

La dessiccation des parties des plantes autres que celles que je
viens d'énumérer, *brou de noix, malicorium de grenade, balaustes,
zestes d'orange et de citron, pulpe de coloquinte, macis, stigmates
de safran, polypore du mélèze, ergot de seigle*, ne présente aucune particularité. *L'agaric amadouvier* est l'objet d'une préparation spéciale. *Les galles du chêne, les balles d'avoine, les filaments
du cotonnier* sont récoltés secs.

    29. Déchet que les plantes éprouvent par la dessiccation. — Il ne sera ici question que des plantes décrites dans l'ouvrage. Le chiffre indiqué est celui que fournit un kilogramme de substance fraîche.

RACINES.		FEUILLES.			
		Sureau	0,295	Pariétaire	0,220
Ache	0,300			Pervenche	0,370
Angélique	0,263	FEUILLES.		Rue	0,225
Asperge	0,366	Absinthe	0,260	Saponaire	0,310
Aunée	0,187	Aconit	0,185	Sauge	0,220
Bardane	0,301	Armoise	0,240	Stramoine	0,110
Bryone	0,312	Belladone	0,140	Tanaisie	0,196
Consoude	0,276	Bouillon blanc	0,218		
Cynoglosse	0,216	Bourrache	0,115	FLEURS.	
Fougère	0,250	Chicorée	0,155	Aconit	0,250
Guimauve	0,342	Ciguë	0,185	Bouillon blanc	0,175
Jusquiame	0,280	Digitale	0,180	Bourrache	0,096
Patience	0,383	Érythrée petite		Camomille	0,338
Valériane	0,289	centaurée	0,295	Coquelicot	0,084
		Fumeterre	0,170	Guimauve	0,170
BULBES.		Germandrée aqua-		Lamier blanc	0,140
		tique	0,203	Lavande	0,510
Scille	0,180	— petit-chêne	0,295	Mauve	0,111
		Guimauve	0,130	Oranger	0,250
BOURGEONS.		Hyssope	0,230	Pensée	0,147
Bourgeons de		Jusquiame	0,135	Roses pâles	0,180
sapin	0,385	Mauve	0,215	Roses rouges	0,330
		Mélisse	0,220	Sureau	0,250
TIGES.		Menthe crépue	0,150	Thym	0,340
Tiges de douce-		— poivrée	0,215	Tilleul	0,328
amère	0,308	Ményanthe	0,140	Tussilage	0,192
		Mercuriale	0,170		
ÉCORCES.		Morelle	0,150	STIGMATES.	
Chêne	0,410	Oranger	0,460	Safran	0,200

La quantité de produits secs que donne un végétal peut varier avec l'âge et même avec l'époque de l'année ; c'est ainsi que la racine d'asperge récoltée en septembre a fourni à Guibourt 0,420 et en novembre 0,296. La racine de patience lui a donné, en juin 1823, 0,257 de produit sec et 0,323 en juin 1825. Il est inutile de multiplier ces exemples, aussi ne faut-il considérer les rapports que je viens d'indiquer que comme approximatifs.

30. **Moyens de conserver les plantes sèches.** — Après avoir retiré les plantes du séchoir ou de l'étuve, on laisse les parties qui sont devenues cassantes (feuilles, fleurs, sommités fleuries) exposées pendant quelques heures à l'air libre et à l'ombre jusqu'à ce qu'elles aient repris un peu de souplesse par suite de l'absorption de la vapeur d'eau atmosphérique. On les crible, afin de les débarrasser des œufs d'insectes, mais avec précaution pour ne pas les briser, et on les

conserve le plus possible à l'abri de l'air, de l'humidité, de la chaleur et de la lumière, causes principales de l'altération des matières organiques. Quelques fleurs de nature très-altérable (bouillon blanc, camomille, coquelicot, mauve, guimauve, violette) font exception et doivent être enfermées chaudes, au sortir de l'étuve, dans des vases bien bouchés.

Lorsque les substances sont flexibles et susceptibles d'être fortement tassées comme le lichen et le houblon, on en forme des ballots qu'on enveloppe de toile. L'emploi de la presse hydraulique est avantageux; aujourd'hui le houblon n'est plus conservé que de cette façon et ce procédé peut s'appliquer à un grand nombre de plantes médicinales indigènes. Si l'on n'a point de presse hydraulique à sa disposition, on enferme les produits volumineux dans des boîtes, des caisses, des tonneaux en bois peints en dehors et garnis intérieurement de papier appliqué avec de la colle à laquelle on a ajouté de l'aloès ou de l'alun pour le garantir des insectes. Il faut s'abstenir de faire entrer le sublimé corrosif dans la composition de cette colle, car l'emploi de ce sel de mercure offrirait plus d'inconvénients que d'avantages. Les estagnons en fer-blanc offrent un excellent moyen pour la conservation des fleurs. Les flacons en verre noir ou bleu, ou bien encore recouverts de papier noirci, les vases en terre vernissée (faïence, grès, porcelaine) sont excellents et on ne peut leur reprocher que leur faible capacité. On les ferme avec de bons bouchons que l'on cachette, que l'on goudronne ou que l'on recouvre d'une double coiffe de papier ou de parchemin. On place le tout dans des magasins frais et parfaitement secs.

Quel que soit le procédé adopté, il convient de visiter de temps en temps les produits, soit pour rejeter ceux qui sont gâtés, moisis, piqués par les vers, soit afin de prévenir les altérations qui sont sur le point de se produire. Les racines, les feuilles et surtout les fleurs se conservent en général moins longtemps que les tiges, les bois, les écorces, les fruits secs et les graines. Parmi ces substances, les moins altérables sont les racines, les bois, les écorces les plus compactes et les plus riches, soit en tannin, soit en principes aromatiques ou résineux et les plus pauvres en amidon et en mucilage. Les racines de pyrèthre et de jalap font exception, quoiqu'elles soient très-résineuses. Les feuilles de ciguë, de fumeterre, d'oranger, de pensée sauvage, bien que ne présentant rien de particulier sous le rapport de l'organisation, s'altèrent plus aisément que les autres. Les feuilles de digitale se conservent bien, mais au bout d'un an elles deviennent inertes.

V. — Emploi ou formes pharmaceutiques des plantes.

Les plantes, avant d'être employées comme médicaments, subissent des préparations de diverses natures, les unes officinales, les autres magistrales, qui sont du domaine de la pharmacie. Parmi ces dernières préparations, il en est quelques-unes tellement simples que toute personne peut les effectuer, aussi croyons-nous devoir présenter ici quelques considérations sur la manière de les exécuter. Dans les exemples que nous donnons, les poids sont indiqués en grammes :

31. Médicaments magistraux de préparation vulgaire. — Apozèmes. — Eau chargée par macération, infusion ou décoction des principes actifs d'une ou de plusieurs substances médicamenteuses. Ils ne servent jamais de boisson ordinaire pour les malades, comme les tisanes. Le médecin détermine les heures de leur prise.

Exemple : *Apozème de cousso.* — Cousso en poudre demi-fine 20, eau bouillante 150. Délayez, couvrez, administrez sans passer (Codex).

Apozème de grenadier. — Ecorce sèche de racine de grenadier 60, eau 750. Faites macérer pendant 12 heures, puis bouillir jusqu'à réduction à 500, passez (Codex).

Bains. — Milieux liquides dans lesquels on plonge, dans un but thérapeutique, le corps (bains généraux) ou seulement une partie du corps (bains locaux, manuluves, pédiluves). Les bains sont aromatiques, émollients, stimulants, etc.

Exemple : *Bain émollient.* — On fait bouillir les espèces émollientes 2000 (mélange de parties égales de feuilles sèches de mauve, de guimauve, de bouillon blanc, de pariétaire) dans 10 litres d'eau, on passe avec pression, on verse dans l'eau du bain. —*Pédiluve sinapisé.* Farine de moutarde 150, délayez dans l'eau tiède 600 (Codex).

Cataplasmes. — Topiques d'une consistance de pâte molle et composés de poudres ou de farines délayées dans de l'eau, des décoctés, des infusés chauds, plus rarement froids. Ils sont émollients, résolutifs, toniques, calmants, etc., soit par eux-mêmes, soit par les substances que l'on ajoute à leur masse ou dont on les saupoudre. La pâte est étendue sur du linge ou du papier; quelquefois elle est placée entre deux linges, ce qui diminue l'efficacité du médicament. Lorsque les parties sont rouges, enflammées, douloureuses, on les applique froids. Pour conserver la température des cataplasmes chauds, on les recouvre de compresses, de flanelle, de toile cirée.

Les cataplasmes froids sont préparés en délayant la poudre dans le liquide en quantité suffisante pour donner au topique la consistance qu'il doit avoir; nous signalerons parmi les médicaments de cette catégorie, les sinapismes (de *sinapis*, moutarde) ou cataplasmes faits avec la farine de moutarde noire. On les prépare en délayant 200 gr. de farine de moutarde récente dans eau tiède, quantité suffisante (Codex).

Le cataplasmes chauds se font en délayant la poudre dans l'eau de manière à former une pâte claire que l'on fait cuire en remuant continuellement sur un feu doux jusqu'à consistance convenable. Le *cataplasme simple, commun* ou *émollient*, est préparé en formant avec autant de farine de lin qu'on veut et suffisante quantité d'eau, une pâte claire que l'on fait chauffer jusqu'à boursouflement et en remuant constamment, ou bien plus simplement en délayant la farine dans de l'eau bouillante ajoutée par partie et en quantité suffisante.

CUCUPHES. Voyez *Sachets*.

DÉCOCTION. Voyez *Tisanes*.

DIGESTIONS. Voy. *Tisanes*.

ÉMULSIONS, de *emulgere*, traire le lait. — Préparations liquides, aqueuses, ayant ordinairement la couleur et l'opacité du lait, dont elles prennent quelquefois le nom.

Exemple : *Lait d'amande*. — On les divise en *naturelles*, les seules qui doivent nous occuper, et en *factices*. On prépare les premières avec les semences émulsives (amandes, pistaches, etc.), dont on enlève l'épiderme après un léger trempage dans l'eau chaude et qu'on pile ensuite en ajoutant peu à peu de l'eau. On passe à travers un linge. Ces émulsions sont constituées par l'huile de la graine tenue en suspension par la matière albumineuse.

Exemple : *Émulsion simple*. — Amandes douces mondées 50, sucre 50, eau 1000. Pilez les amandes avec le tiers de sucre et quelques gouttes d'eau dans un mortier de marbre, délayez la pâte avec le reste de l'eau, faites-y dissoudre le sucre, passez avec expression ou à travers une étamine (Codex).

FOMENTATIONS, de *fovere*, échauffer, bassiner, fomenter. — Ces médicaments externes sont des infusés, des décoctés, des liqueurs alcooliques, vineuses, etc., dont on imbibe des compresses que l'on applique chaudes, tièdes ou froides sur les parties malades. On maintient la température de celles qu'on a appliquées chaudes en les recouvrant de serviettes et mieux de taffetas ciré ou gommé.

Exemple : *Fomentation émolliente*. — Espèces émollientes 50. Eau, quantité suffisante, faites bouillir dix minutes, passez avec expression. Pour obtenir un litre de liquide (Codex).

FUMIGATIONS, de *fumus*, fumée. — Elles consistent en des expansions de gaz ou de vapeurs que l'on répand dans l'atmosphère ou qu'on dirige sur quelques parties du corps ; on peut employer en fumigations toutes les substances volatilisables. Les fumigations ayant pour base des matières végétales, s'obtiennent : 1º en faisant infuser dans l'eau bouillante des plantes émollientes, aromatiques, narcotiques, etc., dont on dirige la vapeur sur les organes malades.

Exemple : *Fumigation stimulante.* — Absinthe 20, armoise 20, eau bouillante 1000. Dirigez les vapeurs sur les parties sexuelles pour ramener la menstruation.

2º On fait brûler du sucre, des résines, des baies de genièvre, etc. Elles ont pour objet, soit de purifier l'air, soit d'agir sur des parties malades.

Exemple : *Fumigation de genièvre.* — Baies de genièvre concassées 250º. On les met dans une bassinoire avec des charbons ardents et on passe celle-ci entre les draps pour combattre les douleurs rhumatismales, le lumbago.

GARGARISMES. — Médicaments liquides qu'on rejette après s'en être rincé la bouche ou la gorge. L'eau est l'excipient ; suivant les substances qu'on ajoute, ils sont astringents, émollients, excitants, etc. Les *collutoires* sont des gargarismes très-concentrés qu'on applique avec un pinceau ou la barbe d'une plume.

Exemple : *Gargarisme adoucissant.* — Racine de guimauve 15, tête de pavot une, faites bouillir dans une quantité d'eau suffisante pour obtenir 250 de décocté, ajoutez 30 de miel blanc (Guibourt). *Collutoire détersif*, décocté d'orge 8, vinaigre 2.

GELÉES. — Préparations à la fois médicamenteuses et alimentaires formées de sucre et d'une matière gommeuse et gélatineuse qui leur donne une consistance tremblante.

Exemple : *Gelée de salep.* — Salep 15, sucre 125, eau quantité suffisante pour 500 de gelée que l'on aromatise à volonté (Soubeiran).

INFUSIONS, voyez *Tisanes.*

INJECTIONS. — Préparations liquides destinées à être introduites dans des cavités naturelles autres que le rectum ou accidentelles, à l'aide d'une seringue. Les injections se font avec des infusés, des décoctés de plantes ou avec des solutions de substances minérales, etc.

Exemple : *Injection de belladone.* — Feuilles sèches de belladone 5, eau bouillante 100, faites infuser une heure, passez avec expression (Codex).

LAVEMENTS, de *lavare*, laver. — Médicaments liquides destinés à être introduits par le rectum dans le gros intestin ; c'est ordinairement de l'eau chargée de principes médicamenteux par mixtion, solution, infusion, décoction, et administrée à la température de 30º à 35º.

Exemple : *Lavement amidonné.* — Amidon 15, eau 500, délayez l'amidon dans 100 d'eau froide, portez le reste de l'eau à l'ébullition et versez-le sur le mélange d'eau et d'amidon (Codex).

LIXIVIATIONS. Voy. *Tisanes.*

Lotions, de *lotio*, action de laver. — Préparations liquides externes dont l'application se fait en imbibant des compresses que l'on passe ensuite très-légèrement sur la partie malade; elles ne diffèrent des fomentations que par la manière d'en faire usage. Voyez *Fomentations*.

Macérations. Voyez *Tisanes*.

Sachets. — Préparations qui consistent en des substances médicinales grossièrement pulvérisées que l'on coud dans de petits sacs, des cravates, des ceintures piquées en losange et que l'on applique sur la partie malade. Les cucuphes sont des sachets en forme de bonnets, de calottes. Les sachets sont préparés avec des substances aromatiques, telles que la sauge, le romarin, le benjoin, la cannelle, le girofle. On a proposé (Legal) de remplir des matelas, des oreillers, avec des plantes aromatiques, anthelmintiques, et de s'en servir pour le coucher des malades dans les cas de bronchite, d'affections vermineuses, etc.

Solutions. Voy. *Tisanes*.

Sucs végétaux. — Ces mots pris d'une manière générale désignent tous les produits liquides que fournissent les végétaux; dans un sens plus restreint on les donne seulement aux sucs aqueux extractifs. Leur préparation est fort simple. Si la plante est aqueuse, on la pile dans un mortier de marbre, on l'exprime et on clarifie le liquide obtenu, par filtration s'il doit être pris en nature, par coagulation à chaud s'il est destiné à la préparation d'un sirop. Si la plante est peu succulente ou bien si son suc est très-visqueux, on lui ajoute pendant la contusion $\frac{1}{8}$ de son poids d'eau. Ces sucs étant très-altérables doivent être préparés le jour même et au plus tard la veille de leur administration.

Exemple : *Suc d'herbes antiscorbutiques.* — Cresson, cochléaria, ményanthe, de chaque parties égales, et autant qu'on voudra, pilez, exprimez, filtrez au papier (Codex).

Tisanes, de πτισάνη orge mondé, parce que les anciens n'employaient que l'orge à leur préparation. Ce sont des médicaments peu chargés de principes médicamenteux ayant l'eau pour excipient et servant de boisson habituelle aux malades. On fait des tisanes avec des racines, des bois, des feuilles, des fleurs, des fruits, des semences. Leur mode de préparation varie suivant que la substance médicamenteuse se dissout complétement ou incomplétement dans l'eau. On les obtient par solution, macération, infusion, digestion, décoction, lixiviation.

A. **Solution**, de *solvere*, délier. — C'est une simple division des particules d'un solide entre les particules du liquide. On donne le nom de *solutum* ou de *soluté* au produit de cette opération. On emploie la solution lorsque la substance se dissout complétement dans l'eau;

la division du corps, l'agitation du liquide la favorisent. Le nombre des tisanes que l'on prépare par ce procédé est très-limité.

Exemple : *Tisane de gomme arabique.* — Gomme 20, eau 1000. Lavez la gomme à l'eau froide, faites dissoudre à froid.

Lorsque la substance est incomplétement soluble, on utilise suivant le cas l'un des modes opératoires suivants :

B. MACÉRATION, de *macerare*, amollir, détremper, macérer. — C'est une opération qui consiste à faire tremper les corps plus ou moins longtemps dans un liquide à la température ordinaire. On appelle *maceratum* ou *macéré* le produit de cette opération. On emploie la macération : 1° quand les principes que l'on veut dissoudre sont altérables par la chaleur, tel est le cas de l'albumine, qui se coagule à une température de 65° à 80° degrés ; 2° quand la substance renferme plusieurs principes différemment solubles que l'on veut séparer les uns des autres ; exemples, les baies de genièvres qui sont chargées de résine, la réglisse qui contient une huile âcre, etc. Ce mode est très-lent et n'est usité que lorsque les principes à extraire sont très-solubles.

C. INFUSION, de *in*, dans, dessus, et *fundere*, verser. — On effectue cette opération en versant de l'eau bouillante sur les parties végétales dont on veut extraire les principes solubles. On couvre le vase et l'on prolonge le contact plus ou moins longtemps, quelquefois jusqu'à refroidissement. Le produit porte le nom d'*infusum* ou d'infusé. Ce mode opératoire est très-usité ; on peut y avoir recours aussi bien pour les parties formées d'un tissu léger (feuilles, fleurs) que pour les parties compactes (racines, bois), pourvu qu'on ait eu soin de les diviser préalablement.

D. DIGESTION, de *di* qui indique la dispersion, et *gerere*, porter. — C'est une macération à chaud, mais à une température inférieure à celle de l'ébullition. Les racines, les écorces se prêtent très-bien à ce genre de préparation dont le produit porte le nom de *digestum* et mieux *digesté*.

E. DÉCOCTION, de *de*, et *coquere*, cuire. — Cette opération consiste à faire bouillir les substances dans l'eau (le produit est nommé *décoctum* ou mieux *décocté*). Elle est très-utile lorsque les matières sont sèches, dures, compactes, ou bien encore fraîches, mais d'une texture serrée. On emploie la décoction avec avantage pour extraire le principe amylacé des lichens, des graines des céréales, du chiendent, le principe gélatineux des graines de coings, de lin, etc. On s'en abstient lorsque les principes actifs sont très-altérables ; lorsque les substances contiennent beaucoup d'amidon ; lorsqu'il importe de ne point dissoudre un principe âcre comme celui de la réglisse ; lorsque les plantes sont riches en principes volatils.

F. Lixiviation, de *lixivium*, lessive. — On pratique la lixiviation en versant de l'eau froide ou chaude sur une substance concassée et placée en couches plus ou moins épaisses dans un vase dont le fond est percé de trous. Le liquide qui filtre au travers entraîne tout ce qu'il rencontre de soluble. Ce mode est peu employé dans la préparation des tisanes, si ce n'est pour le café (cafetière à la Dubelloy).

On administre les tisanes édulcorées, ou non édulcorées. On emploie dans le premier cas le sucre ou le bois de réglisse. La racine de réglisse qui sert à édulcorer les tisanes est toujours traitée par infusion.

32. Doses des plantes. —Le mot dose (δόσισ, qui vient de δίδωμι, je donne) est pris sous deux acceptions différentes.

A. En pharmacie on donne ce nom à la quantité précise de chacune des substances qui entrent dans la composition d'un médicament. Le Codex a fixé ces proportions et l'on doit se conformer aux prescriptions qu'il a édictées. Dans le courant du livre nous avons fait connaître pour chaque préparation ayant l'eau pour excipient, les proportions à employer. Nous pouvons dire ici d'une manière générale qu'en représentant le poids de l'eau par 1 000, les plantes ou leurs parties entrent dans les préparations dans les proportions suivantes : Racines, bois, écorces, feuilles, fruits des graminées 20. Fleurs peu actives, peu odorantes, 13 ; fleurs très-actives, 5 ; fruits d'ombellifères, 10. On trouvera aussi d'autres proportions telles que 30, 50, 100, mais ce ne sont que des exceptions. On ne saurait d'ailleurs appliquer ces proportions à l'administration des plantes toxiques (belladone, digitale, rue, sabine, etc.). C'est au médecin qu'il appartient de fixer les doses ; il peut aussi modifier les rapports précédents; ce sont ceux de la pratique ordinaire, mais il ne faut pas les considérer comme invariables.

B. En thérapeutique on entend par dose la quantité du médicament qui doit être administré à un malade et que l'on exprime par le poids et la mesure; il ne faut pas confondre la dose avec la prise, comme on le fait souvent; on exprime celle-ci par l'heure de l'administration.

En général, un médicament par excès de dose peut agir comme poison, mais il y a de nombreuses exceptions, ainsi les plantes émollientes, béchiques, pectorales, riches en mucilages, peuvent devenir indigestes mais non pas toxiques. Il y a plus, des plantes actives administrées à haute dose peuvent non-seulement ne pas produire d'empoisonnements, mais pour quelques-unes l'effet ne sera pas plus grand que celui qu'aurait déterminé la dose thérapeutique *maxima*. Tels sont l'aloès et l'ipéca. L'excès de dose peut même diminuer l'action, c'est ainsi que 1 gramme de scammonée purge mieux que 2 grammes de cette résine et assez souvent 15 grammes d'huile de ricin produisent plus d'effet que 30 grammes de la même huile.

Gaubius a dressé la table suivante qui indique les doses auxquelles on doit prescrire les médicaments aux différents âges.

Pour un adulte : dose entière prise pour unité, 1 ; au-dessus d'un an 1/15 ou 1/12 ; à deux ans 1/8 ; à trois ans 1/6 ; à quatre ans 1/4 ; à sept ans 1/3 ; à quatorze ans 1/2 ; à vingt ans 2/3 ; de vingt à soixante 1. Au-dessus de cet âge on suivra la gradation inverse. Pour la femme, les doses doivent être un peu moins grandes.

Mais cette règle n'offre rien d'absolu ; on comprend que les tempéraments, la profession, le régime, l'habitude, la saison, le climat, la nature de la maladie et une foule d'autres considérations qu'il appartient au praticien de faire entrer en ligne de compte peuvent faire varier l'appréciation.

33. Des substitutions des plantes ou des succédanés, de *succedere*, prendre la place, remplacer. — On donne le nom de succédanés aux plantes qu'on peut employer à la place d'une autre parce qu'elles ont les mêmes propriétés, ce sont des équivalents thérapeutiques.

Peut-on remplacer une plante par une autre ? Si l'on pose cette question d'une manière absolue, on ne peut y faire qu'une réponse négative. En effet, nous avons vu qu'une même plante peut avoir des propriétés différentes suivant l'âge, le climat, la culture, etc., dès lors comment espérer de trouver dans une autre plante n'ayant avec la première que des analogies plus ou moins éloignées une identité complète de propriétés ? Néanmoins dans une certaine limite, et surtout lorsque les plantes sont peu actives, il est possible de les substituer les unes aux autres.

Un succédané doit remplir les conditions suivantes : 1° posséder une action aussi rapprochée que possible du médicament que l'on veut remplacer, de sorte que si le nouveau médicament est moins actif, il suffit d'en élever la dose ; 2° être d'un prix moindre ; 3° être indigène autant que possible.

Ces conditions permettent de prévoir que quelques plantes ou produits exotiques ne pourront jamais être remplacés par des plantes ou des produits indigènes. Ainsi l'opium de nos pavots, le camphre de nos Labiées seront toujours d'un prix plus élevé que les produits semblables que nous tirons du Levant ou de la Chine et ne pourront jamais par suite leur faire une concurrence commerciale sérieuse. Aucun de nos fébrifuges ne peut remplacer le quinquina dans les fièvres graves et même dans les fièvres intermittentes légères. L'ipéca est un vomitif sûr et jamais dangereux jusqu'à dose convenable, il provoque toujours des vomissements sans produire d'inflammation, tandis que le cabaret, la racine de violette, etc., ne sont vomitifs

qu'en irritant fortement l'estomac. Aucun de nos purgatifs drastiques
ne peut remplacer le jalap, la scammonée. Aucun ne possède les
propriétés de l'aloès.

Mais, à part ces exceptions et un petit nombre d'autres, on peut le
plus souvent substituer nos plantes indigènes aux plantes exotiques;
la fécule de pomme de terre remplace le salep, le sagou, le tapioka;
toutes les parties des végétaux dont l'activité est due au mucilage,
telle que la racine de guimauve, la graine de lin peuvent être substituées à la gomme arabique; nos amers sont aussi efficaces que les
toniques exotiques.

Quant au remplacement des plantes indigènes les unes par les
autres, il ne doit être fait par le pharmacien ou par l'herboriste que
sur l'indication du médecin. En effet, outre l'action générale qui fait
ranger une plante dans la classe des amers, des astringents, des béchiques, etc., chaque végétal possède une action spéciale, particulière, que la pratique et l'expérience des effets produits permettent
seules d'apprécier; ainsi, par exemple, beaucoup de Crucifères sont
plus irritantes que le cresson de Para et cependant aucune ne possède
au même degré les propriétés sialagogues de celui-ci.

En dehors de l'expérience pratique, on peut prendre pour guide,
jusqu'à un certain point, et en ayant présentes à l'esprit les très-
grandes restrictions que nous avons fait connaître, l'analogie de
composition immédiate et la famille de la plante.

VI. Classification des plantes d'après leur action physiolo-
gique et leur effet thérapeuthique.

On a proposé plusieurs manières de classer les plantes médicinales.
Pour nous, la plus simple consiste à les ranger suivant leur action
physiologique et thérapeutique; c'est la plus utile et la plus naturelle. Aussi a-t-elle été adoptée par un grand nombre de pharmacologistes. D'un autre côté, si l'on réfléchit que l'emploi curatif de ces
plantes est le résultat de l'observation directe et de l'expérience,
que pour le plus grand nombre d'elles il remonte à plusieurs siècles,
on est porté à conclure qu'une pareille classification est tout à la
fois la plus facile, la plus exacte et la plus conforme à la nature des
choses. Mais lorsqu'on veut passer de l'idée théorique à la pratique,
on ne tarde pas à s'apercevoir que cet arrangement rencontre de sé-
rieuses difficultés qui sont dues à plusieurs causes.

Lorsqu'on étudie les propriétés physiologiques des médicaments,
on reconnaît deux sortes d'effets : 1° l'action *immédiate* ou *primi-*

tive, qu'ils exercent par leur application, ce que Linné appelait *vis* et Barbier *propriété active ;* 2° le résultat de cette action par rapport à la maladie, ce que le premier nommait *usus* et le deuxième *propriété curative.* Lorsque ces deux effets sont opposés, il en résulte une grande incertitude pour la classification ; ainsi le safran est d'abord stimulant, puis il devient sédatif et antispasmodique. La sauge est diaphorétique, et cependant elle arrête les sueurs profuses et débilitantes des phthisiques et des convalescents. Le hachisch et l'opium, d'abord excitants, deviennent sédatifs. La digitale à haute dose stimule d'abord le système nerveux de la vie animale et le paralyse ensuite.

La même plante peut exercer une action fort différente sur les divers systèmes de l'économie ; c'est ainsi que la belladone exalte l'énergie des muscles de la vie organique et stupéfie ceux de la vie de relation.

Les propriétés médicinales d'une plante peuvent n'être que temporaires ; l'anémone fraîche est irritante, vésicante, caustique même ; la dessiccation la rend inerte, son activité étant due à un principe volatil.

Les propriétés peuvent également changer de nature avec le temps, ainsi les fleurs fraîches du sureau sont légèrement émétocathartiques ; par la dessiccation, elles deviennent diaphorétiques.

Les doses croissantes que l'on emploie ont pour effet d'augmenter l'action des médicaments ; c'est ainsi que l'aloès est apéritif, cathartique ou drastique, suivant la dose. Ce fait, qui semble naturel, n'est pas constant pourtant, puisque la scammonée est moins purgative à dose élevée qu'à dose faible. Mais un résultat inattendu, produit par les doses élevées, c'est que les propriétés physiologiques peuvent être complétement changées ; c'est ainsi que la racine de patience, qui est un peu astringente, devient laxative, que le ményanthe et la douce-amère, qui sont toniques, deviennent des vomitifs à haute dose.

Toutes les parties d'une plante ne possèdent pas les mêmes propriétés. Les feuilles du ricin sont émollientes, ses semences sont drastiques, toxiques même, puisqu'une seule graine a suffi pour occasionner la mort. Toutes les parties du pavot contiennent de l'opium, à l'exception des semences, qui ne participent en rien des propriétés hypnotiques de la plante ; elles sont alimentaires dans quelques pays, tels que la Suisse, l'Allemagne. Les fleurs de la violette sont béchiques et pectorales, ses racines sont vomitives.

Enfin une plante peut posséder un grand nombre de propriétés ; c'est ainsi que le chiocoque dompte-venin est à la fois purgatif, vomitif, diurétique, hydragogue et emménagogue.

HÉRAUD. 31

Ces considérations expliquent suffisamment comment il se fait que les thérapeutistes Linné, Gautier, Chomel, Barbier, Alibert, Milne-Edwards et Vavasseur, Giacomini, etc., aient donné un grand nombre de classifications fondées sur les mêmes principes et cependant fort différentes, sans arriver à un résultat vraiment philosophique, et chacun d'eux a montré qu'il lui était plus facile de faire la critique de ses devanciers que d'établir un travail qui fût à l'abri des justes reproches de ceux qui sont venus après lui.

Après ces exemples, nous n'aurons garde de vouloir tenter une œuvre aussi difficile. Nous nous bornerons à faire connaître, par ordre alphabétique, les propriétés physiologiques et thérapeutiques des plantes médicinales. Ces indications étant purement mnémoniques, il est indispensable, avant d'employer un de ces végétaux, de lire avec soin les paragraphes qui expliquent son action physiologique et ses usages.

ABSORBANTS (de *ab* et *sorbere*, boire, qui boit, qui pompe). En chirurgie, on appelle de ce nom les substances molles et spongieuses, propres à absorber les liquides épanchés. — Amadou, poudre de lycopode.

ACIDULES (diminutif d'acide, de ἀκίς, pointe, et ὀξύς, aigre). — Médicaments *tempérants* et *rafraîchissants*, ayant une saveur aigre. Berberis, citron, coings, fraises, grenades, jujubes fraîches, oranges, tamarin, verjus, vinaigre (1).

ADOUCISSANTS. — Voyez *Antiphlogistiques* et *Émollients*.

ALEXIPHARMAQUES ou **ALEXITÈRES** (de ἀλέξειν, repousser, et φάρμακον, venin, poison, ἀλεξήτηρος, secourable). — Médicaments auxquels on attribuait faussement la propriété de s'opposer à l'effet des venins et des poisons. Aunée, chardon bénit, chiocoque, sauge. Voyez *Antidotes*.

AMERS (de *amarus*, qui a de l'amertume). — Les amers sont toniques, digestifs, fébrifuges (Voy. ces mots). Absinthe, armoise, asa fœtida, aunée, benoite, cascarille, centaurée, chardon bénit, chicorée, colombo, fève de Saint-Ignace, feuilles d'oranger, galbanum, gentiane, germandrée petit-chêne, glécome hédéracé, houblon, hyssope, lichen naturel, ményanthe, noix vomique, quassia, quinquina, rhubarbe, roses, sagapenum, saponaire, sauge, scabieuse, simarouba, tanaisie, véronique.

ANALEPTIQUES (de ἀναλαμβάνειν, reprendre ses forces, ce qui tend à rétablir les forces des convalescents). — Ce sont surtout des aliments. Amandes, arrow-root, avoine, cacao, carragahen, cham-

(1) Nous ne mentionnons dans cette classification que les plantes décrites dans l'ouvrage.

pignons, dattes, glands du chêne, lichen sans cétrarin, manihot, noix, pistaches, pomme de terre, riz, sagou, salep, tamarin, vins.

ANALGÉSIQUES ou **ANODINS** (de ἀ privatif et ἄλγος, douleur, qui enlève la douleur). — Busserole, ciguë, essence de térébenthine, hachisch, jusquiame, laurier-cerise, opium.

ANAPHRODISIAQUES. — Voyez *Antiaphrodisiaques*.

ANESTHÉSIQUES (de ἀ privatif et αἴσθησις, sensibilité). — Médicaments qui éteignent momentanément la sensibilité. Camphre, ciguë, coca, eucalypte, laitue, laurier-cerise, opium.

ANODINS. — Voyez *Analgésiques* et *Narcotiques*.

ANTHELMINTHIQUES (de ἀντι, contre, et ἕλμινς, ver). — Voyez *Vermifuges*.

ANTI-APHRODISIAQUES ou **ANAPHRODISIAQUES**. — Médicaments auxquels on attribue une vertu contraire à celle des aphrodisiaques (Voy. ce mot). Camphre, laitue, lupulin.

ANTIDÉPERDITEURS ou **CAFÉIQUES**. — Médicaments qui empêchent ou retardent la désassimilation, l'usure ou la transformation des matériaux de l'économie. Alcool, cacao, café, maté, thé.

ANTIDOTES (de ἀντι, contre, et δοτός, donné, contre-poison). — On emploie : le tannin et les plantes qui en contiennent, telles que la noix de galle, l'écorce de chêne, le café, le thé contre l'émétique et les substances végétales qui doivent leurs propriétés toxiques aux alcaloïdes. Le café, le thé, contre le coma produit par l'opium; la digitale, les solanées vireuses, l'ivresse alcoolique. Le sucre contre les préparations d'arsenic, de cuivre, de plomb. Le hachisch contre la fève de Saint-Ignace et la noix vomique. Le suc de citron contre les Euphorbiacées, l'amidon contre l'iode, le gluten contre le sublimé corrosif ou chlorure mercurique. L'huile d'olive, pour former un obstacle mécanique à l'absorption quand on a préalablement déterminé l'évacuation du poison par les vomitifs; l'opium contre la sabine, la fève du Calabar contre la strychnine, l'essence de térébenthine contre le phosphore et ses vapeurs; l'aristoloche serpentaire, le polygala, contre la morsure des serpents et des chiens enragés (?).

ANTIFÉBRILES. — Voyez *Fébrifuges*.

ANTIMYDRIATIQUES. — Médicaments qui possèdent des propriétés opposées à celles des mydriatiques (Voy. ce mot). Fève de Calabar.

ANTIPÉRIODIQUES. — Voyez *Fébrifuges*.

ANTIPHLOGISTIQUES (de ἀντι, contre, et φλόξ, φλογός, flamme). — Médicaments propres à combattre l'inflammation. Ce sont des émollients, des calmants, etc. (Voy. ces mots.)

ANTIPYRÉTIQUES. — Voyez *Fébrifuges*.

ANTISEPTIQUES (de ἀντι, contre, et σῆψις, putréfaction). — Médicaments antiputrides. — Absinthe, alcool, arnique, camphre, camomille.

ANTISPASMODIQUES (de ἀντι, contre, et σπασμόσ, contraction). — Qui sert contre les spasmes ou contractions involontaires des muscles. Angélique, armoise, asa fœtida, bdellium, belladone, camomille, dictame, eucalypte, feuilles d'oranger, galbanum, glécome hédéracé, gomme ammoniaque, hydrolat de fleurs d'oranger, jusquiame, laurier-cerise, lavande, mélilot, mélisse, menthe, origan, safran, sagapenum, tilleul (1).

APÉRITIFS (de *aperire*, ouvrir). — Qui ouvre le passage, qui excite l'appétit. Aloès, aristoloche, asperge, benoite, camomille, centaurée, cresson, cubèbe, cusparie, eucalypte, fenouil, fougère mâle, fragon, fumeterre, patience, phellandrie, quinquina, rhubarbe, sauge, séve de pin.

APHRODISIAQUES (de αφροδίςία, plaisirs de Vénus, venant de Ἀφροδίτη, Vénus). — Benjoin, cannelle, fève de Saint-Ignace, gingembre, hachisch, noix vomique, truffe, vanille.

AROMATIQUES (de αρέ, fort, et ὀδμή, odeur). — Médicaments qui exhalent une odeur forte et agréable; ce sont des *excitants*, des *carminatifs*. Benoite, cardamome, cascarille, coriandre, dictame, feuilles d'oranger, girofle, iris de Florence, macis, muscade, romarin, sauge, semences d'ache, tanaisie, vanille, véronique.

ASTRINGENTS (de *ad*, *a*, et *stringere*, serrer). — Médicaments qui produisent une crispation par leur contact; ce sont des *toniques*, Balaustes, bdellium, benoite, bistorte, busserole, cachou, cannelle, coings, feuilles de vigne, fougère mâle, guarana, malicorium, noix de galle, olivier, pervenche, quinquina, lamier blanc, ratanhia, ronce, roses, sang-dragon, sauge, scabieuse, scolopendre, tormentille, vins rouges.

ATTÉNUANTS (de *ad*, *a*, et *tenuis*, ténu). — Médicaments auxquels on attribue la propriété de rendre les humeurs moins épaisses Phellandrie, polygala.

BALSAMIQUES (de *balsamum*, baume, qui tient de la nature des baumes). — Ils agissent comme stimulants des fonctions digestives; ils sont *apéritifs*, *pectoraux*. Baume de copahu, baume du Pérou, baume de Tolu, bdellium, essence de térébenthine, eucalypte, gayac, myrrhe, pyrèthre, séve du pin maritime, styrax liquide.

BÉCHIQUES (de βήξ, βηχός, toux, que l'on emploie contre la

(1) Nous aurions pu grossir, mais bien inutilement, la liste des médicaments dont l'effet est indiqué par un adjectif commençant par le mot anti (*anti-herpétiques, antilaiteux, antiscorbutiques*). On en trouvera l'énumération dans le *Mémorial thérapeutique*, aux articles DARTRES, LAIT, GALE, SCORBUT, etc.

toux). — Bdellium, bourrache, capillaires, carrageen, consoude, dattes, eucalypte, encens, figues, glécome hédéracé, gnaphale dioïque, goudron, jujubes, lichen sans cétrarin, mauve, séve de pin maritime, raisins secs, réglisse, tussilage, violette (Voyez *Expectorants, Pectoraux*).

CAFÉIQUES. — Voyez *Antidéperditeurs*.

CALMANTS. — Médicaments qui calment, synonyme de *sédatif* (Voyez ce mot).

CARMINATIFS (de *carminare*, peigner la laine et par suite nettoyer, dissiper). — Médicaments qui ont la propriété d'expulser les gaz intestinaux, ce sont des substances *toniques et aromatiques*. Ambroisie, aneth, angélique, anis étoilé, anis vert, asa fœtida, camomille, cannelle, coriandre, cumin, centaurée, essence de térébenthine, fenouil, galbanum, germandrée aquatique, lavande, mélilot, mélisse, menthe, sagapenum, zestes de citron.

CATHARTIQUES (de κάθαρσις, purgation). — On désigne sous ce nom, tantôt les *purgatifs*, en général, tantôt des purgatifs plus forts que les *laxatifs* et les *minoratifs* et moins actifs que les *drastiques*. Baies et feuilles de sureau, bryone, chiocoque, mercuriale, polygala, séné.

CATHÉRÉTIQUES (de καθαίρειν, détruire, retrancher). — Voyez *Caustiques*. Anémone, schœnocaule.

CAUSTIQUES (de καίω, je brûle). — Médicaments qui mis en contact avec les tissus, à la température ordinaire, les désorganisent. Les plus actifs produisent des eschares et sont nommés *escharotiques*, les autres ont une action plus faible et sont appelés *cathérétiques*, les uns et les autres, mais ces derniers surtout, sont appelés *corrosifs*. Essence de girofle, suc laiteux du figuier.

CÉPHALIQUES (de κεφαλή, tête). — Médicaments propres à guérir les maladies de la tête de nature nerveuse, ce sont des *antispasmodiques*. Café, guarana, lavande, thé, tilleul, vanille.

CONDIMENTS (de *condire*, assaisonner). — Synonyme d'assaisonnement. Asa fœtida (Persans), cannelle, cardamome, cochléaria de Bretagne, coquille d'amandes, coriandre, curcuma, huile d'olive, fenouil, gingembre, girofle, houblon, laurier cerise, moutarde noire, macis, muscade, safran, sucre, tanaisie, vanille.

CONTRE-POISONS. — Voy. *Antidotes*.

CONTRO-STIMULANTS (de *contra*, contre, et *stimulus*, aiguillon). Médicaments qui, d'après les médecins de l'école de Rasori, sont capables de combattre l'excès de *stimulus*, cause de certaines maladies. — Belladone, colchique, gomme gutte, ipéca, scille, séné, strychnine.

CORDIAUX (de *cor*, cœur). — Ce sont des médicaments qui ont la propriété d'augmenter promptement la chaleur générale du corps et l'action du cœur et de l'estomac ; ce sont des *Excitants* et des *Stimulants diffusibles*, des *Stomachiques* (Voyez ces mots).

CORROBORANTS (de *corroborare*, fortifier). — Voyez *Fortifiants*.

CORROSIFS (de *corrodere*, venant de *cum*, avec, et *rodere*, ronger). — Voyez *Caustiques*.

COSMÉTIQUES (de κοσμεῖν, orner, embellir). — Substances employées à l'extérieur pour adoucir la peau, etc. Amandes douces et amères.

CYANIQUES (de κύανος, bleu). — Médicaments sédatifs qui agissent par l'acide cyanhydrique ou prussique obtenu d'abord par la décomposition du cyanure ferroso - ferrique ou bleu de Prusse. Amandes amères, laurier cerise, suc de racine de manihot.

DÉBILITANTS (de *debilitare*, affaiblir). Médicaments capables de diminuer l'énergie des organes, et particulièrement l'énergie musculaire. Voyez *Antiphlogistiques*.

DÉLAYANTS (de *diluere*, dissoudre, délayer). — Médicaments qui augmentent la liquidité du sang. Chiendent, orge.

DENTIFRICES (de *dens*, dent, et *fricare*, frotter). — Substances qui servent à nettoyer les dents par frottement à l'aide d'une brosse particulière. Cannelle, pyrèthre, quinquina, ratanhia.

DÉPURATIFS (de *depurare*, purifier). Médicaments qui passent pour avoir la propriété de retrancher de la masse des humeurs les principes nuisibles qu'elles peuvent contenir, et de les porter au dehors, par la transpiration, les urines, etc. ; ce sont des *Amers*, des *Diaphorétiques*, des *Diurétiques*. — Voyez ces mots.

DÉRIVATIFS (de *dérivare*, dériver, amener). — On les emploie pour amener une dérivation ; ce sont des *Purgatifs*, des *Dépuratifs*, des *Rubéfiants*, des *Vésicants*.

DÉSINFECTANTS (de *de* privatif et *infectio*, venant de *inficere*, gâter). — Substances qui passent pour détruire les miasmes ; celles qui proviennent du règne végétal ne font souvent que masquer les odeurs putrides. Baies de genièvre brûlées, encens, eucalypte, sucre.

DÉSOBSTRUANTS (de *de* privatif et *obstruere*, boucher). — Qui est propre à dissiper les obstructions. Aloès, asperge, cochléaria, chicorée, glands de chêne rouvre, salsepareille, thym, raisins.

DESSICCATIFS (de *dessiccatio*, dessèchement, dérivé de *siccus*, sec). Médicaments topiques propres à dessécher les plaies ou ulcères, soit en absorbant le pus, soit en modérant ou arrêtant sa sécrétion. — Voyez *Absorbants* et *Astringents*.

DÉTERSIFS ou **DÉTERGENTS** (de *detergere*, nettoyer). Médicaments topiques propres à nettoyer les plaies ou les ulcères. Ce sont en général des *Stimulants*. — Voyez ce mot.

DIAPHORÉTIQUES (de διαφορεῖν, répandre, dissiper). — Qui favorise ou excite la transpiration, synonyme de *sudorifique*. Aristoloche, baies de sureau, bardane, bourrache, bryone, douce-amère, chardon bénit, cochléaria de Bretagne, coquelicot, coriandre, cresson, essence de cajeput, essence de térébenthine, feuilles d'oranger, fleurs de tilleul, fleurs sèches de sureau, feuilles d'oranger, gayac, hyssope, jaborandi, mousse de Corse, origan, polygala, quinquina, safran, saponaire, salsepareille, sassafras, sauge, scabieuse, simarouba, squine, thé, tilleul.

DIGESTIFS (de *de* indiquant la dispersion, et *gerere*, porter). — Substances qui favorisent la digestion. Ce sont des *excitants*. Ambroisie, anis vert, baume de copahu, café, camomille, cannelle, chicorée, cubèbe, curcuma, cusparie, dextrine, encens, eucalypte, fumeterre, gentiane, germandrée petit chêne, gingembre, macis, menthe, moutarde noire, muscade, quinquina, rhubarbe, safran, saponaire, sauge, séve de pin, styrax liquide, thé.

DILATANTS (de *dilatare*, agrandir, dérivé de *de* signifiant en divers sens, et *latus*, large). Amadou, gentiane, guimauve, laminaire digitée.

DIURÉTIQUES (de διά, par, et οὖρον, urine, qui provoque l'urine). — Ache, aconit, anis vert, asaret, avoine, baies de genièvre, bardane, bourrache, bryone, digitale, douce-amère, essence de térébenthine, fenouil, fragon (racines de), fraisier, gayac, germandrée aquatique, houblon (racines de), lin (graines de), mercuriale, mousse de Corse, pariétaire, phellandrie, polygala, quinquina, safran, salsepareille, sassafras, scille, scolopendre, simarouba, squine, thé, véronique, verjus, vins blancs.

DRASTIQUES (de δράω, j'agis, j'opère). — On appelle ainsi les *purgatifs énergiques*. Bryone, coloquinte, chiocoque, élatérium, euphorbe, garou, gomme-gutte, huile de croton, jalap, nerprun, polypore du mélèze, ricin (semences de), scammonée, sureau (écorce de), thapsia (extrait de).

ÉMÉTIQUES (de ἐμέω, je vomis). — Substances propres à déterminer les vomissements, synonyme de *vomitif*. Bryone, chiocoque, fougère mâle, ipéca, pensée sauvage, polygala, rue, scille, simarouba, violette (racine de).

ÉMÉTO-CATHARTIQUES (de ἐμετός, vomissement, et καθαίρειν, purger). — Substances qui excitent les vomissements et les selles. Asaret, chiocoque, ellébore blanc, polygala, scille, staphisaigre, sureau (fleurs fraîches de).

EMMÉNAGOGUES (de ἕμμηνα, menstrues, et ἄγειν, pousser). — Qui provoque les règles. Suivant les circonstances, on les choisit parmi *les Emollients, les Excitants,* ou *les Toniques.* Absinthe, aloès, angélique, armoise, asa fœtida, aunée, bdellium, chiocoque, cumin, dictame, digitale, élatérium, fenouil, galbanum, gomme-gutte, ményanthe, origan, ricin (feuilles de), romarin, rue, sabine, safran, sagapenum, tanaisie.

ÉMOLLIENTS. ADOUCISSANTS, RELACHANTS, MUCILAGINEUX (de *emollire,* adoucir).—Médicaments qui ont la propriété de relâcher, de ramollir, de détendre les parties enflammées. Amidon, amandes douces, carageen, coing (semences de), consoude, cotonnier, guimauve, lin (graines de), mauve, pain, pomme de terre (fécule), ricin (feuilles de), riz (poudre de), son.

ENIVRANTS (de *ebrio,* j'enivre). — Substances qui produisent l'ivresse, Alcool, essence de térébenthine, hachisch, opium, safran, vin.

ÉPISPASTIQUES (de ἐπισπάω, j'attire). — Substances qui produisent la vésication. Synonyme de *vésicants.*

ERRHINS. — Voy. *Sternutatoires.*

ESCHAROTIQUES. — Voy. *Caustiques.*

ÉVACUANTS (de *evacuare,* vider). Médicaments qui provoquent la sortie des excrétions par un organe tel que la bouche, l'anus, le rein, etc. — Voyez *Vomitifs, Purgatifs, Diurétiques.*

EXCITANTS (de *excitare,* réveiller). — Médicaments qui stimulent les organes. Ils diffèrent des *toniques* en ce que ceux-ci se bornent à fortifier les organes, à leur donner plus d'énergie, tandis que les premiers en accélèrent l'action et le mouvement. Suivant les organes, ils prennent le nom de *Stomachiques,* d'*Emménagogues,* de *Tétaniques,* de *Stimulants,* d'*Irritants* (Voyez ces mots). Aristoloche, arnique, baume de copahu, café, cannelle, cardamome, gomme ammoniaque, glécome hédéracé, styrax liquide, tanaisie, thé, vanille, véronique.

EXHILARANTS, HILARANTS, HILARIANTS (de *hilaris,* gai, qui rend gai). — Hachisch, vanille.

EXPECTORANTS (de *expectorare,* chasser de la poitrine, de *ex,* dehors, et *pectus,* poitrine). — Substances qui ont la propriété de favoriser l'expulsion des matières contenues dans les bronches, synonyme d'*incisifs.* Asa fœtida, capillaires, cochléaria de Bretagne, cresson, galbanum, ipéca, iris de Florence, origan, pin maritime (sève de), polypode commun, sagapenum, scille, tussilage, véronique (Voyez *Béchiques, Pectoraux*).

FÉBRIFUGES, ANTIFÉBRILES, ANTIPYRÉTIQUES, ANTIPÉRIODIQUES (de *febris,* fièvre, et *fugare,* chasser). — Qui chasse la fièvre, qui empêche le retour des accès. Acore aromatique, alcool, arnique des montagnes, belladone, benoite, berberis, bistorte, café, camomille, cascarille, centaurée, chardon bénit, chêne (écorce de), citron (semences de), coca, colombo, coqueret, cotonnier (semences de), cusparie fébrifuge, digitale, eucalypte, fève de Saint-Ignace, gentiane, germandrée petit chêne, ipéca, lichen amer, ményanthe, noix (brou de), noix vomique, olivier, patience, quassia, quinquina, simarouba, valériane, tanaisie, tilleul, vomiquier (écorce de).

FONDANTS (de *fundere*, fondre). — Médicaments internes ou externes auxquels on attribue la propriété de résoudre les engorgements, surtout ceux qui se manifestent lentement et sans inflammation. Ache, aneth, chicorée, ciguë, gentiane, gomme ammoniaque, houblon, hyssope, mélilot, polypode commun (Voyez *Emollients*).

FORTIFIANTS, ROBORANTS, ROBORATIFS (de *fortis*, fort; *roborare*, fortifier, donner des forces). — Substances propres à augmenter les forces, tels sont les *Toniques*, les *Analeptiques*, les *Stomachiques* (Voy. ces mots).

HÉMOSTATIQUES (de αἷμα, sang, et ἵστημι, j'arrête). — Médicaments ou substances que l'on emploie pour arrêter les hémorrhagies. Amadou, acore, balaustes, benjoin, benoite, caoutchouc, cascarille, citron, colophane, coloquinte, ergot de seigle, fraisier (racines de), galle (noix de), gomme arabique (poudre de), jusquiame, lamier blanc, malicorium, matico, ratanhia, sang-dragon, scolopendre, térébenthine (essence de), tormentille, vigne (feuilles de).

HILARANTS, HILARIANTS. —Voy. *Exhilarants*.

HYDRAGOGUES (de ὕδωρ, eau, et ἄγειν, chasser). —Médicaments auxquels on supposait la propriété de faire écouler les sérosités qui forment les épanchements et les infiltrations. Bryone, cajeput (essence de), chiocoque, colchique, coloquinte, gomme-gutte, genévrier (baies de), scammonée, pariétaire, sureau (écorce de).

HYPNOTIQUES (de ὑπνόω, j'endors, qui provoque le sommeil). — On appelle ainsi les *narcotiques* donnés à petites doses. Alcool, hachisch, gentiane, jusquiame, laitue, lobélie, pavot, opium, valériane, vin.

HYPOCINÉTIQUES (de ὑπο, sous, marquant la diminution, et κινητής, qui remue, de κινέω, mouvoir, remuer). — Substances qui diminuent le mouvement, la motilité des organes ou des membres. Belladone, ciguë, datura, hachisch, opium.

INCISIFS (de *incidere*, couper). — Médicaments auxquels on attribue la propriété de diviser les humeurs qu'on suppose épaisses et coagulées (Voy. *Expectorants*).

INSECTICIDES, INSECTIFUGES (de *insectum*, insecte, et *cædere*, tuer). — Lavande (essence de), pyrèthre, quassia, schœnocaule, staphisaigre, tanaisie.

31.

IRRITANTS (de *irritatio*). — Tout ce qui irrite nos organes outre mesure. Ce sont des *Stimulants* assez énergiques pour provoquer de la chaleur, de la tension et de la douleur, des *Drastiques*, des *Rubéfiants*, des *Vésicants* (Voy. ces mots).

LAXATIFS (de *laxare*, relâcher). — Médicaments qui purgent sans irriter. Amandes (huile d'), berberis, casse, chicorée, manne, moutarde blanche, noix (huile de), olive (huile d'), œillette (huile d'), polypode commun, rhubarbe, ricin (huile de), raisin (moût de).

LITHONTRIPTIQUES (de λίθος, pierre, et τρίψις, broiement). — Substances qu'on croyait propres à dissoudre les calculs. Busserole, curcuma, phellandrie.

MASTICATOIRES (de *masticatio*, mastication). — Substances qu'on mâche pour exciter la salivation (Voy. *Sialagogues*), ou pour parfumer l'haleine (Voy. *Aromatiques*).

MINORATIFS ou **LÉNITIFS** (de *minorare*, amoindrir, de *lenire*, adoucir). Substances qui purgent doucement (Voy. *Laxatifs*).

MUCILAGINEUX (de *mucus*, morve). — Médicaments qui renferment une grande quantité de substances se rapprochant beaucoup de la gomme et qui rendent l'eau visqueuse. Ce sont des *émollients*. Coings (semence de), guimauve, lin (graine de).

MYDRIATIQUES (de μυδρίασις, mydriase, paralysie de l'iris caractérisée par la dilatation permanente de la pupille, racine μυδρός, obscur). — Médicaments qui dilatent temporairement la pupille. Belladone, datura, ergot de seigle, hachisch, jusquiame, lobélie, morelle noire.

NARCOTIQUES (de νάρκη, assoupissement, venant de ναρκόω, j'engourdis). — Ce sont des substances qui ont la propriété d'adoucir. Ces médicaments prennent le nom de *Sédatifs* ou de *Calmants* quand ils servent à modérer une excitation pathologique, d'*Analgésiques* ou d'*Anodins* quand ils font cesser la douleur, d'*Hypnotiques* quand ils déterminent le sommeil, de *Stupéfiants* quand ils produisent de la stupeur (Voy. ces mots).

NÉVROSTHÉNIQUES (de νεῦρον, nerf, et σθένος, force). — Médicaments qui produisent l'excitation nerveuse. Belladone, café, cascarille, fève de Saint-Ignace, hachisch, maté, noix vomique, thé, vanille (Voy. aussi *Stimulants*).

ODONTALGIQUES, mot que l'on emploie mal à propos pour antiodontalgique (de ὀδούς, ὀδοντος, dent, et ἄλγος, douleur). — Médicament propre à calmer la douleur que cause la carie. Camphre, cresson de Para, encens, essences de cajeput, de girofle, d'origan, de thym, huile de cade, jusquiame, opium, staphisaigre.

PARASITICIDES (de *parasitus*, et *cædere*, tuer; *parasitus* de παράσιτος, de παρά, auprès, et σῖτος, nourriture; animal qui vit aux dépens de la propre substance d'un autre). — Camphre, coque du Levant, ellébore blanc, essence de lavande, de térébenthine, schœnocaule, staphisaigre.

PARÉGORIQUES (de παρηγορέω, je calme, j'adoucis; synonyme d'*Analgésique* et d'*Anodin*. (Voy. ces mots.)

PECTORAUX (de *pectus*, poitrine). — Médicament qu'on emploie pour combattre les affections des poumons et des bronches et du larynx. Amandes (coquilles d'), bouillon blanc, carrageen, dattes, encens, figues, gomme arabique et gomme adragante, goudron, guimauve, jujube, oléo-résine et essence de térébenthine, raisins secs, réglisse, rob de raisin, salep, scolopendre, sucre. (Voy. aussi *Béchiques, Expectorants*.)

PTARMIQUES (de πταρμό ς ternuement). Voyez *Errhins* et *Sternutatoires*.

PURGATIFS (de *purgare*, purger). — Nom générique des médicaments qui déterminent des évacuations alvines. On les divise en *Laxatifs, Cathartiques* et *Drastiques* (Voy. ces mots).

RAFRAICHISSANTS (de *refrigare*, rafraîchir, dérive de *re*, et *frigus*, froid). — Substances aptes à calmer la soif et à diminuer la température du corps. Courge (semences de), orge. (Voy. aussi *Acidules*.)

RELACHANTS. — Voy. *Émollients*.

RÉSOLUTIFS (de résolution, venant de *resolvere*, résoudre). — Médicaments qui déterminent la guérison par le retour de la partie malade à son état normal; ce sont des *Émollients*, des *Fondants* (Voy. ces mots).

RÉVULSIFS (de *revellere*, ôter avec effort). — Médicaments qui détournent le principe d'une maladie, une humeur, vers une partie plus ou moins éloignée. Synonyme de *rubéfiant*.

ROBORATIFS, ROBORANTS. — Voyez *Fortifiants*.

RUBÉFIANTS (de *rubefaciens*, venant de *ruber*, rouge, et *facere* faire). — Médicaments qui déterminent la rougeur de la peau; c'est pour ainsi dire le premier degré de la vésication (Voy. *Vésicants*). Bryone, cochléaria de Bretagne, croton (huile de), garou, gomme ammoniaque, poix de Bourgogne, pyrèthre, moutarde noire, térébenthine (essence de), rue, schœnocaule, thapsia.

SALIVANTS. — Voy. *Sialagogues*.

SÉDATIFS (de *sedare*, apaiser). — Ils modèrent l'action augmentée anormalement d'un organe ou d'un système d'organes. Synonyme de *calmants*. Asperge, asa fœtida, coquelicot, galbanum, lobélie enflée, mélilot, mélisse, pavot, phellandrie, safran, sagapenum.

SIALAGOGUES ou **SALIVANTS** (de σίαλον, salive, et ἄγειν, chasser). — Médicaments qui excitent la salivation; lorsqu'ils n'agissent que mécaniquement, ils prennent le nom de *masticatoires*. Busserole, camomille, coca, cochléaria de Bretagne, gingembre, jaborandi, macis, muscade, tabac.

SOPORIFIQUES ou **SOMNIFÈRES** (de *sopor* ou *somnus*, sommeil). — Médicaments qui provoquent le sommeil. Synonymes d'*hypnotiques*.

STERNUTATOIRES ou **ERRHINS** (de *sternutare*, éternuer, et ἐν, dans, et ῥίν, nez). — Médicaments qu'on introduit dans les narines pour agir sur la membrane pituitaire, de manière à provoquer l'écoulement nasal et l'éternument. Asaret, benjoin, ellébore blanc, euphorbe, gingembre, ipéca, jalap, lavande, tabac.

STIMULANTS (de *stimulus*, aiguillon). — On donne ce nom aux médicaments qui ont la propriété d'exciter l'action organique des divers systèmes de l'économie. On distingue :

1° Les STIMULANTS DIFFUSIBLES, c'est-à-dire qui ont une action prompte et de peu de durée, et qui paraissent agir en même temps comme sédatifs du système nerveux. Absinthe, semences d'ache, d'aneth, d'angélique, anis vert, anis étoilé, café, cajeput (essence de), citron (essence de), curcuma, genévrier (baies de), germandrée aquatique, germandrée petit chêne, girofle, lavande, mélisse, menthe, orange (écorce d'), romarin, safran, sauge, thé, vins blancs et de liqueur.

2° Les STIMULANTS PERSISTANTS, qui ont en général une action moins prompte, mais toujours plus durable. Belladone, camomille, cannelle, coca, cresson, cusparie, encens, gingembre, matico, moutarde noire, valériane, vanille, véronique.

STOMACHIQUES (de στόμαχος, estomac). — Qui est bon pour l'estomac, qui le fortifie. Acore, ambroisie, angélique, cardamome, centaurée, colombo, coriandre, encens, fenouil, genévrier (baies de), glécome hédéracé, houblon, hyssope, lichen amer, mélisse, ményanthe, noix (extrait et ratafia de brou de), oranger (feuilles d'), oranger (écorce d'), romarin.

STUPÉFIANTS (de *stupor*, stupeur, et *facere*, faire). — Qui produit de la stupeur. Alcool, anémone, belladone, ciguë, hachisch, pheliandrie, safran, vin.

STYPTIQUES (de στύφειν, exercer une action astringente). — Médicaments qui agissent en crispant ou resserrant les tissus (Voy. *Astringents*).

SUDORIFIQUES (de *sudor*, sueur, et *facere*, faire, qui provoque la sueur). (Voy. *Diaphorétiques*.)

SUPPURATIFS (de *suppuratio*, suppuration, production du liquide connu sous le nom de pus). Médicaments qui facilitent la suppuration. Garou, pois d'iris et d'orange (Voy. aussi *Vésicants*).

TÆNIAFUGES. — Médicaments employés contre le ver solitaire ou tænia (de ταινία, bandelette, ruban, de la forme de l'entozoaire, et φεύγω, fuir, mettre en fuite). Citron (essence de), courge (semences de), cousso, fougère mâle, grenadier (écorce de racine), schœnocaule, térébenthine (essence de).

TEMPÉRANTS (de *temperare*, modérer). — Médicaments qui ont, suivant les humoristes, la propriété de modérer l'activité très-grande de la circulation. Ce sont des *Acidules*, des *Sédatifs* (Voy. ces mots).

TÉTANIQUES (de τέτανος, qui vient de τείνειν, tendre). — Médicaments qui produisent un effet qui tient du tétanos, maladie caractérisée par la rigidité, la tension convulsive d'un ou de plusieurs muscles. Coque du Levant, fève de Saint-Ignace, noix vomique.

TONIQUES (de τόνος, ton, tension). — Médicaments qui ont la faculté d'exciter lentement et de fortifier d'une manière durable les divers systèmes de l'économie animale. On en distingue deux classes : les *Amers* et les *Astringents* (Voy. ces mots). Aunée, balauste, camomille, cannelle, chardon bénit, chêne (écorce et gland du), galle (noix de), chicorée, citron (zestes de), coca, cusparie, dictame, douce-amère, fève de Saint-Ignace, fumeterre, genièvre (baies de), gentiane, germandrée aquatique, germandrée petit chêne, glécome hédéracé, guarana, houblon, hyssope, lamier blanc, lavande, lichen amer, malicorium, menthe, ményanthe, noix vomique, orange (écorce d'), quassia, quinquina, rhubarbe, ronce, roses, saponaire, sauge, tanaisie, thé, véronique, vins rouges, vins de liqueur.

TOPIQUES (de τόπος, lieu). — Médicaments qu'on applique à l'extérieur sous forme d'emplâtres, d'onguents, de cataplasmes, de frictions, de fomentations, etc. Bouillon blanc, blé (farine de), caoutchouc, chanvre, coquelicot, cotonnier, coing (pulpe de), cynoglosse, centaurée, élémi (résine), encens, fenouil, figues, galipot, glécome hédéracé, goudron, guimauve, hyssope, lin (farine de), manihot, mélilot, mercuriale, morelle noire, origan, patience, poix de Bourgogne, poix noire, poix résine, pomme de terre, quinquina, ricin (feuilles de), riz (poudre de), saponaire (feuilles de), sureau (feuilles de), styrax liquide, térébenthine (oléo-résine de), tanaisie, thapsia, tormentille, tussilage.

TOXIQUES (de τοξικόν, poison, qui agit comme un poison). — Aconit, amandes amères, arnique, belladone, camphre, champignons, coca, coque du Levant, colchique, croton (huile de), datura, digitale, ellébore, euphorbe, fève de Saint-Ignace, garou, gomme-gutte, hachisch, noix vomique, rue, schœnocaule, scille, tabac, thapsia.

VERMIFUGES (de *vermes*, ver, et *fugare*, chasser). — Médicaments qui ont la propriété d'expulser les vers intestinaux, synonyme d'*anthelminthiques*. Absinthe, ambroisie, armoise vermifuge, asa fœtida, asaret, bryone, cade (huile de), cascarille, citron (semences de), centaurée (petite), cousso, élatérium, fève de Saint-Ignace (dans l'Inde), germandrée aquatique, gomme-gutte, grenadier (écorce de racine de), hyssope, jalap, malicorium, menthe, mousse de Corse, noix (brou de), olive (huile d'), polypode commun, quassia amara, ricin, rue, sabine, scammonée, schœnocaule, tanaisie, térébenthine (essence de), valériane.

VÉSICANTS (de *vesica*, cloche, tumeur, vésicule). —Médicaments qui produisent des ampoules sur la peau, des vésicatoires. Cochléaria de Bretagne, croton (huile de), euphorbe, garou, pyrèthre, moutarde noire, rue, sabine, térébenthine (essence de), thapsia.

VOMITIFS (de *vomere*, vomir, qui fait vomir). — Synonyme d'*Émétique* (Voy. ce mot).

VULNÉRAIRES (de *vulnus*, blessure). — Qui est propre à guérir les blessures, les plaies. Arnique, baume du Pérou, bouillon blanc, camomille, chêne (écorce de), dictame, encens, eucalypte, hyssope, quinquina, matico, mélisse, myrrhe, sauge, traumaticine (solution chloroformique de gutta-percha).

VII. Mémorial thérapeutique ou liste alphabétique des états morbides avec désignation des plantes appropriées à leur traitement.

N. B. — Dans cette table nous avons rapproché les plantes qui peuvent être employées dans chaque maladie; mais les propriétés médicinales d'un végétal variant souvent avec la partie qu'on emploie, il est indispensable de consulter l'article du *Dictionnaire* qui concerne la plante avant de la faire intervenir dans le traitement d'une maladie.

Pour éviter des redites, nous nous bornons souvent à indiquer l'effet qu'il faut essayer de produire; le lecteur, dans ce cas, devra consulter (page 542 et suiv.) la classification des plantes au point de vue physiologique et thérapeutique.

Abaissements de la matrice. Astringents et toniques.

Abcès froids. Bryone, concombre sauvage, moutarde.

Abcès inflammatoires. Voy. PHLEGMONS.

Abdomen. Voy. OBSTRUCTION DES VISCÈRES ABDOMINAUX.

Accouchements. Dictame, ergot de seigle, hachisch, lobélie enflée, opium.

Adhérence de l'iris. Belladone, fève du Calabar.

Adynamie. Arnique, quinquina, toniques (Voy. ATONIE et FIÈVRES CONTINUES).

Aigreurs d'estomac. Voy. GASTRALGIE.

Aisselles. Voy. SUEUR.

Albuminurie. Digitale, jaborandi.

Aliénation mentale, Manie. Bryone, coloquinte, datura, digitale, hachisch, opium, quinquina.

Amaurose. Anémone pulsatille, arnique des montagnes, fève de Saint-Ignace, lavande, noix vomique, staphisaigre, valériane.

Amblyopie. Voy. AMAUROSE.

Aménorrhée. Absinthe, armoise commune, belladone, café, chiocoque, dictame, gayac, gomme-ammoniaque, gomme-gutte, jalap, ményanthe, myrrhe, rue, sabine, safran, tanaisie, thym, les *Emménagogues.*

Amygdales. Voy. ANGINE et ENGOR-
GEMENT.

Anaphrodisie. Les *Aphrodisiaques.*

Anasarque. Absinthe, ellébore blanc,
genièvre (baies de), scille, les *Hydragogues.*

Anémie. Asa fœtida, absinthe, cusparie fébrifuge, gentiane, muscade,
les *Toniques.*

Anévrysme. Asperge, digitale, lactucarium. .

Anévrysme de l'aorte. Aconitine.

Angine. Période d'irritation. Coquelicot, dattes, gomme arabique,
guimauve, jujubes, lin, orge, réglisse, sureau, sucre.

*Angine. Période de déclin et état
chronique.* Asa fœtida, bablads, berberis, bistorte, chêne rouvre (écorce
et feuilles), fraisier (racine de), hyssope, pervenche, réglisse, ronce,
roses, sauge.

Angine gangréneuse. Aristoloche serpentaire, belladone, chêne (écorce
de), quinquina.

Angine de poitrine. Aconit, belladone,
jusquiame, laitue, laurier-cerise,
lobélie enflée, pavot.

Ankylose. Les *Emollients* et les *Fondants.*

Anorexie. Voy. INAPPÉTENCE.

Anthrax. Voy. FURONCLE.

Anus. Voy. FISSURE.

Aorte. Voy. ANÉVRYSME.

Aphonie. Benjoin, cochléaria de Bretagne, valériane. Voy. aussi ANGINE
et ENROUEMENT.

Aphthes atoniques. Bistorte, cochléaria, noyer, ronce, roses, sauge,
sucre.

Aphthes avec irritation. Bistorte, guimauve, lin, orge.

Apoplexie. Lavande, mélisse, moutarde, nerprun, romarin, schœnocaule, tabac, les *Purgatifs* et les *Rubéfiants.*

Arthrite. Jusquiame, tabac.

Articulation. Voy. ARTHRITE, ENGOR-
GEMENTS, TUMEURS BLANCHES.

Ascarides. Les *Vermifuges.* Voy. VERS.

Ascite. Genièvre (baies de), scille.
Voy. HYDROPISIES, OBSTRUCTIONS.

Asphyxie. Lavande, mélisse, menthe,
tabac.

Assoupissement. Moutarde, sauge,
rubéfiants.

Asthme humide ou pituitaire. Baume
de Tolu, bryone, cochléaria de Bretagne, cochléaria officinal, gomme-
ammoniaque, ipéca, lavande-spic,
origan, polygala, polypode, scille.

Asthme nerveux ou convulsif. Asa
fœtida, aconit, angélique, aunée,
belladone, café, ciguë, colchique,
datura, gayac, gomme-gutte, hyssope, ipéca, laurier-cerise, lobélie
enflée, moutarde noire, phellandre,
quinquina, romarin, safran, salsepareille, tussilage, valériane.

Atonie générale. Germandrée aquatique, guarana, quassia, quinquina.

Atonie de l'estomac. Anis étoilé, cascarille, chicorée, cresson, fumeterre, genièvre (baies de), germani-
drée aquatique, muscade, origan,
romarin, saponaire, sauge. Voy.
ESTOMAC. INAPPÉTENCE.

Atonie de l'intestin. Coloquinte, menthe poivrée, muscade, rhubarbe,
roses, saponaire, sauge, tanaisie,
thym. .

Atonie de l'utérus. Arbousier-busserole, cannelle, ergot de seigle.

Avortement (pour le prévenir). Belladone, opium, pavot.

Bégayement. Lavande.

Biliaires (calculs). Voy CALCULS.

Bilieuse (fièvre). Voy. FIÈVRE BI-
LIEUSE.

Blennorrhagie aiguë. Amadou, baume
de copahu, chanvre, eucalypte,
poivre cubèbe, lin (graine de), les
Emollients.

Blennorrhagie chronique. Arbousier-
busserole, balaustes, baume de copahu, baume de Tolu, cachou, camphre, fraisier (racine de), galle (noix
de), genièvre (baies de), goudron,
guarana, lavande, malicorium, quassia, roses, sang-dragon, tormentille, vin.

Blennorrhagie cordée. Belladone.

Blennorrhée. Voy. BLENNORRHAGIE.

Blessures. Voy. COUPURES.

Bouffissures. Voy. ŒDÈME.

Bright (maladie de). Gomme-gutte.

Bronches. Voy. ENGOUEMENT.

Bronchite. Voy. CATARRHE PULMO-
NAIRE.

Bronchorrhée. Amandes amères, aunée, belladone, bryone, cochléaria
de Bretagne, dattes, genévrier,
goudron, térébenthine, les *Béchiques*, les *Expectorants*, les *Pectoraux*.

Brûlures. Amidon, bouillon blanc,
caoutchouc, consoude, coton, cynoglosse, datura, huile d'amande
et huile d'olive, laurier-cerise,
pomme de terre, térébenthine (essence de), sureau.

Cachexie. Voy. CANCER, CHLOROSE,
PHTHISIE, SCROFULE.

Cachexie paludéenne. Absinthe, ache,
germandrée aquatique, muscade,
quinquina.

Calculs biliaires. Chiendent, essence
de térébenthine, véronique.

Calculs urinaires. Coqueret, cresson,
curcuma, digitale, fraises, genié-
vre (baies de,) pariétaire, les *Diurétiques*.

Cancer. Aconit, belladone, ciguë,
houblon, laurier-cerise, opium,
pavot.

Cancer de l'estomac. Matico.

Carcinome. Voy. CANCER.

Cardialgie. Voy. GASTRALGIE.

Carie dentaire. les *Odontalgiques*.

Carie des os. Voy. OS.

Carreau. Glands de chêne rouvre,
rhubarbe. Voy. aussi SCROFULE.

Catalepsie. Valériane.

Cataracte. Belladone, ciguë, delphine
(staphisaigre).

Catarrhales (fièvres). Voy. FIÈVRE
MUQUEUSE.

Catarrhe pulmonaire aigu. Amandes
(coquille d') asperge, aunée, avoine,
bouillon blanc, bourrache, coquelicot, dattes, figues, guimauve,
mauve, polygala, réglisse, sucre,
sureau, tussilage, violette.

Catarrhe pulmonaire chronique.
Amandes douces et amères, angélique, anis étoilé, arbousier busserole, asa fœtida, asaret, baumes
de copahu, du Pérou, de Tolu,
bryone, douce-amère, cachou, capillaires, cascarille, cochléaria de
Bretagne, cochléaria officinal, coquelicot, cresson, croton, cusparie
fébrifuge, eucalypte, figues, gayac,
germandrée petit chêne, gomme

ammoniaque, gomme-gutte, glécome hédéracé, gnaphale dioïque,
goudron, guimauve, hyssope, jaborandi, ipéca, jujube, jusquiame,
laurier-cerise, lavande, liquidambar, lobélie enflée, menthe, myrrhe, orge, phellandrie, pin (séve)
de), polygala, polypode, quassia,
raisins secs, réglisse, romarin,
sapin (bourgeons de), scille, scolopendre, térébenthine (oléo-résine de), thym, véronique.

Catarrhe utérin. Voy. LEUCORRHÉE.

Catarrhe de la vessie. Baume de copahu, de Tolu, bouillon blanc, bourgeons de sapin, chanvre, eucalypte,
genièvre (baies de), goudron, sapin
(bourgeons de).

Cautères (pansement des). Feuilles de
saponaire, pois d'iris, pois d'orange.

Céphalalgie nerveuse. Aconti, angélique, café, coriandre, digitale, eau
de fleurs d'orange, feuilles d'oranger, guarana, jusquiame, lavande,
thé, tilleul, valériane, véronique,
les *Sternutatoires*.

Cérébrales (maladies chroniques).
Aloès, jalap, moutarde, scammonée. Voy. COMMOTION, CONGESTION.

Cerveau (maladies du). Voy. COMMO-
TION, CONGESTION.

Charbon. Camphre, encens, les *caustiques*.

Chaudepisse. Voy. BLENNORRHAGIE.

Chiens enragés (morsure des). Aristoloche serpentaire?

Chlorose. Absinthe, angélique, asa
fœtida, aunée, fragon piquant, gentiane, lavande, myrrhe, origan,
quinquina, romarin, saponaire, simarouba, tanaisie, les *Amers*.

Choléra Alcool, café, cajeput, hachisch, ipéca, opium, moutarde
noire, thé, les *Stimulants* dans la
période algide, les *Emollients* dans
la réaction.

Chorée. Ambroisie du Mexique, cajeput, camphre, colchique, datura,
essence de térébenthine, fève de
Saint-Ignace, hachisch, opium,
quinquina, noix vomique, valériane.

Chute de la luette. Feuilles de chêne
rouvre, gingembre.

Chute du vagin ou du rectum. Voy.
PROLAPSUS.

Chutes. Voy. CONTUSIONS.

Clous. Voy. FURONCLE.

Cœur (maladies du). Aconit, asa fœtida, asperge, baies de genièvre, digitale, ergot de seigle, feuilles d'oranger, jalap, lactucarium, laitue, scammonée, schœnocaule, tilleul. Voy. PALPITATIONS.

Coliques hépatiques. Belladone, essence de térébenthine, opium. Voy. CALCULS BILIAIRES.

Coliques néphrétiques. Belladone, colombo, chiendent, opium, pavot, les *Diurétiques*, les *Narcotiques.*

Coliques nerveuses. Voy. GASTRALGIE.

Coliques des peintres ou de plomb. Belladone, croton, coloquinte.

Colique sèche. Quinquina.

Coliques venteuses. Armoise commune, asa fœtida, camomille, cannelle, gingembre, mélilot, menthe, petite centaurée, rue, sagapenum, les *Carminatifs.*

Commotion cérébrale. Arnica, café, mélisse, thé. Les *Rubéfiants*, les *Dérivatifs.*

Congestion cérébrale. Ellébore blanc, moutarde, les *Rubéfiants.*

Conjonctivite. Coings, lactucarium, mélilot.

Consomption. Voy PHTHISIE.

Constipation. Aloès, asa fœtida, belladone, camomille, gomme-gutte, guimauve, jalap, jusquiame, mercuriale, moutarde blanche, œillette (huile d'), rhubarbe, ricin, sagapenum, séné.

Constrictions spasmodiques. Belladone, ciguë, jusquiame.

Continue (fièvre) Voy. FIÈVRE CONTINUE.

Contusions. Ache, arnique des montagnes, bardane, camphre, rue, tanaisie, tormentille.

Convalescence. Les *Amers*, *analeptiques, toniques.* Voy. INFILTRATIONS SÉREUSES.

Convulsions. Angélique, belladone, ciguë, hachisch, quinquina, safran, schœnocaule, tabac, valériane, les *Antispasmodiques.*

Coqueluche. Aconit, anémone pulsatille, arnique, asa fœtida, asaret, belladone, bryone, café, ciguë, coquelicot, datura, figue, ipéca, jusquiame, laurier-cerise, quinquina, safran.

Cornée. Voy. KÉRATITE, TAIES.

Corrosifs. Voy. EMPOISONNEMENTS.

Cors. Amadou, suc du figuier.

Coryza. Sucre.

Couperose. Voy. DARTRES.

Coups. Voy. CONTUSIONS.

Coupures. Bouillon blanc, camomille, collodion, dictame, hyssope, traumaticine, les *Vulnéraires.*

Cours de ventre. Voy. DIARRHÉE.

Crachements de sang. Voy. HÉMOPTYSIE, HÉMORRHAGIE.

Crampes d'estomac. Laurier-cerise.

Croup. Baume de copahu, citron, ipéca, lobélie enflée, polygala.

Croûtes laiteuses ou gourmes. Bardane, fumeterre, pensée sauvage, scabieuse.

Cystite. Bouillon blanc, camphre, lin, pariétaire. Voy. aussi CATARRHE DE LA VESSIE.

Danse de Saint-Guy. Les *Antispasmodiques.*

Dartres. Amidon, anémone pulsatille, chêne rouvre (écorce de), ciguë, coings, fumeterre, goudron, lin, nerprun, noix (brou de), patience, saponaire, staphisaigre, tussilage.

Débilité. Voy. ATONIE.

Délire lypémaniaque. Belladone.

Delirium tremens. Hachisch, opium.

Démangeaison. Voy. PRURIGO.

Dentition. Guimauve, safran. Voy. CARIE, ODONTALGIE.

Dermatose. Voy. PEAU (maladies de la).

Desquamation. Huile d'amandes.

Dévoiement. Voy. DIARRHÉE.

Diabète. Cresson, gluten, jaborandi, opium, vin.

Diarrhée avec irritation. Amidon, bouillon blanc, carrageen, colombo, consoude, guarana, opium, pavot, phellandrie, morphine, riz, scolopendre.

Diarrhée à la fin de l'irritation. Benoite, berberis, bistorte, cognassier, grenadier, ipéca, lichen, salep.

Diarrhée avec atonie. Arbousier, busserole, asaret, balauste, belladone, benoite, bistorte, cachou, café, cannelle, cascarille, coings, croton, fraisier (feuilles de), lichen, malicorium, muscade, quassia, ratanhia, rhubarbe, ronce, rose, sauge, simarouba, tannin, vigne (feuilles de).

Diarrhée séreuse ou par refroidissement. Camomille, coings, curcuma, mélisse, oranger, pavot, roses, sang-dragon, tilleul.

Digestion difficile. Voy. DYSPEPSIE.

Diphthéritiques (affections). Baume de copahu.

Douleurs. Les *Analgésiques.* Voy. TIC, ULCÈRES DOULOUREUX.

Douleurs ostéocopes. Voy. OSTÉOCOPES.

Dysenterie pendant l'irritation. Amidon, bouillon blanc, bistorte, carrageen, chêne rouvre (écorce de), colombo, consoude, cusparie fébrifuge, guarana, ipéca, manne, pavot, ratanhia, ronce, simarouba, tamarin.

Dysenterie après l'irritation. Acacie arabique (écorce d'), arnique, benoite, berberis, grenadier, ipéca, lichen, ronce, rose, salep, tormentille.

Dysménorrhée. Amandes amères, aunée, camomille, gayac, menthe, les *Antispasmodiques,* les *Narcotiques.* Voy. aussi AMÉNORRHÉE.

Dyspepsie par irritation inflammatoire. Colombo, chicorée, grenadier, guimauve, orge, salep, les *Emollients.*

Dyspepsie par irritation nerveuse. Anis vert, arrow-root, benoite, chardon-bénit, chêne rouvre (glands de), coca, érythrée, petite centaurée, gentiane, lavande, romarin, tilleul (charbon de).

Dyspepsie par atonie. Absinthe, acore aromatique, aloès, anis étoilé, anis vert, aunée, berberis, cachou, dextrine, fève de Saint-Ignace, guarana, germandrée petit chêne, gingembre, houblon, noix vomique, orge, quassia, quinquina.

Dyspepsie accompagnée de flatuosités. Voy. COLIQUES VENTEUSES.

Dyspnée. Baies de genièvre, lobélie enflée.

Dysurie. Voy. CYSTITE.

Ecchymose. Anis vert, arnique, pervenche, tormentille, les *Astringents.*

Eclampsie. Voy. CONVULSIONS, EPILEPSIE.

Ecorchures. Voy. PLAIES.

Ecoulement. Voy. BLENNORRHAGIE, CATARRHE, LEUCORRHÉE.

Ecrouelles. Voy. SCROFULES.

Eczéma. Voy. DARTRES et PEAU (MALADIES DE LA).

Elephantiasis. Les *Sudorifiques.*

Embarras gastrique. Les *Emétiques.*

Empoisonnement par les substances corrosives. Les *Emétiques,* les *Emollients.*

Empoisonnement par les narcotiques. Les *émétiques,* les *stimulants.*

Engelures. Alcool, benjoin, caoutchouc.

Engorgements. Voy. OBSTRUCTIONS.

Engorgements des amygdales. Noyer, ronce, les *Astringents.*

Engorgements articulaires. Voy. SCROFULES.

Engorgements du foie. Chicorée, chiendent, fumeterre.

Engorgements des glandes ou ganglionnaires. Chêne rouvre (écorce de), cochléaria officinal, gomme ammoniaque, mousse de Corse, saponaire, salsepareille, tussilage.

Engorgement des glandes salivaires. Les *Sialagogues.*

Engorgement laiteux. Voy. LAITEUX.

Engorgement des mamelles. Ciguë, cumin, jusquiame, menthe, pervenche.

Engorgement de la rate. Les *Fébrifuges.*

Engorgement des testicules. Ciguë, cumin.

Engouement des bronches. Voy. BRONCHORRHÉE.

Engouement herniaire. Séné.

Enrouement. Aconit, benjoin.

Entéralgie. Voy. GASTRALGIE.

Entérite. Les *Emollients.*

Entorse. Alcool, amidon, tanaisie.

Epanchement. Voy. HYDROPISIE, PLEURÉSIE.

Ephélides. Voy. TACHES DE ROUSSEUR.

Epilepsie. Belladone, bryone, camphre, datura, hachisch, jusquiame, térébenthine (essence de), quinquina, valériane.

Epistaxis. Voy. SAIGNEMENT DE NEZ.

Erections nocturnes. Voy. PRIAPISME.

Ergotisme. Voy. SPHACÈLE.

Eruptives (fièvres). Voy. FIÈVRES ÉRUPTIVES.

Erysipèle. Alcool, amande (huile d'), camphre, caoutchouc, froment(farine de), lycopode (poudre de), sureau.

Eschares du sacrum. Sauge, tamarin. Voy. aussi GANGRÈNE.

Esquinancie. Voy. ANGINE.

Estomac. Voy. AIGREURS, ATONIE, CANCER, CRAMPES, EMBARRAS GAS-TRIQUE, FIÈVRES GASTRIQUES, GAS-TRALGIE, ULCÉRATIONS.

Estomac (atonie de l'). Absinthe, acore aromatique, moutarde blanche, les *Stomachiques.*

Etourdissements nerveux. Les *Cépha-liques,* les *Antispasmodiques.*

Etourdissements sanguins. Les *Ca-thartiques,* les *Drastiques,* les *Ru-béfiants.*

Exanthèmes (pour rappeler les). Au-née, bourrache, bryone, hyssope, les *Diaphorétiques.* Voy. aussi FIÈ-VRES ÉRUPTIVES.

Excoriations. Voy. INTERTRIGO.

Exostoses. Anémone pulsatille.

Expectoration (pour faciliter l'). Les *Expectorants.*

Favus. Camphre.

Fétidité de l'haleine. Voy. HALEINE.

Fièvre adynamique. Voy. FIÈVRE CON-TINUE.

Fièvre bilieuse. Berberis, bourrache, chicorée, fraisier, laitue, orge, ta-marin.

Fièvre continue, adynamique ou ty-phoïde. Aristoloche serpentaire, ber-beris, bourrache, café, camomille, camphre, cannelle, chardon bénit, cusparie fébrifuge, quinquina, ro-marin, sauge, simarouba, tamarin, valériane, vanille, vin, vinaigre.

Fièvre muqueuse. Angélique, arnique, berberis, centaurée, chicorée, ger-mandrée, sauge, vinaigre.

Fièvre soporeuse. Aristoloche serpen-taire, lavande.

Fièvre typhoïde. Voy. FIÈVRE CONTINUE.

Fièvres catarrhales. Voy. FIÈVRE MU-QUEUSE.

Fièvres éruptives. Bourrache, cajeput, chardon bénit, coquelicot, jaboran-di, violettes. Voy. aussi EXANTHÈMES.

Fièvres gastriques. Casse.

Fièvres intermittentes. Les *Fébrifuges.*

Fièvres puerpérales. Digitale, térében-thine(essence de),sulfate de quinine.

Fièvres rémittentes. Casse, cusparie fébrifuge.

Fièvres vermineuses. Les *Vermifuges.*

Fissure à l'anus. Belladone, bistorte, galle (noix de), ratanhia.

Fistules. Voy. ULCÈRES FISTULEUX.

Flatuosités. Voy. COLIQUES VENTEUSES, DYSPEPSIE.

Fleurs ou flueurs blanches. Voy. LEU-CORRHÉE.

Flux. Voy. DIARRHÉE, HÉMORRHAGIE, HÉMORRHOÏDES.

Foie. Voy. ENGORGEMENTS, ICTÈRE.

Folie. Voy. ALIÉNATION MENTALE.

Fongus. Voy. ULCÈRES.

Furoncle (Clou). Amande douce (huile d'), bouillon blanc, morelle, sureau; les *Emollients.*

Galactorrhée. Voy. LAIT.

Gale. Aunée, bardane, cade (huile de), camphre, elléhore blanc, fumeterre, goudron, muscade, patience, rue, staphisaigre, tabac, thym.

Ganglionnaires (engorgements). Voy. ENGORGEMENTS.

Gangrène. Camphre, chêne rouvre (écorce de), citron, germandrée aquatique, romarin, térébenthine (essence de).

Gangréneuse (Angine). Voy. ANGINE.

Gastralgie. Aneth odorant, anis vert, belladone, coca, érythrée-centaurée, menthe, pavot, safran, tamarin, til-leul (charbon de). Les *Narcotiques* ou les *émollients* suivant qu'il y a absen-ce ou présence d'une inflammation.

Gastriques (fièvres). Voy. FIÈVRES.

Gencives gonflées. Voy. SCORBUT, UL-CÉRATIONS.

Génito-urinaires (inflammation des voies). Voy. INFLAMMATION.

Gerçures. Amidon, cachou, coing, tanaisie.

Gerçures du sein. Amidon, benjoin, cachou, coings, consoude, ratanhia, sucre.

Gingivite. Coca, figue, ratanhia, ronce, sauge, tormentille.

Glaires. Gentiane, origan; les *Expec-torants.*

Glandes. Voy. ENGORGEMENTS.

Glotte (spasmes de la). Asa fœtida.

Goître. Mousse de Corse.

Gonflement des gencives. Voy. GEN-
CIVES.

Gonorrhée. Voy. BLENNORRHAGIE.

Gorge. Voy. ANGINE, INFLAMMATION.

Gourmes. Voy. CROUTES,

Goutte. Acore aromatique, belladone,
cajeput, camomille, camphre, ciguë,
cochléaria de Bretagne, colchique,
coloquinte, coqueret, ciguë, digitale, douce-amère, ellébore, erythrée, gayac, géntiane, hachisch,
opium, polypode, quassia, saponaire, squine, tabac, thé, thym.
Voy. TUMEURS GOUTTEUSES.

Goutte sereine. Voy. AMAUROSE.

Gravelle. Les *diurétiques.* Voy. CAL-
CULS.

Grippe. Lactucarium, réglisse.

Haleine (fétidité de l'). Cachou, cascarille, coriandre, iris de Florence.

Hallucination. Datura.

Hématémèse. Matico.

Hématurie. Arbousier-busserole, essence de térébenthine.

Hémiplégie. Voy. PARALYSIE.

*Hémoptysie.*Arbousier-busserole, avoine, benoite, carrageen, chêne (écorce de), coings, consoude, ipéca,
jusquiame, pervenche, phellandrie,
ronce, rose.

Hémorrhagie active. Consoude, croton,
digitale, galle (noix de), guarana,
matico.

Hémorrhagie passive. Amadou, arbousier-busserole, balauste, benoite,
cascarille, citron, coloquinte, ergot
de seigle, fraisier (racine de), galbanum, ipéca, laurier blanc, malicorium, ratanhia, sang-dragon, tormentille, vigne (feuilles de), les
hémostatiques.

Hémorrhagie extérieure. Amadou,
benjoin, cachou, colophane, galle
(noix de), matico, térébenthine (essence de), scolopendre.

Hémorrhoïdes. Aloès, bouillon blanc,
camphre, coings, datura, galle
(noix de), gomme-gutte, jusquiame,
liége.

Hémorrhoïdes (pour les rendre
fluentes). Figuier (feuilles de), jalap,
sureau.

Hépatiques (coliques). Voy. COLIQUES.

Hépatite aiguë. Les *Emollients,* les
Sédatifs.

Hépatite chronique. Voy. OBSTRU-
CTIONS.

Hernie. Noix de galle. Voy. ENGOUE-
MENT.

Hernie étranglée. Belladone, café,
croton, jusquiame, tabac, ricin.

Herpès tonsurant. Camphre.

Hoquet. Aneth odorant, belladone,
quinquina, valériane.

Hydrophobie. Voy. RAGE.

Hydropisie. Ache, aconit, aloès, asaret, asperges, berberis, bryone, cajeput, chiocoque dompte-venin, ciguë, cochléaria de Bretagne et
cochléaria officinal, colchique, coloquinte, coqueret, cresson, croton,
digitale, élatérium, fragon piquant,
genièvre (baies de), gomme-gutte,
jaborandi, mercuriale, nerprun, pariétaire, polygala, scille, simarouba,
sureau, thé, raisin ; les *Diurétiques,*
les *Cathartiques,* les *Hydragogues.*

Hypérémie. Matico.

Hypertrophie du cœur. Voy. PALPI-
TATIONS.

Hypochondrie. Selon la nature inflammatoire, atonique ou spasmodique des symptômes. Asa fatida,
aunée, bourrache, camomille, chicorée, colchique, fenouil, germandrée, lactucarium, lavande, mélisse,
menthe, opium, oranger, phellandre, rue, saponaire, tilleul.

Hystérie. Angélique, armoise, commune, asa fœtida, cajeput camomille, camphre, colchique, coriandre, hachisch, lavande, opium,
oranger (feuilles d'), romarin, safran, tanaisie, tilleul, térébenthine (essence de), valériane, les
Antispasmodiques.

Ictère par irritation, spasme. Chanvre,
chicorée, chiendent, digitale, les
Emollients.

Ictère par obstruction du foie. Ache,
asperge, chiendent, coqueret, fragon piquant, noyer, térébenthine
(essence de), saponaire, véronique ;
les *Fondants.*

Iléus. Belladone, croton, séné, tabac.
Voy. VOLVULUS.

Inappétence par atonie. Absinthe,
aloès, benoite, chardon bénit, dictame, érythrée-centaurée, gentiane, pin maritime (séve de).

Inappétence par inflammation. Les *Émollients.*

Incontinence nocturne d'urine. Belladone, datura, jusquiame, fève de Saint-Ignace, noix vomique, poivre cubèbe, vin.

Indigestion. Anis vert, café, colombo, séné, thé, tilleul.

Inertie de la matrice. Digitale, ergot de seigle.

Infection purulente. Voy. PURULENTE.

Infiltration du poumon. Concombre sauvage, scille.

Infiltration du tissu cellulaire. Les *Diurétiques*, les *Hydragogues*, les *Cathartiques.* Voy. aussi HYDROPISIE.

Infiltrations séreuses des convalescents. Centaurée, gentiane, les *toniques.*

Inflammation. Aneth odorant, avoine, coqueret, guimauve, lin, mélilot, mercuriale, morelle, pomme de terre (fécule de), riz, tussilage ; les *Émollients.* Voy. INAPPÉTENCE.

Inflammation de la gorge. Les *Astringents.*

Inflammation de la peau. Amidon, cynoglosse, guimauve, jusquiame, morelle, pomme de terre (fécule de), sureau, son.

Inflammation de la poitrine. Les *Pectoraux*, les *Expectorants*, les *Béchiques.*

Inflammation des voies génito-urinaires. Baume de tolu, capillaire, chiendent, cresson, fragon piquant, grenade (suc de), guimauve, oléorésine de térébenthine.

Inflammations internes. Amidon, coriandre, guimauve, jujube, lin ; les *Émollients* et les *Sédatifs.*

Inflammatoires (abcès). Voy. PHLEGMON.

Impétigo. Pensée sauvage.

Insomnie. Lactucarium, opium, pavot, phellandrie.

Intermittentes (fièvres). Voy. FIÈVRES.

Intertrigo. Amidon, cachou, froment (farine de), iris, pomme de terre fécule de), poudre de lycopode, riz.

Intestin. Voy. ATONIE.

Iris. Voy. ADHÉRENCE.

Iritis. Belladone, fève de Calabar, staphisaigre.

Irritation. Voy. ICTÈRE.

Irritations inflammatoires. Les *Émollients.* Voy. DYSPEPSIE.

Irritations nerveuses. Les *Antispasmodiques.* Voy. DYSPESIE.

Ischurie. Voy. CYSTITE.

Ivresse. Asaret.

Jaunisse. Voy. ICTÈRE.

Kératite scrofuleuse. Ratanhia.

Lait (pour en augmenter la sécrétion). Bryone, cascarille, fenouil, feuilles de ricin.

Lait (pour le faire passer). Canne de Provence, chanvre, menthe poivrée, pervenche, sauge.

Laiteuses (Croutes), Voy. CROUTES.

Laiteux (Engorgement). Ache, anis vert, pervenche.

Langue (paralysie de la). Camomille, pyrèthre, muscade.

Laryngite. Baume du Pérou, baume de Tolu, croton, rose. Voy. aussi ANGINE.

Lèpre. Les *Diaphorétiques.*

Leucorrhée. Amidon, angélique, arbousier, busserole, balauste, baume de Tolu, bistorte, cachou, chêne rouvre (écorce de), colchique, eucalypte, genièvre, gomme ammoniaque, lamier blanc, lavande, matico, myrrhe, noix de galle, noyer, quassia, ratanhia, ronce, rose, sang-dragon, sapin (bourgeons de), scabieuse, tanaisie, thym, tormentille, vigne (feuilles de).

Luette. Voy. CHUTE.

Lumbago. Voy. NÉVRALGIE, RHUMATISME.

Lymphatisme. Voy. SCROFULES.

Lypémanie. Belladone.

Maladie de Bright. Voy. BRIGHT.

Mamelles. Voy. ENGORGEMENTS.

Manie. Voy. ALIÉNATION MENTALE.

Marasme. Voy. PHTHISIE.

Matrice. Voy. ABAISSEMENT, INERTIE, UTÉRUS.

Maux de gorge. Voy. ANGINE.

Maux de tête. Voy. CÉPHALALGIE.

Ménorrhagie. Voy. PERTES UTÉRINES.

Mentagre. Camphre.

Météorisme. Voy. COLIQUES VENTEUSES.

Métrorrhagie. Acore aromatique, benoite, cannelle, digitale, jusquiame,

rue, sabine. Voy. aussi HÉMORRHA-
GIE.

Migraine. Voy. CÉPHALALGIE, NÉ-
VRALGIE.

Miliaire. Voy. FIÈVRES ÉRUPTIVES.

Morsure des chiens enragés. Voy.
CHIEN.

Morsure des serpents. Voy. SERPENTS.

Muqueuse (fièvre). Voy. FIÈVRE MU-
QUEUSE.

Muscles. Voy. RÉTRACTIONS.

Narcotiques. Voy. EMPOISONNEMENT.

Néphrétiques (coliques). Voy. COLIQUES.

Nephrite. Arbousier busserole, elatérium, lin, pariétaire. Voy. aussi
ALBUMINURIE, CALCULS.

Nerveuses (maladies). Voy. CÉPHA-
LALGIE, COLIQUES, ÉTOURDISSEMENT,
IRRITATION, PALPITATIONS, TREMBLE-
MENT.

Névralgie et névroses. Aconit, belladone, fève de Saint-Ignace,
gomme ammoniaque, hyssope, jusquiame, lactucarium, menthe, moutarde noire, noix vomique, opium,
poix de Bourgogne, schœnocaule,
térébenthine (essence de), tilleul,
thym, valériane. Voy. NERVEUSES
(Maladies).

Nez. Voy. SAIGNEMENT.

Nymphomanie. Camphre, datura.

Obésité. Coca, sirop de verjus.

Obstruction du foie. Voy. ICTÈRE.

Obstruction des viscères abdominaux.
Aloès, asperge, chêne rouvre (glands
de), chicorée, cochléaria officinal,
salsepareille, thym, raisin. Les *Désobstruants.*

Odontalgie, carie dentaire. Les *Odontalgiques.*

Œdème. Voy. INFILTRATION, HYDRO-
PISIE.

Ophthalmie. Belladone, guimauve,
opium, roses, térébenthine (essence
de), vigne (séve de).

Ophthalmie scrofuleuse. Ciguë, huile
de cade, jusquiame, noyer.

Os (carie des). Myrrhe.

Ostéocopes (douleurs). Anémone pulsatille, noyer.

Otorrhée. Goudron.

Ozène. Rue.

Pâles couleurs. Voy. CHLOROSE.

*Palpitations du cœur par hyper-
trophie.* Asperge, digitale. Voy.

CŒUR (maladies du).

Palpitations nerveuses. Mélisse, men
the, oranger, scolopendre.

Paludéenne (cachexie). Voy. CACHEXIE.

Panaris. Bouillon blanc, morelle
tormentille. Les *Emollients.*

Paralysie. Anémone pulsatille, camomille pyrèthre, cajeput, cochléaria de Bretagne, ellébore blanc,
ergot de seigle, essence de girofle,
fève de Saint-Ignace, gomme-gutte,
lavande, muscade, noix vomique,
nerprun, romarin, sauge, schœnocaule.

Paralysie de la langue. Voy. LAN-
GUE.

Paraphimosis et *phimosis.* Belladone,
jusquiame.

Paraplégie. Voy. PARALYSIE.

Peau (maladies chroniques de la).
Alcool, amidon, asaret, bardane,
baume de copahu, cade (huile de),
caoutchouc, chicorée, cochléaria,
douce amère, garou, froment (farine
de), fumeterre, gayac, guimauve,
goudron, poudre de lycopode, ményanthe, morelle, pensée sauvage,
salsepareille, scabieuse, squine, tabac. Voy. INFLAMMATION.

Péripneumonie. Voy. PNEUMONIE.

Péritonite. Ricin.

Péritonite puerpérale. Ellébore blanc.

Péritonite tuberculeuse. Ciguë, opium.

Pertes séminales par atonie. Absinthe, digitale, fève de Saint-Ignace,
noix vomique.

Pertes séminales par stimulation.
Houblon, lactucarium.

Pertes utérines. Voy. HÉMORRHAGIE,
LEUCORRHÉE.

Peste. Camphre.

Phimosis. Voy. PARAPHIMOSIS.

Phlegmon. Guimauve, lin, morelle,
les *Emollients.*

Phosphore (émanations de). Essence
de térébenthine.

Photophobie. Datura.

Phthiriasis. Voy. POUX.

Phthisie pulmonaire. Asperge, café,
caoutchouc, chêne rouvre (écorce
de), ciguë, coca, goudron, lichen,
lobélie enflée, opium, phellandrie,
pin maritime (séve de), rose, véronique, vin. Voy. SUEURS DES PHTHI-
SIQUES.

Pica des nègres. Chiocoque dompte-venin.

Pieds. Voy. SUEUR.

Piqûres de sangsues. Voy. SANGSUES.

Pityriasis versicolor. Ellébore blanc.

Plaies. Alcool, bardane, baume du Pérou, bistorte, bouillon blanc, canne de Provence, chêne rouvre (écorce de), dictame, eucalypte, froment (farine de), lobélie, pervenche, quinquina, thymol, tormentille, traumacitine, les *Vulnéraires.* Voy. COUPURES.

Pleurésie. Chardon-bénit, digitale. Voy. aussi PLEURODYNIE.

Pleurodynie. Moutarde, phellandrie, poix de Bourgogne.

Plique. Lycopode.

Pneumonie aiguë. Asaret, bourrache, carrageen, chardon-bénit, digitale, figue, laurier-cerise, les *Pectoraux*, les *Béchiques.*

Pneumonie chronique. Alcool, ipéca, lobélie enfléc, scille.

Point de côté. Voy. PLEURODYNIE.

Poitrine (maladies de). Voy. ANGINE, CATARRHE PULMONAIRE, INFLAMMA-TION, PHTHISIE, PNEUMONIE, POUMON.

Pollutions nocturnes. Absinthe. Voy. aussi PERTES SÉMINALES.

Polydypsie. Valériane, les *Acidules.*

Polyurie. Belladone, opium.

Porrigo. Voy. TEIGNE.

Poumon. Voy. CATARRHE PULMONAIRE, INFILTRATION, PHTHISIE.

Pourriture d'hôpital. Camphre, citron, chêne rouvre (écorce de), quinquina.

Poux. Coque du Levant, ellébore blanc, lavande, rue, schœnocaule, staphisaigre, les *Parasiticides.*

Poux-pubis. Tabac.

Priapisme. Camphre, datura, hachisch, houblon, lactucarium.

Prolapsus du rectum, du vagin. Coing, noix de galle, quinquina; les *Astringents.*

Prurigo. Amidon, bouillon blanc, ellébore, goudron.

Prurit. Voy. PRURIGO.

Psoriasis. Baume de copahu, goudron. Voy. DARTRES.

Puerpéralité. Voy. FIÈVRE, PÉRITONITE.

Pulmonaire (Catarrhe). (Voy. CATARRHE.

Pupille (pour la dilater). Atropine, belladone, hyoscyamine, morelle; les *Mydriatiques.*

Pupille (pour la resserrer). Fève de Calabar; les *Antimydriatiques.*

Purpura. Citron, essence de térébenthine; les *Astringents.*

Purulente (infection). Arnique des montagnes, cascarille. Voy. PYOHÉMIE.

Pustule maligne. Brou de noix, camphre, noyer.

Pyohémie. Sulfate de quinine. Voy. PURULENTE (infection).

Rachitisme. Voy. SCROFULE.

Rage. Belladone, hachisch, lycopode, rose sauvage, schœnocaule. Voy. CHIENS.

Rate. Voy. ENGORGEMENT.

Rectum. Voy. CHUTE ét PROLAPSUS.

Règles. Voy. AMÉNORRHÉE, DYSMEN-HORRÉE, RÉTENTION.

Relâchement des sphincters. Noix de galle.

Rémittentes (fièvres). Voy. FIÈVRE.

Répercussion. Garou, moutarde, les *Diaphorétiques.*

Rétention des règles. Voy. AMÉNOR-RHÉE.

Rétention d'urine. Arnique; les *Diurétiques.* Voy. CYSTITE.

Rétractions musculaires. Belladone.

Rhumatisme aigu. Aconit, belladone, bourrache, camomille, camphre, ciguë, citron, croton, digitale, hachisch, jusquiame, opium, sulfate de quinine; les *Emollients.*

Rhumatisme chronique. Benjoin, bryone, cajeput, cannelle, coca, cochléaria de Bretagne, colchique, colombo, ellébore, encens, garou, gayac, genièvre (baies de), hyssope, moutarde noire, muscade, origan, poix, poix de Bourgogne, polygala, romarin, salsepareille, saponaire, schœnocaule, squine, tanaisie, térébenthine (essence de), thym.

Rhume. Voy. CATARRHE.

Rougeole régulière. Bourrache, busserole, coquelicot, manne, sureau, violette.

Rougeole (suites de la). Aunée, hyssope.

Sacrum. Voy. ESCHARRES.

Saignement de nez. Amadou, acore vrai, feuilles de vigne.

Salivaires (glandes). Voy. ENGORGE-
MENT.

Sang. Voy. CRACHEMENT.

Sangsues (piqûres de). Amadou, caoutchouc, ergot de seigle, matico, poudre de gomme arabique.

*Sanguin(Étourdissement).*Voy.ÉTOUR-
DISSEMENT.

Satyriasis. Les *antispasmodiques*, les
antiaphrodisiaques. Voy. PRIAPISME.

Scarlatine. Alcool, belladone, bourrache, sureau, violette.

Sciatique. Aconit, asaret, belladone,
datura, jusquiame, opium.

Scorbut. Angélique, berberis, bistorte, cachou, chêne (feuilles de)
cochléaria officinal, cresson, fumeterre, genièvre (baies de), gentiane,
germandrée petit chêne, houblon,
ményanthe, orge, pomme de terre,
raisins, sang-dragon, vin. Voy. UL-
CÈRES SCORBUTIQUES.

Scrofules. Chêne rouvre (écorce et
glands), ciguë, citron, cochléaria,
cresson, gomme ammoniaque, fragon, gayac, gentiane, germandrée
petit chêne, houblon, lamier blanc,
lavande, ményanthe, noyer, quinquina, romarin, sauge, simarouba,
tanaisie, thym, tussilage. Voy. KÉ-
RATITE SCROFULEUSE, OPHTHALMIE
SCROFULEUSE.

Sécrétion du lait. Voy. LAIT.

Sein. Voy. GERÇURES.

Septicémie. Quinquina.

Serpents (morsure des). Aristoloche
serpentaire, polygala.

Sevrage. Coloquinte.

Soif. Les *Acidules.*

Soporeuse (fièvre). Voy. FIÈVRE SOPO-
REUSE.

Spasmes. Voy. CONSTRICTIONS, CON-
VULSIONS, GLOTTE, ICTÈRE, TOUX.

Spermatorrhée. Voy. POLLUTIONS NOC-
TURNES.

Sphacéle ergotique. Camphre.

Sphincters (relâchement des). Voy.
RELACHEMENT.

Squirrhe. Aconit, ciguë, garou.

Stomatite. Bistorte, coca, ratanhia,
ronce.

Strangurie. Camphre, guimauve, pariétaire, lin.

Sueur des aisselles et des pieds. Amandes amères (farine et essence d').

Sueur des phthisiques. Agaric blanc,
caoutchouc, jusquiame, sauge.

Surdité. Aconit, cumin.

Syncopes. Les *Antispasmodiques.*

Syphilides. Voy. SYPHILIS.

Syphilis. Bardane, chiocoque, ciguë,
colchique, douce-amère, gayac, noix
(brou de), saponaire, salsepareille,
squine; les *Diaphorétiques.*

Taches de rousseur. Amandes amères,
anémone pulsatille.

Tœnia. Les *Tœniafuges.*

Taies de la cornée. Sucre.

Teigne. Coque du Levant, ciguë, ellébore, lavande (essence de), noix
(brou de), patience, tussilage. Voy.
aussi DARTRES.

Testicules. Voy. ENGORGEMENT.

Tétanos. Aconitine, belladone, ciguë,
datura, fève du Calabar, hachisch,
lobélie, opium, quinquina, tabac,
térébenthine (essence de).

Tête. Voy. CÉPHALALGIE.

Tic douloureux. Voy. NÉVRALGIE.

Tissu cellulaire. Voy. INFILTRATION.

Torticolis. Origan. Voy. aussi RHU-
MATISME.

Toux. Avoine, belladone, ciguë, eucalyptus, jujubes, jusquiame, laurier-cerise, lichen, manne, oranger
(feuilles d'), opium, pavot, phellandrie, pin maritime (sève de),
poix de Bourgogne, salep, tussilage;
les *Béchiques.*

Toux spasmodique. Voy. COQUE-
LUCHE.

Tranchées. Bouillon blanc, coquelicot,
laitue, pavot.

Tranchées des enfants. Anis vert,laitue.

Tremblement sénile et nerveux. Jusquiame, menthe.

*Tubercules.*Voy.PÉRITONITE,PHTHISIE.

Tumeurs blanches. Chanvre, fenouil,
romarin, rue, sauge.

Tumeurs goutteuses. Elatérium.

Tympanite. Menthe poivrée, valériane.

Typhoïde (fièvre). Voy. FIÈVRE CON-
TINUE.

Typhus. Voy. FIÈVRE ADYNAMIQUE.

Ulcération de l'estomac. Matico.

Ulcération des gencives. Voy. SCORBUT.

Ulcères atoniques. Absinthe, bardane,
cachou, canne, cannelle, chardon
bénit, chêne rouvre (écorce de), citron, galle (noix de), myrrhe, sauge.

Ulcères douloureux. Belladone, chardon bénit, ciguë, datura, guimauve, lin, mènthe, pavot.

Ulcères fistuleux, fongueux, putrides, scorbutiques. Ache, aloès, amadou, aunée, chardon bénit, chêne rouvre (écorce de), citron, cochléaria officinal, cresson, erythée-centaurée, froment (farine de), gentiane, germandrée, laminaire digitée *(dilatant)*, laurier-cerise, lierre terrestre, liquidambar, manioc, morelle, noyer, patience, pomme de terre, quinquina, sabine, sang-dragon, sapin (bourgeons), scabieuse, staphisaigre, térébenthine (oléo-résine et essence). Voy. aussi CANCER, SCORBUT, SCROFULES.

Urinaires (Calculs). Voy. CALCULS.

Urine. Voy. INCONTINENCE, RÉTENTION.

Utérus. Voy. ATONIE, CATARRHE, INFLAMMATION, MATRICE, PERTES UTÉRINES.

Vagin. Voy. CHUTE, PROLAPSUS.

Vapeurs. Voy. CONVULSIONS, HYSTÉRIE.

Varicocèle. Ratanhia.

Variole. Alcool, bourrache, camphre.

Ventre. Voy. COURS DE VENTRE, OBSTRUCTION DES VISCÈRES ABDOMINAUX.

Vents. Voy. COLIQUES VENTEUSES.

Ver solitaire. Voy. TÆNIA

Vermine. Voy. POUX et FIÈVRES VERMINEUSES.

Verrues. Brou de noix, suc de figuier.

Vers. Les *Vermifuges.*

Vertiges. Lavande, mélisse.

Vessie (maladies de la). Arbousier busserole. Voy. CATARRHE.

Viscères abdominaux. Voy. OBSTRUCTION.

Volvulus. Huile de croton, séné, tabac.

Vomissements. Acore, alcool, aneth, armoise commune, belladone, cascarille, coings, colombo, laurier-cerise, menthe poivrée, pavot, quassia, sauge, tilleul.

Yeux (maladie des). Voy. CONJONCTIVITE, CORNÉE, OPHTHALMIE.

Zona. Amidon, pavot.

TABLE ALPHABÉTIQUE (¹)

(1) Les noms latins sont imprimés en italique.

FIN DE LA TABLE ALPHABÉTIQUE.

LIBRAIRIE J.-B. BAILLIÈRE ET FILS

19, RUE HAUTEFEUILLE, 19, A PARIS

ENVOI *franco* CONTRE UN MANDAT DE POSTE.

ANDOUARD. **Nouveaux éléments de pharmacie**, par ANDOUARD, professeur à l'Ecole de médecine de Nantes. Paris, 1874, 1 vol. in-8 de 880 p. avec 120 fig. . 14 fr.

Annuaire pharmaceutique, fondé par O. REVEIL et L. PARISEL, ou Exposé analytique des travaux de pharmacie, physique, histoire naturelle médicale, thérapeutique, hygiène, toxicologie, pharmacie et chimie légales, eaux minérales, intérêts professionnels, par le docteur C. MÉHU, pharmacien de l'hôpital Necker. Paris, 1863-1874, 11 volumes in-18 de chacun 400 pages avec figures. Chaque volume 1 fr. 50

† **Archives de médecine navale**, rédigées sous la surveillance de l'inspection générale du service de santé de la marine. Directeur de la rédaction, M. le docteur LE ROY DE MÉRICOURT.
Les *Archives de médecine navale* paraissent depuis le 1er janvier 1864, mensuellement, par numéro de 80 pages, avec planches et figures, et forment chaque année 2 vol. in-8 de chacun 500 pages. Prix de l'abonnement annuel pour Paris. . 12 fr.
— Pour les départements. 14 fr.
— Pour l'étranger, d'après les tarifs de la convention postale.
Les tomes I à XXIV (1864-75) sont en vente.

BARRAULT (E.). **Parallèle des eaux minérales de France et d'Allemagne.** Guide pratique du médecin et du malade, avec une introduction par le docteur DURAND-FARDEL. Paris, 1872, in-18 de XXII-372 pages 3 fr. 50

BEALE. **De l'urine, des dépôts urinaires et des calculs,** de leur composition chimique, de leurs caractères physiologiques et pathologiques et des indications thérapeutiques qu'ils fournissent dans le traitement des maladies. Traduit de l'anglais et annoté par MM. Auguste Ollivier, médecin des hôpitaux, et Georges Bergeron, agrégé de la Faculté de médecine. 1865, 1 vol. in-18 jésus, de XXX-540 pages avec 163 figures. . 7 fr.

BEAUVAIS. **Effets toxiques et pathogénétiques de plusieurs médicaments** sur l'économie animale dans l'état de santé. 1845, in-8 de 420 pages avec huit tableaux in-folio. 7 fr.

BECLU. **Nouveau manuel de l'herboriste**, ou Traité des proprié
tés médicinales des plantes exotiques et indigènes du commerce,
suivi d'un Dictionnaire pathologique, thérapeutique et pharmaceutique. 1872, 1 vol. in-12 de xiv-256 pages, avec 55 fig.   2 fr. 50

BRIAND et CHAUDÉ. **Manuel complet de médecine légale**, ou
Résumé des meilleurs ouvrages publiés jusqu'à ce jour sur cette
matière, et des jugements et arrêts les plus récents, et contenant
un *Traité élémentaire de chimie légale*, par J. BOUIS, professeur
à l'Ecole de pharmacie de Paris. *Neuvième édition*. Paris, 1874,
1 vol. gr. in-8 de viii-1102 pages avec 3 pl. gravées et 37 fig. 18 fr.

BRONGNIART (Ad.). **Énumération des genres de plantes** cultivées au Muséum d'histoire naturelle de Paris, par Ad. BRON-
GNIART, professeur au Muséum d'histoire naturelle, membre de
l'Institut, etc. *Deuxième édition*. 1850, in-12.   3 fr.

— **Essai d'une classification naturelle des Champignons**. 1825,
in-8, 99 p. avec 8 planches.   4 fr.

BRUCKE. **Des couleurs** au point de vue physique, physiologique,
artistique et industriel, traduit par Paul Schützenberger. Paris,
1866, 1 vol. in-18 jésus de 344 p. avec 46 fig.   4 fr.

BRUNNER. **La médecine basée sur l'examen des urines**, suivie
des moyens hygiéniques les plus favorables à la guérison, à la
santé et à la prolongation de la vie. 1858, 1 vol. in-8, 320 p. 5 fr.

BUIGNET. **Traité des manipulations physiques**, par H. BUIGNET,
professeur à l'école de pharmacie. 1876, 1 vol. in-8, avec 250
figures.

BYASSON (Henri). **Des matières amylacées et sucrées**, leur rôle
dans l'économie. 1873, gr. in-8 de 112 pages.   2 fr. 50

CAUVET. **Nouveaux éléments d'histoire naturelle médicale**, comprenant des notions générales sur la zoologie, la botanique et la
minéralogie, l'histoire et les propriétés des animaux et des végétaux
utiles ou nuisibles à l'homme, soit par eux-mêmes, soit par leurs
produits, par D. CAUVET, professeur à l'école de pharmacie de
Nancy, 1869, 2 vol. in-18 jésus avec 790 fig.   12 fr.

CHEVREUL. **Des couleurs et de leurs applications aux arts
industriels** à l'aide des cercles chromatiques, par E. CHEVREUL,
directeur des teintures à la manufacture des Gobelins, professeur
au Muséum d'histoire naturelle de Paris, membre de l'Institut.
Paris, 1864, in-folio avec 27 planches coloriées. Cartonné. 35 fr.

†**CODEX MEDICAMENTARIUS.** Pharmacopée française, rédigée
par ordre du gouvernement, la commission de rédaction étant

composée de professeurs de la Faculté de médecine et de l'Ecole
supérieure de Paris, des membres de l'Académie de médecine et
de la Société de pharmacie de Paris. 1866, 1 vol. grand in-8, XLVIII-
784 p., cartonné à l'anglaise. 9 fr. 50
Franco par la poste. 13 fr. 50
Le même, interfolié de papier réglé et solidement relié en demi-
maroquin. 16 fr. 50

CODEX. Commentaires thérapeutiques du Codex medicamentarius, ou Histoire de l'action physiologique et des effets thérapeutiques des médicaments inscrits dans la pharmacopée française,
par Ad. GUBLER, professeur de thérapeutique à la Faculté de médecine. *Deuxième édition*, 1874, 1 vol. grand in-8, XVIII-980 pages,
format du Codex, cart. 15 fr.

COLLADON. **Histoire naturelle et médicale des casses,** et particulièrement de la casse et des sénés employés en médecine. 1816,
in-4 avec 19 pl. 6 fr.

CORLIEU (A.). **Aide-mémoire de médecine, de chirurgie et d'accouchements,** vade-mecum du praticien. *Deuxième édition*, 1872,
1 vol. in-18 jésus de VIII-664 p. avec 418 fig., cart. 6 fr.

COUTANCE. **Histoire du chêne** dans l'antiquité et dans la nature,
ses applications à l'industrie, aux constructions navales, aux sciences
et aux arts, etc., par A. COUTANCE, professeur à l'Ecole de médecine
navale de Brest. 1873, in-8, 558 p. avec tableaux et cartes. 8 fr.

**Dictionnaire de médecine, de chirurgie, de pharmacie, de
l'art vétérinaire et des sciences qui s'y rapportent.** Publié
par J.-B. Baillière et fils. *Treizième édition*, entièrement refondue,
par E. LITTRÉ, membre de l'Institut de France (Académie française
et Académie des Inscriptions), et Ch. ROBIN, membre de l'Institut
(Académie des sciences), professeur à la Faculté de médecine de
Paris ; ouvrage contenant la synonymie *grecque, latine, anglaise,
allemande, italienne* et *espagnole*, et le glossaire de ces diverses
langues. Paris, 1873, 1 beau vol. grand in-8 de XIV-1836 p. à deux
colonnes, avec 550 fig. 20 fr.
Demi-reliure maroquin, plats en toile. 4 fr.
Demi-reliure maroquin à nerfs, plats en toile, tranches peigne,
très-soignée. 5 fr.

**Dictionnaire universel de matière médicale et de thérapeuti-
que générale,** contenant l'indication, la description et l'emploi
de tous les médicaments connus dans les diverses parties du
globe. *Ouvrage complet.* 1829-1846, 7 vol. in-8, y compris le
Supplément. 36 fr.

Dictionnaire général des eaux minérales et d'hydrologie médicale, comprenant la géographie et les stations thermales, la pathologie thérapeutique, la chimie analytique, l'histoire naturelle, l'aménagement, des sources, l'administration thermale, etc., par MM. DURAND-FARDEL, inspecteur des sources d'Hauterive à Vichy, E. LE BRET, inspecteur des eaux minérales de Baréges, J. LEFORT, pharmacien, avec la collaboration de M. JULES FRANÇOIS, ingénieur en chef des mines, pour les applications de la science de l'Ingénieur à l'hydrologie médicale. 1860, 2 forts volumes in-8 de chacun 750 pages.   20 fr.

Dictionnaire (nouveau) de médecine et de chirurgie pratiques, illustré de figures intercalées dans le texte, rédigé par Benjamin ANGER, E. BAILLY, BARRALLIER, BERNUTZ, P. BERT, BŒCKEL, BUIGNET, CHAUVEL, CUSCO, DEMARQUAY, DENUCÉ, DESNOS, DESORMEAUX, DEVILLIERS, Ch. FERNET, Alfred FOURNIER, A. FOVILLE fils, GALLARD, GAUCHET, GOMBAULT, GOSSELIN, A. GUÉRIN, H. GINTRAC, A. HARDY, HEURTAUX, HIRTZ, JACCOUD, JACQUEMET, JEANNEL, KŒBERLÉ, LANNELONGUE, S. LAUGIER, LEDENTU, P. LORAIN, LUTON, MARTINEAU, A. NÉLATON, A. OLLIVIER, ORÉ, PANAS, PONCET, Maurice RAYNAUD, RICHET, Ph. RICORD, J. ROCHARD (de Lorient), Z. ROUSSIN, SAINT-GERMAIN, Ch. SARAZIN, Germain SÉE, Jules SIMON, SIREDEL, STOLTZ, A. TARDIEU, S. TARNIER, TROUSSEAU, VALETTE, VERJON, Aug. VOISIN. Directeur de la rédaction, le docteur JACCOUD.

Le *Nouveau dictionnaire de médecine, et de chirurgie pratiques* illustré de figures intercalées dans le texte, se composera d'environ 30 volumes grand in-8 cavalier de 800 pages. Il sera publié trois volumes par an. *Les tomes I à XX sont en vente.* Prix de chaque volume de 800 pages avec figures intercalées dans le texte.   10 fr.

Les volumes seront envoyés *franco* par la poste, aussitôt leur publication, aux souscripteurs des départements, sans augmentation sur le prix fixé.

DUCHARTRE. **Éléments de botanique**, comprenant l'anatomie, l'organographie, la physiologie des plantes, les familles naturelles et la géographie botanique, par P. DUCHARTRE, membre de l'Institut (Académie des sciences), professeur à la Faculté des sciences de Paris. *Deuxième édition*, Paris, 1876, 1 vol. in-8 de 1088 p., avec 510 fig. dessinées d'après nature par A. Riocreux, cart. 18 fr.

DUCHESNE-DUPARC. **Du fucus vesiculosus**, de ses propriétés fondantes et de son emploi contre l'obésité. *Deuxième édition*. Paris, 1863, in-12 de 46 pages.   1 fr.

École de Salerne (l'). Traduction en vers français, par Ch. Meaux Saint-Marc, avec le texte latin en regard (1870 vers), précédée d'une introduction par M. le docteur Ch. Daremberg. — **De la sobriété**, conseils pour vivre longtemps, par L. Cornaro, traduction nouvelle. Paris, 1861, 1 joli vol. in-18 jésus dê LXXII-344 pages avec 5 vignettes.   3 fr. 50

ESPANET (A.). **Traité méthodique et pratique de matière médicale et de thérapeutique**, 1861, in-8 de 808 pages.   9 fr.

FERRAND (A.). **Traité de thérapeutique médicale** ou guide pour l'application des principaux modes de médication à l'indication thérapeutique et au traîtement des maladies, par le docteur A. Ferrand, médecin des hôpitaux. 1 vol. in-18 jésus de 800 pages. Cart.   8 fr.

FERRAND (E.). **Aide-mémoire de pharmacie**, vade-mecum du pharmacien à l'officine et au laboratoire, 1873, 1 vol. in-18 jésus de XII-688 pages avec 184 figures. Cart.   6 fr.

FONSSAGRIVES. **Principes de thérapeutique générale**, ou le médicament étudié aux points de vue physiologique, posologique et clinique, par J. B. Fonssagrives, professeur à la Faculté de médecine de Montpellier. 1875, 1 vol. in-8 de 450 pages.   7 fr.

— **Hygiène alimentaire** des malades, des convalescents et des valétudinaires, ou Du régime envisagé comme moyen thérapeutique. 2ᶜ *édition*, 1867, 1 vol. in-8 de XXXII-698 p.   9 fr.

GALLOIS. **Formulaire de l'Union médicale. Douze cents formules** favorites des médecins français et étrangers, par le docteur N. Gallois, 1874, 1 vol. in-32 de XXVIII-452 pages. 2 fr. 50

GALTIER (C. P.). **Traité de pharmacie et de l'art de formuler.** Paris, 1841, in-8.   4 fr. 50

GALTIER (C. P.). **Traité de matière médicale** et des indications thérapeutiques des médicaments. Paris, 1841, 2 vol. in-8. 10 fr.

GAUDICHAUD. **Botanique du voyage autour du monde** exécuté sur la corvette *la Bonite* (Amérique méridionale, Océanie, Chine) : 1° *Cryptogames cellulaires et vasculaires* (Lycopodiacés), par MM. Montagne, Leveillé et Spring. Paris, 1844-46, 1 vol. in-8, 356 pages ; — 2° *Botanique*, par M. Gaudichaud. Paris, 1851, 2 vol. in-8 ; — 3° Atlas de 150 planches in-folio ; — 4° *Explication et description des planches de l'Atlas*, par M. Ch. d'Alleizette. Paris, 1866, 1 vol. in-8. 186 pages. Prix réduit :   80 fr.
Séparément : l'Explication et description des planches, Paris, 1866, 1 vol. in-8.   6 fr.

GERMAIN (de Saint-Pierre). **Nouveau Dictionnaire de botanique,** comprenant la description des familles naturelles, les propriétés médicales et les usages économiques des plantes, la morphologie et la biologie des végétaux (étude des organes et étude de la vie), par E. GERMAIN (de Saint-Pierre), président de la Société botanique de France. 1870, 1 vol. in-8 de XVI-1388 pages avec 1640 figures. 25 fr.

GERVAIS et VAN BENEDEN. **Zoologie médicale.** Exposé méthodique du règne animal basé sur l'anatomie, l'embryogénie et la paléontologie, comprenant la description des espèces employées en médecine, de celles qui sont venimeuses et de celles qui sont parasites de l'homme et des animaux, par Paul GERVAIS, professeur au Muséum d'histoire naturelle, et J. VAN BENEDEN, professeur de l'Université de Louvain. Paris, 1859, 2 vol. in-8 avec 198 figures. 15 fr.

GIACOMINI. **Traité philosophique et expérimental de matière médicale et thérapeutique;** traduit par MM. Mojon et Rognetta, 1842, 1 vol. in-8. 5 fr.

GILLET. **Les champignons** (*hymenomycetes, fungi*) **qui croissent en France.** Description, iconographie, propriétés utiles ou vénéneuses, par C. C. GILLET, vétérinaire principal, 1re partie. Paris, 1875, 1 vol. in-8 de 150 p. avec 52 planches coloriées. 22 fr. 50

GLONER. **Nouveau dictionnaire de thérapeutique,** comprenant l'exposé des diverses méthodes de traitement employées par les plus célèbres praticiens pour chaque maladie, par le docteur J. C. GLONER. Paris, 1874, 1 vol. in-18 de VIII-805 p. 7 fr.

GODRON (D. A.). **De l'espèce et des races dans les êtres organisés,** et spécialement de l'unité de l'espèce humaine. 2e *édition.* 1872, 2 vol. in-8. 12 fr.

GUIBOURT. **Pharmacopée raisonnée,** ou Traité de pharmacie pratique et théorique, par N. E. HENRY et J. B. GUIBOURT; *troisième édition,* 1847, in-8 de 800 pages à deux colonnes, avec 22 planches. 8 fr.

GUIBOURT. **Histoire naturelle des drogues simples,** ou Cours d'histoire naturelle professé à l'École de pharmacie de Paris, par J. B. GUIBOURT, professeur à l'École de pharmacie. *Sixième édition,* par G. PLANCHON, professeur à l'École de pharmacie de Paris. Paris, 1869-70, 4 volumes in-8 avec 1024 figures. 86 fr. Seul, le *Traité des drogues simples* de MM. Guibourt et Planchon comprend l'étude complète des drogues d'*origine minérale,* d'o-

rigine végétale et *d'origine animale ;* seul, il répond exactement à son titre de *Cours d'histoire naturelle médicale*, professé autrefois par M. Guibourt, et aujourd'hui par M. Planchon.

Outre les détails pratiques de *détermination*, il comprend l'histoire complète de toutes les drogues : *origine, extraction, caractères physiques et chimiques, préparation, mode d'emploi, usages pharmaceutiques et thérapeutiques, falsifications*, etc. Il embrasse l'ensemble de toutes les questions qui se rattachent à l'étude de la matière médicale, et satisfait à tous les besoins de l'élève et du pharmacien.

GUIBOURT. **Manuel légal des pharmaciens et des élèves en pharmacie**, ou Recueil des lois, arrêtés, règlements et instructions concernant l'enseignement, les études et l'exercice de la pharmacie, 1852, 1 vol. in-12 de 230 pages.　　　　2 fr.

HACQUART (Paul). **Traité pratique et rationnel de botanique médicale**, suivi d'un mémorial thérapeutique. Rouen, 1872, in-18 de XVI-413 pages.　　　　6 fr.

HAUSSMANN. **Des subsistances de la France**, du blutage et du rendement des farines et de la composition du pain de munition. 1848, in-8 de 76 pages.　　　　75 c.

JEANNEL. **Formulaire officinal et magistral international**, comprenant environ quatre milles formules, tirées des pharmacopées légales de la France et de l'étranger ou empruntées à la pratique des thérapeutistes et des pharmacologistes, avec les indications thérapeutiques, les doses de substances simples et composées, le mode d'administration, l'emploi des médicaments nouveaux, etc., suivi d'un mémorial thérapeutique, par le docteur J. Jeannel, pharmacien inspecteur du service de santé de l'armée. Paris, 1870, in-18 de XLIX-976 pages, cart.　　　　6 fr.

JOLLY. **Le tabac et l'absinthe**, leur influence sur la santé publique, sur l'ordre moral et social, 1875, in-18 jésus, 216 p.　　　　2 fr.

JOURDAN. **Pharmacopée universelle**, ou Conspectus des pharmacopées, ouvrage contenant les caractères essentiels et la synonymie de toutes les substances, avec l'indication, à chaque préparation, de ceux qui l'ont adoptée, des procédés divers recommandés pour l'exécution, des variantes qu'elle présente dans les différents formulaires, des noms officinaux sous lesquels on la désigne dans divers pays, et des doses auxquelles on l'administre. *Deuxième édition*, 1840, 2 forts volumes in-8 de chacun près de 800 pages à deux colonnes.　　　　15 fr.

LANESSAN. **Mémoire sur le genre Garcinia** (Clusiacées), et sur l'origine et les propriétés de la gomme-gutte, 1872, in-8 de 114 pages et 1 planche. 2 fr.

LAURENT (P.). **Études physiologiques sur les animalcules des infusions végétales**, comparés aux organes élémentaires des végétaux.,Nancy, 1854-1858, 2 vol. in-4 avec pl. (40 fr.) 15 fr.

LECLER. **Kachef er-Roumouz** (révélation des énigmes) d'Abd er-Razzaq ed-Djedzaïry ou **Traité de matière médicale arabe** d'Abd er-Razzaq, l'Algérien, traduit et annoté par Lucien LECLER. Paris, 1874, in-8 de 400 pages. 10 fr.

LECOQ (H.) et JUILLET. **Dictionnaire raisonné des termes de botanique et des familles naturelles.** 1831, 1 vol. in-8. 3 fr.

LEFORT (Jules). **Traité de chimie hydrologique**, comprenant des notions générales d'hydrologie et l'analyse chimique des eaux douces et des eaux minérales, par J. LEFORT, membre de l'Académie de médecine. *Deuxième édition.* Paris, 1873. 1 vol. in-8, 798 pages avec 50 fig. et 1 planche chromolithographiée. 12 fr.

LOISELEUR - DESLONCHAMPS. **Nouvel Herbier de l'amateur,** contenant la description, la culture, l'histoire et les propriétés des plantes rares et nouvelles cultivées dans les jardins de Paris. 1 vol. in-8, avec 52 pl. coloriées (81 fr.) 48 fr.
— Le même, in-4. 50 fr.

LOISELEUR-DESLONCHAMPS (J. L. A.). **Flora gallica.** *Éditio secunda.* Paris, 1828, 2 vol. in-8, cum tabulis 31. (16 fr.) 4 fr. 50

MARCHAND (Eug.). **Des eaux potables** en général, considérées dans leur constitution physique et chimique. Paris, 1855, in-4, avec 1 carte. 6 fr.

MARTINS. **Du Spitzberg au Sahara.** Étapes d'un naturaliste au Spitzberg, en Laponie, en Écosse, en Suisse, en France, en Italie, en Orient, en Égypte et en Algérie, par Charles MARTINS, professeur à la Faculté de médecine de Montpellier. 1866, in-8, XVI-620 pages. 8 fr.

MARTRIN-DONOS (V. de). **Florule du Tarn.** Paris, 1864, 2 vol. in-8. 5 fr.

MARVAUD (A). **Les aliments d'épargne,** alcool et boissons aromatiques (café, thé, maté, cacao, coca), effets physiologiques, applications à l'hygiène et à la thérapeutique, étude précédée de considérations sur l'alimentation et le régime par le docteur Angel MARVAUD, professeur agrégé à l'École du Val-de-Grâce. 2e édit. Paris, 1874, 1 vol. in-8 de XVI-354 pages avec pl. 6 fr.

MOQUIN-TANDON. **Éléments de botanique médicale**, contenant la description des végétaux utiles à la médecine, et des espèces nuisibles à l'homme, vénéneuses ou parasites, précédés de considérations générales sur l'organisation et la classification des végétaux, par A. MOQUIN-TANDON, professeur à la Faculté de médecine. 3ᵉ édition, 1875, 1 vol. in-18 jésus avec 128 figures.   6 fr.

MOQUIN-TANDON. **Éléments de zoologie médicale**, comprenant la description des animaux utiles à la médecine et des espèces nuisibles à l'homme, particulièrement des venimeuses et des parasites, précédés de considérations sur l'organisation et la classification des animaux et d'un résumé sur l'histoire naturelle de l'homme, etc. *Deuxième édition*, Paris, 1862, 1 vol. in-18 avec 150 fig.   6 fr.

MOQUIN-TANDON. **Monographie de la famille des Hirudinées.** *Deuxième édition.* Paris, 1846, in-8 de 450 pages avec atlas de 14 planches coloriées.   15 fr.

MOTTET. **Nouvel essai d'une thérapeutique indigène**, ou études analytiques et comparatives de phytologie médicale indigène et de phytologie médicale exotique, etc. Paris, 1851, 1 vol. in-8, 800 pages.   1 fr. 50

MOUSNIER (J.). **Des champignons dans le département de la Charente-Inférieure.** 1873, in-8 de 74 pages avec fig.   2 fr.

† PAULET (J. J.) et LÉVEILLÉ. **Iconographie des champignons,** de PAULET. Recueil de 217 planches dessinées d'après nature, accompagné d'un texte nouveau présentant la description des espèces figurées, leur synonymie, l'indication de leurs propriétés utiles ou vénéneuses, l'époque et les lieux où elles croissent, par J. H. LÉVEILLÉ. Paris, 1855, in-folio de 135 pages, avec 217 planches coloriées, cartonné.   170 fr.

PICOT DE LAPEYROUSE. **Histoire abrégée des Pyrénées**, et itinéraires des botanistes dans ces montagnes. Toulouse, 1818, 2 vol. in-8, avec 1 pl.   14 fr.

PIESSE. **Des odeurs, des parfums et des cosmétiques**, histoire naturelle, composition chimique, préparation, recettes, industrie, effets physiologiques et hygiène. Édition française publiée par O. REVEIL, professeur agrégé à l'école de pharmacie. Paris, 1865, in-18 jésus de 527 pages avec 86 fig.   7 fr

PLÉE (F.). **Glossologie botanique**, ou Vocabulaire donnant la définition des mots techniques usités dans l'enseignement. Paris, 1854, 1 vol. in-12.   1 fr. 25

POGGIALE. **Traité d'analyse chimique** par la méthode des volumes, comprenant l'analyse des gaz et [des métaux, la chlorométrie, la sulfhydrométrie, l'acidimétrie, l'alcalimétrie, la saccharimétrie, etc., par A.-B. POGGIALE, professeur de chimie à l'Ecole de médecine militaire du Val-de-Grâce, pharmacien en chef de l'hôpital, membre de l'Académie de médecine, etc. Paris, 1858, in-8 de 606 pages avec 171 figures. 9 fr.

POILROUX. **Manuel de médecine légale criminelle.** *Seconde édition*. Paris, 1837, in-8. 4 fr.

QUELET (L.). **Les champignons du Jura et des Vosges.** Mont-béliard, 1872-1873, in-8, 2 parties formant ensemble 424 pages avec 2 atlas de 29 pl. col. 26 fr.

REVEIL. **Formulaire raisonné des médicaments nouveaux et des médications nouvelles**, suivi de notions sur l'aérothérapie, l'hydrothérapie, l'électrothérapie, la kinésithérapie et l'hydrologie médicale, par O. REVEIL, pharmacien en chef de l'hôpital des Enfants, agrégé à la Faculté de médecine. *Deuxième édition*. Paris, 1865, 1 vol. in-18 jésus, XII-696 p. avec 48 fig. 6 fr.

ROBIN et VERDEIL. **Traité de chimie anatomique et physiologique** normale et pathologique, ou Des principes immédiats normaux et morbides qui constituent le corps de l'homme et des mammifères, par CH. ROBIN et F. VERDEIL. Paris, 1853, 3 forts volumes in-8 avec atlas de 45 planches en partie coloriées. 36 fr.

SAINT-HILAIRE. **Plantes usuelles des Brésiliens**, par A. SAINT-HILAIRE, membre de l'Institut de France. Paris, 1824-1828, in-4 avec 70 planches. Cartonné. 36 fr.

SAINT-VINCENT. **Nouvelle médecine des familles** à la ville et à la campagne, à l'usage des familles, des maisons d'éducation, des écoles communales, des curés, des sœurs hospitalières, des dames de charité et de toutes les personnes bienfaisantes qui se dévouent au soulagement des malades : remèdes sous la main, premiers soins avant l'arrivée du médecin et du chirurgien, art de soigner les malades et les convalescents, par le docteur A. C. DE SAINT-VINCENT. *Troisième édition*. Paris, 1874, 1 vol. in-18 jésus de 448 pages avec 142 figures, cart. 3 fr. 50

SEGOND. **De l'action comparative du régime animal** et du régime végétal sur la constitution physique et sur le moral de l'homme. Paris, 1850, in-4, 72 p. 2 fr. 50

SOUBEIRAN. **Nouveau dictionnaire des falsifications** et des altérations des aliments, des médicaments et de quelques produits employés dans les arts, l'industrie et l'économie domestique, par J. Léon SOUBEIRAN, professeur à l'École de pharmacie de Montpellier. Un beau vol. grand in-8 de 640 pages avec 218 fig. Cart. 14 fr.

TARADE. Des principaux champignons comestibles et vénéneux de la flore limousine, par Adrien TARADE, pharmacien. *Deuxième édition.* In-18 de 138 pages avec 6 planches chromolithographiées. 4 fr.

TARDIEU (A.). Dictionnaire d'hygiène publique et de salubrité, ou Répertoire de toutes les Questions relatives à la santé publique, considérées dans leurs rapports avec les Subsistances, les Épidémies, les Professions, les Établissements, institutions d'Hygiène et de Salubrité, par le docteur Ambroise TARDIEU, professeur de médecine légale à la Faculté de médecine de Paris, président du Comité consultatif d'hygiène publique. *Deuxième édition.* Paris, 1862, 4 forts vol. gr. in-8. 32 fr.

TARDIEU. (A.) Étude médico-légale et clinique sur l'empoisonnement. *Deuxième édition.* 1 vol. in-8 de XXII-1072 pages avec 53 fig. et 2 planches. 14 fr.

VAN DER COLME. Histoire botanique et thérapeutique des salsepareilles. Paris, 1870, in-8, avec 4 planches coloriées. 3 fr. 50

VERLOT (B.). Le Guide du botaniste herborisant, conseils sur la récolte des plantes, la préparation des herbiers, l'exploration des stations de plantes phanérogames et cryptogames, et les herborisations aux environs de Paris, dans les Ardennes, la Bourgogne, la Provence, le Languedoc, les Pyrénées, les Alpes, l'Auvergne, les Vosges, au bord de la Manche, de l'Océan et de la mer Méditerranée, par M. Bernard VERLOT, chef de l'École botanique au Muséum d'histoire naturelle, avec une introduction, par M. Naudin, membre de l'Institut (Académie des sciences). Paris, 1865, in-18 de 600 p., avec fig. cart. 5 fr. 50

VERNE. Étude sur le Boldo, 1874. In-8 de 52 pages avec une planche coloriée. 2 fr.

† **WEDDELL (H.-A.). Histoire naturelle des quinquinas.** Paris, 1849, 1 vol. in-folio avec une carte et 32 planches dont 3 sont coloriées. 60 fr.

— **Voyage dans le Nord de la Bolivie,** et dans les parties voisines du Pérou, ou visite au district aurifère de Tipuani. Paris, 1853, 1 vol. in-8, avec 4 figures et une carte. 6 fr.

WUNDT. Traité élémentaire de physique médicale, par le docteur WUNDT, professeur à l'Université de Heidelberg, traduit avec de nombreuses additions, par Ferd. Monoyer, professeur agrégé à la Faculté de médecine de Nancy. 1871, 1 vol. in-8 de 704 pages avec 396 fig. y compris 1 pl. en chromolith. 12 fr